COLEÇÃO CORES DO TEMPO PASSADO

GRANDES ROMANCES HISTÓRICOS – 3ª Série

1. BEN-HUR – (Uma História dos Tempos de Cristo) – Lew Wallace
2. APENAS UMA PRIMAVERA – (Um Maravilhoso Romance de Amor Sobre os 100 Dias) – 1º vol.
– Claude Manceron
3. APENAS UMA PRIMAVERA – (Um Maravilhoso Romance de Amor Sobre os 100 Dias) – 2º vol.
– Claude Manceron
4. O SEGREDO DO REINO – Mika Waltari
5. O ESPINHEIRO DE ARIMATÉIA – Frank G. Slaughter
6. O EGÍPCIO – Mika Waltari
7. RENEGADO – Mika Waltari
8. O ROMANO – Mika Waltari
9. O AVENTUREIRO – Mika Waltari
10. O ANJO NEGRO – Mika Waltari
11. O ETRUSCO – Mika Waltari

GRANDES HOMENS DA HISTÓRIA – 2ª Série

1. TAL DIA É O BATIZADO – (O Romance de Tiradentes) – Gilberto de Alencar
2. MOISÉS, PRÍNCIPE DO EGITO – Howard Fast
3. O DEUS DA CHUVA CHORA SOBRE O MÉXICO – (A Vida de Fernando Cortez) – Laszló
Passuth
4. ALÉM DO DESEJO – Pierre La Mure
5. MOULIN ROUGE – (A Vida Trepidante de Toulouse Lautrec) – Pierre La Mure
6. GOYA – Léon Feuchtwanger
7. AGONIA E ÊXTASE – (Romance de Miguel Ângelo) – Irving Stone
8. ADVOGADO DA DEFESA – Irving Stone

GRANDES MULHERES DA HISTÓRIA – 1ª Série

1. A ADORÁVEL MARQUESA – (O Romance de Madame Pompadour) – André Lambert
2. UM TÃO GRANDE AMOR – (Luís XIV e Maria Mancini) _ Gerty Colin
3. MARIA STUART – (Rainha e Mulher) – Jean Plaidy
4. A ÚLTIMA FAVORITA – (A Maravilhosa Aventura de Madame Du Barry) – André Lambert
5. MARIA ANTONIETA – (A Rainha Infeliz) – F.W. Kenyon
6. A FASCINANTE ESPANHOLA – (A Intensa Vida de Madame Tallien) – Jean Burnat
7. EMA LADY HAMITON – (A Divina Dama) – F.W. Kenyon
8. A DIVINA CLEÓPATRA –(A Rainha dos Reis) – Michel Peyramaure
9. NUNCA UMA SANTA – (A Incrível Carlota Joaquina) – F.W. Kenyon
10. A SOLIDÃO DO AMOR – (A Impressionista Berthe Morisot) – Claude Damiens
11. A ÚLTIMA CZARINA – (Vida Trágica de Alexandra da Rússia) – Gerty Colin
12. O ÚLTIMO AMOR DE WAGNER – (O Destino de Cósima) – Gerty Colin
13. DESIRÉE – (O Grande Amor de Napoleão) – Annemarie Selinko

ADVOGADO DA DEFESA

COLEÇÃO CORES DO TEMPO PASSADO
2ª SÉRIE
GRANDES HOMENS DA HISTÓRIA

8

Tradução de
NEIL RIBEIRO DA SILVA

Capa de
CLÁUDIO MARTINS

EDITORA ITATIAIA LTDA
Belo Horizonte
Rua São Geraldo, 67 - Floresta - Cep.: 30150-070 – Tel.: (31) 3212-4600
Fax.: (31) 3224-5151
Rio de Janeiro
Rua Benjamin Constant, 118 - Glória – Cep.: 20214-150

IRVING STONE

ADVOGADO DA DEFESA

EDITORA ITATIAIA
Belo Horizonte-Rio de Janeiro

Título do original norte-americano,
publicado por Doubleday and Company Inc., Nova York:
DARROW FOR THE DEFENCE
COPYRIGHT 1949 – IRVING STONE

FICHA CATALOGRÁFICA

Dados Internacionais de Catalogação na Publicação (CIP)
(Câmara Brasileira do Livro, SP, Brasil)

Stone, Irving
　　Advogado de defesa / Irving Stone ; tradução de
Neil Ribeiro da Silva. - Belo Horizonte, MG :
Itatiaia, 2002. — (Cores do tempo passado, 2. série. Grandes homens históricos)

Título original: Darrow for the defence

1. Advogados - Estados Unidos — Biografia 2.
Darrow, Clarence, 1857-1938 I. Título. II. Série.

02-0992　　　　　　　　　　　　　　　　　　　CDD-923.473

Índices para catálogo sistemático:

1. Advogados — Estados Unidos — Biografia
923.473

2. Estados Unidos : Advogados : Biografia
923.473

2002

Direitos de Propriedade Literária adquiridos pela
EDITORA ITATIAIA LTDA
Belo Horizonte - Rio de Janeiro

Impresso no Brasil
Printed in Brazil

Para

JEAN STONE

(meu bom braço direito)

Posso detestar o pecado, mas nunca o pecador.
CLARENCE DARROW

NOTA DO AUTOR

NO FIM deste volume está incluída uma bibliografia selecionada. As principais fontes desta biografia, porém, são a correspondência particular de Clarence Darrow, seus documentos de família, manuscritos, minutas jurídicas, cadernos e memórias. Mais de dois mil dos seus amigos de uma vida inteira, seus sócios e colaboradores, prestaram-me informações pessoais, e a Sra. Darrow e seu filho Paul foram incansáveis nos seus esforços para enriquecer e autenticar cada fase de sua vida. A família Darrow não me fez restrições de qualquer natureza, quanto àquilo que eu poderia escrever ou publicar.

IRVING STONE

SUMÁRIO

Prólogo: MAIORIDADE DE UM ADVOGADO , 11

I. COMO SE FAZ UM CIDADÃO, 15

II. UM LIBERAL OBTÉM EDUCAÇÃO LIBERAL, 35

III. TIRO DE SAL NA CAUDA DA VERDADE, 60

IV. QUE É UM CRIMINOSO?, 74

V. "QUERO FALAR EM NOME DOS FILHOS DOS POBRES", 94

VI. PODE UM ADVOGADO SER UM HOMEM HONESTO?, 127

VII. QUEM ACUSARÁ A ACUSAÇÃO, 145

VIII. ISTO É GUERRA!, 194

IX. NO BANCO DOS RÉUS, 235

X. EM DEFESA DO INDEFENSÁVEL, 262

XI. ATÉ OS RICOS TÊM DIREITOS, 283

XII. "SEU AVÔ É UM MACACO!", 311

XIII. ESTRADA PARA A GLÓRIA, 343

Bibliografia. 378

PRÓLOGO

MAIORIDADE DE UM ADVOGADO

TOMADA a decisão, ele estirou os dedos à sua frente, sobre a escrivaninha de mogno, deu um impulso para cima e levantou-se: era curta a distância do departamento jurídico ao gabinete do presidente; deveria subir dois lances de escada, após descer o corredor onde, pelas janelas abertas, do terceiro andar, penetrava interminavelmente o fragor dos trens elevados. Mas, se desse aqueles passos, estaria, provavelmente, fazendo a mais longa viagem já empreendida em seus trinta e sete anos. Dos livros de casos da sua profissão, podia citar poucos precedentes encorajadores; sabia que não era feito do estofo dos mártires; nem sequer possuía uma causa que lhe emprestasse a coragem do fanatismo. Todavia, em Kinsman, Ohio, seu pai fora elemento de ligação da Estrada de Ferro Subterrânea,[1] e muitas vezes, noite alta, o menino tinha sido despertado para ir à aldeia próxima, no alto de uma carga de feno que ocultava um escravo negro fugido.

Quando abriu a porta de seu escritório e parou com a mão na maçaneta, de cabeça baixa, sua mente rememorou o quadro e o impacto de tudo o que tinha aprendido sobre seus patrões, nos dois anos em que trabalhara para eles como consultor jurídico. Se tivesse procurado uma ligação com a grandeza e o poder nem mesmo um cargo à mão direita dos imperadores romanos poderia ter-lhe oferecido melhor oportunidade. As estradas de ferro e suas indústrias paralelas davam emprego a dois milhões de trabalhadores; sua capitalização representava, quando nada, um décimo da riqueza estimada do país. Por força de uma administração hábil, as ferrovias fixavam os preços que os fabricantes deveriam receber por suas máquinas e os fazendeiros por suas frutas, seu trigo ou seus porcos; decretavam quais cidades deveriam prosperar e quais entrar em decadência; quais Estados continuariam agrícolas e quais se haveriam de industrializar; que companhias deveriam ser eliminadas e quais convertidas em gigantescos trustes.

Fechou a porta firmemente atrás de si e, a passos largos, seguiu pelo corredor, os ombros largos curvados para a frente, refletindo que haveria de ser um adversário muito fraco para uma indústria que se esforçava por controlar o Congresso Nacional e os tribunais, eleger go-

---

1. Antes da Guerra Civil, assim era chamado o movimento clandestino que favorecia a libertação dos escravos e encaminhava os que conseguiam fugir para os estados livres do Norte e para o Canadá. (Nota do Tradutor)

Advogado da Defesa 11

vernadores e prefeitos, subornar legisladores estaduais e conselheiros municipais. Na verdade, era proprietário da modesta residência em que vivia, mas, fora isso, tinha apenas algumas centenas de dólares no banco; era um indivíduo calmo e apaixonado pelos livros, que detestava a discórdia; que tinha ele com aquela complicação?

Sem esperar por uma resposta à sua batida, empurrou a porta e entrou numa grande sala sem ornatos. Marvin Hughitt, presidente da Estrada de Ferro Chicago e Noroeste, estava sentado atrás de sua escrivaninha, no extremo oposto, diante de uma fileira de janelas a cavaleiro do Rio Chicago e da estação de passageiros na sua margem oposta. Embora fosse um quente dia de julho, Hughitt estava vestido com um pesado terno escuro; sua barba comprida e seus cabelos cor de aço davam-lhe o aspecto de um profeta do Velho Testamento. Homem de sorriso raro, os olhos de Hughitt piscaram levemente quando Darrow entrou sem paletó, os largos suspensórios pretos a segurar calças azuis sem forma, a gravata de cetim preto pendendo diante de sua camisa como um sacarrolhas, a grande cabeça montada sobre largos ombros; o belo cabelo castanho tombava de uma parte do lado esquerdo, sobre uma testa alta e arredondada.

Clarence Darrow admirava Marvin Hughitt, porque este tinha certa noção de justiça; ainda no ano anterior, havia posto em risco sua posição e reputação, aliando-se a Darrow no apelo ao Governador Altgeld para perdoar os quatro anarquistas condenados por uma conspiração para lançar a bomba fatal do Haymarket. Por sua parte, Hughitt gostava do jovem; tinha sido responsável pela sua admissão na companhia, por sugestão do Governador Altgeld, que o fizera observar o trabalho de seu protegido no departamento jurídico da cidade de Chicago.

Embora o emprego na Estrada de Ferro Chicago e Noroeste ficasse vários graus acima, na carreira de advogado, Darrow o aceitaria com desconfiança, pressentindo que seu trabalho iria consistir principalmente na defesa da ferrovia contra operários ou passageiros acidentados. Por um golpe de sorte, o solicitador, Ralph Richards, tinha mente arejada; juntos, conseguiam "ajudar numerosas pessoas, sem graves despesas para a estrada". Hughitt gostava da maneira simples com que Darrow conduzia e resolvia o que outros advogados poderiam ter transformado em casos complicados. Se custava à companhia alguns dólares a mais, justificava a despesa, ganhando boa vontade e evitando complicações nos tribunais. Hughitt e os outros altos funcionários da Chicago e Noroeste sabiam que Clarence Darrow era um intelectual liberal, simpático aos oprimidos, mas que não tentava fazer proselitismo dentro dos escritórios da companhia e se desincumbia de seu trabalho melhor do que qualquer outro que pudessem encontrar.

– Você parece estar com calor, Clarence – arriscou-se Hughitt.

– Estou, no colarinho... mesmo quando não está abotoado.

– Amanhã é Quatro de Julho; você poderá refrescar-se.

Darrow era imenso com seu metro e oitenta de altura; pesava apenas 76 quilos mas, quando não estava contraído desajeitadamente, parecia enorme.

– Ninguém vai refrescar-se amanhã em Chicago – disse com voz dura. – Acabei de ler o interdito da Corte de Circuito contra os grevistas, hoje de manhã. O despacho não só transforma em ato criminoso o fato de um homem entrar em greve, mas considera crime punível com a prisão sugerir que o outro faça o mesmo.

_ Esse interdito vai evitar o derramamento de sangue e a destruição da propriedade – replicou Hughitt, lacônico.

12 Advogado da Defesa

– Pois eu pensava que este fosse um país livre. Pensava que os homens tinham o direito de interromper o trabalho quando não achassem satisfatórias as condições. Se o próprio governo que elegeram lhes diz que é ilegal fazer greves, que devem trabalhar dentro das condições que os empregadores acham conveniente conceder-lhes, ou então ir para a cadeia, neste caso eles não são melhores que os escravos. Se esta é realmente uma democracia, aquele interdito é ilegal.

Marvin Hughitt era um homem que se fizera por si mesmo, dentro da mais robusta tradição americana: começara como telegrafista na Guerra Civil e, por pura força e convicção, tinha-se tornado um dos líderes ferroviários do país. Embora fosse autocrático nos seus métodos, seus empregados o respeitavam, graças à sua capacidade de desempenhar bem trabalhos desagradáveis.

– É perfeitamente legal, Clarence, tanto nos termos da Lei de Comércio Interestadual quanto nos da Lei Sherman Antitruste.

– Mas que deliciosa peça de ironia! – explodiu Darrow. – A Lei do Comércio Interestadual nasceu para combater as práticas monopolistas das estradas de ferro e a Lei Sherman Antitruste foi aprovada para controlar companhias como a Pullman. O senhor sabe tão bem quanto eu que nenhuma delas contém referências a organizações sindicais.

– Conseguimos fazer valer nosso interdito em 1877 – replicou Hughitt, obstinadamente, – quando esmagamos a primeira grande greve ferroviária.

– Na época, tinham uma desculpa técnica: as estradas estavam sob intervenção; os senhores puderam alegar que isso as punha na jurisdição dos tribunais federais.

– Também agora nós temos uma jurisdição técnica. Nenhuma corporação de homens pode obstruir os correios dos Estados Unidos.

Darrow sacudiu a cabeça bruscamente para Hughitt, como para dizer: "Isto só não basta!" Em voz alta, comentou:

– Os senhores teriam de enfrentar o diabo para provar que os correios estão obstruídos. Ainda há três dias, o superintendente dos correios de Chicago telegrafou para Washington dizendo que não havia malas acumuladas aqui e que, com poucas exceções, todos os trens regulares estão correndo quase no horário... exceto os que conduzem vagões Pullman.

– Mas, Clarence – replicou Hughitt, – você é capaz, sem dúvida, de compreender que essa greve jamais deveria ter sido deflagrada. O pessoal da estrada não tem queixa contra nós. Abandonaram o trabalho apenas porque estavam solidários com os empregados em greve da Pulllman.

– Eugene Debs e os outros líderes do Sindicato Ferroviário Americano sem dúvida não vão obedecer a esse interdito arbitrário e mandar seus homens voltarem derrotados ao trabalho. Se fizessem isso, abririam um precedente para o esmagamento de todas as greves que surgissem. Sr. Hughitt, desde que trabalho aqui, fiquei conhecendo alguma coisa sobre conspiração. Vi a sua Associação dos Superintendentes Gerais controlar os salários, nas vinte e quatro linhas que operam fora de Chicago; vi diminuírem salários uniformemente em todas as linhas,para que os homens não pudessem demitir-se e arranjar empregos melhores em outro lugar; vi usarem listas-negras contra bons trabalhdores, cuja única ofensa era considerarem que os operários deviam ter melhores jornadas e salários; vi sua agência fornecer homens para as linhas-membros nas quais havia greves, para acabar com essas greves; vi ratearem milhões para manterem seus operários sem força. Por que acha que Debs criou o Sindicato Ferroviário Americano? Para combater a conspiração dos senhores. Daqui a uns dias, Debs e os rapa-

Advogado da Defesa 13

zes estarão na cadeia, desprezados e tendo contra eles acusações de conspiração. Não acha que, para o jogo ser limpo, os chefes de sua Associação dos Superintendentes Gerais deviam fazer-lhes companhia na cadeia?

Fez-se silêncio na sala ensolarada. Os olhos de Darrow, usualmente suaves e alegres, estavam sombrios e meditativos.

– Vou deixar meu emprego aqui, Sr. Hughitt, para defender Eugene Debs e o sindicato Ferroviário Americano.

Hughitt olhou Darrow gravemente: como explicar aquele comportamento pouco ortodoxo? O papel tradicional do advogado era servir às grandes companhias, contra todo e qualquer adversário, alcançar os seus propósitos por todo e qualquer meio. Darrow era um sujeito maluco, um renegado; mas era um bom homem, ainda que fosse um sentimental mal orientado.

– Eles não têm possibilidade alguma; esse interdito é uma metralhadora feita de papel. Por que abandonar um bom cargo por uma causa perdida? Dom Quixote só atacou moinhos de vento; você vai de encontro a uma locomotiva de alta potência, a todo vapor.

– Mesmo sem o auxílio de um cavalo e uma lança – resmungou Darrow.

– Sei que sete mil dolares por ano não representam muito dinheiro, Clarence, mas serão dez mil daqui a mais um ano e vinte mil dentro de três ou quatro. Esses sindicatos nada lhe podem pagar quando o caso estiver terminado, você ficará na mão, sem clientes nem futuro, e todos os homens de negócios de Chicago o evitarão como radical. Fique conosco; podemos colocá-lo no alto, fazê-lo governador de Illinois ou senador federal, arranjar-lhe um posto no Gabinete...

– Como o Procurador Geral Olney – comentou Darrow mordazmente.

– Sim, como Olney. Quem procura encontra fama e fortuna... fortuna...

– Neste caso, acho que não estou procurando essas coisas – interrompeu Darrow. – Acho que tive a educação errada. Acredito que o povo tem direito de melhorar e vou gastar meus dez cêntimos para ajudá-lo.

– Então você está decidido?

– Estou. Quando um membro do Gabinete dos Estados Unidos como Olney, que é advogado ferroviário da velha linha, nomeia Edwin Walker assistente especial do procurador geral de Chicago, sabendo que Walker é, ao mesmo tempo, advogado da Associação dos Superintendentes Gerais, e Walker, com representante do governo federal, convence dois dos juízes federais de uma Corte de Circuito de Chicago a interditar os trabalhadores, impedindo-os de entrar em greve, vejo nisto conspiração demais para meu fraco estômago. Tenho de me levantar e lutar.

Hughitt curvou-se sobre a escrivaninha, a mão estendida.

– Depois que tivermos esmagado a greve, Clarence, e apagado o sindicato Ferroviário Americano, queremos que você volte.

Darrow fitou o chefe, espantado.

– Querem que eu volte?

– Bem, não será para tempo integral... se você não quiser. Meio expediente, digamos: cuidar dos casos que não tratem de operários ou acidentes do trabalho.

Darrow sorriu seu amplo sorriso de menino e apertou a mão de Hughitt. Depois, voltou ao seu escritório, enfiou alguns papéis em sua pasta, lançou o paletó sobre o braço e abandonou seu emprego de consultor jurídico da Estrada de Ferro Chicago e Noroeste.

14 Advogado da Defesa

CAPÍTULO I

COMO SE FAZ UM CIDADÃO?

ALGUNS DIAS antes de seu filho ter deixado o emprego, Amirus Darrow tinha resolvido passar uma semana em Kinsman, em visita a velhos amigos. Clarence havia enfiado várias notas no bolso de seu pai e Jessie preparara um lanche para seu sogro comer no trem. Amirus saíra muito cedo, descendo para a cidade, de bonde, da casa 4219 na Avenida Vincennes. Ao verificar que ainda faltava meia hora para sair o trem, desceu à loja de livros usados que havia no porão.

Às dez horas daquela noite, a campainha soou na casa de Darrow. Clarence abriu a porta para encontrar seu pai de olhos vidrados, segurando um enorme pacote disforme debaixo de cada braço. Amirus tinha encontrado tantos livros que sempre desejara possuir que só saíra da livraria doze horas depois, tendo gasto todo o dinheiro da viagem e das férias. Voltara para casa, para ler seus preciosos tesouros literários, já sem nenhum desejo de ir a Kinsman. Ao ver seu pai parado à sua frente, na entrada, os olhos a sonhar, longe do mundo e belos, o filho compreendeu que o velho sempre perdera seu trem porque encontrara nos livros algo mais interessante do que naquilo que o aguardaria ao fim de uma viagem.

Amirus Darrow era filho de um agricultor da Nova Inglaterra que emigrara para a zona pioneira de Ohio por volta de 1830, num esforço para melhorar sua vida. Materialmente, não melhorou; nenhum membro da família Darrow jamais fora abençoado com o dote especial de ganhar ou guardar dinheiro. Mas, por pobres que pudessem ter sido, os Darrows tinham dado a seus filhos a melhor educação possível. Amirus foi para uma escola em Amboy. Numa de suas classes, conheceu Emily Eddy, cujos pais também haviam emigrado de Connecticut e cujo pai igualmente prestara serviços numa estação da Estrada de Ferro Subterrânea. Os dois se apaixonaram, casaram-se muito cedo e mudaram-se para Meadville, Pensilvânia, onde Amirus, sedento de conhecimentos, freqüentou o Allegheny College. Ali, os pais de Clarence representaram o seu prólogo à pobreza, vivendo em austera simplicidade, com todo níquel que Amirus podia ganhar em suas horas de folga. Eram felizes porque ambos amavam o mundo dos livros, das idéias e do saber.

Amirus não tardou a compreender que sua maior alegria estaria sempre na contemplação, e que deveria esforçar-se para ganhar a vida com a palavra falada e o papel impresso. Como a teologia parecia ser o único terreno em que se podia subsistir, com os proventos do trabalho intelectual, Amirus entrou para a nova escola unitária de Meadville. Foi o primeiro a tirar diploma. Para a Igreja Unitária, não foi difícil arranjar-lhe uma paróquia. Tendo-lhe sido assegurada uma vida confortável, contando com horas inúmeras do dia e da noite para ler, meditar e aprender, Amirus abandonou a teologia, porque seus estudos lhe deixavam dúvidas. "O fim da sabedoria é o temor de Deus; o princípio da sabedoria é a dúvida." Não tinha equipamentos, quer por formação, quer por gênio, para fazer qualquer outra coisa; já conhecedor das privações da pobreza, o jovem casal caminhava destemidamente num mundo obscuro e desconhecido, preferindo isso a ser insincero quanto às suas convicções e crenças.

Amirus e Emily Darrow eram a prova de que qualquer um é capaz de fazer seu heroísmo particular. Pode ser que a pessoa não o reconheça com esse nome imponente, pois cada um apenas faz o que seus instintos lhe dizem que deve fazer, para ter uma vida correta; na realidade, porém, um heroísmo não reconhecido, fica atemorizado ante a coragem do outro; e é isso que mantém o mundo em seu lugar.

Como resultado de sua decisão, Amirus e Emily viveram uma vida de silencioso desespero. Voltaram para Farmdale, a uns três quilômetros de Kisman, onde se sentiram perseguidos, porque sempre estavam na oposição e sempre em minoria: eram solitários livres-pensadores contra inflexíveis beatos, solitários democratas contra os sólidos republicanos de Ohio, solitários livre-cambistas contra a tradição da tarifa elevada, solitários intelectuais num minúsculo vale de agricultores. Amirus Darrow gostava desse papel de oposição, não só porque mantinha atento o seu espírito, fazendo-o estudar, dando-lhe assunto sério em que pensar para discutir, levando-o sempre a procurar sabedoria e novos conhecimentos, mas porque lhe permitia ser professor, trazer idéias do mundo que ficava além da montanha, defender a causa do espírito arejado, da variedade de pensamento, da tolerância, do amor à verdade nua.

Houve dias difíceis, durante os quais os pais de Amirus e Emily deviam ter ajudado, pois os jovens Darrows ganhavam mais filhos do que dinheiro, nos seus primeiros esforços. Amirus transferia-se sonhadoramente de um a outro emprego; verificando que o de que menos desgostava era a carpintaria, começou a fazer rijos móveis de madeira para os agricultores. O fato de que afinal conseguiu tornar-se um tolerável artesão é atestado por ainda se acharem em uso, nas redondezas de Kinsman, algumas das camas, mesas e cadeiras que construiu há setenta anos; mas seu coração nunca esteve em seu trabalho. Clarence dizia que seu pai, toda a sua vida, foi um visionário e um sonhador; mesmo quando precisava desesperadamente de dinheiro, esquecia-se do trabalho para ler algum livro. Amirus amava o conhecimento pelo conhecimento; legítimo estudioso, não lhe passava pela idéia fazer uso ou tirar proveito dele. Embora muitas vezes faltasse à família o necessário para viver, a casa estava sempre cheia de centenas e centenas de livros: latim, grego, hebreu; história, direito, metafísica, literatura; espalhados pelo chão, sobre as mesas, sobre a lareira, nas cadeiras, atirados por onde quer se andasse.

"Em toda a zona vizinha – dizia Clarence, – nenhum homem sabia tanto a respeito de livros quanto ele, e nenhum homem sabia menos a respeito da vida. O velho pároco e o médico eram os únicos vizinhos que pareciam capazes de compreender a língua que ele falava. Lembra-me, quando seu trabalho estava terminado, como ia religiosamente para o seu pequeno gabinete, com seus maravilhosos livros. Meu quarto dava diretamente no seu gabinete, e em qualquer ocasião que acordasse à noite, eu podia ver uma réstia da luz de um lam-

16 Advogado da Defesa

pião debaixo da porta, mostrando-me que ele ainda estava em visita aos países fabulosos de que falavam seus velhos volumes. Muitas vezes, escrevia também não raro, noite após noite, suas dúvidas, seus amores e seus temores."

Para sua glória perene, Emily Darrow – que tivera de pôr no mundo oito filhos e criar sete deles, cozinhando, lavando seus pratos, esfregando suas roupas, seus pescoços e seus pés, tratando deles quando estavam doentes e ensinando-lhes quando estavam sãos; que tinha de cuidar para que a débil corrente de dólares continuasse a pingar dentro da casa, para depois fazer cada dólar cumprir as obrigações dos seus companheiros ausentes, – Emily nunca censurou seu marido por não ser um homem prático, nem tentou mudar sua natureza ou modo de vida. Nem tampouco, suas privações a fizeram voltar-se contra os livros; continuou a ler, toda vez que podia encontrar cinco minutos desocupados; trabalhou ativamente no movimento sufragista, fez campanha pelos candidatos democráticos numa fortaleza republicana e aderiu ativamente aos movimentos liberais na religião, na educação e na política. Era uma mulher de aspecto nobre, rosto franco, olhos largos, atraente sem ser bonita, de testa alta, uma oval robusta, boca e queixo fortes e cabelos que partia no centro, alizando-os fortemente para baixo e deixando aparecer apenas as pontas das orelhas. Se não era dada a demonstrações objetivas com os filhos, acontecia isso porque tais demonstrações eram consideradas sinais de fraqueza, e não de amor.

O primeiro Darrow a vir para a América, por volta de 1680, partilhando uma concessão do rei da Inglaterra para a cidade de Nova Londres, Connecticut, era agente funerário; e Amirus Darrow continuou a desempenhar aquele ofício, juntamente com sua pequena fábrica de móveis no fundo de sua casa em Kinsman. A principal diferença entre o primitivo Darrow e Amirus estava em que este, apesar da pobreza, conseguira, de algum modo, comprar um carro fúnebre. Quando não estava sendo usado em funerais, o coche de Darrow era posto em serviço como veículo de entrega e carroça de fazenda, transportando camas, mesas e cadeiras, encomendadas à carpintaria, ou conduzindo galinhas, porcos ou cereais. O quinto filho de Amirus, Clarence, continuou a tradição da família; boa parte de sua vida foi dedicada a enterrar cadáveres econômicos e sociais que insistiam em subir à tona depois de cada tempestade.

2

Clarence Seward Darrow nasceu a 18 de abril de 1857, numa casa branca de madeira em Farmdale, uma atraente vivenda de andar e meio, ensombrada por àrvores enormes. Em 1864, quando tinha sete anos e mal começava a compreender por que tantos rapazes do Condado de Trumbull estavam sendo levados para casa, a fim de serem sepultados no cemitério atrás da igreja, sua família conseguiu comprar uma casa a apenas oitocentos metros da praça central de Kinsman, "e a esse lugar ele chamou seu lar até estar com trinta e dois anos de idade". Kinsman era uma cidadezinha plantada num vale, ao longo de um pequeno rio, em cujas margens os primeiros colonizadores, depois de ter derrubado as árvores e expulso os animais selvagens, construíram casas brancas de madeira e plantaram milho, batata e feno. Havia pouca razão para que a cidade se tornasse grande; havia pouca razão para que alguém se tornasse rico ou pobre: os colonos viviam dentro da cidadela formada pelas serras que a ladeavam. Nem suas pernas nem seus pensamentos vagavam além das muralhas protetoras das colinas, pois a vida em Kinsman era, de um modo primitivo, ampla. Os colonizadores estavam satisfeitos e satisfeitos ficaram seus filhos após eles. Todos exceto os Darrows, cujo pai "olha-

Advogado da Defesa 17

va para as altas colinas do leste e as altas colinas do oeste e nas duas direções da estreita estrada rural que conduzia ao mundo exterior. Sabia que, além das altas colinas, existia uma larga e convidativa planície, com oportunidade e abundância, com fortuna e fama; contudo, ao olhar as colinas, não via meio de passar além. É possível que as ultrapassasse ou contornasse, se tivesse estado sozinho, mas havia a filharada sempre crescente, que o mantinha naquele estreito lugar."

Diz um velho ditado que "todo pote tem sua tampa". Os Darrows, não conformistas que faziam as vezes de agnósticos e intelectuais da cidade, tropeçaram na única residência excêntrica e não conformista da região, uma estrutura octogonal com um amplo pavilhão de madeira que corria ao longo de sete dos seus oito lados. Havia uma elevação no terreno dos fundos, onde Clarence escorregava de trenó quando havia neve; um córrego ao pé da elevação, onde podia chapinhar quando fazia calor; e, no pátio, pés de bordo, pinheiros e macieiras, nos quais podia subir. Havia galinhas, cavalos, leitões, uma vaca, que também vagavam pelos terrenos dos fundos com a progênie dos Darrows. Seu primeiro animal de estimação foi um pintainho dado para Clarence criar. Um dia, ao voltar para casa, descobriu que seu bichinho estava sendo servido ao jantar. O menino fugiu da mesa em lágrimas, e, durante setenta e cinco anos, recusou obstinadamente engolir sequer um pedaço de frango!

Com a idade longamente esperada de seis anos, foi matriculado na escola distrital de uma só sala. "Todas as manhãs, davam às crianças um balde de almoço cheio de tortas e bolos, e, de vez em quando, um pedaço de pão e manteiga, e nos mandavam para escola. Quase na mesma hora em que a neve desaparecia do chão, na primavera, nós meninos tirávamos o sapato. Por mais cedo que saíssemos de casa, era quase sempre depois das nove horas que chegávamos à porta. Havia pássaros nas árvores e pedras no caminho, e nenhuma criança jamais conheceu qualquer dor a não ser a sua. Havia pequenos peixes no córrego sobre o qual patinávamos no inverno e no qual chapinhávamos no verão; havia também pequenos esquilos nas cercas e pica-paus nos campos, e nenhum menino podia ir diretamente para a escola ou voltar diretamente para casa, depois de terminada a aula. O cortejo de guris descalços ria e pilheriava, brigava e corria, gritava e não se incomodava com o estudo ou com os livros, até tocar a sineta. Então olhávamos e esperávamos ansiosamente pelo recreio, e depois disso, ainda mais ansiosamente, pelo meio-dia, que era sempre o melhor momento de todo o dia, por causa dos brinquedos."

Depois de frequentar seis anos a escola distrital, recebeu ele seu primeiro par de calças compridas e foi mandado à academia pública, colina acima, Sua opinião sobre os anos de escola secundária é melhor delineada pela consternação que causou, quando foi convidado a discursar para a classe de formandos de 1918, na Nicholas Senn High School, em Chicago. A história é contada por um dos estudantes:

"Nosso diretor, homem pomposo e de olhos vidrentos, deixara a nós, quinhentos formandos, cuidadosamente atordoados e atemorizados, ao recitar o rol das nossas grandes responsabilidades. Darrow, pacientemente, esperou sentado até o fim, brincando com a corrente do relógio e olhando para o teto, escarranchado na cadeira. Finalmente, foi prodigamente apresentado, com a costumeira e prolongada arenga, vazia apesar do fraseado enfeitado. Darrow encaminhou-se displicentemente para a grande tribuna e se inclinou confortavelmente contra ela, curvando-se, como era costume seu. Parecia um grande mordomo de folga, no lugar errado, com toda aquela gente de peito estufado ao seu redor. Dirigiu-nos o olhar, virando a cabeça, em meio a um silêncio mortal, e, por fim começou a rir furtivamente.

18 Advogado da Defesa

"– Olhem... esses camaradas aí embaixo; vocês agora podem descansar. Essa foi a baboseira mais acabada que já ouvi na vida, e sei tão bem como o diabo que essa rapaziada não acredita numa palavra do que ouviu. Vocês não estão em melhores condições de "ir e servir" do que o homem da Lua. Não passam de um punhado de pirralhos ignorantes, cheios de idiotices, e praticamente nada aprenderam durante os quatro anos que aqui passaram. Vocês não me podem enganar, porque eu, uma vez, passei quatro anos num lugar exatamente igual!

"Os pais ficaram chocados e a congregação de professores, rubra de cólera; mas, naturalmente, nós, os estudantes, estávamos extasiados. Era o único bom senso que ouvíamos em meses."

3

Em casa, o liberal Amirus era um tirano em matéria de estudos. Ia ensinar seus filhos a viver uma vida inteligente e culta, a ocupar lugares importantes no mundo, quer quisessem, quer não.

– John Stuart Mill começou a estudar grego quando tinha apenas três anos – martelava em cada um de seus sete filhos.

Clarence lamentava, quando era obrigado a deixar um jogo de pular carniça ou abandonar uma procura de morangos nos bosques, para estudar a lição de mitologia grega que seu pai lhe havia marcado.

Com seu pai, Clarence aprendeu que a tolerância é algo mais do que uma exigência oportunista que se faz aos outros para convencê-los a suportar nossas próprias opiniões. Agnóstico, Amirus nada queria ter que ver com a igreja do alto da colina, com seu campanário branco quebrado; ainda assim, toda manhã de sábado, os sete jovens Darrows eram esfregados com sabão e bucha, em tina de ferro aquecida sobre um fogão de lenha, vestidos com suas melhores roupas e sapatos e levados ao culto na colina – por sua mãe, – enquanto o pai se retirava para a santidade de seu gabinete. Amirus afirmava que, pelo simples fato de não ser religioso, não se justificava que forçasse seus filhos indefesos a aceitar suas opiniões. Depois que haviam participado do ritual da igreja e adquirido base em história da religião mundial, em casa, teriam liberdade para elaborar suas próprias preferências, de acordo com as suas naturezas particulares. A disputa não era, sem dúvida, muito igual, pois, a igreja se esforçava por sufocar qualquer alegre impulso religioso da parte dos jovens.

"Aos sábados, a igreja e a religião eram assuntos sérios e solenes para o grupo de peregrinos que, todos os domingos, subia a colina – escreveu Clarence. – Todos os nossos vizinhos e conhecidos eram membros da Igreja Presbiteriana Unida e, para eles, sua religião parecia uma coisa triste. Seu domingo começava ao pôr-do-sol de sábado e durava até a manhã de segunda-feira, e a tristeza parecia crescer e se aprofundar em seus rostos, à medida que a luz ia sumindo no crepúsculo e a escuridão da noite chegava. Eu não era capaz de compreender, então, como não comprendo hoje, por que nos obrigavam a ir à igreja; certamente, nossos bons pais não sabiam o quanto sofríamos; se soubessem, não teriam sido tão cruéis e maus. eu não teria conseguido ficar sentado durante as orações intermináveis, não fosse o fato de que aprendi a identificar os pontos importantes, enquanto o ministro, o rosto pálido rodeado por uma franja de suíças brancas, prosseguia. Em certo ponto, eu sabia que a oração estava bem adiantada; noutro, que estava perto da metade e, quando ele começava a pedir que Deus guiasse o presidente dos Estados Unidos, que já passara dos três quartos; e me sentia como um marinheiro naufragado ao avistar terra."

Advogado da Defesa 19

Quando Clarence tinha quatorze anos, morreu sua mãe. Emily Eddy Darrow tinha apenas quarenta e quatro anos, mas já fizera o trabalho de duas existências. A despeito do punhado de filhos que cresciam a seus pés, sentia-se muitas vezes solitária, pois não tinha amigas entre as mulheres ortodoxas da cidade e seu marido passava as horas de folga com seus livros. Ninguém seria capaz de calcular quantas refeições havia preparado, quantas camas arrumara, quantos assoalhos varrera, quantos pescoços, pratos e camisas tinha esfregado, quantos pães e tortas assara, quantos resfriados tratara, quantas febres combatera. Ainda assim, enquanto seguia tropegante à frente, sem dinheiro nem tempo suficiente, durante o dia, para realizar seu trabalho interminável, ninguém encontrava tempo ou sequer pensava em lhe agradecer. O marido e os filhos a tinham na conta de algo definitivo; só depois que morrera, compreenderam o quanto tinha sido importante para a casa, o quanto ela ficava vazia e desolada sem a sua presença. Só depois que chegou à sua plena maturidade, seu filho Clarence compreendeu o quanto sua mãe tinha sido generosa, forte e boa, o quanto se excedera em trabalhos e inquietações, sem que ninguém desse por isso.

Aos dezesseis anos, compridão e desajeitado, foi mandado para o Allegheny College, para seguir os passos de seu pai, muito embora a educação deste, pelas aparências exteriores, parecesse ter feito a ele mais mal do que bem. Morava com a família do Professor Williams, fazendo tarefas domésticas para pagar cama e comida. Sua fisionomia era tão clara e franca quanto um despertador. Seus olhos já eram profundos; como seu pai e sua mãe, tinha uma testa enorme, um nariz destacado, boca contraditória, com lábio superior ascético e lábio inferior sensual, e um queixo liso, granítico e arredondado, com um afundamento, embaixo, na direção do maxilar. Era o que os advogados chamam um rosto confiável, um rosto que não mentia; largo nas têmporas, largo na direção das grossas sobrancelhas, até as orelhas apertadas, largo nas faces,na boca e no queixo; não era bonito, mas, grande, sincero, afável.

O jovem Darrow não sabia por que ia para a faculdade em Meadville. Não tinha a menor idéia do que desejava fazer. Entretanto, seu pai e seus irmãos mais velhos, Everett e Mary, que já se haviam diplomado e estavam lecionando, acreditavam apaixonadamente no mágico encanto e na força da educação. Desde que Clarence quisesse sujeitar-se à educação, todos os obstáculos seriam removidos, toda incerteza desapareceria; um caminho aberto e luminoso estaria revelado. E o assunto não ficou apenas em conversa, para os três Darrows mais velhos: eles se esforçaram, economizaram, privaram-se dos confortos habituais, para que pudessem ajuntar os poucos dólares necessários para mandar Clarence à faculdade.

Ao fim do primeiro ano, voltou para Kinsman, dividido entre a apatia e o desgosto com a educação superior. E ali, em 1873, as estradas de ferro acarretaram uma mudança em sua vida, tal como fariam mais tarde, em 1894. Jay Cooke & Companhia, a casa bancária que havia colocado empréstimos do governo durante a Guerra Civil, conseguiu capital de pequenos investidores de todo o país para promover a construção da Estrada de Ferro Pacífico e Norte. O dinheiro foi usado de maneira extravagante e a estrada construída ultrapassava as necessidades da época; os juros não puderam ser pagos pelos bônus e Jay Cooke & Companhia foram à falência, arrastando o resto do país a uma grave depressão.

Não fosse o pânico de 1873, Darrow talvez completasse seus estudos no Allegheny; a maneira pela qual tudo aquilo haveria de alterar sua existência era algo sobre que ele gostava de fazer especulações, quando ponderava sobre os imponderáveis da vida.

20 Advogado da Defesa

Naquele verão, fez ele seu primeiro trabalho profícuo, ajudando na pequena casa de móveis atrás da casa octogonal, embora ainda recusasse aproximar-se da oficina, quando seu pai media um cadáver para fazer o caixão. Nunca se tornou um bom carpinteiro, mas seu pai, afinal, passou a lhe confiar um torno giratório ou um pincel de tinta. Mas Amirus não sabia que Clarence se estava recusando a pintar o fundo dos assentos das cadeiras, a pretexto de que era um desperdício de tempo e de tinta. Até hoje, a gente do condado de Trumbull, no Ohio, vira as cadeiras dos Darrows, de cabeça para baixo, para ver se foi Clarence quem manejou o pincel.

No princípio do outono, para espanto seu, foi oferecido a Clarence o emprego de professor da escola distrital de Vernon, a quatro e meio quilômetros de Kinsman. Não era o primeiro Darrow a quem ofereciam aquele emprego. Sua irmã Mary tinha sido, algum tempo antes, contratada pela junta escolar, apenas para ser dispensada por pais indignados, que se horrorizavam com a idéia de ter "a filha de um livre-pensador ensinando nossos filhos!" A oposição à sua indicação surgiu a pretexto de que tinha sido sujeito a influências infelizes que poderiam ser comunicadas às crianças, e esses temores revelaram-se bem fundamentados. Não demorou ele a começar a revolucionar o ensino na escola distrital. Tendo sido esbofeteado pela professora no primeiro dia em que entrara na escola, aboliu o castigo corporal. As cartilhas McGuffey foram jogadas fora, assim como o sistema de ensino com base em preceitos morais; ele lecionava com livros tomados de empréstimo ao gabinete de seu pai. Disposto a tornar seus alunos mais felizes do que inteligentes, utilizava os instrumentos pedagógicos do humor e da simpatia; aumentou a pausa do meio-dia e o recreio, participou dos seus jogos, foi treinador de sua equipe de basebol, tentou fazê-los compreender que, como professor, era seu amigo e não um inimigo. Por seus esforços, pagavam-lhe trinta dólares por mês; desse dinheiro, entregava a maior parte à família, e era recebido como convidado na casa de um aluno diferente cada noite de aula.

"Eu era importante. Só o melhor era posto diante de mim. Serviam-me bolo e torta três vezes por dia."

Agora que estava livre da disciplina e da imposição de dedicar seus dias a cursos nos quais não estava interessado, a herança de Emily e Amirus Darrow fez-se sentir. Seu cérebro começou a livrar-se dos miasmas da adolescência; descobriu-se a sair da casa, na manhã de segunda-feira, com um pacote de livros debaixo dos braços, romances de Balzac, poemas de Púchkin ou de Baudelaire, sátiras de Voltaire, a *Odisséia* de Homero ou a *República* de Platão. Passava os fins de tarde e as noites a ler com o ávido entusiasmo da mente que desperta.

A forma favorita de entretenimento, no condado de Trumbull, era o debate de sábado à noite, que se realizava na escola ou no maior celeiro do distrito. Toda a gente de Kinsman comparecia, assim como as famílias de agricultores de quilômetros ao redor. O assunto em debate era o que menos importava; os participantes, com leve cheiro de sabão de seus banhos de sábado, na grande tina de madeira ou de ferro, compareciam por esporte, para apreciar o choque de espíritos e personalidades, para ouvir a língua falada mais literariamente do que ocorria em qualquer outro lugar.

Clarence participava dos debates quase todos os sábados; durante todos os seus anos escolares, tinha sido essa a única atividade acadêmica que apreciara de todo coração. Era displicente quanto ao preparo das outras lições, mas, quando lhe davam "um tema para falar",

Advogado da Defesa 21

não havia limites para o número de horas que gastaria escrevendo tudo, acumulando tudo na memória. Sua irmã Mary lhe ensinara a fazer discursos, desde quando tinha dois anos; ainda criança, havia sentido prazer na atividade oral e na projeção proporcionada por uma platéia; falava naturalmente, sem timidez ou hesitação; quando aprendeu a pensar rapidamente, enquanto falava, ganhou a fama de ser "o melhor jovem orador destas bandas". No dia Quatro de Julho, era convidado a fazer uma alocução na praça de Kinsman.

Os Darrows eram sempre "anti". Sendo o mais novo seguidor da tradição, Clarence tinha todas as razões para tomar o lado impopular da questão, o lado com que quase toda gente na platéia não concordava e, em que, de antemão, sabia que ele estaria enganando-os. Gostava da acre sensação de se pôr de pé, depois que seu adversário tinha recebido uma ovação que sacudia os lampiões de querozene pendentes em pregos nas paredes, e de enfrentar uma multidão de rostos absolutamente hostis, quatrocentas ou quinhentas pessoas cujas expressões eram um composto de aversão, incredulidade, descrença. Não havia prazer maior que o de se achar sozinho contra todo mundo, derrotado antes de começar, lutando por uma causa perdida. Amava a excitação de se manifestar contra espíritos que eram tão duros e fechados como uma armadilha de ferro sobre a perna quebrada de um animal. Aquela boa gente gostava do jovem Clarence, mas, quando ele se achava na tribuna, lutando contra coisas em que acreditavam, tornava-se o inimigo infiel. Embora nunca conseguisse ganhar um debate, vez por outra teve o prazer de rebentar uma ou duas bolhas ideológicas com um alfinete de tática ou de bom senso.

Depois que o debate havia sido concluído, para satisfação dos ouvintes, os bancos eram retirados, apareciam violinos e violões, começavam as danças e quadrilhas.

Clarence gostava muito de dançar, mas, antes de tudo, gostava de dançar com Jessie Ohl, que era a melhor dançarina da turma, perita em marcar uma quadrilha. Jessie tinha uma figura esbelta, com amplas curvas para uma moça de dezesseis anos, e um rosto honesto e franco, com a tez luminosa da juventude. Os dois formavam um par agradável.

5

Depois de ensinar durante um ano, o rapaz de dezoito anos via que seu interesse se voltava, cada vez mais para os livros de Direito do estúdio de seu pai. "Toda manhã de segunda-feira, quando saía para ir lecionar, levava consigo um livro de Direito, e, tendo bastante tempo, melhorava-o razoavelmente bem".

Clarence flutuava sem direção, sem saber que desejava ser advogado. A única coisa de que sabia com certeza era que não gostava de trabalhos físicos; que desejava, como seu pai, ganhar a vida pela palavra falada, pela idéia formulada, pelo pensamento expresso. Como a igreja estava fora de cogitação, restavam apenas dois campos: o do ensino e o do Direito. Percebia ele que trabalhar com espíritos jovens, na sala de aula, não o satisfaria por muito tempo, embora tivesse sido uma vida, excelente para Everett, que tinha muito do estudioso sonhador que seu pai havia sido. Via agora que gostava do conflito, do choque de espírito contra espírito, na luta pelo que cada qual julgava ser o direito e a verdade. Seu temperamento achava prazer no sistema de lógica, evidente tanto no Direito Romano quanto no Inglês; era estimulado pelo jogo da história e do drama humano nos casos que lia, e muitas vezes deixava-se entusiasmar, ao pensar nos casos em que teria de lutar para ajudar a triunfar a justiça. Mas, quanto ao que a prática do Direito realmente envolvia, sabia pouco; tinha oportunidade para saber muito pouco.

22 Advogado da Defesa

"O Direito, tal como é geralmente praticado, é uma profissão idiota – iria escrever, muitos anos depois, a um jovem que desejava entrar para a escola de Direito. – É inteiramente desprovido de idealismo e quase indigente em matéria de idéias reais."

Isso era uma forma de conhecimento *a posteriori,* que ele não podia ter tido antes. Como todos os outros rapazes pobres, vira os advogados do Condado fazer grande bulha nos piqueniques de Quatro de Julho, e ficara impressionado.

"Quando o Doutor Allen acabava de ler a Declaração de Independência, que julgava ter escrito, porque sempre a lia, apresentava o orador do dia. Era sempre um advogado vindo de Warren, sede do Condado, a trinta e dois quilômetros de distância. Eu tinha visto o cavalo e o carro do advogado, no hotel, pela manhã, e pensava como eram bonitos e quanto dinheiro um advogado devia ganhar, que grande homem era ele, como eu gostaria de ser advogado e quanto tempo e cérebro seriam necessários. O advogado nunca parecia ter o menor receio de se levantar no palanque, perante o auditório, e lembra-me que usava boas roupas e tinha botas brilhantes, como se tivessem sido engraxadas havia pouco. Falava muito alto e parecia estar irritado com alguma coisa, especialmente quando mencionava a guerra e os "bretões", e gesticulava muito com as mãos e com os braços. Os velhos agricultores batiam palmas, balançavam a cabeça e diziam que ele era um homem muito preparado, um grande homem."

Quando Clarence tinha vinte anos e já ensinava havia três, tornou-se evidente que não mais podia continuar na escola distrital, a trinta dólares por mês. Era evidente também que tinha todas as condições para ser advogado: gostava de livros; tinha uma fluência natural de linguagem, era capaz de pensar clara e precisamente; possuía uma personalidade agradável e insinuante, que inspirava confiança, e o Direito era sem dúvida o abre-te-sésamo do mundo além das colinas circundantes, da política e de uma profissão lucrativa. A família juntou suas leais cabeças para uma consulta. Everett, que estava lecionando na escola secundária em Chicago, e Mary, que lecionava na escola média em Champaign, insistiram em que ele fosse para a faculdade de Direito de Ann Arbor, Michigan; iriam mandar-lhe dinheiro bastante para se manter.

Mais uma vez, passou na faculdade um ano sem nada digno de nota. Embora gostasse um pouco da companhia de seus colegas, fez poucos amigos, e nenhum o influenciou. Suas notas eram medíocres; se seus professores chegavam a pensar nele, o que é pouco provável, teriam tido razão para concluir que viria a se tornar outro advogadinho do interior, alinhavando discursos nas comemorações do Quatro de Julho, para que seus constituintes agricultores o elegessem para algum cargo político de menor importância. Não o impressionavam seus professores, seus métodos de instrução ou os livros da biblioteca, que lhe eram indicados para estudar casos. Gostava de aprender sozinho, trabalhar só, seguir tropeçando sem mais ninguém, indagar, aceitar, rejeitar, chegar a suas próprias conclusões.

Não voltou a Ann Arbor para o segundo ano do curso. Em vez disso, arranjou emprego numa banca de advogados em Youngstown, a trinta e dois quilômetros de sua cidade, onde fazia toda sorte de trabalho no escritório, ganhava o bastante para pagar o seu sustento e lia os livros de Direito, interessando-se pelos vários temas que encontrava ou que surgiam em casos práticos no escritório. Poucas semanas depois de completar vinte e um anos, apresentou-se a "uma comissão de advogados que fora constituída para examinar candidatos. Eram todos bons sujeitos que queriam ajudar-nos a vencer." Passou pela prova simples e deu início à carreira jurídica que iria estender-se por seis décadas e implicá-lo em quase todos os conflitos, no próprio centro da vida americana em expansão.

Advogado da Defesa 23

No entretempo, sua amizade com Jessie Ohl havia-se tornado mais profunda. Gostara dela desde que tinha dezessete anos e parecia não ter sido atraído por nenhuma outra moça – embora, na inocência de sua juventude e na inocência da época, parecesse não ter feito experiência alguma para provar suas emoções. Ambos se adaptavam muito bem um ao outro; eram generosos, liberais, sinceros e simples em seus gostos. Pouca dúvida podia haver de que Jessie seria uma boa esposa e mãe.

A família de Jessie era uma das melhores do vale, proprietária do moinho onde ele brincara quando menino. Clarence tinha uma tremenda admiração pela Sra. Ohl, que passava a maior parte do tempo em Minnesota, onde dirigia uma fazenda de trigo de muitas centenas de hectares, cuidava de todas as minúcias do negócio, cozinhava para um grande grupo de trabalhadores suecos e noruegueses e, aos domingos pela manhã, fazia sermões evangélicos para os agricultores da região: era uma mulher de coragem, vigor e profunda educação. Quando ele começou a percorrer os dez quilômetros entre Kinsman e Berg Hill, a mãe de Jessie comentou:

– Parece uma distância tremendamente grande para vir namorar!

A lenda segundo a qual Clarence se enamorou de Jessie, sendo um moço de uma simpatia sem limites, porque ela era uma flor de estufa com a qual nenhum outro homem se incomodaria, é pulverizada pela longa viagem que empreeendeu à fazenda dos Ohls, em Minnesota, pouco depois de fazer vinte e um anos, para passar com ela suas férias de verão. Ele não tinha fonte de renda, mas aquilo não impedia que os jovens se casassem em 1880; havia pouca possibilidade de um homem não encontrar trabalho e ganhar a vida, no Oeste ainda escassamente povoado. Pediu Jessie em casamento e ela concordou de todo coração.

Foi um enlace melhor para Clarence do que para Jessie; a família Ohl era solidamente instalada, ao passo que ele não tinha um ceitil. E sempre havia o perigo de que viesse a ser parecido em demasia com seu pai, que viesse a passar a vida numa pobreza digna, com o nariz metido num livro embolorado.

Casaram-se na casa do irmão de Jessie, em Sharon, Pensilvânia, e foram diretamente para Andover, Ohio, um centro agricultor sonolento mas próspero, de cerca de quatrocentas almas, a dezesseis quilômetros de Kinsman. Ali, alugaram um apartamento sobre uma sapataria, com quarto, saleta e banheiro. O quarto ficava diante do longo lanço de degraus e foi transformado em escritório; Jessie gastou parte do seu dote para comprar livros de Direito, a fim de impressionar clientes em potencial. Passados os dois primeiros meses, como o jovem advogado conseguia ganhar menos que os trinta dólares que recebia como professor, Jessie concluiu que teriam de fazer economia.

O casal Darrow admitiu um pensionista. James Roberts era um jovem advogado que, nos termos do contrato, tornou-se não só companheiro de mesa de Clarence, mas também seu sócio de banca. Os documentos não explicam onde Roberts dormia, pois Jessie havia já transformado a saleta em quarto de dormir, mas a questão é, quando muito, acadêmica, pois, dentro de poucas semanas, o jovem Roberts fez algumas dívidas no pôquer e sumiu com os livros de Direito que Jessie tinha comprado para seu marido.

Tendo ainda muito do jovem roceiro não despertado, não ficara Clarence impressionado pelo mundo além da colina de Kinsman, quando fora para An Arbor, e rejeitara a idéia de começar sua prática de Direito em Youngstown, onde havia trabalhado e fora admitido no foro, conquistando alguns amigos porque era uma metrópole de vinte mil habitantes. Sua grandeza o atordoava. A despeito da vigorosa insistência de seu pai nos estudos, fora ele edu-

24 Advogado da Defesa

cado sumariamente, tinha uma formação jurídica muito parca e não era excessivamente engenhoso ou ambicioso. Ademais, em Andover, nada podia acontecer que o levasse à maturidade, pois os acontecimentos mais excitantes dos dias que passavam eram a queda de um cavalo na Main Street ou a descida de um cofre de um segundo andar. Seu negócio consistia em preparar papéis para a venda de cavalos, pelo que recebia cinqüenta céntimos de cada participante; ou em processar um fazendeiro em nome de outro, por motivo de representação fraudulenta a respeito de rebanho ou de sementes, casos em que podia chegar a receber até dois dólares. Para a resolução satifatória de uma disputa de limites, sentia-se com o direito de cobrar três dólares. De vez em quando, havia uma ação reivindicatória, em que ele ia ao tribunal para tratar da devolução de bens em custódia a seu cliente, e por isso recebia cinco dólares. Vez por outra, defendia um fazendeiro acusado de vender cidra amarga, em troca do que recebia mais cidra do que dinheiro.

Depois de um ano de prática, verificou que estava fazendo de cinqüenta a sessenta dólares por mês, o que proporcionava uma vida modesta, permitindo mesmo que a frugal Jessie economizasse alguns níqueis. O ponto culminante de sua prática foi alcançado na noite em que entrou precipitadamente na cozinha, bateu excitado nos joelhos, e exclamou para sua esposa:

– Hoje ganhei vinte dólares!

Os Darrows passaram três anos agradáveis em Andover. Jessie era cozinheira entusiástica e dona de casa imaculada. O jovem casal se amava. Viviam bem e Jessie nunca interferia no modo de vida de Clarence. A 10 de dezembro de 1883, nasceu-lhes um filho, que recebeu o nome de Paul; esse acontecimento incentivou Clarence, o suficiente para fazê-lo mudar para Ashtabula, uma cidade de cinco mil pessoas, a maior na vizinhança.

Não era ele um estranho naquela aldeia de vivendas modestas em ruas arborizadas. O povo lembrava-se dele, do seu tempo de jogador de basebol e de participante dos debates; além disso, tinha viajado para lá, várias vezes, para defender causas de gente de Andover, e se saíra muito bem. Estava, agora, chegando perto dos vinte e seis anos, alcançara a sua plena maturidade e era um responsável homem de família. Tinha uma reserva do que os fazendeiros chamavam "senso de cavalo": compreendia as situações prontamente, raciocinava sobre elas logicamente, em termos de direito e justiça, antes que de lei codificada, e sempre era capaz de merecer confiança de homens honestos. Discutindo as causas, falava a linguagem mais simples, nunca tentando esconder sua ignorância por trás de uma barreira do jargão jurídico. Raramente aceitava uma causa em que não acreditava que seu cliente tivesse razão, e, depois de se ter convencido disso, lutava com uma intensidade emocional que valia muito mais que os pequenos proventos ou propriedades em jogo.

Quando o agricultor João contratava Darrow para recuperar a propriedade de uma vaca, do fazendeiro Pedro, e conseguia recuperar a vaca, o fazendeiro Pedro podia invectivar contra Darrow durante umas sete semanas mas, depois, quando tinha de discutir a propriedade de um cavalo ou de um arreio, não voltava ao advogado que lhe perdera a vaca. Em vez disso, procurava o jovem Darrow.

"Naquele tempo – escreveu Darrow, _ um processo legal perante um juiz de paz era cheio de colorido, de vida e de espírito. Toda gente, num raio de quilômetros, tinha ouvido falar no caso e tomado partido, entre as partes em conflito ou seus advogados. Distritos, igrejas, habitações e comunidades inteiras ficavam divididas, como se estivessem em guerra. Muitas vezes, os casos eram julgados nas prefeituras municipais, e apareciam curiosos de longe e

Advogado da Defesa 25

de perto. Uma demanda antiga era como um grande torneio descrito por Walter Scott. Os combatentes de ambos os lados procuravam o ponto fraco da armadura do inimigo e faziam o máximo para derrubá-lo do cavalo ou tirar sangue."

A técnica de Darrow era a de derrubar o adversário, e não a de gritar com ele para que descesse. Quando o advogado da parte oposta se perdia em fraseados pomposos, ele fazia a retórica parecer tola, esclarecendo, com tranqüilidade e simplicidade, a questão em dúvida; quando se desviavam muito do assunto, ele se divertia brandamente com as suas fugas; quando se abrigavam em técnicas abstrusas, apelava para o bom senso do juiz e dos jurados. No íntimo, foi, a vida inteira, um rapaz da roça; sua compreensão da psicologia dos agricultores serviu-lhe bem, como está explicado em seu discurso ao júri, num famoso processo de incêndio e perjúrio, muitos anos depois:

"Os senhores pensam que nós da cidade somos todos espertos, e talvez sejamos; mas nós da cidade pensamos que os senhores das fazendas são todos espertos. Não existe sequer um dos senhores em quem eu confiaria, numa venda de cavalos, porque sem dúvida me tiraria a pele. Quando, porém, se trata de ter solidariedade para com uma pessoa em dificuldade, eu mais depressa confiaria nos senhores da roça que na gente da cidade, porque conhecem melhor as pessoas e conseguem ser amigos mais íntimos. Aqui está um caso em que uma moça mentiu para salvar um amigo. Não tenho a menor dúvida de que todos os senhores fizeram isso no passado ou o teriam feito, caso tivessem um amigo em dificuldade. Naturalmente, se nunca foram capazes de dizer uma mentira para salvar um amigo em dificuldade, só poderão fazer uma coisa, e essa coisa será votar pela condenação; mas, se qualquer dos senhores já falou uma mentira para salvar um amigo, não vejo como poderá votar para que essa moça seja mandada à penitenciária."

A moça foi absolvida.

Ainda fazia pouco tempo que Darrow se achava em Ashtabula, quando foi levado ao gabinete do Juiz Cherman, de cujos filhos se tornara amigo. Com o apoio do juiz, Darrow concorreu ao cargo de procurador municipal. Lembrando-se dos gritos e do agitar dos braços dos oradores do Quatro de Julho, Darrow adotou a posição oposta, fazendo apenas uns poucos discursos sem agitação. Foi eleito de braços caídos. O salário era de setenta e cinco dólares por mês, e além disso podia tratar dos seus próprios casos, que agora se tornavam razoavelmente numerosos, porque os clientes gostavam da idéia de ter suas questões tratadas pelo procurador municipal.

Ficou em Ashtabula durante quatro anos. Tinha uma vida confortável, era estimado e se achava a caminho de se tornar um dos principais advogados do Condado. Durante as noites, jogava pôquer com seus colegas, o jogo de que mais gostava depois de basebol; com umas poucas garrafas de cerveja ou alguns coquetéis, os homens contavam histórias, jogavam com paradas baixas e elevada excitação. Pela primeira vez, Darrow se divertia. Lia pouco; seu amor aos livros e ao conhecimento desinteressado estava adormecido. Durante duzentos anos, nenhum Darrow se havia projetado, e não parecia que Clarence fosse contrariar a tradição da família.

Já passara dos trinta anos, antes de esgotar o papel de advogado da roça. Tendo economizado quinhentos dólares, ele e Jessie resolveram comprar uma casa. Encontraram uma apropriada, à venda, por três mil e quinhentos dólares. Darrow fez um contrato com o proprietário, que previa o pagamento de quinhentos dólares à vista e o resto em prestações mensais. No dia seguinte, o proprietário apareceu, sem a assinatura da esposa no documento, dizendo

26 Advogado da Defesa

que ela recusara assinar – querendo dizer com isso que ela não achava que o jovem Darrow pudesse fazer os pagamentos mensais.

– Está bem – fulminou Darrow, – não quero sua casa, porque... porque... vou mudar daqui.

Na tarde seguinte, encontrou uma mulher por quem não tinha especial estima.

– E como vai hoje nosso eminente advogado? – perguntou a mulher.

– Oh, bem, bem – replicou Darrow. – Consegui uma grande causa.

– Que ótimo! Aqui em Ashtabula?

– Nã-ã-ão – gaguejou Darrow. – Em... Chicago.

– Mas isso é formidável. Quando é que vai ser o julgamento?

– Bem... para dizer a verdade... amanhã.

Embarcou para Chicago no trem, de manhã cedo. "No dia seguinte, tive de ir para Chicago, porque, se a mulher me visse nas ruas de Ashtabula, iria dizer à cidade inteira que eu era mentiroso – e era mesmo."

Darrow assegurava que, se o documento que havia redigido tivesse sido firmado, teria passado o resto da vida em Ashtabula, preocupado em acertar os pagamentos atrasados. Há, porém, indícios de que se estava cansando das virtudes da camaradagem e da vida da pequena cidade.

Sua natureza de novo o levou para os livros. Um banqueiro de Ashtabula o pôs em contacto com *Progresso e Pobreza*, de Henry Goerge, que estimulou sua imaginação tanto quanto suas faculdades críticas, impelindo-o no caminho difícil e limitado da justiça econômica. Um juiz de polícia chamado Richards deu-lhe um exemplar de *Nosso Mecanismo Penal e Suas Vítimas*, de John P. Altgeld, que levou seu espírito a se preocupar com os crimes e as prisões. Seu vigor intelectual se renovou; de novo começou a ler História e Economia Política, e tinha verdadeira fome por encontrar alguém com quem discutir aquelas matérias. Consumiu as obras de Walt Whitman, autor proibido em Ashtabula, assim como os romancistas europeus com os quais sentia ter afinidades de espírito: Flaubert, Turguenev, Zola. Queria discutir o livre-câmbio e o livre pensamento, os direitos dos Estados e o imposto único, o socialismo e o paganismo; queria ouvir teorias construídas por espíritos educados e mentes treinadas. Queria encontrar pessoas que conhecessem o mundo exterior, que pudessem levá-lo a novos livros e filosofias, que discutissem com as premissas da lógica e não do preconceito. Lentamente, desajeitadamente, penosamente, estava ele chegando à maioridade.

7

A Chicago para onde Darrow levou sua esposa e seu filho era áspera, crua e cheia de vida, a cidade que mais crescia nos Estados Unidos. "Mesmo nos primeiros tempos – dizia Darrow, – Chicago tinha aquele poder maravilhoso que ainda existe nela – aquele poder de inspirar, em toda pessoa que a toca, absoluta confiança na sua grandeza e força." Era o centro nervoso de um vasto sistema ferroviário, de onde centenas de carros chegavam e partiam todos os dias para todos os cantos do país. Carl Sandburg iria escrever: "Três trens expressos chegavam à mesma hora, um de Memphis e das regiões do algodão, um de Omaha e da região do milho, um de Duluth, a serra do carvão e do ferro." Era o matadouro da América com um fluxo interminável de sangue animal. "Um vagão de reses tirado de um vale de Wyoming na semana passada, chegado ontem, recebia hoje um golpe na cabeça, era esfolado, esquartejado e pendurado em refrigeradores." Estava-se tornando um dos grandes centros industriais, com seus altos-fornos rugindo noite e dia, para fornecer ao país jovem as fibras rígidas do aço, as suas chaminées a despedir uma fumaça branda e negra que penetrava e não saía de debaixo das pálpebras e das unhas. "A cidade é uma caixa de ferramentas aberta todos os dias, um despertador que dispara toda manhã, uma oficina, com cabanas e impermeáveis."

Um milhão de pessoas se havia acumulado naquela faixa de pradarias, no extremo do Lago Michigan, a mais espantosamente poliglota das línguas, desde a Torre de Babel: poloneses, croatas, sérvios, romenos, russos, noruegueses, suecos, alemães, irlandeses, sicilianos, gregos, búlgaros, fineses. E também americanos, de segunda, terceira e quarta geração, atraídos das fazendas e cidadezinhas de uma dúzia de Estados próximos, pela sucção da metrópole nova e tumultuosa que estava sendo construída.

Darrow foi para Chicago num confuso estado de espírito. Queria companhia intelectual e literária; queria a companhia de pessoas inteligentes com as quais pudesse discutir os problemas do mundo moderno; queria ter acesso a livrarias, a jornais honestos e revistas bem feitas; queria ver uma grande cidade em ação, mas não sabia o que desejava para si mesmo. Esperava fazer um bom trabalho e um trabalho importante – neste particular, era ambicioso, – mas a sua ambição não incluía o ganhar grandes importâncias em dinheiro. Queria simplesmente encontrar o seu lugar no mundo, fazer a sua parte de trabalho, ter a sua parcela de pensamentos, sentir a sua parte das suas sensações, absorver a sua parte dos conhecimentos. Não podia advinhar para que campos a sua atividade iria conduzi-lo, nem isso lhe importava, a não ser pelo fato de que deviam estar ligados aos movimentos interessantes e importantes da época.

Instalou sua família num modesto apartamento do lado sul, perto de seu irmão Everett, foi admitido à prática do Direito no Estado de Illinois, depois alugou um canto numa banca de advogados. Como seu pai antes deles, usava duros colarinhos brancos com um laço preto metido sob as pontas, um colete de gola e pesados ternos escuros. Seu rosto estava amadurecendo lentamente, embora seus olhos fossem ainda de uma candura infantil. Vindo de uma pequena cidade, vestindo-se como um advogado da roça, falando de um jeito arrastado e manso, quase ingênuo na franca simplicidade e brandura de suas maneiras, não causava impressão alguma à cidade cheia de trens, de arranha-céus em construção, de matadouros de porcos, de alto-fornos de aço. Não conhecia ninguém e, numa grande cidade, onde não se pode pendurar a tabuleta numa Avenida Madison ou numa State Street, os clientes não se atropelam no escritório de um estranho com seus problemas jurídicos. Passaram-se semanas; vários meses se passaram; as economias se esgotaram; Darrow começou a ter saudades de suas amigáveis aldeias de Ohio e já pensava na possibilidade de voltar.

Deu então início a uma nova tática: como os clientes não encontravam o caminho que conduzia a ele, encontraria ele o caminho que conduziria aos clientes. O primeiro passo foi entrar para o clube Henry George do Imposto Único. Depois que havia freqüentado algumas das reuniões semanais e apanhado o tom geral dos debates, arriscou-se a falar. Sua personalidade era calorosa e estimável, sua voz grave, musical, rica em contrastes de tonalidade, e ele só se levantava depois de haver formulado precisamente o que tinha a dizer. Sua combinação de lógica e humor jovial ajudava o grupo a aceitar seus argumentos, mesmo discordando de algumas das suas teorias. Depois da reunião, participava da discussão informal; trocavam-se apresentações, apertavam-se mãos numa camaradagem masculina cordial e áspera e, à meia-noite, o grupo se transferia para o restaurante italiano de Mme. Gali, para comer um bife com uma garrafa de cerveja, para muitas baforadas de tabaco e muitas tiradas de conversa animada e inteligente.

Entrou também para o Sunset Club, cujos cem membros constituíam o ponto de referência da renascença de Chicago. Ali, sentia-se mais à vontade que no Clube Henry George, onde não podia deixar de fazer críticas às suas panacéias econômicas. No Sunset Club, podia ler Omar Khayian e Robert Burns em voz alta, ouvir conferências de autores visitantes, discutir *Guerra e Paz* de Tolstói ou *Tempos Difíceis* de Dickens, debater os valores literários do realismo de *L'Assommoir, Germinal, Crime e Castigo*, os contos de Guy de Maupassa, em confronto com o romantismo da *Ilha do Tesouro* de Stevenson ou *Tartarin de Tarascon* de Daudet. Sua primeira conferência perante o Sunset Clube foi sobre "O Realismo na Literatura e na Arte". Como não há amizades mais firmes e duradouras do que aquelas formadas entre pessoas que amam os mesmos livros, Darrow foi cordialmente aceito pelos escritores, professores, bibliotecários, eclesiásticos, jornalistas e profissionais que estavam ansiosos por participar do novo e robusto movimento cultural que varria o mundo ocidental.

Estava em Chicago fazia apenas alguns meses, quando foi convocado pelos membros da comissão do Partido Democrata, os quais conhecera no Clube Henry George, para participar da campanha das eleições de 1888. Aceitou com alacridade, na esperança de que alguma migalha do que dissesse pudesse chegar até os jornais, ou de que alguém do auditório se impressionasse e lhe levasse um caso no dia seguinte. Mas sempre verificou ser apenas mais um de uma fila interminável de jovens advogados ambiciosos, que se esforçavam por impressionar. Acabados seus quinhentos dólares, vivendo das economias de Everett, e só podendo encontrar um ou outro problema de propriedade territorial para examinar, tornou-se cada vez mais desanimado, e lamentava ter abandonado sua banca de Ashtabula.

Então, repentina mas naturalmente, chegou sua oportunidade.

O Clube Henry George, promoveu em Chicago uma Convenção de Comércio Livre que atraiu oradores de todo o país, inclusive o próprio Henry George; porque Darrow tinha sido um fiel batalhador do Clube, e era tido como um dos seus melhores oradores, foi incluído no programa da gigantesca sessão de encerramento, a ser realizada no Central Music Hall. Tendo poucas questões jurídicas a lhe desviar a atenção, trabalhou alguns dias em seu discurso, sólido em seu aspecto econômico, com críticas construtivas ao imposto único nos seus pontos mais fracos, e escrito com lírica lucidez. Terminado o trabalho, decorou-o e esperou pela reunião.

Coitado! Henry George estava programado para falar primeiro. Seu discurso, prolongado e vigorosamente idealista, foi tão bom que não só empolgou e comoveu a assembléia como também a deixou completamente satisfeita. Quando terminaram os aplausos e a audiência começou a deixar o recinto, Darrow pediu ao presidente que o apresentasse rapidamente; seus poucos amigos bateram palmas o mais vigorosamente que puderam, quando ele se adiantou para falar. A multidão que saía voltou a cabeça por momentos, nos corredores, para ver o que se passava. Aproveitando a lição dos anos em que, desde quando tinha dois anos, Mary lhe ensinara a "fazer discursos", Darrow começou a falar ousadamente, pensando com afinco, rapidez e clareza, enquanto adaptava seu discurso, para suplementar o que Henry George tinha dito, estimulado, como sempre, pela presença de um auditório. O povo começou a voltar aos poucos para seus lugares.

Quando terminou, recebeu uma ovação. Henry George apertou-lhe a mão e garantiu-lhe que ele tinha um brilhante futuro. Os repórteres de jornais se acumularam em volta para

Advogado da Defesa 29

fazer-lhe outras perguntas, e escreviam apressadamente em seus cadernos de notas. Amigos lhe batiam nas costas; estranhos se apresentavam para lhe apertar a mão.

Na manhã seguinte, seu nome e suas opiniões estavam nas primeiras páginas dos jornais de Chicago. Seus velhos conhecidos apareceram para congratular-se com ele – "e usar seu telefone". Mas nenhum negócio novo nem causa surgiu nas águas da publicidade. Entretanto, dentro de alguns dias, novos amigos apareceram no escritório, para insistir com ele em que falasse a favor de DeWitt Cregier, candidato a prefeito. Tendo aprendido alguma coisa de tática política, Darrow escolheu seu próprio auditório, o melhor da cidade, e foi o único a falar. Os repórteres anotaram o que ele disse e o citaram com razoável precisão nos jornais da manhã seguinte.

Por esse sinal, soube Darrow que havia conseguido estabelecer-se na vida de Chicago. Embora seu primeiro ano de prática só lhe houvesse rendido trezentos dólares em dinheiro, as possibilidades para o ano seguinte lhe pareciam boas. Deixou seu pequeno apartamento e alugou uma casa, cujo pavimento superior a esperta Jessie sublocou, recuperando assim boa parte do aluguel.

8

Durante seu primeiro ano em Chicago, a coisa mais importante que lhe acontecera fora seu encontro com outro advogado, John Peter Altgeld, autor do livro *Nosso Mecanismo Penal e Suas Vítimas*, que o juiz de polícia lhe havia emprestado em Ashtabula. John P. Altgeld tinha mandado imprimir dez mil por sua própria conta e enviara exemplares com dedicatórias para todos os legisladores, juízes, promotores, ministros, educadores, escritores, conferencistas, assistentes sociais e presidentes de clubes que pudera encontrar numa lista de endereços. Tentara mostrar em seu livro que a pobreza, os cortiços e a falta de oportunidade resultante da distribuição desigual da riqueza estavam na base da maior parte dos crimes; que o tratamento brutal dado aos simples acusados e mais tarde aos presos era um segundo crime cometido pela sociedade contra o indivíduo, cujo ambiente atrofiado tinha sido uma das causas contributivas de suas primeiras manifestações de criminalidade. Publicado em 1884, cinco anos antes de *L'Uoma Delinquenta* de Lombroso, considerado como a primeira investigação científica da criminalidade, a aparecer na Itália, o livro coloca Altgeld entre os que poderiam receber o título de pai da moderna criminologia. Somente em 1899, quinze anos após a publicação de *Nosso Mecanismo Penal*, foi que Lombroso abandonou a sua teoria de que "o criminoso é um tipo especial, situado a meio do caminho entre o lunático e o selvagem", e chegou às conclusões de Altgeld sobre a base econômica do crime.

Para Darrow, que tinha passado dias modorrentos defendendo agricultores acusados por seus vizinhos de roubar arreios de quinze dólares, a leitura daquele esforço pioneiro foi como um mergulho em uma corrente fria e clara de montanha; deu-lhe indícios da espécie de pensamento independente que havia no mundo metropolitano e estimulou o seu desejo de sair da pequena comunidade agrícola. Um dos seus primeiros atos, ao chegar a Chicago, foi procurar a banca de Altgeld com um exemplar de *Nosso Mecanismo Penal e suas Vítimas*, debaixo do braço, para dizer-lhe o quanto o seu trabalho era corajoso e penetrante. Altgeld ficou tão satisfeito ao saber que seu livro era lido por jovens advogados, que esqueceu seu embaraço ao conhecer pessoas, sua dificuldade em fazer amizades, e recebeu Clarence com calorosa afeição.

Os dois homens descobriram que tinham espíritos afins e nasceu entre eles uma profunda amizade; ambos tinham vindo de pequenas comunidades agrícolas; ambos eram simples, presos à terra, inimigos da presunção, da hipocrisia e da falsidade. Ambos tinham uma solidariedade intuitivamente apaixonada pelos oprimidos, eram generosos de alma, desejosos de evitar discórdias, e no entanto, tão intensamente estimulados pela injustiça e pelo sofrimento humano que estavam dispostos a suportar contendas, contumélias e o ostracismo, para combatê-los. Ambos eram homens estudiosos, apaixonados pelos livros, intelectuais na época em que ainda não era moda ser intelectual; ambos liam constantemente Tolstói, Dostoiévski, Górki, Dickens, Zola, atraídos pelo amor desses autores pela humanidade.

Altgeld, aos quarenta anos, foi a influência mais profunda na vida de Darrow. Ajudou a educar o jovem, estimulou o seu amor ao estudo, à consideração de todos os fatos, por mais desagradáveis que pudessem parecer, ao firme apego à verdade, mesmo em face de tempestades tão devastadoras como as que por pouco não destruíram a ambos, antes que terminassem suas vidas. Em troca, Darrow conseguiu dar a Altgeld, que não tinha filhos, algumas das boas coisas que um filho dá a um pai: afeto, respeito filial, ânsia por aprender, uma hora gasta no calor da confidência.

Durante seu segundo ano em Chicago, Darrow conseguiu regular as despesas, continuando a tratar dos aspectos gerais de questões legais menos importantes. Passava as noites nos vários clubes e casas de outros sócios, debatendo o socialismo, discutindo poesia moderna, formulando planos para ajudar os sindicatos de trabalhadores a conseguir reconhecimento. Escrevia artigos para a imprensa liberal e trabalhista; o mais vigoroso deles foi seu ataque ao projeto de tarifa elevada de McKinley, ao qual *Current Topics* dedicou o principal espaço, com um retrato de página inteira como frontispício, lançando-o assim como jornalista profissional. Darrow chamava a tarifa "obra dos monopolistas e dos fortes, a mais tacanha e reacionária de todas as leis aprovadas por um congresso americano. Provavelmente, nenhuma nação civilizada neste século jamais voltou tão deliberadamente o rosto ao passado, jamais ignorou e zombou tanto do crescente sentimento de paz e fraternidade universal, que é a esperança de todos os povos e países progressistas da terra." Mais do que tudo, porém, gostava de fazer conferências sobre temas literários. Aceitava qualquer quantidade de trabalho, para preparar uma conferência e sentir a felicidade de pronunciá-la perante os poucos ou os muitos que se compraziam em ouvi-lo. Um membro de um dos seus primeiros auditórios dá um divertido retrato do jovem Darrow na plataforma de conferencista:

"Vi Clarence Darrow pela primeira vez quando ele fez uma conferência na Reunião da Tarde de Domingo do Clube do Imposto Único de Chicago, no Handel Hall, na Randolph Street. Estava vestido com um fraque e tinha uma camisa branca encardida, um colarinho baixo engomado e uma gravata de laço, fina e preta. Seu tema era o romance *Ana Karênina*, de Tolstói. Estava de pleno acordo com a filosofia do romance e sua solidariedade para com os oprimidos e proscritos. A todo momento, durante o discurso, curvava os largos ombros para a frente e corria a mão pelos cabelos castanhos escuros, compridos, lisos e agarrados, que caíam a partir da risca do lado esquerdo de sua cabeça, na direção do olho direito, quase entrando nele, a fim de empurrá-los para trás. A conferência era cheia de afirmações admiráveis e originais, em linguagem simples, pontilhada de tiradas de espírito e sarcasmo, que produziam risinhos e gargalhadas de seus ouvintes; mas era evidente que não dizia aquilo para ser engraçado; eram elementos importantes de uma discussão séria, e seu rosto mostrava seriedade ao fazê-lo. Leu um trecho do romance com profundo sentimento e emoção. A palestra me cau-

Advogado da Defesa 31

sou forte impressão, e, creio eu, nos ouvintes."

Peter Sissman, que mais tarde viria a salvá-lo para a profissão legal, depois que Darrow por pouco escapara de terminar a vida na penitenciária de San Quentin, dá o retrato mais antigo de Darrow na plataforma de conferência.

"Conheci Darrow pela primeira vez, em fevereiro de 1893, quando fez uma conferência, num domingo à noite, no Jefferson Hall, para a União Secular, um grupo de livres-pensadores e racionalistas, discípulos de Ingersoll. O tema era "Alguns Erros Fundamentais". O encanto de sua palestra estava em sua voz, em suas maneiras e em sua lógica. Era analítico e científico a respeito do socialismo. Moralmente, aquela sua opinião realística era uma fraqueza, que o fazia ficar sempre em dúvida; jamais poderia deixar-se levar pelo entusiasmo que inspira o radical comum."

Darrow causava profunda impressão em seus ouvintes, porque tinha aquele dom raro e belíssimo, uma personalidade de ouro. Seu magnetismo atacava e vencia as pessoas, fazendo-as sentir um calor interior e revelando o melhor que possuíam. Tornou-se um dos líderes da jovem e animada vida cultural de Chicago, porque era assim gentil, legítimo e honesto, porque seu amor aos livros e ao pensamento brilhava em tudo o que dizia, porque tinha o dom da frase ousada e admirável, a risadinha deliciada, e porque era capaz de dramatizar a literatura e o conhecimento, dando-lhes vida. Tinha passado do ponto de esperar ganhar a vida com essa espécie de atividade: era ela, na sua opinião, a expressão de si mesmo; compensava o amor inerente de Darrow pelo ensino, pela comunicação aos outros das alegrias que tinha encontrado.

Como um Lochinvar do Direito, prontificava-se a quebrar lanças por qualquer boa causa social. Fez correr o chapéu em reuniões públicas, a fim de levantar fundos para os Boers. Recebeu uma ovação dos fenianos, que também estavam procurando libertar-se na Inglaterra, quando lhes disse que "... os homens que tornaram o mundo mais prudente, melhor e mais sagrado sempre estiveram em luta contra as suas leis, os costumes e as instituições".

"O *Evening Mail* de Chicago iniciou uma cruzada para induzir as companhias de bondes a dar bancos aos passageiros. Darrow falou em comícios, principalmente no centro da cidade, no Central Music Hall, na esquina de State e Randolph Street. Nessas ocasiões, como sempre ocorreu desde então, uma mecha indisciplinada de cabelos lhe caía na testa, por causa do calor e das emoções geradas em sua grande cúpula. Convenceu a cidade de que o povo estava sendo tratado injustamente, de que algo precisava ser feito para resolver o caso. Distribuíram-se emblemas de fita azul, com a inscrição em letras de ouro: N.S.N.F, no alto, e "No Seat, No Fare" [1] embaixo. Toda gente as usava e, em certa época, se uma passagem de cinco cêntimos era aceita, o condutor devia fornecer o banco. Naqueles dias, o trânsito ficava completamente transtornado. Por toda parte, a polícia era chamada a ajudar passageiros postos para fora e muitos foram presos. Foi uma "revolução" que durou pouco. A companhia prometeu mais carros na hora do *rush* e uma alça para que cada passageiro segurasse".

9

Fazia dois anos que Darrow estava em Chicago, quando recebeu um bilhete do Prefeito Cregier, pedindo-lhe que o procurasse. Correu sem demora ao gabinete do prefeito, onde teve a surpresa de ver-lhe oferecido o cargo de assessor jurídico especial da cidade.

1. *Slogan* que significa: sem bancos, não se pagam passagens. (N. do T.)

– Mas, Sr. Prefeito, como é que me manda chamar e me pede para ser assessor especial, quando nunca me conheceu antes?

– O senhor não sabe? Ora, ouvi-o fazer aquele discurso, aquela noite com Henry George.

Como o salário era de três mil dólares por ano, Darrow aceitou o oferecimento, e seu nome já estava na folha de pagamento antes de descer precipitadamente a escada da prefeitura. Correu, a pé, ao escritório de Altgeld.

– Mas eu não tenho suficiente experiência em organização jurídica de cidade grande – protestou, receoso de ter sido precipitado.

– Vou tratar do necessário para que você tenha a instrução conveniente – replicou Altgeld, com seu sorriso tranqüilo.

Darrow não sabia que fora a recomendação de seu amigo ao prefeito que ajudara a arranjar-lhe a nomeação.

– Daqui a um ano, você estará rindo da sua hesitação.

Deram-lhe um gabinete na prefeitura, com uma grande escrivaninha, uma biblioteca, uma secretária e um amanuense, e ele, sem preliminares, mergulhou no trabalho. Suas funções deveriam concentrar-se em questões de alvarás, impostos, confiscos, licenças; em aconselhar funcionários municipais que queriam justificação legal antes de prosseguir num trabalho. Porque os funcionários queriam as opiniões imediatamente, na mesma hora, sem esperar que ele examinasse a lei, Darrow achou-se a flutuar no meio de um oceano largo, muito largo. Com auxílio de Altgeld, formulou um *modus operandi* que iria servir-lhe em toda a sua vida profissional: estudava o problema com base nos seus dados, depois chegava à conclusões que julgava corretas, lógicas e justas. Se, ao examinar a matéria nos livros de acórdãos, encontrava precedentes contra ele, Darrow não abandonava a sua posição.

– É esta a maneira sensata e honesta de resolver esta questão! – examinava.– Em alguma parte do livro de Direito, deve haver um precedente que me dê apoio.

E continuava sua procura. Quase sempre encontrava uma decisão que sustentava seu ponto de vista.

Três meses depois que Darrow estava trabalhando, o consultor assistente da municipalidade viu-se a braços com uma disputa partidária e foi obrigado a renunciar. Os políticos tinham encontrado em Darrow um homem acessível, cordial, pronto a lhes dar a melhor opinião que podia encontrar, com prazo de um momento, e sua opinião ainda não havia levado nenhum deles pelo mau caminho. Gostavam dele – sentimento que Darrow nem sempre retribuía,– e por isso foi promovido ao cargo de consultor jurídico assistente, com cinco mil dólares por ano. Seu trabalho era representar a cidade no tribunal, em todas as demandas. Ali, adquiriu suas primeiras experiências em processo penal, aguçando o seu conhecimento da técnica e das relações da lei e do cliente com o juiz e o júri. Além disso, estava em constante conferência com o prefeito e os edis e, um por um, veio a conhecer todos os juízes.

Estava no cargo havia apenas dez meses, quando o consultor municipal adoeceu. Darrow, aos trinta e três anos, foi promovido ao cargo, na mais tumultuada cidade dos Estados Unidos. Um de seus assistentes escreve: "Durante o período em que Darrow e eu estivemos ligados ao departamento jurídico, ocorreram dois acontecimentos que aumentaram a sua importância: primeiro, a anexação das municipalidades adjacentes; segundo, a preparação da Exposição de Columbia, que iria abrir em 1893." Ali, pela primeira vez, Darrow terçou armas com dois de seus futuros adversários: as estradas de ferro – e a Proibição. "A anexação dos povoados de Hyde Park e Lake provocou muitas complicações legais, como por exemplo. a de

Advogado da Defesa 33

saber se a absorção de Hyde Park anulava a política proibicionista do povoado. Quanto à Exposição de Columbia, os interesses da cidade e das ferrovias estavam em áspero conflito. As estradas de ferro se opunham aos esforços da cidade para abrir ruas atravessando as suas linhas, para oferecer acesso mais fácil aos terrenos da exposição. Fizeram-se esforços para bloquear as medidas de desapropriação e para declarar ilegal a abertura de ruas. A estrada de ferro empregou muitos dos principais advogados do foro de Chicago, mas Darrow venceu o litígio e as ruas foram abertas."

Ele era honesto; era industrioso e de mente clara, embora pouco mais houvesse a distinguir sua passagem pelo cargo, essas três virtudes lhe permitiram realizar seu trabalho satisfatoriamente. Era bem estimado e se tornou radicado no mundo jurídico de Chicago.

Depois de quatro anos de trabalho para a municipalidade, recebera a oferta da Estrada de Ferro Chicago e Noroeste, inspirada, em parte, pela vitória que tivera sobre o direito de passagem. A conselho de Altgeld e contra suas próprias inclinações, Darrow aceitara. Os meses e os anos passaram muito rapidamente; havia pago a sua dívida a Everett, comprando uma casa confortável para si e Jessie, na zona norte, continuara a ler e fazer conferências, a debater e fazer amizades com líderes socialistas e trabalhistas, anarquistas, céticos, livres-pensadores de todas as origens. Continuou ambidextro, servindo à estrada de ferro com a mão direita e aos liberais com a esquerda. Algumas rugas apareceram no seu rosto de menino; os cabelos começaram a desaparecer na têmpora esquerda, onde os partia; as pálpebras já não se abriam tanto, admirando o mundo. A vida era interessante. Ele não tinha idéia do que o futuro lhe reservava.

Então, os trabalhadores da Companhia Pullman Palace Car entraram em greve; o Sindicato Ferroviário Americano aderiu por solidariedade; foi expedido um interdito, e Eugene Debs seria lançado na cadeia, se desobedecesse àquela ordem judicial.

CAPÍTULO II

UM LIBERAL OBTÉM EDUCAÇÃO LIBERAL

NA MANHÃ seguinte, Quatro de Julho de 1894, ele se levantou às seis e meia, fez o desjejum com sua esposa e seu filho Paul, e foi para a cidade de bonde. Por ser feriado, o centro de comércio estava deserto; ele gostava da cidade quando a via assim quieta, sem a correria de pessoas a confundi-la. Conferiu a pasta em que levava livros para Springfield, onde tinha sido convidado para jantar em família, com John Peter Altgeld, que fora eleito governador de Illinois, dois anos antes: feito isso, encaminhou-se para o Lago Michigan, que podia ver, cintilante e azul, através da suja caverna da Rua Randolph; depois seguiu a passadas largas dois quarteirões para o sul, pela Avenida Michigan, com o sol a lhe bater no rosto.

De repente, chamou sua atenção o ruído de pés em marcha. À distância, vindo do norte do bulevar, podia ver tropas a se movimentarem, em coluna por quatro, levando aos ombros armas rebrilhantes. Ao se aproximarem, viu que eram tropas federais, as Companhias A e C, de Fort Sheridan. Então, ao ouvir o comandante gritar, "Direção à direita", e ao ver os soldados marcharem para uma propriedade vaga junto do lago – perto do Convention Hall, onde Abraham Lincoln tinha sido indicado para candidato à presidência, apenas trinta e quatro anos antes, – desfazerem a formação e armarem barracas, compreendeu que não tinham sido mandados para Chicago para coisa tão inocente quanto uma parada de Quatro de Julho. Tinham sido mandados para ali pelo Secretário da Guerra, para executar o interdito contra os grevistas; eram a parte material do que Marvin Hughitt tão claramente designara como "uma metralhadora em papel".

Ainda na véspera, Eugene Debs, presidente do Sindicato Ferroviário Americano, lhe confidenciara:

– Não acredito no socialismo, mas sou forçado a concluir que a propriedade das ferrovias pelo governo é decididamente melhor para o povo do que a propriedade do governo pelas ferrovias.

Darrow sorriu tristemente quando lhe passou pela mente a sintomática pilhéria arrumada pelo povo de Pensilvânia, para satirizar sua situação: "A legislatura agora ficará em recesso – isto é, a Estrada de Ferro Pensilvânia não tem mais projetos a discutir".

Ele havia examinado a lei; sabia que a ordem de mandar tropas para Chicago viola-

Advogado da Defesa 35

va a Constituição, que garantia os direitos do Estado. Nenhuma divisão do exército federal podia ser mandada a qualquer Estado, antes que o governador desse Estado a tivesse oficialmente solicitado. Não só o Governador Altgeld não pedira ajuda militar, como o Prefeito Hopkins, de Chicago, sem cuja solicitação específica nenhuma milícia estadual podia ser mandada para a cidade, não pedira tropa alguma ao governador Altgeld. Não tinha havido perturbações em Chicago; não houvera reuniões hostis, violências nem ataques à propriedade, pois o sindicato Ferroviário Americano se comprometera a manter a greve pacífica, a proteger as oficinas da Pullman e as propriedades da ferrovia, e a entregar à justiça os malfeitores. Haviam cumprido fielmente aquele compromisso: desde 11 de maio, o dia em que tinham entrado em greve, trezentos grevistas vinham guardando as oficinas da Pullman, tão constantemente que os próprios diretores da empresa jamais pediram proteção policial. A polícia de Chicago havia trilhado as muitas milhas de linhas da estrada de ferro, sem choques nem distúrbios; o superintendente Brennan, da polícia, ainda na noite anterior, havia informado que tudo continuava em paz. Não havia tampouco, a menor razão para imaginar que o Governador Altgeld não fosse enviar a milícia, quando solicitado a isso pelo Prefeito Hopkins, pois havia instantaneamente mandado regimentos para Cairo e outros centros ferroviários, quando solicitado pelas autoridades locais. Ainda assim, era o exército dos Estados Unidos, organizado para defender o país, que se permitia ser lançado no papel de esmagador de greves.

Clarence atravessou a Avenida Michigan e olhou os soldados que acampavam. Apoiando-se numa perna, seguindo os movimentos dos homens uniformizados, alguns deles rijos rapazes queimados de sol, filhos de fazendeiros e de imigrantes, outros mais velhos com fartos bigodes, ruminava a ironia de ver tropas federais enviadas para esmagar uma greve popular no Dia da Independência! Havia apenas cento e dezoito anos que os fazendeiros e mercadores, artesãos e mecânicos, trabalhadores e guarda-livros da colônia, tinham constituído o primeiro exército americano, para se livrar do jugo econômico e político da monarquia inglesa. Homens haviam sofrido a miséria da fome, da disenteria, da febre e do frio, para que se pudessem considerar homens livres, para que pudessem fixar seus próprios impostos e eleger seus governadores, dirigir suas fazendas, lojas e escritórios, suas casas, igrejas e governo. Haviam arrancado a si mesmos de seus lares e famílias, morrido com o próprio sangue a lhes correr das gargantas, para que eles e seus filhos e os filhos de seus filhos jamais pudessem ser sufocados por um despotismo econômico que controlava as suas vidas sem lhes dar voz ou sem lhes prestar ouvidos. A liberdade, mesmo um conceito tão material quanto o de liberdade econômica, fora uma boa razão para lutar e morrer.

Agora, tinham governo em seu próprio solo, onde podiam ser governados mais eficiente e completamente; onde a Associação dos Superintendentes Gerais, uma organização ilegal, podia usar ilegalmente a sua influência sobre o Procurador Geral dos Estados Unidos para extralegalmente nomear o advogado da própria Associação procurador geral assistente de Chicago, e, depois, ilegalmente, ordenar que o procurador geral asssitente pedisse um interdito, por mais pacíficas que pudessem ter sido as condições na cidade. Dois juízes da Corte Federal de Circuito, Grosscup e Woods, iriam depois reunir-se ao recém-nomeado procurador geral assistente Walker e assisti-lo no preparo de um interdito ilegal – sem que nenhum representante do trabalho tivesse permissão para estar presente e defender os interesses dos trabalhadores. Para completar o ciclo, o exército dos Estados Unidos iria, depois, ser ilegalmente mandado para Chicago, a fim de esmagar a greve.

36 Advogado da Defesa

2

Enquanto saía para obter dados na cidade de Pullman, onde toda a confusão havia começado, Darrow refletia que George Pullman era a prova viva na América de que um homem precisava ter apenas uma boa idéia para ganhar milhões. Quando Pullman tinha apenas vinte anos, trabalhando na carpintaria de seu irmão, ao norte de Nova York, havia feito sua primeira viagem noturna num carro dormitório. Deram-lhe um catre de madeira de um lado de vagão adaptado, onde se estendeu inteiramente vestido, sobre um colchão duro, e se cobriu com seu sobretudo, pois não havia roupa de cama. Acima e abaixo dele, estavam outros homens de negócios reclinados desconfortavelmente em suas roupas de rua. Havia fraca luz de velas; o aquecimento era dado por um fogão de madeira do outro lado do carro e não entrava ar fresco porque nenhuma das janelas podia ser aberta. O carro era barulhento e sujo, cheio de fumaça de carvão; dormir era quase impossível. Uma noite em tal carro era temida pelos mais duros e as mulheres raramente entravam nele. Durante vinte anos, aqueles horrendos carros de catre foram usados, sem melhoramentos. Durante vinte anos, os passageiros viajaram neles; condutores e guarda-freios passavam por eles; funcionários e administradores das estradas os inspecionavam; todavia, nenhum deles percebia a necessidade imperiosa de os tornar habitáveis.

O jovem George Pullman fez apenas uma viagem no chamado carro de dormir para ver imediatamente a necessidade de um belo e confortável dormitório sobre rodas; aquele filho de um mecânico, aquele treinado fabricante de móveis, foi capaz de formular, da noite para o dia, e de revelar a seu amigo mais íntimo, Ben Field, de Albion, seu plano de um verdadeiro carro-dormitório, que era, aliás, justamente o que se produzia agora, na companhia Pullman Palace Car, para onde o trem da Central Illionois, em que viajava Darrow, o estava conduzindo naquele momento.

Durante quatro anos, Pullman continuara trabalhando na carpintaria de seu irmão, recebendo um ou outro contrato, tal como a remoção de pranchas das margens do canal de Eriê, que estava sendo alargado para permitir um tráfego mais intenso. Aos vinte e quatro anos de idade, tinha concluído que podia ganhar a vida numa grande cidade; rejeitou Nova York, que ficava próxima, pela jovem e mais romântica Chicago, na fronteira, que estava crescendo junto ao Lago Michigan, tão depressa como a cebola brava que lhe dera o nome, e que ele percebia que deveria tornar-se o centro ferroviário do continente. Simpático, ousado, enormemente dotado de recursos, George Pulman não demorou a estabelecer para si uma sólida situação em Chicago, tomando empreitadas que tinham afastado homens mais experimentados, para elevar o nível de ruas e, depois, de quarteirões inteiros de prédios de tijolos e pedras, que estavam sofrendo com a drenagem do lago, porque a cidade brotara descontroladamente, nas terras baixas atrás das dunas de areia. Nas suas horas vagas, trabalhava nos planos para o novo carro dormitório, a principal paixão de sua vida. Em 1858, quando Cyrus Mccormick completou sua fábrica de colhedeiras mecânicas na margem do Rio Chicago, quando os currais estavam começando a absorver os negócios de metrópoles suinas tais como Terre Haute, de Debs, e Marshall Field via sua organização de negócios gerais crescer até se transformar numa loja de departamentos, Pullman convenceu a estrada de ferro Chicago e Alton a deixá-lo tentar suas experências em dois dos seus velhos vagões. Não havia planta para a remodelação, e Pullman só imaginou as medidas e detalhes quando se encontrou diante deles. Colocou dobradiças nos encostos das cadeiras, para que pudessem ser dobradas, formando uma cama; colocou ganchos nos leitos superiores, para que pudessem ser fechados durante o dia, guardando a roupa de cama. Os carros foram revestidos de veludo e iluminados por lâmpadas de óleo, com um lavatório em cada extremidade. O guarda-freio fazia as camas; na primeira viagem, o chefe do trem teve de obrigar os passageiros a tirar os sapatos antes de deitar.

Embora os novos carros dormitórios fossem populares entre os viajantes, as companhias ferroviárias recusaram ficar entusiasmadas com eles. Por sua parte, Pullman sabia que remodelar carros velhos era uma improvisação, que teria de construir seus vagões dormitórios a partir dos truques. No ano seguinte, foi para os campos de mineração do Colorado, onde abriu um armazém; passava muitas horas do dia desenhando plantas para o primeiro carro Pullman completo. A tarefa lhe consumiu quatro anos; depois, voltou para Chicago, associou-se a seu amigo Ben Field, registrou patente de suas numerosas invenções e investiu todo o seu capital disponível, de vinte mil dólares, na Companhia Pioneira. Gastou-se um ano para construir o carro, e ele foi realmente um pioneiro; era um pé mais largo e dois e meio pés mais alto que qualquer vagão em serviço; a beleza e a arte das suas guarnições não tinham precedentes, pois Pullman gastara para decorar seu carro tanto quanto outros homens gastam para mobiliar suas salas de visitas. O Pioneiro tinha também uma marcha incomensuravelmente mais suave, tornando possível dormir, pois entre as invenções de Pullman contava-se um truque aperfeiçoado com molas reforçadas por blocos de borracha sólida.

A parte impressionante desse novo vagão era não apenas o seu engenho mecânico, que revolucionou a construção de carros ferroviários, mas o fato de que Pullman, para poder atender às suas necessidades, construíra o seu carro tão grande que não podia ser usado em qualquer ferrovia existente, porque era demasiado alto para passar debaixo de pontes e demasiado largo para ser praticável nas plataformas de estações. Pullman, com sua ousadia e sua força, tinha dito: "É assim que deve ser um carro dormitório; todo o sistema ferroviário dos Estados Unidos será transformado para atender às suas necessidades." Pouco depois de estar o carro completado, Abraham Lincoln foi assassinado. Foi preciso ligar-se o Pioneiro ao trem funerário que levou o seu corpo de Chicago para Springfield. A Estrada de Ferro Chicago e Alton prontamente se adaptou às necessidades do Pioneiro e foi fundada a Companhia Pullman Palace Car.

O vagão Pullman Palace ajudou a reduzir o espaço e a aniquilar o tempo; os Estados ficariam mais ligados; territórios virgens se tornariam habitáveis; o comércio seria incentivado; as malas postais e mercadorias seriam transportadas mais rapidamente; a separação de famílias passaria a ser mais suportável. Homens de negócios, engenheiros, construtores, professores, profissionais, mudar-se-iam para outros lugares do país, aproveitando os seus recursos, abrindo minas, derrubando florestas, criando fazendas, construindo fábricas, plantando cidades. Ao poder e à força crescente da América, George Pullman dera uma contribuição tão importante quanto a de Fulton ou Whitney.

3

Quando o trem parou na estação da Rua Cinqüenta e Nove, no ponto onde ainda um ano antes tinha despejado multidões para verem a Feira Mundial, no Midway, Darrow tirou do bolso um folheto que tinha apanhado em sua escrivaninha, antes de sair de casa naquela

38 Advogado da Defesa

manhã. Chamava-se A História de Pullman e fora distribuído pela Companhia Pullman aos visitantes da Feira Mundial. Leu: "Imaginemos uma cidade perfeitamente equipada, de doze mil habitantes, construída com base num único pensamento central até um todo belo e harmonioso. Uma cidade que é orlada de canteiros de flores e grandes faixas verdes veludosas de relva; que é ensombrada por árvores e cheia de parques, belos panoramas aquáticos e visões de trechos artísticos de paisagem ajardinada; uma cidade onde as casas, até as mais modestas, são alegres, agradáveis e cheias de ar puro e luz; uma cidade,numa palavra, onde tudo o que é feio, discordante e desmoralizador é eliminado, e tudo o que inspira o respeito próprio, o desejo de lutar e a limpeza da pessoa e do pensamento é fornecido liberalmente."

Quando o chefe do trem anunciou seu destino, Darrow desembarcou do trem e se encaminhou para a cidadezinha que Pullman havia criado, numa extensão de quinhentos acres de terras de pradarias que não eram usadas. Desceu a rua principal, com os seus brilhantes canteiros de flores vermelhas, no centro, suas fileiras de altas árvores verdes junto das paredes, suas casas de claros tijolos vermelhos com bem cuidados gramados na frente. Por que haveria qualquer trabalhador privilegiado, que vivesse naquela utopia, de querer entrar em greve contra seu benevolente empregador?

Como a responder à sua própria pergunta, ele se viu dentro da biblioteca que Pullman havia criado para seus operários. Umas poucas perguntas discretas, feitas à bibliotecária, revelaram que as taxas anuais pelo empréstimo de livros, que o Sr. Pullman tinha circunspectamente escolhido para seus empregados lerem, eram tão elevadas que apenas duzentas e cinqüenta famílias, das cinco mil que viviam na cidade, se valiam dos seus privilégios. Ainda assim, a biblioteca deserta era bem freqüentada, em comparação com a pequena casa paroquial, ao lado da imponente igreja onde Darrow parou depois; a casa paroquial nunca fora ocupada por gente, porque o aluguel de sessenta e cinco dólares, que Pullman pedia pela casa, a tornava impraticável para qualquer dos eclesiásticos protestantes que tinham sido chamados a pregar na igreja.

Batendo ao acaso às portas de várias casas de tijolos vermelhos, Darrow se apresentou como advogado do Sindicato Ferroviário Americano. Alguns dos homens estavam nas oficinas em serviço de guarda; outros lhe falaram livremente, com as esposas um pouco escondidas atrás deles, o filho mais novo nos braços, os mais velhos agarrados a suas saias. Precisou apenas uma hora de inspeção para se convencer de que a cidade de Pullman era uma frente falsa, destinada a impressionar o visitante casual: as casas eram da construção mais barata, os cômodos pequenos, escuros e sem ar, as instalações do tipo mais rudimentar; cada casa tinha apenas uma torneira, geralmente no porão, onde custa menos levar um encanamento, e dali a água tinha de ser transportda em baldes para as outras partes da casa. A despeito dos protestos de Pullman, de que na sua cidade "tudo o que inspira a limpeza das pessoas é fornecido liberalmente", não havia sequer uma casa que tivesse uma banheira.

Por aquelas moradias, os empregados de Pullman pagavam um aluguel 25% superior ao que tinha de ser pago por habitações semelhantes, em comunidades próximas; contudo, nenhum homem podia ter emprego nas oficinas da Pullman, a menos que alugasse uma de suas casas. O aluguel era deduzido do seu pagamento pelo banco de Pullman, antes de ser pago o salário. Se havia reparos a fazer nas casas, antes que os trabalhadores as ocupassem a companhia Pullman adiantava o dinheiro para os reparos, e a despesa era descontada dos salários. No contrato que o trabalhador tinha de assinar antes de poder obter seu emprego, havia dispositivos que o obrigavam a pagar todos os consertos, mas também o de que podia ser despejado

Advogado da Defesa 39

com prazo de duas semanas. Todas as famílias que Darrow visitou lhe disseram que eram obrigadas a admitir pensionistas.

Percebendo que, quanto mais a fundo penetrava, mais dura era a verdade que encontrava, Darrow deixou a rua principal e caminhou para a parte afastada da cidade, onde os visitantes nunca eram levados. Ali, encontrou prédios da companhia, sem gramado, com quatro e cinco famílias acumuladas em cada apartamento, com um só banheiro para todas as famílias. Também ali, o aluguel de dezessete e meio dólares, cobrado de cada família, representava 25% a 30% mais do que teriam de pagar por acomodações individuais nos distritos próximos, onde podiam ter intimidade, sol, um gramado, flores e um quintal para seus filhos. Atrás dos prédios, encontrou verdadeiros cortiços, barracões de madeira, cuja construção tinha custado apenas cem dólares, ocupados por famílias marginais, que tinham oito dólares por mês descontados de seus salários, importância que representava um reembolso de 40% a 50% do investimento da Companhia Pullman.

De família em família, a maioria das quais verificou ser de americanos da segunda geração, Darrow tornava-se profundamente enojado à medida que formulava a história da vida de Pullman, onde "tudo o que é feio, discordante e desmoralizador é eliminado, e tudo o que inspira o respeito próprio é liberalmente oferecido". Os moradores eram constantemente espiados; tudo o que diziam era contado à Companhia. Quando os homens saíam da cidade, cada um dos seus movimentos era vigiado; à sua primeira tentativa para entrar num sindicato, o operário era despedido, sua família despejada da casa, seu nome inscrito na lista-negra e mandado a todas as ferrovias do país. Qualquer tentativa para discutir, protestar ou melhorar qualquer condição provocava a imediata demissão. A Companhia dava assistência médica gratuita aos homens feridos nas oficinas, mas apenas em troca de um documento de dívida assinado pelo trabalhador ferido; se era suficientemente mal orientado para ingressar em juízo, o médico da companhia dava um atestado contra ele. Todas as economias tinham de ser depositadas no banco Pullman; não se permitiam tavernas ou centros de diversão e os homens não podiam gozar uma hora de prazer ou de fuga. Os trabalhadores se queixavam de que, até na santidade de suas casas, não podiam ir ao banheiro sem que Pullman soubesse disso.

George Pullman, proclamando ao mundo que tinha construído uma "cidade perfeitamente equipada, construída com base num único pensamento central até um todo belo e harmonioso", havia criado para si uma aldeia feudal onde era o senhor e seus trabalhadores os servos; onde podia controlar cada um dos seus reflexos e onde podia reter, em forma de aluguel, a melhor parte dos salários que lhes pagava. As famílias viviam sob um reinado de terror, temendo confiar em seus vizinhos ou amigos, receosas de pensar, conversar ou mostrar seus sentimentos, exceto no escuro, por trás de janelas fechadas e portas trancadas.

4

Nada disso, porém, tinha causado a greve de 11 de maio de 1894, agora quase com dois meses. Uma depressão, após o pânico de 1893, se havia apoderado do país e, os negócios tinham perdido muito em vigor. Pullman achara difícil conseguir contratos para que suas oficinas construíssem novos carros de passageiros ou de carga; a fim de manter sua fábrica em funcionamento, aceitara, com um prejuízo calculado de cinqüenta mil dólares, contratos de construção para cobrir os primeiros meses de 1894.

Depois, reduzira os salários. Quando viu que esses cortes não iam ser suficientes para absorver o prejuízo de cinqüenta mil dólares que a Companhia Pullman, de trinta e seis milhões, iria sofrer com aqueles contratos, mudou a escala de salários, da base de diária para a base de tarefa, ao mesmo tempo que reduzia o pagamento por tarefa, para acelerar a produção. Em fevereiro, trabalhadores peritos que trabalhavam com a Companhia durante anos e que tinham ganho 3,20 dólares por dia, foram reduzidos a 2,60; depois, a 2,20; depois, a 1,80 e 1,20 por dia, e forçados a dar maior volume de trabalho, na escala por tarefa, para ganhar seu dólar e vinte, do que o tinham sido para receber seus 3,20 dólares. Em março, os trabalhadores especializados estavam ganhando, pelo trabalho de duas semanas, depois que seus aluguéis tinham sido deduzidos, importâncias que variavam entre oitenta cêntimos a um dólar, com o que tinham de sustentar suas famílias de quatro, cinco e seis membros, nas duas semanas seguintes. Depois de consumidas as suas economias, os homens fortes, mas famintos, eram obrigados a trabalhar horas inteiras e descansar alguns minutos, a fim de ganhar forças suficientes para continuar trabalhando. Trabalhadores conscienciosos desmaiavam junto de suas máquinas e eram levados para fora por seus companheiros. Nas casas, as mães batiam as cabeças nas despensas vazias, sem saber como impedir que as crianças adoecessem e se tornassem raquíticas.

Ainda assim, George Pullman recusou reduzir mesmo de um níquel os seus aluguéis. "A Companhia Pullman Imobiliária tem de ganhar seus 3,5% – dizia ele. – A Companhia Pullman Imobiliária não tem ligação nenhuma com a Companhia Pullman Palace Car, de modo que nada posso fazer quanto aos aluguéis." Quando se demonstrou que Pullman era também proprietário da companhia Pullman Imobiliária, que seus aluguéis sempre tinham sido 25% superiores aos preços em tempos de prosperidade, que agora se achavam numa época de depressão e que os aluguéis, nas cidades vizinhas, como Kensington, tinham sido reduzidos de 20 a 30%, Pullman replicou distribuindo de tal forma o trabalho que todos os moradores de uma casa da companhia tivessem possibilidades de ganhar o bastante para cobrir apenas o seu débito de aluguel: um esquema de fome tão engenhosamente concebido que apenas o cérebro mecânico de George Pullman o podia ter inventado.

Existe um nível de fome abaixo do qual nem mesmo o trabalhador mais abjeto permitirá que sua família afunde, pois nenhum bem lhe fará, porque serão destruídos em qualquer caso. Os empregados da Pullman se organizaram; mandaram um emissário à Companhia perguntar se uma delegação seria recebida para apresentar suas queixas e se a Companhia prometeria não demitir seus delegados. A Companhia concordou. Foram eleitos quarenta e três delegados. Contaram seu caso ao vice-presidente Wickes, depois do que George Pullman invadiu a sala, repentinamente, e informou aos homens que nada tinha a discutir com eles. Na manhã seguinte, todos os quarenta e três foram demitidos, recebendo suas famílias notificação de despejo.

Foi então que os operários entraram em greve. Abandonaram em paz as oficinas. Mandaram delegados a Pullman, pedindo-lhe que a questão fosse submetida a arbítrio. Pullman declarou que nada tinha a arbitrar. "Os trabalhadores nada têm a ver com a quantidade de salários que receberão; isto é questão que interessa exclusivamente à Companhia". O Prefeito Hopkins, de Chicago, investigou as condições da Companhia Pullman e anunciou sua solidariedade aos grevistas; Jane Addams, de Hull House, fez investigações e insistiu com Pullman para que recebesse seus trabalhadores; os prefeitos de cinqüenta e seis cidades americanas telegrafaram a Pullman, insistindo no arbítrio. Pullman cruzou os braços no peito e se levantou, como um colosso, acima de suas oficinas, de sua aldeia, de seus trabalhadores, como

Advogado da Defesa 41

um rei medieval que governava por direito divino e cuja vontade onipotente não podia ser posta em dúvida.

Enquanto caminhava para o trem, de posse do material de que necessitava para preparar sua defesa, Darrow imaginava que se tratava de um exemplo quase sem paralelos de brutal cobiça e perversidade. Da janela do trem, olhou a cidade modelo de Pullman, até que ela desapareceu de vista. Construindo aquela cidade, George Pullman tivera uma das maiores oportunidades da Idade Moderna. Os olhos esperançosos do mundo tinham estado voltados para ele, esperando ver se, com seu talento magnífico, sua previsão e sua coragem, iria dar início a uma nova ordem social, ajudando a construir uma raça de homens mais fortes e mais inteligentes, a formar gerações de trabalhadores especializados, que viveriam bem, que seriam vigorosos, que trabalhariam em cooperação leal e inteligente, cujas famílias cresceriam fortes de corpo e atentas de espírito, cidadãos educados, independentes, robustos, de uma democracia industrial que se tornaria ainda mais rica e mais forte nas suas artes, ofícios, ciências e humanidades. Se Pullman tivesse sido tão previdente, corajoso e expedito na construção da sua cidade, como tinha sido na construção do Pioneiro, teria sido reverenciado como um dos maiores pioneiros de todos os tempos: o planejador não apenas de um vagão ou de um sistema ferroviário, mas de uma civilização humana.

Sentado em seu banco do trem, com os olhos fechados, o sol forte a lhe bater na face através da janela, Darrow indagava a si mesmo por que os Estados Unidos estavam produzindo os maiores gênios mecânicos da história. Estariam os imperativos históricos desenvolvendo-os? Então, por que aqueles imperativos históricos não haviam apresentado homens de talento e fortaleza iguais, para inventar máquinas sociais, erigir uma sociedade humana que seria o eqüivalente, no seu funcionamento, da soberba estrutura mecânica? Como se explicava que os gênios mecânicos e os administradores da época raramente se interessassem pelo bem-estar da humanidade? Impediria o interesse pela máquina que houvesse interesse pela pessoa? Estaria a mente passando a considerar a máquina como a meta final, servindo a humanidade apenas de instrumento? Por que os Estados Unidos tinham produzido tão poucos homens cujas mentes ricas, expeditas e inventivas, imaginavam que a máquina era a libertadora de todos os homens, antes que a produtora de riqueza para o iniciados?

Seria ainda demasiado cedo?, perguntava Darrow a si mesmo. Teríamos nós, por necessidade, de criar primeiro a nossa máquina industrial, antes que pudéssemos voltar os nossos dons singularmente invertidos para o emprego da máquina em benefício do povo que a movimentava?

5

Darrow pegou sua valise e caminhou rapidamente para a estação da Chicago e Alton, onde comprou meia dúzia de jornais de Chicago e do leste, antes de embarcar. Em vários deles,havia retratos de George Pullman, as mãos estendidas à frente de seu peito, num gesto clerical, todas as pontas dos cinco dedos tocando-se; debaixo das fotografias, havia encômios ao patriota e benfeitor que estava sendo atacado e arruinado pelos "anarquistas" em greve. Dentro das mesmas páginas, havia caricaturas do governador Altgeld. de pé sobre os corpos estirados do Presidente Cleveland e do burrinho democrata, uma tocha incendiária numa das mãos, a bandeira da anarquia na outra: Altgeld, o "fomentador dos sem lei, apologista do crime, encorajador da anarquia, rapina e destruição da civilização, o lunático, o misterioso

42 Advogado da Defesa

fragmento de salvador de um naufrágio, vindo só Deus sabe de onde, um estrangeiro por nascimento, temperamento e simpatias, que não tem nas veias sequer uma gota de verdadeiro sangue americano."

Darrow havia-se pronunciado publicamente, quando Altgeld fora eleito juiz de um Tribunal Superior: "O que devemos fazer agora é tomar um homem como o Juiz Altgeld, elegê-lo prefeito de Chicago, depois governador de Illinois".

Tinham rido de seu conselho gratuito, mas, mesmo assim, John Peter Altgeld, um dos homens de aspecto menos atraente da vida pública ("se eu tivesse de depender do meu aspecto, teria sido enforcado há muito tempo!"), com um lábio leporino, dificuldade no falar, cabelos grossos que cresciam para a frente em um emaranhado, com traços grosseiros e um corpo atarracado sobre pernas curtas; o homem que se tinha levantado da mais abjeta pobreza, da escravização de um brutal pai camponês, que tinha sido mal alimentado, mal vestido, e levado ainda quando criança à exaustão pelo trabalho, que não tinha tido educação formal, que fora desprezado e ridicularizado por seus colegas e suportara as humilhações dos oprimidos, havia cumprido a atrevida previsão de Darrow e se tornara o primeiro governador democrata do Estado de Illinois.

Altgeld não era amigo de confidências, a respeito de seu passado, mas contara a história ao seu amigo Clarence: trazido da Alemanha aos três meses de idade, tivera de fugir de sua pouco acolhedora casa em Ohio, para escapar a seu pai, que tinha insistido em que se mantivesse afastado dos livros e dos estudos, e trabalhasse na terra desde a madrugada até o anoitecer. O rapaz vagara pela estrada como um vagabundo, trabalhando ora como um homem de fazenda, ora como um encarregado de recados na Estrada de Ferro Mississipi, Kansas e Texas, ora como empregado de uma fábrica de produtos químicos em St. Louis, passando metade do tempo sem trabalho, faminto, abandonado, sentindo frio, sem amigos, doente, sem esperança. Todavia, dentro dele se acendera a decisão de não permanecer sem lar e desprezado, ignorante e indesejável. Graças a sua fome de saber, tinha lido o bastante para se qualificar como professor da escola rural, depois como advogado rural, seguindo afinal caminho para Chicago, sonho e esperança do Médio Oeste. Em Chicago, passou anos de penúria, ganhando um amigo aqui, um dólar ali, mas sempre impressionando as pessoas pela sua honestidade e vontade de acertar. Finalmente, conseguiu economizar quinhentos dólares, que investiu em propriedades nas partes circundantes de Chicago, loteando-as e construindo, com uma visão tão acurada do crescimento da cidade, que, dentro de poucos anos, fazia já negócios isolados que subiam a duzentos mil dólares, e estava a caminho de se tornar milionário.

Tinha sido eleito pelos trabalhadores de Illinois porque trabalhara pelos seus direitos e proteção, sob a forma de legislação industrial. Altgeld acreditava no capitalismo, não do tipo praticado por Pullman, mas do tipo que realmente viria realizar a promessa da democracia industrial, implícita no trecho da Constituição que diz que "todo homem tem direito à vida, à liberdade e à procura da felicidade". Pullman, recusando reconhecer ou manter entendimentos com um sindicato, dizia: "Tratamos com os nossos homens individualmente, como uma companhia, e esperamos que tratem conosco individualmente, como trabalhadores." Altgeld sentia que, se tinha sido politicamente verdadeiro, no caso das treze colônias, que "na união está a força", e se a união tornara possível às colônias transformarem-se numa nação independente, era verdadeiro também, economicamente, para as dezenas de milhões de trabalhadores, que "na união está a força" e, quanto mais a sua união lhes desse força mais força daria à nação.

Advogado da Defesa 43

Ao escurecer, o trem chegou a Springfield, e Darrow se encaminhou a passos vivos para o imponente edifício de tijolos que tinha sido construído em 1854 para servir como palácio do governo. A Sra. Altgeld, que era uma mulher bonita e calma, foi em pessoa abrir a porta para Clarence, fez-lhe uma calorosa acolhida e o levou ao governador, em cima. Da porta aberta da biblioteca, teve ele tempo de observar que a face do homem mais velho estava concentrada e tensa, enquanto ele escrevia apressadamente em sua escrivaninha, com o rosto inteiramente barbeado, em silhueta contra as baixas prateleiras de livros encadernados em couro. Clarence atravessou a sala coberta de pesados tapetes; Altgeld ergueu a vista, preocupado; depois distendeu-se, levantou-se e lhe agarrou a mão.

– Bem, Clarence, ouvi dizer que deixou seu emprego na Chicago e Noroeste para defender Debs; confio em que isso não é um idealismo mal orientado, meu filho; nesse negócio de ser mártir, pouco mais há além da dor.

Os olhos azuis de Darrow piscaram lentamente, enquanto ele pensava: "Ninguém sabe disto melhor do que você". Em voz alta respondeu:

– O senhor sabe, Governador: a maior parte dos homens faz coisas por um desejo de escapar à dor. Já parou alguma vez para ver um homem cego pedindo esmolas numa esquina? Um homem passa apressadamente e, de repente, pára; parece magoado, aborrecido, volta e deixa cair uma moeda no copo do cego. Bem... talvez ele não pudesse abrir mão daquele níquel. Mas a visão do homem inválido de pé, abandonado numa esquina, o magoa, faz que tenha uma sensação de responsabilidade social, e, por isso, ele compra dez cêntimos de alívio da dor social. Também a mim muito magoa ver Debs e homens como ele correndo o risco de passar anos na prisão; por isso, também estou comprando alívio.

Altgeld sorriu, pôs a mão no ombro de Darrow por um instante; depois, voltou cansado a sua escrivaninha, acenando a Darrow para que se sentasse numa cadeira próxima. Darrow arrastou a cadeira para perto.

– Vi tropas federais acampando em Chicago esta manhã.

– É verdade – respondeu Altgeld. – Estou acabando de fazer meu protesto ao Presidente Cleveland. Neste mesmo momento, tenho estacionados em Chicago três regimentos de infantaria, uma bateria e uma tropa de cavalaria, mas nem o Prefeito Hopkins, nem o superintendente de polícia, nem o xerife do Condado de Cook acharam que havia necessidade deles. Diante desses fatos, como pode o exército dos Estados Unidos vir para cá?

– Isso é pura política da estrada: as ferrovias fazem parecer que o senhor se recusa a proteger a propriedade privada, depois mandam o Procurador Geral Olney fazer uma falsa representação ao Presidente Cleveland e enviar tropas federais para aqui. Assim, o senhor fica afastado do caminho e eles têm controle completo.

– A coisa tem mais do que isto, filho. Permanecendo em paz, recusando simplesmente conduzir trens que levem carros Pullman, os grevistas estão a caminho da vitória; as suas exigências são justas e o público está com eles. A única coisa que agora pode derrotar a greve é a violência. As estradas de ferro sabem que, trazendo tropas federais para aqui, podem ofender os trabalhadores e obrigá-los a entrar em luta. Se as lutas não começarem espontaneamente, as ferrovias as começarão. Logo que um soldado for morto, ou um trem descarrilhado, os grevistas serão derrotados, não importa quem seja o responsável, pois os jornais porão a culpa nos trabalhadores e o povo do país se voltará contra eles. Agora, mesmo, a imprensa está levando a cabo uma virulenta campanha para convencer o país de que predomina a anarquia em Chicago, de que a greve é uma revolução e de que o problema não são os salários dos trabalhadores da Pullman, mas uma contenda entre a lei e a ordem, de um lado, e os sem-lei e a anarquia do outro.

Darrow concordou com um aceno de cabeça.

– O dia de hoje, tem sido para mim, pesadamente cheio de ironias, Governador, mas, enquanto vinha no trem, assaltou-me a mais profunda ironia de todas: nossa independente imprensa americana, com a sua liberdade desmesurada para torcer ou deformar as notícias, é uma das barreiras que impedem o povo americano de conseguir a sua liberdade.

– Sim, mas temos de deixar que continuem livres para interpretar mal, agora, na esperança de que, um dia, usem aquela liberdade para dizer a verdade a todo povo.

Pegou as folhas nas quais tinha estado escrevendo, levou-as para a janela do lado norte e ficou lendo à luz fugidia, os lábios a se moverem silenciosamente, enquanto sua mente ensaiava as sentenças. A Sra. Altgeld entrou para lhes dizer que o jantar estava pronto. Vendo seu marido em silhueta contra a janela, a expressão sombria e transtornada, dirigiu-se para ele e passou um braço suavemente pelo seu.

– Clarence – perguntou Altgeld, – você talvez gostasse de ouvir o protesto que estou mandando ao Presidente Cleveland... "Deixando de lado todas as questões de cortesia, direi que o Estado de Illinois é capaz de cuidar de si mesmo. Nossa força militar é ampla e consiste de soldados tão bons como os que podem ser encontrados em qualquer parte do país. Eles têm sido chamados prontamente, quando e onde quer que sejam necessários. Até agora, pelo que estou informado, os funcionários locais têm conseguido controlar a situação. Mas, se qualquer assistência fosse necessária, o Estado estaria pronto a fornecer cem homens para cada homem solicitado, e estaria pronto a fazê-lo no prazo de um momento. Em dois casos, o comandante federal pediu assistência do Estado, que lhe permitisse garantir os processos do tribunal dos Estados Unidos, e as tropas lhe foram prontamente fornecidas. Ignorar um governo local em questões dessa espécie, quando o governo local está pronto a fornecer a assistência necessária e amplamente capaz de garantir a lei, não só insulta o povo deste Estado, imputando-lhe a incapacidade de se governar por si mesmo, mas constitui uma violação de um princípio básico das nossas instituições. Peço a retirada imediata das tropas federais, em serviço ativo no Estado."

Darrow tomou o papel do governador e o examinou rapidamente:

– Se Cleveland tiver algum respeito pelas leis sob as quais deve governar...

Altgeld sacudiu tristemente a cabeca.

– Ele não retirará as tropas. Os jornais do leste estão berrando que existe estado de insurreição em Chicago. Olney está-lhe mostrando frenéticos telegramas de Edwin Walker, pedindo mais tropas para conter os motins. Clarence, se quer um quadro do que acontecerá a você, se defender os líderes dos trabalhadores e lutar pela justiça social, espere apenas a onda de invectivas que será amanhã despejada na minha cabeça, pelos jornais, por protestar contra esta clara e indesculpável violação da Constituição... É seu insulto final, porque perdoei os anarquistas; querem repudiar-me como democrata, para que os republicanos não tenham possibilidades de dizer ao país: "Bem dissemos que os democratas são radicais, que favorecem a anarquia e a destruição da propriedade."

Clarence despediu-se dele com um gesto, para pegar o trem da meia-noite de volta a Chicago, e o governador Altgeld murmurou:

– Preste atenção nos acontecimentos e me mantenha informado. Agora, filho, nós somos sócios e haverá dias maus à espera de nós dois.

Advogado da Defesa 45

Na manhã seguinte, Darrow apeou, com o corpo dolorido e as juntas duras, do vagão no qual estivera sentado a noite inteira, fez o desjejum e desceu de bonde para a zona sul de Chicago. Quando chegou ao ponto onde as linhas da Central Illinois e da Rock Island – as duas linhas no centro da perturbação – corriam paralelas uma a outra, encontrou os trilhos pesadamente guardados por homens com coldres de revólveres presos na cintura; 3 600 deles tinham feito juramento, como fiscais de polícia. Homens ricos não aceitariam o duro trabalho de fiscais de polícia por poucos dólares por dia; os profissionais estavam demasiado ocupados para servir; os homens empregados não podiam deixar aqueles empregos por uns poucos dias de trabalho; os trabalhadores desempregados não aceitariam empregos policiais contra seus colegas; neste caso, quem sobrava? Caminhando entre os novos fiscais recém-juramentados, parando aqui e ali para fumar um cigarro ou para dois dedos de prosa, viu que tinham sido recrutados nos cantos mais remotos de Chicago, abarrotados pelo influxo de aventureiros que tinham ido à Feira Mundial no ano anterior: *gangsters*, vigaristas, pistoleiros, pequenos criminosos, ladrões marginais, narcômanos, alcoólatras. Eram aqueles os homens que usavam agora o emblema do Governo dos Estados Unidos, que iam aplicar a lei e a ordem, defender a sociedade contra os grevistas revolucionários. As manchetes dos jornais, ao afirmar que Chicago se achava sob o controle de anarquistas incendiários, tinham afinal sido realizadas; aqueles representantes juramentados do governo federal, armados e pagos pelas ferrovias, quadravam muito bem no que o público aterrorizado tinha sido levado a acreditar que eram os anarquistas: marginais que nada tinham a perder, que seriam capazes de incendiar e destruir uma cidade simplesmente por causa do prazer da pilhagem.

Pelo meio da manhã, encaminhou-se para os currais. Deteve-se abruptamente, ao ver soldados dos Estados Unidos tentando retirar do pátio um vagão de gado; espantava-o a ousadia da Associação dos Superintendentes Gerais, em cometer aquela ilegalidade, mais evidente do que todas as outras: as tropas federais tinham sido mandadas a Chicago, pelo Presidente Cleveland, para proteger a propriedade, e ali estavam agindo como sufocadores de greves: os trabalhadores reunidos e seus simpatizantes, como tinha sido esperado, não estavam gostando daquela idéia; toda vez que os soldados tentavam mover o trem, os trilhos adiante eram bloqueados pela derrubada de vagões vazios e danificação das chaves. Darrow observou a contenda durante todo o dia; ao cair a noite, o exército tinha conseguido mover o trem pela distância de seis quarteirões.

Sabendo que a Associação dos Superintendentes Gerais estava decidida a provar que podia levar um trem Pullman a Chicago pela estrada da Rock Island, na manhã seguinte, bem cedo, Clarence se apressou para a Rua Cinqüenta e Um, no sul. Um trem vinha descendo lentamente a via férrea, com soldados dos Estados Unidos empoleirados em seu limpa-trilho. Uma multidão se reunira para protestar; a máquina reduziu a marcha; os soldados saltaram, fizeram carga contra os homens e os dispersaram. Houve vaias; lançaram-se algumas pedras. Quando o trem chegou à Rua Quarenta, foi bloqueado por vagões de carga derrubados. Somente pelos esforços combinados do Prefeito Hopkins, do superintendente de polícia Brennan e de um superintendente ferroviário, com uma turma de reparos que endireitou os vagões de carga, o Pullman pôde deslocar-se pelos trinta quarteirões seguintes, já no fim do dia. As estradas de ferro estavam paralisadas; os gêneros alimentícios e as máquinas não podiam ser movimentados nem para dentro, nem para fora da cidade; os trabalhadores haviam ganho. Todavia, a modificação da greve estava implícita na derrubada de vagões, pois, contrariando as ordens de Eugene Debs, o primeiro ataque à propriedade das ferrovias tinha sido desfechado.

46 Advogado da Defesa

Naquela noite, instalou-se a violência. Parado junto dos currais, Darrow viu numerosos carros de carga – e a greve com eles – incendiarem-se e desaparecerem em fumaça. Na manhã seguinte, os jornais do país informaram aos seus leitores que Chicago se achava em estado de insurreição. As ferrovias pediam outra forma de proteção; o Prefeito Hopkins telegrafou ao Governador Altgeld, que prontamente atendeu com seis companhias da milícia estadual.

Mais uma vez, sangue humano corria pelas ruas de Chicago, o matadouro da nação. A polícia gastou uma parte considerável dos seus esforços para impedir que os recém-nomeados fiscais ferroviários dos Estados Unidos assaltassem e fizessem fogo contra a multidão, prendendo numerosos deles por embriaguez e roubo. O Prefeito Hopkins, temendo que as ferrovias pudessem processar a cidade para receber perdas e danos, alegando proteção inadequada da propriedade, reuniu quarenta depoimentos para provar que os agentes das companhias ferroviárias tinham ateado fogo aos vagões. Pela tarde, multidões enormes se reuniram ao longo dos trilhos e nos pátios: alguns grevistas mais fogosos, que não podiam ser contidos pelas ordens de Debs, milhares de simpatizantes, os interessados e os curiosos, os rapazes mal-educados, a população de língua estrangeira que residia naquelas zonas e todo o submundo de Chicago saíram para assistir à diversão, para gozar o excitamento; para ver tudo o que pudessem.

Foram-se acumulando; o excitamento cresceu; trocaram-se nomes irritados, punhos se chocaram. Às três e meia da tarde, atacaram os policiais e milicianos que estavam tentando dispersá-los. Os soldados fizeram fogo. Três homens caíram mortos, feridos por bala. Muitos outros, inclusive mulheres, foram feridos por baionetas ou coronhadas.

Pela hora do jantar, Debs tinha sido preso, acusado de conspiração criminosa e violação do interdito federal, e estava alojado na cadeia do Condado de Cook. O período de observação de quatro dias, que Darrow fizera de seu país, estava terminando. Era agora apenas um advogado cujo único cliente se encontrava atrás das grades da prisão.

7

O guarda o conduziu ao longo de "comprido corredor com piso, teto e paredes de ferro", depois destrancou a porta de uma cela. Darrow penetrou no cubículo; o ferro retiniu pesadamente atrás dele. Um homem alto e nervoso, de rosto longo e simples, adiantou-se para apertar sua mão. Na cela estavam cinco estranhos, esperando a ocasião de ser julgados por pequenas acusações criminais. Alguns encontravam-se "despidos até a cintura, coçando as picadas sofridas, de parasitas de todas as espécies e denominações, com o sangue a escorrer de seus corpos nus em pequenos filetes vermelhos. Alguns ratos do tamanho de gatos corriam para um lado e outro pelo chão."

– É melhor sentar no banco e não ficar com os pés no chão – disse Debs; – os ratos são perigosos. Mas ainda acho que sou de sorte com isso; o guarda me mostrou as celas de baixo, onde prenderam aqueles anarquistas que foram enforcados.

Darrow escarranchou-se no duro banco, cruzou uma perna sobre a outra e disse, ruminadoramente:

– Você sabe, Gene; encontrar você no mesmo bloco de celas me faz pensar que talvez haja alguma coisa importante nessa história de anarquismo. Homens como Parsons, Spies, Fischer e Engel acreditavam que, nos Estados Unidos, o monopólio capitalista era mantido

Advogado da Defesa 47

pelo Estado. Aquilo os forçou a concluir que o governo era um inimigo do povo. Os aconte-cimentos desses últimos dias parecem confirmar o que pensavam.

Seguiu-se um momento de silêncio, no qual os dois homens podiam ouvir as vozes dos jornaleiros apregoando suas edições extras: "Sufocada a greve ferroviária; leiam tudo so-bre a Rebelião de Debs!"

– Rebelião de Debs – murmou Darrow, acremente. – Você está em rebelião contra a forma existente de governo e disposto a reduzir a cinzas a civilização.

– Comecei a ser ferroviário como foguista – replicou Debs, balançando a cabeça. – Estou acostumado a segurar a ponta quente de uma pá.

– Você sabia que uma professora de Nova York promoveu um debate em sua sala so-bre o tema "Por Que Eugene Debs é o Homem Mais Perigoso da América"?

Debs ficou abismado.

– Pense só nisto: envenenando as mentes de crianças!

Na cela fracamente iluminada, Darrow estudou o rosto que tinha diante de si: a boca larga e ascética, o queixo obstinado, o longo nariz alsaciano, os olhos azuis, claros e honestos, a testa enorme que se arredondava para trás, para encontrar uns poucos cabelos dispersos que sobravam no alto da cabeça.

– Talvez tenha vivido em alguma época, em algum lugar, um homem mais generoso, mais gentil, melhor do que Eugene V. Debs – Darrow sempre dizia, – mas eu nunca o conhe-ci. Também nunca ouvi falar nem li a respeito de outro.

Darrow e Eugene Victor Debs se pareciam tanto que podiam ser irmãos de sangue. Debs vinha da sofrida comunidade pioneira de Terre Haute, Indiana, onde seu pai tinha pos-suído um pequeno armazém, na sala de visitas de sua casa. As mães de ambos eram mulheres práticas e trabalhadeiras, os pais, carunchos de livros, estudiosos, idealistas,sonhadores; o se-gundo nome de Eugene, Victor, tinha sido dado a ele em honra ao deus da família Debs,Vic-tor Hugo, ao passo que Darrow tinha engolido Cícero e Virgílio, desde o tempo em que tinha seis anos. Também Debs havia alegremente arrancado os seus conhecimentos de livros, de Hugo, Voltaire, Paine. Ambos eram intuitivamente não sectários; depois que Debs esteve à frente da sua classe de ortografia, durante todo um período escolar, na Old Seminary School, em Terre Haute, seu professor lhe deu uma Bíblia, em cuja página de guarda estava escrito: "Leia e obedeça". "Não fiz nada disso" – observou Debs, cinqüenta anos depois. Com a ida-de de setenta e oito anos, Darrow ainda estava pregando as virtudes do cepticismo e do agnos-ticismo para grandes audiências do Médio Oeste. Ambos eram macios no falar e não se ti-nham deixado corromper pelo amor ao dinheiro. Não havia na história americana outros dois homens destinados a ganhar inimizades mais amargas do que aqueles dois, sentados lado a lado num banco da prisão, as pernas dobradas debaixo deles, para evitar os ratos que passe-avam pelo chão; poucos teriam sido mais vilipendiados na imprensa, nas tribunas e estrados escolares, poucos tinham acumulado sobre suas cabeças ódio mais figadal – e sempre por mo-tivos idênticos. Ambos sofreriam perseguições intermináveis, excesso de trabalho, doenças, in-gratidão, e ambos viveriam vidas longas e frutíferas.

Durante os dias seguintes, Darrow trabalhou freneticamente para conseguir a liber-tação de Debs sob fiança, enquanto continuava sendo travada a batalha, tanto na frente eco-nômica quanto na política. Após uma áspera troca de cartas, o Presidente Cleveland silenci-ou o Governador Altgeld com uma nota lacônica e definitiva: "Ao passo que estou ainda con-vencido de que não ultrapassei minha autoridade nem meu dever, na emergência que se nos

48 Advogado da Defesa

depara, parece-me que nesta hora de perigo e miséria pública, a discussão pode perfeitamente ceder lugar a esforços ativos da parte de todos os que têm autoridade, para restaurar a obediência à lei e proteger a vida e a propriedade."

Cleveland foi saudado com ruidosos aplausos; os ataques ao Governador Altgeld, por lutar pelos princípios dos direitos e do autogoverno local dos Estados, pelos quais o Partido Democrata, dele e de Cleveland, sempre havia lutado, tornaram-se cada vez mais violentos. A revista *Harper's Weekly* refletia o tom geral da imprensa diária, quando chamava a Altgeld "o mais perigoso inimigo das instituições americanas, de todo o bando de rufiões que derrubaram o castelo de proa do navio do Estado e tentaram tomar o leme".

Na frente dos trabalhadores, o quadro de violência substituía inteiramente o quadro da greve pacífica. Por toda parte aonde ia, Darrow encontrava vagões virados ou queimando em seus pátios. Vários dos prédios restantes da Exposição estavam agora incendiados; trezentos mil dólares de propriedades ferroviárias tinham sido destruídos por meninotes, por vândalos, pelos desempregados, por uma parte dos ferroviários que, sabendo que tinham sido derrotados, queriam dar seus golpes de vingança. Trocavam-se palavrões; punhos se batiam; atiravam-se pedras; brandiam-se porretes; espingardas eram disparadas. Sete homens perderam a vida. Não se fez uma contagem exata dos feridos. Depois, a violência tinha seguido o seu curso; dispersas as multidões, as últimas manifestações da greve estavam terminadas. Somente então foi concedida a Eugene Debs a liberdade sob fiança e ele saiu de sua cela. Presente à última e amarga reunião do seu sindicato de trabalhadores, perguntou:

– Jamais terá alguém ouvido falar em soldados convocados a guardar os direitos dos trabalhadores?

No dia seguinte, foi mandada uma comunicação à Associação dos Superintendentes Gerais, pelo Sindicato Ferroviário Americano, perguntando se entrariam em negociações. A Associação recusou receber a nota. Desorganizados, batidos, humilhados, sem dinheiro e com acusações graves contra seu líder, atacados na imprensa, na tribuna e no governo, os homens e mulheres começaram a voltar lentamente ao trabalho: às oficinas da Pullman, com as mesmas escalas de salários contra as quais tinham entrado em greve – mas só depois de terem rasgado seus cartões do sindicato, – e aos pátios ferroviários, em quaisquer condições. Todos aqueles que tinham tido algum papel na greve eram recusados e postos na lista-negra; durante a década seguinte, os derrotados naquela guerra industrial correram à deriva pela face do continente, procurando uma oportunidade de trabalhar em seus ofícios, disfarçados, usando nomes falsos, separados de suas esposas, de seus filhos, de seus lares – veteranos feridos na luta intestina, sem nenhum hospital do governo ou departamento de veteranos aos quais pudessem recorrer em busca de auxílio. Enquanto se achavam nas profundezas da derrota e do desespero, o Presidente Cleveland nomeou uma Comissão de Inquérito do Senado, para apurar a verdade sobre a greve. Como seu cliente seria em breve chamado a julgamento por conspiração, Darrow assistiu às sessões, reunindo material para a defesa. Perante a comissão, sob a chefia de Carrol Wright, economista científico e primeiro chefe do Departamento do Trabalho dos Estados Unidos, desfilaram centenas de testemunhas; funcionários da Pullman, afirmando que 'trezentos grevistas foram colocados em volta das oficinas fechadas da Pullman para protegê-la, e que, de 11 de maio a 3 de julho, não houve a menor desordem ou destruição da propriedade"; oficiais da polícia a garantir que não tinha havido desordem em Chicago nem necessidade de tropas federais; repórteres de jornais afirmando que quase não tinham visto grevistas nos magotes violentos; Debs e outros oficiais do Sindicato revelando por que a

Advogado da Defesa 49

organização tivera necessidade de combater a Associação dos Superintendentes e, finalmente, George Pullman, que admitiu: "Reconhecemos que os trabalhadores são o elemento mais importante, na operação bem sucedida de qualquer empresa industrial", tendo sido, depois, forçado a fazer a espantosa revelação de que, durante o ano de depressão, de agosto de 1893 a julho de 1894, quando ele reduzira o salário abaixo do nível de subsistência, e recusara a reduzir os aluguéis, sua Companhia apurara um lucro, sob a forma de dividendos, de dois milhões e oitocentos mil dólares!

Além dos trinta e seis milhões de capital investidos na Companhia que, por um período de anos, tinha pago dividendos de vinte e cinco milhões de dólares, com taxas que variavam de 8 e 12%, havia, naquele mesmo instante, na caixa da Companhia Pullman, em dinheiro à vista, lucros ganhos mas não distribuídos de outros vinte e seis milhões de dólares! Cem mil dólares tirados do dividendo das ações, de quase três milhões, apenas um vinte e oito avos dos lucros do ano da depressão, e acrescentados aos salários dos trabalhadores, teriam evitado completamente a fome, a doença, o desespero, as greves e a guerra industrial, com seus subseqüentes ataques, apedrejamentos, porretadas, espancamentos e tiros, a destruição da vida e da propriedade, a destruição da fé na lei americana, nos tribunais americanos, no modo americano de vida.

Mas George Pullman tinha aprendido que não se pode ceder aos trabalhadores. Quando a comissão lhe perguntou se ele não pensava que os trabalhadores que tinham estado com ele por tantos anos, que o haviam ajudado a construir sua oficina, seu prestígio e sua fortuna, tinham direito a alguma consideração – neste caso, uma redução de um dólar ou dois dos dividendos, em cada ação da companhia, – Pullman replicou publicamente:

– Meu dever é para com meus acionistas e para com a companhia. Não havia razão para dar a esses trabalhadores um presente em dinheiro.

A parcela do público que gostava de ler ficou profundamente chocada com essas revelações. Os industriais dos Estados Unidos mostraram-se irritados com Pullman, por se deixar pegar com as suas calças empresariais caídas.

8

Terminada a audiência, Darrow se atirou à história da conspiração criminosa, a lei que diz que, se duas pessoas concordam em fazer juntas alguma coisa que qualquer delas poderia legalmente fazer sozinha, ambas podem ser culpadas de um ato ilegal; a lei contra a qual ele lutaria durante os quarenta anos seguintes. A comissão de inquérito do Senado tinha observado: "Alguns dos nossos tribunais estão valendo-se de diplomas legais antigos, para provar que há conspiração nos sindicatos trabalhistas." Isso, Darrow sabia, era precisamente o que seus clientes combatiam.

Verificou que, antes do século dezessete, na Inglaterra, não tinha havido menção a qualquer combinação ou confederação que fosse considerada criminosa nos termos da *common law*. Embora, em 1611, um juiz, no Caso Poulterer, tivesse estabelecido que, se a idéia de um crime é conspiração, nenhum outro ato franco é necessário, "não houve sequer um caso, no século dezessete, em que os tribunais admitiram uma condenação por conspiração, por causa de uma combinação para cometer um ato que não era criminoso em si mesmo".

Entretanto, já em 1712, quando a Revolução Industrial começava a mostrar que o sistema de pequena produção, baseado no trabalho pessoal, e o modo de vida correspondente ti-

50 *Advogado da Defesa*

nham de ceder lugar a grandes concentrações de trabalhadores, sob o teto de um empregador, havia um estatuto em vigor na Inglaterra, que tornava expressamente criminoso para os alfaiates diaristas entrar em qualquer acordo, "para aumentar salários ou reduzir suas horas de trabalho". Naquele ano, deu-se a primeira aplicação das leis de conspiração contra trabalhadores. Certos alfaiates diaristas foram acusados e considerados culpados de uma conspiração para aumentar seus salários. O tribunal declarou: "A conspiração de qualquer espécie é ilegal, embora o assunto a cujo respeito conspirem pudesse ter sido legal, se não tivessem conspirado ao tratar dele."

Esse tipo de raciocínio jurídico, concluiu Darrow, tornava o juiz a própria lei. "Com princípios como tais, qualquer pessoa que age em cooperação com outro pode algum dia verificar que sua liberdade depende dos preconceitos inatos ou dos pendores sociais de um juiz desconhecido. Haveria um perigo muito real de serem invocados tribunais, especialmente durante períodos de reação, para castigar, como criminosas, as associações que, na época, fossem impopulares ou despertassem os preconceitos da classe social em que foi criada a maior parte dos juízes." A comissão de inquérito do Senado comentou: "Na Inglaterra, antes de 1824, era conspiração e felonia a união de trabalhadores para propósitos hoje considerados por todas as classes como desejáveis para a segurança do governo e do capital e para a proteção dos direitos dos trabalhadores."

Passando a examinar o cenário americano, Darrow descobriu que, em 1806, um grupo de sapateiros de Filadélfia fora "julgado e condenado por conspiração criminosa, por ter concordado em não trabalhar a não ser por salários mais elevados. Prevalecia naquele tempo, entre a classe superior, um amargo sentimento de hostilidade contra as classes trabalhadoras; a opinião geralmente aceita era a de que qualquer ação combinada dos trabalhadores contra seus empregadores devia ser, pela própria natureza das coisas, inerentemente criminosa. Os réus que tinham tido a ousadia de organizar uma greve para obter melhores salários foram considerados culpados e marcados como criminosos." Entretanto, no caso da Comunidade contra Carlisle, em 1821, "em que um trabalhador procurava condenar certos mestres sapateiros, por combinarem para reduzir salários, os tribunais tinham afirmado que os réus não eram culpados de conspiração criminosa".

Em Chicago, setenta e três anos depois, a história se repetia, com um quadro idêntico: a Associação dos Superintendentes Gerais, em esforços combinados para reduzir salários, não fazia uma conspiração criminosa: a tentativa da parte do Sindicato Ferroviário Americano para impedir que esses salários fossem reduzidos era passível de processo legal.

Durante os meses de outono de 1894, Darrow alugou um pequeno escritório, rodeou-se de livros de direito, história e economia, e esquematizou sua defesa de Debs e do Sindicato Ferroviário Americano. Lentamente, elaborou um plano. Não iria ficar na defensiva; não iria comparecer no tribunal como defensor dos que tinham errado e dos culpados, pedindo justiça ou, quando muito, misericórdia. Não; iria atacar. Acusaria a Associação dos Superintendentes Gerais de conspiração criminosa, revelando ao país os seus acordos ilegais para controlar as tarifas e os serviços, bem como os salários, eliminando assim os benefícios do sistema competitivo. Acusaria George Pullman de conduta anti-social, incompatível com o bem-estar de seu país e perigosa para os princípios democráticos. Todavia, mais importante que tudo, levaria a julgamento, naquele tribunal de Chicago, aquela oligarquia industrial, sob a qual 20% do povo gozavam de conforto e segurança, enquanto os outros 80% sofriam a incerteza, o desemprego intermitente e a penúria, sem nenhuma participação discernível na

Advogado da Defesa 51

democracia que Andrew Jackson e Abraham Lincoln haviam imaginado ter sido criada para o bem geral.

Na verdade, não poderia condenar George Pullman. Não poderia mandar a Associação dos Superintendentes Gerais para a cadeia, nem poderia convencer o juiz a reconstruir a máquina econômica, mesmo que provasse a sua culpa. Compreendia que, em casos daquela natureza, não podia ser um advogado perante um tribunal. Teria de ser um professor, um educador. Seus clientes poderiam ser condenados e mandados para a prisão, mas, no entretempo, estaria fazendo todos os esforços para acabar com os condenadores, no espírito do público em geral, daquela massa inerte, disforme, aparentemente sem força que, quando suficientemente educada e despertada, poderia levantar-se em sua cólera para dar nova forma à civilização.

As palavras eram balas de cera; os dólares eram dunduns. Mas as palavras eram as únicas armas de que ele dispunha.

9

Na manhã de 26 de janeiro de 1895, Darrow conduziu seus oito clientes ao tribunal presidido pelo Juiz Grosscup, um dos dois juízes federais que tinham expedido um interdito ex-parte para Edwin Walker, sem a presença de nenhum representante dos trabalhadores, porque os trabalhadores não tinham sido informados pelo tribunal de que iria ser realizada a audiência. Os oito acusados eram Eugene V. Debs, George W. Howard e Sylvester Keliher, dirigentes do sindicato; L. W. Rogers, redator do jornal do sindicato; William E. Burns, Martin J. Elliot, Roy M. Goodwin e James Hogan, diretores da organização.

À mesa da defesa, ao lado de Darrow, achava-se S. S. Gregory, um dos melhores advogados que Darrow jamais conhecera. "Era um homem emotivo e simpático; dedicado aos princípios de liberdade, sempre lutava pelos pobres e pelos oprimidos. A despeito de tudo isso, tinha uma ótima clientela e sua capacidade e erudição eram por todos reconhecidas." O país, já transtornado pela idéia de que um advogado da estrada deixara sua posição para defender Debs, evidentemente culpado, ficou ainda mais confuso ao encontrar Gregory, ex-presidente da American Bar Association,[1] também trabalhando pelos acusados. A presença daqueles dois homens, juntamente com as revelações da comissão de inquérito do Senado, levava certas partes do público a perguntar: "Existirá neste caso mais do que nos é permitido ler nos nossos jornais da manhã?"

Quase todos os pares de olhos e ouvidos dos Estados Unidos estavam voltados para o tribunal de Chicago. O próprio tribunal achava-se à cunha, com os espectadores que desejavam ver Debs, a besta assassina, que, como Altgeld, tinha sido retratado pela imprensa como o mais perigoso anarquista e rufião de sua época. "O público ficou francamente desapontado quando Gene lhe foi mostrado. Não se tratava de um indivíduo brigão, de longos cabelos; pelo contrário, Debs era quase calvo, de aparência suave, com sinceros olhos azuis, por trás de óculos de aros de ouro. Usava colarinho branco alto, um cachecol branco e preto, um terno de flanela cinzenta, uma flor na lapela."

A promotoria abriu o caso com um violento libelo contra Debs. Era ele o culpado do assassínio de sete homens, que tinham sido mortos a tiros pelas tropas; era culpado de incitar motins; era culpado de destruir trezentos mil dólares de propriedades das ferrovias; era culpa-

---

1. Equivalente norte-americano da Ordem dos Advogados. (N. do T.).

52 Advogado da Defesa

do de uma conspiração para levar o país à fome, paralisar as indústrias, derrubar a estrutura econômica. Era culpado também, paralelamente, da acusação pela qual tinha sido levado a julgamento: convencer os trabalhadores ferroviários a permanecerem em greve.

Darrow, "que sempre se sentava inclinado para a frente numa cadeira, como se se sentasse sobre a própria nuca", endireitou-se lentamente, encaminhou-se para o compartimento do júri, e ficou de frente para os doze homens. Os doze homens podiam sentir o que ele pensava; podiam ver em seu rosto simples e enrugado que se tratava de um homem honesto; enganado, sem dúvida, mas honesto. Achavam que a sua defesa não tinha esperança e perguntavam a si mesmos o que poderia realmente dizer em defesa daqueles homens que, de maneira tão palpável, tinham infringido a lei. Mas o veterano debatedor de Kinsman estava acostumado a enfrentar grupos que o julgavam batido antes que começasse. Quando começou a falar, em sua linguagem baixa, arrastada e musical, como se realmente procurasse encontrar palavras verdadeiras para pensamentos verdadeiros, ficaram espantados de verificar, que, por algum descaminho estranho da retórica, ele se havia tornado o promotor.

"Este é um caso histórico que muito representará, pela liberdade ou contra a liberdade. A conspiração, desde os dias da tirania na Inglaterra até o dia em que a Associação dos Superintendentes Gerais a usou como um porrete, tem sido a arma favorita de todo tirano. Trata-se de um esforço para punir o crime de pensar. Se o governo não o faz, nós devemos tentar trazer aqui a Associação dos Superintendentes, para dizer aos senhores o que sabem a respeito da conspiração. Esses réus anunciaram a todo o mundo o que estavam fazendo e, no meio de uma greve generalizada, nunca se achavam tão ocupados que não pudessem encontrar tempo para aconselhar contra a violência. Por isso, são trazidos ao tribunal, por uma organização que usa o governo como manto para ocultar os seus propósitos infamantes".

Durante um mês inteiro, apoiado e aconselhado por Gregory, ele reviveu a história dos sindicatos trabalhistas e das leis de conspiração. Expôs as condições na empresa de Pullman, revelou as atividades da Associação dos Superintendentes Gerais e afinal apresentou à nação Eugene Victor Debs. Para que o povo americano pudesse saber como um caráter tão abjeto e vil podia ser produzido num sistema econômico tão salutar, contou toda a história da vida de Debs. Sabendo que a prisão ou a libertação de Debs e o sindicalismo dependiam da maneira pela qual pudesse convencer aquele júri, reunido em julgamento supremo, de que Eugene Debs era um homem de integridade e de valor incalculável para o permanente bem-estar de seu país, traçou aquela história com tanta perícia que converteu a biografia numa forma de arte. O juiz se inclinava sobre sua mesa, escutando atentamente; os jurados sentavam-se na beirada de suas cadeiras, perturbados e ansiosos; os espectadores sentavam-se sem fôlego, os rostos voltados para o acusado, no compartimento das testemunhas.

10

Eugene V. Debs nasceu em Terre Haute, Indiana, a 5 de novembro de 1855, filho de Jean Daniel Debs e Marguerite Marie Betterich, ambos recém-chegados da Alsácia. Seu pai colecionava livros e estampas raras; sua mãe, que tomava conta do armazém da sala de visitas e criava um grande número de filhos, era uma mulher de caráter indomável, com uma alma generosa. "Não existe uma página de nossa lembrança – escreveu Debs, nas bodas de ouro de seus pais, – que não esteja adornada e embelezada pelos fatos de seu amoroso cuidado."

Aos quatorze anos de idade, foi trabalhar, a cinqüenta cêntimos por dia, raspando a

Advogado da Defesa 53

pintura de velhos vagões ferroviários. Romântico de mente enérgica e devaneadora, não havia modo de encontrar qualquer graça ou aventura naquele trabalho. "Trabalhei naquilo durante um ano e o trabalho quase me matou." Então, um dia, foi levado para a oficina por um maquinista cujo foguista estava ébrio, e posto numa máquina de carga, atirando carvão numa enorme e barulhenta caldeira, enquanto o trem seguia velozmente dentro da escuridão da noite. Fraco rapaz de quinze anos, tinha sido o escolhido por ser capaz de segurar a "extremidade quente da pá". Romanticamente, gozava cada detalhe da atividade ferroviária e não demorou a se encontrar firmemente empregado na Estrada de Ferro Terre Haute e Indianápolis, a um dólar por noite; durante o dia, privava-se do sono para ir a uma escola e mergulhar na enciclopédia que um vendedor de livros lhe vendera a prestações. Era um estudioso ávido de saber; queria ser inteligente, compreender a época da administração Grant, e a reconstrução do Sul. Ao chegar aos dezoito anos, era não só bem educado, para o seu tempo, mas tinha "um metro e oitenta de músculos rijos, duro como uma marreta, aceito pelos ferroviários veteranos como um "trilho" de primeira classe".

Um ano depois, comprendendo a apreensão e o temor de sua mãe por causa dos constantes desastres ferroviários, com a morte de tripulantes, abandonou relutantemente seu emprego de foguista e foi trabalhar num atacadista de cereais. Nunca, porém, deixou de se considerar um ferroviário; freqüentava as reuniões do sindicato, cuidava dos seus papéis, e, quando a filial da Terre Haute da Fraternidade de Foguistas Ferroviários, recentemente constituída, se fundou, foi escolhido como secretário. "Pus um garoto teimoso em Terre Haute – disse Joshua Leach, organizador da filial, – e um dia ele estará à frente da organização." Durante os dezessete anos seguintes, Gene Debs foi a Fraternidade dos Foguistas Ferroviários. Não recebia pagamento por seu trabalho; não o queria. Nas suas horas de folga, preparava meticulosos relatórios para a sede nacional, dirigia a Revista dos Foguistas de Locomotivas e escrevia artigos para ela; nos anos difíceis, chegava a contribuir com novecentos dólares, dos mil e quinhentos que ganhava, para manter o sindicato e a revista. Quando a organização nacional estava à beira da falência e da aniquilação, devendo seis mil dólares, foi transformado em secretário-tesoureiro. Quando o número de sócios ficou reduzido, por causa de greves e das depressões, Debs "abria o auditório, ficava sentado sozinho uma hora, olhando sombriamente as cadeiras vazias, depois voltava para casa, deprimido mas decidido a enfrentar o desafio". Aos vinte e um anos de idade, enfrentou o desafio trabalhando a noite inteira, escrevendo centenas de cartas para membros que se haviam afastado, dizendo-lhes que deviam voltar ao seu sindicato, organizando reuniões por todo o Médio Oeste, fazendo discursos para grupos, ainda que fossem pequenos ou indiferentes, procurando infundir coragem e unidade, passando de um a outro sistema ferroviário, mostrando aos trabalhadores como e por que deviam apresentar uma frente sólida – um possuído, um homem inspirado. "tinha sempre uma porção de coisas nas mãos; atravessar um pátio ferroviário debaixo de chuva, neve ou granizo, na metade da noite, ser mandado sair da oficina, como agitador, ou ser posto fora de um trem, tudo isso estava no meu programa."

Foi eleito secretário da prefeitura de Terre Haute. Como presidente do Clube Biblioteca Ocidental, levou a Terre Haute a sua controvertida vida literária, sob a forma de James Whitcomb Riley, poeta; Wendell Phillips, reformador; o coronel Robert Ingersoll, agnóstico; e Suzan b. Anthony, defensora do voto feminino. Lia constantemente sobre economia, política e história, tentando esclarecer seus pensamentos e determinações esforçava-se muito por se tornar um bom orador, para que pudesse atingir os corações dos trabalhadores. Vivia com três ou quatro horas de sono por noite; não tinha vida pessoal, mas, com a passagem dos anos, tornou-se aquela raridade entre os líderes sindicais: um homem educado, bem equipado para competir com os administradores em seu próprio terreno. Durante dezesseis anos, a Fraternidade cresceu sob a sua orientação, conseguindo salários e expedientes melhores para os seus homens e condições de trabalho mais seguras nas linhas.

Depois, em 1892, Eugene Debs teve uma das grandes visões sociais de seu século: assim como o Pioneiro de Pullman tinha revolucionado a mecânica da indústria ferroviária, um Sindicato Ferroviário Americano revolucionaria o seu lado humano. Como o original Pioneiro, também ele seria construído, a partir do chão, demasiado alto para as pontes, demasiado largo para as plataformas do sistema industrial existente, mas era assim que teria de ser levantado, para preencher as suas necessidades, e Debs, tão obstinado e corajoso como Pullman, insistia em que toda a rotina capitalista fosse renovada, para que o sindicalismo industrial pudesse correr nos seus trilhos. A Associação dos Superintendentes Gerais tinha conjugado todas as estradas de ferro dentro do sistema de controle de horas de trabalho, salários e condições de funcionamento da indústria. Neste caso, raciocinou Debs, também devemos organizar todos os trabalhadores dentro da indústria, para que possam enfrentá-la. Não bastava apenas sindicalizar os trabalhadores mais qualificados, pois eles representam somente uma pequena porção dos trabalhadores dentro de qualquer indústria, provavelmente não mais do que vinte por cento dos trabalhadores do país. Que adianta, para qualquer grupo de trabalhadores, entrar em greve, se os outros trabalhadores continuam a trabalhar? Não; até o menor empregado dentro de uma indústria, por menos importante ou por mais humilde, devia ser organizado e filiado a um sindicato tão grande quanto a própria indústria; uma ofensa a um grupo seria, então, uma ofensa a todos. As corporações de ofícios e artesanato tinham servido numa era das pequenas oficinas; a crescente máquina industrial precisava de novas estruturas sindicais, para abrigar todos os trabalhadores dentro de uma indústria, assim como novas usinas estavam sendo construídas para abrigar todos os processos de manufatura. Tão logo as ferrovias fossem organizadas numa grande fraternidade industrial, poderiam passar para a indústria do aço, a da borracha e a do petróleo, depois a de embalagem de carnes, a têxtil, a de madeiras, a de mineração, até que todos os trabalhadores do país pertencessem ao seu sindicato, assim como à sua indústria: uma sólida parede de trabalhadores, para enfrentar uma sólida parede de administradores.

Depois de uma tumultuosa reunião com as Fraternidades de Maquinistas, Guarda-freios e Foguistas Ferroviários, que queriam confinar a filiação a sindicatos aos ofícios especializados, temendo que alguns dos seus privilégios se dissipassem, se todos se organizassem, Gene Debs se demitiu e formou o Sindicato Ferroviário Americano, que iria congregar todos os trabalhadores da indústria, desde o mais humilde guarda-chave, guarda-linha ou costureira que cosia enfeites na fábrica Pullman, com uma filiação de cento e cinqüenta mil membros e quatrocentos e sessenta e cinco diferentes filiais. Depois, a 1º de abril de 1894, quando James J. Hill reduziu de um dólar e um quarto para um dólar por dia o salário de seus operários comuns, o Sindicato Ferroviário Americano ajudou a organizar os trabalhadores da Grande Norte, parou todo o serviço na linha e, com a ajuda da Associação Comercial de St. Paul, forçou Hill a restabelecer o nível salarial anterior. Com essa vitória sem precedentes do trabalho não especializado, a sua concepção de sindicalismo industrial ficou justificada e a filiação cresceu imensamente. Os delegados, confiantes e corados com o êxito, realizaram a sua primeira convenção em Chicago, em junho de 1894; e então, tinham encontrado a greve de Pullman.

Advogado da Defesa 55

O Sindicato tinha ajudado a organizar as oficinas da Pullman. Quando os trabalhadores da companhia acharam impossível viver com os salários que lhes eram pagos, o Sindicato insistira no arbitramento e tentara consegui-lo. Mas Pullman ficara firme sobre a rocha do século dezenove: trabalhadores nada tinham a dizer sobre os salários que recebiam: não havia nada a arbitrar. Contra o conselho do Sindicato, os trabalhadores da Pullman entraram em greve; seus delegados tinham ido à convenção para contar histórias horríveis sobre a fome, a opressão, a injustiça, o desespero. Debs e os funcionários do sindicato ficaram firmes; seu Sindicato era demasiado jovem e demasiado inexperiente; para provocar uma greve de solidariedade, não tinham filiação suficientemente grande nem dinheiro bastante no banco. Então, em meio às suas negações, uma moça fora à convenção para contar como seu pai morrera, devendo à Companhia Pullman sessenta dólares de aluguéis atrasados, e como a Companhia estava agora tirando o dinheiro dos salários dela, deixando-a trabalhar por duas semanas, para depois descontar uma parte da dívida de seu pai, antes de lhe entregar alguns níqueis como pagamento.

Os operários do Sindicato eram homens de sensibilidade; tinham conhecido o desemprego, a incerteza, a fome, as privações e o desespero; não era necessário grande esforço mental para que imaginassem quadros como aqueles; tinham vivido com tais quadros nos seus calcanhares a vida inteira. Tudo o que podiam fazer era votar favoravelmente à greve e recusar conduzir carros Pullman.

Entraram em greve; deixaram de ir ao trabalho e permaneceram em paz; tinham oferecido ao país um plano de sindicalismo industrial. Então, as companhias se apoderaram do governo e agora Eugene V. Debs era um criminoso no banco das testemunhas, a greve estava sufocada, os trabalhadores sem respeito, e o sindicalismo industrial tão eficazmente esmagado que não voltaria a erguer a cabeça durante quatro décadas inteiras.

11

Satisfeito pelo aspecto e pelo sentimento do júri, perante o qual Debs tinha feito tanto esforço para ser absolvido, Darrow deu mais um passo ousado: iria confrontar George Pullman com Eugene Debs e deixar que o país tirasse as suas próprias conclusões. Convocou Pullman a comparecer ao tribunal e revelar os detalhes do dividendo de dois milhões e novecentos mil dólares, distribuído no ano anterior, de depressão, e dos vinte e seis milhões em dinheiro, de dividendos não declarados, guardados nos cofres da Companhia, ao mesmo tempo em que os homens que o tinham ajudado a ganhar aquele dinheiro estavam desmaiando junto de suas máquinas, por causa da fome.

Mas George Pullman não podia ser encontrado. Havia fugido. A intimação não pôde ser cumprida. O jornal *Tribune*, de Chicago, declarou: Não é estranho que ele não se mostrasse disposto a comparecer ao tribunal e ser interrogado por Darrow. Não é agradável para uma pessoa que se acha à frente de uma grande companhia, que tem muitos subordinados e não tem superiores, e que está habituada a dar odens em vez de responder a perguntas, ser interrogada por pessoas que são inamistosas para com ela e que podem fazer indagações desagradáveis, às quais é obrigada a responder civilizadamente."

Darrow tirou o máximo partido dessa fuga, retratando Pullman para o júri e para o mundo como o verdadeiro e insidioso inimigo da sociedade. A carapuça bem servia a outras cabeças; os processantes estavam sendo processados. Desferindo seu golpe mais importante,

56 Advogado da Defesa

Darrow anunciou então que iria convocar até o último membro da Associação dos Superintendentes Gerais, aos quais depois procuraria condenar, não só por conspiração criminosa, a fim de reduzir salários, porém, ainda por conspiração criminosa para tomar e usar o governo federal para os seus propósitos conspiradores.

Mas Clarence Darrow haia planejado demasiado bem; seu primeiro grande caso não demorou a se desfazer em suas mãos. Na manhã seguinte, apenas 11 homens tomaram seus lugares no júri. O Juiz Grosscup afirmou: "Devido à enfermidade de um jurado e ao atestado de seu médico, de que ele não poderá sair durante dois ou três dias, creio que será necessário suspender por ora a tomada de depoimentos neste caso."

Pela primeira vez, ele se levantou, fuzilante, exigiu que outro jurado fosse indicado, que os autos do processos fossem lidos para ele. O Juiz Grosscup denegou a petição; o caso foi adiado até maio. Conta-se que os jurados saíram do júri e apertaram a mão de Debs, ignorando as mãos estendidas dos processantes, e que disseram a Darrow que as suas opiniões tinham sido de onze a um pela absolvição.

Que Darrow havia absolvido seu cliente das acusações de conspiração criminosa, estava claro; o governo jamais voltou a chamar o caso a julgamento; entretanto, Debs e seus sete associados estavam agora citados pela Corte de circuito de Chicago por "desrespeito", por ter recusado obedecer ao interdito inicialmente despachado. Darrow ficou irritado com esse golpe, pois, no tribunal federal, os réus não teriam o benefício de um júri. O Juiz Woods, o segundo dos juízes federais que tinham expedido o interdito, ouviu o libelo e condenou os funcionários do Sindicato a seis meses de prisão.

Durante vários dias os pensamentos de Darrow se chocaram confusamente em sua cabeça. No meio da sua amargura, convenceu Lyman Trumbull, um dos membros do pequeno mas valente grupo de advogados idealistas que se encontrava em todas as cidades americanas, a endossar seu apelo para a Suprema Corte dos Estados Unidos. Foi Lyman Trumbull que, como o senador que dera o voto decisivo para a questão do impedimento do presidente Andrew Johnson em 1868, com a sua reputação, a sua profissão, a sua vida, ameaçadas pelos rufiões políticos que procuravam afastar Johnson por propósitos venais, desafiou aqueles conspiradores, votou pela absolvição de Johnson e assim ajudou a salvar o país de uma suspeita internacional. Trumbull tinha sido juiz da Suprema Corte de Illinois e era reconhecido como o melhor advogado de Chicago. Sua aparição no caso Debs confundiu mais ainda a opinião pública.

A petição de Darrow e Trumbull foi simples e direta. Tentava mostrar que só a partir de 1824 tinha havido qualquer estatuto nos Estados Unidos declarando ser crime organizar sindicatos de trabalhadores ou entrar em greves pacíficas. Assim, os acusados não eram culpados de crime algum, segundo a *common law*, mas mesmo que tivessem, tanto a *common law* como a Constituição determinavam que o julgamento de todos os crimes fosse feito por um júri; um tribunal de equidade, tal como o do Juiz Woods, não tinha juridisção sobre casos criminais ou enquadrados na *common law*. Em conseqüência, o tribunal de equidade de Grosscup e Woods tinha assumido ilegalmente uma jurisdição, quando expedira o interdito, e estava agora assumindo ainda ilegalmente a jurisdição, ao privar pessoas de sua liberdade, sem um julgamento pelo júri.

Darrow confiava em que a Suprema Corte não iria conhecer da acusação de desrespeito. Essa suposição foi o seu principal erro de julgamento: tinha deixado de lembrar-se do princípio da Suprema Corte, não se recordara de seus coerentes esforços para defender e pro-

Advogado da Defesa 57

teger os direitos de propriedade contra os direitos pessoais, em todo o desenrolar da vida americana. Apanhado assim, fora de sua guarda, ficou surpreso com a decisão da Suprema Corte e ainda mais pelos métodos pelos quais esta chegou a sua decisão.

Ignorando o fato de que não tinha havido obstrução dos correios, a Suprema Corte justificou o envio de tropas federais para Chicago e a violação dos direitos estaduais, afirmando que "entre os poderes dados expressamente ao governo nacional estão o controle do comércio entre os Estados e a administração dos Correios... e o braço forte do governo pode ser estendido para afastar todas as obstruções a sua liberdade. Existia uma emergência especial, a exigir que o tribunal fizesse tudo quanto os tribunais podem fazer; a jurisdição dos tribunais de equidade, para corrigir as perturbações da ordem pública por meio de interditos, é claramente estabelecida; tendo esse direito, o tribunal deve também ter o direito de castigar aqueles que desrespeitam as suas ordens." Evidentemente, sem procurar ser satírica, a Suprema Corte admitia que "o governo da União é, enfática e verdadeiramente, um governo do povo; na forma e na substância, emana dele; os seus poderes são por ele concedidos e devem ser exercidos diretamente sobre ele e para seu benefício"; e por isso recusou não conhecer da acusação de desrespeito.

Nada mais havia que pudesse ser feito, por Darrow, Trumbull ou qualquer outro. Debs, mais uma vez, arrumou as malas e, com seus companheiros, foi para a cadeia de Woodstck em Illinois. O Governador Altgeld tinha sido derrotado pelo Presidente Cleveland. Eugene Debs e o Sindicato Ferroviário Americano tinham sido derrotados pela Associação dos Superintendentes Gerais. Clarence Darrow tinha sido derrotado em seu primeiro grande caso, pelas cortes de Circuito e Suprema. Quanto mais estudava a decisão da Suprema Corte, mais se tornava convencido de que estava baseada no preconceito de classes, antes que na Constituição, tendo em vista dar ainda mais força ao poder da indústria e deixar a massa de trabalhadores sem meios de proteção ou de defesa. No fundo do coração, sentia que "ambas as partes reconheciam que Debs tinha sido mandado para a cadeia como vítima da luta universal de classes, porque havia dirigido uma grande luta em benefício dos trabalhadores e dos pobres". "Debs realmente foi injustiçado – comentou ele. – Nenhum outro crime jamais foi punido com penas tão severas, como o de procurar ajudar os oprimidos."

12

Estando Debs e seus companheiros trancados em segurança por trás das grades de ferro, o caso estava aparentemente terminado; como apoteose da luta do século dezenove, iria ser introduzida na estrutura da vida americana a lei insuperável e duradoura da propriedade. Mas, para Clarence Darrow, aquilo era apenas o início do caso. As sociedades anônimas americanas estavam crescendo, para se tornar um colosso sempre maior, absorvendo raízes, solo, árvores, na sua marcha inexorável, até que afinal nada houvesse no continente, salvo o seu gigantesco mecanismo, com uma perna no Oceano Atlântico e outra no Pacífico, sugando materiais, homens, instituições e direitos, até não mais existirem seres humanos na terra, até que a máquina tivesse necessariamente consumido o próprio homem que a havia construído. Seria aquele o fim dos Estados Unidos, o país da nova liberdade e das novas esperanças?

Embora se sentisse amargurado e cínico, sentado em sua escrivaninha, em seu escritório solitário, a meditar sobre as páginas da sentença, ele não pensava asim. Quando o século dezenove morresse, a sua peculiar civilização mecânica deveria morrer com ele; sobre a sua

58 Advogado da Defesa

ampla base mecânica, uma nova sociedade deveria nascer. Havia já no ar forças e vozes vitais, nos novos livros e revistas, nas conferências e debates, interrogando, examinando, esclarecendo, procurando conhecer o valor daquela magnífica máquina industrial e saber se, a despeito da grande riqueza em bens que estava produzindo, continuaria a aleijar e aprisionar a humanidade, em vez de libertá-la. O século dezenove havia dado firmeza à lei da propriedade, para ficar a passo com o crescimento da propriedade. O século vinte, sentia ele, devia criar a lei das pessoas.

Naquele desenvolvimento, estava disposto a desempenhar qualquer papel que a época e as exigências lhe solicitassem.

CAPÍTULO III

TIRO DE SAL NA CAUDA DA VERDADE

SE DARROW tivesse desejado ir para uma moderna faculdade de Direito, jamais teria passado no exame vestibular:

– Qual é a primeira coisa que você deve fazer quando um cliente entra em seu escritório?

– Cobrar um adiantamento de honorários.

A história de que Clarence Darrow tinha abandonado um emprego lucrativo para defender Eugene Debs propagou a lenda de que um fenômeno, um desportista, havia surgido dentro da profissão legal; um advogado capaz, que lutava em favor dos pobres. Seu modesto escritório, no ReaperBlock, com pouco se tornou uma clínica legal, com um só membro. Nos duros bancos da sua sala de espera, sentavam-se filas intermináveis de clientes vestindo roupas gastas e já fora de moda: os deserdados que podiam levar a ele pouca coisa além da sua dor; trabalhadores que tinham perdido um braço ou perna em seu emprego e haviam sido despedidos sem indenização; esposas cujos maridos tinham sido mortos no trabalho ou noutros acidentes; famílias desempregadas prontas a serem despejadas; vítimas de boa fé, que tinham sido defraudadas nas suas economias; mães dos cortiços, cujos filhos tinham ficado fora da lei. Os rostos eram cortados de linhas, preocupados, as peles marcadas pelo tempo, os ombros e joelhos dobrados pelo peso de anos de trabalho, as mãos ásperas, retorcidas, esfoladas: os rostos, a pele, os ombros e os joelhos, as mãos e os olhos de trabalhadores, sem exceção.

Quando terminava de atender a um cliente, entrava na sala de espera em mangas de camisa e dizia ao próximo da fila: "Muito bem, pode entrar agora". Sua secretária recebeu instruções para nunca mandar ninguém voltar; jamais se disse a alguém que ele estava por demais ocupado; todos os que apareciam sentavam-se e esperavam a sua vez. Por mais tarde que ficasse, ele nunca mandava ninguém para casa, dizendo que voltasse no dia seguinte. Quando pessoas empregadas queriam vê-lo, deixava que o procurassem depois das seis horas. Quando ia ao Fórum, deixava ordem para que, se alguém precisasse dele, mandassem procurá-lo no tribunal. Falava com aquelas pessoas durante os intervalos e, se aquele tempo não fosse bastante, trabalhava com eles de novo na hora do seu almoço. Sempre havia alguém a esperar por ele nos degraus do Fórum, para lhe contar as suas perturbações, enquanto ele voltava a pé para o escritório. Atendia mesmo aos retardados e aos lunáticos, ainda que brevemente. Era um garoto, uma criança, um sentimentalista, mas não era louco: era capaz de farejar um impostor, mesmo quando fora de sua vista.

Com uma capacidade ilimitada para sentir as dores dos outros homens, sentava-se desajeitadamente atrás de sua escrivaninha, geralmente de camisa branca e suspensórios, absorvendo na sua sensibilidade, na sua brandura, as lágrimas daquele pequeno canto do mundo. Não procurava a injustiça e o sofrimento porque gostasse dessas coisas; elas é que o procuravam; encontravam-no sempre dispostos a recebê-las, e quando o faziam, ele jamais podia recusar sua ajuda. Assim, enchiam seu escritório os velhos, os desempregados, os pobres, os humildes, os ignorantes, os desprotegidos, cada qual com a sua carga de dificuldades. Ali estava um homem que olhava para eles com um ar inegável de fraternidade nos seus olhos azuis de criança, que falava com tanta suavidade e simplicidade que até mesmo o mais inarticulado poderia conversar com ele facilmente e abrir o coração.

Tão simpática era a sua natureza que não era ele capaz de mandar ninguém embora, mesmo quando a causa era sem esperança. "Darrow detestava dizer a quem quer que fosse que não tinha razões e que não havia possibilidades. Saía do escritório e murmurava: – Aquele pobre coitado, não sei o que posso dizer a ele".

"Darrow foi um dos homens mais generosos e de bom gênio que já conheci – disse um de seus futuros sócios. – Era realmente incapaz de dizer não. As pessoas muitas vezes pensavam que o seu silêncio significava sim, e, se ele não aparecia depois, julgavam que tinha faltado à promessa."

"Não me sentava em meu escritório apenas para esperar que alguém me trouxesse um bom honorário; quem quer que batesse a minha porta era bem recebido, e se tinha ou não tinha o dinheiro era coisa de menor importância. Eu não saía atrás de negócios; simplesmente os aceitava tais como surgiam, e os tribunais criminais e as cadeias estão sempre atulhados de pobres. ...Um advogado tem de fazer grande soma de trabalho pelo qual não tem esperança de ser recompensado; tudo que ele pode esperar, é que, de vez em quando, consiga um cliente capaz de pagar. A capacidade de pagar é que deve determinar um honorário justo. Um advogado tem justificativa para cobrar honorários mais elevados, mesmo por serviço de menor importância, das pessoas que podem pagar."

Nos casos de acidentes pessoais, era costume dos advogados cobrar vinte e cinco por cento, se resolviam o caso fora do tribunal, 35% se o caso era levado a julgamento. Sempre insistiam em fazer contratos. "Darrow jamais quis contratos. Dizia em sua voz arrastada: – Veremos como se resolve isto". Quando o caso estava terminado, dizia ao seu cliente: – "Você ganhou! Tem família, não tem? Esta espécie de dinheiro não durará muito". Depois, pedia cem dólares, quando podia ter pedido quinhentos."

Mais tarde, quando se havia tornado o mais famoso criminalista do país, um velho advogado que tinha entrado num mau período apareceu de repente em seu escritório, com lágrimas a rolar pelas faces: seu filho acabara de assassinar uma mulher em Humboldt Park. Tinham-se amado e, quando a mulher anunciou que iria romper as relações, o rapaz a matara. Seria um caso longo e difícil; Darrow tinha pouco estômago para aceitá-lo: mas, quando olhou para o pai cujo rosto estava marcado pelo sofrimento, não pôde fazer com que por entre seus dentes saísse um "Não!"

– Não tenho mais muito dinheiro – chorou o pai; – quanto o senhor irá...?

– Qualquer outro advogado cobraria cinco mil. Oh! digamos, mil dólares.

– Está bem, mas não posso dar-lhe todo o dinheiro.

– Dê-me o que puder. Eu terei de pagar as custas do processo.

Darrow gastou o próprio dinheiro para pagar as custas. No primeiro dia do julgamento, o advogado lhe entregou um cheque de quinhentos dólares. Quatro dias depois foi o cheque devolvido a ele no tribunal, assinalado "Insuficiência de fundos". Darrow olhou para a tira retangular de papel e disse:

– Não contem ao pobre sujeito que seu cheque foi devolvido. Ele já é bastante infeliz com o que está acontecendo.

Darrow encerrou o caso, convencendo o júri a não chegar a um acordo. Só então falou ao pai do cheque imprestável. O homem chorou, dizendo que tinha esperado que o banco cobrisse. Darrow replicou que não lhe desse outro cheque imprestável, mas que esperasse até ter o dinheiro. Depois, levou o caso a novo julgamento; o rapaz foi absolvido. Agora completamente sem dinheiro, o pai nunca chegou a recolher qualquer parcela dos mil dólares dos honorários, nem Darrow o pressionou para receber o dinheiro.

Revelam os registros que seus serviços profissionais, entre metade e uma terça parte, eram dedicados a clientes dos quais nada iria receber. Seus amigos diziam dele: Dedicava mais do seu tempo a viúvas e órfãos do que todos os outros advogados de Chicago juntos."

"Uma vez, em Paris, quando a American Bar Association ali lhe ofereceu um banquete, um grupo de advogados e juízes o rodeou, dizendo que queriam ver o advogado que fazia tanto trabalho, para nada ganhar. Um deles disse: "Mas você não pertence à nossa profissão, você pertence a um museu de aberrações."

2

Em 1895, Darrow entrou na organização de uma nova firma, Collins, Goodrich, Darrow e Vincent, com escritórios no Edifício Rookery. Lorin C. Collins, o principal, tinha sido juiz da Corte de Circuito e presidente da Câmara de Representantes de Illinois; Adams A. Goodrich fora juiz estadual; William A Vincent tinha sido presidente da Suprema Corte do então território do Novo México – e tudo isso lhe dava uma companhia eminente. A nova firma foi "organizada com o propósito firmado de entrar na prática do Direito Corporativo e de representar companhias, inclusive bancos e estradas de ferro".

Quase imediatamente, um assassínio sensacional foi cometido em Chicago, e Darrow entrou em choque com a política da firma. "Um pobre fanático religioso" retardado mental, chamado Pendergast, que tinha ganho a vida parcamente, vendendo jornais, e "cuja mentalidade era revelada pelo fato de que, para chegar mais perto de Deus e da natureza, costumava misturar-se ao gado nos pastos e pastar com eles", entrou à força no escritório do recém-eleito prefeito Carter H. Harrison, pai, e insistiu em que Harrison tinha prometido dar-lhe importante emprego político em troca da cabala eleitoral que havia feito. Quando o prefeito tentou livrar-se do homem desequilibrado, tirando-o do gabinete, Pendergast sacou de um revólver e o assassinou.

"Darrow se ofereceu voluntariamente para defender o homem sem honorários, pagando ele próprio as custas. Fazia isso com base em sua idéia expressa, de que, se a lei declarava que uma pessoa insana ou mentalmente incompetente não devia ser condenada por um crime, Pendergast tinha direito ao benefício da lei, não importava o fato de ser sua vítima um homem de grande importância." Foi o primeiro julgamento criminal de Darrow e o único que perdeu – pois Chicago foi apanhada na crista de uma das suas intermitentes ondas de sangue e exigiu a execução de Pendergast.

Um associado mais jovem dá um retrato de Darrow na época: "Darrow era muito amado pelos jovens da organização, por causa da sua inabalável consideração com eles e da sua atitude informal e amistosa. Dentro das quatro paredes da biblioteca, era um advogado profundamente analítico e conservador. Não havia atitude que pudesse interferir nas suas análises do Direito, e tais análises eram frias, profundas e baseadas apenas na lei. Fora da lei, e em questões públicas, estava começando a ser o Darrow que todos conhecemos anos depois, e, como eu mesmo o ouvi dizer, estava "geralmente envelhecendo mais que os outros". Lembra-me um incidente que revelou algumas das idiossincrasias de Darrow. Eu havia tratado de uma execução judicial para ele, e conseguira receber o reclamado. Perguntei a Darrow o quanto deveria cobrar ao cliente.

"– Quanto tempo você gastou nisso?

"– Dois dias e meio; mas o importante é que cheguei primeiro do que os outros credores.

"– Então cobre quinhentos dólares.

"– Mas, Sr. Darrow, isto é incoerente com as suas idéias a respeito de corrigir os males da indenização de pessoas pelo seu trabalho. Outro dia, o senhor me disse que todo indivíduo deveria receber pelo seu trabalho um certificado para cada hora de serviço, e, não importa que espécie de trabalho deveriam ser de igual valor. O senhor ilustrou o seu ponto de vista dizendo que devia receber um certificado por uma hora de trabalho jurídico, e que o ascensorista do Rookery deveria receber outro certificado de igual valor por uma hora de trabalho. O ascensorista recebe cinquenta e cinco dólares por mês, e aqui o senhor está cobrando quinhentos dólares por dois dias de trabalho!

"– Que o ascensorista vá para o inferno – grunhiu Darrow; – estamos praticando o direito."

Baseava aquela prática numa intuição da natureza humana, mais do que num conhecimento detalhado da lei. Sua mente criptográfica penetrava na fachada das palavras faladas, dos gestos, das expressões, das protestações. Embora seus olhos fossem brandos, sua voz suave, suas maneiras gentis, seu aparelho de avaliação era objetivamente firme, penetrante e incisivo. Tinha fé nos seus próprios julgamentos:

Foi levado a um advogado de vinte e três anos um caso no qual tinha ele de fazer um acordo por intermédio de Darrow. O jovem redigiu o acordo e o levou a Darrow para ser examinado e revisto, e para que se acrescentassem os meses habituais de prazo. Darrow sentou-se à escrivaninha, a conversar com o jovem, durante um quarto de hora, discutindo as questões do dia. Quando o homem afinal tirou seu acordo proposto, Darrow disse:

– Isso lhe parece um acordo justo?

– Sim, parece, Sr. Darrow.

– É tão justo para o meu cliente quanto para o seu?

– Eu me baseei nos fatos para fazê-lo assim, senhor.

– Pois bem, eu o aceito.

– O senhor aceita... mesmo sem o ler?

– Nos poucos minutos que passamos juntos, eu o julguei como um advogado honesto e qualificado. Se o senhor diz que este plano é completamente aceitável para ambas as partes, como posso eu melhorá-lo?

A mais valiosa utilidade da sua capacidade de deitar mãos à alma de um homem era evidenciada na escolha de jurados. Passava semanas interrogando jurados em perspectiva,

Advogado da Defesa 63

sem se lembrar da passagem do tempo, das suas outras obrigações ou do montante dos honorários envolvidos.

"Darrow sempre escolhia gente comum – disse um advogado de Chicago; – não queria grandes homens de negócios. Tinha qualquer coisa de um fazendeiro, que o tornava atraente aos jurados comuns. Falava a um bombeiro como se também ele fosse bombeiro; a um dono de armazém, como se ele também fosse dono de armazém. Conhecia tão bem Chicago que era capaz de adivinhar, pela parte da cidade de onde vinha, como os jurados iriam reagir às suas teorias. Era um grande argumentador. Quando uma pessoa se opunha a ele, precisava examinar o caso da maneira que ele queria vê-lo examinado. Era capaz de mudar de posição, logicamente, com prazo de um momento; todos tínhamos de imitar os seus métodos. Nunca se mostrava arrogante ou desdenhoso com outros advogados e nunca brigava com advogdos adversários perante um júri. O gabinete do promotor distrital odiava as ocasiões em que Darrow estava na defesa; ele era por demais cheio de recursos. Admirável numa reinquirição, nunca deixava de interrogar até que tivesse algum conforto com isso. Por mais difícil que a questão se lhe apresentasse, trabalhava nela e fazia com que ficasse do seu lado."

Trabalhava com o mesmo cuidado, tanto com o juiz quanto com o júri. "A coisa mais importante a fazer é levar o juiz a *querer* decidir as coisas à nossa maneira – aconselhou Darrow a um de seus sócios mais jovens. – Eles são seres humanos, movidos pela mesma coisa que move os outros seres humanos. As questões de direito meramente dão ao juiz uma *razão* para fazer aquilo que nós já o levamos a querer fazer."

3

A injustiça ou a crueldade, sob qualquer forma, punha-o a arder com uma fúria extrema. Saltava justamente no ponto onde homens mais prudentes teriam temido passar, e, em consequência, muitas vezes dava com a cabeça. Quando estava viajando para a Costa do Pacífico, a fim de passar férias com seu filho Paul, entrou no carro restaurante, vindo do vagão comum, e esperou sua vez atrás de uma velha senhora que, evidentemente, tinha estado ali por algum tempo. Alguns momentos depois, um grupo chegou para o jantar, vindo dos carros Pullman, e quando uma mesa ficou vaga, o garçom, inclinando-se para o lado dos passageiros de primeira classe, ignorou a velha senhora e foi guiar o grupo mais próspero à mesa. Darrow o interceptou.

– Esta senhora idosa estava aqui primeiro – disse ele. – Ela tem direito àquela mesa.

– Ela terá de esperar a sua vez – replicou bruscamente o garçom.

– Esta é a vez dela.

Levou a mulher pelo braço até a mesa, depois voltou para esperar no vestíbulo. Quando chegou a hora de pagar a sua conta, tinha apenas uma nota de cinqüenta dólares; o garçom, gozando sua vingança, entregou-lhe quarenta e oito medas de troco.

– O senhor vai denunciá-lo à Chicago e noroeste, quando voltar? – perguntou Paul.

– Não, não, filho – exclamou Darrow. – nunca fira um homem que está trabalhando para ganhar a vida.

Noutra ocasião, quando se achava em férias de verão na fazenda Belworth, perto de Port Jarvis, viu o xerife da pequena cidade maltratar um rapazinho.

– Que fez ele? - perguntou Darrow.

– Foi posto fora de um carro de passageiros por um guarda ferroviário. Que tem o senhor com isto?

– Bem, o rapaz tem o direito de falar comigo.

O xerife olhou para a camisa aberta, os suspensórios negros e as calças empoeiradas de Darrow, e disse insolentemente:

– Quem, diabo, é o senhor?

– Oh! apenas um advogado de Chicago. Parece-me que não há trilhos ferroviários nesta parte do Estado. O senhor trouxe este rapaz do outro lado da divisa estadual?

– Bem... e se tiver trazido?

– Nada, só que isso é uma violação das leis federais e eu posso denunciá-lo.

O rapaz foi prontamente libertado.

Darrow tornou-se muito conhecido em Chicago, como vítima inesgotável de "mordidas". Um indivíduo entrava em seu escritório e dizia:

– Gostei muito do seu discurso de ontem à noite, Sr. Darrow.

– Muito bem.

– Eu... Sr. Darrow... estou em dificuldades financeiras. Poderia o senhor...é... emprestar-me uns dois dólares?

– Bem, acho que o elogio que acaba de me fazer bem vale isso – Darrow replicava, com um sorriso, e entregava ao homem uma nota de um dólar.

A parte embaraçosa de suas pequenas filantropias era a de que raramente tinha algum dinheiro – porque nunca era capaz de se lembrar de o levar no bolso. Seus sócios se queixavam de que, muitas vezes, tinham de pagar o custo da caridade de Darrow, porque tinham o dinheiro para custeá-la. Seu contínuo uma vez fez entrar um conhecido que depois de elogiar Darrow por sua conferência do domingo anterior, tentou uma "mordida". Uma busca nos bolsos de Darrow revelou que não havia sequer um níquel, e ele tomou emprestado cinqüenta cêntimos do contínuo, para dar ao homem. Ao fim da semana, o menino perguntou:

– Sr. Darrow... é... estou um pouco quebrado. O senhor acha que eu poderia... é... receber de volta aqueles cinqüenta cêntimos?

– Que cinqüenta cêntimos?

– Ora, aqueles que o senhor me tomou emprestados para dar àquele homem.

– William, você ouviu o belo elogio que ele me fez, não ouviu?

– Ouvi certamente.

– E aquilo lhe deu prazer?

– Sim, Sr. Darrow, me deu muito prazer.

– E seus cinqüenta cêntimos não valem aquele prazer?

– Ora... é... sim... acho que sim.

– Então, se recebeu o valor do seu dinheiro, William, você não devia pedi-lo de volta.

"Darrow não tinha senso de negócios – comentou um advogado, perante a família Loeb, que tinha assistido durante o caso Loeb-Leopold. – Ele não gostava de ser incomodado por questões de dinheiro. Confiava em todo mundo. Quando as despesas dos psiquiatras tiveram de ser pagas pelo nosso escritório, Darrow me perguntou:

"– De quantos cheques você acha que iremos precisar?

"– Oh! cinqüenta ou sessenta.

"– Então, por que não me deixa assiná-los todos agora?"

Um advogado adversário, tendo resolvido aceitar um acordo, foi ao escritório com quatro mil dólares em dinheiro. Entregou o bolo a Darrow, que o enfiou no bolso.

– Ora, Sr. Darrow – exclamou o advogado, – o senhor não vai contar esse dinheiro?

Advogado da Defesa 65

– O senhor o contou, não contou?

– Sim, decerto, mas eu...

– Então, que sentido faz se eu também o contar?

Sentava-se atrás de uma grande escrivaninha de topo plano, de madeira negra, situada mais ou menos no centro de um grande escritório, cujos ornamentos de madeira também eram pretos. Grandes estampas de Altgeld, Tolstói e Carle pendiam das paredes, em grandes molduras negras, cada qual com uma citação da figura do retrato. "Ele nunca disse uma palavra áspera a ninguém no escritório. Se alguém cometia um erro, ele dizia, com sua fala arrastada: "Diabo, é para isso que se fabricam apagadores." Se o dia estava bonito e Darrow nada tinha em particular para que ela fizesse, dizia à sua secretária que tirasse folga na parte da tarde; "então, um de seus sócios entrava à procura dela e ficava furioso".

Ele era o desespero do pessoal de seu escritório e de seus associados, pois se recusava a manter arquivos, anotações ou documentos. Tinha uma memória enciclopédica: guardava os fatos na cabeça, o libelo no bolsa, e isso valia pela totalidade dos autos. Como seus empregados eram proibidos de arranjar sua escrivaninha, sobre a qual se amontoavam centenas de papéis, ninguém era capaz de localizar nela qualquer coisa; ele, porém era capaz de pôr a mão no documento certo, instantaneamente. Alguns anos depois, seus dois sócios, Francis Wilson e Edgar Lee Masters, pensando em lhe ensinar as virtudes da boa ordem, passaram toda uma tarde de sábado arrumando sua escrivaninha, enquanto Darrow se achava ausente, fazendo alguma conferência. Os esforços exemplares abalaram e quase dissolveram sua empresa, pois, quando Darrow voltou na segunda-feira, todos os empregados tiveram de vasculhar cestas de papel, gavetas, porão e fornalhas, para encontrar suas anotações.

4

Darrow era sempre o primeiro a chegar ao escritório, abrindo a porta às oito e meia, em ponto, todas as manhãs. Fazendo volume no bolso de seu paletó estava uma maçã ou um cacho de uvas, que ele comia em sua escrivaninha, na hora do almoço, enquanto corria os olhos por um novo livro de antropologia ou filosofia. Anos depois, quando apareceram as palavras cruzadas, tornou-se um adepto inveterado, trabalhando nelas durante a hora do almoço, nos trens, quando viajava por causa dos processos, de pé nos saguãos de hotéis, enquanto esperava pessoas, ao caminhar pelas ruas entre um e outro prédio. Os policiais de Chicago o observavam, pegavam-no pelo braço e o conduziam através do tráfego, enquanto Darrow lhes perguntava, sem erguer os olhos do jornal, por uma palavra de seis letras, começando com ts, e designando uma mosca díptera da África do Sul. Uma vez, H. G. Wells foi ao seu hotel na Riviera Francesa, jantar com ele, e viu seu amigo furtivamente enfiar qualquer coisa atrás da almofada muito alta de sua cadeira no saguão.

– Que está procurando esconder de mim? – perguntou Wells.

– Oh... não é muito – gaguejou Darrow humildemente, tirando para fora o jornal. – Quando não tenho mais nada para fazer, gosto um bocado de fazer palavras cruzadas.

– Não seja tolo – exclamou Wells. _ Faço duas todos os dias de minha vida, uma antes de café e outra antes do jantar.

Quando seu dia de trabalho estava finalmente terminado, por volta das seis ou sete horas, seus companheiros se amontoavam em seu escritório para fazer indagações sobre política e religião. Quase todas as noites, participava ele de um debate, uma conferência ou uma reunião, embora ainda guardasse uma noite por semana para seu jogo de pôquer. "Divertia-se no pôquer tal como um menino – informa um advogado de Chicago com quem ele jogava. – Sorria e gargalhava durante toda a partida. Preferia o cacife de um *penny* e nunca passava acima do limite de vinte e cinco cêntimos."

Sua maior alegria era ensinar. Teria preferido ser professor, mas sabia que não havia escola ou instituição que lhe permitisse propagar as suas heresias. Não havia conjunto particular de fatos que desejasse comunicar: para ele, a sabedoria não consistia de fatos, que se alteravam com cada alteração da luz, mas, pelo contrário, de um aguçamento das ferramentas da lógica, de uma atitude perante a verdade, na busca constante e corajosa. A tragédia da maioria das mentes humanas, pensava ele, não era tão grande por serem pequenas, como por serem fechadas. Desagradava-lhe a virgindade, sob qualquer forma: se as mentes pudessem ser abertas, poderiam ser impregnadas, fertilizadas, e qualquer coisa poderia brotar, até mesmo – quem sabe? – a tolerância.

"Ele tinha prazer na lógica. Apreciava-a tanto quanto uma boa refeição. Um fato interessante lhe dava gosto ao paladar tanto quanto um bom bife."

Darrow reescreveu o adágio: "A verdade traz a liberdade", que passou a dizer: "A procura da verdade traz a liberdade - mesmo que jamais a encontremos!" Era preciso ter uma mente ousada e vigorosa para dizer: "Procurarei a verdade, mesmo que eu jamais possa compreendê-la inteiramente ou fixá-la por todo o tempo, muito embora a verdade seja como um camaleão que muda de cor no momento em que conseguimos salpicar um pouco de sal em sua cauda." Desagradavam-lhe aquelas mentes que acreditavam que a verdade podia ser absoluta e imutável, que aceitavam um conjunto de doutrinas, com exclusão de todas as outras e para todo o sempre; que faziam as pessoas sentir que quem quer que não acreditasse na sua parcela de verdade estava não apenas errado, mas, provavelmente, fazendo o mal. Um espírito fechado era um espírito morto. Espíritos fechados constipam o progresso.

"O espírito científico sustenta experimentalmente opiniões que está sempre pronto a reexaminar, modificar ou afastar, quando novas provas vêm a luz." Não importava tanto que as pessoas cometessem erros, desde que estivessem, externamente, procurando, desafiando, experimentando, aceitando, rejeitando, modificando – mantendo abertos os seus espíritos. Por sua parte, queria ele manter o seu espírito alerta a toda nova teoria e voz, tentando encontrar, se houvesse, qualquer coisa de bom e valioso nela; como eclético, queria tirar o que era válido de toda nova filosofia, sem se sentir preso a ela em sua totalidade.

Pelo fato de ser preciso uma força tremenda para abrir qualquer coisa que tivesse sido fechada, desenvolveu ele o método de abrir, a poder de choques, mentes pesadas e densas. A eletricidade estava apenas começando a mostrar a sua magia interminável: Darrow via que objetos de qualquer peso ou densidade podiam ser abertos, se a peça fosse envolta em fios e submetida a uma ligação direta. Sendo um "anti" congênito, quase tudo em que acreditava e podia dizer a um auditório era herético; e verificou ser a heresia o choque supremo. Se seu auditório era religioso, falava dos frutos do agnosticismo; se seu auditório era reacionário, exaltava as virtudes do estado planificado socialista; se o auditório era socialista, falava em favor das virtudes do anarquismo e da liberdade do indivíduo, numa sociedade sem controle; se o auditório era acadêmico, louvava os imperativos da heresia e da incessante revolução mental; se o auditório era moralista, atacava os princípios do livre-arbítrio, provava que não existia o pecado, o crime ou a responsabilidade individual; se o auditório era sentimental ou romântico, ele punha em dúvida os valores do realismo; se o auditório era mecanicista, defendia a necessidade dos valores espirituais.

Aonde quer que fosse, defendia a causa dos oprimidos – às vezes, gratuitamente. Há rumores de que, uma vez, foi posto para fora de uma cidade do Sul, por irritados agricultores brancos, perante os quais defendeu os direitos dos negros. Os agricultores, em parte, tinham razão: ele anunciara que falaria sobre um assunto inócuo qualquer. Convidado por um dos multimilionários de Chicago a falar perante um grupo, num jantar, foi ao local, diretamente de seu escritório, com seu amarrotado terno de sarja azul. Encontrou as mulheres vestidas de renda e arminho, usando muitos diamantes e pérolas, os homens de fraques e peitilhos engomados; levantando-se perante a sua platéia, na luxuosa sala de estar, Darrow apoiou-se num pé, voltou os ombros para a frente, ergueu misteriosamente uma sobrancelha e anunciou, com a voz mais inocente:

"Meus amigos, o tema de minha pequena palestra desta noite será: "Abaixo os Ricos!"

Teve êxito em seu sistema de ensinar por choque, porque fazia de uma maneira bem suave e discreta, mas as platéias que o ouviam pela primeira vez costumavam murmurar, enquanto saíam precipitadamente do auditório: "Aquele sujeito está fora deste mundo!"

5

Amirus Darrow tinha sido um estudioso profundo; Clarence Darrow era um estudioso profundo. Amirus ensinara a seu filho que a dúvida é o princípio do saber, e Clarence crescera com um robusto cepticismo: aceitar não simplesmente porque existe e, por isso, parece ser verdadeiro; em nada acreditar simplesmente por desejar acreditar. Todavia, não considerava suficiente ser um céptico pelo prazer, não pouco considerável, de constituir a oposição. O cepticismo tinha de servir à sua função tradicional de desmanchar tolices, vergastar santos-e-senhas, esclarecer mentiras, mas tão logo as coisas simples tinham sido postas em claro, também era preciso mostrar quais os materiais que entravam na construção de um mundo mais inteligente, belo e civilizado. Para essa tarefa, era preciso pensar claramente, simplesmente, desinteressadamente; era preciso encontrar aquelas mentes incisivas da época, que estavam dando a sua parte na construção de uma utopia pragmática; acima de tudo, era preciso ser um lutador; a vida consistia de mudanças; a mudança encontrava teimosa oposição; por isso, a vida implicava eterna guerra.

Teve ele a sorte de alcançar a sua independência durante um renascimento do pensamento; por baixo da superfície estática, o laboratório do cientista tinha passado a existir, e dali estavam emergindo métodos de analisar os fenômenos naturais. Na Inglaterra, Darwin e Huxley estavam demonstrando *A Origem das Espécies*, a evolução do homem a partir de um antepassado comum aos macacos, e formulando *O Enigma do Universo*, que iriam dar o que pensar a espíritos acanhados. Na Alemanha, Nietzche glorificava a amoralidade e o super-homem. Spencer elucidava os seus *Primeiros Princípios* da dúvida científica e da relação do cognoscível com o incognoscível. Henrik Ibsen, na Noruega, e George Bernard Shaw, na Inglaterra, denunciavam, nos seus dramas, a hipocrisia e a cupidez, que se acham na base da sociedade. Em todos os países, os homens estavam documentando uma interpretação econômica da história. A sociologia experimentava as suas variantes, como uma quase ciência destinada a diagnosticar e tratar os males sociais. A economia estava sendo transformada, de um estudo sombrio de livros de contabilidade, na arte do viver cooperativo.

Ele se entregou aos movimentos revolucionários como um monge à oração. Estudioso por natureza, com um rigoroso princípio de seleção, duvidava constantemente, absorvia rapidamente, correlacionava facilmente, punha de lado o falso, o errôneo, o enganoso, não importava o tempo ou o ardor com que sua mente os houvesse abraçado. "Lia muito, assimilava completamente, depois digeria o material – e quando ele saía à luz, saía puro Darrow."

"Os únicos livros a que ele parecia jamais dar importância eram os livros de textos e os livros de Direito – disse Francis Wilson, seu amigo mais chegado e sócio mais estimado. – Tinha uma disposição vadia e não trabalhava num caso até a última hora, até que era obrigado a isso. A maior parte dos preparativos legais era feita pelos outros." Entretanto, depois que tinha mergulhado num processo, "era dotado de uma memória formidável. Era um observador ágil e capaz de reter sem auxílios exteriores. Muito raramente tomava notas num caso, e assim mesmo quase nunca havia um ponto, que pudesse ser usado, que lhe escapasse." Quando Darrow foi ao Tennessee defender Scopes no "caso do macaco", contra William Jennings Bryan, "os cientistas tiveram de prestar juramento, expondo o que teriam declarado ao tribunal, se lhes tivesse permitido falar. Ficaram espantados ao verificar que ele era capaz de lhes ditar suas declarações."

Outro de seus sócios informa a seu respeito, na mesma época: "Os defeitos de seu raciocínio estavam no fato de que ele apenas lia aqueles livros que o interessavam e o encantavam: história, ciência natural, anatomia, fisiologia (essas duas últimas, ele as conhecia tão bem quanto qualquer médico), e zoologia, mas nunca lhe agradou ler sobre economia política. Filosofia, sim, mas não economia. Nunca tinha lido Marx, Ricardo, Adam Smith." Essa era uma omissão que Darrow em breve iria corrigir.

Para ele, o estudo nunca era trabalho, mas o maior de todos os prazeres. Gostava de adquirir conhecimentos, não apenas porque seriam úteis na sua guerra contra o preconceito, a intolerância e a opressão, mas porque a obtenção de qualquer conhecimento era um puro prazer intelectual e a maior de todas as realizações humanas. Mesmo quando já estava velho, quando não tinha necessidade alguma de conhecimentos, exceto o prazer que o pensar lhe proporcionava, seu mais profundo amor era ainda pelos livros.

"Duas ou três noites por semana, telefonava ele para o nosso apartamento, embaixo – diz o Doutor Leeming, – e dizia a minha esposa: "Alô, Maggie, que está fazendo? Suba e vamos ler". Gastava cerca de cinco minutos com as amenidades; depois, pegava um livro novo, ajeitava-se em sua confortável espreguiçadeira perto da lareira e começava. Quando tinha lido algo de interessante, espiava por cima do livro e sorria. Se era um livro controvertido, lia um capítulo, depois começava uma discussão que durava até a meia-noite. Gostava principalmente dos contos de Mark Twain, Bret Harte, Balzac, Maupassant, que podia ler em voz alta numa noite. As personagens o interessavam tanto, que, de vez em quando, parava e fazia comentários sobre elas. Também gostava de ler os poetas: Housman, Whitman. Foi um dos primeiros americanos a descobrir uma porção de escritores novos, pois assinava os catálogos das livrarias de Londres."

A única decisão que tomou, naquela ocasião, foi a de que permaneceria livre. Quase todo mundo, nos Estados Unidos, pertencia a alguma coisa: uma igreja, um partido político, uma ordem fraternal, um grupo econômico. Ele pertenceria àquela fraternidade, que diminuía rapidamente, que não admitia fidelidade a nenhum homem, credo ou programa. Temia a doutrina estabelecida e rígida, por mais válida que pudesse parecer na ocasião: seus seguidores, muito freqüentemente, se opunham ou fechavam os olhos à mudança no mundo exterior, para não serem forçados a fazer modificações interiores. Sabia que, não raro, as pessoas aceitavam credos, filosofias e panacéias por causa da sua necessidade imperiosa de acreditar em alguma coisa, de pertencer a alguma coisa, e não porque tivessem feito um exame penetrante dos aspectos da questão e estivessem intelectualmente convencidos; era por isso que nem os argumentos nem os fatos tinham muito efeito sobre as suas fidelidades emocionais.

Como toda a gente à sua volta era a *favor* de alguma coisa, de forma tão apaixonada, queria ele permanecer livre para ser *contra*. Queria ser o "cidadão do mundo" de Voltaire. Não se dava isso apenas porque visse a necessidade, numa sociedade que se transformava rapidamente, dos não conformistas, dos críticos desprendidos, do lógico inabalável, mas também porque a sua natureza e herança de família exigiam dele esse papel.

"Darrow muitas vezes debatia e falava em favor de nós socialistas; era ele um cartão de visita para os intelectuais; todavia, nunca pudemos contar com ele como um dos nossos. Gracejava de nós. Sentia que nenhum programa positivo podia ter êxito em face de um futuro imprevisível e fazia-nos referências sobre a necessidade de um programa fluido, que permitisse a modificação."

Estava de acordo com Kropotkin e os anarquistas filosóficos, que afirmavam ser um mal o crescimento do governo, porque reduzia as liberdades dos homens e se prestava à manipulação por parte daqueles interesses que tomavam o controle; a tomada do governo pelas ferrovias e pela Associação dos Superintendentes Gerais, durante a greve do Sindicato dos Ferroviários Americanos, era prova de que os anarquistas tinham certa razão. Entretanto, quando fazia conferências para eles ou escrevia artigos para a sua imprensa, Darrow sempre dizia: "Creio que os senhores estão com a razão – mas não inteiramente. A sua idéia de associações livres teria funcionado numa fase artesanal da sociedade, como ocorria em Kinsman, quando eu era menino, mas os senhores não levam em conta a crescente idade da máquina."

Perante os livres-pensadores dos Estados Unidos, cometia a heresia de insistir em que, se desejavam permanecer livres-pensadores, tinham de fazer constantes explorações no domínio do espírito e que precisavam construir seu pensamento livre sobre a hipótese de que podiam estar errados. Quando a Sociedade dos Ateus o convidou para fazer conferências, ele os censurou por serem arrogantes e preconcebidos em relação à igreja: a religião insistia em que havia um Deus absoluto, um céu e um inferno; os ateus insistiam em que absolutamente não havia Deus, nem céu, nem inferno, e nenhum podia provar a sua afirmação.

"Um dia, Hamlin Garland apareceu, lançou-se numa espaçosa cadeira e, de sob suas densas sobrancelhas, fixou o olhar inquisidor sobre Clarence e perguntou: "Bem, Darrow, qual é sua última posição?

"Darrow se encolheu em seu colarinho, ergueu um dos ombros mais alto do que o outro, fitou através de Garland e disse: "Isto é o que você sempre me pergunta." "– Bem, foi por isso que vim aqui – replicou Garland; – para saber da sua última tendência sobre estes assuntos. Você sabe que é um dos poucos que mudam de mente conforme a época, e estou sempre certo de ouvir algum novo ângulo – de saber como você conseguiu mudar completamente de opinião a respeito de uma coisa ou outra, de acordo com o encaminhamento dos negócios do mundo. Você é o único homem que conheço que não tem o menor orgulho – ou vergonha – em admitir que errou; na verdade, chega até a se glorificar ao mostrar aquilo em que se deixou enganar.

" – Não existe essa história de ficar parado – disse Darrow balançando a cabeça. _ A menos que um sujeito se mova para a frente, fica para trás."

6

Assim como esse desenvolvimento e essa modificação passaram a dominar os seus dias, assim também o desenvolvimento e a modificação surgiram nas suas relações pessoais – e afinal, em sua própria casa.

Darrow tinha apenas um ano ou dois de residência em Chicago, quando começou a perceber que a escolha da sua juventude não tinha sido a escolha da sua maturidade. Jessie era uma mulher do lar. Não gostava de sair à noite; em particular, não gostava de conferências, debates, fóruns ou assuntos sociais e políticos, pois não os compreendia muito bem. Logo que chegaram a Chicago, ela acompanhara Clarence às suas reuniões; mas achara difícil seguir o fio das discussões, e não podia entender por que as pessoas se mostravam tão excitadas sobre questões que dificilmente pareciam interessar-lhes diretamente. Como nada lia dos novos romances, que eram assuntos de conversa nas reuniões literárias, sentia-se pouco à vontade e, afinal, infeliz. Os sócios de Clarence tentaram convencê-la a participar, arrastá-la às discussões, mas, quando perceberam que ela não estava interessada e, na realidade, aborrecida com eles e suas conversas abstratas intermináveis, começaram a se mostrar ressentidos e, depois, a ignorá-la. Logo que Jessie viu que aquelas pessoas a olhavam do alto, porque não era uma intelectual, e até a desprezavam um pouco, recusou terminantemente sair para qualquer outra reunião.

Sempre se mostrara disposta a receber os amigos de seu marido em sua casa, preparara jantares para eles, servira cafés e bolos à noite, limonada e doces quando fazia calor. Com o passar do tempo, perguntava a si mesma, com crescente freqüência, por que tinha que fazer aquele trabalho, para entreter pessoas que a consideravam obtusa e sem graça, que nem sempre conseguiam esconder que não a consideravam bastante boa para Clarence? Quando ela não mais quis dar recepções, Darrow parou de convidar pessoas a sua casa; como sua esposa não queria saber de acompanhá-lo às reuniões, começou a vê-la muito pouco. A casa se tornou um lugar onde ele dormia e, aos domingos, passava algumas horas com seu filho. Jessie tinha se transformado numa mulher simples; aspecto simples, roupas simples, pensamento simples. Todavia, a despeito de sua simplicidade, se tivesse tido um intelecto excitante, se tivesse acompanhado o marido em suas aventuras nos domínios do espírito e da *societas*, se tivesse tido verve, riso e paixão social, é possível que ainda houvesse muita coisa em comum para mantê-los juntos.

Na verdade, ele respeitava Jessie, e era grato à sua bondade, mas quase não havia ponto em que as suas mentes se pudessem tocar, nenhum terreno comum sobre o qual pudessem gozar da mútua companhia. Ele gostava de divertir-se, mas havia pouca animação em Jessie, que era inclinada a ser letárgica e de pensamento leve. Ele raramente se interessava por comidas, ficava rodando seu alimento em volta do prato, acendia um cigarro, fumava-o pela metade, depois o esmagava no meio de um bife ou um cozido de carne _ a última afronta a uma dona de casa. Não ligava a menor importância ao sono: não se cansava com os exercícios durante o dia e, assim, raramente estava cansado: quando chegava a casa, de uma reunião, às doze ou à uma hora, havia sempre um novo livro ou revista para ler até às três. Esquecia-se das roupas, nunca sabendo o que estava vestindo, e era indiferente ao ambiente de sua casa.

Nos seus clubes, conferências e debates, estava encontrando a espécie de mulheres de que gostava: assistentes sociais que estudavam as causas e a cura da pobreza; jornalistas que lutavam contra dificuldades enormes para criar uma nova profissão para o seu sexo; mulheres

Advogado da Defesa 71

que estavam escrevendo romances, compondo músicas, treinando-se para o teatro e para o *ballet*; mulheres vibrantemente vivas, revoltadas contra as restrições e tabus do puritano século dezenove; mulheres que eram vividamente conscientes de sua época e dos movimentos importantes que ela continha; a nova mulher emancipada; não mais uma planta de estufa; de pé sobre seus próprios pés, pensando seus próprios pensamentos e sentindo seus próprios sentimentos: esta era a espécie de mulheres de que gostava.

Existe um velho ditado segundo o qual um casal que não mais combina permanecerá junto apenas até que algum deles encontre alguém que ateie fogo a sua imaginação e ponha em evidência o seu descontentamento. X era uma das principais jornalistas de Chicago e uma das mais belas dentre elas, naquela ou em qualquer outra cidade. "Era do tipo irlandês, com cabelos castanhos claros, olhos azuis e um corpo magnífico." Era brilhante e culta, com um fundo inexaurível de ditos espirituosos e o inimitável gênio irlandês para replicar. Mantinha Clarence sempre a rir, mantinha a sua imaginação saltando doidamente, mantinha o seu sangue a ferver. Ensinou-lhe o quão pouco ele sabia sobre o espírito feminino e constantemente o deliciava vencendo-o em esperteza, pensando mais depressa e mais profundamente do que a sua desordenada mente masculina. Tornaram-se inseparáveis; almoçavam juntos todos os dias, iam juntos a reuniões, criticavam o trabalho um do outro. Seus amigos diziam que eram tão perfeitamente casados quanto um animal macho e um animal fêmea podem estar: no cérebro, na coragem, na atração física. Darrow a amava muito, e X o amava. Ele procurou Jessie e lhe pediu a sua liberdade. "Eu sabia que Darrow era um homem do mundo. Ele tinha de ficar longe de casa por muito tempo, de viajar; por isso, respondi: "Bem, Clarence, se você quer ficar livre, não porei obstáculo no seu caminho." Darrow replicou: "Não sei, posso estar cometendo um erro, mas sinto que devo recuperar a minha liberdade."

"Clarence sempre foi bom para mim; levava-me por toda parte, quando eu estava doente, e sempre foi generoso. Eu jamais poderia dizer qualquer coisa contra ele no mundo; era bom e era generoso; queria ser livre, não ter nenhum lar. Abrir mão dele quase me matou; mas ele nunca soube disso; nunca deixei que soubesse."

Por essa época, Darrow, em sua inquietação, tinha vendido a casa de tijolos que construíra em 1892, no número 4219 da Avenida Vincennes, e se mudara para a casa da família de uma irmã de sua mãe, um certo Dr. Fisher, que morava na Avenida Michigan, 1321. Dali, Jessie Darrow arranjou as suas coisas, e, com seu filho Paul, partiu para a Europa. Quando Darrow lhe pediu divórcio, ela respondeu que lhe faria menos mal, na sua profissão, se ele tomasse a iniciativa, um ato que quase chegava a ser nobre. Na audiência final para o acordo sobre os bens, Darrow chorou; uma vez , cerca de um ano depois do divórcio, procurou-a, num acesso emocional, dizendo que tinha cometido um terrível engano.

Muitas vezes, fez ele coisas que o magoaram; em algumas lamentáveis ocasiões, fez coisas que feriram a sociedade e as causas em cujo favor trabalhava; mas a sua separação e divórcio foram os únicos casos em que Darrow, tão acabadamente sensível à dor sofrida pelos seres humanos no seu vôo atordoado através da terra e dos anos, infligiu infelicidade a outra pessoa, mesmo sabendo que o fazia.

Mudou-se para o Chicago Atlético Clube e se divorciou de Jessie. "Aquilo foi feito sem desavenças ou discórdia e sem amargura de qualquer das partes, e nosso filho sempre foi muito ligado a nós dois; ela e eu sempre tivemos plena confiança e respeito um pelo outro." Deu a ela uma casa e uma pensão liberal, que a manteve toda a sua vida. Sempre falava afetuosamente de Jessie, embora, em sua autobiografia, não desse a ela o crédito de lhe ter prestado muitos anos de serviço, e, em particular, não se mostrou disposto a revelar, que quando "aluguei um pequeno escritório na aldeia de Andover, tomei emprestado algum dinheiro para comprar livros e abri ao vento minha barraca", o dinheiro tinha sido fornecido por sua esposa.

Depois de muitos anos, Jessie se casou com certo Juiz Brownlee, de Ashtabula, perante o qual Darrow tinha defendido numerosos casos: aí por 1940, tanto Jessie, então com oitenta e três anos, como sua irmã Belicent, com oitenta e um, falavam com bondade e amor de todos os Darrows.

CAPÍTULO IV

QUE É UM CRIMINOSO?

AOS QUARENTA anos, Darrow tinha o rosto liso e o estômago duro. Na rua, usava um petulante chapéu inglês; no tempo frio, sua retorcida gravata de cetim era mantida dentro dos confins de seu colete; seu vestuário não tinha chegado ainda àquela fase de extremo desleixo que ocasionou a sua resposta aos repórteres que cobriam o julgamento do caso Loeb-Leopold, que troçavam com ele por causa da sua aparência:

– Não posso compreender por que vocês parecem tão diferentes de mim. Mando fazer meus ternos nos mesmos alfaiates que vocês. Pago por eles o mesmo preço. Vou às mesmas lojas elegantes comprar minhas coisinhas. A única coisa que posso imaginar é que talvez vocês sejam uns sujeitos que tiram as roupas quando vão dormir à noite.

Ele tinha passado duas férias de verão na Europa, estimulado a se arriscar na sua primeira viagem porque seu amigo, o Juiz Barnum, estava levando sua família, e o convidou a acompanhá-los. Os Barnums tinham sido admiradores de Darrow desde 1894, quando o ouviram proclamar, durante um comício monstro populista: "Nunca houve descontentes entre o povo, a não ser por boas e suficientes razões. Sob a benigna administração do Partido Republicano, a riqueza geral desta república aumentou nas mãos de poucos, à custa de muitos. O verdadeiro patriotismo odeia a injustiça em sua própria terra mais que em qualquer outra parte!"

Nos dois primeiros dias, ficou estendido em seu beliche, resmungando: "Mandem parar o navio; quero sair." Recuperando-se do seu enjôo, tornou-se amigo de Gertrudes, a jovem elegante filha do juiz, que em breve iria "fugir a uma vazia vida social" para se tornar uma das organizadoras pioneiras das mulheres trabalhadoras. Na Europa, passaram muitas horas em companhia um do outro, vagando pelos Alpes. Ele se mostrou muito mais encantado pela majestade da natureza, das montanhas, dos lagos e dos campos de tonalidades suaves, do que pelas cidades ou obras de arte feitas pelo homem. Depois de se cansar durante vários dias, entre fileiras de Madonas, nas galerias de arte italianas, exclamou:

– Não posso mais olhar para mães tão improváveis, de filhos tão impossíveis.

Mandou numerosos artigos de viagem, razoavelmente interessantes, para os jornais de Chicago, embora ainda seja um mistério saber como conseguiram decifrar suas cartas, já que sua caligrafia era ilegível e sua ortografia monstruosa.

Embora Coolins, Goodrich, Darrow e Vincent tivessem uma clientela bastante sóli-

74 Advogado da Defesa

da, "tornou-se evidente, nos primeiros tempos da sociedade, por causa da inclinação de Darrow para as questões trabalhistas, públicas e políticas, que a vida da firma não seria longa – quando se tomavam em consideração as finalidades para as quais fora organizada". Em 1897, ela "caiu pelo seu próprio peso" – um número demasiado grande de importantes advogados, talvez, – e Darrow organizou a primeira firma da qual iria ser o sócio principal, e, portanto, o patrão. Como associados admitiu William O. Thompson, que tinha pertencido à firma anterior, e Morris St. P. Thomas que tinha sido seu assistente quando ele fora consultor jurídico municipal. De início, ocuparam escritórios no edifício Chicago Title e Trust, no número 100 da Rua Washington, mudando-se mais tarde para o Bloco Ashland, na esquina das ruas Clark e Randolph, onde Darrow iria ficar durante muitos anos. Os três homens trabalhavam bem, juntos e, gostavam da companhia um do outro.

"Fizemos negócios bastante consideráveis desde o princípio – escreve Thomas; – o escritório, porém, não era grande, como costuma acontecer. Os grandes escritórios de advocacia são hoje muito parecidos com lojas de departamentos. O pessoal do nosso escritório era pequeno – um guarda-livros, uns dois estudantes e uma ou duas estenógrafas. Grande parte dos nossos serviços era de natureza rigorosamente cível; a divisão dos honorários tinha uma base percentual: Darrow recebia a metade, eu um terço e Thompson o resto. Darrow sempre gostou de correr riscos, e muitos dos nossos casos eram divididos entre nós – principalmente os de acidentes pessoais, nos quais ele tinha bastante êxito em obter bons veredictos. Era bom para arranjar causas e eu me lembro bem de ouvi-lo dizer a Thompson e a mim mesmo que não nos preocupássemos em arranjá-las – que ele mesmo trataria disso, – e realmente o fazia. Tendo obtido um bom veredicto e sentença, deixava quase sempre a nós associados a tarefa de defendê-los nos tribunais de apelação.

"O principal canal de causas para Darrow eram as organizações de trabalhadores, pois era ele o seu principal representante nas questões legais. Na época, havia muita controvérsia entre as empresas e o trabalho organizado, e nessas controvérsias, Darrow quase sempre representava o lado dos trabalhadores. As empresas de negócios procuravam impedir que determinado sindicato fizesse uma greve ou organizasse piquetes, e esses processos eram geralmente azedos e demorados. Os membros dos vários sindicatos costumavam também, muitas vezes, recorrer a ele, por causa das suas dificuldades individuais e pessoais.

"Outro canal de negócio decorria de sua antiga posição como consultor da municipalidade e da suposta familiaridade da firma com questões municipais. Quando a cidade procurava desapropriar imóveis para finalidades públicas, Darrow muitas vezes falava em nome dos proprietários, procurando obter indenizações adequadas. Quando a cidade adotava uma postura tendo em vista licenciar certas ocupações e impor taxas de licença, os membros dos interesses afetados muitas vezes se cotizavam e nos contratavam para combater a aplicação das posturas.

"Darrow gostava de defender as pessoas acusadas de crimes. Não creio que ele jamais pudesse ter-se tornado um bom promotor, pois era decisivamente favorável aos oprimidos. Tampouco creio que fosse constituído de tal forma que pudesse tornar-se um bom juiz; era mais inclinado para a piedade do que para a justiça serena. Como advogado e técnico em julgamentos, era incomparável. Muitas vezes, era procurado por outros advogados, particularmente nos casos de júri, em que se requeria uma apresentação categórica de fatos complicados."

Havia encontrado o seu nicho na vida. É característico de Darrow que o seu nicho foi

Advogado da Defesa 75

o único de sua espécie, e que teve de elaborá-lo por si mesmo. Era contra todas as pessoas que estavam contra pessoas, sendo a viga mestra da sua filosofia a de que deveria ser a *favor* de pessoas, e não *contra* elas; que já era suficientemente difícil para a massa lutadora da humanidade abrir seu caminho contra as adversidades da natureza e a implacabilidade do destino, sem mais a carga dos ódios fratricidas; que a intolerância era um mal maior do que qualquer mal que procurasse destruir.

Neste país, as pessoas muitas vezes eram julgadas por aquelas contra as quais se encontravam não por aquelas de cujo lado se achavam. Ele teria gostado de escrever no céu, com tinta preta, durante o dia, e branca durante a noite: "Não é a diferença de opinião que torna errado o outro camarada. Era demasiado fácil ser tolerante nas coisas que se apreciavam e compreendiam: a verdadeira tolerância se aplicava àqueles modos de viver ou de pensar que se odiavam, que se temiam e que não podiam ser compreendidos. Se isso o punha na posição anômala de fazer com que os críticos dissessem dele: "O senhor é um intolerante da intolerância", a aparente contradição não o perturbava.

Embora essa espécie de tolerância pudesse parecer visionária, acreditava ele que era a única espécie capaz de manter funcionando uma democracia; do contrário, os grupos em conflito estariam sempre atracados, tentando destruir um ao outro, e na esteira dos seus conflitos viria a destruição da sua comunidade. Para ele, os Estados Unidos eram uma experiência de vida cooperativa, de grupos de pessoas que não concordavam umas com as outras em todas as questões, mas que estavam dispostas a aceitar com boa vontade essas diferenças.

Induzir pessoas a viver em paz, com aqueles cujas convicções achavam repugnantes, era uma tarefa sem compensações e sem fim. Chamavam-lhe ateu, quando combatia os crentes ou queria favorecer os livres-pensadores; medievalista, quando se opunha aos livres-pensadores que queriam destruir as igrejas. Quando os puritanos queriam que os pagãos fossem suprimidos, ele combatia em favor dos pagãos; quando esses pagãos queriam rir dos puritanos, lutava em favor dos puritanos. Além de diferenças ideológicas como essas, achavam-se as questões mais fundamentais: a tolerância racial, a tolerância econômica, a tolerância sociológica. Quando os brancos estavam contra os negros, prendendo-os aos seus esfregões e vassouras, à sua pobreza e à sua ignorância, ele lutava contra os brancos; quando empregadores de vistas curtas ficavam contra seus trabalhadores, prendendo-os às suas máquinas e seus salários de fome, ele combatia aqueles empregadores; quando a sociedade estava contra os doentes, os mentalmente incompetentes ou desequilibrados, os errantes, os mal orientados ou os ineptos, ele combatia a sociedade. O ódio social era a mais incendiária forma de intolerância. Lutou ele durante a vida inteira pelo direito dos negros. Salários reduzidos e jornadas longas representavam pura cobiça e avareza da parte dos empregadores, e, por isso, a mais corrosiva forma de intolerância; lutava sempre por aqueles que suavam para ganhar o seu pão. A vingança, sob a forma de julgamentos criminais e penitenciárias, era a mais brutal forma de intolerância; ele sempre lutou em favor de uma forma humana e científica de criminologia. A insensibilidade e a injustiça eram as formas mais destruidoras da intolerância; ele sempre lutou para garantir aos pobres e aos não privilegiados as mesmas oportunidades de saúde, educação e justiça legal, ao alcance dos ricos. Era isso o que ele entendia por tolerância.

2

Ganhava a vida com suas causas cíveis. Como todos os heróis que trabalham arduamente, vez por outra ele se cansava de sua virtude e exclamava petulantemente: "Quem é que irá dar-me comida, os pássaros? Eu não sou São Francisco!" Todavia, seus interesses e simpatias se voltavam cada vez mais para os tribunais criminais, pois, ali, todas as horas, estavam sendo representados dramas que tinham implicações sociais. O crime, como lhe ensinara seu antigo mestre, John P. Altgeld, não era uma causa, mas um resultado; as prisões eram uma ferida aberta num corpo social doente. Por causa de seus antecedentes heréticos, por causa de sua sensibilidade quase patológica ao sofrimento dos outros, a principal característica de sua natureza era a sua necessidade orgânica de defender: ficar com a caça, contra a matilha; combater em favor do indivíduo, contra a multidão.

"Entrei em meu primeiro caso criminal com a atitude do "bom advogado" – o advogado que assiste a todas as reuniões da associação do foro e, por isso, gravita tão rapidamente quanto pode, para defender os grandes negócios. Da tragédia, da tristeza e do desespero que se achavam presentes no tribunal criminal, eu nada conhecia e não queria conhecer. Um veredicto "sem culpa" ou um desacordo do júri tinham sido considerados por mim, assim, como pelo público em geral, como um descaminho da justiça e um reflexo do sistema do júri. A cadeia era um lugar de que se falava tal como, às vezes, mencionamos uma colônia de leprosos.

"Passei a gostar de defender homens e mulheres acusados de crimes. Procurei compreender por que um homem segue por um caminho e outro toma uma estrada inteiramente diferente. Tornei-me vitalmente interessado nas causas da conduta humana. Isso significa mais do que altercar com advogados e júris, receber ou guardar dinheiro em nome de um cliente, para que pudesse receber parte daquilo que ganhava ou poupava para ele: estava tratando com a vida, com as suas esperanças e temores, as suas aspirações e desesperos. Para mim, trata-se de ir aos fundamentos do motivo, da conduta e do ajustamento, para procurar seres humanos, em vez de seriamente falar em ódio e vingança."

Todo cliente tornava-se não um caso legal, mas um mecanismo altamente complexo, resultado de milhares de anos de evolução, moldado numa forma específica, pelo ambiente ao qual era imediatamente condicionado e sobre o qual nenhum poder exercia. Como não podia estar defendendo aqueles aflitos pelo dinheiro que não possuíam, eles sabiam que os procurava por compaixão: e por isso, surgiam aos montes, com suas histórias, suas dores, suas incoerências, contando-lhe muitas vezes, de uma forma cheia de tropeços, mais do que julgavam estar revelando, a respeito das fraquezas da máquina humana, que algumas vezes se estraga nas linhas de montagem. Foi a partir dessa concepção inicial do homem como uma máquina, que ele elaborou como um antídoto para a concepção do homem como uma centelha da cabeça da divindade, que veio a se tornar um dos principais divulgadores da filosofia de amor e compreensão, mas, para as pessoas que não compreendiam as suas conseqüências – não se pode censurar ou castigar uma máquina humana que enguiçou, assim como não se pode censurar ou punir uma máquina de aço que se quebrou; mas, pelo contrário, consertamo-la sem fazer julgamentos morais e sem repreendê-la, para que ela possa continuar o seu trabalho, – essa opinião a respeito da humanidade parecia carregada de pessimismo e desespero.

"Quando eu era advogado novato, em Chicago, em 1925, assaltou-me a idéia de escrever uma biografia de Darrow – diz David Lilienthal. – Eu o conhecia razoavelmente bem, e ele cooperou generosamente comigo. Verifiquei, porém, que a sua filosofia mecanicista estava em tamanho desacordo com as minhas próprias idéias que afinal desisti, e isso foi por demais deprimente."

Advogado da Defesa 77

O seu interesse em saber por que os indivíduos vieram a ser o que são impelia-o inevitavelmente a um estudo das forças que compõem e controlam a sociedade contemporânea. Primeiro, porém, foi ele à antropologia e a *The Golden Bough* [1], que lançou luz sobre os séculos incontáveis em que o homem era pouco mais que um animal vivendo nas florestas, lutando e matando para ter seu alimento. Depois que soubéssemos de onde tinha vindo o homem, depois de termos compreendido as centenas de anos de luta penosa e não inteiramente bem sucedida para emergir da bestialidade numa ordem social controlada, era mais fácil compreender por que os homens faziam o aparentemente inexplicável.

"Os cientistas estabeleceram tão completamente a teoria da evolução que não há mais lugar para uma doutrina como a do livre-arbítrio. Nada no universo está fora da lei, seja mineral, animal ou vegetal. O livre-arbítrio significa que o homem viveria dia a dia, governado por sua vontade transitória, em vez de ser movido e virtualmente controlado por toda a experiência de sua vida. As leis que controlam o comportamento humano são tão fixas e certas como aquelas que controlam o mundo físico."

A religião, que era aclamada como a posição do amor, da tolerância e do perdão, dizia que o homem nascera de Deus, fora criado de maneira integral e dotado de responsabilidade; tudo o que fazia e que era considerado mau constituía falta inteiramente sua e sua própria escolha, decorrente do mal deliberado e consciente, que ele preferia exercer por força do seu livre-arbítrio. Em conseqüência, ninguém era responsável por ele: nem a sociedade, nem a igreja, nem mesmo Deus. Como ele prefere, diabolicamente, ser mau, não é mais que justa retribuição o fato de ser desgraçado, proscrito, castigado, tendo sua vida para sempre desfeita. A filosofia mecanicista de Darrow, que fora acusada de ser cruel, desumana e sem Deus, insistia em que deve haver uma causa para todo ato anti-social; uma vez que aquela causa fosse encontrada e removida ou eliminada, a *vítima da causa* poderia de novo ser tornada boa e integral, já que a causa da doença seria determinada e depois removida. Em suas lutas em favor da tolerância, Darrow deu mesmo um passo além, e foi o seu passo seguinte que lhe valeu a cólera da sociedade organizada: afirmou que é cruel e dispendioso castigar a pessoa que já está doente, e que nenhuma censura ou castigo moral deve visitar a vítima de uma doença mental ou nervosa, mais do que um homem portador de uma doença física; ambos devem ser postos em hospitais; ambos devem receber o melhor tratamento que a ciência moderna possa proporcionar; ambos devem ser devolvidos a suas famílias e a seus empregos.

"Já se acumularam suficientes dados estatísticos – escreveu ele, – para assegurar a crença de que todo caso de crime pode ser explicado por motivos puramente científicos, se todos os fatos do caso forem conhecidos; sistemas nervosos defeituosos, falta de educação ou formação técnica, hereditariedade defeituosa, ambiente pobre na primeira parte da vida, desequilíbrio emocional. Os dementes, os imbecis e os claramente subnormais constituem mais de metade dos que se acham confinados nas prisões, e a grande maioria dos crimes é cometida por pessoas entre as idades de dezessete e vinte e cinco anos, claramente o período mais difícil do ajustamento mental e emocional. Não mais pomos os dementes em jaulas, para divertirem o público e serem torturados por ele; a ciência deve ser capaz de fazer pelas aberrações mentais do homem o que já fez pelas doenças físicas."

Sua experiência nos tribunais criminais cedo ensinou a Darrow que os atos mais ilegais, ainda que não com precisão demasiada, se enquadram em duas categorias: crimes con-

---

1. Título do clássico estudo de Sir James Frazer, *O Ramo Dourado*, uma das primeiras obras de antropologia, publicada em 1890. (N. do T.)

tra a propriedade; um número impressionante destes era cometido pelos pobres; tais crimes aumentavam em relação direta ao desemprego e à elevação do custo de vida. No reverso da medalha, via ele certos homens de negócios cometendo incontáveis fraudes, manipulações e manobras delicadas e, mercê de seus esforços, tomando lugares de honra nas suas comunidades.

"Que dizer desses crimes sociais que não são puníveis pela lei – perguntava; – desses anúncios exagerados e mentirosos que extorquem milhões dos seus salários por produtos inúteis; dessa manipulação de estoques que rouba as economias dos não iniciados; desse domínio de mercados, desse controle dos preços de consumo de bens por atividades monopolísticas, dessa falsa interpretação de toda natureza?"

Pelo crime de roubar alimento ou dinheiro, quando um homem ou sua família tinha fome, Darrow achava que alguém precisava ser condenado, mas não o homem que tinha fome: antes, os legisladores, os juristas, os banqueiros, os industriais, o clero, os educadores, todos aqueles que permitiam que o seu sistema econômico periodicamente matasse de fome uma porção do seu povo, quando havia quantidades de alimentos ao seu alcance para o consumo. Como acreditava que castigos drásticos não só destruíam o indivíduo, mas brutalizavam a sociedade, passava os dias nos tribunais criminais procurando explicar aos júris por que aqueles homens e mulheres tinham feito o que tinham feito, pedindo tolerância, simpatia, outra oportunidade. A tragédia do castigo, quando ele não conseguia libertar seu cliente, estava não apenas no que acontecia às pessoas na prisão, mas no que acontecia a suas famílias, fora dela, a mãe forçada a abandonar sua casa, os filhos tirados da escola para ganhar alguns níqueis, a vida familiar interrompida, suas vítimas inocentes desgraçadas, amarguradas, anti-sociais. O Estado achava que a sua função estava cumprida, quando mandava os infratores para a prisão. Darrow, que visitava seus lares e via o desastre que as condenações provocavam, pensava de outra forma: se o Estado achava conveniente encarcerar o homem que ganhava o pão para se proteger, então era também dever do Estado sustentar a família do homem, vestir e alimentar os filhos, mantê-los na escola. Nenhuma teoria não ortodoxa provocou maiores risos de desdém contra ele do que esta última.

3

Nos seus esforços para manter as pessoas fora da prisão chegava às vezes a distâncias inimaginadas. "Um agente de seguros de Chicago foi indiciado, numa acusação, como incendiário e libertado sob fiança. Durante a pendência da denúncia, concluiu ele que a sua única possibilidade de escapar à prisão era convencer sua estenógrafa, que era uma jovem muito educada e tinha estado empregada com ele muitos anos, a fornecer um álibi. Mildred Spery recusou perjurar, mas, após o pedido da esposa e da filha de Clark, mudou de idéia e foi declarar, perante o tribunal, que Clark se achava em Chicago no dia do crime alegado. Clark foi condenado e Mildred Spery indiciada por perjúrio."

A moça apelou para Darrow. Comovido por sua história, pagou ele as despesas de viagem até Springfield, onde levou a jovem para ver o Governador Frank Lowden. Mildred Spery contou sua história e, enquanto o Governador Lowden ouvia, "lágrimas lhe rolavam pela face".

– Pobre moça, posso compreender que fez isso para salvar seu patrão.

– Governador, eu tinha esperado que, ao ouvir toda a sua história, o senhor perdoasse a Senhorita Spery.

O Governador Lowden hesitou por alguns momentos.

– De quanto tempo é a sentença, Clarence?

– Oh! Ela ainda não foi sentenciada. O tribunal só abre na semana que vem.

O governador Lowden sorriu, depois murmurou:

– Bem, Clarence, não posso perdoar a senhorita Spery, até que ela tenha sido condenada. Entretanto, a Junta de Indulto está reunida lá em cima. Vamos contar a eles a história. Talvez possam fazer alguma coisa pela Senhorita Spery.

Lá em cima, Darrow e o governador contaram a história à atenta Junta de Indulto.

– Então, você está fazendo um pedido formal de indulto, Clarence? – perguntou o presidente.

– Estou.

– Quanto tempo a Senhorita Spery terá de cumprir sentença?

Clarence transferiu o peso de seu corpo de um para o outro pé.

– Oh! Ela ainda não está cumprindo pena. O julgamento só começa na próxima semana.

Houve um silêncio embaraçado na sala da Junta.

– Bem, Clarence, não podemos indultar a moça, se ela ainda não foi condenada. Volte aqui e nos procure, depois que isso acontecer.

– Assim fica bem – concordou o Governador Lowden, quando de novo estavam no corredor: – Você volta e leva o caso a julgamento, e não deixe a Senhorita Spery ir para a cadeia, até que tenha falado comigo por telefone.

Ele não podia pedir que a moça se confessasse culpada, porque o juiz a iria condenar. Pediu que fosse considerada inocente; depois a conduziu cuidadosamente através das razões do que fizera. "O júri esteve reunido cerca de trinta minutos e voltou com um veredicto "sem culpa". A despeito das advertências do juiz para manter a ordem, reinou um pandemônio de aprovação." Darrow telefonou para Springfield e disse:

– Muito obrigado, mas não vamos precisar do seu auxílio. Ela foi absolvida.

Quando voltou a Chicago, contou a seu sócio:

– Devo ter feito um bom discurso, porque o júri estava em lágrimas, e mesmo o juiz voltou o rosto para a parede, para poder escondê-las.

Sua idéia de que nenhum indivíduo era responsável isoladamente por seus atos, e que, por isso, não podia ser condenado, muitas vezes o colocava numa situação difícil. Em 1933, quando participava de um simpósio sobre religião, em Jackson, Michigan, um funcionário da prisão do Estado o procurou e convidou para visitar aquela instituição.

"Ali, Darrow pronunciou uma conferência sobre o tema "Livre-Arbítrio e Penalogia", concluindo com estas sentenças: "Não acredito nas vossas prisões; digo que todos devem ficar fora dela!" Mais tarde, um pequeno grupo se reuniu numa residência local para fazer companhia a Darrow, enquanto ele esperava o trem. A discussão continuou. No decorrer da conversa, Darrow expressou o maior apreço por Franklin D. Roosevelt. Quando chegou à estação da estrada de ferro, os jornaleiros estavam apregoando a notícia da tentativa de assassinar Roosevelt. [1]

– "Sr. Darrow – disse eu, escondendo nas costas um exemplar do jornal, – acha que seria bom ou mau para o país, se acontecesse alguma coisa a Roosevelt?"

---

1. Essa tentativa foi perpetrada pelo anarquista Giuseppe Zangara, posteriormente preso, condenado e executado, que fez cinco disparos, ferindo cinco pessoas e matando uma, sem atingir o Presidente, em fevereiro de 1933. (N. do T.).

80 Advogado da Defesa

– "Seria uma calamidade – respondeu ele, – uma calamidade nacional."

– "Se alguém tentasse matar Roosevelt, o senhor o defenderia na mesma base com que defendeu os condenados da prisão estadual, nas suas observações desta noite?"

– "Certamente, por que não?"

"Então, mostrei-lhe os títulos."

– "Pobre sujeito – disse Darrow, com seu tom de voz mais cordial, – ele nãopodia evitar. Foi obrigado a fazer aquilo."

"Passou a defender o quase assassino, com um ardor que só foi interrompido pela chegada do trem."

Como apaixonado adversário da violência, sob qualquer forma, a força da sua indignação social era dirigida contra as barbaridades da pena capital. "Uma morte pelo Estado é mais cruel, maliciosa e premeditada que uma morte por um indivíduo. O propósito das execuções do Estado é exclusivamente satisfazer a vingança do populacho."

Darrow havia invadido inconscientemente o maior teatro da violência e do derramamento de sangue dos Estados Unidos. Julgava ele ser mais do que um acidente geográfico o fato de florescerem matadouros em Chicago. Parecia inerente ao caráter da cidade o fato de levantar-se um frenético clamor pelo sangue dos acusados do conflito de Haymarket, em 1886, e, posteriormente, pelo sangue dos jovens Loeb e Leopold, em 1924; de que, em 1877, a polícia da cidade tivesse podido quebrar cabeças de ferroviários em greve, quando reunidos num auditório, e que, de novo em 1937, uma polícia que era, por assim dizer, a mesma tivesse podido quebrar cabeças de grevistas idênticos, com idênticos cassetetes, pelo crime idêntico de se reunir, fora da usina siderúrgica Republic.

4

Darrow tinha chegado a Chicago em 1887, quando o ruído de quatro pescoços humanos quebrados pelo baraço ainda se achava fresco nos ouvidos do povo que havia clamado por suas mortes. "Enforquemo-los primeiro e depois os julgaremos" – Havia exclamado Chicago, em seu ódio psicótico contra os anarquistas que, conforme os jornais gritavam contra eles, estavam prontos a lançar Chicago no fundo do Lago Michigan, a poder de dinamite.

Oito homens tinham sido julgados por conspirarem para lançar uma bomba na Praça Haymarket, na noite de quatro de maio de 1886, matando sete agentes da polícia. O Estado não acusara nenhum daqueles homens de lançar a bomba; o Estado jamais tinha denunciado quem quer que fosse como o lançador da bomba; a lei de Illinois dizia que um cúmplice só podia ser julgado depois de provada a culpa do principal; todavia, oito homens tinham sido condenados por uma "conspiração com um desconhecido", para lançar a bomba fatal. Três tinham sido condenados a quinze anos na penitenciária; um havia estourado os miolos na prisão; quatro tinham sido enforcados. O povo de Chicago não só tinha desejado que aqueles homens fossem executados; tinha forçado a sua execução, pelo peso da sua pressão. Por causa da sua disposição e do adágio legal, "quem faz por meio de outro faz também", Darrow acreditava que até o último cidadão, que exigira a execução daqueles quatro homens, tinha sido, individualmente, o seu carrasco.

Fora freqüentes vezes à penitenciária, visitar Fielden, Neeb e Schwab, os três homens que tinham escapado ao baraço do carrasco, e passara a estimá-los como homens bons e inocentes, culpados apenas do crime de lutar para libertar a espécie humana dos seus grilhões econômicos. O ardente artigo no qual demonstrou que os oito homens tinham sido injustiçados num julgamento corrupto e ilegal fora seu primeiro brilhante trabalho sobre a justiça social. "Clarence foi convidado por H. H. Waldo, um livreiro, a ir a Rockford e ler seu trabalho perante uma seleta audiência de vinte e cinco pessoas, entre as quais se achava o diretor do Morning Star. Ao terminar a leitura, houve um momento de silêncio, rompido por Browne, o jornalista, que declarou:

"O senhor não acha que era necessário, para que a sociedade fosse protegida, que aqueles homens fossem enforcados como exemplo, mesmo que inocentes?

"Ora, Sr. Browne, - retorquiu Darrow, - tal coisa seria anarquia." Com o passar dos meses e a crescente compreensão de que os oito homens tinham sido condenados não por ter conspirado para lançar uma bomba, mas por se terem oposto ao tipo de capitalismo praticado por industriais tais como Pullman e McCormick; com o conhecimento sempre mais difundido de que a única conspiração tinha sido cometida pelo Estado - a fabricação das provas pelo maníaco capitão de polícia, Schaack; a prisão dos inocentes, aos quais fora oferecida a liberdade para oferecer provas ao Estado; a escolha a dedo de um júri que haveria, sem dúvida, de condenar, e a recusa de excluir jurados que afirmavam não poder dar ao acusado um julgamento justo; as decisões de linchamento tomadas pelo Juiz Gary, - tornou-se claro que os cidadãos de Chicago, que tinham clamado pela morte daqueles homens, não eram simplesmente nem cúmplices, mas, na verdade, assassinos de homens num crime jurídico muito maior nas suas consequências do que o brando crime cometido pelo lunático irresponsável que lançara a bomba. A bomba do Haymarket tinha destruído sete vidas; na opinião de Darrow, o julgamento dos anarquistas tinha lançado uma bomba sobre a Constituição, a Carta de Direitos e a estrutura da justiça legal para todos os homens, sobre as quais o povo do Novo Mundo estava tentando erigir um organismo social livre e inteligente.

A filosofia dos quatro homens que tinham sido enforcados e dos três que foram para a prisão era, em sua maior parte, o socialismo alemão, misturado com graus menores de sindicalismo e anarquismo; todavia, eram universalmente chamados de anarquistas pela imprensa, assim como Darrow seria chamado de anarquista a vida inteira, porque era considerado o mais eficiente açoite para bater o cachorro. Albert Parson publicava o *Alarm*; August Spies, o *Arbeiter-Zeitung*; Adolph Fischer era impressor do *Arbeiter-Zeitung,* companhia na qual Oscar Neebe possuía dois dólares de ações. George Engel acreditava que a revolução social um dia haveria de nascer do povo; Samuel Fielden e Michael Schwab eram socialistas que faziam conferências em reuniões de trabalhadores. Todos os sete eram homens de família, trabalhadores e honestos. Todos concordavam em que a propriedade privada era a fonte da qual brotavam os males do capitalismo; a escravatura salarial, a pobreza, a miséria, o crime, a injustiça, a guerra. Já que a força era usada contra o trabalhador, toda vez que tentava melhorar de vida, só a força poderia libertá-lo O *Alarm* e o *Arbeiter-Zeitung* publicavam freqüentemente artigos sobre as virtudes e os valores da dinamite.

O ano de 1886 poderia ter sido o grande ano da libertação dos trabalhadores americanos, que tinham sido obrigados a trabalhar de sessenta a oitenta horas por semana, para ganhar a vida. A primeiro de maio, sindicatos de todo o país iriam entrar em greve, pela jornada de oito horas. O movimento era mais forte em Chicago, onde "os empregados das ferrovias e companhias de gás, operários siderúrgicos, empacotadores de carnes e bombeiros, entraram em greve por curtas horas, totalizando oitenta mil participantes." A polícia e a milícia estadual guardavam as ruas, mas o primeiro de maio passou em perfeita calma. Alguns empre-

82 Advogado da Defesa

gadores impediram a entrada de seus empregados; outros concordaram com o arbítrio e a redução das horas de trabalho.

A três de maio, os empregados da fábrica McCormick, impedidos de trabalhar, e que já estavam em greve desde março, tiveram um encontro com os homens que os haviam substituído, quando estes saíam da fábrica; a polícia matou um grevista, alvejou cinco ou seis outros, bateu em muitos com cassetetes. August Spies, que assistiu à batalha, voltou correndo para o *Arbeiter-Zeitung*, a fim de escrever sobre o conflito e convocar um comício de protesto na noite seguinte, na Praça Haymarket.

A noite seguinte estava fria e úmida. Em vez dos vinte mil trabalhadores esperados, apenas mil e duzentos apareceram; Parsons, Spies e Fielden falaram a eles da plataforma de um vagão que tinha sido deixado no extremo da grande praça. O Prefeito Carter Harrison lá se achava para garantir que não haveria nenhuma falação incendiária; ouviu discursos apaixonados contra as injustiças do sistema, a insegurança do trabalhador, os males dos *Pinkertons* e do uso dos policiais civis para prejudicar operários, a falsa representação dos trabalhadores pela imprensa capitalista; mas o prefeito achou os discursos pacíficos. Pouco depois das dez, enquanto Fielden estava animando o comício, começou a cair granizo e, dentro de poucos minutos, sobrava apenas uma quarta parte das pessoas. O Prefeito Harrison foi para casa. Justamente quando Fielden dizia, "Em conclusão...", cento e oitenta policiais invadiram repentinamente a praça, guiados pelo sanguinário Capitão Bonfield, que tinha sido proibido pelo prefeito de levar a polícia ao comício. Fielden, recebendo ordens para encerrar o comício, já terminado, respondeu: "Nós somos de paz", e começou a descer do vagão, quando, de repente, uma bomba foi lançada de um dos prédios acima da praça, explodindo perto da primeira fila de policiais.

Aquela bomba matou não apenas sete agentes, mas também o movimento socialista e a jornada de oito horas - tal como o incêndio de propriedades da estrada de ferro matara o Sindicato Ferroviário Americano e o sindicalismo industrial com Debs. Chicago insistia em que alguém devia ser processado, e, sob a direção da *Tribune*, pertencente aos mesmos McCormicks que possuíam a fábrica de máquinas diante da qual os grevistas e "furadores" tinham combatido no dia anterior, o conflito de Haymarket foi usado para desacreditar os trabalhadores em geral e conduzir seus principais líderes a um "julgamento de preconceito". Quando, em 1893, com o auxílio de milhares de americanos eminentes, Darrow ajudou a convencer o Governador Altgeld a perdoar os três únicos sobreviventes, pôde ele dizer publicamente: "O foro em geral, por todo o Estado e fora dele, passou a acreditar que a condenação foi produzida por malícia e ódio, que o julgamento foi injusto e a sentença da corte, sem base."

5

O povo de Chicago, sabia ele, não gostava da idéia de ser considerado assassino; foi por isso que logo se voltaram contra o Governador Altgeld com fúria e veneno, por perdoar, como inocentes do crime a eles imputado, Fielden, Schwab e Neebe, que já estavam na penitenciária havia uns sete anos. Como aquele ato de justiça estava agora provocando a destruição de Altgeld, como líder político e como homem, foi o caso da revolta de Haymarket que lançou Darrow na cruzada de toda a sua vida, contra as leis de conspiração e a pena capital. Não havia meios de o governador Altgeld recuperar os quatro homens que tinham sido pendurados pelo pescoço, nem aquele que cometera suicídio; não havia meio de castigar os sanguinários habitantes de Chicago, que tinham exigido a sua morte. Altgeld os havia transformado em assassinos oficiais? Então, deveriam destruir Altgeld; fazer dele o mais infame ser humano que jamais vivera, o encorajador da ilegalidade, o destruidor da civilização.

Por causa de sua amizade a Altgeld e sua tristeza quanto às acusações acumuladas contra seu amigo, Darrow consentiu em concorrer ao Congresso, em 1896, na mesma chapa de Altgeld, que estava procurando a reeleição e uma aprovação pública do seu liberalismo político e econômico. Ele tinha pouca estima pela política profissional, da qual fizera um curso de laboratório, enquanto trabalhara na consultoria jurídica municipal; preferia ficar fora da arena, para que pudesse escolher seu próprio campo de batalha. Mas ficou satisfeitíssimo ao ver o Governador Altgeld levantar-se em sua plena vitalidade e inteligência, após o eclipse e a doença que tinha sofrido por causa dos indultos de Haymarket, em 1893. A greve da Pullman tinha-se tornado uma das questões da campanha; Altgeld estava em campo para disputar o controle do partido democrático a Grover Cleveland, que derrotara os trabalhadores, mandando tropas federais para Chicago, em 1894; Darrow se pôs em campo para denunciar o "governo de interditos" Um dos ítens da plataforma democrática dizia:

"Fazemos especial objeção ao governo de interditos, como uma forma nova e altamente perigosa de opressão, pela qual os juízes federais, desprezando as leis dos Estados e os direitos dos cidadãos, tornam-se ao mesmo tempo, legisladores, juízes e executores." Entretanto, os pontos principais eram a questão da Prata Livre e do Ouro Livre. O país se achava no ponto culminante de uma das suas intermitentes depressões. Os agricultores do Médio Oeste, presa dos interesses financeiros do Leste, acreditavam, com a intensidade de um fervor religioso, que, se mais uma vez a prata fosse transformada em padrão legal, o valor do ouro seria diminuído, mais dinheiro seria posto em circulação, a prosperidade voltaria, estariam eles em condições de pagar suas dívidas. Tanto Darrow quanto Altgeld abraçaram a Prata Livre, Altgeld porque queria usá-la para derrotar Cleveland, favorável ao padrão ouro, Darrow porque a considerava um bom modo de atrair votos para um programa que era o mais progressista jamais oferecido ao público americano. Mas nenhum deles ficou muito satisfeito quando verificou que teria de abraçar, juntamente com a Prata Livre, a forma diáfana de William Jennings Bryan, jovem orador de Platte.

Bryan, que era membro de uma delegação impugnada à convenção democrática, foi convidado por Altgeld a ir a Chicago, com despesas pagas, porque Altgeld queria impedi-lo de dividir os candidatos da Prata Livre e de fazer de si mesmo um incômodo, pedindo e cabalando votos. Todavia, quatro dias após a sua chegada, quando a delegação de Illinois se reuniu na Sherman House, para desgosto de Altgeld, lá estava Bryan "cabalando todos os delegados." - Digam a Bryan que vá embora - disse afinal Altgeld, bruscamente; ele não tem mais possibilidades do que eu de ser indicado para presidente, e eu nasci na Alemanha.

Bryan não tinha papel legítimo a desempenhar na Convenção; todavia, logo que subiu à tribuna, como encaminhador de um debate sobre a Prata Livre, "entre os barbudos veteranos do partido, brilhando com a sua juventude, seus cabelos negros lustrosos, o rosto e os modos eletrizantes", quase que as primeiras palavras da sua bem ensaiada oratória de campanha lançaram o encanto hipnótico que ele havia esperado.

"Os mais humildes cidadãos de toda a terra, quando vestidos com a armadura de uma causa justa, são mais fortes que todas as hostes do erro. Venho falar-vos em defesa de uma causa tão sagrada quanto a causa da liberdade - a causa da humanidade." Quando ele terminou dizendo: "Tendo atrás de nós as massas produtoras desta nação, e os trabalhadores

84 Advogado da Defesa

de todas as partes, responderemos aos que proclamam o Padrão Ouro dizendo-lhes: "Não enfiareis até as sobrancelhas dos trabalhadores estas coroas de espinho; não crucificareis a humanidade sobre uma cruz de ouro!", os homens ficaram enlouquecidos de alegria emocional, lançaram para o ar seus chapéus, gritaram e choraram... A eleição foi perdida e o partido democrático, que tinha tido uma excelente possibilidade de eleger o popular "Silver Dick" Bland, caiu no ostracismo e no esquecimento durante quase dezesseis anos; a causa do liberalismo e do povo trabalhador foi tomada por um demagogo oportunista, que embaraçava seus correligionários liberais, por ser a favor das causas justas com base em razões injustas.

Darrow e Altgeld participavam da delegação de Illinois e se entreolhavam interrogadoramente. No dia seguinte, quando o ressonante Bryan tinha varrido o auditório da convenção como um tornado, Altgeld perguntou a Darrow:

– Estive pensando nos discursos de Bryan. Afinal, que disse ele?

Darrow não teve possibilidades de responder inteiramente àquela pergunta, até 1925, durante o "julgamento do macaco de Scopes", em Tennessee, quando aqueles dois gigantes, cada qual representando a fé e as convicções de dezenas de milhares de seguidores, se engalfinharam numa das batalhas mais espetaculares e fantásticas jamais travada sobre a religião.

Darrow percorreu todo o Estado, fazendo campanha em favor de Altgeld, Bryan e o Partido Democrático. Falou em toda parte exceto no distrito pelo qual concorria ao Congresso, porque aquele distrito era considerado incorruptivelmente democrata. Quando, afinal, foram contados os votos, Bryan tinha sido derrotado, para presidente, Altgeld, para governador, e Darrow, para congressista. Havia rumores de que grandes somas de dinheiro tinham sido gastas no distrito de Darrow, pelos republicanos, e de que "os líderes democráticos tinham sido subornados e desfeito a organização. De qualquer maneira, Darrow ficou fora do Congresso, por uma margem de cem votos .

"Realmente, senti-me aliviado quando soube de minha derrota. Não queria entrar na vida política. Sabia que sacrifícios de independência teria que fazer na procura de um lugar. Talvez tivesse gasto o resto de minha vida na procura de um posto político e de poder, e teria aberto mão de minhas convicções por uma carreira política." Por outro lado, se tivesse sido eleito, poderia ter sido promovido ao Senado tornando-se, como Robert LaFollette, pai, uma inteligente consciência da nação.

6

Após a campanha, Darrow voltou à sua banca, que tinha começado a contar com uma grande clientela de pessoas de cor. Em Chicago, naquela época, era quase impossível para um negro, mesmo que tivesse um pouco de dinheiro, conseguir que um advogado branco o defendesse. Quando se tratava de pessoas, Darrow não distinguia as cores: não se entristecia com os negros; não tinha pena deles; não os considerava como um problema racial. Gostava deles como seres humanos, provavelmente porque tinham a mesma qualidade pueril de que ele havia sido dotado. Quando morava na Avenida Vincennes, um alfaiate negro chamado Wheeler, homem muito inteligente e hábil, procurava-o regularmente nas manhãs de domingo. Darrow prendia sua cesta no *guidon* de sua bicicleta e juntos saíam para o campo, para passar um dia na mata, para desfrutar da folhagem e dos contornos mutáveis das colinas. Toda véspera de Ano Novo, ia ele ao culto numa igreja de negros.

Advogado da Defesa 85

As pessoas de cor que se sentavam lado a lado com os brancos, nos não discriminadores bancos de Darrow, eram quase sempre casos clínicos. "A esposa de um jovem negro o procurou e contou-lhe que seu marido tinha sido preso e acusado de assassínio. Levou humildes negros para atestar o fato de que ele era inocente. A família não tinha dinheiro. A mulher estava esperando seu terceiro filho. Sentou-se em seu gabinete, emudecida, e com os olhos suplicou que ele defendesse o marido. Ele aceitou o caso - mas houve longa demora; foi preciso encontrar testemunhas, contratar detetives. Darrow custeou as despesas da investigação. A data do julgamento foi adiada repetidas vezes e a jovem esposa ficou ameaçada de despejo. Darrow pagou seu aluguel e sustentou a família - até que conseguiu a absolvição do marido.

Para os negros em dificuldades, tinha ele uma simpatia especial: eram os oprimidos abaixo dos oprimidos, apanhados na complexidade da lei dos homens brancos e de uma idade da máquina para a qual os seus antecedentes não os haviam preparado.

Quando o "corpo quase nu e terrivelmente mutilado" de uma enfermeira branca de Chicago foi encontrado num ponto solitário do campo e ficou provado que tinha sido vista pela última vez a caminhar pela estrada rural com um negro alto, a polícia percorreu seus arquivos de ex-condenados e encontrou um retrato de Isaac Bond, que tinha cumprido quatro anos de sentença numa prisão de Missouri, acusado de matar um homem branco em legítima defesa. Bond era negro e era alto; sem nenhuma outra razão além desta, seu retrato foi impresso nos jornais. Bond se encaminhou diretamente ao distrito policial e deu uma descrição pormenorizada do trabalho que tinha estado a fazer em Gary, Indiana, na noite do crime. A polícia estava precisando tremendamente de uma condenação; Bond foi trancafiado e levado a julgamento. Seus amigos procuraram Darrow e lhe pediram que aceitasse a causa.

A velha história se repetia: não havia dinheiro para as despesas, menos ainda para os honorários, e havia de antemão a certeza de que o homem seria condenado. Tudo o que Darrow podia esperar era salvar o homem da forca e poupar ao Estado, um assassínio premeditado; isto, porém, era suficiente. Foi a Gary, entrevistou o homem que tinha visto Bond trabalhando na noite do crime, que ocorreu a quilômetros de distância; mostrou ao júri que não havia a menor parcela de provas para ligar Bond ao assassínio. O melhor que pôde fazer foi conseguir uma sentença de prisão perpétua. O júri apresentou um veredicto, não contra Bond, mas contra o horrendo crime; Bond, que por acaso era o acusado, sofreu a repulsa do júri e da comunidade ao próprio crime.

"Alguns anos depois, levei o caso à Junta de Indulto - escreveu Darrow, - e estou convencido de que eles acharam que eu tinha razão. Um deles disse que estava satisfeito com isso, mas não tiveram coragem de tocar no caso, até haver provas completas sobre quem cometera o ato, porque o assassínio fora tão brutal e revoltante." Bond cumpriu dez anos de prisão, contraiu tuberculose e morreu.

Diante de esforços tão continuados, pouco admira que os negros dos Estados Unidos amassem Clarence Darrow.

7

A vida de um advogado é como uma região montanhosa. Há um ou outro pico, períodos nos quais o advogado galga as alturas e ganha uma visão a cavaleiro das planícies abaixo; mas, na maior parte do tempo, ele permanece nas planícies. Darrow aceitava as causas ro-

86 Advogado da Defesa

tineiras que lhe chegavam e fazia o melhor para resolvê-las. Então, de repente, apareceu no horizonte um caso que poderia vir a ser o portão do brilhante futuro do século vinte.

Na cidade de Oshkosh, Wisconsin, três homens foram presos por terem organizado uma greve. O chefe da greve era Thomas I. Kidd, velho amigo de Darrow e secretário geral da União Internacional dos Trabalhadores em Madeira, cujo escritório ficava em Chicago. Kidd consultara Darrow frequentemente sobre questões legais relativas ao seu sindicato e mandara outros trabalhadores a ele, procurando redigir contratos ou combinar arbitramentos com seus empregadores. Os homens eram acusados de conspiração criminosa; num sentido muito definido, era uma continuação do caso de conspiração de Debs; graças aos seus estudos, no caso Debs, Darrow conhecia mais sobre leis de conspiração do que qualquer advogado dos Estados Unidos; os grevistas tinham sido trabalhadores em madeira; Darrow era filho de um madereiro. Era inevitável que ele fosse solicitado a defender o caso, e era inevitável que o aceitasse.

George M. Paine possuía uma companhia de madeira Oshkosh, que distribuía ripas e portas em quatorze Estados. A fábrica empregava mil e seiscentos trabalhadores e, segundo os dados de Paine, "valia um milhão de dólares". O salário médio dos mil e seiscentos trabalhadores, por uma jornada de dez horas, era de noventa e seis cêntimos; os mecânicos especializados, que trabalhavam com eles, desde os oito ou dez anos, recebiam, para operar perigosas serras, um dólar e vinte e cinco cêntimos por dia. Infringindo a lei de Wisconsin, que declarava ser crime empregar crianças de menos de quatorze anos, Paine fizera os pais, impelidos pela fome, assinarem falsas declarações de idade, permitindo-lhe assim empregar crianças de mais de dez anos. Como ele podia empregar essas crianças por sessenta e cinco cêntimos por dia e as mulheres por oitenta cêntimos, pouco a pouco estava dispensando os homens e substituindo-os por suas esposas e filhos; cada substituição dava-lhe um lucro adicional, por trabalhador, de trinta a quarenta cêntimos por dia e, como bom homem de negócios, ele sabia que lucro era lucro. Embora, pela lei de Wisconsin, o pagamento de salários fosse obrigatoriamente semanal, ele pagava aos seus homens uma vez por mês, operando assim, três quartos do tempo, com seus salários retidos.

Toda manhã, quando todos os empregados de Paine entravam na fábrica, os portões eram trancados atrás deles. Ninguém podia deixar seu trabalho para ir ao banheiro sem permissão expressa, e não era permitida qualquer conversa desnecessária. Quando terminava o dia de trabalho, os portões eram destrancados para que os trabalhadores pudessem ir para casa. Darrow observou que a principal diferença entre a Paine Lumber Company e a penitenciária de Wisconsin era que os trabalhadores não tinham permissão para dormir no recinto. Os mil e seiscentos empregados de Paine viviam numa favela de barracões e apartamentos, ao lado das linhas ferroviárias de Oshkosh. Os esforços dos pais para alimentar, vestir, alojar, educar e manter sadias as suas famílias de três a oito membros eram herculeos e tinham produzido uma parcela quotidiana de dificuldades, sofrimentos e privações. Tampouco eram aquelas condições de princípios da Revolução Industrial necessárias por estarem atravessando épocas difíceis, redução dos negócios, deficits financeiros; Paine admitia que sua companhia estava ganhando lucros consideráveis e contínuos.

Tendo diante de si esses fatos indiscutíveis, Darrow perguntou a si mesmo:

- Que é um criminoso?

Era criminoso o homem faminto que invadia um armazém? O jovem desajustado cuja mente desequilibrada tinha sido inflamada por histórias de pistoleiros? O amante que

Advogado da Defesa 87

matava por ciúme? Ou era um homem responsável, como George M. Paine, que todos os dias tirava o pão da boca de uns seis mil seres humanos, que todos os dias cometia atos de fraude contra o Estado de Wisconsin? Era possível medir a quantidade de prejuízos causados por um criminoso que assaltava um banco na ponta de um revólver, que matava um guarda; mas onde se encontraria um padrão para medir o sofrimento e a miséria, as doenças e as privações, as centenas de milhares de hora de fadiga e frustração, dos corpos e das mentes sugadas, das pessoas que tinham tornado possível a George M. Paine ganhar sua riqueza?

"Em todos os sistemas sociais deve haver uma classe que realize as tarefas mais ínfimas, que desempenhe as coisas sem importância da vida – dissera o Senador Hammond, da Carolina Meridional, em 1857; – isto é, uma classe que exige apenas uma ordem inferior de intelecto e muito pouca perícia. Os seus requisitos são o vigor, a docilidade, a fidelidade. Uma classe assim é necessária, ou não teríamos aquela outra classe que conduz ao progresso, à civilização e ao refinamento. Constitui o próprio leito de lama da sociedade e do governo político, e não poderíamos tentar construir uma casa no ar, assim como não podemos levantar a outra a não ser sobre essa lama."

Para espíritos assim, o futuro dos Estados Unidos teria por base unicamente a totalidade do seu controle sobre a massa de máquinas humanas; a grandeza do país seria determinada por uma relação inversa à inteligência e à independência dos trabalhadores e suas famílias. Assim, George Paine podia, logicamente, empregar crianças de dez anos de idade, impedir o seu crescimento físico, roubar-lhes a educação, condená-las para sempre a vidas fracionadas, ao esforço físico e à ignorância, e fazer isso em plena virtude, porque o futuro do país dependia do desenvolvimento de um suprimento dócil e fiel de trabalhadores, que lhe permitisse fabricar ripas e portas e obter milhões de lucro, que, por sua vez, criariam "progresso, civilização e refinamento".

Darrow não queria ver Thomas I. Kidd, George Zentner e Michael Troiber irem para a prisão, mas a questão ia muito além disso. Não queria ver sindicatos operários apagados pelas acusações de conspiração das altas esferas, mas a questão ia também muito além disso. A questão podia ser traduzida numas poucas palavras, palavras que atingiam as entranhas do problema nacional: iriam os Estados Unidos desenvolver-se como uma democracia econômica ou como um Estado industrial escravo? Teriam homens sem consciência, como Pullman e Paine, permissão para destruir o sonho do Novo Mundo?

8

Ele arranjou as malas, mudou-se para Oshkosh, contratou dois advogados locais e escolheu seu júri. Por meio de interrogatórios calmos mas incansáveis, conseguiu trazer à luz os fatos simples e para ele familiares do caso. Quando uma quarta parte dos homens da fábrica de Paine tinha sido substituída por suas mulheres e filhos, os trabalhadores haviam-se organizado e mandado uma carta a George Paine, com quatro pedidos: que ele parasse de substituir os homens que operavam as máquinas por mulheres e crianças; que obedecesse à lei de Wisconsin e pagasse a seus trabalhadores uma vez por semana; que concedesse um aumento de salários e que reconhecesse o seu sindicato. Paine lançou a carta na cesta de papel e convocou uma reunião da Associação dos Manufatureiros de Oshkosh, da qual tinha várias vezes sido presidente. Ficou decidido que combateriam cooperativamente o sindicato.

88 Advogado da Defesa

Quando Paine deixou de responder à carta que lhe foi enviada, uma comissão dos empregados o visitou e lhe perguntou a razão daquilo. Paine replicou:

– Porque a carta de vocês não interessava.

Não obstante a decisão da Associação dos Manufatureiros, de combater cooperativamente o sindicato, Paine disse aos trabalhadores que estava tratando individualmente com eles e esperava que, com toda lisura, também tratassem individualmente com ele. Qualquer trabalhador que tivesse alguma coisa a pedir devia ir a seu escritório, onde seus pedidos seriam estudados. Dois de seus mais antigos trabalhadores levaram-no a sério; no dia seguinte, foram ao seu escritório pedir um aumento. Ao primeiro, ele respondeu:

– Ponha-se para fora daqui ou eu lhe darei um aumento nos fundilhos!

Ao segundo, respondeu:

- Vá para o inferno, o diabo que o carregue. Possso obter um homem muito melhor do que você por um dólar e um quarto por dia.

Os homens entraram em greve. Paine substituiu o maior número que pôde, dentre eles, por trabalhadores que não pertenciam ao sindicato; depois, apelou para os tribunais de Oshkosh, solicitando um interdito contra os grevistas, que os forçasse a retornar ao trabalho. O tribunal respondeu que nos Estados Unidos os trabalhadores tinham o direito de deixar o trabalho, mesmo combinados, quando o quisessem. Os trabalhadores procuraram Kidd, que veio de Chicago e lhes mostrou como realizar uma greve.

Nas quatorze semanas da greve, não houve tentativa de atacar a propriedade de Paine; apenas dois homens não sindicalizados foram molestados. Paine arranjou trabalhadores espiões da Agência Pinkerton e o prefeito solicitou a milícia estadual. Na única cena de desordem daquelas quatorze semanas, os grevistas entraram em choque com a milícia, perto de uma britadeira, e um trabalhador foi morto. O inverno estava chegando. Os fundos do sindicato haviam acabado, os trabalhadores estavam sem dinheiro; a fábrica de Paine continuava a funcionar; a greve estava perdida e os homens voltaram ao trabalho debaixo das melhores condições que puderam obter. Decidido a não permitir que jamais houvesse outra greve em sua firma, e estimulado pelo fato de que Darrow não tinha sido capaz de usar suas acusações anteriores contra a conspiração criminosa, no caso Debs, Paine persuadiu o promotor distrital de Oshkosh a prender Kidd, Zentner e Troiber, acusando-os de "conspiração para prejudicar os negócios da Paine Lumber Company". Mais uma vez, com os olhos do mundo industrial voltados para ele, Darrow se encontrava frente a frente com a maior arma potencial contra a liberdade do povo americano. Dessa vez, estava decidido a enterrá-la tão profundamente como seu pai tinha enterrado a boa gente de Kinsman, quando sua hora havia chegado.

Levantou-se para apresentar seu argumento final sem um papel na mão, e, nos dois dias do sumário, nem sequer consultou uma anotação; ainda assim, seu discurso para o júri, na verdade uma oração fúnebre sobre o fim do século dezenove, foi construído num estilo literário tão lúcido e tão lírico que hoje é considerado um modelo de organização, clareza e força. Qualificado por William Dean Howells, diretor do *Atlantic Monthly,* como "tão interessante quanto um romance", é um dos principais documentos sociais da sua época, enunciando em termos tão lógicos o direito das pessoas sobre o direito da sociedade, que ajudou a mostrar o caminho para uma nova ordem de vida nos Estados Unidos. Darrow se aproximou da grandeza, pela primeira vez, em seu apelo; iria tocá-la muitas outras vezes, em sua vida longa e turbulenta, muito embora a grandeza viesse a se revelar demasiado ardente para que a segurasse constantemente com as mãos nuas.

Advogado da Defesa 89

Alguns anos depois, na Suiça, foi ele apresentado por um suíço ao proprietário do café onde ia fazer o desjejum.

– Darrow! – disse o proprietário. – Conheço um Darrow. Um advogado americano. Tenho um livro que ele escreveu. O homem desapareceu na parte residencial da loja, para surgir um momento depois com um exemplar traduzido do seu apelo no caso da conspiração dos trabalhadores em madeira. E assim, seu nome começou a circular por todo o mundo civilizado. A técnica de Darrow, em seu argumento final, foi uma das mais eficientes jamais elaboradas por um advogado da defesa. Mais uma vez, o seu apelo era mais educativo do que legal, destinado aos milhões que compunham o público mais do que aos doze jurados do conselho de Sentença, destinado a transformar o pensamento da nação mais do que simplesmente a conservar seus clientes fora da cadeia. Era um tributo ao brilhantismo de sua mente o fato de que, em todos os seus principais casos, quer fossem de trabalho, raciais, ou religiosos, conseguia ele misturar o júri ao resto do país, misturar a hora do apelo com os séculos do passado e as décadas imediatas do futuro. Seu primeiro passo foi mostrar que o Estado de Wisconsin não era o queixoso, mas que George M. Paine, o homem mais rico de Oshkosh, havia induzido o promotor distrital a aceitar a queixa. "Paine usou quase tudo o que há em Oshkosh, E agora, o promotor distrital colocou o Estado ao lado dele. Depois, passou a descobrir as falsidades da causa, a deixar a nu os verdadeiros problemas, e, como no caso Debs, a denunciar o processante. Seja qual for a sua forma, não é este realmente um caso criminal. É apenas um episódio da grande batalha pela liberdade humana, uma batalha que começou quando a tirania e a opressão do homem pela primeira vez o levaram a impor-se aos seus semelhantes, e que não terminará enquanto os filhos de um pai forem obrigados a trabalhar para sustentar os filhos de outro no luxo e no conforto. No fundo dos vossos e do meu coração, acha-se certo conhecimento de que este drama, no qual desempenhais uma parte tão importante, é apenas uma face do grande problema social que move o mundo. Maliciosos como são esses Paines, não acredito que trouxessem este caso ao tribunal simplesmente para pôr Kidd na cadeia. Estes empregadores estão usando esta corte de justiça porque, na sua mal orientada cupidez, acreditam que podem ser capazes de destruir o pouco que sobra daqueles espíritos de independência e virilidade que vêm lentamente esmagando, desde o ventre materno, aqueles que para eles trabalham. Em geral, os homens são levados à barra de um tribunal criminal porque são maus. Thomás I. Kidd foi trazido a este tribunal porque é bom; se tivesse sido mesquinho, egoísta e intencional, se tivesse estendido a mão para aceitar os gordos subornos que esses homens oferecem, toda vez que encontram alguém tão pobre e tão fraco que aceita o seu ouro, este caso não estaria aqui hoje. Kidd é um réu nesta questão criminal porque amou seus semelhantes. Não é este o primeiro caso da espécie, na história do mundo, e receio que não será o último. *Não é a primeira vez que homens maus, homens que também são criminosos, usam a lei com o propósito de levar à morte ou à prisão aqueles que são justos."*

Darrow contou ao júri toda a história das leis de conspiração, tal como se haviam desenvolvido nos primeiros tempos, na Inglaterra, e como as havia penosamente repetido na defesa de Debs. Depois de claramente desenhado esse quadro, pintou a conspiração que havia sido tramada entre os Paines e o promotor distrital. Nathan Paine, filho do proprietário, tinha dito: "Kidd é o que eu quero!", mas, como nem mesmo em Oshkosh podiam denunciar Kidd por conspirar consigo mesmo, a promotoria havia arrastado ao tribunal dois homens obscuros, que tinham sido capitães de piquetes - e se esquecera de processá-los. Paine conseguira então a designação de um advogado e professor de escola dominical chamado Houghton, a quinze dólares por dia, para agir como promotor especial, e Houghton tinha mandado procurar empregados da fábrica Paine, perguntando-lhes, quando entravam por sua porta: — Voce está aqui para condenar Kidd?

A fim de dar força a suas razões, Houghton apresentou uma testemunha chamada Jones, que afirmou ter ouvido Kidd dizer numa reunião pública: "Se os "furadores" fossem trabalhar em Chicago, como fazem em Oshkosh, estariam no hospital no dia seguinte." Nenhum dos trabalhadores, nem mesmo aqueles ameaçados com a perda de seus empregos, pôde confirmar aquele "incitamento à violência", nem o puderam as secretárias enviadas por Paine, para tomar nota de tudo o que fosse dito nas reuniões. Darrow lançou a culpa desse perjúrio manifesto sobre os ombros de Houghton, em vez dos de Jones.

"Existe uma conspiração, sombria e condenável, e desejo dizer abertamente que alguém é culpado de uma das mais feias conspirações que jamais desgraçaram uma nação livre. Se meus clientes são inocentes, outros homens são culpados de entrar no templo da justiça e usar o Direito, que foi instituído para guardar, proteger e abrigar a vós, a mim e a este réu, com a finalidade de perseguir homens inocentes, lançando-o numa prisão. Diz uma lei antiga que um homem que conspirasse para usar os tribunais e destruir seus semelhantes seria culpado de traição perante o Estado, pois teria lançado mão do próprio Estado, tocado a fortaleza da liberdade humana. Quando George Paine, levantou a mão para desferir um golpe contra a liberdade de Thomas Kidd, ergueu a mão para desferir um golpe contra a vossa e a minha liberdade e *conspirou para destruir as instituições sob as quais vivemos*. Há, neste caso, não criminosos que, aos olhos do céu e à luz da justiça, foram culpados do mesquinho crime de conspirar para salvar seus semelhantes, mas criminosos que conspiraram contra a liberdade de seus semelhantes e contra o país onde vivem."

9

Por sorte de Darrow, os advogados adversários cometeram erros táticos que ofenderam as sensibilidades do público americano. Na primeira vez que Paine apareceu no tribunal, Houghton levantou-se de um salto e, bajuladoramente, conduziu seu empregador para dentro do compartimento dos advogados; depois, apertou-lhe calorosamente a mão, antes de conduzi-lo ao banco das testemunhas.

– Ele teria ficado satisfeito de lamber a poeira das botas de Paine – comentou Darrow secamente, – se lhe tivesse sido dada a oportunidade de realizar esse serviço.

Houghton chegou ao ponto culminante do seu virtuosismo legal quando, procurando estabelecer um precedente para a condenação, remontou a cem anos atrás, ao caso de um homem que tinha sido condenado por escrever um poema louvando Thomas Paine e seus *Direitos do Homem*.

"Como o irmão Houghton ficaria com a boca cheia d'água – disse Darrow com mordaz sarcasmo, – se lhe tivesse sido dada a oportunidade de condenar Thomas Paine por se atrever a proclamar os direitos do homem!" Houghton jamais deveria ter tido qualquer participação no processo, pois o gabinete do promotor distrital estava preparado para tratar do caso sem qualquer designação especial. Darrow esfregou o nariz de Houghton pelos quinze dólares que estava recebendo por dia por aquele processo, até que o homem tivesse ficado tão deprimido que jamais voltaria a citar o código penal no seu excitamento incontido quanto à possibilidade de ganhar mais algum dinheiro. Depois, mergulhou na essência do conflito: podem os trabalhadores ter permissão para se combinar, a fim de melhorar as suas condições, ou devem ser condenados como criminosos por essas atividades?

"Permiti-me dizer-vos alguma coisa sobre as organizações de trabalhadores. Estudei essa questão porque acredito nela, porque a amo como amo a minha propria vida, porque tem sido a paixão maior de meus anos, porque, nesta grande batalha entre os poderosos e os fracos, sempre estive e sempre estarei com os fracos, enquanto houver em mim um fôlego para falar. À minha própria maneira, desejei fazer o que pudesse pelos milhares - que digo? pelos milhões de pessoas que são ainda mais pobres do que eu. Conheço a história do movimento trabalhista; sei o que esse movimento sofreu. Sei das dificuldades por que passa hoje. Sei que o passado é um capítulo muito sombrio, de infâmia e erros, e entretanto esses advogados têm remexido entre as cinzas mortas do passado, para encontrar as páginas mais negras da história, a fim de vos pedir que as adoteis nos últimos anos do século dezenove.

"Não existe homem algum suficientemente forte para subverter a virilidade dos trabalhadores dos Estados Unidos, e se um dia chegar a época em que houver um homem tão forte, então estará morta a liberdade americana".

O golpe seguinte de Darrow foi desfechado para o futuro, esperando dessa vez estabelecer um precedente claro e sólido para a obliteração das negras páginas das acusações de conspiração criminosa contra trabalhadores e seus sindicatos, no livro do século vinte.

"Entendo que num país livre, num país onde George M. Paine não tem o governo supremo, toda pessoa tem o direito de depor as ferramentas do seu ofício, se assim quiser. Não apenas isso, mas, num país livre onde a liberdade de expressão é garantida, todo homem tem o direito de procurar seu semelhante e dizer: "Nós estamos em greve. Nós estamos em uma grande batalha pela liberdade. Nós estamos fazendo uma guerra pelos nossos semelhantes. Pelo amor de Deus, venha conosco e ajude-nos". Chegamos, na América, ao ponto em que, sob a garantia da liberdade de expressão e sob a Constituição, um homem livre não pode procurar seu vizinho e implorar a ele que não trabalhe! Se um júri ou uma corte pronunciar um veredicto como este, será o golpe de morte na liberdade humana".

Por todo o discurso, continuou ele tecendo a sua lição elementar de economia: "Paine não está sustentando essas pessoas; estes homens, estas mulheres e estas crianças o estão sustentando." Durante todo o discurso, insistiu na herética noção de que o júri não podia condenar Kidd, Zentner e Troiber, porque eles afinal não estavam sendo julgados – que o sistema do júri estava sendo julgado e que podiam condenar apenas o sistema de júri, dando um veredicto de culpa!

Então, pela primeira vez, no caso da conspiração dos Trabalhadores em Madeira, Darrow utilizou a contradição mais poderosa da sua filosofia: censurou a acusação de tal maneira que seus advogados desejaram encolher dentro de sua pele e escondê-la atrás de si - depois do que solicitou ao júri que não os julgasse demasiado asperamente e que até mesmo os perdoasse, pois também eles eram vítimas inocentes da sua herança e ambiente.

"Eles não podem ganhar tanto dinheiro, se Kidd tiver permissão para continuar vivendo. Eles começaram consultando advogados para saber como podiam tirá-lo da cidade, e acabaram consultando o promotor distrital, sobre como podiam fazer para mantê-lo aqui. A malícia de George Paine só é excedida pela sua avareza. Não é bastante que ele deva recompensar o trabalho, o suor e a vida desses pobres homens com salários de fome; não é

92 Advogado da Defesa

bastante que ele chame seus espiões a esta cidade, para vigiá-los, incitá-los e destruí-los; não é bastante que devam voltar ao trabalho da melhor maneira que puderem; mas, quando tudo isso tiver terminado, ele ainda ousará prostituir o Estado, tomar a lei nas suas mãos poluídas, a lei que devia ser sagrada e acima de suspeita, e usá-la como um punhal para ferir esses homens pela costas.

"Entretanto, os homens não fazem os acontecimentos, mas os acontecimentos é que fazem os homens. No meu coração, não tenho o menor sentimento, de fato nem o menor, de amargura contra qualquer desses homens. Eu não feriria cruel e despropositadamente os sentimentos de qualquer homem que vivesse, porque sei, no fundo de meu ser, que George M. Paine é o que é, e não conhece outra maneira de ser. Sei que Nathan Paine nasceu como é e não vê outro modo de ser. Não posso dizer quais as causas que levaram o irmão Houghton a aceitar este caso; sei que bastaram para ele." Mais uma vez, Darrow teve o seu júri de homens de negócios e agricultores inclinados para a frente em seus lugares. Ao concluir seu apelo, pôs em foco a perspectiva histórica, mostrando-lhes a parte que estavam desempenhando, configurando o futuro de seu povo.

"Os homens não constroem para hoje; não constroem para amanhã. Constroem para os séculos, para as idades e, quando olhamos para trás, foi talvez o criminoso e o proscrito desprezado, o homem talvez sem pátria, lar ou amigo, que levou o mundo para cima e para a frente, tendo em vista a abençoada fraternidade que um dia virá. Eis aqui Thomas I. Kidd; para ele, como para mim, é questão de pouca importância o que ireis fazer, e o digo tão sinceramente como jamais pronunciei qualquer palavra. Nenhum homem jamais entrou nesta luta pela liberdade humana sem medir o custo, e a cadeia é um dos custos que devem ser medidos com o resto. Não apelo em nome dele; esta causa é demasiado estreita para mim, por mais amor que tenha a ele e por mais que tenha trabalhado ao seu lado. Apelo para vós, não em nome de Thomas Kidd, mas apelo para vós em nome da longa fila – da compridíssima fila que passa através das idades do passado e através dos anos a vir – da longa linha de pessoas desprovidas e espezinhadas da terra. Apelo para vós em nome daqueles homens que se levantam pela manhã antes que surja a luz do dia e que vão para casa à noite quando a luz desapareceu do céu, e que dão a sua vida, a sua força, o seu trabalho, para fazer os outros ricos e grandes. Apelo para vós em nome daquelas mulheres que estão oferecendo as suas vidas a este moderno deus de ouro, e apelo para vós em nome daquelas crianças, as que vivem e as que ainda não nasceram.

"Tocou-vos a sorte de ser os principais atores de um dos grandes dramas da vida humana. Por alguma razão misteriosa, a providência deixou a seu cargo, no dia de hoje – que digo? – em todas as épocas, os trabalhadores desamparados, os homens sem esperanças, as mulheres desesperadas e as crianças sofredoras do mundo. É um encargo enorme, muito grande, e sei que cumprireis o vosso dever, bravamente, sabiamente, humanamente bem; que pronunciareis um veredicto, neste caso, que será um marco na história do mundo e uma inspiração para os surdos, os desesperados milhões cujo destino se acha em vossas mãos". O veredicto do Júri foi "sem culpa"; com o peso dos séculos nos seus ombros, não podiam eles fazer menos.

Advogado da Defesa 93

CAPÍTULO V

"QUERO FALAR EM NOME DOS FILHOS DOS POBRES"

POUCO DEPOIS de seu regresso de Oshkosh, Darrow começou um dos períodos mais agradáveis de sua vida. Juntou forças com Francis S. Wilson, jovem primo de Jessie, que nascera e fora criado a 50 quilômetros da casa de Darrow, no Ohio. Wilson era baixo, moreno, bem apessoado, jovial, e servia de excelente companhia. Juntos, alugaram aposentos de solteiros perto de Hull House, mobiliando-os com as peças que tinham ficado do casamento de Darrow. "O Edifício Langdon acabara de ser construído, como um prédio modelo de apartamentos, na esquina das ruas Des Plaines e Bunker, no gueto de Chicago, – diz Wilson. – Contávamo-nos entre os inquilinos opulentos, e fizemos juntar num só dois apartamentos de três cômodos, daí resultando que tínhamos dois dormitórios. Na sala de estar, havia uma pequena lareira que era enfeitada com dois cães de ferro batido, representando dois grandes gatos. Quando o fogo dava nos olhos de vidro, fazia-os parecer animados. Nós nos divertíamos muito com eles. Eu os havia comprado no porão da Feira e constituíam a minha contribuição para a decoração do interior. A contribuição de Darrow eram o tapete e as cortinas vermelhas, e assim se compreende que éramos bastante artísticos, ainda que modestamente. Tínhamos também um dos quadros originais de Svendson, chamado *Incêndio na Floresta*.

"Nossos convidados eram quase sempre escritores, pintores e assistentes sociais, que gostavam de se sentar junto de Darrow. Tinham algo de boêmios, já que preferiam entrar pelas janelas em vez de passar pela porta, e sentar-se no chão, mais do que nas cadeiras. Os livros de Darrow ficavam espalhados de um jeito confuso; ele era colecionador, de uma maneira informal, de primeiras edições e exemplares autografados. Frequentemente, à noite, lia em voz alta Nietzsche, Marx ou algum escritor russo, e eu saía pouco depois, tendo em vista procurar companhia mais jovem".

O Edifício Langdon tornou-se conhecido como Clube da Convivência Cooperativa. Eminentes artistas, escritores, professores, cientistas, músicos, líderes trabalhistas e liberais da Europa e dos Estados Unidos iam jantar no refeitório comum e discutir assuntos políticos na sala comum de reuniões. A Cooperativa produzia peças de Shaw e Ibsen e promovia bailes de máscaras em salões vizinhos, a um dos quais Darrow compareceu vestido de policial! Seus vizinhos mais chegados eram Gertrude Barnum e Helene Todd, filha de um rico moleiro de Minnesota, que, graças à intervenção de Darrow, tornou-se a primeira inspetora industrial de

94 Advogado da Defesa

trabalho infantil em Chicago. Darrow e Helene Todd, cuja natureza muito animada pode ser mais esclarecida pela espingarda que ela levou para a Universidade de Wisconsin, para disparar da janela de seu quarto de dormir, saudando o sol, depois de muitos dias de chuva, tornaram-se amigos íntimos. Seu sentimento para com Helene, mais freqüentemente externado, enquanto ela mudava incessantemente da poltrona turca para cadeira ou sofá, de emprego para emprego e de teoria social para panacéia social, sempre pronta a disparar sua espingarda para saudar algo de novo, era a síntese da sua crítica da maioria dos assistentes sociais vindos do alto:

– Luz, Helene, luz!

Gertrude Barnum escreveu: "Nada há em minha vida de que eu tenha tanto orgulho quanto a fé e a amizade de Clarence Darrow. Embora nunca tenha havido qualquer romance entre nós eu me assustava com as suas teorias de amor livre, e, por causa de suas unhas sujas e cabelos muito untados, achava-o fisicamente sem atrativos – ele sem dúvida fazia todos os homens de meu grupo parecerem pigmeus, e teve muito a ver com o fato de ter eu permanecido solteira. Minhas contribuições à organização do trabalho, à americanização e à educação dos adultos, não tiveram um simpatizante mais generoso; ele nunca recusou meus apelos de contribuições para indivíduos necessitados ou causas dignas. Por menores ou mais desprezados que fossem os grupos que solicitavam suas palestras educacionais, ele jamais se recusava." A parte anômala da liderança de Darrow no Clube Cooperativo do Edifício Langdon era que ele não gostava do trabalho que se estava fazendo em Hull House. "Jane Addams gastou quarenta duros anos apelando para os mais afortunados, para dividir sua riqueza e oportunidades com os "menos privilegiados". Darrow apoiou e defendeu os oprimidos, nas suas próprias organizações de ajuda mútua, destinadas a melhorar as suas condições, por meio de contratos coletivos de trabalho e greves, sempre insistindo com eles para não aceitarem o estigma da ajuda filantrópica, levantando-se por sua própria força e tomando o que por direito lhes pertencia; em suma para que deixassem de ser menos privilegiados."

Gertrude Barnum retrata esse conflito dramático de pragmatismo social entre Jane Addams e Clarence Darrow. "Nos alegres anos de 1890, ser trabalhador organizado era ser "radical", na opinião dos pilares da sociedade. Mas aqueles dentre nós que abandonavam a frivolidade para responder ao apelo de Jane Addams eram demovidos, por vaias e advertências. Víamos com desdém os amigos e parentes que não partilhavam o nosso fanatismo. Em suma, estávamos tornando-nos jovens odiosos e presumidos do serviço social, certamente difíceis de suportar. Clarence Darrow não nos suportava, mas nos dominava. Num jantar dado por ele, quando se achavam presentes figurões de toda sorte, fiquei embaraçada por ter a atenção deles concentrada em minha jovem cabeça, quando meu anfitrião me perguntou, da outra ponta da mesa, o que estava fazendo em Hull House. Anunciei:

"– Estou ajudando a proporcionar diversão legítima ao povo.

"– E eles estão gostando disso? – indagou Darrow." Que Darrow pode ter tido razão, quando observou, a respeito de Hull House, "Não é bom por bolsas de gelo na testa de um homem febril; procuremos a fonte da febre e a arranquemos do corpo", está evidenciado nesta sentença mordaz, escrita quarenta e cinco anos depois, por um dos mais confiados assistentes de Jane Addams:

"Nas honras acadêmicas e sociais que choviam liberalmente sobre Jane Addams, ela pou-

---

1. Centro social pioneiro, fundado em Chicago em 1899 por Jane Addams, assistente social e líder feminista que, em 1931, ganhou parte do Prêmio Nobel da Paz. (N. do T.)

co consolo encontrava para a sua incapacidade total de diminuir a pobreza, mesmo no seu próprio distrito de colonos."

2

Em parte por causa das influências limitadoras do seu primeiro casamento, mas principalmente porque era um líder da revolta geral da época, um líder que tinha entre suas principais diretrizes o amor livre, como um caminho para a liberdade individual, Clarence admitia francamente que não mais queria casar. Pregava ardentemente contra o fato de seus jovens amigos se permitirem enredar naquilo – possivelmente dissuadindo alguns deles. Também X tinha acreditado no amor livre; ela e Clarence tinham feito o seu pacto, com a clara compreensão de que permaneceriam juntos apenas enquanto o desejassem, que não se permitiriam deixar arrastarem-se para o casamento e que cada um teria liberdade para terminar quando quer que desejasse, sem desculpas nem explicações. Ele alugara um quarto na casa de X e sua mãe, ostensivamente como pensionista, mas, após alguns meses, aprendeu que o amor livre não era particularmente livre, quando tinha de voltar para casa todas as noites. Verificou que X era emocionalmente incapaz de viver nos termos do seu acordo; ela o amava com uma intensidade aterradora, que a fazia, contra a sua vontade e seu melhor juízo, ser ciumenta e possessiva. Insistia em que ele explicasse todos os momentos passados longe dela, aparecia inesperadamente aonde ele tinha ido sem ela, dava-lhe a impressão de que ele estava sendo espiado e vigiado, e terminava provocando cenas de lágrimas e histeria, quando ele saía com outras mulheres. Para Darrow, aquele proceder possessivo em breve se tornou uma opressão.

Embora se tivesse mudado para o Edifício Langdon a fim de recuperar o celibato, ele e X iam ao teatro e a comícios, muitas vezes jantavam juntos e, nos fins de semana, encontravam-se por acaso nos mesmos lugares, no campo. Ele não sentia qualquer necessidade de ser fiel a ela, pois, se tivesse de ser fiel, teria sido melhor que se casassem. Embora as assistentes sociais não fossem a presa mais apetecível, ele as preferia, porque podia gozar de uma pequena conversa inteligente, antes de chegar ao trato das coisas amorosas. Havia amadurecido e já não mais aceitava as mulheres pelo puro prazer físico que proporcionavam; suas amizades limitavam-se agora àquelas nas quais encontrava certa afinidade, certa simpatia emocional. Gertrude Barnum insiste em que ele nada tinha de conquistador. "As pessoas adoravam o chão que ele pisava, fossem homens, mulheres ou crianças." Com os homens que estimava, ele lutava em favor de causas liberais, trabalhava, estudava e discutia; com as mulheres que amava, parecia-lhe perfeitamente natural dar expressão total a seu amor. Um de seus sócios observou: "Nunca houve, da parte dele, nada que se parecesse com a sedução consciente; as mulheres sempre se lhe mostravam francas e dispostas."

Quando foi denunciado, em Los Angeles, ficou grandemente deprimido por uma notícia segundo a qual o promotor iria introduzir entre as provas uma fotografia que se pretendia ter sido tirada dele, ao deixar a casa de uma bela viúva de Pasadena, pela madrugada. Um de seus amigos o consolou dizendo: "Não fique acabrunhado, Clarence; seus inimigos acreditarão no pior a respeito de você, mesmo sem fotografias; e seus amigos saberão que se trata de uma mistificação. Eles saberão que, se você tivesse passado uma noite na casa de uma bela viúva, não teria saído de madrugada; você teria ficado para o café."

96 Advogado da Defesa

3

Por essa época, ele já se havia tornado, conforme os amigos diziam, "desordenada-mente amoroso e orgulhoso" de seu filho Paul, um rapagão de rosto franco, comprido, que se parecia com Amirus. Levava consigo o rapaz, para ter companhia, em muitas das suas viagens de negócios e de conferências. Quando o tempo era bom, iam passar as férias nos bosques de Wisconsin, percorrendo a pé 22 quilômetros por dia. Sua maior esperança era que Paul também se tornasse advogado, para que o pudesse treinar e fazer dele um sócio. Durante as férias de verão da escola preparatória, para a qual o democrático Darrow, estranhamente, enviara seu filho, Paul às vezes trabalhava com os livros do escritório; desde aqueles períodos, chegou ele à conclusão de que não tinha pendor para o Direito. Aos dezesseis anos, quando havia saído da escola secundária, quis encontrar emprego.

– Não, você é jovem demais – disse Darrow, desapontado. Você terá de continuar estudando.

Paul trabalhou por algum tempo para o editor A. C. McClurg, cujos empregados eram, na maioria, formados em Dartmouth. Venderam ao pai a idéia de mandar seu filho para Dartmouth. Ao iniciar-se o ano letivo, Clarence levou Paul, não demasiadamente satisfeito, para New Hampshire, dizendo:

– Você fica até o Natal e, se não gostar, pode voltar e arranjar emprego.

Quando se despediu do filho, deu-lhe apenas um pequeno conselho :

– Não quero que você jamais se meta em jogos de pôquer, a menos que haja um limite.

Como a maior parte dos pequenos conselhos paternos, aquele era precisamente da espécie que o próprio pai não seria capaz de seguir. Suas palavras de despedida foram: "Se você um dia entrar em qualquer espécie de dificuldades, provavelmente será melhor me falar nisso, porque não creio que possa você passar por alguma coisa pela qual não tenha eu passado."

Paul gostou de Dartmouth e lá ficou quatro anos, até se formar. "Meu pai era sempre liberal na sua mesada. Quando eu quis contar-lhe o que fazia com o dinheiro, ele disse: "Não quero saber o que você fez; voce gastou o dinheiro e basta isto". Eu podia gastar com livros todo o dinheiro que quisesse. Papai era um mão-aberta. Nunca perdia a paciência, raramente me castigava. Era paciente nas explicações, mesmo quando eu tivesse feito algo errado. Sempre tinha tempo para discutir as coisas comigo."

4

Para o homem que uma vez tenha sido casado, o celibato, por mais excitante que seja, é um interregno. Uma noite, na primavera de 1899, Darrow foi fazer uma conferência sobre Omar Khayyam, no White City Club, que era composto de artistas, escritores e músicos. Depois da conferência, foi apresentado por seu amigo John H. Gregg, iniciador do sistema de taquigrafia, a uma jovem mulher de cabelos cor de ébano, pele rósea e branca, com um casaco cor de vinho debruado de lãzinha e um chapéu pequeno de toalete.

– Sem dúvida, você já conhece o Sr. Darrow – disse Gregg.

– Lamento – replicou Ruby Hamerstrom, – mas não conhecia.

Despertado pela centelha de atenção dos olhos da jovem, pelas maneiras orgulhosas e independentes com que sustentava a cabeça, Darrow pediu à Senhorita Hamerstrom que se encontrasse com ele para jantar. Ela se recusou. Ele continuou a lhe bloquear o caminho,

Advogado da Defesa 97

conversando com ela; depois que o porteiro tinha apagado as luzes, ele segurou a mão dela no escuro, recusando soltá-la até que ela concordou em encontrá-lo de novo, ou pelo menos dar-lhe seu endereço. Finalmente, Ruby Hamerstrom conseguiu passar por ele, para se juntar aos Greggs, que a esperavam na calçada.

Atordoado, Darrow sentou-se diante dos gatos de olhos brilhantes de sua lareira e se pôs a compor mensagens à moça de cabelos negros, mandando-as por intermédio dos Greggs; pediu aos amigos para arranjar outro encontro para ele, e terminou, à maneira masculina, acusando a Sra. Greggs de não entregar suas mensagens. Ruby Hamerstrom estava noiva de um corretor da bolsa de Nova York, na ocasião. Procurou o noivo, que estava em visita a Chicago, e disse-lhe:

– Se você acha que devo, vou jantar com ele apenas uma vez, em casa dos Greggs, para dizer-lhe que recebi todas as suas mensagens e que não é culpa da Sra. Greggs que eu não tenha marcado encontros com ele.

– Não vejo mal algum em ir jantar com ele – apenas uma vez – replicou seu noivo.

Ruby Hamerstrom nasceu em Galesburg, Illinois, onde se acha o Colégio Knox. Sua mãe era uma "beldade sueca de cabelos negros, que escrevia coisas bonitas para revistas religiosas". Seu pai, que era encarregado das oficinas de ferraria das estradas de Ferro Chicago, Burlington e Quincy, gostava de estudar e tinha em casa volumes de Voltaire e Tom Paine, muito embora fosse à igreja fielmente, porque "sempre gostou de conhecer ambos os lados de uma questão". Ruby deixou a escola secundária aos quatorze anos, para cuidar de sua mãe inválida e de seis irmãos mais jovens, mas achou tempo para ler muito na biblioteca do Colégio Knox, devorando todos os livros que podia encontrar, sobre "como tornar-se uma jornalista" Escrevia um pouco, mas sua mãe queimava o que escrevia, dizendo: "Tudo o que não é religioso é pecaminoso". Não teve permissão para estudar e arranjar emprego porque precisavam dela para "ajudar na casa e criar os seis irmãos Aos dezoito anos, abandonou a igreja luterana. Quando sua mãe disse que Ruby não podia trabalhar em Galesburg, porque seria uma desgraça para a família, ela tirou do banco sua pequena economia e partiu para Chicago, para se tornar jornalista com duas longas tranças de cabelos de ébano a lhe pender nas costas".

Em Chicago, encontrou emprego de guarda-livro, na casa do casal Gross, médicos homeopatas. Nas suas horas de folga, escrevia artigos. Sabendo que Laura Dainty Pelham, diretora da Organização dos Direitos da Mulher, no Médio Oeste, acabava de voltar de Nova York, Ruby procurou-o para uma entrevista. Laura Dainty Pelham, desejando ajudar a aspirante a jornalista, falou-lhe da nova mania de Nova York, chamada "Chá Amarelo", de que as mulheres de Chicago ainda não tinham ouvido falar. Ruby escreveu sobre o "Chá Amarelo" e vendeu o artigo para o *Evening Post* de Chicago, o primeiro jornal a dedicar espaço à mulher, numa coluna chamada "Como São as Mulheres" Não demorou muito, e Ruby Hamerstrom estava preparando toda a página feminina da edição de domingo e escrevendo reportagens sobre assuntos tão diferentes quanto a construção do Whaleback, para a Feira, e a mineração de ferro no norte de Michigan.

Ruby tinha vinte e seis anos quando conheceu Darrow, que então tinha quarenta e dois. Era dona de uma mente ágil e bem informada, e de um caráter firme; embora não fosse bela, tinha uma personalidade colorida e encantadora.

"Eu morava no oeste – disse Ruby – e planejei com a Sra. Gregg, que ia jantar conosco, que dormiria em casa dela, para que Darrow não me levasse a casa. Quando nos encontrou num restaurante de Loop, naquela noite, disse ele:

98 Advogado da Defesa

"– Tenho de fazer uma conferência no Oeste, esta noite, e se você não se importa em ir ouvir-me falar, posso levá-la para casa depois da reunião.

"– Oh, não – replicou Ruby. – Vou passar esta noite com a Sra. Gregg.

"- Não vejo razão nenhuma para você não ir à reunião com o Sr. Darrow - disse a Sra. Gregg. Você não teme que ele a leve para casa, teme?

"– Sem dúvida, você não tem medo – repetiu Darrow.

"– Não, mas tenho outro encontro.

"Finalmente, capitulei. Levamos a Sra. Gregg para casa. Depois, no meio da ponte da Rua Rush, com o vento e a chuva batendo em nossos rostos, Darrow parou, tirou uma das minhas luvas e enfiou minha mão, com a sua, no bolso de seu sobretudo.

"– Nunca houve alguém de quem eu gostasse tanto... desde o princípio – disse ele. – É por isso que penso que devo falar com você. Já fui casado. Nunca pensara em me casar de novo.

"– Isto é ótimo – respondeu Ruby, – porque vou partir dentro de duas semanas para me casar também.

"– Não vai! Bem, teremos de imaginar um meio de romper o seu noivado. Pessoas que se gostam tanto como nós não devem ficar separadas.

"Eu tinha amado Darrow naquela primeira noite em que ele fizera a conferência sobre Khayyam – contou Ruby. – Foi por isso que não o quis ver de novo. Mas só depois de quatro anos tive coragem de casar com ele."

5

Em 1900, Darrow convenceu o agora doente e quase falido Altgeld a entrar em sua firma, no lugar de Morns St. Thomas, que se havia retirado da sociedade, para se tornar perito em pleitos de chancelaria. Depois de sua derrota em 1896, Altgeld não desejava voltar à prática do Direito. "Ele passara quase a desprezar aquela profissão; sentia que os seus homens mais fortes se vendiam para destruir pessoas, para perpetuar e intensificar a pobreza dos oprimidos e aumentar os seus encargos. Para honrar seu amigo estimado, Darrow tornou-o titular da firma Altgeld, Darrow e Thompsonn. Era um gesto de coragem e amor da parte de Darrow, pois não só não podia Altgeld arranjar negócios para a sociedade, mas seu nome ligado a ela manteria afastadas certas companhias poderosas. Embora Thompson fale de lampejos do antigo brilho jurídico de Altgeld, Wilson diz: "Altgeld era um homem acabado; costumava dormir no escritório." A providência de Darrow ajudou a repatriar o antigo governador de Illinois, permitindo-lhe viver decentemente, depois que seu dinheiro tinha sido tirado dele por seus inimigos politicos.

A virada do século foi uma ocasião feliz para Clarence. Frankie Wilson era um alegre companheiro de casa; ele tinha Altgeld ao seu lado no escritório; estava ficando cada vez mais encantado com Ruby Hamerstrom. Passava muitas noites deliciosas discutindo as últimas revelações da biologia, no Sunset Club. Fazia conferências para auditórios cada vez maiores, sobre assuntos científicos e literários; fazia conferências não apenas sem pagamento, mas muitas vezes pagava as suas despesas, para atender a uma platéia numa cidade vizinha – tipo de indiferença pelo dinheiro que o fazia uma praga para os conferencistas profissionais. Uma noite, Howard Vincent O'Brien o encontrou em grande irritação, compondo uma carta violenta de protesto, sobre as provas tipográficas de um artigo que tinha sido escrito a respeito dele e que apareceria no Atlantic Monthly - a menos que ele ameaçasse processar o autor.

– A respeito de que você está protestando? – perguntou O'Brien.

– Esse fulano me chamou um orador de caixote. – Bem, que é um orador de caixote? Não é um saltimbanco ambulante?

– Sim.

– Você fala e faz conferências onde quer que possa, não é verdade? Você é o pior "furador", em matéria de conferências.

– Isso é verdade – disse Darrow, sorrindo amarelo.

– Você gosta de tocar os júris, não gosta?

– De fato; não toco nenhum instrumento musical, mas gosto de tocar pessoas.

– Bem, você o disse: você não passa de um maldito orador de caixote.

Darrow riu, enquanto rasgava a carta de protesto. Seu negócio jurídico prosperava. Como sempre, muitos dos casos tinham implicações sociais que lhe permitiam fazer certas combinações. A Federação dos Professores o contratou para processar algumas companhias que estavam defraudando o público nos seus pagamentos de impostos, particularmente nas suas declarações escandalosamente baixas sobre o valor de suas propriedades imobiliárias. Frequentemente, vencia as causas, permitindo assim acrescentar fundos públicos aos salários dos professores. Continuou a tratar de casos de negligência, tais como acidentes de bonde, nos quais a sua percentagem chegava, às vezes, de cinco a quinze mil dólares. Sua conduta, em questões de dinheiro, era ainda errática:

"O chefe de uma família polonesa foi permanentemente invalidado na Illinois Steel Mills, de Chicago Sul. Combinei com Darrow para aceitar a causa, pleiteando uma indenização de cinqüenta por cento, segundo o método usual. O fato de Darrow aceitar o caso induziu a companhia a fazer um acordo de vinte mil dólares, sem ação, no tribunal. Depois que o cheque foi enviado, fiquei fora de mim, quando Darrow disse que dez dólares eram tudo o que realmente podia querer, porque a maior parte do trabalho fora feita pelo telefone e numa conferência pessoal com um dos advogados da companhia. Cuidou também para que a vítima investisse uma parte do seu dinheiro numa casa e tomasse o cuidado de salvaguardar o saldo da importância. Duvido que jamais tenha discutido a questão com quem quer que fosse. Não queria saber de revides."

Diz um velho ditado que no peito de todo advogado jazem enterrados os restos de um poeta. Isso era particularmente verdadeiro quanto a Clarence Darrow, filho de um pai escritor, que confidenciou para seu companheiro de quarto, Wilson: "A única coisa que desejo ser, acima de tudo, é escritor". Em 1900, William Randolph Hearst invadiu Chicago; contratou Darrow para a incorporação do *Evening American*. Tão ardorosos eram os jornais estabelecidos de Chicago em propagar sua única e exclusiva verdade, que mandavam para a rua homens com bordões, para espancar e manter afastados vendedores das outras folhas. Como consultor geral de Hearst, Darrow não demorou a se ver a braço com casos de agressão. A conta de Hearst era lucrativa, mas a sua importância estava no fato de que, afinal permitiu a Darrow entrar em mais uma atividade necessária à sua plena expressão.

Seus primeiros ensaios se desenvolveram a partir do preparo de conferências, sobre assuntos tais como "Realismo na Literatura e na Arte", e de seus antigos trabalhos sobre Walt Whitman, Robert Burns, Omar Khayyam. Aqueles artigos, que mais tarde foram publicados sob o título: *A Persian Pearl, and Other Essays*, são apelos para a atitude realista e crítica perante a vida. Escritos numa época em que Whitman e Khayyam eram condenados como imo-

100 Advogado da Defesa

rais, impróprios para os olhos da juventude inocente, até hoje continuam lúcidos, vigorosos e corajosos. Em Omar Khayyam, ele encontrou a confirmação do seu próprio fatalismo:

"Acima do homem e suas obras, Khayyam encontrou a mão pesada do destino, sempre a guiar e controlar, sempre a mover a sua criatura para diante, para o fado inevitável que todos os séculos guardaram para o cativo desamparado, que marcha esmagado para o patíbulo." Não era ele incapaz de usar Khayyam para suas próprias finalidades, assim como todo artista usa os artistas que o precederam; escrevendo sobre a filosofia de Khayyam, Darrow era capaz de afirmar, de maneira indireta, a essência da sua atitude perante a nova e científica criminologia. "Todo filho do homem percorre um caminho novo – uma estrada crivada de perigos e tentações que não são encontrados por nenhum outro caminhante. Seus passos só podem ser julgados com o pleno conhecimento da força e da luz que ele possuía, do peso que conduzia, dos obstáculos e tentações que enfrentou e de um completo conhecimento de cada motivo franco e secreto que o impeliu."

Sendo ele próprio um iconoclasta congênito, Darrow amava Walt Whitman por ser um revolucionário. "Ele parece um daqueles velhos bardos, acabados de sair das mãos da natureza, sem ter sido ensinado em qualquer escola, não estando preso por qualquer das miríades de cordas que o tempo está sempre tecendo à volta do coração, do cérebro e da consciência do homem, enquanto o mundo se torna envelhecido. Ao mundo com as suas cidades congestionadas, os seus corpos adoentados, os seus desejos antinaturais, a sua religião estreita e a sua falsa moral, ele chega como uma brisa da manhã, vinda das montanhas ou do mar."

Durante muitos anos, mostrara-se ansioso por escrever contos, romances, poemas, mas tinha estado ocupado e a provocação, de certa forma, jamais aparecera. Agora, graças à sua ligação com os jornais de Hearst, via uma maneira de levar suas histórias à imprensa. Hearst não lhe pagava por elas, mas satisfazia a seu amadorístico advogado, permitindo que os contos fossem publicados no *Evening American* de Chicago. A série de pequenos esboços, chamada *Easy Lessons in Law*, constitui um causticante libelo contra os males dos nossos sistemas econômico e jurídico. Darrow não era um escritor de imaginação; cada conto nascia de um caso real de que ele havia tratado.

A "Doutrina dos Companheiros de Trabalho" nasceu de sua experiência ferroviária. Pela negligência de um chefe de trem, que deixa de dar ao maquinista uma ordem para "prosseguir vagarosamente", o último carro de um trem Pullman é tirado dos trilhos e arrasado, matando dois homens: Horace Bartlett que, "dentro do mês anterior, tinha ganho duzentos mil dólares em milho; isto é, tinha apostado que o milho iria nascer e nasceu"; e Robert Hunt, guarda-freio que estava ganhando quarenta e cinco dólares por mês, "tendo tido um aumento total de cinco dólares, nos doze anos em que trabalhava para a companhia". A companhia pagou à Sra. Bartlett cinco mil dólares, sem processo; a Sra. Hunt foi informada de que "a ferrovia não era, de modo algum, responsável pela morte de seu marido; entretanto, se ela assinasse um recibo, pagariam as despesas do seu enterramento, porque ele era um empregado fiel e um homem digno". A Sra. Hunt moveu uma ação, mas o juiz lhe disse que "era evidente que a morte de Hunt fora devida à negligência do chefe de trem, que não transmitira a mensagem ao maquinista; que condutor e guarda-freio eram companheiros de trabalho, e que, por isso, a companhia não era responsável". A Sra. Bartlett passou o inverno no Sul da França, para aliviar a própria dor; a Sra. Hunt afogou a sua na tina em que esfregava roupas para sustentar seus três filhos.

Em "A Doutrina do Risco Assumido", Darrow conta a história de Tony, que dei-

Advogado da Defesa 101

xou sua bela colina ensolarada, na Itália, para tirar lixo e neve dos entroncamentos dos pátios ferroviários de Chicago, e que perdeu a perna, cortada por uma locomotiva; e do juiz que deu ao júri instruções sugerindo um veredicto favorável à estrada, porque, "se Tony não se recusara a trabalhar num lugar tão perigoso, ele assumira o risco". "O Pequeno Quebrador", que escreveu com base nas suas experiências, nas zonas de mineração de carvão, é o melhor do grupo, pois tem certa simetria artística, além de uma carga de irônicas injustiças. Johnny McCaffery vai trabalhar como quebrador, aos onze anos de idade, porque seu pai foi morto nas minas. O trabalho de Johnny era colocar-se de pernas abertas na rampa, e "enquanto os pedaços de carvão desciam rapidamente por baixo das suas pernas, agarrar pedaços de greda tão depressa quanto suas mãos e braços se podiam mover". Quando chega aos cinqüenta e quatro anos, Johnny já foi promovido a porteiro, motorista, ajudante e mineiro. Seu rosto está marcado por cicatrizes e falta-lhe uma orelha, por causa de um estopim que explodiu; um braço está aleijado por uma pedra que caiu. Já demasiado velho para trabalhar nas minas, Johnny é mais uma vez mandado para vigiar a rampa, voltando a ser quebrador; e tal é a vida de Johnny McCaffery, cuja família emigrou da Irlanda porque tinha ouvido dizer que "os Estados Unidos não tinham proprietários ingleses nem inquilinos de pardieiros, nem homens desesperados e mulheres raivosas e meninos e meninas com fome".

Essas histórias são autêntica literatura proletária e foram escritas quando a literatura proletária se achava em plena formação. Têm uma excelência literária de qualidade elevada, senão inteiramente profissional, pois Darrow escrevia quase tão bem quanto falava; só escrevia quando estava inflamado, e a paixão era boa consumidora de tinta. Era professor e reformador; teria rido da arte pela arte. Tudo o que escrevia tinha o seu propósito: corrigir um mal, impedir uma injustiça, consolar um sofrimento.

6

Em 1902, teve Darrow seu segundo – e último – encontro com um eleitorado. Quando fora governador de Illinois, Altgeld vetara uma medida aprovada pelo Legislativo subornado, mandando entregar as linhas de transportes de superfície de Chicago ao bandido-financista Yerkes, como uma concessão de cinqüenta anos; agora que Yerkes mais uma vez estava procurando conseguir que o Legislativo lhe entregasse a concessão dos bondes, Altgeld consentiu em concorrer ao cargo de prefeito de Chicago, numa chapa independente. Mais uma vez, Altgeld, Darrow e seus amigos do Partido Democrático de 1892/96, fizeram comícios por toda cidade, pronunciando conferências – mas, ainda uma vez, Altgeld foi derrotado. Sua derrota o deixou doente e deprimido, mas ele se obrigou a empreender uma última e valorosa luta, falando todas as noites, para despertar simpatia em favor dos Boers, "porque uma grande nação estava pisoteando outra, para afundá-la dentro da terra."

Na tarde de 12 de março de 1902, Altgeld deixou o escritório para ir fazer uma conferência em Joliet. Darrow mandou o contínuo levar a pasta de Altgeld à estação. Quando chegaram à rua, o menino insistiu com Altgeld que tomasse um táxi para a estação, mas ele respondeu:

– Não, para mim o bonde é bastante.

Naquela noite, enquanto falava no palanque em Joliet, com a voz e o braço levantados contra as crueldades do mundo, teve um ataque. Pela meia-noite, estava morto. Darrow foi a Joliet na manhã seguinte, para trazer de volta o homem que mais havia amado. "Ele estava exposto na biblioteca pública – escrevia Darrow. – Durante todo o dia, passou gente para dirigir seu olhar cheio de amor para o seu grande e ardoroso campeão. Era a mesma multidão que tantas vezes se havia apegado às suas corajosas palavras, a mesma massa inarticulada por cuja causa ele tinha dado a vida." Darrow tinha convidado dois eclesiásticos para realizar os serviços funerários. Atemorizados com a idéia de que poderiam perder o púlpito, se oficiassem junto da eça de John *Perdão* Altgeld, recusaram-se. Darrow e Jane Addams, da Hull House, fizeram os discursos de despedida. Num panegírico de seu amigo tão amado, Darrow mais uma vez enunciou uma tragédia fundamental:

"Na grande inundação de vida humana que está espalhada sobre a terra, não é muito frequente o nascer um homem."

Muitos carros puxados por cavalos acompanharam o féretro, mas Darrow seguiu a pé, sozinho, ao lado de seu amigo. Pouco depois da morte de Altgeld, Yerkes mandou seu encarregado de contactos legislativos para a assembléia estadual. Embora tivesse pouco estômago para a política profissional, mas sentindo que sua tarefa era prosseguir na luta de Altgeld, Darrow pediu aos democratas que pusessem seu nome na sua lista de candidatos ao Legislativo. Foi prontamente informado, pelo partido pelo qual tinha feito campanha nos últimos dez anos, de que não queriam ter nada a ver com Clarence Darrow, cujo próprio nome era um "anátema para os homens de negócio de Chicago". Enfurecido, ele se candidatou como independente, numa chapa a favor da Propriedade Municipal; o fato de ter usado de seus próprios métodos peculiares para obter apoio é afirmado por um membro de uma de suas audiências:

"Ele avisou aos eleitores que não precisava de emprego. No seu jeito caprichoso, disse aos ouvintes que não se podia fazer muita coisa, mas que talvez fosse capaz de abrir as portas das prisões e pôr em liberdade alguns dos condenados." Quando os votos foram contados, tinha ele recebido mais do que todos os adversários combinados.

A essa altura, tendo chegado aos quarenta e cinco anos, Darrow começava a pensar em si mesmo como se já se aproximasse da meia-idade. Seus cabelos e seu rosto estavam ficando escassos; as rugas de sua testa e de suas faces se aprofundavam; seus olhos iam-se tornando cada vez mais fundos, debaixo das suas órbitas. Suas realizações, até então, tinham sido parcas; publicara um livro de ensaios literários, alguns contos, certo número de controvertidos folhetos que haviam sido transcritos de suas conferências. Tinha fracassado em seus esforços para derrotar o governo de interditos e salvar da destruição, nas mãos de seus antigos empregadores, o Sindicato Ferroviário Americano; entretanto, defendendo o Sindicato dos Trabalhadores em Madeira, tinha conseguido levar o capitalismo extorcionista a julgamento perante a barra da opinião pública. Travara numerosas pequenas batalhas pela inteligência, pela justiça, pelos pobres, pela libertação da mente humana dos seus grilhões seculares. Todavia, seus esforços não tinham um ponto de convergência: afora a sua campanha geral em favor da tolerância, ele não se havia concentrado em nenhuma tarefa isolada. Seus inimigos entre os grupos de empregadores, eclesiásticos e moralistas, chamavam-lhe um "sujeito radical, argumentador, teimoso, anarquista, que sujava as águas de tudo que tocava, sem fazer qualquer bem". Para aqueles que pouco entendiam a sua intenção, parecia um lunático jovial, que saía dizendo coisas inexplicáveis como: "Se alguém encosta uma arma na cabeça de um homem e o força a lhe dar dez cêntimos para comprar alimento, isso é roubo. Se os barões de carvão obtêm todo o carvão do mundo e deixam pessoas morrer de fome, isso é negócio."

Advogado da Defesa 103

Se a história americana não tivesse sido, de repente, posta num foco nítido e dramático, poderia ele ter continuado a ser um advogado excêntrico, pouco conhecido fora do Estado de Illinois. "As crises da vida de Darrow coincidiam com as crises da nossa vida nacional." Quando, dentre todos os advogados dos Estados Unidos, foi ele escolhido por John Mitchel, presidente dos Trabalhadores Mineiros Unidos, para dirigir a luta dos mineiros de antracite pela própria existência, o fato foi anunciado sem alardes, no fim de uma longa coluna de jornal. Pela época em que a audiência, perante a comissão nomeada pelo Presidente Theodore Roosevelt, estava em pleno curso, o nome de Clarence Darrow era anunciado em manchetes, por todo o continente, e os Estados Unidos tinham erigido um novo ídolo para adorar – e contra o qual desferir infâmias.

7

Darrow ficou entusiasmadíssimo com o convite para se encarregar do caso dos mineiros, naquela que foi a maior crise industrial da história dos Estados Unidos. Era a primeira vez que, desde a "Rebelião de Debs", os trabalhadores de uma indústria inteira se combinavam para fazer uma greve. Era a primeira vez que sindicatos individuais pediam a cooperação em massa, na luta pela sua própria salvação. Era a primeira greve em que todo o público participava, pois não se revelara o carvão uma utilidade pública, tanto quanto a água ou o gás? A greve dos campos de antracite, tinha sido deflagrada em maio de 1902. Embora agora fosse apenas outubro, a indústria se achava à beira do colapso; os horários das estradas de ferro tinham sido reduzidos ao mínimo indispensável; o *Times* de Londres previa "conflitos por causa do carvão" em todas as principais cidades americanas, logo que chegasse o inverno. A despeito do tremendo aumento no preço do combustível, a despeito da iminente miséria de um inverno sem calor, o público estava maciçamente solidário com os mineiros de carvão, e manifestava esta simpatia em termos audíveis e concretos. Por uma razão qualquer, a massa do povo tinha compreendido emocionalmente o que significava viver anos após anos na beira do medo, da fome e da doença.

Enquanto Darrow relia os recortes dos jornais, a partir da "parede" de cento e cinquenta mil mineiros de carvão, causou-lhe surpresa notar que se verificara uma modificação também no jornalismo americano. Os jornais do país, com exceção daqueles possuídos pelas ferrovias da Pensilvânia, estavam denunciando violentamente as práticas dos concessionários do carvão! Altgeld tinha tido razão ao dizer que "temos de manter livres os jornais, na esperança de que um dia eles usem essa liberdade para dizer a verdade a todo o povo" Foi um período de intensa agitação, encabeçado pelo Presidente Roosevelt, contra os grupos industriais que estavam infringido abertamente a Lei Sherman Antitruste e desafiando o governo federal a chamá-los às ordens. Era aquela uma oportunidade magnífica para Darrow: o público, inebriado contra os barões do carvão, que se haviam combinado para formar a elevação do seu preço e a baixa do preço do trabalho, achava-se num estado de espírito receptivo. Não havia pequena cidade ou aldeia, por menor que fosse, onde um dos jornais não imprimisse todas as palavras da audiência perante a comissão, e poucas pessoas havia, até onde podiam alcançar os jornais, que não tivessem ficado tão perturbadas que não lessem tudo quanto achassem impresso.

Todavia, para Darrow, o aspecto mais esperançoso da revolta era que, pela primeira vez nas disputas industriais, os concessionários tinham concordado em aceitar a decisão ou-

104 Advogado da Defesa

torgada pela comissão. A comissão do Senado que investigara a greve das ferrovias de 1894 tinha tido apenas o poder de ouvir as razões e apresentar recomendações ao presidente. A Comissão do Carvão, de 1902/03, tinha o poder, cedido a ela pelas concessionárias, nos seus últimos momentos de desespero, não só de outorgar uma decisão, mas de obrigar ao cumprimento dos seus preceitos. Aquilo parecia como viver oitocentos anos em oito; afinal, a indústria ia ser responsável perante o governo.

Não que os concessionários tivessem cedido de boa vontade: ainda quatro dias antes de sua capitulação, seu porta-voz, George Baer, presidente da Estrada de Ferro Reading, da Companhia Carvão e Ferro de Filadélfia e Reading, da Companhia Carvão e Ferro Lehigh e Wilkes-Barre, da Companhia Ferro Temple, etc., etc., tinha tomado uma atitude extremamente hostil perante o Presidente Theodore Roosevelt, que estava tentando impedir um desastre para o Público e mandar os mineiros de volta ao trabalho, baseado num acordo satisfatório para ambas as partes.

"O dever, nesta hora, é não gastar tempo em negociar com os fomentadores dessa anarquia e os insolentes desafiadores da lei disse Baer, – mas fazer o que foi feito na guerra da Rebelião: restabelecer a majestade da lei e restabelecer a ordem e a paz a qualquer custo. O governo é um *fracasso desprezível*, se só é capaz de proteger as vidas e a propriedade e assegurar o conforto do povo tergiversando com os violadores da lei e com os instigadores da violência e do crime."

Por uma razão qualquer, nem o Presidente Roosevelt, o Congresso, nem a Suprema Corte, nem os cidadãos eleitores, gostaram de ser chamados um fracasso desprezível. Todavia, foi aquela a mais branda das quatro frases imortais cunhadas por George Baer, quatro frases que iriam fazer mais para induzir a democracia industrial nos Estados Unidos do que os esforços heróicos de Darrow e dos liberais como ele.

Sentado à escrivaninha de seu escritório, rodeado de recortes de jornais e revistas, tratados sobre minas, condições de trabalho e imigração, de livros de contabilidade e gráficos estatísticos, Darrow via que, embora a descoberta das jazidas de antracite da Pensilvânia tivesse provado ser uma grande fonte de riqueza para a indústria americana e um achado para os consumidores que precisavam de combustível barato, desde o princípio tinha sido uma maldição para os mineiros, que o arrancavam dos veios da terra, como sangue negro coagulado. Tornou-se a mais difícil e perigosa das indústrias nas quais o homem podia ganhar a vida, pois os mineiros trabalhavam com a morte a espreitar constantemente por sobre seus ombros. Seis homens em mil eram mortos todos os anos, centenas eram aleijados pelas explosões e desmoronamentos; poucos escapavam à ruina da asma, da bronquite, do reumatismo crônico, da tuberculose, dos males cardíacos. Aos cinqüenta anos de idade, os mineiros estavam gastos e alquebrados, restando-lhes pouco mais do que ir para o monte de escória humana.

Se o mineiro era ferido em um acidente, "a ambulância era de uma natureza muito crua, praticamente uma carroça de carvão coberta, dotada de mantas de cavalo". Se morresse na mina, a Companhia nada pagava à sua família; os vizinhos se cotizavam para pagar o seu enterro. Se era ferido numa explosão, se tivesse as pernas ou a espinha quebrada, a companhia não tratava de prestar assistência médica – a menos que o homem ferido assinasse um recibo favorável à companhia.

– Noto que você perdeu uma perna. Como foi que a perdeu?

– Fazendo uma extração, certa manhã.

- Comprou-lhe a companhia uma perna artificial?

Advogado da Defesa 105

– Não.

– Você pediu que fizessem em seu favor alguma coisa desse gênero?

– Nós procuramos, mas não nos deram satisfação. O Dr. Gibbons, de Scranton, disse: "Nunca esperei receber coisa alguma de um mineiro comum, não porque eles não gostem de pagar, mas porque são incapazes de fazê-lo. Se é um homem pobre com uma grande família, nem sequer penso em pedir-lhe que me pague, e se uma mulherzinha perdesse o marido e ficasse com um jovem suportando a carga, eu nada cobraria."

A despeito das suas dificuldades e perigos, Darrow percebia que os mineiros eram conhecidos no mundo inteiro como membros de um dos ofícios mais corajosos e independentes que se podiam encontrar. Eram corajosos porque só homens corajosos podiam descer, dia após dia, às trevas empoeiradas. Eram independentes porque a maioria deles era constituída ou de "mineiros contratados" ou dos que trabalhavam para mineiros contratados, que eram pagos por carros de carvão entregues aos concessionários e sobre os quais, nos intermináveis labirintos negros de uma mina, era impossível exercer a espécie de supervisão e disciplina mantida sobre os operários de uma fábrica. Com aqueles atributos de coragem e independência, os mineiros podiam ter sido cidadãos da mais elevada qualidade; no entanto, eram mantidos num contínuo estado de ignorância e dívidas inescapáveis, que faziam deles uma fonte potencial de perigo para a continuação da democracia.

– Por quê? – perguntou Darrow a si mesmo.

Seria imperioso que aquelas centenas de milhares de pessoas fossem mantidas em estado de penúria? Seria economicamente inevitável? Os números que tinha à sua frente não pareciam indicar isso. As minas de antracite, que eram limitadas a uma pequena região da Pensilvânia, haviam sido compradas pelas estradas concorrentes da Pensilvânia, que assim tinham certeza de ter o seu frete – e um lucro de até quarenta e cinco por cento nos seus investimentos.

Em virtude do seu trabalho para as ferrovias, tinha Darrow aprendido que a combinação, na indústria, geralmente resultava numa tentativa de controlar preços. Com aquelas minas controladas por estradas de ferro, a combinação significava também uma restrição imposta ao trabalho, pois os bancos eram donos das ferrovias, que eram donas das minas; assim, milhões da riqueza nacional podiam ser mobilizados para impedir os mineiros de arrancar um nada de poder das mãos dos concessionários; tampouco havia qualquer distinção entre sindicatos bons, ou responsáveis, e maus.

"Gastamos quatro milhões de dólares para esmagar a última greve e, com ela, o sindicato – gabava-se publicamente o dono de uma mina de carvão. – Foi o melhor investimento que nós concessionários já fizemos!"

"Durante as duas últimas gerações, um conflito lento e teimoso tinha sido travado pelos trabalhadores nos campos de antracite, contra o crescente poder do monopólio – disse John Mitchell. – A greve de 1902 foi apenas o ponto culminante de um desenvolvimento que durava já três quartos de século."

8

Depois de vários dias de estudos intensos, Darrow encheu sua valise e partiu para as cidades mineiras, a fim de visitar as galerias e as fileiras de cabanas sem pintura, nos flancos de montanhas estéreis, onde os mineiros e suas famílias viviam, tendo por únicas árvores ou vegetação os quebradouros. Algumas das cabanas eram apoiadas quer por pilhas de greda negra que tinha sido tirada do carvão, quer por esteios, para que não viessem abaixo. Embora o seu valor total não pudesse ser superior a dez dólares, os mineiros que tinham de viver nelas para trabalhar pagavam dois dólares e cinquenta cêntimos por mês. Cada cabana continha duas ou três camas de ferro, uma mesinha, um fogão, uma mesa de madeira e cadeiras; essas coisas constituíam os bens terrenos das famílias que trabalhavam na mina, ano após ano.

Como na cidade de Pullman, Darrow foi recebido sem desconfiança; o povo falou francamente com ele, porque era um sujeito simples e igual, que parecia e sentia como qualquer outro trabalhador braçal.

Informava-se que o salário médio de um mineiro, inclusive "extraordinário", era de quatrocentos e oitenta dólares por ano; Darrow prontamente soube que poucos realmente ganhavam tanto.

– O senhor pagou a trezentos homens de fora, que trabalhavam duzentos e quarenta e quatro dias e mais, entre trezentos e quatrocentos dólares por ano?

– Sim. Eles são trabalhadores.

– Mas são adultos, não são?

– Sim.

– E o senhor pagou a trezentos homens que trabalhavam duzentos e sessenta dias por ano entre duzentos e trezentos dólares por ano?

– Sim.

– Então – exclamou Darrow – que diabo vem a ser um "extraordinário"? Onde é que se arranja esse salário?

Todos os mineiros compravam nos armazéns de propriedade da companhia, ou perdiam o emprego; todavia, o armazém da companhia cobrava de doze a cem por cento acima da importância cobrada pelos armazéns vizinhos. O que mais ofendia os mineiros era a prática de cobrar-lhes dois dólares e cinqüenta cêntimos, cada um, pelos explosivos necessários ao seu trabalho e pelos quais a companhia pagava noventa cêntimos, com margem de lucro semelhante à obtida em todo o resto do equipamento de trabalho. Assim, os concessionários tinham o lucro não apenas do trabalho dos mineiros mas também dos seus salários, prática conhecida como "mineirar os mineradores". Por artifícios engenhosos como esses, os mineiros que alegavam receber o "salário extra", de quatrocentos e oitenta dólares por ano, na verdade recebiam o equivalente a duzentos dólares em casa, comida, roupas, carvão e suprimentos de trabalho. Isso significava aproximadamente doze dólares por mês, com os quais comer, vestir, medicar-se, educar-se, cultivar-se e fazer felizes as suas famílias.

As companhias tinham imaginado outros meios sutis de "mineirar os mineiros". Os homens contratados recebiam uma importância fixa pela entrega de um carro de carvão, mas as companhias sempre aumentavam o tamanho do carro, sem aumentar o respectivo pagamento. A companhia tinha os seus prepostos, para conferir a quantidade de greda ou de outro resíduo, em cada carro, sem que nenhum inspetor dos mineiros tivesse permissão para ficar perto e sem que fosse possível qualquer protesto; aqueles prepostos arbitrariamente tiravam do pagamento dos mineiros a importância que achavam conveniente. Os homens recebiam apenas uma vez por mês, das duas que a lei da Pensilvânia exigia; recebiam somas em bruto, sem qualquer especificação. Os bombeiros e foguistas, que recebiam um dólar e setenta cêntimos por dia, trabalhavam um turno de doze horas seguidas, e de vinte e quatro horas cada dois domingos, quando os turnos diurnos e noturnos eram trocados. Não tinham

Advogado da Defesa 107

permissão para sair no Quatro de Julho, no Dia de Ação de Graças ou no Natal; todo ano, trabalhavam trezentos e sessenta e cinco dias, exceto no ano bissexto – quando trabalhavam trezentos e sessenta e seis.

As escolas públicas existiam, mas, pela época em que os meninos estavam com onze ou doze anos, tinham de virar quebradores para ganhar suas migalhas.

– Como diretor da escola da cidade de Wilkes-Barre, que percentagem das crianças que iam às escolas secundárias o senhor diria que eram filhos de mineiros?

– Não havia percentagem alguma de filhos de mineiros replicou o Sr. Shea. – Eles iam trabalhar antes de se matricular.

As meninas não podiam ser utilizadas nas minas, mas os proprietários das fábricas têxteis, sabendo que as zonas carvoeiras eram centros de pobreza onde podiam cobrar a mão-de-obra a alguns níqueis por dia, construíam suas fábricas perto das minas e empregavam meninas de dez anos para cima. Nessa prática, eram encorajados e ajudados pelas ferrovias, que possuíam as minas, porque assim podiam obter os negócios têxteis, vender às fábricas o carvão de suas minas, e além disso, ter as fábricas a pagar também salários às famílias dos mineiros. *As meninas recebiam de três a sete cêntimos por hora e trabalhavam um turno de doze horas.*

O que Darrow encontrou em suas pesquisas no campo carvoeiro da Pensilvânia foi uma filosofia social em ação. Os concessionários, que queriam um suprimento grande e dócil de trabalho, para que pudessem escolher seus trabalhadores, contratavam com as companhias de navegação o envio de agentes por toda a Europa Central, a fim de arrebanhar famílias com a promessa de um bom emprego e elevados salários nos Estados Unidos, a terra dourada das oportunidades. Os ansiosos imigrantes recebiam transporte "gratuito"; as passagens eram deduzidas de seus salários, posteriormente; quando chegavam a Nova York, eram amontoados em carros de carvão e transportados como gado para a Pensilvânia, instalados numa barraca da companhia e recebiam crédito no armazém "depenador". A partir daquela hora, grande parte deles nunca deixava de dever à companhia; estavam presos ao seu trabalho assim como os servos tinham sido presos à gleba, pois qualquer tentativa de mudar para outra localidade ou outra indústria significava a prisão, por faltar com o pagamento daquelas dívidas. Não era incomum, para as famílias, trabalhar desde o princípio até o fim do ano, sem receber sequer um dólar em dinheiro .

George Baer revelou-se um mestre da *reductio ad absurdum*, quando disse: "Recusamos submeter-nos ao arbítrio perante a Federação Cívica, porque não cabe a ela decidir se os salários pagos são justos, mas se são suficientes para permitir que os mineiros continuem vivendo, mantenham e eduquem suas famílias, de uma maneira confortável, segundo os padrões americanos estabelecidos e coerentes com a cidadania americana. Nunca se formulou sugestão menos prática. Seriam necessários muitos anos de exame, para determinar quais são esses padrões e para determinar se significam que um homem deve ganhar dinheiro bastante para mandar seu filho para Yale ou Harvard, ou para algum modesto colégio como o Franklin e Marshall, onde são reduzidas as despesas."

Para a natureza emocional de Darrow, a cruz e o símbolo da greve estavam na história da Sra. Kate Burns, cujo marido morreu nas minas e só pôde ter um enterro cristão porque seus vizinhos contribuíram todos com alguns níqueis. A Sra. Burns trabalhava havia seis anos como lavadeira, "dia e noite", para manter seus filhos na escola. Quando o mais velho tinha quatorze anos, foi trabalhar como quebrador.

108 Advogado da Defesa

– O Sr. Markle, o gerente, deu-lhe algum dinheiro ou a ajudou de alguma maneira?

– Não, senhor, nunca consegui um centavo, exceto dos próprios mineiros.

– Quando seu menino recebeu o primeiro cheque, quanto recebeu ele?

– Quando meu menino voltou para casa depois de receber seu cheque, eu tive, como todas as mulheres que têm enfrentado circunstâncias adversas, uma sensação de orgulho. Mas, para minha tristeza, em vez de salários, fui notificada, pela primeira vez, de que devia a Markle trezentos e noventa e seis dólares. Na folha de pagamento, estava escrito que a dívida era de aluguéis atrasados e de carvão consumido. Dois anos depois, coloquei um segundo menino no trabalho, e, durante os últimos doze anos, os pobres coitados têm tentado pagar as dívidas.

– Conseguiram pagá-la?

– Conseguiram sim.

– A senhora recebeu um centavo do Sr. Markle, durante os últimos doze anos?

– Não, senhor, nem um centavo.

– O Sr. Markle lhe disse alguma vez que a senhora tinha de pagar a casa e o carvão, quando estivesse em condições?

– Ele nunca disse nada. A questão nunca foi mencionada na minha presença.

Embora a mina de Markle tivesse um lucro de um milhão e cem mil dólares em cinco anos, pagando um dividendo de quarenta e cinco por cento, quando o menino de Burns perdeu uma perna, numa explosão, a companhia não reduziu a dívida da família de um níquel, mas tornou a mandar o menino para a quebra, logo que o resto de sua perna cicatrizou. Tais revelações da cobiça da humanidade, inerente e cegamente brutal, faziam mal ao estômago de Darrow, e o levaram à convicção de que era impossível cruzar democracia política com oligarquia economica, assim como o era cruzar cavalo e vaca: o resultado, se pudesse ser trazido à vida, seria um monstro, que não poderia dar leite nem puxar carroça. A democracia política tinha de ser criada para completar a democracia econômica, para que nenhum homem pudesse fazer de vítima o seu vizinho, pela avareza e pela insensibilidade, tão profundamente arraigadas na natureza humana.

9

Embora numerosas das primeiras famílias de mineiros tivessem vindo da Irlanda, do País de Gales e da Alemanha, a maior parte deles era agora da Europa Central: poloneses, austríacos, húngaros, eslavos, italianos, que tinham sofrido a difícil separação de sua pátria, de seus parentes e de seus amigos, e empreendido o mergulho no desconhecido, para encontrar, para eles mesmos e para seus filhos, uma vida melhor. Eram, na maior parte, de boa linhagem racial: trabalhadores, independentes; a despeito do fato de alguns deles terem tido problemas com as estruturas políticas, religiosas e econômicas dos países que tinham deixado, eram reverentes e obedientes da lei. Uma série de indagações aos concessionários, revelou serem poucos os que tinham queixas dos mineiros antes da greve: eles ainda queriam ter folga em muitos dos seus feriados europeus; muitas vezes, o apoio das suas galerias era armado tão apressadamente, no seu esforço para tirar o carvão, que o teto ruía e matava todos os que se achavam debaixo dele. Os operadores não pareciam acreditar que essa negligência fosse intencional; de fato, raramente a mencionavam, pois era costume dos engenheiros de segurança só ir fazer sua inspeção depois que o acidente já tinha acontecido.

As esperanças daqueles europeus aventurosos tinham sido rudemente destruídas nas minas de carvão da Pensilvânia, onde a vida era mais difícil, mais medonha, mais amarga e mais escravizada do que a vida que tinham abandonado. Não tinham tido meios de saber que estavam sendo importados pela simples razão de estarem acostumados à pobreza, porque podiam subsistir com as menores quantidades possíveis de alimentos, sob as condições de vida mais mesquinhas, e porque podiam ser obrigados a um trabalho árduo por salários reduzidos.

– Eles não sofrem! – exclamou George Baer, indignadamente, quando lhe foi mostrada a situação daqueles homens. - Pois se nem sabem falar inglês!

Darrow estava ainda fazia poucos dias em Wilkes-Barre e nas vizinhanças quando percebeu que alguma coisa mais do que simples greve de salários estava acontecendo nas jazidas de carvão. E decidiu apresentar essa "alguma coisa mais" ao público que esperava ansiosamente sua mais ampla base sociológica: era possível que os Estados Unidos se tornassem uma autêntica democracia, que atendessem às esperanças e promessas de seus fundadores, quando milhões de homens sem poder eram mantidos no cativeiro, forçados para trás através dos séculos, até ficarem acuados na própria periferia da vida animal? Não era a democracia baseada na justiça individual, na consideração de certos direitos humanos inalienáveis? Podia um Estado livre continuar a crescer e prosperar, alcançar a unanimidade nacional necessária para que uma nação se tornasse forte e grande, quando tinha um Estado escravista a corroer as suas entranhas? Podiam a crueldade e a indiferença existir inofensivamente num país cuja força motivadora tinha sido a cooperação e a mútua responsabilidade? Ou devia ser inevitavelmente conduzido à posição de um Estado militarista industrial?

Para Clarence Darrow, a resposta veio quase imediatamente, na forma das expulsões de Jeddo. Como a exploração daquela jovem, por parte da Pullman, pelo aluguel atrasado devido por seu pai falecido, que precipitara o Sindicato Ferroviário Americano, contra a vontade, numa greve de solidariedade, e como o caso citado como um precedente, pelo promotor Houghton, por ocasião da greve dos trabalhadores em madeira, do homem que tinha sido condenado cem anos atrás, pelo crime de escrever um poema louvando Thomas Paine e seu *Direitos do Homem*, as expulsões Jeddo revelaram-se uma cincada tática de proporções catastróficas para perpetuação daquele tipo de capitalismo de rapina.

A despeito das promessas dos concessionários ao Presidente Theodore Roosevelt, de que não recusariam aceitar, durante a arbitragem, o trabalho de antigos empregados, por causa de suas atividades sindicais, "doze homens foram separados dos seus companheiros por John Markle, como pessoas que ele recusava absolutamente reempregar no fim da greve. Não havia qualquer acusação definida contra qualquer daqueles homens, cujos nomes pareciam representar todos os credos e todas as nações que tinham ajudado a fundar os Estados Unidos: Nahi, Keenan, Poucun, Polack, Jacquet, Gallagher, Kanyeck, Coll, Dunleavy, Helferty, Demchock, Shovlin. No meio da noite, o Xerife Jacobs foi despertado do sono por um agente dos Markles e informado de que as expulsões deviam ter lugar no dia seguinte.

"De manhã cedo, principiou a cair uma chuvinha fria, que continuou a intervalos pelo resto da tarde, quando começou uma pesada tempestade. Eram quase sete horas, quando sete carroças, propriedade da Companhia Markle, puseram-se a caminho, conduzindo homens não pertencentes ao Sindicato, para desempenhar o ato ignóbil. Eram apoiados pela sua escolta armada, uma companhia de milícia, equipada de fuzis, e um corpo pesadamente armado da polícia especial da Companhia Ferro e Carvão.

"O golpe foi paralisante no seu inesperado. Apanhou todos desprevenidos. O apelo

110 Advogado da Defesa

feito por um inquilino, por algumas horas de espera, foi recebido com lacônica recusa e o xerife recebeu ordem para continuar imediatamente com o trabalho. As casas foram despojadas das suas pobres mobílias. Mulheres e criancinhas, a despeito de suas súplicas e lágrimas, foram postas para fora dos lugares que tinham sido seus lares. Puseram para fora, na tempestade, uma mulher que estava de cama, cega e de mais de noventa anos. A esposa de Henry Coll, uma mulher de estrutura frágil e saúde extremamente delicada, não foi poupada da rudeza dos executores da expulsão e dos elementos. Em consequência direta da exposição e do choque daquele dia, segundo diz Henry Coll, ela morreu pouco depois.

"Já anoitecia quando o trabalho terminou e os pertences da última família tinham sido arrastados para fora da aldeia e acumulados na estrada, a uns quatrocentos metros de distância.

"Então, nós voltamos com as carroças."

– A que distância ficava - perguntou Darrow, - do lugar onde os pertences daquela gente foi acumulado, o lugar mais próximo onde podiam alugar casas?

– Somente quatro quilômetros.

– Naquela noite, chovia pesadamente, não chovia?

– Sim, muito pesada a chuva.

– O senhor sabe quantas crianças, meninos de colo, ou quantas pessoas doentes estavam entre aqueles que foram expulsos?

– Não, não vi nenhum.

– O senhor pensou nas pessoas que deixaram sem casa na tempestade, quando começou a chover naquela noite? – continuou Darrow com irritado desdém. – O senhor pensou ao menos naquela quantidade de pertences pessoais expostos ao vento e à chuva?

O homem que tinha ajudado nas expulsões não podia dar resposta, mas, no fundo do coração do povo dos Estados Unidos, a resposta foi encontrada.

10

Lado a lado, na cabana de quase todos os mineiros, pendiam dois quadros sem moldura: Jesus Cristo, que os iria ajudar no outro mundo, e John Mitchell, que os ajudava neste. Darrow ficou espantado de ver o quanto John Mitchell, numa versão mais jovem e de rosto mais liso, parecia-se com ele: era o mesmo cabelo fino partido da esquerda para a direita, cada vez mais ralo, onde o pente tinha deixado sua marca, a testa alta e redonda, os olhos claros e profundos, o nariz agressivo e a boca projetada, o queixo redondo e duro no total, um rosto tão franco quanto uma vitrina de loja de departamentos. Mitchell era de altura apenas mediana, e atarracado, mas, como a maioria dos homens de propósitos indomáveis e coragem, dava a impressão de ser alto e pesado; numa medida desconhecida em qualquer líder trabalhista antes dele, gozava do respeito e da confiança dos trabalhadores, dos funcionários do governo e do público em geral.

De pé na cabana de uma família polonesa, cujas fendas, nas paredes sem reboco, eram tampadas com jornais para impedir a entrada do frio, Darrow olhou o retrato de John Mitchell e lembrou que nenhum homem tinha mais plenamente merecido aquele respeito, nem enfrentara dificuldades mais insuperáveis. Mitchell tinha saído de Braidwood, Illinois, filho de um mineiro de carvão betuminoso, que também fora para as minas com a idade de treze anos. Como Eugene Debs, tinha ele uma inclinação para os livros e o saber; passava as

Advogado da Defesa 111

horas de folga a estudar, tentando compreender a configuração do mundo que encontrara. Tinha aderido aos fracos e ineficientes Cavaleiros do Trabalho; quando tinha dezessete anos, impressionara de tal forma os seus companheiros, com o seu vigor e compreensão das funções potenciais de um sindicato trabalhista, que foi eleito presidente local dos Cavaleiros. Quando tinha vinte anos, viu-se envolvido no *lock-out* permanente dos mineiros betuminosos em greve em Spring Valley, Illinois. As famílias dos grevistas tinham sofrido fome, frio e doença, e só fora impedida uma tragédia brutal quando Henry Dennarest Lloyd, autor de *Wealth Against Commonwealth* e o único homem dos Estados Unidos suficientemente valente para apontar ao público as depredações da Standard Oil de Rockefeller, chegou com carros de alimentos e remédios, que tinham sido coletados por subscrição em Chicago.

Acumular acusações nos ombros dos líderes trabalhistas era um esporte popular naquela época, mas John Mitchell, que tinha três filhos e uma filha e uma vida doméstica tranqüila em Spring Valley, escapou da torrente. Ele não era meramente honesto; era incorruptível; era destemido, mesmo em face da chocante brutalidade da polícia armada da Companhia Ferro e Carvão, e quase todos concordavam em que era intensamente dedicado à causa dos mineiros. Ninguém o acusou de impostura, quando, convidado a se tornar uma força política, solicitando o voto do sindicato, respondeu: "Eu preferiria ser capaz de tirar os meninos dos quebradouros a ter de nomear o próximo presidente dos Estados Unidos." Durante o calor da greve, quando os concessionários estavam dirigindo ataques a toda a gente, a começar do Presidente Roosevelt, o pior que podiam encontrar para dizer contra Mitchell era que, tendo vindo dos campos betuminosos de Illinois para os campos de antracite da Pensilvânia, era consequentemente um estranho, sem autoridade para falar em nome dos mineiros de antracite; que encorajava forasteiros europeus à violência contra os "furadores" e não grevistas.

A grande qualidade de Mitchell estava no fato de ser um irlandês de raciocínio rápido, capaz de falar e escrever com o mesmo rigor dos advogados contratados pelos concessionários - virtudes inestimáveis num líder trabalhista. Por volta de 1895, quando tinha apenas vinte e seis anos, foi eleito tesoureiro dos Trabalhadores das Minas do Norte de Illinois; em 1898, foi eleito vice-presidente nacional dos Mineiros Unidos. Com a renúncia do presidente eleito, poucos meses depois, Mitchell tornou-se presidente em exercício, até a convenção de 1899, ocasião em que foi eleito presidente. Ao tomar posse, seu sindicato estava em condições muito parecidas com a Fraternidade de Foguistas de Locomotivas de Eugene Debs, quando este assumira a direção daquela organização agonizante: falência, fragilidade, descrédito. Quando terminou, organizando a greve que Clarence Darrow se preparava agora para defender perante a Comissão, tinha construído um poderoso sindicato, que iria não só trabalhar em paz com os concessionários, mas que iria demonstrar o valor permanente da associação entre a administração e o trabalho.

Mitchell escreve: "A primavera de 1897 encontrou o número total de membros dos Mineiros Unidos reduzido a menos de nove mil, nada mais havendo, praticamente, da organização, no campo do antracite. Os homens que trabalhavam com carvão betuminoso de novo procuraram alívio para as condições difíceis e esmorecedoras em que viviam, numa greve geral. Após um conflito teimosamente mantido, foi feito um acordo de transigência, pelo qual, embora proporcionasse aos mineiros apenas um pequeno progresso, a organização ganhou ímpeto. No ano seguinte, as conferências conjuntas entre mineiros e concessionários foram restabelecidas e asseguradas uma paz e prosperidade relativas."

Tratar das minas de antracite, de propriedade das estradas de ferro, era outra ques-

112 Advogado da Defesa

tão; as minas mantinham a Força Policial do Carvão e Ferro, armada e sempre presente, e uma lista-negra tão eficiente que um homem simplesmente suspeito de estar interessado num sindicato podia nunca mais encontrar trabalho, para si mesmo ou para sua família. Não obstante, os organizadores conseguiram edificar uma estrutura sindical e realizar uma convenção. Os donos de minas não quiseram encontrar-se com os delegados para discutir uma nova escala de trabalho, porque, assim fazendo, estariam reconhecendo a existência de um sindicato. Embora tivesse este menos de oito mil membros, quando promoveu a greve em 1900, mais de cem mil homens abandonaram o trabalho. Porque se aproximava uma eleição presidencial, o Senador Hanna, presidente da Comissão Nacional Republicana, convenceu os proprietários de minas a aceitar um compromisso, no sentido de que pudesse dizer ao país que tudo estava em perfeita paz e cordialidade, e, consequentemente, que outro republicano deveria ser eleito presidente.

Era aquela uma espécie de argumentação política que os concessionários podiam compreender. Pregaram avisos nos quadros de informações, anunciando um aumento de salários de 10%. Suspeitando de que o aumento seria revogado no dia seguinte à eleição, os homens recusaram voltar ao trabalho. Sob pressão da máquina republicana e de seus banqueiros aliados e industriais, os donos das minas afixaram um segundo conjunto de avisos, concordando em manter por um ano o aumento de 10%, obedecer à lei, pagando os salários duas vezes por mês, e reduzir o preço da pólvora. Os mineiros aceitaram. Embora sendo atendida uma pequena parte das suas exigências, acreditavam que mesmo essa vitória parcial, no mais terrível campo de trabalho dos Estados Unidos, levaria ao sindicato todos os trabalhadores das minas de antracite. E levou.

O acordo de 1900 foi renovado em 1901; em 1902, os concessionários recusaram fazer qualquer outro acordo, alegando que "não pode haver dois senhores na administração do negócio". Um aumento de 30% no custo de vida havia varrido os benefícios do seu aumento, e os mineiros pediam agora outro de 20%, uma jornada de trabalho de oito dias para os homens contratados e seus próprios quebradores, e que não mais fossem aumentados os elásticos carros de carvão; pediam também o cumprimento da lei da Pensilvânia, que tornava ilegal forçar trabalhadores a comprar no armazém da companhia, e o reconhecimento, de seu sindicato. Pegando uma "deixa" de George Pullman, os patrões repetiam sem cessar, enquanto os mineiros demoravam na greve e usavam de todos os meios possíveis para obter uma conferência:

"Nada temos para arbitrar!"

John Mitchell promoveu sua greve.

Com a aproximação do inverno, depois de cinco meses de elevação dos preços de carvão para os consumidores e para as cozinhas dos mineiros, comícios monstros eram realizados por todo o país, exigindo que os patrões acedessem ao pedido do Presidente Roosevelt, no sentido de um pacífico arbitramento; os jornais faziam ardente guerra contra a teimosia dos proprietários; afinal, como o *Evening Journal* de Nova York declarou: "Os proprietários das minas reconheceram o fato de que o carvão deve ser produzido, para deter, se possível, o clamor público por uma legislação contra o truste." Afinal, depois de muito tempo, os operadores tinham passado a compreender que as opiniões do país haviam sido bem expressas pela Sra. John Lochner, filha, também ela, de um barão do carvão, quando escrevera para o mesmo jornal:

"Se, por apenas uma semana, esses teimosos barões do carvão pudessem ser postos

Advogado da Defesa 113

no lugar dos mineiros e ver seus filhos trabalharem como trabalham os filhos dos mineiros, talvez se dispusessem a dar a mão, para ajudar a tirar as crianças de tal vida de labuta e privação. Os proprietários são a causa do grande desastre nacional provocado contra os pobres do país, pela garra fulminante do monopólio."

Os operadores enviaram J. P. Morgan ao presidente, para informar que aceitavam o arbitramento. Os mineiros voltaram ao trabalho, cheios de júbilo, certos de que todas as decisões da comissão seriam retroativas, até o dia em que tinham começado a trabalhar. O Presidente Roosevelt nomeou secretário o hábil Carroll D. Wright, que tinha sido presidente da Comissão de Investigação do Senado na greve das ferrovias; depois designou um engenheiro de minas, um general de brigada, um juiz da Corte de Circuito dos Estados Unidos, o grãomestre da Ordem dos Condutores Ferroviários, o antigo proprietário de uma mina de carvão e um bispo católico, pára constituir a comissão. Os concessionários nomearam um painel de vinte e três advogados, que defenderiam a sua causa; os mineiros nomearam Clarence Darrow, James Lanahan e os irmãos O'Neil, "advogados bem equipados que tinham trabalhado nas minas e conheciam bem toda a terminologia bem como o método do trabalho".

A comissão foi para as jazidas de carvão da Pensilvânia a fim de fazer algumas investigações locais; o mesmo fizeram Darrow, Lanahan e os irmãos O'Neil. Em sua primeira visita de inspeção às minas, dois membros da comissão puderam ficar no fundo apenas uma hora e vinte minutos, por causa das "condições desconfortáveis da mina e da umidade". A comissão chegou à mina Clifford poucas horas depois que um húngaro tinha sido morto pelo desmoronamento de uma galeria. Seus membros não foram informados sobre o acidente.

11

As audiências preliminares foram realizadas em Scranton, mas a comissão prontamente se transferiu para o Tribunal Federal de Filadélfia, local da grande audiência pública. As ruas estavam apinhadas de visitantes; jornalistas se reuniam vindos de todos os pontos do mundo. Os hotéis e restaurantes estavam atravancados; as agências do telégrafo tiveram de instalar linhas adicionais e pôr mais homens trabalhando.

Os Mineiros Unidos alugaram dois andares de "uma grande residência de Filadélfia, na Rua Vine, que tinha sido reconstituída para servir como hotel". Ali, puseram a trabalhar grande e eficiente equipe de contadores, guarda-livros e pesquisadores; Darrow era um economista demasiado profundo para fazer seu apelo exclusivamente com base no lado humano. Decidiu-se a provar à comissão, e por conseguinte à nação, uma das suas convicções fundamentais: a de que a economia não pode ser apenas uma ciência exata, mas que também é a ciência pela qual a vida do homem é condicionada: sua saúde, sua longevidade, seu ambiente, o bem-estar de sua família, seu ócio, sua educação, sua erudição e inteligência, – a própria liberdade de seu cérebro, corpo e espírito. Se um trabalhador "extra" custava à indústria duzentos dólares por ano, e depois de deduzido o custo *pro rata* do material, administração e outras despesas, aquele mesmo trabalhador devolvia à sua indústria um lucro de mil dólares, onde então estava a necessidade econômica de manter aquele trabalhador num nível de subsistência tão baixo que seus filhos tinham de ser mandados para os quebradores e as fábricas têxteis?

Essa petição para forçar a indústria a apresentar os seus livros no tribunal da opinião pública, para a massa dos trabalhadores americanos, foi quase uma revolução tão grande como aquela que tinha ocorrido em 1776. Até aquele momento, a indústria não tinha sido

114 Advogado da Defesa

responsável perante pessoa alguma; tinha tido liberdade não apenas para despojar a saúde e a felicidade de milhões de seus vizinhos, mas também para esgotar e saquear os recursos naturais do país, sua madeira, seus minerais, seu petróleo, suas terras. Tinha tido liberdade para sonegar fundos públicos, para absorver economias públicas por meio de manipulações fraudulentas e dissoluções de ações, para reduzir os salários de 80% das pessoas que trabalhavam para ganhar a vida, fazendo um complô para monopolizar preços.

Os informes de jornais, transmitidos a todos os cantos do país, mostravam ao público que Darrow era um homem que estava levantando questões fundamentais espantosas, sobre as quais nada tinham ouvido antes; na verdade, questões revolucionárias, que passavam muito além do problema imediato de saber se os mineiros tinham direito a um aumento. *Podiam as minas de carvão pagar um salário de subsistência e ganhar ainda um lucro suficiente para justificar a sua permanência nos negócios? Que tinha maior importância: manter um salário de fome para os trabalhadores ou um dividendo para os acionistas? Quando os negócios caíam, que devia ser cortado primeiro: os salários ou os dividendos?* O próprio levantar questões como essas era estranho; mais uma vez, acumularam-se vitupérios sobre a cabeça de Darrow, enquanto o povo, que despertava lentamente, ficava espantado a esperar as respostas.

A administração dizia: "Devemos manter os dividendos ou o capital fugirá da indústria. Neste caso, teremos de fechar as portas, e os trabalhadores perderão seu emprego. Assim, é uma lei econômica natural a de que os salários devem ser cortados para manter os dividendos, e não temos capacidade para mudar essa lei. O trabalhador não tem riscos em jogo. A responsabilidade é exclusivamente nossa e temos em vista proteger a nossa indústria contra a depressão, a queda dos preços, a falta de dinheiro."

O trabalho replicava: "Se os dividendos, bonificações e despesas de administração fossem mantidos num nível razoável, se a ações não fossem diluídas e os livros de contabilidade adulterados, a indústria poderia pôr de lado reservas suficientes para proteger-se, caso o capital fugisse momentaneamente. A indústria americana tem ganho bilhões, e bilhões mais têm sido reinvestidos; não precisam de comprar a segurança com a pele de seus trabalhadores. A vida de uma indústria raramente depende de um aumento de 10% no padrão de vida; não é ela tão frágil ou tão doentia a esse ponto, particularmente quando aqueles 10 ou 20% são imediatamente gastos na compra de bens e, por isso, devolvidos à indústria. A perda de parte de um dividendo em economia ganha com dificuldades e honestamente investida é infeliz, mas nem de longe chega a ser tão infeliz como a fome, o frio, a doença, sofridos pelos milhões que são privados dos mais comezinhos requisitos de vida. A indústria pode compensar a perda de um dividendo, quando o ciclo volta a se elevar, mas quem pode jamais compensar aquelas horríveis horas de privação e medo apavorante, tão irrecuperavelmente perdidas e ainda assim tão essenciais ao bem-estar de uma nação?"

Darrow tinha conseguido demonstrar, tanto no caso Pullman quanto no caso Paine, que um aumento de salários representaria apenas um pequena redução dos lucros acumulados ano após ano, e que essa redução seria compensada por um corpo de trabalhadores mais forte, mais sadio, mais feliz e, portanto, mais leal. Não era mais verdadeiro ainda no caso das minas de carvão, onde era impossível a vigilância? Uma força de trabalho segura e sadia devia ajudar a construir uma nação próspera, mas os barões do carvão não estavam interessados em coisa tão abstrata ou tão pouco remuneradora como uma nação. O seu negócio era tirar o máximo possível de carvão, ao preço de custo mais baixo, para depois ser vendido ao preço mais elevado possível.

Advogado da Defesa 115

"Querem os senhores – perguntou Baer, – aumentar os níveis salariais e atrair para lá ainda maior número de pessoas, para ficarem de braços cruzados, na esperança de obter num dia dinheiro bastante para sustentá-los durante um ano?"

Foi esse um sofisma feito de encomenda para o humor fácil de Darrow. Os jornais gritaram em manchetes e quadros: TABELAS FALSAS DOS CONCESSIONÁRIOS DECIFRA-DAS POR ADVOGADOS DOS MINEIROS. DARROW EXPLICA DECLARAÇÃO DE SALÁRIOS. MAU DIA PARA OS PROPRIETÁRIOS.

"Até os adeptos mais devotos da causa dos concessionários, ao fim da sessão de ontem, admitiram que os mineiros tinham obtido frequentes vitórias – dizia o *North American* de Filadélfia, a 14 de janeiro de 1903. – Para os observadores sem preconceitos, o desconforto das testemunhas dos patrões tinha o aspecto de uma derrota. Debaixo do fogo constante do interrogatório de Darrow, o agente geral de vendas da Companhia Delaware e Hudson ficou tão embaraçado com seus próprios números que finalmente preferiu calar-se a explicar. Isso depois de já ter afirmado que a companhia recebia pelo carvão não mais do que há um ano atrás; isso em face de seu depoimento anterior, segundo o qual o mesmo volume de carvão, que um ano atrás dava dois e setenta e cinco por tonelada, nas minas, dá agora tanto quanto seis dólares por tonelada, entregue na cidade de Carbondale, que fica perto de uma das minas da Delaware e Hudson."

– Que média o senhor afirmou que os mineiros recebiam em Indian Ridge? – perguntou Darrow a um controlador da companhia.

– Quinhentos e cinqüenta e seis dólares.

– Quantos mineiros ganham mais que isso?

Vinte.

– Quantos ganham menos?

– Quatrocentos e vinte e seis.

– Então, 4% apenas dos homens das minas de Indiam Ridge recebem o dinheiro que o senhor declara ser o ganho médio de todos os mineiros? E 96% recebem menos, não é verdade?

– Acho que é.

No dia 31 de janeiro, o *North American* de novo noticiou: "De J. P. Jones, primeiro pagador da Companhia Carvão e Ferro de Filadélfia e Reading, Darrow arrancou confissões relativas ao cômputo de médias, que prejudicaram seriamente a defesa de todos os concessionários. Isso foi coisa que admitiram os próprios advogados destes, ao terminar a sessão."

– Sr. Jones, o senhor foi especificamente solicitado pela comissão a apresentar estatísticas de sete minas. Três delas, conforme o senhor entende, eram aquelas que mostravam salários mais elevados; duas mostravam salários mais baixos e uma se achava mais ou menos no meio. Não é verdade?

– Sr. Darrow, quero dizer-lhe francamente que não levei em consideração, quando os nomes das minas me foram fornecidos, o que mostravam as suas médias.

– O senhor sabe alguma coisa sobre a que deixou de lado?

– Sim, sei.

– Não pretendo insinuar que o senhor a deixou de lado com aquele propósito, mas a que deixou de lado...

– Acredito que mostre uma média mais baixa.

– É uma das mais baixas dentre todas?

116 Advogado da Defesa

– Sim, é.

– E as três que o senhor pôs em seu lugar eram as três escalas de salários mais elevadas dentre todas, não eram?

– Bem, na verdade não sei...

Sempre se tinha sabido que os grandes negócios corrompiam os políticos, a fim de usar os recursos e processos do governo para os seus próprios fins; sempre se soubera que as grandes companhias combinavam e conspiravam ilegalmente para afastar seus competidores; sempre se soubera que as indústrias estabeleciam monopólios, a fim de controlar os fornecimentos, serviços, qualidades e preços; todavia, a grande massa do povo tinha condenado essas práticas apenas de uma forma suave. Eram manifestações do peculiar gênio americano, da astúcia e inteligência que haviam construído a nação, dando-lhe proporções mecânicas tão grandiosas, em prazo tão curto; e, de modo geral, todos se mostravam um pouco orgulhosos. Mas que aquela indústria de bilhões de dólares baixasse a truques tão mesquinhos como controlar escalas de salários para impedir um possível aumento, – constituía um golpe no orgulho do povo americano.

Darrow conseguiu provocar os comissionários a tal ponto que o Juiz Grey fulminou o contador de Markle, a propósito da dívida da Sra. Kate Burns:

– De todas as coisas do mundo, a pior é conseguir um contador profissional que não veja coisa alguma que não seja uma coluna de números com débito e crédito no alto. Quem é que tem razões para conhecer o caso dessa dívida? É evidente que esta testemunha não conhece!

Num gesto de protesto, os comissários mandaram cestas de Natal para as viúvas que ainda estavam pagando dívidas de aluguel, feitas dez anos antes.

12

Segundo o método de Darrow, de suavemente conduzir as testemunhas como conduziria um cavalo por um vau, centenas de pessoas, de todas as camadas da vida, passaram perante a comissão. Primeiro, ele apresentou os mineiros aleijados, mutilados e doentes, para prestar depoimento sobre as condições das minas; depois, médicos para comprovar a sua situação denunciando as doenças industriais; e provocava diálogos flamantes, que projetavam os ouvintes até o coração e o cérebro dos atingidos.

– O senhor é mineiro?

– Sou sim.

– Quanto ganha por quinzena?

– Ganho de cinco até, às vezes, dez dólares, e talvez, uma ou duas vezes por ano, vinte dólares por quinzena.

– Em que veio o senhor está trabalhando?

– No veio de entrada.

– Existe ali muito carvão?

– Dois e meio pés de carvão duro.

–Como é ali o ar?

– Muito impuro.

– Que quer o senhor dizer com muito impuro? O senhor tem dores de cabeça?

– Sim, senhor, me dá dor nos olhos e na cabeça também.

Advogado da Defesa 117

– Agora, John, procure descrever o efeito do ar impuro sobre você.

– Cerca de duas semanas atrás, tive de descer a uma profundeza de mais de cinqüenta metros, numa galeria sem luz, sem lanterna e sem fósforos.

– Como é que você trabalhava ali?

– Eu trabalhava de bruços e tinha de ficar em casa, às vezes, três dias.

– Por que tinha de ficar em casa?

– Não podia trabalhar; não havia ar.

– O senhor já viu algum inspetor de minas?

– Trabalhei dez anos para Pardee, e nunca vi o inspetor de minas lá dentro.

Percebendo que os ouvintes estavam ficando contra eles, os concessionários fizeram um movimento de flanco, atacando pela tangente: os sindicatos eram organizações de violência e ilegais; por isso, os mineiros não precisavam de aumento de salários e não tinham justificativa para pedi-lo. Subitamente, as suas razões se tornaram nítidas, despidas de suas evasivas, fingimentos e verbalismos: os patrões estavam muito pouco interessados num possível aumento de salários; o seu propósito era destruir os Mineiros Unidos e o sindicalismo.

"Nós negamos – declarou T. P. Fowler, presidente da Companhia Carvão Scranton e da Companhia Carvão e Ferro Elkshill, – que o sindicatos de trabalhadores tendam a melhorar a disciplina dos homens e suas condições físicas, mentais ou morais, e a preservar as relações amigáveis entre empregador e empregado."

Um grupo de advogados foi contratado pelos empregadores para representar os homens não sindicalizados dos campos de carvão. Aqueles homens contaram como tinham sido surrados pelos sindicalizados, quando tentavam trabalhar; como suas famílias foram intimidadas e boicotadas; como foram lançadas pedras pelas janelas de suas casas. Darrow sentou-se de queixo no peito e ouviu aquelas histórias, pois, a despeito da alegação constantemente repetida por Mitchell, de que "a pessoa que viola as leis é o pior inimigo que os grevistas podiam ter", alguns mais violentos dentre os cento e cinqüenta mil grevistas tinham usado punhos, porretes e pedras para impedir outros homens de trabalhar.

Nem era aquela a primeira vez que havia derramamento de sangue nos campos de carvão da Pensilvânia. Desde 1867, até a terrível greve de 1875, anos em que uma depressão tinha reduzido os salários a seis dólares por semana, por uma jornada de doze horas, os membros irlandeses da Antiga Ordem dos Hibernianos, cujos antepassados, sob o nome de Molly Maguires, tinham combatido os despejos por parte dos proprietários ingleses, na Irlanda, em 1843, fundaram a versão americana dos Mollies, nos seis distritos de antracite. Sendo uma organização secreta, seus membros primeiro trabalhavam cooperativamente, agredindo e expulsando do Estado os que "furavam" a greve, importados pela Polícia do Carvão e Ferro. Como a violência, tal um narcótico, deve ser usada em doses cada vez maiores para obter os mesmos resultados, os Mollies começaram a virar carros de carvão, danificar pontes, cometer atos de vandalismo contra as minas onde tinham sido maltratados, agredir superintendentes de minas que dispensavam ou maltratavam membros da sua organização. Depois que cresceu o seu terrorismo, atraíram um grupo dos irlandeses analfabetos que amavam a força pela força, muitas vezes pequenos criminosos antes que trabalhadores ou mineiros. Vários superintendentes foram encontrados misteriosamente mortos; os bandidos e terroristas passaram a controlar a Antiga Ordem dos Hibernianos, cujo propósito original tinha sido "promover a amizade, a unidade e a verdadeira caridade cristã entre os membros e levantar um fundo financeiro para manter os velhos, cegos, doentes e enfermos" Para destruir os Mollies, o presidente da Com-

118 Advogado da Defesa

panhia Ferro e Carvão de Filadélfia e Reading chamou Allan Pinkerton, hábil chefe da primeira agência de detetives particulares dos Estados Unidos, que fizera um bom trabalho capturando criminosos que tinham operado na fronteira, antes dos dias da polícia federal ou estadual. Pinkerton agira com eficiência para tirar Abraham Lincoln às escondidas, através de Baltimore, quando se descobrira um complô para assassiná-lo naquela cidade, antes da sua posse; servira à União prestando serviços de espionagem contra o Sul, durante a Guerra Civil; ajudara a cidade de Chicago a organizar a sua primeira força policial. Suas antigas funções tinham sido grandemente absorvidas por órgãos do governo, e Allan Pinkerton estava agora trabalhando para a indústria privada, para combater os sindicatos que brotavam por todo o país.

Para esmagar os Mollies, Pinkerton escolheu um católico irlandês de vinte e nove anos, chamado James McParland, que no momento trabalhava por ordem dele como condutor de bonde, pois McParland tinha a honra de ser um dos primeiros "espiões dos trabalhadores" da América. Pinkerton o havia mandado introduzir-se entre os empregados da companhia de bondes, a fim de fazer uma lista daqueles que trabalhavam na constituição de um sindicato, para que pudessem ser despedidos; e para sabotar qualquer união que pudessem começar, a despeito das dispensas. Disfarçado como um trabalhador pobre e mal vestido, McParland foi então para os campos de carvão da Pensilvânia, fez amizade com os mineiros. irlandeses, pela sua maneira jovial de cantar e tocar violão, sua maneira ágil de usar os pulsos, a corrente contínua de bebidas que ele comprava com o dinheiro que dizia ter conseguido por meio de falsificações. Conseguiu entrar nas boas graças dos Mollies e, depois de um ano, foi admitido na sua organização secreta, onde ele mesmo trabalhou até alcançar a posição de secretário geral. Quando, afinal, se descobriu que era um detetive, McParland fugiu, e foram feitas acusações de assassínio contra os principais Mollies dos seis condados. As principais testemunhas contra os homens eram James McParland, que afirmava nunca ter conhecido os assassinos de antemão, mas sempre ter ouvido falar neles imediatamente depois; e um assassino confesso, chamado Kerrigan, que McParland persuadiu a dar provas a favor do Estado, prometendo-lhe imunidades. Com o testemunho de Kerrigan, McParland conseguiu que quatro Mollies de boa reputação fossem enforcados pela morte de certo Yost, um homem que Kerrigan confessara ter assassinado, poucas horas depois de havê-lo matado – e a esposa, mãe de seus filhos, assim depôs no tribunal.

No total, McParland conseguiu fazer enforcar quatro homens, alguns deles culpados, alguns inocentes. O único livro autorizado sobre o assunto diz, depois de um rigoroso exame das provas: "Que muitos dos Molly Maguires condenados não eram líderes trabalhistas e que alguns deles eram assassinos ficou estabelecido pelos depoimentos dos próprios prisioneiros. Todavia, ainda há considerável importância a ser dada à maneira pela qual uma organização militante de trabalhadores, da mesma nacionalidade e religião, foi dispersada pela execução de seus chefes, acusados de assassínio, em processos conduzidos por advogados empregados pelas principais companhias da região". Quanto a McParland, "trabalhando para uma firma que se especializava em fazer espionagem no trabalho organizado e em combater os trabalhadores, no interesse da classe empregadora, sua atividade nos campos de carvão da Pensilvânia era em parte, senão em primeiro lugar, dedicada a essa finalidade".

Como recompensa pelos seus serviços, James McParland foi promovido a chefe da Agência Pinkerton de Denver, Colorado, onde os mineiros das pedreiras estavam fazendo os primeiro esforços para se organizar. Ali, McParland ficou trinta anos, até que se encontrou

Advogado da Defesa 119

com Clarence Darrow, noutra acusação de assassínio contra mineiros – uma acusação cujo propósito, mais uma vez, era enforcar os líderes e assim destruir a Federação dos Mineiros do Oeste.

13

O problema dos "furadores" e do trabalhador não sindicalizado apresentava um dos dilemas quase insolúveis dos Estados Unidos: que iriam fazer os milhões de trabalhadores, que estavam dispostos a sofrer as privações de uma greve e correr o risco de uma lista-negra a negar a suas famílias as necessidades da vida a fim de melhorar a sua sorte no futuro, com seus vizinhos demasiado tímidos, demasiado assustados ou demasiado brutalizados para se preocuparem em melhorar a sorte de suas famílias, particularmente depois que aqueles homens, que continuavam a trabalhar, viessem a obter parcela igual nos lucros, alcançada pelos sacrifícios de seus companheiros? Os Estados Unidos eram um país livre; um homem tinha direito de entrar ou não entrar para um sindicato, conforme achasse melhor tinha;direito de participar ou não participar de uma greve, conforme achasse melhor. Era tão mau que um sindicato usasse força para fazê-lo ingressar nas suas fileiras e na sua greve quanto o era que os concessionários, pela força, mantivessem os homens impedidos de entrar num sindicato ou participar de uma greve. Todavia, Darrow sentia-se impelido a concordar com John Mitchell, em: que "um homem que trabalha durante uma greve não tem direito moral de trabalhar, se o seu trabalho destrói as esperanças e aspirações de seus companheiros".

Os donos das minas acusaram os homens do sindicato de entrar em conflito com as tropas estaduais; Darrow contrapôs, colocando Mitchell no banco das testemunhas e dramatizando para o país o agora infame "Atire para Matar", ordem dada pelo General Gobin, para impedir que os meninos atirassem pedras nos soldados, quando marchavam pelas cidades carboníferas. "Darrow e Mitchell formavam uma combinação colorida e agressiva – comentou um repórter de jornal, por ocasião da audiência. – Ambos tinham excelente sentido das notícias. Darrow era particularmente esperto e sabia perceber as oportunidades dramáticas, na apresentação das provas."

– Xerife – disse Mitchell, – não é verdade que sempre que o senhor me dava notícia de qualquer perturbação no Condado de Lackawanna, eu mandava uma comissão de trabalhadores mineiros e dirigentes do sindicato em sua companhia, para colaborar na manutenção da ordem?

– Creio que isso é verdade.

– O senhor expediu um chamado para o segundo contingente de tropas que chegou ao Condado de Lackawanna?

– Não, senhor, não expedi.

– Quem expediu?

– Não sei. Creio que o governador mesmo se encarregou de mandá-las.

– Temos ouvido falar repetidamente no reinado do terror no Condado de Lackawanna. O senhor acha que existia tal estado de coisas? O senhor diria que, em alguma época, houve generalizada desobediência à lei?

– Não, não posso dizer isso.

– O senhor não me disse, em várias ocasiões, quando lhe perguntei sobre os distúrbios, que os infratores da lei eram poucos em número e que todas as dificuldades eram criadas por um contingente de homens relativamente pequeno?

120 Advogado da Defesa

– Isso é verdade.

Depois que Mitchell tinha mostrado que, desde que o xerife não tinha pedido as tropas, elas haviam sido mandadas ilegalmente, Darrow deixou clara a conclusão de que a responsabilidade pelas mortes dos dois trabalhadores e dois soldados, que tinham sido vitimados nos conflitos, recaíam diretamente nos ombros do governador, e não nos dos trabalhadores. Pela primeira vez, foi apresentado ao público um gráfico para esclarecer a técnica de esmagar greves: a história das greves nos Estados Unidos estabelecia que, quando nenhuma desordem surgia, era um investimento lucrativo para os empregadores convocar "Pinkertons", "furadores" e guardas, para incitar lutas, conflitos e a destruição de uma pequena parte da propriedade, a fim de conquistar a simpatia da imprensa, do público e dos tribunais e "derrubar os anarquistas".

– Atirem para matar! – tinha o General Gobin ordenado às suas tropas.

– Atirem para matar... quem? – perguntou um grupo de cidadãos apavorados. – O povo de Pensilvânia? É isto uma guerra?

Darrow afastou com os dedos a madeixa de cabelos castanhos de sua testa e bateu a cinza do cigarro, da fazenda cinzenta do seu paletó, com a outra mão, antes de se voltar para George Baer, como seu melhor elemento da audiência. Muitas vezes, no passado, ele se havia queixado de que as palavras eram apenas balas de cera; na boca de Baer, tornavam-se bombas de mau-cheiro.

– Os sindicatos estão corrompendo os filhos da América exclamou Baer, – deixando que eles entrem em organizações ilegais.

Darrow se pôs de pé como um raio.

– Se os filhos não estivessem trabalhando nas minas, eles não poderiam ter entrado para o sindicato!

Explicando à comissão que os capitalistas não podiam dividir a sua administração com os trabalhadores, porque "Deus, em sua infinita sabedoria, tinha entregue a administração da indústria a cavalheiros cristãos", Baer elaborou mais uma frase que, junto com as outras duas, tornou-se o correspondente, para os trabalhadores americanos, daqueles gritos de guerra da Revolução: "Não queremos tributação sem representação." E: "Os ingleses estão chegando".

– Não podemos interferir – proclamou Baer, com suas barbas patriarcais, – no direito divino dos acionistas.

Do clero, levantou-se o brado: "Nós lhe agradecemos por não trazer o nome do Senhor para justificar as suas práticas malévolas"; e sermões pedindo que "os trustes fossem contidos e o país restituído ao povo" foram pronunciados em toda sorte de edifícios, desde a capelinha de tábuas até a grande catedral de pedras. Para Darrow, aquelas frases caíram do céu como um maná.

14

Depois de dois meses, as audiências terminaram; cada uma das partes cingiu os lombos para o argumento final. Darrow esgueirou-se de junto de seus companheiros e foi a pé, sozinho, para seu hotel; mas se sentia demasiado deprimido, mesmo para se lavar ou pentear os cabelos. Vagou à toa pelas ruas, durante uma hora, antes de entrar num restaurante de trabalhadores, sentindo a garganta tão apertada, pelos temores, incertezas e ansiedade dos oprimidos, que se sentou como um pau na cadeira dura, incapaz de engolir porções do alimento. Tinha trabalhado muito; tinha trabalhado bem; sentia que a vitória afinal coroaria sua causa, e, no entanto, antes de se lançar a um dos maiores esforços de sua vida, era dominado por uma esmagadora depressão. As audiências o haviam forçado a formular a desalentadora conclusão de que, deixada aos próprios recursos e à própria consciência da indústria, o alívio dos males que ela havia causado prosseguiria com a velocidade de um verme furando uma parede de pedra. Foi durante aquele momento desguardado que teve o seu primeiro conflito com John Mitchell. O conselheiro de publicidade dos mineiros conta a história de uma discussão naquela noite, no quarto de hotel de Darrow. "Os editores do *North American* tinham sido solicitados, pelos advogados dos concessionários, a imprimir na íntegra os seus argumentos finais, pelo que se ofereciam a pagar um dólar por linha. Darrow e Mitchell concordaram com aquela proposta, desde que os argumentos de Darrow fossem impressos na íntegra, sem despesas para os mineiros. Mitchell pediu então que Darrow resumisse o discurso que ia fazer perante a comissão.

"Darrow, com ocasionais consultas a algumas notas, passou a fazer seu resumo. Durante quase quinze minutos, falou recapitulando os antecedentes das lutas trabalhistas dos Estados Unidos. Mitchell foi ficando cada vez mais irritado e nervoso, à medida que prosseguia o recital. Finalmente, interrompeu:

"– Darrow, o que você está querendo é fazer um discurso socialista para a comissão.

"Darrow redarguiu com raiva:

"– Sr. Mitchell, eu pretendo argumentar da maneira que acho que é a mais eficiente.

"– Pois eu lhe digo, Darrow – disse Mitchell, – que todo este caso deve ser conduzido segundo o testemunho que já foi apresentado. Eu quero um aumento de salários e melhores condições de vida e de trabalho, o mais depressa que os puder obter. Não estou interessado no desenvolvimento das suas teorias particulares, que podem trazer resultados daqui a muitos anos.

"– Eu sou advogado dos Mineiros Unidos – disse Darrow – e vou fazer o discurso de acordo com o que eu acredito que sejam os seus melhores interesses.

"– Você está errado, a respeito do seu empregador, Darrow. Você é advogado de John Mitchell, porque neste caso, John Mitchell é a organização dos Mineiros Unidos.

"– Que pretende o senhor fazer, se eu me recusar a argumentar da sua maneira?

"– É fácil – replicou Mitchell: – Eu direi à comissão que tivemos um desacordo sobre questão de política, no argumento final. Eu mesmo farei o discurso.

"Os dois se fitaram. Depois, Darrow compreendeu que tinha estado errado e voltou atrás.

"– Seja como você quiser, John – disse ele."

Na manhã seguinte, os apelos finais foram iniciados. S. P. Wolverton desferiu a salva final, em nome de seus vinte e dois colegas juristas, usando a "técnica de lançar areia nos olhos", evitando as conseqüências do testemunho apresentado. "Quem pede a redução das horas de trabalho? – perguntou Wolverton. – É o jovem forte, trabalhador, ambicioso, que deseja vencer na corrida pela vida, ou é o teorista indolente? O jovem que tem a sua fortuna a fazer não tem tempo para teorias. Aquele que herda uma fortuna, ou que a recebe de repente por algum testamento generoso, tem tempo de fazer teorias sobre problemas sociológicos, mas, para o jovem que tem de fazer sozinho a sua fortuna [nos quebradouros!] a vida é real. É preciso tomar grande cuidado em conceder qualquer aumento de salário, para que

122 Advogado da Defesa

o próprio trabalhador não seja prejudicado. Há limites além dos quais os salários não podem ser aumentados, em nenhum negócio, sem prejuízos para os próprios trabalhadores."

George Baer, encerrando em nome dos concessionários, conquistou a simpatia da comissão e de numerosos ouvintes, graças a uma afirmação bem imaginada: "São estes os problemas que os capitães "antediluvianos" da indústria, hoje em dia, devem levar em conta: – como aumentar a riqueza da comunidade a que se está servindo, aumentando ao mesmo tempo a sua prosperidade? Porque só dessa maneira se podem aumentar as próprias rendas. Como devolver aos acionistas um pagamento justo pelo dinheiro que investiram, e como dar salários honestos, salários razoáveis e justos aos homens que se empregam? São esses os encargos. Os senhores podem pensar que são leves, mas, para o homem que tenha a seu cargo a responsabilidade, eles se tornam terríveis realidades."

Em seguida, depois de uma penetrante defesa do papel histórico do capitalismo, no qual "o indivíduo ganhou livre capacidade, dentro da segura norma da lei, para exercer todos os poderes que possuía, para melhorar as suas condições e progredir na vida", o que lhe valeu novos e merecidos aplausos, Baer se lançou a assuntos mais concretos e práticos, procurando reduzir as exigências dos mineiros. "Existem algumas profissões onde oito horas são suficientes, mas não deve haver limitação alguma do trabalho nas minas de carvão. Quem jamais se recusou a negociar? Nas minas, todos os dias há negociações feitas com os homens. Existe um homem incapaz de negociar por si mesmo? São precisos dois para fazer um acordo. Nós oferecemos a eles trabalho e lhes declaramos o que daremos em troca; eles dizem que estão dispostos a aceitá-lo, e é feito um acordo entre homem e homem, e ele vai trabalhar e trabalha honestamente segundo aquele contrato. O homem trabalha satisfeito e recebe a sua paga; e, ainda assim, nos dizem, aquele sistema é unilateral e escravizador. Quem escraviza os homens? No país, há empregos em abundância."

Na tarde do terceiro dia, Darrow se levantou para falar em nome dos trabalhadores e se fez silêncio na sala do tribunal. No meio do silêncio, ele parou por um momento, o rosto cheio de rugas, os olhos sombrios, a madeixa rebelde de cabelos caindo sobre seu olho direito, plenamente consciente da carga que tinha agora de conduzir. "Quando começou a falar, um jovem advogado, respeitosamente, quis entregar a ele um volumoso pacote de notas, mas Darrow impacientemente fez sinal para que o homem se afastasse. Endireitando os ombros enormes e agitando diante de si os braços compridos, ele fez seu discurso." Falou durante quase sete horas. Embora apenas alguns parágrafos daquele documento quase inteiramente perdido possam ser dados aqui, eles merecem ser recriados, para que o leitor os possa ouvir tal como saíram dos lábios e do coração de Clarence Darrow, naquele dia distante e todavia imediatamente presente, de fevereiro de 1903.

"Esta audiência, ocorrendo depois de um longo e amargo sítio, à distância pareceu-me que também iria ser amarga. Senti, quando vinha para aqui, que faria tudo a meu alcance para que aquele sentimento se tornasse menos amargo do que era. Sentia que não me desejava afastar dessa região e sentia que tinha provocado desacordos, em vez de aproximar um pouco mais as duas partes rivais, para que elas pudessem viver juntas, naquela paz e harmonia na qual se desejaria que todos os homens vivessem sobre a terra.

"Encontro-me, porém, no encerramento, numa posição em que tenho de tomar muito cuidado, para que todas as minhas boas resoluções não resultem em nada. Ouvi os argumentos dos patrões; grande parte deles é de vitupérios, grande parte é de ataques, grande parte é amargura, grande parte é ódio, grande parte não podia ter saído de um cérebro que vê à distância e largamente compreende, na sua inteireza, os atos dos homens. Ouvi meus clientes, cento e quarenta e sete mil trabalhadores que lutam enquanto outros homens enriquecem – homens que pouco têm a esperar, pouca coisa em que pensar, exceto o trabalho; – ouvi aqueles homens apontados como assassinos, como brutos, como criminosos, como proscritos, indignos do respeito dos homens e só mesmo em condições de serem condenados pelos tribunais.

"Não estou aqui para dizer que aqueles eminentes senhores não são tão bons quanto outros homens, que não são tão generosos quanto outros homens, que não são tão justos quanto outros homens. Creio que eles foram enganados pelos seus doutores os doutores dos números. Não é necessário mais nada para sacudir o tecido imaterial da nossa civilização e fazê-lo cair das nossas cabeças, exceto aumentar os salários na região do antracite, pois, nesse caso, a civilização estará condenada, pelo menos por mais alguns milênios. Uma redução de horas de trabalho, um aumento de salários, uma mudança de condições, e tudo aquilo por que temos lutado, esperado e trabalhado estará perdido.

"Se a civilização deste país tem por base a necessidade de pagar aquele salário de fome a esses mineiros e trabalhadores, ou se tem por base o trabalho daqueles meninos que, desde os doze até os quatorze anos de idade, começam a abrir caminho entre a terra e as nuvens de pó de antracite, então, quanto mais depressa acabarmos com essa civilização, para começar outra, melhor será para a humanidade. Não acredito que a civilização deste país e a indústria do Leste dependam de deixarmos aqueles homens trabalhando nas minas nove ou dez horas, ou de deixarmos aquelas crianças trabalhando nos quebradouros. Se ela não tem por base algo mais substancioso do que isto, é hora então de que aqueles capitães-da-indústria abandonem seu posto e o entreguem a alguns teoristas, para ver se não podem trazer a ruína e o desastre com um pouco mais de pressa.

"Este pedido de uma jornada de oito horas não é uma exigência para fugir ao trabalho, como se afirma neste caso. É uma exigência para que o indivíduo tenha uma vida melhor, uma vida mais ampla, uma vida mais completa. Eu meço isso do ponto de vista do homem, do ponto de vista de que os interesses do governo, os interesses da sociedade, os interesses do direito e de todas as instituições sociais, vão produzir o melhor homem possível. Este é o propósito de todo o poder legislativo. Este é o propósito de toda igreja. Este é o propósito de todo sindicato. Este é o propósito de toda organização que alguma vez teve o direito de viver, desde que o mundo começou. Existe apenas um ponto de vista do qual os senhores têm o direito de abordar essa questão, e esse ponto de vista é o de que fará melhor o homem, a vida mais longa, o homem mais forte e mais inteligente, melhor o cidadão americano, para constituir uma nação da qual nos orgulharemos. Sempre que voltou a sua atenção para a melhoria das suas condições, o homem foi capaz de fazê-lo.

"O trabalhador que pede jornadas mais curtas pede um pouco de vida; ele procura uma possibilidade de desenvolver o melhor que nele existe. Não é resposta dizer: "Se lhes dermos jornadas mais curtas, eles não as usarão sabiamente." Nosso país, nossa civilização, nossa raça, são baseados na crença de que, embora todas as suas fraquezas, ainda existe no homem aquela centelha divina que o fará subir em busca de algo mais elevado e melhor do que tudo o que jamais conheceu."·

16

Depois que os aplausos tinham terminado, a comissão se retirou para deliberar sobre as dez mil páginas de seus anais. No sábado, 21 de março de 1903, os arbítrios foram publicados. Os Estados Unidos passaram o seu fim de semana afundados até os joelhos em assuntos econômicos. A todos os mineiros de contrato foi dado um aumento de 10% e por meio de uma escala gradual, passariam a ter o benefício dos aumentos nos preços de carvão, quando este passasse de quatro dólares e cinqüenta cêntimos a tonelada. Os maquinistas e bombeiros passaram a ter uma jornada de oito horas, com folga nos domingos. Os empregados da companhia tiveram uma jornada de nove horas. Os mineiros tiveram permissão para designar os seus próprios chefes de contagem e pesadores; os concessionános passaram a ser obrigados a fornecer detalhadas contas, e qualquer aumento no tamanho dos vagonetes de carvão tinha de ser acompanhado de aumento correspondente nos salários. Embora a comissão não opusesse restrições ao armazém da companhia, embora castigasse rigorosamente o sindicato pelos atos de violência da parte de seus membros e deixasse de admitir que o índice de salários era tão baixo que os filhos de mineiros eram forçados a trabalhar nos quebradouros, em idade prematura, a decisão foi uma vitória quase compacta para os Mineiros Unidos.

Para fazer cumprir os arbítrios, que se iriam estender durante três anos, a comissão estabeleceu uma junta de conciliação de seis homens, para tratar de todas as divergências. Nenhuma suspensão do trabalho poderia verificar-se por lock-out ou greve, dependendo tudo do julgamento de qualquer matéria em litígio. O Presidente Roosevelt tinha concordado com os patrões em que o arbítrio final não incluiria o reconhecimento compulsório dos Mineiros Unidos, mas, já que o sindicato iria ser representado na junta de seis homens, havia recebido o reconhecimento de fato, senão de direito. Foi um tremendo passo à frente para o sindicalismo, talvez o maior na história dos Estados Unidos.

E, sem que ninguém se espantasse com isso, a civilização não foi destruída pelo arbítrio, nem entrou em colapso a indústria amencana. Os mineiros e concessionários trabalharam juntos em relativa paz, durante muitos anos; os mineiros produziram tanto ou mais carvão do que tinham produzido nas jornadas mais longas, patrões tiveram tanto ou maior lucro.

A parte de Darrow naquela vitória foi amplamente aplaudida. Ansiosa para provar que o profeta não deixava mais de ser ouvido em sua própria casa, Chicago deu-lhe a maior honra que podia dar: ele foi convidado a se tornar o Prefeito Darrow!

Os espectadores e participantes daquelas audiências afirmam que a maneira de Darrow conduzir o caso foi uma das atuações mais magníficas que jamais tiveram ocasião de ver. Quando os comissários, no meio de algum acalorado argumento, precisavam de números, podiam confiar que se voltariam para Darrow, o qual, sem nenhum treinamento matemático, tinha analisado e guardado na memória centenas de gráficos estatísticos, tabelas e grupos de dados. Francis Wilson, que foi para Filadélfia fazer-lhe companhia, conta que "todos os advogados que participaram do julgamento o tinham em muito alta conta; havia uma sensação de admiração por aquele homem que estava dominando todo o processo. Sua memória era tão aguda que, muitas vezes, quando surgiam questões de fato, sobre o que tinha ocorrido anteriormente, a própria comissão recorria a Darrow para ter uma resposta. Além da sua capacidade como interrogador e como advogado, ele criou uma atmosfera amigável, mais sedutora que antagônica. Obteve a maioria dos seus êxitos, tanto entre os advogados quanto entre os membros daquele tribunal, em virtude da sua cordial capacidade de persuadir."

A faixa de supremacia em seu campo foi posta em seus ombros, perto do fim das audiências, quando, ao afirmar que os concessionários tinham todas as vantagens, disse:

Advogado da Defesa 125

– As suas vantagens sociais são maiores; eles falam melhor a língua inglesa, eles podem contratar contadores peritos; eles têm vantagens sobre nós em quase todos os particulares.

E o Juiz Grey, olhando por sobre a bateria de vinte e três juristas, murmurou, com um débil sorriso:

– Exceto os advogados!

CAPÍTULO VI

PODE UM ADVOGADO SER UM HOMEM HONESTO

CHICAGO ESTAVA bela, no princípio de abril. Os primeiros brotos de um verde intenso surgiam nos bordos e carvalhos do Parque Lincoln e o Lago Michigan estendia-se azul e vasto como um oceano, alto e encapelado de branco nas imediações da praia. O ar havia sido lavado pelas chuvas e abrandado pela neve que caía; naquela atmosfera espessa e todavia suave, sabia-se que o inverno acabava de partir. Quem, por acaso, olhasse pela janela de um décimo andar o horizonte cinzento e enevoado de Michigan poderia enxergar a cena quilômetros, no rumo do leste.

Ao sul da cidade, havia um longo trecho verde que tinha sido o Midway da Exposição de 1893, a um dos lados do qual se erguia a nova Universidade de Chicago, sobre pilares de pedra. Ali, Clarence e Ruby caminhavam de mãos dadas, enquanto ele via o morno sol de primavera incendiar-lhe os cabelos negros. No Parque Jackson, à margem do lago, havia uma delicada ponte japonesa sobre uma lagoa e um colorido pagode, onde se detinham para descansar e falar da vida e do amor; depois, ficavam sentados num silêncio de amigos, com o calor rejuvenescedor estampado nos rostos. Era bom estar de novo em casa, ter Ruby a seu lado, ver os olhos dela cintilando, quando ele contava uma das suas pilhérias pueris.

Darrow amaldiçoava a sua tolice de se deixar eleger para o Legislativo, mas, desde que aquele egrégio corpo já vinha realizando reuniões havia várias semanas, tinha ele de se dar por satisfeito com umas férias de três dias. Arrumou uma pequena valise, com algumas camisas e meias de muda, e uma enorme mala de livros, e partiu para Springfield. A cidade parecia solitária e abandonada para ele, agora que John Altgeld havia morrido. Durante aquelas horas em que não tinha de estar na Câmara Legislativa, deitava-se, inteiramente vestido, na sua cama de hotel, lendo Conrad, Lecky, Westermarck.

"Muitas vezes, quando eu descia ao salão da assembléia – escreve Darrow, sobre os seus dias de legislador, – encontrava um punhado de cartas e telegramas em minha mesa. Olhando para o plenário, eu podia dizer sem as abrir: "Agora, eis aqui outra lei que devo ajudar a matar; nenhuma lei a favor do povo podia ajuntar tantos amigos."

Os jogos de confiança dos políticos profissionais o revoltavam. Alguns dos legisladores, que estavam aprovando leis para aumentar as listas de atos criminosos, propunham, ao mesmo tempo, medidas restritivas contra as ferrovias e companhias telegráficas, com o

Advogado da Defesa 127

propósito exclusivo de serem comprados pelas companhias. Quando projetos legítimos de controle eram apresentados, os legisladores iam às companhias, de chapéu na mão, em busca do suborno, em troca do qual votavam contra a legislação socialmente necessária. Era impossível para ele comparar venalidade de um crime contra a sociedade, tal como receber o suborno da indústria para permitir que ela continuasse em seus excessos, com o crime contra a pessoa, tal como um assalto à mão armada; este último ofendia uma pessoa ou um pequeno grupo de pessoas; aquele ofendia todo o Estado e enfraquecia os tecidos do autogoverno.

"Cedo descobri que nenhum homem independente, que luta pelo que acha que é direito, pode ter êxito na legislação. Pode ser que liqüide más leis, por uma luta vigorosa e graças à publicidade, mas não pode fazer aprovar coisa alguma. Entre os projetos que sempre tentei liquidar, e com bom êxito, estavam as leis que aumentavam as penalidades e criavam novos crimes."

Entretanto, Darrow fez o seu pouco para ajudar a aprovar as leis de trabalho infantil e propriedade municipal, e conseguiu fazer valer algumas importantes medidas: uma lei aumentando o limite de indenização por mortes causadas por negligência, de cinco para dez mil dólares, o que foi uma benção para as famílias dos trabalhadores; outra para fornecer empregos construtivos, dentro das prisões, aos condenados que estavam degradando-se em suas celas, depois de terem sido poupados do costume bárbaro de trabalhar, alugados a empreiteiros particulares.

Em abril de 1903, tendo passado três meses com o caso da antracite e outros três meses em Springfield, sua banca de advogado em Chicago havia-se quase evaporado por completo. Após a morte do Governador Altgeld, a firma ficara reduzida a Darrow e Thompson; foi mais reduzida ainda, quando Thompson se afastou, pois "tinha-se casado com a filha do dono de uma considerável propriedade em Loop e desejava dedicar todo o seu tempo exclusivamente à administração daquela propriedade". Darrow encontrou-se, assim, não apenas sem negócios, mas sem uma firma. Em consequência, entrou em sociedade com Edgar Lee Masters, que iria resultar na única relação trágica de sua vida.

Conheceram-se pelo acidente de ter escritórios no mesmo andar do Bloco Ashland. Informa a Sra. Darrow que, quando visitou pela primeira vez a família de Masters, possuíam eles um "apartamento no primeiro andar, numa localidade pobre, com móveis poucos e baratos". Era difícil imaginar um contraste mais violento entre dois homens: Darrow desprezava a raça humana, mas amava as pessoas; Masters amava a humanidade, mas odiava pessoas; Darrow era caloroso, informal, generoso, tolerante, amorável; Masters era frio, intelectual, duro, egocêntrico. Darrow admirava o espírito jurídico objetivo de Masters e os seus penetrantes resumos; percebendo que as suas naturezas se completavam, os dois homens concordaram em tentar uma sociedade. No seio da firma de Darrow e Masters, estavam agora ancorados os destroços de dois poetas.

2

Em julho, Clarence e Ruby casaram-se perante o Prefeito Dunne, na casa de John Gregg. Os amigos de Darrow ficaram completamente abalados com aquela apostasia, da parte de um homem que vinha pregando as virtudes do amor livre e maldizendo as influências limitadoras do casamento; os poucos que tinham sido afastados do casamento, pela sua eloqüência, talvez justificadamente se sentissem traídos. Muitos se perguntavam por que um ho-

128 Advogado da Defesa

mem que amava tão apaixonadamente a sua liberdade quisera casar-se, afinal; outros não sabiam por que, se tinha de casar, havia escolhido Ruby Hamerstrom; outros ainda concluíram que tinha feito uma boa escolha.

O casal foi passar dois meses e meio de lua-de-mel na Europa, percorrendo "a Holanda, a Alemanha, a França, a Suíça, apaixonados e felizes, subindo e descendo Alpes incontáveis, seguindo passos de montanhas, atravessando túneis intermináveis e o Canal, em direção à Inglaterra". Enquanto se achavam em viagem, escreveu ele *Farmington*, relato da sua infância em Farmdale e Kisman. A história é contada com um humor delicioso e incisivo, com um olhar profundo mas tolerante para as fraquezas da humanidade; é escrita com o que George Francis chama de "seu gênio pela frase precisa", e Fay Lewis diz serem "seus naturais ritmos poéticos". *Farmington*, hoje um clássico americano, que já teve muitas edições, é talvez o único da sua dúzia de livros que alcançou a simetria e a perfeição artística que ele tanto desejava.

Conta a Sra. Darrow: "Ele já havia passado bem do meio, quando se deteve em Zermatt; escrevia junto da janela, olhando para o Matterhorn, mas ao mesmo tempo fazia o lápis correr como raio sobre o papel. Continuou a escrever em Genebra, enquanto passava, e terminou o manuscrito em Paris. Mais do que qualquer outra coisa, sonhava em um dia se aposentar para viajar mais e escrever. Adorava escrever! Deliciava-se em se deixar perder e esquecer todo o mundo, numa pequena história, como aquelas de *Easy Lesson in Law*, embora muitas fossem tecidas apressadamente, nas horas cansadas e tardias, em casa, quando devia estar descansando e dormindo. Muitas vezes, reprovava-se por ter deixado algum artigo ou história para a tipografia sem ter sido reescrito, sem o considerar perfeito, mas sentia que o seu significado era mais importante do que a correção do fraseado; o que desejava era levar seu ponto de vista ao público."

Os Darrows voltaram para Chicago em meados de setembro. Francis Wilson foi despejado dos Apartamentos Langdon, para que o casal pudesse ter um lugar para viver, mas, dentro de pouco tempo, "Ruby havia encontrado um apartamento em Sheridan Road, mais de acordo, mais espaçoso e menos embebido na imundície das fábricas da Zona Oeste". As maneiras de Darrow receber sempre foram informais; quando convidava um grupo de pessoas para a ceia em sua casa, dizia ao garçom:

– Traga bastante carne e batatas para a turma, e se ninguém gostar é porque não tem sorte.

Ruby mudou tudo isso. "Trouxemos conosco os talheres de aço com cabo de marfim de Sheffield, comprados na fábrica, que ele sempre desejara, e as colheres de metal branco que tinham brilho de prata. Servíamos caviar como antepasto, deliciosas sopas, carnes, batatas, sobremesas, almôndegas feitas em azeite, café depois do jantar em xícaras de tamanho de chávenas. Havia bombons lindamente coloridos e arranjados, finos licores em atraentíssimos vidros do velho mundo, pequenos lavabos de mesa esquisitamente lavrados sobre uma tijela baixa e larga, de frutos de muitas cores, usualmente decorada com cerejas ou morangos rebrilhantes, espalhados entre folhas verdes de gerânio."

Não foi pequeno o trabalho que se deu Ruby Hamerstom, ao aceitar Clarence Darrow como marido, mas estava mais do que à altura da tarefa. "Ele tinha um gosto limitado por alimentos e uma aversão incurável às coisas que a maioria das pessoas consideram as mais apetitosas. Nunca comia frango, carneiro, vitelo, cebola ou repolho, ao passo que aipo, tomate, rabanete, favas verdes, eram palavras que lhe davam água na boca." Suas últimas palavras para Fay Lewis, que lhe havia perguntado se gostava de pãezinhos de trigo, foram:

Advogado da Defesa 129

– Não, nem gosto de ninguém que goste.

Foi sua aversão aos legumes que deu origem a uma frase que veio encorajar gerações de crianças desamparadas: "Não gosto de espinafre, e acho isso muito bom, pois se gostasse haveria de comê-lo, e na verdade o odeio."

"Em toda a nossa vida juntos diz Ruby, – nunca pedi ou comi na presença dele qualquer prato diferente do que ele desejava para si mesmo, em hotéis, restaurantes, em casa ou no exterior, e nunca dei a entender que gostava de qualquer das coisas de que ele não gostava. Em todos os trinta e seis anos de vida em casa, nenhum de nós jamais teve em nossa mesa uma refeição que não fosse considerada essencialmente boa e, todavia, nunca foi servido nada que Clarence não comesse, exceto saladas como pratos complementares, pois nunca permiti que ele esperasse, entre um e outro prato, por aqueles de que não se serviria."

Tendo libertado seu marido das lutas pelo amor livre, estava Ruby inclinada a ter um ligeiro quê de suspeita a propósito das melhores amigas de Clarence, algumas das quais encontraram "uma muralha de gelo", quando pela primeira vez foram convidadas por Darrow a visitar seu novo lar. Talvez porque ele soubesse que qualquer briga que tivesse com Ruby seria sobre exterioridades, não fazia tentativa de adiar as suas discussões, até ficarem sozinhos; seus íntimos dão conta de choques cheios de espírito, pois Ruby era capaz de falar mais depressa e mais infatigavelmente que seu marido. Clarence pilheriava com ela muitas vezes, aconselhando outras pessoas a nunca trocar a sua liberdade pelos grilhões do matrimônio. Umas das suas observações favoritas era a de que "casar é, em grande parte, como ir ao restaurante com os amigos. Você pede o que quer e depois, quando vê o que o outro pediu, tem vontade de também pedir aquilo." Embora o amor de Ruby por Clarence subisse aos planos da mais pura idolatria, com o passar ela sempre revidou, nunca aceitando em público as suas carícias. Dentro em pouco, tornou-se claro para todos que os dois compunham um bom casal, que se amavam e que suas relações haveriam de perdurar. Darrow era feliz por ter outra vez um lar ao qual podia convidar seus amigos; raramente se passava uma noite sem meia dúzia de seus amigos companheiros reunidos para ler e discutir.

3

Pouco tempo depois que Darrow formou sua sociedade com Masters, Francis Wilson foi também feito sócio. Alugaram escritório no Bloco Ashland, que era o "principal prédio de escritórios de Chicago e contava entre seus inquilinos os principais membros da profissão jurídica". Durante os oito anos seguintes, a firma de Darrow, Masters e Wilson foi uma das mais bem sucedidas de Chicago, dando de vinte e cinco a trinta e cinco mil dólares por ano a cada sócio, e só explodindo quando uma bomba mandou pelos ares o prédio do *Los Angeles Times*, matando vinte e um homens e arruinando a carreira de Darrow, como o mais brilhante defensor do direito dos trabalhadores, no país.

Darrow tinha um grande escritório, com uma entrada particular, perto do elevador, enquanto Masters escolheu para si um escritório de canto, no extremo mais interior e mais inofensivo do conjunto; ali se diz que passava considerável parte do tempo a escrever tragédias gregas e outros poemas. Um jovem advogado que tinha escritório no mesmo corredor, a algumas portas de distância, dá um vivo quadro de Darrow, durante aquele período:

"Ele sempre me deu impressão de ser lento e deliberado em seus movimentos, descansado e de juntas frouxas. Neste particular e em outros, era como Lincoln tinha sido representado. Não me lembra jamais tê-lo visto apressado. Especialmente na conversa era lento no falar e dava risadinhas com um agitar rápido dos ombros, quando alguma coisa lhe parecia engraçada. Seus olhos eram de um cinzento azulado, bondosos e profundos, sob umas sobrancelhas largas e muito grossas, e percebi que suas orelhas eram pregadas à pele, abaixo das maxilas, sem os lobos costumeiros. Suas mãos eram delgadas e os dedos compridos e manchados. Sua pele era pálida e, frequentemente, amarelada e baça. Ouvi-o dizer, a respeito de um tratamento de dentes, a que teria de se submeter: "Diabo, a natureza nunca soube fazer dentes." Tinha, de Lincoln, a simplicidade da afirmação e do argumento, a objetividade e a sinceridade, e não hesitava em apresentar idéias que eram impopulares."

Era como Lincoln também pelo fato de contar anedotas simples sobre coisas sérias, numa tentativa de abrandar a intensidade emocional e dar às pessoas uma base amistosa e mesmo fraternal. Sua dedicada secretária Ethel Maclaskey – que ele contratou porque a conheceu pela primeira vez numa reunião de livres-pensadores em que dissera: "Nós, livres-pensadores e liberais, devemos apoiar uns aos outros", – observa a respeito dele: "Acredito que ele me via na suposição de que éramos todos crianças, e os gracejos representavam um terreno comum de encontro." No caso da Sra. Simpson, que tinha matado a tiros o marido, quando ele se achava no banco das testemunhas tentando conseguir um divórcio ilegal, o juiz que tinha presidido o processo de divórcio foi intimado a comparecer ao tribunal, para prestar testemunho contra a mulher. O promotor estadual insistiu em chamar ao juiz testemunha "meritíssimo", ao que Darrow objetou dizendo que nenhum homem devia ser chamado meritíssimo, exceto quando se achava na cátedra.

– Ora, Clarence – exclamou o juiz holandês que presidia o processo de assassínio, – eu uma vez o levei a almoçar e você me chamou "meritíssimo."

– Sem dúvida – respondeu Darrow, – mas foi porque o senhor pagou a conta.

Logo que se soube que ele se achava de volta à cidade, para ficar, os negócios começaram a aparecer. A firma era extremamente atarefada – conta William Carlin, que agora já trabalhava com Darrow havia muitos anos, – e Clarence fornecia a principal parte dos negócios". Com uma só exceção digna de nota, era Darrow que aparecia perante os juízes e júris, pois, embora a organização de um processo, feita por Masters, fosse lógica e rigorosa, a sua personalidade afastava a simpatia de seus clientes. A exceção ocorreu num processo de acidente pessoal, numa estrada de ferro: Darrow e Masters haviam tão bem conduzido a causa, no tribunal, que não podia haver dúvida de que seu cliente haveria de receber perdas e danos. Darrow estava escalado para apresentar a argumentação final perante o júri; quando chegou a manhã, não apareceu no escritório às oito e meia, como de hábito. Chegaram as nove horas e nada de Darrow. Masters fumegava pelo escritório. Às dez menos um quarto, forçado a sair para o tribunal, deu instruções a Carlin para entrar em contato com ele, no instante em que tivesse notícia de Darrow. Às cinco para as dez, chegou um telegrama de Cincinnati, para onde Darrow tinha ido na noite anterior, fazer uma conferência sobre o tema "É o Homem uma Máquina?" Masters fez a argumentação final - e a ferrovia ganhou a causa.

Foi naquela ocasião que Darrow elaborou a sua fórmula de escolher o júri, que tem servido a sucessivas gerações de advogados. "Nunca aceite um alemão; eles são cabeçudos. Só raramente aceite um sueco; eles são teimosos. Aceite sempre um irlandês ou judeu eles são os mais fáceis de se deixar levar pela simpatia emocional. Os velhos são geralmente mais caridosos e têm disposição mais generosa do que os jovens; viram mais o mundo e o compreendem."

Sua regra de nunca abandonar o interrogatório, enquanto não tivesse obtido dele al-

Advogado da Defesa 131

guma satisfação, é ilustrada pela maneira como liquidou o médico empregado pela companhia de bondes, em processo de acidentes pessoais, por ser capaz de pensar mais depressa do que a maioria dos advogados de Chicago. O nome do médico era ligado a uma lista de vinte hospitais; quando um pequeno hospital se abria em alguma parte nos subúrbios e o convidava a figurar entre o pessoal, ele consentia, porque aquele acréscimo haveria de fazer os seus títulos parecerem mais imponentes aos crédulos jurados. Darrow, interrogando-o, dissecou toda a lista de hospitais, perguntando ao doutor onde ficava cada um deles – método de interrogar aparentemente sem propósito. Finalmente, chegou ao fim da lista e perguntou onde se achava localizado o mais novo hospital. O médico quase saltou para fora da cadeira das testemunhas.

– Meu Deus, Clarence - exclamou ele, - você me apanhou!

Darrow sentia prazer em superar os médicos. No caso Massie, de Honolulu, mundialmente conhecido, "uma testemunha da acusação, um médico, tinha a reputação de ocultar, no interrogatório direto, certos fatos, para que, na reinquirição, se o inquiridor procurasse qualquer coisa favorável ao réu, dispusesse ainda de algum detalhe não revelado, com o qual poderia confundir a defesa. Era evidente que aquele médico estava preparando o corpo, aguardando o momento de se defrontar com Darrow. Quando este se levantou, perguntou com jovialidade:

"– Gostou de sua viagem de Los Angeles para cá, doutor ?

"– Sim, gostei.

"– O senhor está sendo pago para depor neste caso?

"– Sim, estou.

"Darrow voltou-se lentamente para seu lugar e murmurou: – Nada mais tenho a perguntar."

George Leisure, um jovem advogado que Darrow levou consigo para Honolulu, dá um quadro da soberba técnica e do poder de Darrow, sob o clarão das luzes internacionais: "Eu estava interessado em saber como um grande advogado ajeitava as molas para fazer um comovente discurso para um júri – conta Leisure. – Eu havia feito o discurso inicial para o júri e Darrow deveria falar no dia seguinte, com a palavra final da defesa. Até a noite anterior, antes de defender a causa, tinha eu observado que ele não fizera sequer um sinal, num papel, preparando as suas alegações. Conseqüentemente, quando alguns dos homens da Marinha quiseram visitar-nos aquela noite, eu estive prestes a dizer a eles, ao telefone que Darrow estaria ocupado. Ele me interrompeu, porém, e mandou que lhes dissesse que viessem. Ficamos sentados a conversar até as dez horas daquela noite, quando Darrow foi-se deitar.

"O tribunal se reúne em Honolulu às oito e meia, e assim, tão logo tomamos o primeiro almoço, fomos diretamente para o tribunal. Darrow não fizera nenhum preparativo visível para aquela ocasião. Durante uns cinco minutos em que estivemos no tribunal, antes que o juiz chamasse a corte à ordem, Darrow escreveu quatro ou cinco notas de meia linha; num bloco de papel amarelo, que logo depois jogou fora ou deixou atrás de si sobre a mesa, quando o juiz disse: "Muito bem, agora tem a palavra o Sr. Darrow."

"Ele se levantou e falou diante do júri, pronunciando o seu discurso até o meio-dia. Na hora do almoço, logo que tínhamos acabado de comer, eu saí do seu quarto, imaginando que ele desejasse rabiscar algumas idéias, como lembretes para a conclusão. Quando tornei a procurá-lo, dez minutos depois, encontrei-o dormindo. Seguimos imediatamente para o tribunal, onde ele continuou as suas alegações pela tarde inteira, sem olhar qualquer nota e sem ajuda de memorando de qualquer espécie."

132 Advogado da Defesa

Os advogados de Chicago, que o viram trabalhar durante um período de anos, dizem que era magnífico ver a maneira lenta e hipnotizadora com que ele vencia a hostilidade e a aversão: seu calor e amor impregnavam de generosidade os tribunais onde estavam sendo travadas disputas amargas e acrimoniosas. Raramente tentava convencer o tribunal meramente da inocência de seu cliente; pelo contrário, levava-o a adotar uma filosofia branda e tolerante da vida; segundo essa filosofia, toda a humanidade era inocente do que lhe era imputado. Dentro em pouco, advogados adversários, testemunhas, jurados e juízes transpiravam amor fraternal.

Apenas num caso registrado, perdeu ele a paciência com o juiz. Darrow estava concentrado em sua defesa quando "o juiz, de maneira inteiramente inesperada, interrompeu o andamento do caso para perguntar quanto tempo ele advogara em Chicago.

"- Vinte e um anos, meritíssimo - replicou Darrow. – Quanto tempo o praticou Vossa Excelência?

"- Vinte e oito anos, Sr. Darrow - replicou o juiz.

"Depois de um lapso de um minuto ou dois, Darrow se voltou para os jurados:

"- Agora que ambos adquirimos mais algum conhecimento, podemos prosseguir com o caso?"

A não ser quando estava defendendo vítimas autênticas das circunstâncias, ou ganhando dinheiro para pessoas feridas pelos descuidos da indústria, não se importava muito com a prática do Direito. "Minha vida tem sido mal gasta em embolorados tribunais – escreveu a um amigo, – com advogados que partem cabelos ao meio e imponentes juízes que se incomodam com ninharias. Meu único consolo é que sempre trabalhei pela defesa." Embora Angus Roy Channon cite dele estas palavras: "Todas as pessoas têm direito à defesa; não se trata apenas de direito, mas é dever de todo advogado defender", as suas próprias atitudes, diante dessa concepção da defesa, amadureceram. Ele não mais defendia criminosos profissionais. Defendeu o Yellow Kid em seu primeiro julgamento e conseguiu absolvê-lo, mas, quando do Yellow Kid voltou, oferecendo-lhe qualquer soma de dinheiro que ele pedisse, para defendê-lo, Darrow recusou.

– Eu já lhe disse que, se tivesse outra vez dificuldade, não voltasse a mim.

De outro criminoso habitual, ele disse: "Eu o absolvi quando era jovem e tinha possibilidade de se corrigir, mas não se podem curar homens sem princípio, isto é algo que se acha no seu próprio sangue".

Embora fosse modesto e simples como um sapato velho, tinha uma personalidade rigorosa e toda a inocente vaidade necessária aos homens que fazem trabalhos importantes. "Muito embora pudesse haver outros bons advogados ao seu lado, Darrow sempre ajeitava as coisas de maneira a encerrar o caso; nunca queria que ninguém falasse depois dele. Gostava de ficar de pé, debaixo das luzes, quando caía a última cortina." Seus amigos dizem dele que "era desprovido do egoísmo vazio; mas amava a ribalta - talvez porque fizesse o seu melhor trabalho sob o intenso calor das luzes."

4

Das oito e meia da manhã até as seis da tarde, ele trabalhava como advogado, mas, à noite, considerava-se livre para escrever, fazer conferências, participar de debates, estudar. Sempre dizia de si mesmo que era um homem vadio; uma vez, quando voltava para Kinsman com George Whitehead, seu empresário de conferências, Whitehead comentou que a biblioteca pública estava expondo um conjunto de ferramentas de carpinteiro que se afirmava terem pertencido a Amirus Darrow, e perguntou a Clarence se ele as iria identificar.

– Eu seria a última pessoa no mundo capaz de fazer isso replicou Darrow; - ficava tão longe quanto podia daquelas ferramentas e daquela oficina de carpinteiro.

Todavia, sua vadiagem era inteiramente física; poucos foram os dias em que trabalhou em suas várias escrivaninhas durante menos do que dezesseis horas.

Havia progredido do papel do tavão, que obrigava as pessoas a pensar, ao ponto em que se achava agora, de um dos mais eficientes antídotos do país, um antídoto aos venenos da empáfia, do moralismo, da letargia. Olhando os seus ouvintes, tal como tinha olhado as expressões dos que o ouviam em Kinsman, ele concluía que tinha de transformar o adágio, "A verdade os tornará livres", em "A verdade os tornará encolerizados".

Mas Darrow não se incomodava de irritar pessoas; não lhe causava medo a sua cólera, o seu ressentimento, o seu ódio. Gostava de atravessar no ponto onde as águas eram mais fundas. Talvez, se pudesse fazer com que ficassem bastante irritadas, poderia torná-las suficientemente encolerizadas para que começassem a pensar por si.

"Em Miami, foi apresentado numa reunião pública por um presidente de mesa que disse: "Tenho um grande prazer, ao apresentar o Sr. Darrow a uma platéia tão grande e tão inteligente." Darrow levantou-se, examinou as seiscentas pessoas à sua frente, em silêncio, durante vários segundos, e falou: "Meus amigos, o presidente está enganado. Náo há pessoas inteligentes assim, no mundo inteiro."

Darrow não tinha respeito por vacas sagradas: quanto mais sagrada a vaca, mais acreditava ele que precisava ser atingida, pois toda vez que um homem aceitava uma vaca sagrada, fechava ainda mais uma parte do seu cérebro. Como antídoto aos santarrões, adotou o papel do irreverente, para o qual a sua natureza e os seus antecedentes bem o haviam adaptado. Certa noite, numa reunião trabalhista, foi apresentado como amigo dos trabalhadores "Quando Clarence se levantou para falar, disse: "Sim, sempre fui um amigo dos trabalhadores, e o espero ser sempre. Preferiria ser amigo do trabalhador a ser eu mesmo um trabalhador." Noutra reunião, em Kansas City, pouco depois da morte de J. Pierpont Morgan, teve ele ocasião de chamar a atenção de seus ouvintes para o testamento de Morgan, que ganhara considerável projeção na imprensa. O testamento dizia mais ou menos o seguinte: "Devolvo minha alma ao Salvador que ma deu. Todo o resto, resíduo e remanescente da minha propriedade, dou e lego a meu filho John." Darrow comentou:

"– Vêem pois os senhores que o Salvador recebeu sua alma e o filho o seu dinheiro. Eu diria que esta foi pelo menos uma das vezes em que o Salvador recebeu a parte pior." Quando se achava em Washington, alguns anos depois, foi Darrow detido na rua por um conhecido que se mostrava excitado porque o Presidente Taft ia falar perante uma sessão conjunta do Senado e da Câmara, naquela tarde.

– Os ingressos estáo muito difíceis, Clarence, praticamente impossíveis de conseguir. Por um golpe de sorte, tenho um de sobra. Você deve ir.

Depois de um momento de hesitação, durante o qual Darrow recordou que tinha sido o Juiz Taft quem expedira o primeiro interdito local contra os grevistas do Sindicato Ferroviário Americano, em 1894, estabelecendo um precedente para a Corte Federal de Chicago, Darrow concordou em acompanhar seu amigo. A Câmara estava à cunha, as galerias superlotadas. Taft recebeu uma tremenda ovação antes de iniciar a sua mensagem. O amigo obser-

134 Advogado da Defesa

vava Darrow, ansiosamente, à espera de alguma reação às palavras de Taft, mas o rosto dele continuou como se fosse de pedra. Pelo fim do discurso, Darrow deu uma cotovelada no amigo, que pensou: "Ah! pelo menos ouvirei uma pérola de sabedoria", e se inclinou mais para pegar todas as palavras.

– É um grande filho de uma cadela, não é mesmo? – perguntou Darrow.

Uma vez, ele observou:

– Quando eu era menino, fui informado de que qualquer um podia ser presidente. Estou começando a acreditar nisso.

Um jovem de bom aspecto apareceu no escritório de Darrow e pediu que este o defendesse de uma acusação de furto. Darrow quis saber quando poderia receber uma parte dos seus honorários.

– Posso trazer uma parte hoje à noite – replicou o jovem.

– Não – murmurou Darrow, – não me agrada aceitar dinheiro que foi roubado tão recentemente.

Diante de problemas mais graves, adotava ele uma acre irreverência. Convidado, como criminologista, a falar aos prisioneiros da cadeia do Condado de Cook, fez uma conferência sobre a teoria revolucionária de Altgeld, sobre os fundamentos econômicos do crime. "Não existe isso a que chamamos crime, conforme a palavra é geralmente entendida. Nove décimos de vocês estão na cadeia porque não tinham dinheiro para pagar um bom advogado. Se bem que alguns de vocês pudessem bater minha carteira, porque é esse o seu ofício, quando eu saio, todos me batem a carteira – cobrando-me um dólar por alguma coisa que só vale vinte e cinco cêntimos. Se todos os homens, mulheres e crianças do mundo tivessem possibilidades de viver uma vida decente, justa e honesta, não haveria cadeias, nem advogados, nem tribunais."

Quando terminou, um guarda perguntou a um dos prisioneiroi o que achava do discurso.

– Ele é demasiado radical – replicou o preso.

O que as pessoas diziam ser o seu pessimismo era o gesto de defesa de uma natureza sensível, ante o sofrimento desnecessário no mundo. O homem que vê todo esse sofrimento, que compreende as suas causas fundamentais e que julga ter uma cura que pode ser prontamente efetuada, é raramente chamado de pessimista. Mas a penetrante lógica de Darrow abriu buracos em cada uma daquelas vias a que Bertrand Russel iria chamar Caminhos Propostos Para a Liberdade. Não aceitando a ideologia de ninguém, mas insistindo em tudo examinar com lógica inexorável e aceitar o que era válido em cada filosofia social, era ele o homem sobre a jangada, no amplo e vazio oceano. Todavia, não era capaz de engolir nenhum "ismo" inteiro, simplesmente pelo fato de um homem precisar de direção, caso quisesse abrir um caminho reto: caminho reto para onde? para o quê? Ele expressou a sua crença, dizendo a Abraham Abelman, advogado vizinho, no Bloco Ashland, uma frase que poderia servir como seu epitáfio:

"Posso dizer com perfeita honestidade que jamais, sabendo disso, andei colhendo idéias dos outros, e sempre expressei o que se achava dentro de mim, não importando as consequências".

Charles Edward Russell escreve a respeito dele: "O complemento da sua simpatia intensa e ilimitada pelo indivíduo sofredor era um desprezo bem humorado por todos os esforços destinados a elevar o homem na massa; o homem era um macaco, sempre tinha sido um

Advogado da Defesa 135

macaco, sempre seria um macaco. Por causa da sua projeção e calorosa generosidade, era continuamente convidado a participar de alguma empresa reformadora, em prol da elevação do homem. Com duas exceções, a Liga para Abolir a Pena Capital e a Associação Nacional para o Progresso das Pessoas de Cor, ele invariavelmente recusava." A despeito de sua crença de que um Estado socialista podia ser superior a um Estado capitalista predatório, "encarava os socialistas como pessoas bem intencionadas, interessantes e inteiramente fúteis, que estavam perdendo tempo a gesticular para uma quimera. Não era capaz de compreender que uma revolução sangrenta, que alguns de seus amigos acreditavam ser a panacéia universal, pudesse ajudar, já que os homens ainda seriam macacos, quando tivessem acabado de fazer explodir uns aos outros com dinamite. Todavia, não era realmente do estofo de que são feitos os cépticos inflexíveis; era demasiado sensível para fugir a toda forma de fé." Corroborando Russell, outro dos amigos de Darrow diz: "A despeito da sua intermitente desesperança quanto à possibilidade de jamais a espécie humana encontrar uma estrutura permanente de paz e abundância, nunca ouvimos uma nota de amargura da parte de Darrow; sua atitude era a de tolerante diversão. Tomando o lado negativo, num debate com o Rabino Goldman, de Chicago, sobre o tema "É a Vida Digna de Ser Vivida?", Darrow viu o suntuoso artista de clubes noturnos, Texas Guinan, entrar no auditório. Cutucou o rabino e murmurou:

– Eis aí um argumento a seu favor.

Darrow era um cínico sentimental. Era um céptico fácil de enganar. Era um anarquista organizado. Era um feliz pessimista. Era um modesto egocêntrico. Era um esperançoso derrotista. E era consciente, talvez, das várias contradições que alojava dentro da cabeça.

5

À medida que os negócios de Darrow, Masters e Wilson se tornavam mais lucrativos, Darrow passava uma porção maior do seu tempo a viajar para suas conferências e debates. Se tivesse sido possível evangelizar sobre assuntos econômicos antes que religiosos, ele teria abandonado a sua prática do Direito para se tornar um evangelizador viajante. Seu maior prazer continuava sendo fazer conferências e participar de debates. Já que a sua motivação primeira era dar expressão a toda e qualquer idéia, empregava o método arquitetônico da compensação: de propósito, deixava-se como que inclinar bem para trás, oferecendo oportunidade de correção à massa do povo, que obedientemente tanto se inclinava para a frente que se achava quase deitada de bruços. Quando debatia com o Rabino Kornfeld, em Toledo, sobre o tema, "Existe no Homem Alguma Coisa Acima do Animal?", ele telegrafou a seus patrocinadores dizendo: "Responderei que o homem é simplesmente uma máquina que nada há nele que não possa ser encontrado num cão, ou numa árvore. Não tenho o menor desejo de ganhar o debate. Quero apenas dar às idéias uma oportunidade de serem ouvidas. Tenho certeza de que a grande maioria do povo ficará do lado do rabino. Se não ficar, eu certamente estarei do lado errado."

Os repórteres de jornais enviados a entrevistá-lo encontravam nele sempre boas notícias, pois Darrow tinha um senso vívido do teatral, fornecendo-lhes apostasias que proporcionavam títulos eletrizantes às suas colunas. Um seu associado conta: "Recordo-me de que, depois da decisão do caso Scopes da evolução, recebeu ele numerosos repórteres em meu escritório e lhes expressou opiniões muito vigorosas sobre várias questões públicas, tais como o tratamento dos negros e a defesa dos criminosos, e em todos os casos fez vigorosos pronunci-

136 Advogado da Defesa

amentos sem a menor reserva. Depois que os repórteres tinham saído, lembrei-lhe que tinha discutido aquelas mesmas questões comigo, demoradamente, e que suas idéias e opiniões sobre o assunto tinham sido reservadas, exatamente como as de outros cidadãos que não eram considerados radicais e cínicos.

"– Você tem toda razão – replicou Darrow. - Mas, quando quiser dizer alguma coisa perante o público, você tem de decidir sobre qual a coisa que gostaria mais de acentuar na ocasião e depois enunciá-la da maneira errada, vigorosamente, sem reservas; e neste caso, sua opinião atrairá a atenção pública para a coisa particular que você deseja acentuar – e a coisa irá para os jornais. Se você faz reservas sobre a principal questão, a coisa que desejar acentuar perde o seu valor como notícia; perde o seu interesse para o público."

Seu nome era um tabu para os fidalgos do Médio Oeste, onde era conhecido como anarquista e ateu; os repórteres que o procuravam muitas vezes se mostravam atemorizados, hostis e desconfiados, mas suas maneiras de fazendeiro desleixado, o seu bom humor suave e a sua amabilidade os convertiam. Um jovem muito correto ficou espantado por ser recebido no banheiro, onde Darrow estava fazendo a barba, com a camisa de meia e os suspensórios descidos.

– Fique a vontade, meu filho – disse ele, arrastadamente, através da camada de espuma. – Olhe, sente-se na beirada da banheira ou no vaso.

Sua informalidade e jovialidade se estendiam a todas as camadas da vida, porque ele não reconhecia diferença alguma entre tais camadas da vida; gostava das pessoas que viviam na face da terra, pouco se importando com seus títulos, posições, riquezas ou outras circunstâncias exteriores. "Tinha ele uma palavra bondosa para todas as pessoas e gastava tempo em falar a cada uma delas, formulando perguntas sobre a sua vida diária, e desse modo fazendo com que sentisse que era amigo velho e muito estimado." Conta um homem de Ohio: "Darrow fora convidado para fazer um discurso no Dia do Trabalho, em Akron. Meu amigo e eu resolvemos fazer uma peregrinação de Cleveland para ouvir aquele discurso; depois da reunião, caminhamos até o hotel e lá encontramos Darrow, de pé no vestíbulo, conversando com outro homem. Meu amigo, que era um completo estranho para ele, arrastou-me para junto de Darrow. Ele aceitou as nossas apresentações como uma questão fechada. Não demorou muito e nós quatro estávamos enfileirados no bar do hotel, tomando um aperitivo. Depois, sentamo-nos a uma mesa do refeitório, para um jantar de trinta e cinco cêntimos, com um prato holandês ."

Nos debates, era ele um duro adversário. Conta o Rabino Goldman: "Não era possível levar um manuscrito para enfrentar um debate com Darrow, porque não era possível dizer qual o caminho que ele tomaria." Antes de uma conferência, um jornalista, que pediu para ver uma cópia do seu discurso, recebeu um bloco de papel em branco.

– Este é o meu discurso para esta noite – disse Darrow.

– Ora, Sr. Darrow – exclamou o repórter, – este é o discurso que eu noticiei na semana passada!

Durante aquele período, deu ele um curso noturno de processo penal, na Faculdade de Direito de Illinois. Um dos seus alunos recorda que "ele era paciente em ensinar aos rapazes e dava a impressão de querer que nós "pegássemos." Lembrava-me um pai a falar a seus filhos. Eis o que nos disse sobre a preparação de um processo: "Antes de comparecerem perante um tribunal de júri, informem-se dos fatos, todos os fatos, todos os menores detalhes, e façam isso pessoalmente. Não entreguem essa pesquisa de fatos a um investigador; procurem

Advogado da Defesa 137

vocês mesmos; vejam com seus próprios olhos. Depois, quando estiverem no tribunal, a sua confiança será comunicada ao júri.

"Quando era feita uma pergunta, Darrow respondia imediatamente, sem a menor hesitação. Suas respostas definidas, imediatas e enfáticas, davam-nos a impressão de que conhecia todos os menores detalhes do processo." Mesmo nas suas salas de aula, não podia deixar de fazer proselitismo. "Estou firmemente convencido de que um propósito dominava toda a sua vida: derrotar a lei da pena capital. Ele tomava como certo que estávamos estudando Direito com o propósito final de evitar que pessoas fossem executadas."

Embora detestasse os reformadores profissionais, por serem extremamente vaidosos e intoleráveis, ele mesmo se tornou algo parecido com um reformador, pois nunca abandonava a oportunidade de fazer conferências sobre os males da sociedade existente. Sua maior força, como professor e humanitarista, estava no fato de que "odiava traços vis, mas nunca as pessoas que os revelavam". Estava sua maior fraqueza no fato de que, servindo como denunciador de falsas reputações, ou catártico que esvaziava as entranhas da mente, não tinha programa concreto a oferecer como alimento revigorante. Era incapaz de se entregar incondicionalmente a qualquer programa que fosse, pois via com maus olhos "a idéia de que as leis ou os livros de regras trouxessem amor e fraternidade à terra". Quanto mais passava a estimar sua liberdade e independência de idéias, mais impossível era para ele tornar-se adepto de qualquer coisa. Se não houvesse uma contradição demasiado patente de termos, teria ele gostado de considerar-se como socialista-individualista; era a coisa mais próxima da categoria que poderia dar a si mesmo.

Fay Lewis conta: "Certa ocasião, perguntei a Darrow se ele realmente acreditava no socialismo.

"– Sim, acredito – respondeu ele.

"– Neste caso, então, por que não se junta aos socialistas e toma parte no seu movimento?

"– Eu faria isso – replicou Darrow, – não fossem os socialistas; eles mesmos é que arrasam tudo."

Darrow tinha o seu ponto cego: tinha em baixa conta a capacidade política das mulheres. Charles Edward Russell escreve: "Para um homem da sua estatura geral e universalidade de visão, era um tanto inclinado a ter pouca consideração pelas mulheres, opunha-se firmemente à sua emancipação e falava com desdém do "Sufrágio das Senhoras", considerando-o uma providência tola, que nada acrescentava ao Estado."

George Briggs, partidário do imposto único, encontrou Darrow certa manhã de domingo numa cerimônia de ateísmo científico e o acompanhou, juntamente com três das amigas de Darrow, ao almoço no Auditorium Hotel. Briggs tinha no bolso um ingresso de cinco dólares para ouvir Mary Garden cantar, mas deixou passar a hora, porque preferiu discutir com Darrow. Ao fim de uma tarde de intensa discussão, Darrow se voltou para Briggs e, indicando as três admiradoras, que tinham admiravelmente desempenhado o papel de auditório, comentou:

– Essas mulheres riram nos momentos devidos; balançaram as cabeças nos momentos devidos; fizeram as perguntas acertadas... mas nenhuma delas sabe coisa alguma do que falamos.

A Gertrude Barnum confiou ele que os "votos das mulheres atrasariam o progresso em cinqüenta anos" - mas, assim mesmo, votou a favor do sufrágio feminino.

138 Advogado da Defesa

6

Entre os seus clientes, contava-se ainda William Randolph Hearst, que também o utilizava como conselheiro político. Em julho de 1904, tendo conseguido convencer a delegação de Illinois a indicar para presidente o então liberal Hearst, cujos jornais tinham estado firmemente ao lado dos mineiros de antracite, Darrow participou da convenção democrática em St. Louis. Quando se iniciou a convenção, o homem que indicava Parker falou tão baixo que não pôde ser ouvido. Ante os gritos de "Mais alto!", ele disse: "Não estou falando para as galerias. Estou falando para os delegados."

Darrow se levantou para indicar Hearst, declarando: "Os homens que conduziram o barco democrático em noventa e seis estão controlando esta convenção. Que eles escolham o candidato." As galerias aplaudiram, mas os delegados vaiaram". "Não estou falando para os delegados - bradou Darrow; – falo para as galerias."

Hearst foi derrotado. Quando, na vez seguinte, quis candidatar-se a um posto político, de novo escreveu a Darrow, perguntando se ele achava aconselhável. Darrow replicou: "Não". Hearst de novo concorreu, mandando que seu advogado fizesse comícios por ele. Darrow recusou. Foi demitido pela volta do telégrafo. Ficou em St. Louis durante três dias, visitou a Feira e divertiu-se muito andando nas gôndolas com Paul. Depois, voltou para Chicago, a fim de acertar seus negócios e partir com Ruby para o Oeste, onde iriam passar as férias de verão. Durante as férias, escreveu seu primeiro e único romance, *Olho por Olho*. "Escreveu-o sentado em pedaços de toros, nas montanhas do Colorado – diz Ruby, – enquanto nós descansávamos de longas caminhadas. Escrevia ao pé de alguma bela montanha, rabiscando garranchos enquanto bebia a beleza da paisagem. Terminou em duas semanas ou pouco mais que isso."

Olho por Olho começa como um estudo de como a pobreza brutalizante conduz o homem ao crime de violência, mas, pela metade, torna-se incerto passa a ser um estudo do homem em fuga, depois que cometeu um assassínio. O romance serviu como receptáculo das idéias de Darrow sobre a pobreza, a justiça social, o crime e o motivo de vingança, pelo qual a sociedade executa aqueles que foram levados a tirar uma vida humana. Antecedendo livros tais como *A Selva*, de Upton Sinclair, também situado em Chicago, *Olho por Olho* é um dos primeiros romances da literatura americana a tratar da vida dos pobres, com os seus trabalhos árduos e intermináveis, as suas dívidas, os seus temores e a sua penúria. A história é narrada com um realismo nascido no fundo do coração, cheia de um sentido de amor e brandura para com aqueles infelizes apanhados nas redes inexoráveis do sistema econômico. *Olho por Olho* é repetitivo e confuso na estrutura, mas contém passagens magnificamente escritas. Embora mais interessado em transmitir as suas idéias do que em adotar uma forma artística, o próprio Darrow compreendia que, se fosse melhor construído, teria alcançado um público mais amplo.

Do Colorado, os Darrows passaram a Vancouver. Encontrando um grupo de estudantes de Darmouth, que iam para o Yoho Valley, Darrow juntou-se a eles para uma viagem de três dias, com caminhadas e acampamentos, até o Lago Louise. Em setembro, voltou para Chicago, reconfortado.

Seu problema mais difícil não eram os seus negócios forenses, mas seu filho Paul, que acabava de se formar. Almoçando com ele, certo dia, no Clube Democrático Jefferson, Darrow encontrou um velho amigo de nome Eagle, que estava prestes a sair de férias, só que não sabia para onde.

– Paul, por que você não vai com ele? – perguntou o pai.

Advogado da Defesa 139

– Não, quero começar a trabalhar.

– Diabo, você terá a vida inteira para trabalhar. Pegue um navio e vá para a Europa ou algum outro lugar.

Eagle tratou de adiantar:

– Posso-lhe prometer que não o deixarei tomar um aperitivo, durante todo o tempo em que estiver comigo.

Darrow, que sempre dizia que seu filho era muito animado, replicou :

– Diabo, você deve é fazê-lo ficar bem embriagado, e eu pagarei as despesas da sua viagem.

De sua mãe, Jessie Ohl, Paul havia herdado muitas sólidas virtudes: a firmeza emocional, que faltava às vezes a seu pai e seu avô Amirus; o amor a uma rotina digna; o desejo de um ninho seguro, por mais despretensioso que fosse, que soubesse sempre ser seu e que nenhuma força da terra poderia mudar. Sua natureza era plácida, e, ao contrário de seu pai, suas decisões eram reforçadas por um frio processo mental, em vez de uma calorosa emoção. Era um bom rapaz, bem apessoado e estimado, à altura de qualquer tarefa a ele apresentada, mas não era capaz de gastar a vida à procura de tarefas, causas, Santos Graais quiméricos. Gostava de livros, mas, para ele, ler era mais um prazer, que uma paixão. Não queria debater, discutir, divergir, brigar ou lutar com quem quer que fosse; gostava da paz e da tranqüilidade. Nem sequer tinha muita certeza de aprovar os radicalismos de seu pai; talvez como parte da perene revolta da juventude contra os mais velhos, era conservador na sua economia, tanto quanto na sua política. Muitos anos depois, quando um partido reformador de Chicago insistia com Darrow para concorrer ao cargo de vereador, sugeriu ele que o filho fosse para o seu lugar. Uma comissão de investigação foi à casa de Darrow para interrogar Paul.

– Qual a sua idéia sobre as empresas de serviços públicos? perguntou o presidente.

– Acho que o governo é demasiado severo com relação a essas empresas – replicou Paul.

– Qual é a sua idéia sobre o problema da tração?

– Acho que os preços precisam ser aumentados.

– E que pensa o senhor dos impostos?

– Acho que o imposto de renda é demasiado alto.

Darrow voltou-se para o presidente do grupo e disse sorrindo:

– Paul deve ter mais dinheiro do que eu pensava.

Uma vez, Paul foi trabalhar para McClurg, mas, poucos meses depois, quando Darrow teve de ir a Cuba a negócios, convenceu o filho a se associar a ele.

– Venha comigo, Paul; você vai divertir-se.

Enquanto se achava em Havana, Darrow se interessou pelas possibilidades de construir uma estrada de ferro para as plantações de cana-de-açúcar e deixou para trás o filho, para aprender coisas sobre o açúcar. Paul foi para o interior, ficou coberto de moscas e bolhas d'água e fugiu no primeiro navio. De volta a casa, pediu a seu pai que lhe arranjasse um emprego na Estrada de Ferro Chicago e Noroeste. Darrow chamou seu amigo, o administrador geral.

– Mande-o aqui depois do almoço – disse o administrador. Quando Paul chegou, ele perguntou:

Quando você quer começar?

– Eu gostaria de começar agora mesmo.

– Bem, não adianta começar agora. Volte segunda-feira de manhã.

Paul foi correndo até o Bloco Ashland, entrou de sopetão no escritório de seu pai e exclamou.

– Eu o consegui!

– Não, não conseguiu – respondeu seu pai. – Eu mudei de idéia. Acabei de telefonar ao administrador pedindo-lhe que não lhe dê o emprego.

– Mas, meu pai, por quê? – rosnou Paul.

– Porque detesto a idéia de ver você trabalhando para uma grande companhia.

Pouco depois, um advogado chamado Abner Smith procurou Darrow, sugerindo que ele ajudasse a financiar um banco, que funcionaria de um modo novo: venderia ações a farmacêuticos e, em troca, as farmácias seriam agências de depósitos ou filiais do banco. Seu filho iria ter um posto importante na organização. Darrow, mau homem de negócios em qualquer circunstância, sentiu-se naquele momento duplamente susceptível, porque queria ver Paul num bom lugar; investiu dez mil dólares, quase o total das suas economias. Convenceu também seus amigos a participar da aventura, principalmente seu sócio Masters. O Banco da América abriu sua sede no segundo andar do Bloco Ashland, poucas portas adiante do escritório de Darrow. Por aquela vez, suas idéias em negócios mostraram-se sólidas; menos de três meses depois, o banco tinha trezentos mil dólares em depósitos e estava crescendo depressa.

– Então, os funcionários começaram a fazer enxertos e a aceitar empréstimos maus - disse Paul. – Avisei meu pai do que estava acontecendo. Ele logo se fechou.

Na manhã seguinte, Darrow teve um encontro matutino com a Câmara de Compensação de Chicago, que estava ansiosa por evitar uma falência. A Câmara de Compensação ofereceu-se para emprestar-lhe vinte e cinco mil dólares, contra uma nota promissória pessoal, se ele abrisse o banco naquela manhã e pagasse a todos os depositantes que pedissem o dinheiro. Pelas dez horas, pai e filho estavam instalados atrás de guichês separados, com dinheiro à sua frente, atendendo a todos os que procuravam. O dinheiro da Câmara de Compensação, somado ao que havia em caixa, foi suficiente para atender às necessidades imediatas; como uma boa porção dos empréstimos colaterais era boa, os acionistas receberam uma parte do seu dinheiro – com exceção apenas de Darrow e Masters.

7

Ninguém sabia melhor, do que Darrow, que os advogados são zeladores que têm de remover toda sorte de lixos de natureza legal. Darrow fazia a sua parte com o esfregão, pois pelo menos metade do seu tempo era agora dedicada ao Direito Comercial. Criticavam-no os grupos liberais de Chicago, por se consorciar com o inimigo. Então, como sempre aconteceu desde essa época, as pessoas passaram a pensar que ele ganhava somas enormes de dinheiro, uma concepção errônea que veio a ferver em raiva e indignação, quando ele foi acusado de prostituir os seus talentos, defendendo, para ganhar honorários de um milhão de dólares, os assassinos Loeb e Leopold. Entretanto, todos os seus sócios afirmam que Darrow nunca soube o quanto valia para seus clientes. "Cobrava-lhes cinco mil, quando estavam preparados e dispostos a pagar trinta mil por úteis serviços prestados." Para fazer a defesa dos trabalhadores em madeira, no caso Paine, cujo julgamento durou vários meses, "ele recebeu honorários nominais de duzentos e cinquenta dólares".

Advogado da Defesa 141

Nove anos antes, em 1895, já tinha sido atacado pela primeira vez com acusações de receber o ouro das companhias, quando ajudava uma empresa de eletricidade a fazer com que fosse aprovada uma postura que o prefeito havia vetado. O ataque fora feito por uma estimável amiga de Hull House, que o acusou de trair o povo de Chicago. A resposta de Darrow a "Minha Cara Senhorita S." mostra o retrato de um jovem confuso e torturado, lutando para subir na escuridão de uma sociedade aquisitiva: possivelmente, a carta mais esclarecedora escrita durante a sua longa vida.

"Aceitei a tarefa de servir a essa companhia, acreditando que se tratava de uma postura conseguida com auxílio do suborno. Julgado pelos padrões comerciais e legais de ética, eu agi corretamente. Sei que, na sua mente, isso não é justificativa; não é justificativa na minha. Não dou a menor importáncia às regras ordinárias de ética ou de conduta. Elas são, na sua maior parte, erradas, e estou convencido de que, julgado pela lei superior, na qual ambos acreditamos, eu não poderia estar justificado, e que sou, praticamente, um ladrão. Estou recebendo dinheiro que não ganhei, que me chega de homens que não o ganharam, mas que o receberam porque tiveram oportunidade de recebê-lo. Recebo-o sem desempenhar nenhum serviço útil ao mundo."

Em seguida, presta ele um depoimento sincero à Senhorita S., sobre o *modus operandi* que iria servir-lhe em toda a sua vida. Quando chegara a Chicago, em 1887, sua atenção tinha sido chamada para "os direitos do trabalho e os erros do mundo", por seu amigo Swift, com quem tinha discutido aquelas questões, "não apenas abstratamente, mas no que se aplicavam à nossa própria vida e à nossa própria conduta." Quando Swift fora nomeado administrador das propriedades de seu pai, tirara da farmácia da família todos os frascos de remédios inócuos e os destruíra no quintal. "Depois, partiu da cidade sem dinheiro, recusou-se a fazer concessões ao mundo, viveu como melhor pôde, foi quase um vagabundo. Levantou um Exército Coxey, [1] marchou para Washington, é agora evitado pela maioria das pessoas graves que não o podem seguir. Sem dúvida, é amado por aqueles que o conhecem; viveu a sua vida como achava mais justo e melhor; talvez tenha feito algum bem, recusando-se a transigir com o mal...."

Todavia, o cabeçudo idealista Darrow achava que seu amigo Swift tinha adotado os métodos errados. "Estava decidido a receber o que pudesse no sistema, e a usá-lo para *destruir* o sistema. Desde então, vendi meus serviços profissionais a todas as companhias ou indivíduos que os quisessem comprar; a única exceção que fiz é que jamais os ofereci para oprimir os fracos ou condenar os inocentes. Tenho recebido os seus ganhos duvidosos e tentado usá-los para prevenir o sofrimento. Minha pregação e minha prática sempre foram as mesmas: sempre procurei mostrar um Estado, e um modo de alcançá-lo, onde os homens e as mulheres podem ser honestos e ternos. Não dou a menor importância ao dinheiro, exceto para usá-lo neste trabalho. Tenho defendido os fracos e os pobres, tenho feito isso sem pagamento, farei isso ainda. Não posso defendê-los sem pão; e não posso receber o pão a não ser daqueles que o possuem, aceitando certa parcela de conformismo com a realidade."

Assim, muito cedo levantou-se um dilema no âmago de sua vida, o dilema que sempre atordoou o advogado liberal americano: a fim de ganhar dinheiro para aliviar o sofrimento, para armar aquelas forças de combate à injustiça, ele emprestava os seus talentos ao revigoramento dos nervos do próprio capitalismo que, naquela mesma carta, ataca como uma "fraude legal e despojador do povo."

---

1. Coxey Army: grupo de várias centenas de desempregados que, na depressão financeira de 1894, marchou sobre Washington, procurando conseguir leis em seus favor. Era chefiado por Jacob S. Coxey. (N. do T.).

A única maneira que podia conceber de livrar-se do dilema era viver frugalmente e poupar o bastante das suas economias, para que lhe fosse possível aposentar-se. Queria dedicar todo o seu tempo a escrever, por sentir que podia ser de mais valor como escritor do que como advogado; seria capaz de alcançar uma platéia mais ampla, de educar numa frente ideológica mais larga. Duas vezes antes, tinha economizado uma considerável importância, tendo aquela vaga esperança semiformulada na mente, apenas para perder o dinheiro em maus investimentos. Daquela vez, foi mais cauteloso: comprou ações de estradas de ferro e de bancos e se tornou associado do idôneo banqueiro Lutz, de Gardner, Illinois, na propriedade da mina de ouro da Montanha Negra, no México. Aquela mina da Montanha Negra era "considerada uma das mais ricas e mais seguras jamais abertas, ostentando os equipamentos mais complicados, mais caros e mais modernos de qualquer mina de ouro". Se invertesse seu dinheiro na mina, durante muito poucos anos, isso o teria tornado independente pelo resto da vida. Então, poderia vagar com Ruby pelo mundo, enquanto escrevesse as belas e tocantes histórias que estavam pulsando em seu peito, à espera de expressão.

Embora se consorciasse com o inimigo, tinha o estômago sensível do idealista. O primeiro caso que confiou a George H. Francis, que mais tarde se tornou um associado menor de seu escritório, foi uma execução de rotina, para uma companhia imobiliária. Havia sido vendido um restaurante a uma viúva, na parte baixa de Chicago, e, em troca dele dera ela uma hipoteca de sua casa de quarenta mil dólares. A noite, na véspera de ser o assunto levado ao tribunal, a viúva foi à casa de Francis. Ele percebeu que ela era uma mulher íntegra.

– O senhor é jovem – disse a viúva. – O senhor não pode estar há muito tempo trabalhando como advogado.

– Na verdade – replicou Francis, – é este o meu primeiro caso.

– Então o senhor não deve começar a sua carreira legal tendo um assunto tão desonroso na consciência. O pessoal dos terrenos falsificou os dados, quando me vendeu o restaurante. Minha casa é a única coisa que meu marido me deixou e, se o senhor a tirar de mim, eu ficarei sem coisa alguma.

– Na verdade, nada sei sobre os antecedentes do caso – disse Francis. O caso me foi confiado como uma execução de hipoteca do escritório, pelo Sr. Darrow. Terei prazer em transmitir a ele o que a senhora me diz.

Neste caso, o assunto ficará entre Deus e o Sr. Darrow. - Receio que a ligação entre os dois possa ser bastante remota.

Deus há de intervir – replicou a mulher, calmamente, e agradeceu e partiu. Na manhã seguinte, quando Francis deu notícia do encontro a Darrow, ele pegou o telefone, fez algumas indagações minuciosas e ficou sabendo que a companhia de terrenos tinha, duas vezes antes, vendido o restaurante a profissionais do ramo, e ambos haviam falido naquele ponto. Darrow não acreditava no *caveat emptor*, que o comprador se acautele; mandou chamar seu cliente.

- Os senhores vão devolver a essa mulher a escritura de sua casa – anunciou ele, – e desfazer todo o negócio.

– Mas nós não podemos fazer isso, Clarence – explodiu o presidente da empresa de imóveis. – Nós já pagamos comissões, fizemos outras despesas...

– Detesto ter de pensar pelos senhores, mas é isso exatamente o que vão fazer.

A escritura foi devolvida à viúva. Darrow não apresentou conta alguma à companhia, nem esta jamais voltou a lhe confiar negócios. Deus interviera.

Advogado da Defesa 143

"Meu companheiro de estudos – diz uns de seus alunos da Faculdade de Direito de Illinois, – era Richard, filho de um pregador, que veio de bicicleta, desde Denver até Chicago, para entrar na escola de Direito. Tendo antecedentes eclesiásticos, Richard e eu costumávamos discutir a questão de saber se podíamos ser advogados bem sucedidos e manter ainda os princípios cristãos. Uma noite, Richard levantou-se e, com seus modos deliberados e metódicos, apresentou o nosso problema.

"– Professor Darrow, respeito a sua atividade e tenho na mais alta conta a instrução que o senhor nos dá, e gostaria de conhecer a sua opinião sobre a questão de saber se é possível ser ou não um advogado bem sucedido – quer dizer, financeiramente bem sucedido, ganhar bastante dinheiro, um milhão de dólares, – e fazer isso sem recorrer a uma prática desonesta, tirando proveito dos tecnicismos do Direito ou prejudicando outras pessoas.

"A resposta de Darrow foi dada sem a menor hesitação e no mesmo estilo decisivo com que ele respondia às questões de direito num tribunal:

"– Não.

"– Bem, Professor Darrow, o senhor é um advogado bem sucedido e já ganhou bastante dinheiro. Então, o senhor admite que é desonesto?

"Darrow não se sentiu ofendido com a pergunta. Respondeu como um pai explicando a um filho um problema:

"– Dizem que sou um advogado bem sucedido, mas, financeiramente, não sou bem sucedido. As pessoas que represento são, na maior parte, gente pobre. Meus clientes não são pessoas de dinheiro; são os oprimidos.

"Depois, suspendeu a aula, pegou o chapéu que se achava sobre uma cadeira e saiu da sala a caminhar lentamente, de cabeça baixa, pensativo."

Pensando, talvez, nos casos em que Deus não interviera? Nos quais ele, Darrow, tinha, sem o querer, servido como instrumento para prejudicar alguma pessoa indefesa, porque não se achava no pleno conhecimento dos fatos? Podia um advogado trabalhar para grandes companhias e continuar sendo honesto? Podia continuar a fazer concessões, dedicando parte do seu tempo aos ricos e parte aos pobres? De que adiantavam os seus discursos, se ele mesmo soubesse que não era um homem honesto?

Os ataques de introspecção eram raros em Darrow; aquele não só teve um efeito salutar, mas chegou no momento particularmente oportuno. Nas pradarias queimadas e empoeiradas do distante Idaho, um ex-governador abriu o portão de sua casa de campo e foi mandado pelos ares por uma bomba que tinha sido ligada na sua dobradiça. A explosão foi o estrondo culminante de uma das guerras mais sanguinárias dos Estados Unidos. Além de matar o ex-governador Steunenberg, esmigalhou também, em milhares de fragmentos, o dilema de Clarence Darrow.

CAPÍTULO VII

QUEM ACUSARÁ A ACUSAÇÃO?

OUTRA DAS brincadeiras ambíguas da vida foi a de que aquele que mal acabara de publicar um livro, chamado *Não Resistamos ao Mal*, tivesse sido chamado a defender o mais militante dos sindicatos dos Estados Unidos, contra acusações de assassínio, numa defesa que devia, necessariamente, incluir uma justificação parcial das forças e da violência nas guerras industriais do Oeste.

O problema da Federação dos Mineiros do Oeste, aqueles perfuradores das duras rochas do Colorado, Montana e Idaho, que entravam no fundo da terra para arrancar grandes fortunas em ouro, prata, cobre e chumbo, era que seus membros, afinal, não tinham lido o pequeno e belo livro de Clarence Darrow. Ou, se o tinham lido, não se haviam convertido inteiramente à sua doutrina de não-resistência. Muitos deles eram homens de religião; conheciam os versículos de Mateus, nos quais a obra era baseada: "Eu porém vos digo que não resistais ao mal, mas se qualquer vos golpear na face direita, oferecei-lhe a outra face também." Tinham eles aprendido, nas suas simples igrejas de madeira, que os fracos herdariam a terra, mas, por algumas obscuras maquinações, os proprietários das minas tinham herdado a terra e todas as riquezas que se achavam dentro dela; os trabalhadores tinham herdado a jornada de doze horas, a semana de sete dias, o salário marginal de subsistência, e condições de trabalho tão perigosas e tão desguardadas que centenas de seus camaradas pereciam todos os anos, sob montanhas de pedras. Durante quinze anos, agora, os mineiros haviam revidado: com os punhos, porretes, balas, carabinas, dinamite; aqueles que ganhavam a vida com dinamite conhecem bem as suas utilidades. No calor de uma greve, sindicatos locais o haviam empregado contra espiões Pinkertons e trabalhadores não sindicalizados; tinham usado suas carabinas para tomar posse das minas operadas por trabalhadores subornados; duas vezes, tinham feito explodir minas e fábricas, na região de Coeur d'Alene, no norte de Idaho. A última explosão acontecera em 1899, seis anos antes; todavia, como consequência direta, os dirigentes da Federação dos Mineiros do Oeste estavam agora na cadeia, em Idaho, acusados de assassinar o ex-governador do Estado, Frank Steunenberg, durante os feriados natalinos de 1905.

Darrow se encontrava em uma situação muito parecida com as dos mineiros do Oeste; mesmo depois que tinha terminado o seu livro, não conseguira convencer-se de que a

Advogado da Defesa 145

não-resistência podia servir a qualquer propósito, na idade da máquina, que estava substituindo a economia de artesanato pioneiro, nos Estados Unidos do século vinte. "Na melhor das hipóteses, a doutrina da não-resistência só pode ser sustentada por sonhadores e teoristas, e não pode ter lugar na vida diária. Todo governo da terra dá provas de que nada há de prático ou vital nas suas pregações; todo governo da terra é a personificação da violência e da força." Para melhor provar que tinha razão, o governo do Colorado se havia, na realidade, separado da União, para que pudesse, nas palavras do chefe de sua milícia, General Sherman Bell, "liquidar essa federação anarquista".

Na guerra franca e publicamente admitida entre o Estado de Colorado e a Federação dos Mineiros do Oeste, de 1º de janeiro de 1902 até 30 de julho de 1904, quarenta e dois homens foram mortos, cento e doze foram feridos, mil e trezentos e quarenta e cinco presos, e setecentos e setenta e três deportados do Estado. A parte trágica daquela guerra era que tinha sido causada, na sua totalidade, pela recusa do governo do Estado em cumprir e obedecer às suas leis. Da sua experiência dos conflitos industriais, Darrow tinha aprendido a lição inexorável de que o ódio gera o ódio; e a força gera a força, a violência gera a violência. Era porque os sindicatos haviam revidado que ele agora se achava num trem veloz, viajando de Chicago para Denver, a pedido de John Mitchell, cujos Mineiros Unidos estavam, na ocasião, realizando uma greve, a fim de conseguir para os mineiros de carvão do Sul e do Oeste as mesmas condições que tinham sido conquistadas por aqueles do Leste; , qualquer dano aos mineiros de rocha dura necessariamente afetaria a causa dos mineiros de carvão. Ele não apenas defenderia a Federação, da morte de Frank Steunenberg, mas das alegações de que dirigia ela a mais fantástica organização de assassínios alguma vez apontada como "um círculo interior de terroristas", na história americana.

Não foi preciso rodear-se de coleções de livros e arquivos de jornais para recordar a dissidência do Colorado. Os sangrentos detalhes ainda se achavam frescos na sua mente. Os trabalhadores do Colorado, que, por muito tempo, tinham sido brutalizados e esgotados pela jornada de doze horas, nas minas, na seleção e nas fábricas, haviam trabalhado muito para conseguir que fosse aprovada uma lei no Estado, fixando em oito horas a jornada. Por um programa intensivo de educação, tinham afinal conseguido obter da legislatura a aprovação de sua lei. Mas a Suprema Corte do Estado prontamente declarara a sua inconstitucionalidade. "É inconstitucional – observou Darrow, – aprovarem uma lei que não permita que Guggenhein arranque por doze horas as peles de seus homens. Se isso é verdade, então para que serve a Constituição, a não ser para uso dos ricos, a fim de destruir as leis que são feitas para os pobres?"

Esse golpe teria desencorajado um grupo menos ousado, mas os mineiros, "homens que trabalhavam muito, brincavam muito, brigavam muito", começaram de novo todo o trabalho, procurando emendar sua Constituição, de modo que permitisse uma jornada de oito horas. "Sua emenda foi aprovada por uma maioria de quase quarenta e sete mil votos, maioria grande num Estado onde os votos para presidente, em 1900, somavam apenas duzentos e vinte mil. Um Legislativo, comprometido e obrigado pelo dever a fazer vigorar aquela emenda, foi escolhido." Então, entraram em cena os proprietários de minas e os beneficiadores, com tanta força e poder sobre o Legislativo que o corpo se recusou a aprovar a emenda, coisa que estava legalmente obrigado e comprometido a fazer.

Os mineiros entraram em greve e "certos campos de mineração do Colorado se tornaram como pequenos infernos na terra, em vista das disputas dos grevistas desesperados com

146 Advogado da Defesa

os homens que tinham tomado os seus lugares". Trabalhadores não sindicalizados foram atacados a porretes e tiros e expulsos do distrito de Cripple Creek e Telluride: os mineiros tinham acreditado na eficiência do voto; tinham consumido os seus anos, as suas forças e o seu dinheiro para que as leis fossem aprovadas; quando verificaram que os proprietários tinham transformado numa farsa uma estrutura política na qual o governo era levado a agir segundo a vontade e com o consentimento dos governados, não viram modo de alcançar os seus fins a não ser pela força. A força tinha predominado, os mineiros tinham tido êxito nas suas greves; haviam conquistado a jornada de oito horas e voltado ao trabalho com bons contratos.

2

Mas os homens que trabalhavam nas beneficiadoras ainda tinham jornadas de doze horas, trabalhando vinte e quatro horas seguidas, em certos domingos. Os mineiros pertenciam a uma federação, e a federação abrangia todos os ofícios dentro da sua indústria. Quando os empregados das beneficiadoras entraram em greve e estavam sendo derrotados, pelo fato de terem os proprietários ausentes das usinas enviado espiões, Pinkertons e furadores, os mineiros pararam de trabalhar, para impedir que o minério fosse fornecido às usinas. Os proprietários das minas viram-se obrigados a chamar mineiros não sindicalizados; mas o sangue foi derramado e o Governador Peabody declarando que o distrito de Cripple Creek se achava em estado de insurreição, ordenou que a milicia para lá se dirigisse.

O comandante da milícia era o General Sherman Bell, que tinha lutado nas Filipinas com Theodore Roosevelt e vinha trabalhando para uma companhia de mineração, a cinco mil dólares por ano quando o Governador Peaboby lhe ofereceu o emprego de ajudante-de-campo. Segundo o jornal *Transcript*, de Boston, como o emprego dava menos do que os cinco mil dólares que vinha ganhando, a Associação dos Proprietários de Minas concordou em lhe pagar a diferença. Além disso, como escreveu Ray Stannard Baker em *McClure's*, "os proprietarios de minas chegaram a adiantar dinheiro para pagar os soldados". A *Revista do Exército e Marinha* protestou: "Que o governador virtualmente tomasse dinheiro emprestado dos proprietários de minas para manter as tropas que tinha designado para guardar as suas propriedades já foi sério reflexo sobre a autoridade do Estado. O fato de o arranjo virtualmente ter colocado os soldados na situação de homens empregados dos operadores foi uma acabada perversão de toda teoria e propósitos da Guarda Nacional e teve muito mais probabilidade de incitar a desordem que de preveni-la."

O General Bell, proclamando publicamente que o seu propósito era o extermínio do Sindicato dos Mineiros e seus filiados, desempenhava agora o papel de Cavaleiro Bravio[1] contra os cidadãos de Cripple Creek. Tomou um prédio particular para usá-lo como seu quartel-general militar, fez as tropas marcharem sobre a municipalidade, onde informou ao prefeito e ao chefe de polícia que, a menos que obedecessem às ordens militares, a prefeitura seria tomada. O xerife, o lançador fiscal do Condado e o tesoureiro foram forçados a se demitirem. Todos os trabalhadores da vizinhança, que pertenciam a um sindicato, foram presos, lançados num curral militar e mantidos incomunicáveis durante semanas. Quando o redator do *Record* de Victor se atreveu a criticar aquela usurpação de poder, Bell estabeleceu a censura militar do jornal, prendeu todos os que nele trabalhavam, e os levou em marcha para a prisão, onde os

---

1 Nome pelo qual ficou conhecida a tropa comandada por Theodore Roosevelt (Primeiro Regimento de Voluntários da Cavalaria cujos membros eram chamados "Rouphriders"), formada em 1898, por ocasião da Guerra Hispano-Americana. (N. do T).

Advogado da Defesa 147

manteve sem alimento durante vinte e quatro horas. Também as mulheres e crianças que faziam críticas eram alojadas no "curral". Em resposta aos pedidos de centenas de prisioneiros, alegando seu direito de habeas corpus, ou seu direito de serem acusados de um crime específico e de terem uma audiência pública no tribunal – fundamento do sistema jurídico norte-americano, a que Blackstone chamava "a segunda Carta Magna", – o General Bell declarou que o habeas corpus tinha sido suspenso! O Juiz Seeds, de Victor, ofendido, ordenou ao general que levasse os seus prisioneiros ao tribunal: Bell cercou o tribunal com tropas, colocou nas ruas metralhadoras Gatling, distribuiu atiradores nos telhados dos prédios vizinhos e enfileirou os seus prisioneiros no tribunal. Quando o Juiz Seeds expediu uma ordem para que todos os prisioneiros fossem entregues aos tribunais civis, o General Bell riu-se da ordem e voltou com seus operários sindicalizados para a prisão.

O General Bell já tinha feito das suas em Colorado. Quando Charles H. Moyer, presidente da Federação dos Mineiros do Oeste, fora a Telluride para ajudar os mineiros na sua greve e vira-se preso pelos militares, sob fundamento de que tinha ofendido a bandeira americana, imprimindo nela queixas dos mineiros mantidos na prisão, o Juiz Stevens expedira um mandado de habeas corpus em favor de Moyer. O general recusara simplesmente levá-lo ao tribunal e o Governador Peabody dera apoio ao general, proclamando publicamente: "Nós suspendemos o direito de habeas corpus." Os advogados da Federação tinham apelado do decreto do governador para a Suprema Corte do Estado, mas a Suprema Corte tinha sustentado o direito de o governador suspender o mandado. Quando informado de que estava violando a Constituição, o Juiz McClelland, replicara: "Que vá a Constituição para o diabo; nós não estamos seguindo a Constituição!"

Darrow mandara um violento protesto ao Presidente Roosevelt, quando aquele decreto fora expedido, mas Roosevelt não tivera vontade de marchar contra seu irmão de luta, e nada respondera. O Colorado se afastara da União. Os mineiros foram abandonados. Henry George, Jr., testemunha ocular, telegrafou para o *American* de Nova York: "A situação espantosa aqui em Colorado é que, em vez de usar todos os seus esforços para derrotar o que declaram ser um estado de ilegalidade, o Governador Peabody e as mais altas autoridades, usando a arma militar de seu governo, estão dedicando praticamente toda a sua atenção a derrubar a lei. Os primeiros insurretos contra a ordem constitucional das coisas e os principais rebeldes contra as leis regularmente estabelecidas são o governador e seus soldados, agindo com várias comissões de cidadãos, inspirados e influenciados pelas grandes e onipotentes ferrovias, companhias de mineração e fundições de Colorado, quando não as representando diretamente. Trata-se de uma lei de baioneta contra uma lei estabelecida pelo voto."

Então, a 4 de junho de 1904, a pequena estação ferroviária de Independence foi mandada pelos ares, matando quatorze homens não sindicalizados. A bomba tinha sido preparada por um homem manso, de rosto redondo, chamado Harry Orchard, que trabalhara em várias minas, durante um total de onze meses, nos cinco anos anteriores, e possuía um cartão do Sindicato, mas, durante os seis meses imediatamente anteriores à explosão, tinha estado, conforme ele mesmo confessara, trabalhando como informante da Associação dos Proprietários de Minas, dando notícias das reuniões da Federação aos detetives particulares Scott e Sterling. Cinco testemunhas tinham visto Orchard galgar a escada do fundo da pensão na qual Scott e Sterling moravam, não menos do que vinte vezes, nos dias imediatamente anteriores à explosão. Depois que se haviam posto na pista de Orchard, o dono dos cães foi despedido do emprego por Sterling, que lhe disse:

148 Advogado da Defesa

" – Não se incomode, nós sabemos quem fez explodir a estação."

A Federação foi imediatamente acusada do crime. Alianças de cidadãos, apoiadas pela Associação dos Proprietários de Minas, assumiram o controle da região. Quase oitocentos homens, muitos deles proprietários de casas e negócios na zona de Cripple foram deportados da região à ponta de baioneta. "Num dos casos todos os empregados sindicalizados de certa mina foram todos amontoados num trem e, sob escolta militar, conduzidos através da linha divisória para Kansas e soltos na pradaria como se fossem gado."

Um brado de protesto se levantou na nação inteira. O ex-senador John M. Thurston, de Nebraska, que era classificado por *The Arena* como um forte republicano e amigo das companhias, disse no *American*: "O ato da milícia do Colorado, expulsando do Estado membros da Federação dos Mineiros do Oeste, foi puramente um exercício de poder despótico. Na Rússia, essa espécie de coisas passaria despercebida, mas nós não a toleraremos nos Estados Unidos. A tentativa da milícia para deportar mineiros é um crime contra o governo dos Estados Unidos. Todas as teorias do nosso governo afirmam-se contrárias a essa ação; se criarem um precedente, não haverá daqui por diante um verdadeiro lugar para a justiça, para quem quer que seja, contra quem um Estado ou um indivíduo aponha o seu selo."

Os operadores de Colorado não se deixaram impressionar pelo brado. A revista *Harper's Weekly* noticiou que o presidente da Aliança dos Cidadãos de Pueblo dissera: "A Aliança não deporá suas armas até que a Federação e os Mineiros Unidos tenham deixado o Estado." O chefe da Aliança, em Denver, disse: "Os sindicatos não devem fazer greves; os sindicatos que fazem greves não são legítimos; a federação deve ser destruída." O General Bell deteve grande número de trabalhadores, mandou tropas darem buscas em suas casas, sem mandados judiciais, cometeu atos desabridos de vandalismo contra a propriedade dos sindicatos locais. O jornal *Dispatch*, de Pittsburgh, disse a respeito dele: "A maneira despótica pela qual, sem julgamento ou mesmo acusação definitiva, mas diante do mero fato de serem mineiros sindicalizados, cidadãos foram deportados e expulsos, deixados a morrer de fome, em Estados contíguos, permanecerá como uma página triste da história do Colorado, muito depois que Bell tiver desaparecido", enquanto que o *Leader*, de Cleveland, censurava o Governador Peabody, dizendo em editorial: "Nem o Colorado será desculpado perante o país, se os seus residentes acusados forem julgados por um tribunal militar e privados dos direitos do processo legal e da oportunidade conveniente de defesa, que é direito de todos os cidadãos e não deve ser alienada por proclamação de governador algum." O Presidente Roosevelt manteve um silêncio desinteressado.

Embora grandes importâncias em dinheiro fossem oferecidas pela prisão dos culpados, embora Orchard pudesse ter sido apanhado pelos Pinkertons em qualquer ocasião, ninguém jamais foi julgado pela explosão da estação de Independence.

Aquele foi o ponto de partida; aqueles eram os homens que Darrow teria de enfrentar nos tribunais de Idaho; aqueles os homens que as empresas de mineração e fundição, de bilhões de dólares, iriam empregar; aqueles os métodos pelos quais tentariam enforcar os três dirigentes do sindicato. Pois o Governador Gooding, de Idaho, tinha declarado: "Estes homens jamais deixarão Idaho com vida!" E Darrow sabia que milhões seriam gastos para fazer valer aquela ameaça. Sabia que teria o caso mais difícil da sua carreira, se quisesse derrotá-los e esmagá-los por completo, sem que nada sobrasse. A Associação dos Proprietários de Minas tinha sido incapaz de exterminar a Federação em 1904, mas nada havia que pudesse detê-los em 1906. Boise iria ser o último campo de batalha.

Advogado da Defesa 149

Em Denver, foi Darrow recebido por Edmund Richardson, homem alto, magro, moreno, calvo, um dos advogados mais vigorosos e temíveis do Noroeste. Por muito tempo, Richardson tinha sido advogado da Federação. Era um interrogador ágil, duro, pirotécnico, violento; Darrow era um defensor suave, lento, persuasivo. Richardson já tinha feito uma viagem a Idaho, para as audiências preliminares. Enquanto dava detalhes das circunstâncias do crime e da prisão dos dirigentes da Federação, Darrow sacudia a cabeça, com tristeza e consternação.

Na noite de 30 de dezembro de 1905, Frank Steunenberg esteve em conferência até tarde com os dirigentes do Banco de Caldwell, do qual era presidente; depois se encaminhara a pé para o Saratoga Hotel, a fim de se sentar no vestíbulo, ler o jornal e conversar com os amigos. Olhando-o de um canto do vestíbulo, achava-se Harry Orchard, que vinha entrando e saindo de Caldwell havia cinco meses, disfarçado sob o nome de Tom Hoghan, comprador de carneiros. Às seis horas, Steunenberg se levantou para ir para casa jantar; Orchard subiu correndo ao quarto dezenove, pegou a bomba que havia preparado ali e atravessou às pressas os campos cobertos de neve, por um desvio que levava à casa de Steunenberg. Prendeu a bomba ao portão, esticou um cordão perto do chão, para que Steunenberg tropeçasse nele ao entrar em sua casa. Feito seu trabalho, voltou correndo tão depressa quando pôde em direção ao hotel. Quando se achava a um quarteirão e meio do Saratoga, ouviu-se uma explosão "que abalou os pratos de jantar nas mesas de Caldwell e pôde ser ouvido a quilômetros de distância, em Palma". Orchard entrou correndo no bar, chamou o garçom, pediu uma bebida e começou a conversar com ele sobre as possíveis causas da explosão.

"A bomba abriu um buraco no flanco e nas costas de Steunenberg. Levaram-no para sua casa, onde morreu dali a uma hora. As únicas palavras que pronunciou foram: "Quem atirou em mim?"

– Quem era esse Steunenberg? –perguntou Darrow a Richardson.

– Quais eram os seus antecedentes? Por que Orchard desejaria matá-lo?

Frank Steunenberg era um homem alto, de compleição sólida, com o rosto de um senador romano; de natureza simples, fleumática, inexpressiva, vazia, um homem de família; sua única antipatia era a de jamais usar gravata, e nunca permitir que alguém lhe perguntasse por que não a usava. Tinha saído de Iowa, onde trabalhara como impressor durante os invernos, no *Register* de Des Moines, enquanto fazia o curso na Faculdade de Agricultura de Amees. Em 1886, no ano da explosão do Haymarket, estava redigindo o *Express* de Iowa e pouco depois se associou a seu irmão em Caldwell, Idaho, onde publicou o *Record*, com relativa prosperidade. Em 1896, foi candidato a governador, pelo Partido Democrático, porque seus homens não podiam concordar quanto a qualquer outro dos seus políticos profissionais; como tinha sido um tipógrafo sindicalizado e fora feito membro honorário do Sindicato dos Tipógrafos de Boise, o voto dos trabalhadores foi-lhe dado maciçamente.

Seu primeiro período de governo foi agradável, mas em 1899, os mineiros de Coeur d'Alene entraram em greve, no mais violento dos atritos das minas de Bunker Hill e Sullivan, que tinham importado fura-greves de Chicago e outras grandes cidades e estavam usando agentes Pinkerton armados, vindos de Denver e Spokane, para protegê-los. Descritos por um dos membros do sindicato como "crianças que, quando ficam loucas, não podem ver mais senão o véu da raiva diante dos olhos", os mineiros tinham-se reunido no seu sindicato de Bur-

150 Advogado da Defesa

ke e, contra o conselho de seu presidente e de cabeças mais frias, votaram em favor da explosão da mina de Bunker Hill. Apossaram-se de um trem de carga que se achava na rua principal da cidade do vale, dirigiram-se para Gem, onde recolheram mais homens e dinamite na estação, e seguiram viagem, em número de mil, para Wardner, onde fizeram explodir a mina.

As autoridades locais eram poucas em número. A milícia estadual estava combatendo nas Filipinas; o Governador Steunenberg não teve outro recurso senão pedir ao Presidente McKinley tropas federais. Foi difícil tomar aquela decisão: ele havia sido eleito pelo voto dos trabalhadores, e, todavia, uma compactuação com aquele crime poderia trazer a destruição ao Estado. Dentro de quatro dias, as tropas tinham ocupado o território e estava em vigor a lei marcial. Mais uma vez, interditaram-se todos os sindicatos da região sem que se fizesse qualquer tentativa de separar os culpados dos inocentes; mais de mil homens foram amontoados num curral militar improvisado, numa estrutura que lembrava um celeiro e numa enfiada de vagões de carga, fechada por arame farpado. Mandaram-se soldados de cor para guardar os prisioneiros. Ali foram eles mantidos de quatro a seis meses, sem julgamento ou qualquer esforço no sentido de localizar os criminosos; as condições sanitárias eram imundas, o alimento, péssimo; as famílias dos homens não tinham permissão para vê-los. Do lado de fora pendurou-se um cartaz onde se lia: BASTILHA AMERICANA. Algumas das condições de congestionamento talvez fossem inevitáveis; uma comissão de investigação do Senado Federal, que convocou Steunenberg a Washington para explicar sua conduta, deu-lhe uma absolvição parcial.

Foi a sua providência seguinte que transformou seu nome em anátema para todos os trabalhadores do Noroeste: o governador declarou que todos os membros da Federação eram igualmente culpados e igualmente criminosos; em conseqüência, criou um "sistema de salvo-conduto", pelo qual homem nenhum podia trabalhar em uma mina de Idaho ou numa fábrica, a menos que fosse primeiro aprovado pelo general encarregado do comando das tropas e pelo ajudante-de-campo do Estado, e a menos que primeiro renunciasse à sua fidelidade à federação. Centenas de homens que tinham lares em Coeur d'Alene, que tinham parentes e amigos e raízes profundas região norte de Idaho, perderam seus empregos, tiveram de ajuntar seus pertences e, como os veteranos do Sindicato Ferroviário Americano, vagar pelas estradas e montanhas de regiões estranhas, enfrentar uma lista-negra cada vez maior, procurando encontrar trabalho que sustentasse suas mulheres e filhos.

Muitos anos depois, um tribunal federal com sede em Boise iria impugnar os motivos do Governador Steunenberg, ao acusá-lo de ter defraudado o governo dos Estados Unidos na administração de suas terras, subornando proprietários de mentira, muitas vezes mendigos apanhados nas ruas de Boise, para levantar domicílios e depois entregá-los a Steunenberg e seus associados. Na sua declaração inicial perante o júri, quando resumia o caso contra o Senador Borah, como advogado da companhia imobiliária de Steunenberg, o juiz federal Burch, na qualidade de assistente especial do Procurador Geral dos Estados Unidos, declarou:

"Em 1889, houve umas perturbações no distrito de Coeur d'Alene. O Governador Steunenberg tinha ido lá presumivelmente com a patriótica missão de impedir aquelas perturbações. No decorrer daquela transação, tornou-se conhecido de um rico proprietário de minas, A. B. Campbell, de Spokane. Relações amistosas entre aqueles dois homens surgiram do restabelecimento da ordem ou numa ocasião qualquer durante aquelas perturbações. Campbell ofereceu todos os serviços que pôde, com generosidade, para ficar bem com o Governador Steunenberg. Eu digo que ele (o grupo imobiliário de Steunenberg) ficou sem dinheiro e

Advogado da Defesa 151

precisava de mais, e assim, Steunenberg foi em pessoa a Washington encontrar seu amigo Campbell."

Graças aos bons ofícios de Campbell, Steunenberg conseguiu obter de certas firmas madeireiras dinheiro suficiente para continuar as suas operações e salvar o que já tinha investido. Steunenberg havia gozado da reputação de ser um homem honesto; recusara um suborno de vinte mil dólares para perdoar um assassino condenado; quando lhe foi "oferecida uma cadeira no Senado dos Estados Unidos, se perdoasse Diamond Field Jack, que tinha sido condenado pela morte de vários homens, nas sangrentas guerras entre criadores de carneiros e de gado da zona rural de Idaho, batera com tanta força sobre a mesa do Hotel Palace de San Francisco que quebrara o seu tampo de mármore, recusando tornar-se senador por aquele preço, por mais que desejasse ser senador". Considerando as provas que tinham sido reunidas pelos investigadores federais, se Frank Steunenberg não tivesse sido feito mártir pela bomba de Harry Orchard, nunca viria a ser perpetuado numa estátua de bronze em frente do capitólio de Idaho.

4

A população de Caldwell reunira-se rapidamente em volta da casa de Steunenberg, quando se ficou sabendo do lugar da explosão. Dentro de duas horas, o Governador Cooding e outras autoridades estaduais chegaram, em trem especial vindo de Boise, a quase cinqüenta quilômetros de distância. Formou-se imediatamente uma Comissão de Cidadãos, oferecendo uma recompensa de vinte e cinco mil dólares pela captura do assassino; o governador ofereceu mais cinco mil. Muitos sentiam-se por demais atordoados para imaginar quem poderia ter cometido o covarde crime; outros diziam logo: "São os mineiros que se desforram pelo que ele lhes fez em Coeur d'Alene, em 1899." "Cada qual tinha uma teoria diferente sobre o que acontecera – conta uma testemunha ocular, – mas a maior parte achava que fora um ato de vingança por algo que ele tinha feito, quando era governador." A. B, Campbell, que se revelou depois ser dirigente da Associação dos Proprietários de Minas, exclamou: "Não há dúvida de que a morte de Steunenberg foi o castigo pela sua atividade, quando cumpriu seu dever durante a greve. Fiquei sabendo hoje que os homens que foram mandados para a penitenciária em consequência daquela greve têm tido ocasião de sair, nestes últimos meses." Ninguém suspeitava de Harry Orchard, que se estava misturando com a multidão no Saratoga, pois os homens de Caldwell, que tinham passado a conhecê-lo no curso dos cinco meses, o descreviam como um "indivíduo sociável, afável, estimado. Os rapazes gostavam de tê-lo no jogo de solo ou de vaza. Era ele um tanto rubicundo, de rosto redondo, com um aspecto bondoso; parecia dotado de uma grande alma, incapaz de fazer mal a outra pessoa – um indivíduo comum, jovial, que ninguém apontava em razão de qualquer peculiaridade." A única crítica feita contra Orchard foi do Xerife Moseley :

"Orchard é incapaz de sustentar o olhar de alguém. Quando ele o faz, seus olhos não ficam exatamente a tremer, mas vão fugindo, mansamente, facilmente, quase imperceptivelmente." No trem vindo de Boise chegara também Joe Hutchinson, vice-governador de Steunenberg, durante seu primeiro e nada movimentado mandato. Hutchinson encontrou um pedaço de linha de pescar perto do portão, e o entregou a Charles Steunenberg, irmão do homem assassinado, dizendo:

– Foi esta a linha em que seu irmão bateu com o pé, para disparar a bomba.

152 Advogado da Defesa

Na manhã seguinte, Charles Steunenberg ia passando pelo Saratoga Hotel, com seu amigo George Froman, que apontou Harry Orchard, sentado complacentemente no vestíbulo, por trás da vidraça transparente.

– Foi aquele o homem que cometeu o crime.

– Por que está dizendo isso?

– Porque há meses que ele anda por aqui, sem fazer coisa alguma. Ele tem dinheiro, mas não tem negócios. Por várias vezes, perguntou por seu irmão, quando iria ele voltar.

Charles Steunenberg passou a Hutchinson as suspeitas de Froman. Hutchinson "perguntou a Lizzie Volberg, ajudante de cozinha do hotel, se poderia entrar no quarto de Orchard. Lizzie arranjou uma chave e, enquanto sua irmã Theresa montava guarda no alto da escada, deixou Hutchinson entrar no quarto dezenove. Achou ele duas toalhas amarradas e penduradas na maçaneta, para cobrir o buraco da fechadura. No urinol, achou vestígios do gesso de Paris do qual fora feita a bomba. Numa mala, achou outro pedaço de linha de pescar exatamente igual ao que encontrara no portão do governador, duas horas depois da explosão. O xerife, que foi imediatamente avisado, obteve ordem de busca na mala de Orchard, que estava no depósito da estação ferroviária; quando a mala foi aberta, a turma de busca descobriu certa quantidade de explosivo empregado na bomba contra Steunenberg, toda uma coleção de instrumentos de um ladrão e mudas de roupa que teriam permitido a Orchard assumir o aspecto de membro de qualquer camada da sociedade.

O garçom do bar do Saratoga achava que Orchard queria ser apanhado. "Ele me deu a impressão de ser um irlandês esperto, que tinha fome de publicidade. Viu-o no hotel depois que ocorrera o crime. Ele parecia estar provocando o reconhecimento, e na ocasião cheguei a pensar que manobrava para que as suspeitas se voltassem para a sua pessoa." Orchard deixara-se denunciar de maneira tão aberta que, durante vários dias, os jornais se recusaram a levá-lo a sério, afirmando que era ele apenas testa-de-ferro do verdadeiro assassino, cuja fuga estava ajudando a empreender. Nem o próprio Orchard, em sua confissão, deixa muito claro esse aspecto:

"Não posso dizer o que se passou comigo. Tinha eu um pouco de gesso de Paris, um pouco de cloreto de potássio e um pouco de açúcar, em meu quarto, e também alguns frascos e parafusos, e sabia que poderia haver alguns fragmentos de dinamite espalhados pelo chão. Tinha a intenção de limpar o tapete e lançar fora aquele material que poderia parecer tão suspeito, e tive bastante tempo para isso." Entretanto, se Orchard queria ser preso, não parecia ter pressa. Na manhã seguinte, 1º de janeiro, entrou sem ser convidado numa reunião da Comissão de Cidadãos, que se realizava no Banco Comercial, sob a presidência do Xerife Moseley.

– Sei que estou sendo alvo de suspeitas – explicou, – e gostaria de pôr tudo às claras.

Tão calmo e seguro mostrava-se Orchard, tão sincero, de modos tão genuínos, "tão evidentemente o rapaz dotado de uma grande alma, que não seria capaz de magoar ninguém", que, a despeito das esmagadoras provas acumuladas contra a sua pessoa, a comissão ficou convencida da sua inocência e o deixou ir-se.

Foi só pelo fim da tarde que o Xerife Moseley prendeu Orchard e o trancafiou na cadeia de Caldwell. O bom humor de Orchard não foi perturbado; mostrava-se despreocupado e cantava em sua cela, anunciando que um advogado apareceria para defendê-lo, tão logo se soubesse que tinha sido preso. No enterro de Steunenberg, no dia seguinte, o mais impressionante jamais visto em Idaho, o Senador Borah disse com sabedoria: "No meio desta tremenda tragédia, esforcemo-nos por ser justos. O crime, quando for dele acusado o seu

Advogado da Defesa 153

autor, irá colocá-lo fora do pálio do perdão ou da piedade humana. Não vamos crer que esse foi o crime de uma classe ou de qualquer parcela dos nossos cidadãos, ou que tenha a simpatia de quem quer que seja, exceto daquele que o perpetrou."

Mas Borah chegara demasiado tarde. O sempre vigilante General Sherman Bell, de Colorado, havia-lhe passado a perna. Um dia antes do funeral, quando ficara sabendo da prisão, Bell predissera, no *Republican*, de Denver, que Orchard confessaria a sua culpa e apontaria seus cúmplices.

"Acho que nós convenceremos Harry Orchard da sabedoria dessa decisão", disse o general.

Os jornais de Colorado, Montana e Washington enchiam colunas de editoriais, dizendo que Steunenberg fora assassinado pela Federação dos Mineiros do Oeste. Detetives particulares, contratados da Agência Thiele, de Spokane, que forneciam alcagüetes sindicais aos proprietários, além de trabalhadores não sindicalizados e guardas armados, clamavam: "Assassínio com conspiração!" E o grito encontrou eco entre os proprietários de minas e dirigentes do Colorado e foi reproduzido no *Daily Statesman*, de Idaho, para consumo doméstico.

Mesmo assim, o povo de Idaho resistia à pressão que lhe era feita para que arrastasse a Federação a uma conspiração para matar. O Estado era habitado principalmente por pacíficos fazendeiros e pequenos negociantes, que não tinham ligação com as longínquas minas e que desejavam esquecer os levantes de 1899. Estavam ansiosos para levar Orchard a julgamento e punir aquele crime contra o mais alto mandatário do Estado; era um povo tranqüilo, pacífico, que se furtava a dar início ou a tomar parte numa guerra de classes. Durante os dezoito dias da detenção de Harry Orchard na cadeia de Caldwell, mesmo aqueles que diziam ter sido o crime conseqüência dos dias de encurralamento em Coeur d'Alene prontamente acrescentavam: "Mas trata-se de alguém que foi ferir, e acalentou seu agravo através dos anos."

Então, a 12 de janeiro, alguém convenceu as principais autoridades de Idaho de que deveriam colocar James McParland, chefe do escritório dos Pinkertons de Denver, à frente das investigações. Ele viajou prontamente para Boise, a fim de dizer ao Estado de Idaho quem havia assassinado seu ex-governador.

– Meu Deus! – gemeu Clarence Darrow.

5

Exatamente uma semana depois, anunciou o *Statesman* que os Pinkertons tinham passado a ser os detetives oficiais de Idaho; e, três dias após ter McParland chegado a Caldwell, foi Harry Orchard transferido para a penitenciária estadual, em Boise. Determina a lei que um preso só pode ser transferido para a penitenciária, se está em perigo iminente; no entanto, um dia antes, quando perguntaram ao Promotor Van Duyn, do Condado de Canyon, se Orchard iria permanecer em Caldwell, tinha ele respondido: "Não posso ver onde estaria ele mais seguro em Boise. O Xerife Nichols o tem bem guardado." E o Xerife Nichols acrescentara: "Cabe a mim decidir se Orchard pode ou não ser levado para Boise para ficar em segurança, e minha resposta foi um enfático "não", por várias vezes. Não consentirei em que o homem seja retirado de minha jurisdição." Na manhã seguinte, quando entregou o preso, o xerife estava rubro e embaraçado. "Eu tinha firmeza na minha crença de que nada me poderia fazer mudar de idéia – disse ele aos curiosos repórteres dos jornais, – mas a questão foi-me

154 Advogado da Defesa

apresentada sob uma luz inteiramente diferente. A razão da transferência virá a público no momento oportuno."

Aquele momento oportuno não se verificou antes de treze dias – treze dias de um silêncio muito estranho por parte do *Statesman*, pensava Darrow, enquanto corria os olhos pelas páginas, sem poder encontrar qualquer referência à morte de Steunenberg. Durante dez daqueles treze dias, foi Orchard mantido em solitária, no pavilhão dos condenados, sem que nenhum ser humano tivesse permissão de vê-lo, falar-lhe ou comunicar-se com ele. Que essa manobra foi comandada por McParland é admitido por um inimigo tão implacável da federação como Charles Steunenberg, pois Harry Orchard não era estranho a McParland. Orchard tinha trabalhado como informante e espião contra o seu próprio sindicato, recebendo pagamento da Associação dos Proprietários de Minas. McParland estava acostumado a tratar com informantes; sabia que qualquer homem que se voltasse contra os seus camaradas por dinheiro faria o negócio mais lucrativo que pudesse obter. Primeiro, porém, tinha de ser "amaciado" por dez dias de silêncio e solidão, dez dias de pavor numa cela escura e mortal, aterrorizado pela idéia de que os processos legais de Idaho tinham ruído, e de que podia facilmente acabar sua vida miseravelmente, naquela cela, sem chegar sequer a ser julgado.

"A guerra de McParland e Pinkerton com a Federação foi uma questão violenta e um livro poderia ser cheio com ela e mal chegar a ultrapassar as primeiras ondas de vitupérios", escreve o biógrafo da família dos Pinkertons.

Durante dezoito anos, desde a interdição da Federação, McParland tinha sido conservado pela Associação dos Proprietários de Minas para enfrentar os grandes sindicatos; antes daquilo, tinha sido empregado para destruir os jovens locais que estavam lutando pela sua existência no Colorado. Durante mais de vinte anos, desde que tinha sido transferido para Denver, depois de vencer os Molly Maguires, os proprietários de minas tinham sido os principais empregadores de McParland, e muitas vezes seus únicos empregadores. Ele recebera milhões de dólares para fornecer furadores de greves; para armar o equivalente à polícia do carvão e ferro da Pensilvânia; para manter todos os sindicatos locais infestados de espiões de trabalho, homens com nomes tais como Sirango, Crane, Conibear, espiões de tempo de paz, pagos pela Agência Pinkerton para ir aos campos de mineração disfarçados como mineradores; sabotadores que se introduziam nos sindicatos, trabalhavam até conseguir um posto, pela sua habilidade e disposição em fazer os trabalhos burocráticos, e, daquele ponto privilegiado, fornecerem aos concessionários das minas e das fundições listas de dispensas, com informações sobre todos os propósitos dos sindicatos; que desfaziam a unidade dos homens, provocando atritos de facções; que confundiam os registros e malbaratavam os fundos; que forçavam greves insensatas, em ocasiões em que os empregadores estavam em posição de vencer – como Sirango se gabara de ter feito no distrito de Coeur d'Alene. A tarefa de McParland, de arranjar um culpado pela morte de Steunenberg, seria paga não só por Idaho, mas tambem pela filial de Denver da Agência Pinkerton.

No fim de dez dias, Orchard foi tirado da solitária e levado para um agradável quarto onde o Diretor Whitney o apresentou a McParland e depois se retirou, ato que não deixou na mente de Orchard nenhuma dúvida de que McParland representava o Estado de Idaho e estava autorizado a fazer negociações em nome do Estado. Em sua *Autobiografia* publicada, Orchard dá, num parágrafo, o retrato daquele primeiro encontro, que, para Darrow esclareceu toda a história:

"Ele começou pela minha crença na vida depois da morte e falou da coisa terrível que

Advogado da Defesa 155

era viver e morrer numa vida de pecado e que todos os homens deviam arrepender-se dos seus pecados e que não havia pecado que Deus não perdoasse. Falou do Rei Davi, como assassino, e também do Apóstolo Paulo. Falou-me também de alguns casos em que os homens tinham apresentado provas favoráveis ao Estado e que, quando o Estado as usava como testemunha, não os processava ou não os podia processar. Disse que um homem podia estar a mil milhas de distância de onde se verificara um crime e ainda assim ter culpa daquele crime e ser acusado de conspiração, e que o homem que cometera o crime não era tão culpado quanto os conspiradores. *Disse mais que estava satisfeito pelo fato de que eu tivesse sido usado apenas como uma ferramenta, e estava certo de que a Federação dos Mineiros do Oeste se achava por trás daquilo*, que tinham desempenhado seu trabalho com uma mão forte, mas que seus alicerces tinham começado a ruir."

Foi servido almoço aos dois homens. Era o primeiro alimento bom que Orchard provava, depois de viver dez dias horríveis. Durante a tarde, McParland leu para ele a Bíblia – e lhe falou da história do ébrio Kelly, o vagabundo, que tomara parte em treze crimes atrozes mas que, convencido por McParland a apresentar provas a favor do Estado, ganhara dez mil dólares e tivera permissão para deixar o país. No fim do dia, Orchard foi devolvido à sua solitária.

A tarefa seguinte de McParland foi tornar respeitável um homem que tinha começado sua carreira de crimes furtando no peso aos fazendeiros que levavam leite a sua fábrica canadense de queijos; que ateara fogo à fábrica para receber o seguro; que abandonara a esposa e a filha de seis meses para fugir com a esposa de outro homem; que se casara com uma terceira mulher sem se incomodar com o divórcio da primeira, gastara o dinheiro que ela herdara do marido, e a abandonara, deixando-a tão empobrecida que tivera de passar a lavar roupa; que roubara os objetos da mala de seu companheiro de quarto mineiro; que roubara minérios das minas; que pusera fogo numa taverna, por cem dólares, para que o proprietário pudesse receber o seguro; que tinha tramado o rapto de um filho de um antigo sócio; que assaltara condutores de bondes, para recolher moedas de ouro; um homem que, durante anos, tinha vagado pelo Oeste, ganhando a vida com a caixa de ferramentas de um ladrão, encontrada em sua mala em Caldwell; que tinha atirado e matado um bêbado, numa rua escura; que admitia quase todos os crimes horrendos da agenda. McParland tinha de se livrar daquele leproso moral, cujo código único, durante vinte anos, tinha sido viver tão confortavelmente, tão excitantemente quanto podia, sem trabalhar sequer uma hora, e substituí-lo por outro Harry Orchard, que seria tão digno de crédito e tão aceitável quanto aquele mentiroso patológico era inacreditável e inadmissível. Sem aquilo, a confissão de Orchard, implicando a Federação dos Mineiros do Oeste, seria inútil.

6

Havia apenas uma maneira de realizar aquele milagre: uma conversão religiosa tão completa que faria renascer a alma do homem. Então, quando Darrow gritasse, com a sua raiva enorme: "Como pode alguém acreditar numa palavra pronunciada por esse perjuro, raptor, ladrão, incendiário e assassino cheio de si?", a promotoria poderia responder: "Ah! mas Vossa Excelência refere-se ao velho Harry Orchard. Este é o novo Harry Orchard, que encontrou Deus." Para Darrow, o momento mais desesperador daquela série de amargos julgamentos veio quando o promotor James Hawlay disse ao júri:

156 Advogado da Defesa

"Orchard é desprezível em tudo tanto quanto o pode ser um homem, exceto num particular: ele dirá a verdade!"

Durante os dias seguintes, Orchard foi levado ao gabinete particular de McParland, onde este misturava a trechos da Bíblia histórias de como os homens que tinham apresentado provas a favor do Estado se haviam tornado heróis nacionais. O *Statesman* conta o que se passou nos bastidores, num relato que, como a confissão de Orchard, revelou mais do que se intencionava, para a história.

"McParland resolveu usar as suas energias pessoais, persuadindo Orchard a fazer uma confissão. Foi, na verdade, um trabalho lento, mas a sagacidade do detetive, a sua grande capacidade de interpretar a natureza humana, *a sua vontade de poder operando sobre a do prisioneiro, afinal produziram os resultados desejados. Pouco a pouco, Orchard se tornou como argila nas mãos do detetive*. Um dia, afinal, Orchard recebeu seu visitante com uma expressão no rosto a dizer ao detetive, tão claramente como as palavras, que o homem estava prestes a confessar.

"– O senhor tem alguma coisa a me dizer?" – perguntou o detetive .

"– Estou pronto a fazer uma confissão completa. Não vou pedir clemência. Minha prisão solitária deixar-me-á louco, se eu não confessar. Minha consciência não permitirá que eu mantenha em segredo a minha culpa. Se um homem já sofreu os tormentos do inferno, sou eu este homem. Só posso esperar que Deus, na sua infinita misericórdia, ouça as minhas orações. Tenho sido um homem mau, quero falar."

No dia em que deram notícia da confissão, Orchard bradou, na manchete do *Statesman*, que até aquela ocasião o havia vilipendiado como um assassino odioso: "Minha única esperança é salvar minha alma do inferno!" E a coluna principal informava: "Com lágrimas a lhe rolar pelas faces, de cabeça baixa, e pensando em sua antiga formação religiosa, Harry Orchard cedeu e fez uma confissão completa. Acredita-se que todas as palavras ditas pelo homem despertado pela consciência são verdadeiras. Na verdade, investigações feitas provaram conclusivamente que Orchard disse a verdade."

A confissão de Orchard é uma das mais confusas jamais feitas. Ele acusava os diretores da Federação de o contratarem não apenas para matar o Governador Steunenberg, mas também para assassinar o Governador Peabody, o General Sherman Bell, juízes da Suprema Corte, proprietários e superintendentes de minas, detetives particulares; de tramarem explosões de minas muito mal explicadas, inclusive a da estação de Independence, assim como incêndios, acidentes e mortes, que tinham ocorrido no Noroeste, desde a explosão da mina de Bunker Hill em 1899. Embora o Promotor Hawley jurasse que, quando a Federação quis que Steunenberg fosse assassinado, naturalmente tinha-se voltado para "seu arquiassassino Orchard", para lhe confiar o trabalho, o próprio Orchard admitiu que, depois de gastar anos de tempo e centenas de dólares da Federação para vencer seus inimigos, com exceção de Steunenberg, os homens condenados estavam caminhando pela rua alegres e sadios, nunca tendo sido atingidos sequer por uma pedrada.

– Se eu tivesse sido um dos dirigentes da Federação – grunhiu Darrow, – e esse bandido tivesse trabalhado para mim, eu o teria despedido por causa da sua incompetência!

É uma insegurança que ameaça toda a base jurídica da justiça o fato de um Estado fazer promessas de imunidade a um criminoso que apresentar provas em seu favor; todavia, nunca um homem recebeu sua recompensa, na terra ou no céu, mais instantaneamente. Borah tinha dito, no enterro de Steunenberg: "Este crime, quando for descoberto seu autor, irá colo-

Advogado da Defesa 157

cá-lo fora do alcance do perdão humano." Mas Borah estava errado e, quando concordou em tomar parte na acusação, ajudou a provar que ele mesmo estava errado. O Estado deu a Orchard todo o dinheiro que ele quis; foram-lhe compradas roupas, ternos novos, camisas, colarinhos, gravatas, sapatos. Ele recebeu freqüentes visitas do Governador Gooding, dentro de um curto tempo; o governador o tratava pelo primeiro nome, e Orchard chamava Borah de "Bill". Quando o Governador Gooding o levou para almoçar em Boise, no melhor restaurante da cidade, o Juíz Wood ficou tão ofendido que quase citou o governador por desrespeito. Nunca mais Orchard voltou a ser confinado numa cela. Nunca mais foi mantido dentro da penitenciária. Foi transferido para um pequeno bangalô, fora dos muros, e comia a comida dos guardas. "Ele será bem alimentado e receberá material de leitura e os luxos considerados aconselháveis para o seu caso" – prometeu o Diretor Whitney. A nação tinha diante de si o espetáculo de um homem que, apenas uns dias antes, tinha sido odiado como o mais horrendo bandido e lunático da história do Estado, e se tornava, pela simples assinatura de um de seus muitos nomes supostos, um herói predileto e mimado, por cuja causa os jornais das grandes cidades do Leste eram comprados todos os dias, para que se pudesse ver o seu retrato e ler as animadoras notícias de sua regeneração.

Uma pista sobre o que Orchard confiantemente esperava foi revelada quando recebeu ordem para aparecer diante do Juíz Wood a fim de ouvir a sentença. Estando James Hawley fora na ocasião, e conseqüentemente impossibilitado de aparecer como advogado de Orchard, deu a seu filho Jesse instruções para dizer a Orchard que pleiteasse o veredicto de "sem culpa"

– Mas como posso fazer isso, quando sou culpado? - perguntou Orchard!

– O povo de Idaho jamais o condenará - replicou Jesse.

– Mas eu não confessei para ganhar imunidades – disse Orchard. – Confessei para me regenerar perante Deus. Que acha você que devo fazer?

– Creio que deve deixar-se pendurar pelo pescoço, Harry.

– Mas, por quê? Eu dei ao Estado toda a ajuda que pude.

– Sim, mas a justiça deve ser satisfeita. E como você encontrou Deus, é melhor que morra agora, quando não há possibilidade de recair e perder o seu cristianismo.

– Não, não – protestou Orchard, – eu quero sair ao mundo para pagar meus pecados!

Não foi aquela, de maneira alguma, a primeira vez que Clarence Darrow teve de gritar:

– Quem acusará a acusação?

No silêncio demorado e uniforme que se seguiu àquela pergunta, percebeu ele a resposta: ninguém acusaria a acusação – exceto ele mesmo. De algum modo, aquela se tinha tornado a sua principal tarefa; ele indigitaria os acusadores, perante um juri não de doze homens, mas de cem milhões de seus compatriotas. Somente perante o foro da opinião pública, podia aquela conspiração ser acusada.

7

Imediatamente foram preparados em Boise documentos de extradição contra Charles H. Moyer, presidente da Federação; William D. Haywood, tesoureiro, e George Pettibone, que anteriormente tinha sido ativo no Sindicato dos Mineiros, mas que agora dirigia um armazém de gêneros em Denver. Nem mesmo Orchard havia afirmado que aqueles três homens tinham jamais estado em Caldwell, e, no entanto, já que a extradição só podia ser tentada se fossem fugitivos da justiça, o Estado de Idaho fez conscientemente aquela afirmação

158 Advogado da Defesa

fraudulenta. Os funcionários de Idaho conspiraram então com os funcionários de Colorado, para remover os três homens.

"Na noite de 17 de fevereiro de 1906, Moyer, eu e George Pettibone fomos presos – escreve William Haywood. – Moyer na estação, onde estava para sair em visita ao Sindicato dos Fundidores em Iola, Pettibone em sua casa e eu numa pensão perto do escritório. Perto das onze e meia, ouvi uma batida na porta. Levantei-me e perguntei quem era. Uma voz respondeu:

"– Quero falar com você, Bill. – Abri a porta, quando vi um guarda que conhecia; ele disse:

"– Quero que você venha comigo. – Perguntei-lhe por quê.

"– Não posso dizer – respondeu ele, – mas você deve vir.

"Descemos e entramos em um carro. Perguntei a ele onde íamos. Ele respondeu:

"– Para a cadeia do condado.

"–Se você está-me prendendo – disse eu, – por que não veio com um mandado judicial?

"– Não tenho mandado nenhum – respondeu ele.

"Puseram-me numa das celas federais. Poucos minutos depois, o xerife apareceu. Perguntei-lhe o que significava tudo aquilo. Respondeu:

"– Vão levá-lo para Idaho. – Eles implicaram você no assassínio de Steunenberg.

"– E nós não teremos nenhuma oportunidade? O senhor não pode prender um homem sem um mandado e transportá-lo para outro Estado sem documentos de extradição.

"– Parece que é isso mesmo que eles estão preparados para arranjar – admitiu o xerife.

"Por volta das cinco da manhã, fui levado, com Moyer e Pettibone, ao escritório. Havia ali uma porção de homens estranhos. Seguimos ao longo de ruas tranqüilas, cada um de nós num carro separado, com três guardas. Um trem estava pronto à espera. Estávamos seguindo numa velocidade terrível. O trem parava em pequenas estações para tomar carvão e água, e não se deteve em nenhuma das cidades maiores ao longo da estrada. Quando chegamos a Boise, de novo fomos colocados em veículos separados. Fomos conduzidos para a penitenciária. Havia sobre o portão um letreiro: "Ingresso, vinte e cinco cêntimos", mas deixaram-me entrar sem pagar. Então, fomos colocados na ala dos assassinos, na cela da morte." Quando os jornais contaram os métodos pelos quais Moyer, Haywood e Pettibone tinham sido levados para Idaho, o oficial de justiça do tribunal em que os homens estavam sendo julgados exclamou para um dos principais advogados de Boise:

– Esses métodos são muito esquisitos!

– Que diferença faz – sorriu o advogado, – uma vez que os prendemos?

A diferença, concluiu Darrow, estava no estabelecimento daquele precedente pelo qual qualquer homem que um grupo partidarista desejasse condenar, num julgamento por paixão, podia ser raptado por uma conspiração dos titulares temporariamente encarregados da máquina judiciária do Estado. Quando aqueles processos ilegais finalmente vitimassem o advogado que tinha sorridentemente perguntado, "que diferença faz?" – como haveria de ocorrer um dia, de uma outra forma, uma vez que a estrutura jurídica do pais fosse derrubada, – ele veria a diferença – e, da sua cela na cadeia, berraria clamando pelos seus direitos.

O Juiz James F. Ailshie, da Suprema Corte de Idaho, para quem apelou a defesa, desejando uma reparação pelo rapto, chamou a Darrow "um inimigo do povo", por defender Haywood e Pettibone. "Sim, é verdade que o Estado de Idaho raptou aqueles homens disse o juiz, fora de seu tribunal, – e cometeu um ato ilegal ao fazer isso. O Estado de Colorado ti-

Advogado da Defesa 159

nha todo o direito de prender os dirigentes de Idaho e condená-los." O juiz estava fazendo a sua pilheriazinha: os funcionários de Colorado tinham sido instrumentos do rapto e por isso não estavam em posição de processar ninguém. Na sua decisão pela Suprema Corte, na qual foi recusado a Moyer, Haywood e Pettibone o direito de voltar ao Colorado, bem como a oportunidade de uma audiência pública nas acusações de Orchard, o Juiz Ailshie escreveu:

"O fato de que um erro tenha sido cometido contra um prisioneiro, na maneira ou no método usado para submeter a sua pessoa à jurisdição de um Estado, cujas leis é acusado de ter transgredido, não pode constituir razão legal ou justa para que não responda à acusação contra ele, quando levado ao tribunal conveniente. O cometimento de uma infração na sua prisão não expia a ofensa da qual é ele acusado."

O caso foi levado à Suprema Corte dos Estados Unidos, mas Darrow já não era tão ingênuo como tinha sido em 1894, quando esperara que aquele tribunal deixasse Eugene Debs fora da prisão. Desde aquela época, vinha ele estudando as decisões da Suprema Corte e chegara à conclusão de que a maioria dos juízes pronunciava sentenças tendo em vista preservar os direitos de propriedade sobre os direitos das pessoas, uma opinião que a Suprema Corte pouco fez para controverter, quando declarou inconstitucionais as leis de trabalho infantil e de salário mínimo. Tampouco o desapontou a Suprema Corte; afagando-se com a mão morta do passado, os seus juízes decidiram, por oito a um, que nada estava fora dos eixos no Estado de Idaho.

"Nenhuma obrigação foi imposta ao agente de Idaho para, daquele modo, marcar a hora da prisão do peticionário e, daquele modo, levar a cabo a sua deportação do Colorado, capaz de lhe dar uma oportunidade conveniente de, perante algum tribunal do Colorado, levar a julgamento a questão de saber se era um fugitivo da justiça." Somente o Juíz McKenna discordou e, enquanto os Estados Unidos continuassem a produzir outros McKennas, pensou Darrow, haveria alguma possibilidade de sobreviver a democracia, a poder de lutas. "O rapto é um crime, pura e simplesmente - escreveu o Juíz McKenna. - Todos os funcionários da justiça devem estar em guarda contra ele. Como há de ser, porém, quando a justiça se torna raptora, quando os funcionários da justiça, usando as suas formas e exercendo o seu poder, se tornam os sequestradores? O fundamento da extradição entre os Estados é o de que o acusado seja um fugitivo da justiça, no Estado que o procura, e ele pode pôr em dúvida o fato por meio de um *habeas corpus* imediatamente após a sua prisão."

8

A acusação foi tão arrogante que não se incomodou de salvar as aparências, nem mesmo perante o mundo exterior. Embora o Diretor Whitney tivesse prometido dar a Orchard todos os luxos que pudesse, as lâmpadas elétricas foram tiradas da cela de Moyer, Haywood e Pettibone, e substituídas por velas. O diretor disse:

– Nossa usina, ultimamente, não tem estado em condições de fornecer toda a luz, e a mudança foi feita por necessidade. Quando os prisioneiros desejaram comprar meias quentes e camisas de flanela para se protegerem contra o frio, o diretor não quis fazer as compras; ficaram confinados em sua cela, porque o guarda disse que não tinha autoridade para lhes permitir fazerem exercícios. Foi-lhes negado o direito de conversar entre si; foi-lhes negado o direito de enviar cartas sem que fossem censuradas, ou de recebê-las sem que tivessem sido lidas; foi-lhes negado acesso aos jornais, revistas, livros, ou qualquer outro contacto com o

160 Advogado da Defesa

mundo exterior; foi-lhes negado o direito de receber visitas, a menos que as licenças fossem assinadas pelo Governador e pelo Promotor Haley. Quando todos os quatro prisioneiros foram levados a Cladwell para as audiências preliminares, os três homens do sindicato ficaram trancados na cadeia, mas McParland protestou que o lugar era demasiado pequeno para Orchard, o qual então foi levado, sob escolta, para o Saratoga Hotel, a fim de passar a noite. Por uma curiosa ironia, o único quarto disponível para Orchard era o número dezenove. Gostaria de saber se ele encontrou alguma maneira de usar o seu tão leal vaso noturno – meditava Darrow.

Quando a defesa se queixou dos métodos que estavam sendo usados contra homens que a lei americana declarava "inocentes até ficar provada a sua culpa", Haley não teve dúvidas em dizer: - É perfeitamente clara a razão de toda essa bulha estar sendo feita. O objetivo da defesa é prejudicar as mentes de todas as pessoas possíveis. Estão tentando burlar as possibilidades de se formar um júri, alegando perseguição.

Advogado criminalista bem treinado, Darrow mergulhou no problema fundamental do caso: que ganharia a Federação pela morte de Steunenberg? Que motivo poderia ter para o crime? O motivo foi fornecido em cinco curtos parágrafos, na confissão de Orchard:

"Moyer disse que achava que teria um bom efeito se pudéssemos liquidar Steunenberg e depois escrever cartas a Peabody, Shermam Bell e alguns outros que vinham tentando esmagar a Federação, dizendo-lhes que também sofreriam o que tinha sofrido o Governador Steunenberg; que não nos tínhamos esquecido deles e que nunca os esqueceríamos, e que a única maneira pela qual escapariam seria a morte. Haywood disse que voltaríamos para Paterson, em Nova Jersey, e enviaríamos aquelas cartas dali, escrevendo-as de tal maneira que se pensasse que tinham sido enviadas por algum daqueles anarquistas estrangeiros; e, se matássemos Steunenberg depois de deixá-lo esperar bastante, eles certamente pensariam que nunca nos esquecíamos de ninguém que nos houvesse perseguido. Pettibone disse que estava bem. Moyer me disse que procurasse o dinheiro de que viesse a precisar com Haywood. Haywood me deu duzentos e cinqüenta dólares e disse que esperava que eu conseguisse liquidar Steunenberg."

O fundamento da acusação de rapto e assassínio, no Estado de Idaho, contra os três Funcionários da Federação, firma-se nesses cinco períodos. Todavia, a mais simples análise do seu conteúdo mostra que constituem uma invenção. Charles Moyer era um administrador altamente inteligente e capaz, do calibre de Eugene Debs, Thomas I. Kidd e John Mitchell; acreditava no poder da organização e da unidade para melhorar a sorte de seus quarenta mil membros e suas famílias. Constantemente pregava contra o uso da força, que considerava um bumerangue decapitador, por parte dos trabalhadores organizados. Poderia aquele homem ter sido tão colossalmente estúpido a ponto de sugerir que matassem Steunenberg e depois enviassem cartas a seus outros inimigos, prometendo-lhes a mesma morte horrível, quando já o recebimento da primeira daquelas cartas literalmente os condenaria pelo assassínio de Steunenberg? Não havia disputas trabalhistas em Idaho, nem tinha havido nenhuma divergência séria, desde os conflitos de 1899. A Federação estava esgotada, pelo que sofrera nas mãos de Peabody e da milícia de Bell. Depois da história de Steunenberg no distrito de Coeur d'Alene, os líderes do sindicato seriam imediatamente denunciados por seus inimigos. A sua organização seria vilipendiada, os seus parcos recursos arrasados; perderiam a simpatia e o apoio do público; a sua capacidade de fazer transações com os empregadores ficaria prejudicada; os seus processos legais, nos tribunais de Colorado, seriam prejudicados; os seus anos de penoso trabalho e sacrifício para construir hospitais, fundos de acidente e seguros de vida, para educar seus membros, para reduzir a semana de setenta horas à semana de quarenta e oito horas, para elevar os salários acima dos níveis de subsistência, tudo isso teria sido lançado fora pelo esgoto.

Que idéia poderia ter tido Haywood, ao dizer que deveriam voltar a Paterson para fazer com que as cartas ameaçadoras parecessem ter vindo de anarquistas estrangeiros? Se as cartas deviam aterrorizar os seus inimigos, deveriam chegar da Federação, e não de anarquistas estrangeiros, que viviam a 3000 quilômetros de distância. Se Peabody e Bell tinham caminhado pelas ruas sem sofrer nada, na mais sangrenta guerra de classes dos Estados Unidos, por que iriam ficar assustados por cartas ameaçadoras de anarquistas estrangeiros – ou de quem quer que fosse?

Não; Steunenberg vivo não lhes poderia fazer mal algum; sua morte não lhes poderia fazer nenhum bem.

9

Antes de partir de Chicago, Darrow procurou o Senador Dubois, de Idaho, e lhe perguntou quem devia contratar como seu assistente em Boise.

– Dê-me seus planos e especificações – replicou Dubois.

– Preciso de um bom advogado, que tenha boa reputação na comunidade, que seja proeminente, mas que não tenha sido identificado com os sindicatos trabalhadores.

Dubois percorreu a lista de advogados de Boise, mas, em cada caso, comentava:

– Não, o senhor não desejaria este. Não, aquele não serve...

- Não existe em Boise nenhum advogado que preencha os meus requisitos?

– Sim, conheço exatamente o homem que lhe servirá; mas é um homem de muito elevado gabarito e não creio que ele aceite o emprego. Seu nome é Edgar Wilson.

Quando Darrow chegou a Boise, depois de registrar-se no Hotel Idanha, foi imediatamente procurar Edgar Wilson, para lhe oferecer o serviço. Quando circularam notícias desse fato, Boise se levantou em armas: empresas de negócios que vinham empregando Wilson lhe disseram que ele nunca mais teria serviços delas; organizações cívicas ameaçaram, dizendo que ele estava cometendo um suicídio político e legal. Amigos da família imploraram à Sra. Wilson que não deixasse o marido associar-se àqueles assassinos; o casal ficaria no ostracismo, se ele o fizesse: perderiam os amigos, seriam expulsos de Boise. A situação era complicada pelo fato de que Fremont Wood, que tinha sido sócio de Wilson durante vinte anos, iria ser o juiz presidente.

Edgar Wilson, que era um americano da quinta geração, procurou o Juiz Wood.

– Você ficaria embaraçado, se eu aceitasse este caso? – perguntou.

– Não, isso não me embaraçaria – replicou o juiz. – Se você acha que está direito aceitá-lo, siga adiante e aceite.

Wilson voltou a Darrow e aceitou a associação. Sua propriedade de um acre nos arrabaldes da cidade, com os seus milhares de belas flores, tornou-se para Ruby e Clarence um oásis no estéril deserto de ódio e vitupério no qual eles, por força, passaram os dois anos seguintes. Darrow, de imediato, gostou dos Wilsons; naquela tarde, quando iam de carro para casa, ele os acompanhou até lá.

– Ora, Clarence, onde você vai? – perguntou Ruby.

162 Advogado da Defesa

– Vou jantar com os Wilsons – replicou Darrow.

– Sem dúvida – riu a senhora Wilson; – venha mesmo; nós jantaremos juntos.

Mais tarde, quando Darrow se achou na cela de prisioneiro, em sua hora de desespero e derrota, quando todas as pessoas em cujo nome lutara e se sacrificara afastavam-se dele os sindicatos trabalhistas, os socialistas, os radicais, os intelectuais, a vasta multidão de admiradores da classe média e seus seguidores profissionais; quando o mundo o tinha abandonado, os Wilsons ainda lhe davam apoio.

– Laura Wilson – disse Darrow, segurando-lhe a mão, – você se comprometeu ao se tornar nossa amiga.

– Não há nada de comprometedor, quando se trata de um amigo – replicou a Sra. Wilson.

Todavia, Edgar Wilson teve a sua vida jurídica e pessoal arrasada, porque trabalhou com Darrow. Foi acusado de ter recebido uma gratificação de trinta mil dólares, para usar sua influência sobre o Juiz Wood, e Wood, que também conquistou um lugar na história, por ter realizado um julgamento limpo e imparcial em meio à histeria e à sede de sangue, foi derrotado para a reeleição, por um verde jovem democrata, numa região tradicionalmente republicana. Pouco tempo depois, o Juiz Wood perguntou a um advogado amigo:

– Por que razão fui eu censurado?

– Você foi censurado por ser um acabado idiota. Você devia ter jurado suspeição por causa de Edgar Wilson, suspendido a sessão e pedido ao governador que designasse outro juiz.

– Mas, por quê? Eu não tinha medo da minha honestidade.

– O problema era o que o povo pensava.

A recepção que Darrow teve em Boise teria envenenado um homem menos duro, um homem menos acostumado àquela espécie de condenação universal, àquele ódio que penetrava em tudo; teria titubeado diante daquilo, teria ficado doente, teria sido forçado a fugir. Quando caminhava pelas ruas, quando ia a edifícios públicos, quando entrava em restaurantes, encontrava rostos gelados de ódio voltados para ele, ou olhos apaixonadamente incendiados de aversão e desprezo.

– Ele está defendendo os assassinos – Boise dizia; – por isso, deve estar aliado aos assassinos.

Repetiam-se, em tudo, aqueles velhos tempos em Kinsman, exceto que, daquela vez, a sólida muralha de animosidade voltada contra ele não era pilhéria: não haveria quadrilha virginiana nem danças na praça, quando terminasse o debate. Boise, que tão valentemente tentara permanecer calma e justa, depois do chocante crime, estava agora dominada por uma série vindicatória de julgamentos da guerra de classes, julgamentos que provocariam dissensões e lutas intermináveis, que inscreveriam páginas negras na pedra daquele Estado de dezessete anos, que consumiriam um milhão de dólares do seu dinheiro tão dificilmente ganho, e assim esgotariam o seu tesouro; este, antes de terminarem os julgamentos, iria ser obrigado a emitir apólices de papel para obter fundos. Seus funcionários estaduais, seus principais advogados e principais jornais tinham dito ao povo que Moyer, Haywood e Pettibone eram culpados da morte do Governador Steunenberg; noventa por cento dos cidadãos queriam que os três homens fossem enforcados o mais depressa possível.

Eu ainda estava convencido da culpa de Haywood depois do julgamento – disse um advogado de Caldwell, – mas, afinal, também estava convencido disso antes do julgamento.

Advogado da Defesa 163

A histeria tomou conta de Boise. Circularam informações dizendo que todos os lares dos Condados de Ada e Canyon tinham sofrido intimidações por parte de homens da Federação, que iam de porta em porta, fazendo-se passar por vendedores de livros e agentes de seguros, que queriam conversar com as donas de casa. Mais cedo ou mais tarde, a conversa giraria em torno do julgamento:

"– Ouvi dizer que está para acontecer um grande julgamento.

"– Está.

– Bem, a senhora deve pedir a seu marido que não vá àquele júri. Eu já vi como é a Federação dos Mineiros do Oeste, no Colorado, e sempre que um jurado condena um homem do sindicato, acaba sendo morto."

Certo advogado não pemitia que sua esposa abrisse a porta do escritório, temendo que uma bomba explodisse; insistia sempre em abri-la ele mesmo. O *Statesman*, continuou a imprimir artigos inflamatórios contra a Federação, a tal ponto que o Juiz Wood teve de ordenar que parasse de julgar o caso fora do tribunal, ou, do contrário, jamais poderia ser formado um júri sem preconceitos, no Condado de Ada. Varreram a cidade rumores de que Darrow tinha colocado atiradores na Table Mountain, por trás da penitenciária, para liqüidar Hawley e Borah. Hawley mandou dizer à defesa.

"O segundo homem a ser alvejado será Clarence Darrow!"

A cidade ficou apinhada de detetives. Ninguém sabia para quem estavam trabalhando. "Um dos detetives era um sujeito ofensivo, barrigudo, que andava por todo lado, entrando em contacto com todo mundo e a todo mundo insultando – conta um advogado. – Foi ao meu escritório e me ofereceu vinte e cinco dólares por dia pela simples tarefa de recolher assinaturas para um pedido de desaforamento. Como eu me recusasse a trabalhar para o sindicato, ele rosnou: "A Federação vai descontar no senhor por causa disso." Foi somente em l921 que soube, por meu sócio, que tinha sido promotor do Condado de Canyon, que aquele C. O. Johnson havia sido empregado pela Associação dos Proprietários de Minas, fazendo-se passar por detetive da Federação. Meu sócio mostrou-me a pasta na qual minhas reações à isca de vinte e cinco dólares por dia tinham sido registradas. Se eu tivesse aceito o emprego, nunca mais teria tido permissão para praticar o direito em Caldwell.

O *Capitol News* publicou artigos exigindo que a lista dos homens que trabalhavam para o Estado e os salários que recebiam fossem divulgados. Quando, à custa de muito martelar, tiveram êxito nessa campanha, Charles Steunenberg acusou: "O *Capitol News* foi comprado. Tivemos de despedir alguns dos nossos melhores testas-de-ferro." Um ou dois detetives faziam sombra para Clarence Darrow dia e noite; muitas vezes, aqueles detetives tinham a sombra de outros detetives. Sua casa era vigiada a noite inteira, enquanto ele dormia; irritava-se. Seus telefonemas eram interceptados, sua correspondência aberta, suas notas e relatórios roubados, seus telegramas lidos; um completo sistema de espionagem.

Todavia, no meio da suspeita e do ódio, os Darrows encontraram alguns amigos. O Sr. e Sra. K. I. Perky, que se contavam entre os liberais de Boise, convidaram os Darrows a ficar em sua casa, até que pudessem encontrar um lugar para eles próprios. Boise ficou escandalizada; a Sra. Charles Steunenberg procurou sua amiga para protestar.

Darrow é bem intencionado – exclamou a Sra. Steunenberg – mas é pervertido. Nenhum homem que tivesse noções de ética aceitaria este caso.

Como a Sra. Perky apenas sorrisse tolerantemente, a Sra. Steunenberg continuou:

Que sabe você da moral dele?

– A moral é problema dele – replicou a Sra. Perky.

Darrow escreve: "Quando desembarquei em Boise, acho a primeira pessoa que encontrei foi Billy Cavenaugh. Seu rosto luzia com um sorriso amplo, quando se encaminhou na minha direção, de mãos estendidas. Era um cortador de pedras, empregado numa construção pela qual eu passava, e havia deposto suas ferramentas para descer e me dar um caloroso aperto de mão, jubiloso com minha chegada à cidade." Todas as noites, Billy Cavenaugh esperava que ele terminasse seu trabalho na cidade, por mais tarde que fosse da noite o acompanhava como guarda-costas até sua casa. Quando Darrow estava demasiado exausto, após um trabalho estafante de dezesseis horas, para cair no sono, Cavenaugh aplicava ao seu pupilo um massagem de álcool com suas poderosas mãos de cortador de pedra.

Depois de certo tempo, os Darrows encontraram um bangalô mobiliado, nos arrabaldes da cidade apenas a três quarteirões dos Wilsons. Havia um jardim de rosas, um brilhante gramado verde e uma macieira. Ruby, que, com certa previsão, havia guardado seus móveis novos do apartamento na Sheridan Road, transportou pra lá suas poucas peças de bagagem e iniciou sua nova vida doméstica.

– Está ótimo – murmurou Darrow. – Nas manhãs de domingo, eu descansarei debaixo desta macieira e lerei as histórias em quadrinhos.

Mas nunca pôde ler o jornal debaixo da macieira, em manhãs de domingo. Idaho fervilhava com outro caso de extradição, ou confissão e outra acusação de assassínio, uma acusação de assassínio que o levaria às geladas regiões do norte do Estado, para assumir a defesa, não uma vez, mas duas, num esforço que quase lhe custou a vida.

10

A acusação compreendeu o quanto seria difícil condenar os funcionários da Federação, com base apenas no testemunho de Orchard. Este havia mencionado Jack Simpkins, membro da junta executiva da Federação, como seu comparsa em Caldwell, mas, como Simpkins tinha desaparecido tão completamente que nem mesmo os Pinkertons o podiam localizar, deram-se por satisfeitos com Steve Adams, que Orchard declarara ter sido cúmplice na explosão da estação de Independence.

Steve Adams estava trabalhando nos sessenta e cinco hectares de terra que havia conseguido, perto de Baker City, Oregon, quando foi preso por Thiele, chefe da agência de detetives particulares de Spokane, e por Brown, xerife do Condado. "Adams quis saber qual era a dúvida e disseram que era acusado do assassínio do ex-governador Steunenberg. Na manhã seguinte, Adams declarou que não diria mais nada, até que tivesse falado com um advogado. O Xerife Brown tinha estado em conversa com Thiele e disse a Adams:

"– Steve, eles não pensam que você está implicado no assassínio de Steunenberg. Eles não estão interessados em você por causa disso, mas como testemunha, e se você ceder e ajudá-los a corroborar suas histórias, sairá de tudo isso muito bem e não será processado."

"Adams nunca foi levado perante um magistrado ou juiz – acusou Darrow. – Nunca foi denunciado por um grande júri. Não foi acusado de um crime cometido. Não foi levado para a cadeia de Caldwell, como exigia a lei, se fosse acusado de crime naquele condado, mas diretamente para a penitenciária do Condado de Ada, e ali colocado na mesma cela com Harry Orchard. Durante cinco dias, Orchard "trabalhou" Adams, falando-lhe das coisas horríveis que o Estado lhe faria, se ele não corroborasse a confissão de Orchard, e de todas as coi-

Advogado da Defesa 165

sas boas que aconteceriam se o fizesse. A única pessoa que Adams teve permissão para ver, durante aqueles cinco dias, foi o Diretor Whitney, que disse que seria ele enforcado, se não os ajudasse. No intervalo, o advogado de Adams, Moore, tinha chegado a Boise e procurado o governador. No fim dos cinco dias, Moore informou a Adams que o governador dissera que ele seria enforcado mais alto do que Haman, a menos que confirmasse a confissão de Orchard, mas que, se ele fizesse isso, o governador tinha prometido fielmente que poderia sair de Idaho, e Moore recebera cem dólares para ir ao Colorado ver o governador daquele Estado, para que ele também fizesse a mesma promessa."

Na manhã seguinte à visita de Moore, Adams foi levado para a mesma sala onde Orchard tinha feito a sua confissão; James McParland estava à espera, com a Bíblia sobre os joelhos. "Durante a primeira entrevista, McParland disse a Steve que tinha provas bastantes para enforcá-lo muitas vezes, que o enforcaria e que ele nunca sairia vivo dali, a menos que ajudasse o Estado. Disse que sabia que Adams era o instrumento do pior grupo de filhos de cadelas que viviam nos Estados Unidos, e pediu-lhe que confirmasse a história de Harry Orchard, dizendo que, se o fizesse, logo estaria de volta à sua casa no Oregon, com sua esposa e seus filhos; se não o fizesse, seria enforcado em Idaho ou levado de volta para Cripple Creek e enforcado pela justiça ou pela multidão." Na manhã seguinte, Adams de novo viu McParland, para ouvir histórias da Bíblia, dos criminosos bíblicos que tinham sido perdoados, a história de Kelly, o Ébrio, de seus mil dólares e de sua liberdade. Foi-lhe dada a alternativa de escolher entre o enforcamento e a liberdade; ele não tinha amigos, nem dinheiro, em Idaho; Adams assinou uma confissão, confirmando Orchard, em numerosos crimes contra a propriedade, supostamente cometidos a mando da Federação – embora sem se implicar, de qualquer modo, nem aos funcionários da Federação, no assassínio de Steunenberg, o crime pelo qual tinha sido extraditado. Imediatamente foi tirado de sua cela "e colocado num quarto ensolarado do hospital". Sua esposa e seus filhos foram trazidos de Oregon e a família instalada num bangalô, fora dos muros da penitenciária. Três vezes por dia, levavam-lhe refeições da mesa dos guardas; Harry Orchard tornou-se seu pensionista. Mais uma vez, as altas autoridades de Boise jornadearam até a penitenciária para fazer visitas: o Senador Borah, James Hawley, o Governador Gooding, que mimou nos joelhos o filho mais novo de Adams.

Entre a extradição obtida fraudulentamente e a feliz reunião da família, no bangalô de Idaho, Darrow foi capaz de apontar dez ilegalidades sucessivas. Todavia, com a confissão de Adams no bolso, o Governador Gooding poderia provar que tinha razão, quando exultou: "Esses dirigentes da Federação nunca sairão vivos de Idaho." A confissão de Orchard colocaria o laço à volta dos seus pescoços; a confissão de Adams abriria o alçapão. De algum modo, ele devia convencer Adams a refutar sua confissão. Como, porém, conseguir esse difícil fim, quando absolutamente ninguém, exceto a acusação, tinha permissão para conversar com ele?

Naquela noite, Darrow despistou os detetives que o estavam seguindo e tomou o trem para Oregon, a fim de localizar certo tio de Adams. Foi uma longa jornada, cujas últimas horas ele passou a pé, nas montanhas. Quando, afinal, localizou a cabana, estava cansado e sedento. Bateu à porta.

– É o Senhor Lillard, tio de Steve Adams? - perguntou. - Sou Clarence Darrow, o advogado que esta defendendo Moyer, Hay...

Deixe Steve em paz – exclamou Lillard. – Se não fizer isso, eles o enforcarão. Que possibilidade tem o pobre rapaz, naquela distância toda, em Idaho? Eles prometeram que o enforcariam e agora conseguiram uma confissão.

– Essas ameaças são pura intimidação, Sr. Lillard. Nem Idaho, nem ninguém, pode enforcar Steve por uma confissão obtida através de meios ilegais, por medo ou esperança de recompensa.

– Vá embora – gritou Lillard. – Não quero correr nenhum risco de ver Steve enforcado, apenas para ajudar a sua defesa.

– Está bem, vou – replicou Darrow, quietamente, – mas, antes de ir, o senhor se importa de me dar um gole d'água? Estive caminhando a maior parte do dia.

– Bem, creio que não fará mal dar-lhe um copo d'água. Quando ele voltou com a água, Darrow deixou-se cair nos degraus para enxugar a testa e conversar calmamente sobre a boa qualidade da água das fontes, sobre a beleza dos bosques de Oregon e o caráter imperecível das montanhas – a riqueza oculta que continham, as vidas dos homens que labutavam para arrancar do solo aquela riqueza, a obra dos sindicatos para tirar os homens das profundíssimas covas, das jornadas de doze horas, dos salários de um dólar e sessenta e cinco e da morte súbita; a parte desempenhada pelos espiões Pinkerton entre os trabalhadores, para esmagar os sindicatos, de modo que os homens pudessem ser forçados à jornada de doze horas, aos salários de fome e à morte súbita. Depois de uma hora, levantou-se, estendeu a mão e sorriu, um sorriso brando, caloroso e amável.

– Muito obrigado por sua hospitalidade, Sr. Lillard. Acho que é melhor voltar logo para Boise e para o meu trabalho.

Quando já se voltava, Lillard chamou, com uma expressão intrigada na face:

– Espere um minuto! – Darrow voltou-se. – O senhor disse que não podem enforcar meu sobrinho, se ele repudiar aquela confissão?

– Eles não têm a menor chance deste mundo.

– Bem... Steve não tem direito nenhum de atraiçoar seus camaradas, apenas para se salvar. Se o senhor prometer que o Senador Stone, de Mississipi, o defenderá, irei procurar Steve e dizer a ele que lute.

Poucos dias depois, Lillard chegou a Boise. Sem saber da sua missão, o guarda o deixou ver seu sobrinho. Com a garantia dada, pela primeira pessoa que lhe tinha sido permitido ver, afora a acusação, de que Idaho não o podia enforcar, tão facilmente como tinham prometido, Adams repudiou sua confissão. Na manhã seguinte, Darrow pediu ao tribunal uma ordem de *habeas corpus*, que forçaria o Estado a mostrar as razões de manter Steve Adams na cadeia. A acusação recebeu ordem imediata de libertá-lo. Não, porém, antes de ter combinado com o Xerife do Condado de Shoshone, para estar no portão, a fim de algemar Adams e levá-lo dali para Wallace, 480 quilômetros ao norte, onde seria julgado pelo assassínio de um intrujão, que ele admitira ter cometido, naquela confissão anulada. As autoridades de Idaho tinham notícia daquele suposto crime havia seis meses; tinham sabido dele quando levantavam o dinheiro a fim de levar a Sra. Adams e os filhos para Boise, onde tinham rido e pilheriado com Steve, chamando-o de seu amigo. Naquela noite, preparando-se para partir para Wallace, Darrow disse ao tio de Steve, Lillard :

–Não se incomode muito com isso. Estou tratando de conseguir que ele seja defendido pelo Senador Stone.

–Não se incomode - replicou Lillard. - Estive fazendo perguntas e acho que o senhor o conseguirá.

Advogado da Defesa 167

11

Mas, quando Darrow chegou a Wallace, recusaram permitir que ele conferenciasse com seu cliente. Darrow esfriou os calcanhares fora da cadeia, enquanto McParland se sentava na cela de Adams, repetindo constantemente para ele: "Sou seu amigo, estou aqui para ajudar a salvá-lo, se você fizer o que eu digo. Se fizer como dizem os advogados, vai lamentar, quando estiver com uma corda no pescoço, mas, então, será demasiado tarde." Irritado como estava, Darrow teve de sorrir para si mesmo, quando leu no jornal que a Sra. Adams, tendo-se acostumado com a generosa hospitalidade de Idaho, se queixou aos repórteres de que "tinha sido tratada vergonhosamente pelos guardas, na cadeia do condado, de que não tinha tido permissão para visitar seu marido e de que o alimento dado a ele era muito fraco."

A acusação mostrava-se decidida a conseguir uma condenação, no assassínio de Fred Tyler. Moyer, Haywood e Pettibone estavam definhando em suas celas já fazia mais de um ano, mas nem mesmo os esforços combinados de Darrow e Richardson puderam forçar o Estado a levar os acusados a julgamento. Primeiro, a acusação tentaria a condenação no caso Tyler, para usá-la como um porrete sobre a cabeça de Adams e fazê-lo ratificar sua confissão. Conseqüentemente, todo o grupo, representando diante de uma platéia mundial, arrumou seus pertences, cenário e trajes, e se mudou para Wallace, para uma temporada experimental fora da cidade. James Hawley desempenhou o principal papel da acusação, uma peça inigualável de imprudência; se o Estado estava interessado exclusivamente na condenação de Adams, pelo suposto assassínio de um intrujão, cujos restos mortais, duvidosos, tinham sido descobertos nos bosques por grileiros, uns dois anos antes, e lançados, não com demasiada reverência, numa cova raza, sem a formalidade de uma investigação, por que estava o ocupado e altamente pago Sr. Hawley passando à frente do promotor eleito do Condado? A minúscula cidade de montanha de Wallace era céptica, e mostrou-se um pouco magoada por ser usada dessa forma. Para Darrow, foi um nítido alívio encontrar pessoas amistosas e cordiais; fez-lhes mesmo conferências, em certas noites .

Os fatos relacionados com o episódio do Fred Tyler eram habituais nas montanhas nevadas do norte de Idaho. Os pioneiros lá iam em busca de seus 24 hectares de terras cobertas de florestas; graças a um trabalho insano, nos quentes meses de verão, abriam clareiras e construíam cabanas de madeira das árvores derrubadas. Nos dias de inverno, os homens e suas famílias mudavam-se para outras partes do Estado, a fim de trabalhar nas minas ou nas fábricas e economizar dinheiro bastante para desenvolver mais os seus domicílios, quando chegasse a primavera. Enquanto estavam fora, livres atiradores eram contratados para se mudar para as cabanas, pretender o direito às terras e vendê-las a companhias que, então, derrubavam as árvores. Aqueles intrujões eram vistos com o mesmo ódio, no Noroeste, que os antigos ladrões de cavalos, no Sudoeste, e muitas vezes eram mandados para a outra vida, de uma maneira bastante sumária, como aquela. Somente uns poucos dias antes do suposto assassínio de Fred Tyler, uma comissão de domiciliários do distrito de Marole Creek havia liqüidado dois intrujões; o presidente da comissão tinha sido interrogado sumariamente pelo xerife e posto em liberdade. Os espectadores estavam mais curiosos do que interessados, quando a acusação abriu o caso.

"O libelo da acusação que atribui a Steve Adams este crime particular terá por base as confissões e admissões do próprio réu, confissões feitas de maneira livre e espontânea e sem qualquer indução não habitual. As confissões do réu mostrarão que, depois que o morto,

168 Advogado da Defesa

Fred Tyler, deixou a cabana de seu vizinho, foi encontrado no caminho pelo réu e dois outros indivíduos; que aquelas pessoas estavam armadas, que o levaram em custódia, à força; que o levaram para a cabana de Jack Simpkins, creio eu, e ali o mantiveram durante a noite. Não sei bem se passaram a noite inteira em conversa. Na manhã seguinte, muito cedo, não tenho certeza se foi antes do café ou depois – não tenho certeza se lhe deram ou não café, – levaram-no para a encosta de um pequeno monte e ali o mataram com uma espingarda, sem que houvesse qualquer defesa da parte do morto, ou qualquer coisa dessa natureza.

– Certamente – murmurou Darrow, – não terá sido antes de lhe darem café?

A acusação foi forçada então a passar a maior parte do seu tempo a provar que os ossos que os grileiros tinham encontrado eram os de Fred Tyler, pois ninguém sabia com certeza que Tyler estava morto; este simplesmente desaparecera. Vestindo a Sra. Tyler com pesadas roupas pretas de luto, levaram-na ao tribunal, para identificar seu filho, por um osso deformado por uma bola de basebol e por uns poucos fios de cabelos que tinham sido encontrados numa casca de madeira. Insistiram também em mostrar que motivos podia ter Adams para matar Tyler. Ele não era domiciliado na região; estava ali apenas em visita a Jack Simpkins, cuja concessão de terras alguém, provavelmente aqueles pobres ossos, tinha tentado tomar. Mesmo que o morto tivesse conseguido adquirir a concessão de Simpkins, por que Adams cometeria assassínio? Para agradar a um amigo que era perfeitamente capaz, ele próprio, de matar a tiros o intrujão?

Neste caso, por que Adams confessara a morte de Tyler? Presumindo que o morto era Tyler e que Simpkins o havia morto, Adams podia tê-lo visto fazer isso ou ter sido informado a respeito. Podia ter contado a história a Orchard, que, por sua vez, a passara a McParland. Os Pinkertons, desejando implicar quantos homens da Federação fosse possível, tinham escrito a história na confissão de Orchard. Uma vez trancafiado Adams, Orchard podia ter certeza de que, quando ficasse sob custódia do Estado, a pequena história de crime não lhe faria mal algum. Adams podia estar dizendo a verdade, ao confessar a morte de Tyler.

Para Darrow, a culpa ou a inocência de Adams parecia de muito menor importância que a culpa ou inocência do Estado, e foi com base nisso que revidou o libelo. "Se Steve Adams é culpado de assassinar um cidadão desconhecido é questão de pequena importância, porque esses atos isolados de violência não deixam impressão no Estado. Amanhã, alguém mais será assassinado; na outra semana, mais alguém; e todavia, o Estado continuará; a lei será preservada. Mas, se a lei pode ser violada, se os funcionários da justiça podem prender um cidadão, sem acusação nem julgamento, se o podem levar para a penitenciária e depois empregar as tolices imaginosas de todo detetive vagabundo que procure iludi-lo, neste caso, os senhores não manterão a honra do Estado, que se propõe a proteger a liberdade e a vida de seus cidadãos, contra os déspotas e malfeitores. É infinitamente mais importante saber se essa confissão foi honestamente conseguida do que saber se algum homem foi assassinado.

"Esta acusação é, do princípio ao fim, um logro e uma fraude. Não há um pingo de honestidade, não há a menor parcela de integridade nela. Dizemos isto sem que nos importe saber se esse homem é inocente ou culpado do crime do qual o estão acusando; não é por isso que ele está sendo julgado hoje. Aqueles poderosos interesses que se acham no fundo deste caso não estão interessados em Steve Adams. Eles o consideram, a este homem trabalhador, comum e ignorante, simplesmente como um pião no jogo que estão levando a cabo. Eles não o enforcarão, faça o que fizer este júri. Usarão a sua confissão para tentar fazê-lo voltar a suas mãos, onde ele se achava.

Advogado da Defesa 169

"Este é um caso notável; não tem precedentes nos anais da acusação criminal. Não é contra ele, um trabalhador humilde, quase desconhecido, que toda a máquina do Estado foi posta em movimento e que todos os proprietários de minas do Oeste foram chamados em seu socorro. É porque, no fundo de tudo isso, há uma grande questão, da qual tudo isso é apenas o princípio. Porque, no mundo lá fora, desenrola-se uma grande luta, uma luta entre o capital e o trabalho, da qual temos apenas uma manifestação aqui nestas colinas. Os senhores sabem disso; eu sei disso; eles sabem disso. Não há homem tão cego, não há pessoas tão cheias de preconceitos ou de tendências más, que creiam que todos esses esforços estejam sendo feitos para castigar um homem desconhecido, pelo assassínio de um homem desconhecido.

"Um dia, os patrões saberão, um dia nós saberemos que o ódio gera o ódio, que não se podem curar doenças sociais com polícias e penitenciárias, com cadeias e patíbulos. Um dia, eles entenderão – um dia, nós entenderemos que todo homem que sacrificarmos, seja com uma arma de fogo, com um punhal, com um porrete ou no patíbulo, apenas aumenta o ódio e o preconceito, do outro lado. Um dia, essas amargas paixões desaparecerão."

Quando o júri de lavradores e rancheiros deu o seu primeiro voto, havia sete contra cinco em favor da absolvição. Dois dias depois, o voto foi o mesmo, pois nenhum homem tinha feito mudar a opinião de nenhum outro homem. O juiz suspendeu o julgamento, mas recusou deixar Adams em liberdade sob fiança. Dada a fragilidade do libelo da acusação, aquela indecisão do júri foi uma grande derrota, para Darrow. Tecnicamente, era uma vitória: a acusação não podia mais tergiversar; teriam de julgar Moyer, Haywood e Pettibone, apenas com base na confissão de Orchard.

12

A primeira brecha na conspiração, Darrow a tinha aberto sozinho, ao convencer Lillard de que Idaho não podia enforcar Steve Adams; a segunda foi-lhe dada de presente, por uma promotoria excessivamente zelosa.

Do júri escolhido, muitos homens declararam que "não podiam condenar um réu com provas dadas por Orchard, o cúmplice". Antes de mandar o xerife buscar novas informações, a acusação curou consertar a situação infeliz, dando força à credibilidade Orchard. Representantes do *New York Times*, do *Sun* e do *World*, do *Boston Globe*, do *Denver News*, do *Post* e do *Republican do Cleveland Press*, do *Butte Evening News*, do *Chicago Record,* do *Idaho Statesman*, jornalistas e escritores de agências tais como a Associated Press, Scripps-McRae e as cadeias de Hearst foram pelo Governador Gooding levados ao recinto da penitenciária, para visitar Harry Orchard.

"O Diretor Whitney explicou que Orchard tinha de ser entrevistado, mas que nenhuma pergunta seria feita com relação ao futuro do caso." Não Orchard, o assassino, mas Orchard celebridade, tinha consentido em ser entrevistado!

Na manhã seguinte, o *Statesman* não poupou elogios a Orchard, o cristão reformado. O Juiz Wood escreve: "As declarações eram impressas em tipos largos, sob grandes títulos, destinados a chamar imediatamente a atenção de toda pessoa que, mesmo casualmente, lesse o jornal." O.K. Davis, do *New York Times*, deu ao *Statesman* uma entrevista pessoal, na qual disse que "Orchard deu uma forte impressão de sinceridade". A.E. Thomas, do *New York Sun*, permitiu que o *Statesman* reproduzisse suas palavras: "Tudo o que ele disse ou fez, desde que começou a sua prisão, foi dito ou voluntariamente e sem coerção ou indução; ele disse a ver-

170 Advogado da Defesa

dade no meu entender. Creio nas suas declarações implicitamente, não que saiba alguma coisa da sua credibilidade, mas porque o homem é convincente." O Juiz Wood continua: "Sempre pensei e penso ainda que graves erros foram cometidos naquelas publicações. Minha primeira idéia era de que os autores eram culpados de um desrespeito mais que flagrante ao tribunal. O tribunal ficou tão impressionado pela injustiça e incorreção daquelas publicações que ... entregou o caso ao promotor distrital do Condado de Ada, para ele fizesse uma completa investigação." Convocou ele James e este jurou no tribunal que as entrevistas tinham sido dadas sem seu conhecimento ou consentimento.

Até aquela ocasião, nem os proprietários de minas nem a acusação de Idaho tinham tido a coragem de usar a confissão de Orchard, tirando todo partido dela, já que a revelação de detalhes permitiria à defesa reunir testemunhas contraditórias. Darrrow tinha conseguido investigar uma parte tão pequena da confissão que a sua defesa, mesmo enquanto estava interrogando os jurados era abalada e perigosa. Foi então que as autoridades de Idaho permitiram que a confissão de Orchard, que ele admitiu ter sido escrita e revista com ajuda de seu colaborador McParland, durante um ano e meio, fosse publicada na revista McClure's.

Como resultado da publicação da confissão, a histeria, que tinha sido em grande parte confinada a Boise, espalhou-se por todo o país. Quando a polícia das grandes cidades usou força para dissolver reuniões de protesto, o *Statesman* exultou: "San Francisco merece congratulações pelo fato de que a sua polícia rasgou as bandeiras vermelhas e quebrou as cabeças de algumas das criaturas inúteis, reunidas para tomar parte num tão desgraçado ataque à lei." Máximo Górki, que tinha ido aos Estados Unidos com sua esposa perante a lei natural, foi expulso de seu hotel em Nova York, porque mandou um telegrama de simpatia aos acusados; não conseguiu outras acomodações e foi obrigado a deixar o país, sob acusação de torpeza moral. O Presidente Theodore Roosevelt, que recusara reprovar a insurreição do General Sherman Bell, em Colorado, chamava a Moyer, Haywood e Pettibone, "cidadãos indesejáveis". Centenas de milhares de trabalhadores, em todas as partes dos Estados Unidos, prontamente apareceram com faixas nas camisas e lapelas, as quais diziam:

EU SOU UM CIDADÃO INDESEJÁVEL!

Eugene Debs, que tinha sido convertido ao socialismo pela prisão da qual Darrow não conseguira salvá-lo, em 1894, cometeu um dos poucos atos imprudentes de uma vida longa e valiosa:

"Levantai-vos escravos! – bradou ele num manifesto. – Esta acusação é uma acabada mentira, uma calúnia criminosa, e somente uma desculpa para assassinar homens que eram de uma honestidade demasiado rígida para trair a sua confiança. Quase vinte anos atrás, os tiranos capitalistas mandaram matar alguns homens inocentes, porque se levantaram em favor do trabalho – mas já se passaram vinte anos de educação e organização revolucionária, desde a tragédia de Haymarket, e se for feita uma tentativa para repeti-la, haverá uma revolução e eu farei tudo o que estiver ao meu alcance para precipitá-la." Em seguida, ameaçava encabeçar um exército de trabalhadores, marchando contra Idaho, se executassem Moyer, Haywood e Pettibone, ao que um redator insaciável replicou: "Que eles venham. Nós os esperaremos armados na fronteira!"

A revolta varreu as classes médias da nação, causando prejuízos inestimáveis à causa do trabalho – como a acusação sabia que iria acontecer. Mas, com as armas do inimigo plenamente reveladas, Darrow sabia pelo menos qual era a sua força. Grandes importâncias de dinheiro, até mesmo de cinco mil dólares por cabeça, dos sindicatos locais, tinham sido acumuladas para a defesa; ele empregou aquele dinheiro para contratar centenas de investigadores, a fim conferir todas as declarações da confissão de Orchard, procurar entrevistar pessoas de todo o Oeste, expedir apelos para todos homens ou mulheres que alguma vez tivessem conhecido Orchard, fim de verificar o de que se lembravam a respeito das suas datas, lugares e atos, e ver se tinham tido alguma informação que ajudar a defesa. Se aquela publicação da confissão deu a Darrow uma possibilidade de salvar da forca, mesmo com luta, seus três clientes, era aquele um preço que os proprietários das minas pareciam dispostos a pagar: estavam jogando por paradas mais altas.

13

A pequena cidade de Boise ficou apinhada de estranhos que em certas ocasiões, pareciam mais numerosos que os residentes: detetives, mineiros, concessionários, organizadores trabalhistas, rurais e radicais, repórteres de jornais e revistas, políticos, observadores de todos os matizes de opinião. Encabeçando a lista dos acusadores, que tinham sido contratados na maioria para aquele caso, e que a lei de Idaho permitia que recebessem fundos fornecidos por companhias de fora – um representante dos proprietários de minas declarou que levantaram um milhão de dólares para um fundo de acusação, – estavam William Borah e James Hawley. Ambos aqueles homens tinham ganho projeção, pela primeira vez, atuando como acusadores especiais na zona de Coeur d'Alene, em 1892; ocorreria agora a mesma coisa, apenas com uma ligeira mudança no elenco.

– Quando é que Borah entra no caso? – tinha perguntado o Governador Gooding, que andava às turras com o senador, a Charles Steunenberg, pouco depois da confissão de Orchard.

Charles Steunenberg comunicou aquela mensagem a Borah, que replicou irritado:

– Entrarei logo que o governador saia do caminho para que eu possa entrar, e ele sabe disso!

William E. Borah tinha ido de Illinois para Idaho em 1981 quando era um jovem de vinte e seis anos, quando também o território ainda era jovem; ganhara a vida defendendo pequenos ladrões e outros criminosos de pouca importância. Teve sua primeira grande oportunidade, quando foi convocado como acusador especial na zona de Coeur d'Alene, em 1892; a sua denúncia dos líderes trabalhistas, inclusive George Pettibone, que eram acusados de dinamitar a Fábrica Frisco, não foi apenas vigorosa, mas espetacular. Parte da defesa tivera por base a afirmativa de que os trabalhadores não poderiam ter ficado no alto de um trem cargueiro, se este corria na velocidade alegada; Borah então pediu um trem cargueiro, subiu para o teto e ali ficou, ante os olhos do tribunal, que também estava sendo transportado. Ganhou aquela causa contra os trabalhadores; desde então, também ganhou fama em todo o Estado. Dali, passou para a assistência jurídica das firmas de madeira do Noroeste, saindo-se tão bem que tinha conseguido guardar cinqüenta mil dólares em dinheiro, num cofre. Acabara de ser designado pelo Legislativo do Estado para o Senado dos Estados Unidos, e não tinha uma função real na acusação, pois a sua presença ali levaria a supor que o Senado fazia parte da acusação; todavia, tinha estado ansioso, já desde o princípio, por manter a sua posição de primeiro cidadão de Idaho, à luz dos refletores internacionais.

172 Advogado da Defesa

O peso da acusação estava nas mãos de James Hawley, gigante de um metro e quase noventa, com um bigode de leão-marinho, que estudara Direito quando trabalhava nos campos de mineração e conseguira formar uma rude eloqüência de fronteira. Nomeado como um dos primeiros juízes de circuito do Estado, tinha cavalgado pelas montanhas, levando livros de Direito em sua sacola. Quando um homem era condenado, algemava a si mesmo o culpado e o conduzia para a penitenciária em Boise. Foi ele que, já em 1893, sugeriu a idéia de uma federação para os sindicatos locais em luta, e redigiu a sua primeira constituição. Era por essa ambigüidade que Borah lhe fazia o que Boise julgava ser o melhor elogio jamais feito a um advogado de Idaho:

"Jim Hawley defendeu mais homens, e absolveu maior número deles, e acusou maior número de homens e os condenou, do que qualquer outro advogado dos Estados Unidos." A defesa compreendia Darrow, Richardson, Edgar Wilson, John Nugent, que era o advogado da filial de Silver City, e Fred Miller, membro de uma empresa de Seatle, que tinha defendido a Federação em Coeur d'Alene. Estava entendido que Richardson iria conduzir a maior parte dos interrogatórios, que Darrow orientaria a defesa e faria o apelo final.

Na noite da véspera do início do julgamento, Darrow foi à cadeia ter uma conferência com o homem por cuja vida ele seria responsabilizado. Sabia que "Big" Bill Haywood tinha estado em ação, que havia brigado com Moyer e Pettibone, os quais não mais conversavam com ele. Darrow entristeceu-se ao encontrar a cela dilacerada por silenciosas dissensões. "Big" Bill saltou para recebê-lo à porta e apertar sua mão, pois Darrow tinha sido um dos deuses de sua infância. Tinha acompanhado os discursos e artigos do homem mais velho, com o mais intenso dos interesses. Os dois compunham um quadro memorável, de pé, ali à luz obscura da lâmpada amarela sem proteção, a mais vigorosa voz dos Estados Unidos em favor da tolerância e a sua voz mais vigorosa em favor da guerra. Darrow, que tinha incertezas sobre tantas coisas da vida, dotado de uma tendência a afundar a cabeça entre os ombros e diminuir de tamanho, para que os outros não o julgassem maior que eles; Haywood, que era positivo a respeito de quase tudo, tinha uma tendência para espetar o queixo no ar e encher o peito, para que as pessoas o julgassem maior ainda do que era.

Os dois se sentaram à beira da tarimba de "Big" Bill. Darrow sabia que um dos aspectos do julgamento, tão crucial como qualquer outro, era a necessidade de convencer Haywood de que ele não devia tentar precipitar uma revolução, quando subisse ao estrado das testemunhas; que devia mostrar-se calmo, contido e conservador; que devia raciocinar como um sindicalista e não como um socialista, não apenas para fugir a um perigo contra sua própria vida, mas também para que não arrastasse Moyer, Pettibone e a Federação na cauda do desastre. Ele sorriu para si mesmo, ao recordar a sua cena com John Mitchel, no quarto de hotel, em Filadélfia, na noite anterior ao apelo final perante a comissão do carvão.

O homem que o Estado tinha escolhido para enforcar primeiro era tão grande, tão forte e tão duro quanto seu acusador, Jim Hawley. "Big" Bill Haywood tinha sido escolhido não só porque achavam que tinham as provas mais vigorosas contra ele, mas porque era um dos líderes mais vulneráveis do movimento sindicalista e membro ativo do partido socialista. Honesto, destemido, inteligente, incorruptível, exceto quanto às suas próprias acaloradas emoções, era advogado da força e da violência como meio de conseguir a revolução dos trabalhadores, detestava o tipo intelectual-pregador-professor-de-colégio de socialista, que julgava um arrumador de palavras e teórico de gabinete; os trabalhadores tinham de tomar com os punhos e com as armas o que lhes pertencia, o que haviam conquistado por direito. Era um

Advogado da Defesa 173

antojado filho dos pobres, que tinha saído das minas de Silver City e acreditado no esmagamento do semelhante por primeiro, quando o outro começasse a agitar o punho. Durante uma das greves do Colorado, enquanto Haywood, Moyer e outro companheiro estavam descendo a caminhar pelas ruas de Denver...

"Encontramos um grupo de xerifes delegados, chefiados por O'Neill, jovem sobrinho do capitão da polícia de Denver. Todos usavam distintivos. Moyer, sarcasticamente, observou:

"– Lindos distintivos!

"– Você não gosta deles? – perguntou O'Neill, rispidamente.

– Ora se gosto – replicou Moyer. – Eu gostaria de ter um deles para pôr em meu cachorro.

"Um deles o golpeou imediatamente entre os olhos. O homem devia ter usado um soco inglês. Quando Moyer caiu, a cabeça bateu na quina da pedra e ele ficou tremendo. O sobrinho do capitão tirou um grande revólver de seis tiros, apontou para McDonald e lhe deu uma pancada na testa, fazendo levantar o couro cabeludo quase dez centímetros. Eu, então, tive de enfrentar todo o grupo. Um deles me golpeou na cabeça com um revólver. Caí de joelhos fora do meio-fio da calçada e tirei meu revólver. O sobrinho do capitão já avançava para me dar outro golpe; dei-lhe três tiros em rápida sucessão.

–Na Guerra Civil de 1864? – perguntou Darrow. – Não, na Guerra de Classes de 1904.

Um vigoroso retrato de Haywood foi apresentado, naquela ocasião, na revista *McClure's*. "Haywood é um homem de compleição vigorosa, tem a força física de um boi. Possui uma grande cabeça e um queixo quadrado. Saído "das entranhas da terra", aquele homem se tornou uma espécie de zelote religioso, e o socialismo a sua religião. E de um tipo de homem não desconhecido hoje em dia, nos Estados Unidos, dotado de um bom cérebro, que passou a lutar e brigar, dando e recebendo golpes, e que, conhecendo profundamente as dificuldades de sua classe, nada vê além dela. Tome-se uma figura dessa natureza, dura, rude, empedernida, e dê-se-lhe um toque final de idealismo, e ter-se-á um líder que conduzirá seu povo de acordo com suas próprias crenças. Não esperamos encontrar um líder dessa ordem, que seja tolerante para com os obstáculos, que seja descortinado, que seja político, que deixe de dar um golpe quando há força para infligir um golpe."

A tudo isto, Haywood teria respondido: "A respeito de golpes, eu devo saber algumas coisas. Freqüentei a escola da Associação dos Proprietários de Minas!"

Nenhuma filosofia poderia ter sido mais repugnante para o temperamento de pacifista de Darrow do que a crença de "Big" Bill Haywood na revolução pela força; todavia, achavam-se lado a lado no tribunal, como camaradas, no mais importante caso do recém-nascido século vinte, até aquela ocasião. Tal ordem seguem os padrões da história que ambos os homens, tendo partido por caminhos diferentes, ajuntavam-se naquele tribunal de Boise, o defensor não menos revoltado do que o defendido, pela execução dos anarquistas, pelo suposto lançamento da bomba do Haymarkect. A execução de Parsons, Fischer, Fengel e Spies tinha impulsionado Darrow na sua perene cruzada contra a pena capital e contra a acusação de homens honestos, pelo seu trabalho em favor dos humildes. Aquelas execuções e o aprisionamento de Neebe, Schwab e Fielden tinham impulsionado Haywood, na sua carreira em favor da revolução pela força.

Para ainda mais nitidamente arrematar o quadro, Oscar Neebe, o único dos três ho-

174 Advogado da Defesa

mens perdoado pelo Governador Altgeld, e que jamais abandonara o seu retiro voluntário, assim o fez para falar, num comício de protesto contra a conspiração tramada contra "Big" Bill Haywood.

14

Depois de muitos dias de interrogatório, porque ambas as partes tinham esgotado as suas réplicas, um júri de fazendeiros independentes foi aceito, inclusive um homem que tinha sido amigo íntimo de Steunenberg. Os aposentos para os que funcionavam no caso eram tão pequenos que Darrow, Richardson, Wilson, Nugent, Miller, Bor Hawley, Van Duyn, Haywood, Moyer, Pettibone e a mãe de Haywood, sua esposa aleijada e sua filha se sentavam tão próximos, mum círculo de frente para o juiz e o júri, que qualquer um podia inclinar-se e tocar seu vizinho. O júri se sentava de frente para o círculo de costas para o juiz, e Haywood estava tão perto do jurado da ponta que sentia que, embora nunca trocassem uma palavra, chegariam a tornar-se amigos dedicados. Do primeiro ao último dia, o pequeno tribunal ficou apinhado de espectadores; porque o tempo de junho era quente, as portas e janelas estavam escancaradas e as multidões reunidas no pátio do tribunal podiam ouvir partes dos depoimentos.

A despeito do aperto e da intimidade, mais má vontade foi gerada do que Darrow havia experimentado em qualquer caso. Hawley abriu as hostilidades, afirmando que iriam "mostrar que os líderes daquela organização foram responsáveis não só pela morte de Steunenberg mas, além dessa, por dezenas de outras", e que condenariam os réus por toda a violência que tinha acontecido nas regiões mineiras do Noroeste, na última década. Darrow se pôs de pé num salto, para o primeiro de mil embates violentos e amargos com Hawley, exigindo tribunal que aquele fosse obrigado a se apegar ao assassínio de Steunenberg - ordem que Hawley desprezou durante os violentos oitenta dias de julgamento.

Na cauda de um joguete, a acusação prontamente subiu ao ponto culminante do seu caso: Harry Orchard foi levado para confessar perante o tribunal. Era o homem mais comentado dos Estados Unidos, e, durante aquela agitação da fama, milhares de espectadores enfileiraram nas ruas, abarrotaram os corredores e invadiram o tribunal, para poder vê-lo ao menos de longe. Foi colocado no estrado das testemunhas e o grande momento do julgamento chegou. Hawley o conduziu suavemente, durante toda a confissão, que foi tão sólida e desagradável que o país de novo ficou revoltado, e, por estar revoltado, não viu razões para duvidar da sua precisão. Orchad confessou que pusera fogo num dos estopins que fizeram explodir fábrica de Bunker Hill; que pusera uma bomba na mina Vindicato matando dois capatazes; fizera explodir a estação de Independence matando treze homens; tentara matar o Governador Peabody, General Bell, os Juízes Goddard e Gabbert, do Colorado; e, quase entre parênteses, confessou o assassínio de Steunenberg. De mistura com os supostos crimes da Federação, havia uma centena de outros crimes cometidos em seu próprio nome, nas suas horas de folga.

Seus modos eram tão convincentes que o Professor Hugo Muensterberg, psicólogo de Harvard, que foi lá ouvi-lo, declarou a um jornal de Boston que Orchard estava indubitavelmente falando a verdade. O filho de Hawley conta:

"Quando Orchard foi preso pela primeira vez, tive ódio daquele filho de uma cadela; nunca vi um rosto tão bestial. Mas, no tribunal, podia-se ver a alma de Orchard através de seus olhos, tão completa era a conversão."

George Kibbe Turner, redator do *McClure's*, que passou duas semanas com Orchard, ajudando-o a preparar seus artigos para a revista, estava convencido, porque "só um homem com a imaginação de um Defoe podia inventar as histórias que ele conta – e a mente de Orchard é absolutamente desprovida de imaginação. Ele havia passado de uma cadeia de crimes horrendos para uma devoção sem reservas à verdade." Nem era fácil distinguir a parte do todo: o relato dos detalhes de sua longa série de crimes pessoais, durante os vinte anos antes de ter ouvido falar de um sindicato de trabalhadores, não só tornava dignas de crédito as suas histórias dos crimes posteriores da Federação, como dava a necessária base psicológica para que fossem plausíveis.

Todas as tardes, Orchard era levado pelo guarda ao gabinete de Hawley, onde tinha conferências com ele, com Borah e Gooding. E depois dormia no divã de couro de Hawley. Todas as manhãs, McParland ia ao escritório para ter um encontro com seu protegido, antes que ele fosse para o tribunal. Orchard gastou três longos dias para contar sua história. Era um depoimento quase irrespirável. A geografia da região de mineração foi dada com tanta precisão que aqueles que conheciam a zona a reconheceram; a precisão das datas das explosões e das celeumas que provocaram era tão grande que aqueles que tinham visto, ouvido ou lido relatórios das explosões reconheciam a autenticidade das descrições; suas críticas ocasionais quanto à milícia e ao governo faziam com que parecesse uma testemunha sem preconceitos; sua disposição de confessar crimes pessoais dava-lhe o aspecto do verdadeiro arrependido, e seu conhecimento preciso de onde se achavam as vítimas, em datas específicas, convenceu os outros de que tinha sido um instrumento do crime. Contudo, ninguém seria capaz de dizer até que ponto a história de Orchard era baseada nos arquivos Pinkerton de McParland.

Estava Orchard falando a verdade? Era legítima a sua conversão? No intervalo de certa tarde, quando Orchard estava almoçando no gabinete de Hawley, conheceu Charles P. McCarthy, jovem assistente do Senador Borah. Quando McCarthy lhe perguntou como poderia ter cometido todos os crimes horríveis que estava confessando, Orchard replicou:

– Quando eu era jovem, em Colorado, pensava que havia uma guerra. O governo e as milícias eram controlados pelos proprietários das minas. Eu achava que tínhamos direito de empregar dinamite, porque era a única arma que eu era capaz de usar. Mandaram-me matar Steunenberg. Depois, pegaram-me e me puseram numa cela, em confinamento solitário. Foi então que compreendi que não se tratava de uma guerra; era apenas uma vingança. Dizem que McParland obteve de mim uma confissão: *sem querer diminuir o êxito do Sr. McParland, eu teria falado mesmo para uma criança, se aparecesse uma em minha cela.*

Esta única resposta, sem ensaio, dada sete meses depois da sua conversão, contém uma mentira tremenda, uma falsidade e uma conivência. Quando Orchard afirmou que cometera os crimes porque achava que se tratava de uma guerra de classes, omitiu os incêndios, os perjúrios, a fraude, a bigamia, o roubo, o rapto e o assassínio, que ele próprio tinha admitido haver cometido, antes mesmo de se tornar mineiro! Quando ele diz – "eles me puseram numa cela, em confinamento solitário. Foi então que compreendi que não se tratava de uma guerra; era apenas uma vingança", – comete uma falsidade, por não dar a razão de chegar àquela conclusão súbita e revolucionária, exceto pelo fato de ter sido apanhado, de estar apavorado e de lhe ter sido oferecida uma oportunidade em troca da qual estava todos os dias tirando o maior proveito. Quando emprega a frase "sem querer diminuir o êxito do Sr. McParland", revela a mesma mente conivente que imaginara todos os crimes viciosos, desde sua juventude mais remota. Um homem sinceramente convertido teria pensado em termos do feito de McParland? Não teria ele pensado em termos de Deus, realizando a conversão? Um homem

176 Advogado da Defesa

que tinha encontrado seu Deus iria mostrar-se tão generoso e tão ingenuamente solícito a ponto de não querer ofender ou diminuir seu benfeitor, o Sr. McParland?

Era legítima a confissão de Orchard? Quando estava pedindo indulto, ele disse: "Agora, sei que há um demônio, mas sei também que existe um Deus. Deus representa o amor e todos os belos atributos que decorrem dessa pequena palavra. O demônio representa o ódio e as coisas cruéis e desumanas que o ódio gera. A diferença entre mim hoje e quando cometi aqueles crimes cruéis é que Deus, em seu amor e misericórdia, *me convidou a ir para o Seu lado.*"

Havia trabalhado como homem forte para a Federação, quando isso parecera lucrativo para ela; havia trabalhado para a Associação dos Proprietários de Minas como informante, quando isso era lucrativo para a Associação; havia trabalhado ao lado dos taberneiros, que queriam que suas casas fossem incendiadas, quando os taberneiros tinham achado isso lucrativo; e havia roubado os poucos bens de seu companheiro de quarto, quando aquilo lhe parecera lucrativo. Iria Orchard para o lado de Deus, se aquilo chegasse a parecer lucrativo – se lhe permitisse ganhar a vida ajudando a enforcar três outros homens, quando tinha confessado a morte de algumas de suas vítimas por pouco mais de cinqüenta dólares?

Charles Koelsche, que, como um dos assistentes da acusação, determinou a prisão do Dr. McGee, porque o médico afirmara que Orchard era mentiroso e perjuro, conta: "Eu me achava no gabinete de Jim Hawley, quando Orchard foi levado ali, na hora do almoço, durante o julgamento. O Governador Peabody, de Colorado, entrou com ele. Orchard o viu e começou a tartamudear como uma criança. Quando afinal recuperou o controle de si mesmo, disse: "O senhor não imagina o quanto é bom vê-lo com vida, quando eu poderia ter incluído também a sua morte." Koelsche acrescenta: "Aquilo deveria ter sido verdade, ou Orchard era o maior ator que jamais vivera."

Havia abandonado sua esposa e sua filha de seis meses, deixando-as sem qualquer meio de sustento, e nunca lhes mandou um dólar de auxílio, durante todos aqueles anos; todavia, ao escrever sua confissão, ele diz: "Nasceu para nós, naquela primavera, uma querida garotinha e assim minha querida esposa não mais pôde tratar da fabricação de queijos, como fazia antes. Aluguei uma bela casa na cidade, pouco depois de nascer a nossa linda filha, mas minha querida esposa muitas vezes se queixava e insistia comigo para ficar em casa." Todos esses termos de carinho aparecem dentro de quatro frases consecutivas; são palavras de um arrependido legítimo ou são palavras de um sacripanta e hipócrita profissional, gozando sua sentimentalidade altamente lucrativa?

Era legítima a confissão de Orchard? Quando, ao pôr em dúvida a sua sinceridade, Darrow foi acusado de ser ateu e infiel, um inimigo do cristianismo que não aceitaria a possibilidade de conversão, ele replicou: "Se Harry Orchard tem mesmo uma religião agora, eu espero que nunca eu mesmo a possa ter. Antes de Orchard ter religião, era suficientemente mau, mas ficou para a religião a tarefa de torná-lo totalmente depravado. Que significa religião? Significa amor; significa caridade; significa generosidade. Se ele tivesse religião, deveria ter caridade, generosidade e perdão para os outros homens cujas vidas são como a dele. Teriam os senhores qualquer confiança na religião, se um homem fosse cruel, sem coração, tanto quanto ele o foi antes? Tomemos o caso de Orchard. Ele conhecia Moyer, Haywood e Pettibone. Ele mesmo trabalhou para ganhar a confiança de Pettibone. Tinha sido convidado à casa dele. Havia comido à sua mesa. Havia dormido na sua cama. Era amigo dele. Pergunto-lhes se havia o menor ar de pena, o menor sinal de tristeza, a menor sensação de pesar,

Advogado da Defesa 177

quando esse homem procurou entregar seus amigos aos carrascos. Quero que os senhores digam se a religião mudou a natureza desse depravado, e espero, se algum dos senhores estiver interessado na religião, que diga que não. Os senhores teriam por força de dizer isso, ou teriam de abandonar sua própria religião.

15

Naquela noite, Darrow se agitou sem sono em sua cama, atormentado pelo esmagador enigma que havia por trás do pesadelo:

Por que Orchard matara Steunenberg; para quem – se o fizera por alguém? Havia possibilidades iguais de provar que tinha sido contratado pela Associação dos Proprietários de Minas ou pela Federação dos Mineiros do Oeste, embora as provas, em ambos os casos fossem escassas. Dissera ele que a Federação lhe havia dado duzentos e quarenta dólares em agosto e nada lhe dera desde então: todavia, na sua viagem e na sua vida ostensiva, tinha gasto mais de mil dólares. Quem lhe havia dado dinheiro? Sempre fora um especulador sem emprego fixo; seria possível que, tendo ouvido palavras violentas dirigidas a um Pinkerton, nos escritórios da Federação imaginasse que, se provocasse perturbações matando Steunenberg, um ou ambos os lados haveriam de lhe pagar? Os jornais lhe tinham chamado assassino profissional, embora seu comportamento tivesse sido o de um amador inexperiente. Poderia ter feito aquilo para algum mineiro ou algum negociante quebrado do distrito de d'Alene, nos dias do encurralamento, ou poderia ter sido contratado por algum diretor do sindicato local, como Jack Simpkins, que era um gorila e um provocador de confusões, trabalhando sem o conhecimento da Federação. Era possível que tivesse matado Steunenberg por vingança, por lhe ter feito perder sua participação de um dezesseis-avos na mina Hércules, que havia abandonado nos tempos das perturbações de Coeur d'Alene; mas não era provável. Podia ter sido contratado pelos criadores de gado de Idaho, que detestavam Steunenberg, por causa de suas ligações com os criadores de carneiros ou pelas firmas de madeira que efetuavam invasões de terras semelhantes. Ou podia ter sido um ato de um cérebro doentio, sem motivo nem incitamento além do fato de que teria notoriedade, satisfaria sua necessidade de atividade e expressão de si mesmo, de excitação e consumação. Tinha vivido uma longa vida de crimes, com imunidade completa, e confiava que nada de sério poderia acontecer a ele por mais outro crime. Sempre haveria um meio de sair-se bem para um espírito cheio de recursos.

E, aliás, quase todos tinham esquecido que ele assassinara o seu Governador Steunenberg. Depois do julgamento, Orchard passou a ser capataz da sapataria da penitenciária, fazendo viagens a Portland e Chicago para comprar máquinas. Durante vinte anos, James Hawley trabalhou por todos os meios para conseguir que ele fosse perdoado. Já em 1922, quando a junta de indulto de novo ia considerar seu caso, o sempre vigilante Charles Steunenberg pediu o direito de ser ouvido no dia marcado. A junta realizou uma reunião fechada e secreta, na noite anterior, na qual foi afinal concedido o perdão de Orchard. Na manhã seguinte, Steunenberg escreveu um artigo, denunciando aquele ato e o povo do Condado de Canyon ameaçou fechar as lojas e ir para Boise *en masse* para fechar a junta.

Fracassando nos seus esforços para tirá-lo da penitenciária, Hawley e Gooding fizeram todo o possível para tornar a sua vida mais confortável. "Orchard nunca ficou na penitenciária – conta a Sra. Charles Steunenberg; – sempre foi o seu menino mimado e querido, uma personalidade privilegiada." Charles Steunenberg relata: "A penitenciária preparou um

178 Advogado da Defesa

quarto especial para Orchard e pagava a eletricidade consumida. Grupos privados lhe deram dinheiro para comprar máquinas; o Estado permitia que usasse o trabalho dos presos na sua própria empresa privada, na qual fabricava calçados para pessoas importantes de Idaho, acumulando uma reserva em dinheiro de dez mil dólares."

Uma investigação nos registros da penitenciária de Boise não revela pista alguma sobre o que Orchard pagava aos seus trabalhadores condenados, se é que pagava. Charles Steunenberg continua: "Em 1911, quando eu me achava em Denver, McParland me levou para almoçar e falou durante uma hora e meia sobre as provas de Sua Majestade, e sobre como, na Inglaterra, os homens que apresentavam provas de Sua Majestade eram sempre postos em liberdade. Queria que eu prometesse trabalhar para a libertação de Orchard."

Em 1940, aos setenta e três anos, Orchard é ainda gordo e ágil, de olhos gordurosos e insinuantes. Conta aos visitantes da granja de galinhas de que cuida, para a penitenciána, que "ele não é capaz de se obrigar a matar uma galinha". Para quem quer que deseje esclarecer o registro histórico do crime, Orchard exclama petulantemente :

"A dificuldade, entre vocês que escrevem, é que nunca vêm aqui para escrever sobre mim. Sempre querem escrever sobre uma outra pessoa!"

16

Porque Richardson havia ganho o título de maior interrogador no Noroeste, Darrow concordara, quando assumira a defesa de Moyer, Haywood e Pettibone, em que Richardson conduzisse o interrogatório de Orchard. Em conseqüência daquele acordo, a defesa sofreu o seu único revés grave; aliás, tão grave que Richardson foi demitido pela Federação, depois do julgamento de Haywood. Durante uma semana inteira, ele desferiu perguntas sobre Orchard, numa tentativa para fazê-lo contradizer-se; pôs seu cérebro, sua perícia, seu treino contra o réu confesso e, todavia, nem sequer uma vez Orchard caiu em contradição importante. Sua memória era tão magnífica que uma vez, quando Richardson lia alguns dos seus depoimentos do dia anterior, Orchard interrompeu para dizer que duas palavras tinham sido deixadas fora pelo escrivão da corte e insistiu em que fossem incluídas.

Grande parte do país deixou-se convencer pela invulnerabilidade de Orchard debaixo daquele fogo. Dia após dia, o *Statesman* contava como Richardson não conseguira abalar Orchard, que magnífica testemunha era Orchard, como era claro e honesto, ao passo que os métodos de Richardson eram chamados de "trôpegos, desastrosos vacilantes, desajeitados. Richardson é um desastrado; ele está arruinando a sua própria causa; seus colegas advogados detestam seu método. Orchard é decidido, corajoso, pronto, resoluto."

Embora, na verdade, Darrow não gostasse muito dos esforços de seu colega, percebeu que Richardson havia levantado, no interrogatório, material que poderia ser importante na solução do caso. *Orchard confessou que tinha anteriormente cometido perjúrio no tribunal; que havia confessado antes crimes que nunca cometera; que encontrara Moyer, Haywood e Pettibone, pela primeira vez, quando tinha sido mandado para Denver pelos detetives dos proprietários de minas, para fazer espionagem na Federação.* Em qualquer outro caso, aquilo teria sido suficiente para afastar Orchard e suas acusações do tribunal.

Até aquele ponto, o libelo contra Haywood tinha sido baseado em quatro acusações. Orchard disse: "Haywood queria liquidar o ex-govemador Steunenberg. Haywood me deu duzentos e quarenta dólares e disse que esperava que eu tivesse êxito em liquidar Steunenberg."

Advogado da Defesa 179

Quando os jornais de Colorado estavam implicando a Federação no assassínio, Haywood telegrafara para o sindicato local em Silver City, de onde havia saído para ocupar aquele cargo: "Despachos da imprensa indicam que há outra conspiração para imputar à Federação dos Mineiros do Oeste graves crimes. Várias pessoas em Caldwell foram detidas em consequência dessa conspiração. O Senhor Nugent deve tomar a defesa de qualquer membro da Federação, para que, se inocente, possa ser libertado." Com esse propósito em vista, Haywood ofereceu-se para arranjar mil e quinhentos dólares, mas o sindicato local de Silver City telegrafou em resposta, dizendo que não queria nada com Harry Orchard, seus crimes ou sua defesa. Por causa de sua preocupação com Orchard, presumia-se que Haywood o estava pagando. Admitia-se também, da parte de Haywood, que, em 1904, contratara Orchard como guarda-costas, para defender Moyer, que ia para região de Telluride, infestada pela milícia. Quando Haywood perguntou a ele se tinha um revólver, Orchard tirou o sobretudo, desabotoou o paletó e o colete e abriu as calças para mostrar uma arma de cano longo.

– Isso é ótimo – comentou Haywood acremente; – você precisará de se despir para tirar essa coisa.

Moyer foi detido no momento em que punha os pés em Telluride, antes que Orchard tivesse tido oportunidade de desabotoar as calças.

Na verdade, Hawley estava tentando condenar Haywood por crimes cometidos pela Federação, no distrito de Coeur d'Alene, em 1899, tempo em que Haywood estava trabalhando como mineiro em Silver City.

A acusação durou de quatorze a vinte e dois de junho, fazendo passar uma longa lista de pessoas pelo estrado das testemunhas, todas elas encontradas e trazidas para Boise pelos Pinkertons, para provar que Orchard tinha cometido muitos crimes de violência, que tinha conhecimento com Haywood e que, por isso, devia ter sido contratado por ele para cometer aqueles crimes. Hawley "trabalhava" as testemunhas, para provar que Orchard estava dizendo a verdade sobre outros crimes que havia cometido e, conseqüentemente, devia estar falando a verdade sobre o crime de Steunenberg. Nem sequer uma testemunha pôde afirmar que tinha tido qualquer prova de que Haywood havia contratado Orchard para matar Steunenberg.

Quando a acusação acabou de apresentar seu libelo, Darrow deu a Edgar Wilson instruções para se levantar e pedir ao Juiz Wood que "desse ao júri uma instrução de conselho para um veredito de inocência, fundamentado em que, segundo a lei, não havia provas confirmadoras do testemunho de Orchard, suficientes para justificar uma condenação". Assim surgiu a maior ironia do caso: o Juiz Wood, querendo dar ao júri instruções para retirar o caso da pauta, temia fazer isso, porque fora seu antigo sócio, Edgar Wilson, quem fizera a solicitação! O Juiz Wood escreve: "Segundo então encarei e sempre depois continuei encarando a situação real apresentada por aquela sugestão, havia pouca confirmação legal, sobre a qual um veredito de culpa pudesse ser justificado; e, quando o tribunal passasse a estudar a matéria, o aparecimento de Wilson no caso seria lançado contra o tribunal como um fator quase controlador. Se Edgar Wilson tivesse estado ausente do caso como o advogado dos réus, a decisão do tribunal, na solicitação do veredicto consultivo, podia ter sido diferente, e terminar assim o julgamento!"

Para o coração de Clarence Darrow, então com cinqüenta anos, foi uma boa coisa, tendo ele mesmo contratado Edgar Wilson para ajudar na defesa, que ele não pudesse saber por que o Juiz Wood recusara atender a sua solicitação.

Darrow prosseguiu vigorosamente com o caso, levando oitenta e sete pessoas ao es-

180 Advogado da Defesa

trado das testemunhas para demonstrar que, em algum detalhe importante, Orchard estava mentindo; que havia inventado ou o crime ou a sua participação nele; que não se achava onde tinha dito que se achava, em certas datas; que muitas vezes tinha estado muito distante e que não era razoável que devesse ser contratado como assassino pelos diretores da Federação, quando tinham eles excelentes motivos para suspeitar que estava trabalhando como detetive para os proprietários de minas. Cinco testemunhas afirmaram ter ouvido o próprio Orchard fazer ameaças contra a vida do Governador Steunenberg, por causa da perda de sua participação na agora valiosa mina Hércules, quando tivera de fugir de Coeur d'Alene, depois que Steunenberg requisitara tropas federais, em 1899.

Algumas daquelas testemunhas eram membros e dirigentes de sindicatos, que, sem dúvida, teriam concordado em fazer juramentos falsos para salvar seus chefes; outros entre eles podiam ter cometido perjúrio por dinheiro. Mas, entre as oitenta e sete testemunhas que declararam ser Orchard um mentiroso e perjuro, havia homens e mulheres de todas as camadas: médicos, engenheiros, antigos proprietários e superintendentes de minas, oficiais do Estado, o antigo procurador geral do Colorado, homens de negócios, oficiais do exército, donas de casa, mulheres ligadas aos negócios. Todos aqueles honrados cidadãos não podiam estar mentindo, e apenas Orchard dizendo a verdade.

Por isso, Darrow viu-se lançado na mais profunda melancolia, quando Hawley gritou no tribunal: "Em todos os pontos onde Orchard foi contraditado no seu testemunho, o foi por uma pessoa interessada, como parte dessa conspiração, ou por uma pessoa cujo testemunho ficou provado ser absolutamente falso." E na jogada seguinte, Hawley desceu a um dos degraus mais baixos já atingidos num tribunal americano. Quando o Dr. McGee, que dirigia uma cadeia de hospitais no norte de Idaho, e era considerado um bom médico, próspero e estimado em sua região, testemunhou que Orchard havia mentido, ao afirmar ter feito explodir certa mina, porque ele se achava com o médico a várias centenas de quilômetros de distância, no dia em que ocorrera a explosão, Hawley disse que a prova apresentada pelo Dr. McGee era "a alucinação de um espírito desordenado", e mandou que o médico fosse preso por perjúrio. McGee foi preso em sua casa, para onde voltara depois de dar seu testemunho. É significativo o fato de que esse artifício tinha sido usado, com maior eficiência, por McParland, nos processos contra os Molly Maguires, como testemunha o biógrafo destes:

"Um resultado altamente significativo do julgamento pelo assassínio de Yost foi a acusação de perjúrio a quatro testemunhas levadas ao tribunal. Elas – inclusive duas mulheres – afirmaram não ser culpadas, foram condenadas e sentenciadas dentro de poucos dias – recebendo sentenças de um a três anos. Com aquela sumária remoção de testemunhas, os amigos dos réus subseqüentes mostraram-se relutantes em depor de maneira que viesse a contradizer uma das testemunhas da comunidade, particularmente se fosse detetive ou membro da polícia do Carvão e Ferro."

O Dr. McGee foi processado por perjúrio. a única testemunha contra ele era justamente Harry Orchard! Libertado pelo juiz, McGee foi acusado mais uma vez; depois dos julgamentos de Haywood e Pettibone, a acusação tentava ainda fazer valer as suas alegações.

Abismado com aquela espécie de procedimento, Darrow sofria freqüentes ataques de depressão.

– Não quero mais saber de Direito, Ruby – queixava-se com a esposa, quando estava deitado nos braços dela e deixava que a sua cabeça quente e cansada recebesse massagens dos dedos confortadores. – Este vai ser o nosso último caso. Nós nos afastaremos disso, quan-

Advogado da Defesa 181

do terminar. A mina de Black Mountain pode sustentar-nos de agora em diante. Viajaremos pelo mundo; viveremos em Nova York, Paris, Xangai. Eu terei todo o tempo de que preciso para escrever meus livros e meus contos.

Ou entrava na grande cela ocupada pelos três prisioneiros e, deprimido, fumava um cigarro com eles.

– Anime-se, Clarence – dizia Pettibone; – somos nós que vamos ser enforcados.

Pettibone era o único que parecia estar gostando do julgamento; mas, afinal, já tinha passado por aquilo uma vez. Acusado de participar na explosão da fábrica Frisco, no distrito de Coeur d'Alene, em 1892, tinha sido condenado em Idaho, apenas para ter sua condenação denegada pela Suprema Corte dos Estados Unidos. A não ser pelo seu arraigado ódio aos proprietários de minas, Pettibone era um homem generoso, com um amor de criança pelos explosivos. Um dia, quando Orchard falava em usar um pouco daquele "negócio de Pettibone", um produto químico que fazia espalhar o fogo, inventado por Pettibone, ele disse, rindo, ao meirinho do tribunal:

– Grande invenção, aquela. A gente podia se divertir um bocado com aquilo. Você devia arranjar um pouco para o Quatro de Julho.

Mas a depressão de Darrow não era causada apenas pelos métodos da acusação. Era causada principalmente por um conflito dentro de si mesmo, um conflito que iria crescer com os anos, pois, pouco a pouco, ele passara a compreender que não gostava de "Big" Bill Haywood, que não o aprovava, que os métodos de Haywood, se não fossem contidos, fariam tudo para destruir o movimento trabalhista. Haywood acreditava na força e tinha usado a força; Darrow estava certo de que era culpado de muitos atos de violência contra a propriedade das minas. Embora Haywood desse ótima conta de si mesmo no banco das testemunhas, e fosse quieto, sincero e moderado, na sua cela falava coisas tão ferozmente belicosas que até seus dois companheiros se afastavam e não mais conversavam com ele. "Eu gostaria de fazer explodir todos os proprietários de minas do Estado do Colorado", dizia; e era claro que faria isso, se pudesse. Darrow estava convencido de que Haywood era completamente inocente, quanto à morte de Steunenberg, e esse fato, raciocinava ele, torná-lo-ia ainda mais irritado e o levaria a praticar piores atos de violência, na esperança de despertar uma revolução pela força. Darrow não só não aprovava tais métodos, mas não gostava de estar na posição de defender um homem que acreditava neles.

Sua tristeza era causada pela compreensão de que a sua carreira de defensor do trabalho tinha entrado em linha descendente. Estava defendendo um homem, que, embora não sendo culpado daquilo de que o acusavam, era culpado de outros crimes da mesma natureza; crimes contra a propriedade, antes que contra as pessoas; crimes bem provocados, mas ainda assim crimes que provocariam a destruição e o derramamento de sangue em massa, se continuassem. Defendendo aquele homem, haveria de parecer que sempre tinha sido favorável à violência, que os sindicatos que defendera no passado tinha sido culpados daquilo. A sua defesa de Haywood podia não só enfraquecer o efeito de todas as suas defesas e campanhas de educação do passado; só podia prejudicá-lo em sua futura defesa do trabalho, a causa que mais amava no mundo. Entristecia-o a certeza inescapável de que outros dirigentes e membros da Federação tinham sido culpados de atos de destruição, atos que, em parte, haviam provocado contra eles, os revides e o terror ainda maior da parte dos proprietários de minas. Queria que o trabalho fosse direito, sempre direito, para que pudesse combater em seu favor e o defender com todo o coração. Não queria que a sua defesa dos trabalhadores se enfraqueces-

182 Advogado da Defesa

se pelo conhecimento de que tinham sido culpados de qualquer coisa pior do que desejar melhor sorte para si mesmos e suas famílias. Todavia, não pensava apenas para se convencer; como sempre, era um realista sentimental:

"Não quero dizer que o trabalhador tenha sido sempre direito. Acredito nele; trabalho para ele; tenho lutado por ele; tenho dedicado a ele a habilidade que me foi possível. Tenho dado a ele toda a minha energia, tenho dado a ele todas as pulsações de meu coração, porque acredito na sua causa. Sei que, algumas vezes, ele está errado; sei que algumas vezes é cruel e algumas vezes corrupto; sei que, muitas vezes, é desarrazoado e injusto. Jamais se travou combate mais violento no mundo, por um exército que sempre fosse correto; jamais se travou combate no mundo por um exército que fosse sempre errado. Sei quando cometeram erros e fizeram o mal; sei que, neste conflito, os pobres têm razão, eterna razão. Sei que o mundo e as eras estão trabalhando para eles."

Durante os seus ataques de melancolia, voltava-se com gratidão cada vez maior para sua esposa, que se mantinha afastada das confusões de negras paixões. Ruby trabalhava em seu jardim, lavando-o constantemente para combater a poeira soprada pelos ventos do deserto, mantinha a casa sempre fresca, limpa, cheia de flores, um abrigo calmo e repousante. Quando Darrow fechava a porta de entrada atrás de si, podia deixar lá fora um mundo barulhento e brigador.

Mas ele não podia ter o coração fraco naquele momento crucial; não devia deixar que a sua desaprovação a "Big" Bill Haywood pusesse em perigo a causa do sindicalismo. Não devia permitir que as forças da riqueza e da reação obtivessem uma vitória e enforcassem os homens, por aquelas acusações inventadas e fraudulentas. Se Haywood fosse condenado como assassino, o trabalho seria condenado como assassino; o precedente seria aberto para o enforcamento de todo e qualquer líder trabalhista, por quaisquer acusações, mesmo as mais mal arranjadas e ilegais. A justiça estaria destruída; o Estado, seus tribunais, seu sistema legal, seriam tomados pelos controladores da indústria; a democracia do povo estaria paralisada. Ele devia continuar no caminho iniciado no julgamento de Debs, em 1894; devia revelar ao mundo a brutalidade, a cobiça e a insensibilidade de uma sociedade endinheirada; devia deixar a nu a necessidade de uma comunidade mais cooperativa. Sua voz devia ser a voz da paz, a voz da esperança, a voz da fé, a voz do futuro.

18

Durante quase oitenta dias, Darrow travou com Hawley batalhas gargantuescas, pois ambos sabiam como atirar epítetos quando achavam que os epítetos eram convenientes. A filha do Juiz Wood, que assistiu a todo o julgamento, diz: "todo o processo soava como se se estivesse realizando num asilo de loucos;" Embora um estranho que entrasse no tribunal que julgava Haywood pudesse ter-se sentido impelido a exclamar: "Ou os advogados da acusação ou os advogados da defesa são a pior turma de mentirosos, patifes e perjuros que jamais violaram a santidade de um tribunal americano", tal não é necessariamente o caso. Cada parte estava convencida de que tinha razão; isso é, ao mesmo tempo, privilégio e obrigação do advogado, e é, talvez, uma das razões pelas quais a ordem jurídica americana, através do seu mecanismo, muitas vezes rangeu, gemeu e emperrou, tendo sobrevivido para ministrar uma coisa parecida com justiça.

O libelo de Hawley foi quase todo de sólidas invectivas contra a Federação, tendo por

Advogado da Defesa 183

base a suposição de que todas as palavras ditas por Orchard eram absolutamente verdadeiras. "Há alguma influência, misteriosa mas poderosa, por trás dessa confissão" – disse Hawley, ao que Darrow murmurou: "Ouçam ouçam!" O discurso do Senador Borah mostrou igual convicção de que os acusados eram culpados, mas foi pronunciado em termos moderados.

Quando Darrow se levantou para fazer sua alegação final, era um dia canicular de meados de julho. Como era impossível ficar de paletó naquele calor, ele caminhava para um lado e outro, diante do compartimento dos jurados, em mangas de camisa e de suspensórios, algumas vezes com os polegares enfiados por trás das tiras, no ponto onde se abotoavam nas calças; outras vezes, segurando os suspensórios estendidos para trás, debaixo dos braços; era um quadro pelo qual iria tornar-se famoso. Haywood escreve: "Quando Darrow se levantou para falar ao júri, ergueu-se, grande e de ombros largos, vestido de cinza desalinhado, uma madeixa rala de cabelos caindo na testa, óculos na mão, seguros pelo cavalete. Quando falou, muitas vezes se mostrou intenso; sua voz forte trovejava, sua mão esquerda afundava no bolso esquerdo, o braço direito erguido para o alto. De novo tomava uma atitude de defesa; sua voz se tornava suave e muito tranqüila. De vez em quando, aproximava-se do júri quase nas pontas dos pés."

"Havia um acentuado contraste entre os que nos ouviam, durante a argumentação do Senador Borah e a minha – escreve Darrow. – Enquanto eu falava, o tribunal estava apinhado e o gramado enxameava de trabalhadores, socialistas e radicais, de idealistas e sonhadores, de todas as partes dos Estados Unidos. Todos eles sentiam que, naquele caso, a sua causa pessoal tinha o seu dia no tribunal, e um porta-voz que compreendia a sua vida e tinha sensibilidade para as suas necessidades. Borah terminou sua argumentação numa sessão noturna de uma noite de sábado. O tribunal estava apinhado com a elite de Boise e de todo o Estado. Todos eles estavam vestidos como se assistissem a um acontecimento social, como na verdade acontecia. A gente comum tinha tido a sua oportunidade durante a tarde. O tribunal tinha sido inteiramente arejado, senão fumigado, durante o intervalo. Os eleitos tinham agora a sua vez."

Darrow falou ao júri durante onze horas. As palavras que disse encheriam um livro de duzentas páginas de tipos normais. O discurso, mais ainda do que aquele que tinha feito perante a Comissão do Antracite, quatro anos antes, é admirável pela organização e pelo domínio de todos os detalhes que tinham sido trazidos à baila, nos setenta e seis dias de interrogatório: nem sequer uma vez consultou suas notas ou documentos; tinha tudo na cabeça: o caráter de cada testemunha e a sua contribuição para esclarecer o caso, o que havia afirmado ou admitido no interrogatório, a história das regiões mineiras durante duas décadas e o seu plano de violência, a gênese completa de Harry Orchard e sua credibilidade, a história da conspiração, a história do movimento trabalhista, a história das opressões dos concessionários e de seu emprego da força, a importância daquele julgamento na futura preparação de um mundo civilizado, os casos fundamentais implicados, que estavam acima da vida de um William Haywood.

"A minha maior preocupação não é o Sr. Haywood. Outros homens morreram antes dele. Em todas as partes homens já olharam para cima e para baixo, trabalharam pelos pobres e pelos fracos, foram sacrificados. Encontraram a morte, e ele também pode encontrar a sua. Mas, míopes senhores da acusação, membros da Associação dos Proprietários de Minas, gente que pensa curar o ódio com o ódio, os senhores que pensam poder esmagar os sentimentos e as esperanças e as aspirações do homem, atando um baraço à volta de seu pescoço, os senhores que estão procurando matá-lo não porque se trata de Haywood, mas porque ele representa uma classe, não sejam tão cegos; não sejam tão tolos a ponto de acreditar que podem estrangular a Federação dos Mineiros do oeste, quando amarrarem uma corda à volta do pescoço de Haywood. Se, pela influência deste populacho, os senhores quiseram matar Bill Haywood, ele é mortal; ele morrerá; mas quero dizer que um milhão de homens agarrarão a bandeira do trabalho, na sepultura aberta onde Haywood a depõe, e, a despeito das prisões, do patíbulo ou do fogo, a despeito dos processos, do júri ou dos tribunais, esses homens, com suas mãos dispostas, a conduzirão até a vitória final."

Passou várias horas dissecando a alma e o cérebro de Harry Orchard, como se usasse um bisturi; o mundo tremia de pensar que qualquer membro da raça humana pudesse ser capaz de tamanhas abominações. "Muitas vezes, pergunto a mim mesmo se, aqui em Idaho ou em qualquer parte do país, um homem pode ser levado a julgamento e os advogados, pedirem seriamente que seja tirada a vida de um ser humano, pelo testemunho de Harry Orchard. Pelo amor de Deus, que tipo de comunidade existe aqui no Estado de Idaho, que homens em pleno juízo possam pensar tal coisa!? Teria sido necessário que eu viesse aqui, de Chicago, para defender a honra de seu Estado? Se doze jurados pudessem tirar a vida de um ser humano, porque um homem como Harry Orchard apontou para ele o dedo, para poupar a própria vida, então, eu diria que a vida humana estaria mais segura nas mãos de Harry Orchard do que nas mãos de um júri que fizesse isso. Um homem que acreditasse em Orchard, contra Moyer, haveria de desferir um golpe contra a sua própria dignidade e contra a dignidade de todos os homens.

"Não há maneira de devolver a Moyer, Haywwod e Pettibone os dezoitos meses que passaram na cadeia de Boise. Aqueles meses fazem parte do prêmio que se recebe e sempre se recebeu pelos serviços prestados aos camaradas. Pois o mundo é, agora, o mesmo que sempre foi, e se um homem é tão insano a ponto de querer sair a trabalhar pelos pobres, pelos oprimidos e pelos desprezados, pelos homens que não possuem os instrumentos, os jornais, os tribunais, a máquina e a organização da sociedade, tais são os salários que recebe hoje, e que tem recebido desde a época em que o primeiro tolo comecou a se agitar em favor da ascensão e edificação da raça humana.

"Falo em favor dos pobres, em favor dos fracos, em favor dos cansados, em favor daquela longa linha de homens que, na treva e no desespero, suportaram os trabalhos da raça humana. Os olhos deles estão voltados para vós, senhores doze jurados de Idaho, esta noite. Se condenarem Haywood à morte, o seu ato será aplaudido por muitos. Nos escritórios das estrada de ferro de nossas grandes cidades, os homens aplaudirão o seu nome. Se decretarem a sua morte, entre as aranhas de Wall Street levantar-se-ão hosanas de elogios para esses doze bons e fiéis cidadãos. Em todos os bancos do mundo, onde os homens odeiam Haywood porque ele luta pelos pobres e contra o sistema infame sobre o qual os favorecidos vivem, enriquecem e engordam – de todos aqueles receberão os senhores bênçãos e elogios incontidos. mas, se o seu veredito for pela inocência, neste caso, ainda há aqueles que reverentemente curvarão a cabeça e agradecerão a esses doze homens pela vida e pela reputação que os senhores salvaram. Lá fora, em nossas amplas pradarias, onde os homens trabalham com as mãos, lá fora, no amplo oceano, onde os homens são agitados e embalados pelas ondas, nas nossas fábricas e usinas e até nas profundezas da terra, milhares de homens, de mulheres e até de crianças – homens que trabalham, homens que sofrem, mulheres e crianças cansados de cuidados e labores, – aqueles homens, aquelas mulheres e aquelas crianças ajoelhar-se-ão esta noite e pedirão a seu Deus que guie os corações dos senhores."

Advogado da Defesa 185

No princípio de sua defesa, fez ele uma estranha profecia sobre as trágicas circunstâncias em que iria encontrar-se, cinco curtos anos depois: "Suponhamos que um dos doze homens fosse privado de sua fazenda e acusado de crime, não para ser julgado numa comunidade onde vivesse, não para ser julgado por fazendeiros que o conhecessem e conhecessem o seu meio de vida, que fosse levado para Chicago, levado para Nova York, para ser lançado numa cidade grande e desconhecida, cujos homens não pensam os pensamentos que os senhores pensam, cujo povo não leva as vidas que os senhores levam, e esperasse ali, a mais de dois mil e quinhentos quilômetros de distância de casa e dos amigos, para fazer a sua defesa; e depois, suponhamos que fosse acusado de um crime que todos os membros daquela comunidade encarassem como um crime contra a santidade de seu próprio Estado; neste caso, os senhores poderiam apreciar a situação em que nos encontramos hoje e poderiam compreender o prejuízo que nos foi imposto desde o início deste caso".

O livro de que Darrow falou ao júri de Boise nunca foi publicado, embora o tivesse sido a confissão de Orchard. Lido hoje nos velhos arquivos de jornais e revistas, dá a impressão de que um escritor realmente grande se tivesse sentado em sua escrivaninha, durante muitos meses, para fazer aquele magnífico apelo, em língua tão bela, tão lírica e cadenciada, tão variada no estilo, tão pungente no sarcasmo justaposto com a ternura e a piedade pela luta do homem, tão provocador na sua paixão pela vida e pela justiça para com os pobres, para com o povo. Pois Darrow só alcançava a grandeza como escritor quando se achava de pé, o cérebro trabalhando a todo vapor, apelando não pela vida de um homem, mas por toda a humanidade. Naquelas horas finais, em Boise, ele foi tão grande quanto sua causa; nenhum homem pode ser maior.

19

Embora o juiz Wood tivesse negado permissão a Darrow para denunciar a Associação dos Proprietários de Minas e o Estado de Idaho, por conspiração contra a Federação, a sua maneira de conduzir o julgamento o mantivera, em todas as ocasiões, justo, imparcial dentro da lei. Não tinha tido coragem para recomendar ao júri a suspensão do processo, no princípio do julgamento, mas em suas longas e detalhadas instruções, continuou a reiterar as exigências da lei, antes que se pudesse chegar a um veredicto de culpa.

"A lei encara com desconfiança o testemunho de um cúmplice, em vista do motivo que pode ter, quando, ao fazer assim, pode conseguir imunidade para a sua própria participação no crime denunciado. Embora o júri possa acreditar que o testemunho de um cúmplice é verdadeiro, não poderá ainda condenar o réu com base em tal testemunho, a menos que descobrisse ainda que o testemunho do cúmplice é confirmado por outras provas independentes." Depois de mostrar ao júri que as provas confirmadoras tinham de relacionar Haywood com o crime do qual era acusado, e não com crimes ocorridos antes, o Juiz Wood concluiu: "O tribunal recomenda ao júri que, se acredita, com base nas provas, que a testemunha Harry Orchard foi induzida ou influenciada a se tornar testemunha e depor neste caso, por quaisquer promessas de ficar livre da acusação ou do castigo, deve então o júri tomar em consideração esses fatos, para determinar o peso que deve ser dado ao testemunho assim obtido. Tal testemunho deve ser recebido pelo júri com cautela e minuciosamente examinado, com grande cuidado."

Quando o júri se retirou para a sala secreta, um repórter se inclinou para Darrow e disse: — Bem, são precisos doze.

186 Advogado da Defesa

– Não – replicou Darrow, exausto, – apenas um é preciso.

Rapidamente correu a notícia de que Darrow estava desanimado; de que o melhor que esperava era um júri dividido. A fé dos habitantes de Boise, de que Haywood seria condenado, que nunca havia diminuído durante o julgamento, cresceu agora e se tornou uma convicção positiva.

Darrow e Ruby foram para casa por volta das dez horas; contudo, ela, não pôde fazê-lo deitar-se. Ficou ele andando pela casa, desconsolado, fumando cigarro atrás de cigarro. A despeito das diferenças ideológicas entre ele e Haywood, uma vida humana estava em jogo. A vida da Federação e do trabalho organizado estava em jogo e, mais importante do que tudo, estava em jogo a estrutura jurídica dos Estados Unidos. Todos os átomos do seu cérebro e do seu espírito se achavam naquela quente e abafada sala do júri, durante as intermináveis horas da noite, horas em que ele não parou para sentar-se nem se deteve na sua caminhada silenciosa, fumando, preocupado.

Pouco antes das cinco da manhã, alguém que escutava no gramado fora da sala do júri ouviu os jurados fazerem uma votação e o presidente anunciar o resultado de onze a um. Comunicou sua notícia ao jornal, que saiu às ruas dentro de poucos minutos, com uma edição-extra dizendo que o júri decidira por onze a um em favor da condenação.

"Boise se levantou cheia de júbilo – relata a Senhora Edgar Wilson. – As mulheres saíram com suas melhores roupas e jóias; os homens vestiam os seus ternos e gravatas mais alegres. Os trabalhadores, os liberais, os pobres, desapareceram das ruas para dar lugar às multidões que riam e cantavam e gritavam umas para as outras, quando surgiam de todas as direções, como se fosse a véspera do Ano Novo. Todos estavam esperando que o último teimoso jurado ouvisse a voz da razão para que, depois, pudessem ir para o grande churrasco e o piquenique, uma celebração que deveria durar dias e não teria precedentes na história de Idaho."

Quando o jornaleiro anunciando a edição-extra passou pela casa dos Darrows, Clarence comprou um exemplar e leu a notícia. O máximo que podia esperar, agora, era que o único jurado se mantivesse firme contra todas as possibilidades e impedisse a decisão do júri. Durante a hora seguinte, provou doses amargas de desilusão, desespero e derrota. Às seis e meia, quando foi chamado por um guarda, porque o júri já tinha o seu veredicto, sabia que aquilo só podia significar uma coisa: o último jurado havia cedido. Atravessou correndo a rua, dilacerado por cãibras. O tribunal estava deserto, pois ninguém tinha sido notificado da decisão do júri, a não ser os advogados. Richardson, Wilson e Nugent ali se achavam, assim como Hawley e Van Duyn. Borah estava ausente. Primeiro, Haywood foi tirado de sua cela; depois, o júri foi conduzido ao seu compartimento.

– O júri já tem seu veredicto? – perguntou o Juiz Wood.

– Temos, meritíssimo.

– E qual é esse veredicto?

– Inocente!

Houve um instante de silêncio; depois, Haywood rompeu num sorriso tremendo. Lágrimas encheram os olhos de Darrow e ele ficou sentado, mole, sem forças, em sua cadeira dura. Os jurados todos, de repente, sentiram-se descansados, alguns com um sorriso no rosto, outros com lágrimas nos olhos. Darrow apertou a mão de Haywood, depois se levantou e foi ao júri apertar a mão de cada jurado. O presidente informou-o de que nunca tinha havido qualquer perigo de condenação. A primeira votação tinha sido de oito pela inocência, dois

Advogado da Defesa 187

pela culpa, e dois não haviam votado. A quarta votação tinha sido de dez pela absolvição, um pela condenação, e um não votara. Às três e meia da manhã, tinham feito a quinta votação, que continuara a mesma, e por isso concordaram em dormir um pouco. Às cinco horas, tornaram a votar, e a conta agora era de onze a um pela absolvição. Aquela tinha sido a conta ouvida pelo escutador; esclarece bem o estado de espírito de Boise o fato de que, tendo ouvido aquela contagem de onze a um, o escutador só pudesse supor que fosse pela condenação.

O jurado decisivo, Samuel D. Gilman, disse:

– A votação de onze a um deixou-me inteiramente sozinho. Então, eles me "trabalharam". Pedi-lhes que me deixassem pensar. E, finalmente, concluí que não seria direito demorar mais tempo. Todas as opiniões estavam de acordo, logo que entramos na sala do júri, em que não podíamos considerar o réu culpado, em face das instruções do juiz.

O jurado S. F. Russell afirmou:

– Não se havia mostrado que Haywood era culpado. Mesmo que a defesa não tivesse introduzido qualquer prova, depois que o Estado concluíra a acusação, o veredicto teria sido o mesmo.

O povo de Boise, apreciador de feriados, que vinha formando sua opinião do julgamento pelos editoriais do *Statesman*, ficou perplexo. Recusou acreditar que coisa tão incrível tivesse acontecido. "As pessoas desapareceram rapidamente das ruas, tendo perdido o seu feriado – conta a Sra. Wilson. – E, para o lugar delas, vieram os mineiros, os trabalhadores, os liberais, os pobres, que riam, choravam e abraçavam seus vizinhos, e sentiam como se o mundo tivesse sido salvo."

Eram oito horas, quando Darrow de novo tomou o sol quente e claro da manhã de Boise. Uma multidão tremenda estava reunida para saudá-lo, para abraçá-lo, para gritar seu nome. Carregaram-no aos ombros e o conduziram pela rua abaixo. Ele viu parado de pé numa porta, sozinho, abandonado em sua hora de derrota, o Senador Borah.

– Pobre Borah – murmurou Darrow; – agora, devemos fazer alguma coisa por ele.

Eram três horas da tarde, quando a multidão o soltou, para que ele fosse ao almoço da vitória na casa de Perky. Àquela hora, as repercussões tinham começado. O Juiz Wood era publicamente acusado de favorecer o seu antigo sócio. Borah era acusado de abandonar a causa para não perder o voto dos trabalhadores. Darrow era acusado de subornar os jurados. o bailio McGinty era acusado de receber seis mil dólares para deixar que os jurados fossem "conversados". Os jurados eram acusados de se tornarem subitamente ricos. A Federação era acusada de encher de gente o tribunal para intimidar os jurados. Os bons cidadãos de Boise apresentaram para a absolvição todas as razões desonestas, ilegais e escandalosas que mentes inflamadas poderiam inventar. Poucos habitantes de Boise, então ou agora, admitiriam que o júri tinha ficado honesta e genuinamente convencido de que não fora provada a culpa de Haywood.

As manifestações dessa guerra de classe em miniatura se espalharam por todo o país. O *Sun* de Nova York, voz de Wall Street e das grandes empresas, disse em editorial: "Uma "dúvida razoável" aparentemente salvou Haywood, a despeito da rede de provas confirmadoras que o Senador Borah teceu em torno do réu, com bastante lisura e igual perícia, e a despeito do desonesto apelo ao preconceito de classes, que Clarence Darrow fez ao júri." O liberal *World*, de Nova York, disse: "O veredicto do júri indubitavelmente representa a opinião de uma grande maioria de pessoas sem preconceitos, que acompanharam o julgamento pelas notícias de jornal. O Estado não conseguiu provar sua acusação."

188 Advogado da Defesa

A despeito de seu excelente trabalho em conjunto, Darrow e Richardson tiveram de se separar. "Richardson – disse Darrow, – era muito difícil como companheiro de trabalho. Era egoísta, arrogante e excessivamente invejoso. Jamais poderia fazer dupla comigo outra vez." E Richardson disse: "Darrow era atirado, desconsiderado e míope, quando os interesses dos clientes estavam sendo considerados. Seu grande defeito era o de ser socialista e o de se inclinar a pôr os interesses do Partido à frente dos interesses dos homens cujas vidas estavam em julgamento."

Como Richardson e John Mitchell fizeram idêntica acusação, com diferença de apenas quatro anos, a opinião deveria ter bons fundamentos; todavia, escaparam a Richardson a causa e o motivo do radicalismo de Darrow. Não era ele socialista militante; pouco ligava ao Partido; negara a Eugene Debs permissão para ir a Boise, fazer a cobertura do julgamento para *The Appeal to Reason*, alegando que não queria ter o encargo de ser obrigado a absolver o socialismo somado ao de absolver os réus. Ocorria apenas que, ao condenar os fatos pela brutalidade, cobiça e interminável opressão exercida pelas combinações da fortuna contra os trabalhadores que ajudavam a produzir essa fortuna, Darrow se sentia forçado à inevitável conclusão de que somente num Estado cooperativo poder-se-ia encontrar duradoura paz e abundância. Não podia pensar exclusivamente num homem e na acusação particular. Tinha de pedir a absolvição de toda a humanidade, a compreensão e compaixão que haveriam de impedir semelhante conflito. Era, de novo, o professor que defendia a tolerância, a visão mais ampla, a oportunidade para que toda a humanidade vivesse em segurança. Queria libertar Haywood, mas queria também derrubar a regra da inimizade, da violência e do revide.

Os mineiros do Noroeste decretaram feriado e realizaram um desfile imenso. A Haywood foram oferecidas somas fantásticas para fazer conferências por todo o país e foi-lhe proposta a candidatura a presidente, na chapa socialista. Prontamente libertado, sob fiança, Moyer voltou para Denver, a fim de retornar a seu trabalho à frente da Federação. Física e moralmente cansado, convencido de que o Estado abandonaria as acusações restantes, agora que tinha perdido a causa mais forte, Clarence voltou com Ruby para Chicago, a fim de retomar a meada de suas vidas e da sua lei.

20

Fazia poucos dias que estava em casa, quando recebeu um telegrama de seus colegas, pedindo que voltasse imediatamente; Idaho ia de novo processar Steve Adams, noutra tentativa de obter a condenação com a qual poderia forçá-lo a depor contra Pettibone. Darrow pegou o primeiro trem, o primeiro de muitos que iriam conduzi-lo, nos meses seguintes, de médico a médico, de hospital a hospital, de tribunal a tribunal, numa jornada agoniante; pois, mal havia chegado a Boise, caiu de cama, com gripe, e "surgiu-me uma dor violenta no ouvido esquerdo. O médico chegou à opinião de que tinha apanhado alguma infecção e de que havia grande perigo de se transformar num caso de mastoidite. A dor rapidamente se tornou intensa. Tornou-se impossível para mim dormir, ainda que pouco, sem narcóticos. Mandei chamar o Dr. Hudgel, na calada da noite; ele disse que era melhor que eu estivesse pronto para ir de repente para a Califórnia ou Chicago, a fim de ser tratado por especialistas, e que, no intervalo, não devia aceitar nenhum outro caso.

"Eu sabia que ele tinha razão, mas que podia fazer? Adams voltara as costas ao Estado principalmente por sua confiança em mim. Eu lhe dissera que aceitaria a sua causa. Se,

Advogado da Defesa 189

pela minha ausência, fosse ele condenado à morte, eu jamais me poderia perdoar. Sabia que estava pondo em sério risco a minha própria vida para salvar a dele – mas ninguém que não seja advogado pode compreender qual a sensação de responsabilidade que uma pessoa sente perante um cliente."

A mesma edição do jornal que anunciou a transferência de Darrow, do Hotel Idanha para o Hospital St. Alphonsus, noticiou a abertura do julgamento do governo federal contra o Senador Borah, por exercer advocacia administrativa a favor de Frank Steunenberg, nos negócios de terras. Mas Darrow não morreu e Borah não foi condenado; ambos viveram, para fazer bons trabalhos, e se tornaram amigos dedicados.

O segundo processo de Steve Adams estava a ponto de se iniciar em Rathdrum, no norte de Idaho, lugarejo obscuro para onde o Estado conseguira fazer um desaforamento. Com ajuda da Sra. Darrow, do médico e duas enfermeiras, Clarence conseguiu sair da cama do hospital, vestir-se e ser transferido para a estação ferroviária. Ali o Dr. Hudgel deu-lhe uma bolsa de equipamentos médicos e algumas ordens graves: o pavilhão auricular devia ser mantido aberto; devia ser irrigado de tantas em tantas horas; todo o equipamento devia ser esterilizado, toda vez que fosse usado.

A viagem de trem para Rathdrum foi demorada e árdua, pois tinha de fazer toda a volta, passando por Washorgton, sujeitando-se a várias baldeações. Na primeira noite da viagem, passaram a maior parte do tempo no carro refeitório, onde Ruby podia manter água fervendo, na cozinha; no dia seguinte, foi ela obrigada a comprar panelas, ferver a água num fogareiro de carvão e ministrar os remédios numa estaçãozinha fria e suja. Junto com a dor dilacerante, era ainda menos suportável a incerteza do que estava acontecendo em sua cabeça, a consciência de que, a qualquer instante, a estranha enfermidade podia abalar qualquer coisa em seu cérebro e matá-lo, antes que ele tivesse tempo de murmurar suas despedidas. Aquelas agonias intermináveis permaneceram vivas em sua memória, até o dia em que morreu.

Quando, afinal, chegaram a Spokane, o especialista ao qual tinha ele sido recomendado completou seu exame e também se confessou perplexo: parecia que o caso era do mastóide, mas, enquanto não aparecesse o porejamento atrás do ouvido, não poderiam ter certeza e, sem dúvida, não podiam fazer uma intervenção cirúrgica. Também ele mandou que Darrow fosse para um hospital, pois tinha experiência com aquelas infecções e sabia que provocavam febre; e, a menos que fosse descoberta e combatida imediatamente, a febre podia ser fatal. Repetiu a advertência do Dr. Hudgel, em termos bastante claros: Darrow estava arriscando a vida ao tratar do caso Adams, e o médico não podia ser responsável por ele, se saísse de Spokane.

Dentro de uma hora, Darrow estava de novo em um trem, "pois, se Adams perdesse, isso significava a sua morte ou a sua entrega ao Estado, o que poria em maior perigo as vidas de Moyer e Pettibone". O especialista de Spokane tinha sido seguro em seu julgamento, mas não havia contado com um fator da vida de Darrow: Ruby. Ela não menos do que Clarence, era uma lutadora de coração forte e mãos suaves.

"Ficamos dois meses em Rathdrum, dois meses de agonia. Mal havia um momento no tribunal em que não sentisse uma dor. À noite tentava dormir um pouco, com a ajuda de um saco de água quente, que tinha de ser reaquecido de hora em hora e que era constante e devotamente trocado pela Sra. Darrow. Quando a dor era insuportável, tínhamos de recorrer à injeção. Não me seria possível imaginar quantas vezes ela foi à cozinha, com o seu fogarei-

190 Advogado da Defesa

ro de carvão, para manter a chaleira fervendo, tornar a encher a bolsa de água, preparar a seringa para injetar codeína, e depois irrigar o ouvido. Ela afiava as pontas das agulhas, para ficarem bem finas, com a mais fina lixa de esmeril. O instrumento tinha de ser fervido, e a agulha e a colher de mesa na qual ficava a agulha enquanto estava sendo esterilizada, assim como o líquido e a codeína; a seringa era montada com gase esterilizada, para que não aparecesse uma nova infecção. Creio que a Sra. Darrow sofreu tanto quanto eu, durante aquele tratamento."

O segundo julgamento de Adams foi uma reprodução do primeiro. O júri votou por dez a dois a favor da absolvição; já que nada podia convencer os homens que o achavam culpado a mudarem de idéia, o juiz os dispensou. Adams foi de novo levado para a penitenciária. Darrow, mais doente do que nunca, por causa de mais aquela dificuldade do julgamento, partiu para Portland, a fim de receber tratamento de raios ultravioletas; depois foi para San Francisco, onde os médicos ainda foram incapazes de explicar a sua doença ou de lhe dar alívio físico ou mental.

Pettibone foi levado a julgamento. Chegou, então, a vez de o médico de San Francisco dizer a Darrow que seria fatal para ele ir a Boise; Pettibone replicou que seria fatal para ele, se Darrow não fosse. Os dois dias no trem, com as suas constantes injeções e irrigações, foram pesadelos intermináveis, próximos da morte. Quando levaram Darrow do trem para o Hospital St. Alphonsus, em Boise, os jornais de Chicago mandaram repórteres para colher suas palavras da agonia. Prepararam-se necrológios por todo o país. Entretanto Clarence sempre tinha sido um indivíduo duro; não queria morrer; queria defender George Pettibone. No primeiro dia do julgamento, conseguiu levantar-se da cama; as irmãs do hospital tinham-no cercado de cuidados magníficos; não fosse isso, não teria sido capaz de se levantar.

A principal diferença entre os casos de Haywood e Pettibone foi que, em vez de interrogar Orchard, depois de já ter lido mais uma vez sua confissão, Darrow suavemente o encorajou a aumentar ainda mais seus crimes pessoais contra seus amigos, particularmente a maneira como havia brincado no chão com o filho de seu antigo sócio, enquanto planejava a melhor maneira de raptar o menino e obter por ele um resgate. O júri fugiu de Orchard, como se fosse a carcassa de um animal morto.

Aquilo foi quase tudo o que Darrow pôde dar. Seu colapso foi completo. O próprio Pettibone sugeriu que era melhor afastar-se do julgamento. Na manhã seguinte, conduziram-no ao tribunal numa cadeira de rodas, pálido, magro e abatido, para fazer seu último e murmurado apelo ao júri. Naquela noite, o médico o mandou para a Califórnia, muito embora admitisse haver pouca possibilidade de sua sobrevivência às trinta e seis horas de viagem de trem. Billy Cavenaugh, o pedreiro que lhe havia servido de guarda-costas, embarcou no trem por sua própria conta e seu próprio dinheiro; com os cuidados da Sra. Darrow e de Cavenaugh, Clarence chegou a Los Angeles vivo, e foi levado às pressas, na ambulância que o esperava, para o Hospital da Califórnia, onde se reuniu uma junta médica – mas ninguém sabia o que fazer.

21

Depois de sete dias de dor constante e esmagadora, chegou um telegrama noticiando que Pettibone tinha sido absolvido; Moyer havia sido desqualificado e estava terminado todo aquele engulhante negócio. A boa notícia fê-lo sentir-se suficientemente forte para se mudar

Advogado da Defesa 191

para um pequeno apartamento no alto da Subida dos Anjos, de onde podia ver a cidade e as montanhas para além; e durante minutos inteiros, era ele capaz de esquecer que não sabia se estaria vivo, quando o relógio desse outra volta.

Moraram no apartamento durante três semanas; foram semanas de uma dor que não cedia. Como não havia mudança no que se passava em seu ouvido e os médicos continuavam aparvalhados, concluiu ele que talvez fosse melhor continuar sofrendo em casa. Ruby arrumou as malas e, ao fim de certa tarde, tomaram um táxi para a estação. Mal havia ele comprado as passagens, sentiu o porejamento atrás do ouvido, que os médicos tinham previsto havia cinco meses. Voou para o Hospital da Califórnia, onde foi feita imediatamente a operação e drenagem do "mastóide fraco".

Seus muitos meses de doença tinham esgotado suas energias. Durante dias, esteve entre a vida e a morte. Não era capaz de falar; não podia receber visitas; Ruby entrou a fazer uma vigília de vinte e quatro horas, fora de sua porta. Como Darrow nada comia do que tinha sido preparado para ele, as autoridades do hospital romperam sua férrea regra e permitiram que ela fosse à cozinha a qualquer hora do dia ou da noite, para preparar o alimento que julgasse capaz de tentá-lo. O pouco que ele conseguia engolir não podia ser digerido, por causa dos seus nervos abalados.

Durante muitas semanas, um pânico financeiro vinha varrendo os Estados Unidos; fechavam-se bancos e investimentos eram liqüidados. De Gardner, Illinois, Lutz começou a telegrafar freneticamente, dizendo que Darrow tinha de assinar certos papéis, para que pudessem livrar-se da mina de ouro da Montanha Negra. Telegramas, cartas por mensageiro especial, mensagens histéricas de todas as espécies, começaram a chegar, mostrando que suas economias estavam sendo consumidas, que outros investidores também estavam sendo arruinados, que apenas a sua assinatura podia permitir-lhes abrir mão da mina e livrar-se da bancarrota.

Os médicos tinham avisado a Ruby de que o choque haveria de matá-lo. Ela enfiou as mensagens debaixo do colchão da cama em que dormia, quando Darrow também estava dormindo. Afinal, chegou um telegrama dizendo que seria impossível impedir que Lutz cometesse suicídio, a menos que Darrow tomasse um trem para Chicago, imediatamente. Não mais desejosa de assumir a responsabilidade do caso, ela mostrou os telegramas aos médicos, que lhe asseguraram que aquilo iria sacrificar o marido.

– Isso quer dizer, que, para o Sr. Darrow, a questão é o dinheiro ou a vida?

– Temos certeza disso, Sra. Darrow.

– Pois bem, que se vá o dinheiro e que se salve a vida dele, é claro.

Depois de várias semanas, quando ele havia recobrado as forças e foi julgado capaz de deixar o hospital, Ruby e os médicos lhe disseram, com a maior suavidade possível, que seus investimentos tinham desaparecido, que a mina da Montanha Negra não mais existia. Darrow pulou para fora da cama, fugiu das mãos dos médicos que o tentavam agarrar, procurando mantê-lo quieto, e atravessou o quarto como um touro.

– Você está percebendo o que me fez? – gritou para a esposa. – Você jogou fora as economias da minha vida, meu sonho de me aposentar. Agora terei de começar tudo de novo – ser um escravo deste aborrecido trabalho de advogado. Nunca seremos capazes de viajar pelo mundo, escrever todos aqueles livros! Eu nunca a perdoarei por isso – nunca, nunca!

Mas, como todo marido, perdoou, quando soube que, provavelmente, ela lhe salvara a vida, ao deixar acabar seu dinheiro.

192 Advogado da Defesa

Agora, já fazia dois anos que tinha saído de Chicago para defender a Federação. os fundos do Sindicato tinham ficado tão reduzidos pelos quatro julgamentos que não lhe puderam pagar os honorários que haviam combinado. Ele tinha as passagens da estrada de ferro, dinheiro bastante para pagar as contas do hospital e voltar para casa, mas isso era tudo. Não podia pagar as contas dos médicos.

No primeiro dia em que voltou para Chicago, foi para seu escritório, a cabeça envolta em ataduras, apenas um olho descoberto. Durante sete semanas, teve de usar aquela atadura, no escritório e no tribunal. Mas ninguém fez comentários sobre aquilo, nem o achou estranho: toda a gente sabia que Clarence Darrow tinha voltado da guerra.

CAPÍTULO VIII

ISTO É GUERRA!

PROCURANDO UM DISTRITO tranqüilo onde seu marido pudesse recuperar as forças e a serenidade de espírito, Ruby correu toda a Zona Sul, até que encontrou um apartamento no último andar de um prédio de seis pavimentos, chamado The Hunter, no Midway, a cavaleiro da Universidade de Chicago, do Parque Jackson, com a sua ponte e seu pagode japonês, e do Lago Michigan. "Foi construído por um homem que se esqueceu de que nem ele, nem seu prédio, durariam para sempre – de sorte que cada centímetro das paredes internas era de carvalho sólido. Os nove cômodos eram excessivamente grandes, com tetos altos e janelas altas e largas. A própria cozinha era suficientemente larga para servir de pequena sala de banquetes, inconveniência bastante grande. Havia cinco janelas de frente, cada uma delas dando belas vistas do lago, do parque, das árvores, do gramado e de amplidões ininterruptas." Clarence estava satisfeito com aquela amplidão e com a idéia de ficar longe do tumulto da vida de Chicago; mas não quis assinar o contrato.

– Teremos que alugar isso na base do mês a mês, Ruby, porque não tenho bastasnte certeza sobre a minha renda. Estamos com uma dívida entre dez e quinze mil dólares.

Durante ano e meio, Ruby cozinhou, esfregou o apartamento de nove cômodos, lavou as roupas da casa e as roupas pessoais, jamais gastando um centavo com outra coisa que não fosse alimento. Ao fim daquele tempo, os Darrows tinham pago todas as dívidas. Só então, Ruby concordou em contratar uma empregada. Só então Clarence assinou o contrato; um contrato que iria vigorar durante trinta anos, que iria ver o aluguel subir de setenta e cinco para duzentos e cinqüenta dólares por mês, à medida que o distrito se tornava popular e elegante, e cair lentamente de novo a setenta e cinco dólares, quando o distrito terminou seu ciclo de vida e se desintegrou; um contrato que iria deixar Clarence despreocupado, enquanto os estilos de habitação mudavam e os grandes apartamentos abaixo dele eram remodelados, cada um se transformando em seis apartamentos; um contrato que iria terminar somente quando ele morresse, em sua ampla cama de metal, junto da janela, com a idade de oitenta anos.

O de que ele mais gostava naquela nova casa era a proximidade da Universidade de Chicago, onde tantos dos professores eram velhos amigos que gostavam de aparecer para pas-

194 Advogado da Defesa

sar uma noite de cordial conversa, enquanto tiravam baforadas de cachimbo. Ele derrubou as paredes que ligavam o quarto da frente, a sala de estar e a sala de jantar, para fazer uma grande biblioteca e m forma de L, com frente de dez por sete e meio metros, defronte do Midway, mais seis metros de fundo, na dobra do L. As paredes disponíveis foram solidamente revestidas de estantes, para abrigar seus milhares de heterogêneos volumes. Como o quarto era agora suficientemente grande para conter um grupo considerável, confortavelmente, levou para sua casa o clube Evolucionista, do qual tinha sido a luz orientadora, e que se vinha reunindo na cidade, em vários auditórios. As reuniões eram realizadas uma vez por semana; instrutores jovens e entusiasmados da universidade davam cursos de biologia, arqueologia, paleontologia, sociologia, religião comparada. Sentados numa das cadeiras de vime preferidas por Darrow, de frente para a lareira, eles faziam conferências durante uma hora, depois defendiam a sua ciência durante três outras horas, enquanto Darrow, balançando-se na cadeira de vime oposta, com mão hábil, orientava a discussão.

Aquelas noites se tornaram as mais agradáveis de sua existência: professores e filósofos visitantes, escritores e cientistas europeus, quando ficavam sabendo que a biblioteca de Midway era a mais excitante oficina de trabalho intelectual de Chicago, iam jantar com os Darrows e falar ao Clube. Os instrutores ensinavam e os sócios, que agora se contavam por uma centena das mentes mais vigorosas de Chicago, aprendiam por que os assuntos eram vitais e importantes, por que era bom viver em um mundo onde o conhecimento estava progredindo, fazendo constantes avanços, contra a treva da ignorância e do preconceito.

"Quando penso em Clarence Darrow – diz Robert Hutchins, presidente da Universidade de Chicago, – vejo um homem alto e majestoso, a discutir com os membros da nossa faculdade, rebatendo os seus pontos de vista, defendendo os seus direitos, mantendo conversas demoradas, enigmáticas e deliberadas com eles, na biblioteca vermelho-escuro de seu apartamento da Rua Sessenta Leste, sondando-os e os desafiando, tomando as suas medidas."

"A crueldade é filha da ignorância – escreveu Darrow a um amigo, durante aquele período, – e um dia os homens pararão de julgar e condenar uns aos outros. Estou realmente mais interessado nisso do que em qualquer outra coisa: eu gostaria de poder tornar o mundo mais generoso e mais humano do que é."

Tornou-se cada vez mais difícil para ele andar desembaraçadamente, quando caminhava pelas ruas de Chicago, tantos eram os amigos, conhecidos e até mesmo estranhos que queriam detê-lo para conversar um pouco. T. V. Smith conta que, quando acompanhava Darrow a uma reunião da convenção democrática, foram precisas duas horas para vencer os poucos quarteirões entre a Estação Central de Illinois e o auditório. "Não foi uma caminhada – diz Smith, – foi uma recepção. As pessoas paravam aos grupos, para trocar algumas palavras, para se sentirem envolvidas, ainda que por um só instante, naquele sorriso confortador. Não era tanto porque ele se tinha tornado uma celebridade, como porque havia sido transformado em propriedade pública."

As pessoas que o ouviam fazer conferências achavam aquilo uma experiência deliciosa. "Primeiro, havia seu julgamento sempre seguro na escolha de um tema importante e vital, alguma coisa que havia intrigado e embaraçado os grandes pensadores de todos os tempos – recorda uma dessas pessoas. – Depois disso, havia a capacidade de penetração intelectual que lhe permitia apreender e depois revelar a alma íntima de sua matéria. Enquanto a maioria dos homens se perdia num labirinto de preliminares e bagatelas técnicas, Darrow entrava pelo grande portão e caminhava calmamente pelo corredor central."

Advogado da Defesa 195

O que era estranho naquele efeito confortador que ele exercia sobre as pessoas era que raramente encontrava qualquer coisa de confortador para dizer sobre a conduta do mundo. Não era um otimista que encorajava as pessoas, dizendo que tudo iria dar certo. O melhor que podia conseguir era fazer com que a massa não se enganasse. "Como acontecerá com as coisas? Creio que simplesmente nada acontecerá. Os homens têm-se odiado mutuamente, roubando, oprimindo e matando uns aos outros, há séculos sem conta; no horizonte, vejo pouca coisa que indique que não continuarão fazendo isso durante os séculos vindouros." Numa carta ao repórter de um jornal trabalhista, escreveu:

"Há uma infinidade de mitos que tornam a raça humana cruel, bárbara e nada generosa. O Bem e o Mal, o Pecado e o Crime, o Livre-Arbítrio e as ilusões semelhantes, foram criados para desculpar Deus por condenar os homens e desculpar os homens por que faço essas coisas. Nunca converto ninguém, nem quero isso. Estou ficando cada vez mais convencido de que, se alguém tem alguma "Mania", deve conservá-la. Chicago está agora numa caçada louca a criminosos; os grandes perseguem os pequenos. As pessoas estão ficando cada vez mais cruéis, e não param de insistir em fazer o que querem. Eu gostaria de ser mais jovem ou mais velho. Se fosse mais jovem, iria para os Mares do Sul; se fosse mais velho, não importaria tanto."

Hamlin Garland comenta essa divisão esquizofrênica entre sua espiritualidade tolstoiana e seu cinismo voltariano. "Darrow e sua jovem esposa estavam vivendo em um apartamento novo, perto do Parque Jackson, e ali jantamos com ele em 1907. Achei-o muito mais grave e até muito mais amargo do que indicavam os seus escritos. Ele fala com muito daquele mesmo humor amargo. Leu para nós alguns contos chamados A *Demora da Lei*, que eram intoleravelmente tristes e violentos, mas poderosos. Deu-me a impressão de ser um homem dotado de enorme reserva de poder, mas seu espírito é inculto e indisciplinado. Como advogado, enfraquece sua causa, por um excesso de expressividade. Sua honestidade inflexível de propósitos e seu cinismo agressivo o tornam repulsivo para muitos; por isso, é ele para mim uma figura única. Em tudo o que escreve, em tudo o que diz, insiste incansavelmente em mostrar a tolice e injustiça da sociedade humana. Seus escritos são, na qualidade, demasiado amargos; na perspectiva, demasiado pessimistas para ter êxito; mas contêm um protesto que vale a pena ser considerado."

Os advogados que afluíam a seu escritório tentavam fazer que Darrow falasse de casos e triunfos passados, mas jamais o persuadiram a discuti-los. Quando alguém lhe perguntou se "Big" Haywood tinha sido inocente ou culpado, ele replicou:

– Por Júpiter, esqueci-me de perguntar a ele.

George Leisure conta: "Clarence Darrow foi o homem mais modesto que eu já conheci. Raramente a gente o ouvia usar o pronome "eu". Nunca o ouvi contar uma coisa que ele pessoalmente fizera no tribunal, embora gostasse de contar as ocorrências nas quais outros advogados tinham conseguido fazer trabalho brilhante e se distinguir." Numerosos anos depois, quando um grupo de amigos lhe ofereceu um banquete de aniversário e personalidades de todas camadas da vida americana fizeram discursos de elogio à sua pessoa, "os religiosos tentando provar que ele era profundamente religioso, os cientistas afirmando que era um cientista, os juízes e advogados fazendo força em favor de suas fileiras, Darrow se levantou lentamente e disse em seu falar arrastado e tão enganoso:

"– Eu sou a pessoa sobre a qual se falaram todas essas coisas. Sempre achei que era um sujeito dos diabos, mas agora tenho certeza disso."

196 Advogado da Defesa

A firma de Darrow, Masters e Wilson estava fazendo apenas o suficiente para as despesas, pois a ausência de Darrow por dois anos lhe havia custado muitas das suas contas lucrativas e a depressão de 1907 reduzira o movimento de todos os negócios. Darrow, que tinha sido o principal angariador de clientes da firma, verificou que sua esmagadora enfermidade e operação tinham-lhe cobrado o seu tributo: sofria ataques recorrentes de fadiga e de mal-estar geral, que esgotavam suas forças. As rugas da sua face se aprofundaram, fazendo-o aparentar mais de cinqüenta anos. Quando os fotógrafos de jornais, rindo, propunham retocar seus retratos, ele replicava:

– Não apaguem as rugas, rapazes. Eu trabalhei demais para ganhá-las.

Em parte por causa daquela redução de vigor, mas também porque tinha visto muita amargura e tristeza nos tribunais, começou a insistir com seus clientes:

"Faça um acordo. Dê um pouco para receber um pouco. Não queira ir ao tribunal. O tribunal consome o nosso tempo, o nosso dinheiro e a nossa energia. Aceite menos do que pensa que deve receber; assim, você se sairá melhor."

Em 1908, começou uma onda de causas trabalhistas, nas quais Clarence tinha a satisfação de se encontrar agindo menos como advogado do que como árbitro. Como era um dos poucos homens de Chicago em quem confiariam tanto os empregados como os patrões, era escolhido por ambas as partes para acertar diferenças entre a companhia nacional de tijolos e seus oleiros, entre os proprietários de jornais e o sindicato dos tipógrafos, entre os cervejeiros e seus engarrafadores, entre os fabricantes de roupas e seus cortadores. Sentava-se à cabeceira de sua grande mesa de conferências, nunca permitindo que os empregadores se enfileirassem de um lado da mesa e os trabalhadores do outro, como se constituíssem entidades separadas e interesses em conflito; ao contrário, convencia-os a se apresentarem lado a lado, a esfregarem cotovelos, a contar alguma pilheriazinha, a fumarem os cigarros uns dos outros, passando a se conhecerem mutuamente e talvez a gostarem uns dos outros. Então, da sua posição de cabeceira da mesa, punha em ação sua gentileza e seu humor, seu calor e sua compreensão, até derreter as pedras de gelo antagônico nos corações dos litigantes, e os compelia, pela vergonha, a serem criaturas humanas um pouco mais generosas, um pouco mais camaradas e um pouco mais simpáticas do que geralmente conseguiam ser. Em todos os casos, greves foram impedidas e evitada a perda de lucros e de salários; e as partes aceitavam uma solução acomodadora e viviam segundo o acordo, durante o período de tempo sobre o qual tinham concordado.

Logo que os negócios melhoraram, Ruby começou a gastar dinheiro para refutar o boato de que Darrow dormia vestido. Encomendava suas gravatas pretas de cetim especialmente de Marshall Field; seus chapéus eram feitos sob encomenda, por Knox, um pouquinho mais largos, na aba, e um pouquinho mais altos na copa, do que os maiores chapéus do estoque; suas camisas de seda eram cortadas sob medida, para que "não houvesse aquele efeito de bocejo na tira dos botões da frente"; seus lenços eram cortados maiores e tinham suas iniciais; seus ternos, desenhados pelos melhores alfaiates de Chicago, com tecidos que ela mesma escolhia. Para a abertura de um importante julgamento, ela mesma lhe tratou das unhas na noite anterior, para mandá-lo para o tribunal inteiramente novo, dando a impressão de ter acabado de sair de uma vitrina de Bond Street. Quando os jornais da tarde chegaram a Midway, ficou furiosa ao ler a notícia de que Darrow tinha aparecido com seu habitual terno cinzento surrado e sua camisa enxovalhada de algodão. A empregada ficou tão ofendida que correu à lavanderia e começou a atirar para fora camisas de seda, gritando:

Advogado da Defesa 197

– Aqui, isto serve para mostrar a eles! Ele não tem sequer uma camisa de algodão. Ele só veste camisa de seda! Com o dinheiro entrando de novo, ele resolveu investir suas economias para que pudesse, dentro de alguns anos, estar em condições de se aposentar e realizar sua única ambição pessoal restante: escrever um longo romance. A idéia mais promissora no mercado, no momento, era uma nova máquina destinada a produzir gás mais barato do que os habituais gasômetros do carvão ou da água. Darrow e um grupo de seus amigos compraram os direitos da patente de uma organização vendedora de ações, por dez mil dólares, incluindo uma opção para as fábricas de gás de Ottawa, Illinois, e Greeley, Colorado.

"A máquina de fazer gás era inviável – conta Paul, seu filho, – e não sobrou dinheiro algum para administrar as fábricas. Ficou a meu cargo examinar as duas opções è decidir qual podia ser administrada com o dinheiro que se pudesse arranjar, e se havia a possibilidade de alguma coisa vir a ser recuperada. Ottawa perdera recentemente algumas das suas indústrias; por isso, pensei em Greeley, que ficava no centro de uma região agrícola irrigada. A cidade estava crescendo, e isso significava a construção de uma nova fábrica de gás e a instalação de mais de mil e quinhentos metros de tubulações todos os anos, durante vinte anos. Custou a maior parte do dinheiro que pude obter de meu pai e de seus amigos durante dez anos e uma importância menor durante o resto do tempo."

A atuação de Paul na administração da fábrica de gás de Greeley tornou-a uma propriedade valiosa. Quando a fábrica foi vendida, em 1928, Darrow se encontrou, pela primeira vez na vida, rico.

E assim, passaram-se as semanas, os meses e a primeira década do novo século. O tempo que ele ganhava fora do tribunal, empregava para escrever contos e artigos, dos quais o mais amplamente conhecido foi seu ensaio profundo e brilhante, "O Sindicato Aberto", que circulou pelas grandes cidades onde os sindicatos estavam tentando introduzir trabalhadores em sua organização. Vinte mil exemplares tinham sido distribuídos entre os trabalhadores de Los Angeles durante a guerra industrial anterior à explosão do edifício do *Los Angeles Times;* o fato de ter escrito aquele panfleto veio a ser o fator determinante na sua defesa dos irmãos McNamara, decisão que iria arruinar sua carreira e alterar drasticamente o quadro externo de sua vida.

3

No apartamento de Midway, foi Darrow procurado por Samuel Gompers, presidente e fundador da Federação Americana do Trabalho. Achava-se em estado de agitação, pois estava prestes a quebrar uma promessa feita a Darrow pela junta executiva, depois do julgamento de Boise: a de que jamais iriam pedir-lhe que assumisse a defesa em casos de assassínio complicado com questões trabalhistas. Gompers caminhava pela biblioteca tão distraídamente que muitas vezes desaparecia no L e apenas sua voz podia ser ouvida. Darrow sabia que ele tinha razões para estar aborrecido, pois um dos golpes mais esmagadores da história da Federação Americana do Trabalho havia caído sobre ele. John J. McNamara, secretário da Organização Internacional de Trabalhadores de Pontes e Estruturas de Ferro, e seu irmão James B. acabavam de ser detidos pela dinamitação do *Los Angeles Times* e pelo assassínio de vinte homens, mortos no incêndio subseqüente. E aquilo não era tudo: os McNamaras e seu sindicato eram acusados de ter cometido mais de cem dinamitaçoes entre 1906 e 1911; de fazer explodir pontes, aquedutos, usinas de força, teatros, usinas de aço, em todas as principais

198 Advogado da Defesa

cidades dos Estados Unidos. O *Los Angeles Times* jurava que iria pendurar os McNamaras na forca de San Quentin, e que nenhuma força da terra o poderia impedir.

– Nenhuma força, exceto você, Clarence - disse Gompers, parando diante da lareira onde Darrow estava encolhido, desconsoladamente, em sua cadeira de vime.

À primeira vista, parecia uma espantosa réplica do caso de Moyer, Haywood e Pettibone. Tinha havido um estado de guerra entre a Associação Nacional dos Construtores e o Sindicato dos Trabalhadores em Estruturas de Ferro, desde 1906, quando todas as firmas que usavam aço nas suas estruturas tinham-se comprometido a manter a política de casa aberta.[1] A agência de detetives de William J. Burns tinha sido empregada pelos construtores para seguir homens do sindicato e reunir provas contra eles. Em abril de 1911, James B. McNamara e Ortie McManigal foram presos em Detroit, acusados de provocar explosões; foram transferidos, sem habilitação legal, para Chicago, onde os mantiveram prisioneiros na casa de um sargento de polícia, até que pudessem chegar de Los Angeles documentos de extradição.

Depois de mantido quatro dias incomunicável, McManigal havia confessado numerosas dinamitações. No panfleto contando a história, intitulado *Ortie McManigal Conta a História da Conspiração Nacional da Dinamite,* o frontispício apresentava um retrato não de Ortie, o infeliz autor, mas de William J. Burns. Nele, o não educado McManigal havia, de propósito, escrito: "A previsão depois do fato é uma qualidade esplêndida, mas como seria bom se nós pudéssemos inverter a sua ação. Eu não compreendia, então, que o sindicalismo é uma séria ameaça, não só ao governo existente, com as suas tradições gloriosas e patrióticas, mas uma ameaça a todos os governos e a toda a liberdade do indivíduo ou mesmo das massas."

Teria sido necessário um milagre maior ainda do que a regeneração de Harry Orchard, para que Ortie McManigal tivesse formulado aquelas sentenças pontificiais. Como se podem encontrar frases iguais e centenas de outras parecidas na autobiografia de Burns, *The Masked War*, pouca dúvida pode haver quanto à sua autoria. Mais uma vez, algum membro da acusação tinha tido tanta confiança no sucesso que nem se incomodara de guardar as aparências; mais uma vez, parecia claro que a oposição não estava em campo apenas para castigar McNamara e McManigal, ou para destruir um sindicato individual. Daquela vez, a guerra seria travada numa frente nacional.

James B. McNamara tinha sido algemado e enfiado num trem para a Califórnia, sem a menor oportunidade de lutar contra sua extradição em Illinois. Como McManigal havia indicado John J. McNamara como chefe e cérebro da dinamitação, também ele foi detido, em seu escritório de Indianapolis, e levado para Los Angeles, graças a uma conspiração tão fraudulenta que tanto William J. Burns como Joseph Ford, promotor assistente distrital de Los Angeles, foram posteriormente acusados pelo grande júri de Indianapolis.

– A história se repete – refletia Darrow; – esse é um dos males da história.

A guerra do aço tinha começado muitos anos antes. Quando a indústria se achava na sua infância, Andrew Carnegie mantivera contato pessoal com seus homens, pagando-lhes salários justos, reconhecendo seus sindicatos e fazendo acordos para desfazer suas diferenças. Em 1891, o Sindicato Combinado dos Trabalhadores de Ferro e Aço tinha sido um dos mais fortes do país; e todavia, a companhia de Carnegie obtivera um lucro líquido de quase dois milhões de dólares. Então, em 1892, ocorreu uma gigantesca fusão de empresas de carvão e ferro e usinas de aço. Darrow tinha aprendido, nos campos de carvão da Pensilvânia, que as fusões, os cartéis e os trustes, sem exceção, agiam como combinações contra os traba-

---

1. No sistema sindical norte-americano, a empresa que admite empregados não sindicalizados. (N. do T.).

lhadores; quanto maior e mais poderosa a fusão, mais ampla e mais poderosa a oposição ao trabalho. Como era da lei natural e inevitável da indústria combinarem-se para ganhar eficiência e economia, controlar suprimentos, processos e mercados, assim também era inevitável que as guerras trabalhistas se estendessem em frentes cada vez mais largas.

Todavia, tão grande tinha sido a influência de um só homem, que aquela necessidade não se faria sentir imediatamente com relação à combinação de aço, se Carnegie tivesse achado conveniente permanecer a sua frente. Em vez disso, ele se retirou para sua propriedade da Escócia, deixando a indústria aos cuidados de H. C. Frick, que, como Pullman, era um gênio mecânico e de produção, mas desprovido de ética humanitária. Mais como medida de sua capacidade política do que como um modo de economizar dinheiro, Frick reduziu os salários, durante seu primeiro encontro com o sindicato. Quando, após uma série de conferências, recusou chegar ao que os trabalhadores consideravam uma escala viável, eles entraram em greve.

Frick contratou homens para furar a greve e chamou trezentos Pinkertons armados a Homestead para defender seus novos trabalhadores. Quando os grevistas ouviram falar naquilo, armaram-se, organizaram-se numa base militar, com companhias e comandantes, e se prepararam para resistir ao que consideravam uma invasão; abriram fogo contra os Pinkertons; os Pinkertons também atiraram; vários homens foram mortos de ambos os lados – e a milícia estadual enviada para Homestead a fim de proteger as usinas e os fura-greves, que as estavam fazendo funcionar. Quando chegou o inverno, os fundos do sindicato haviam acabado; as famílias estavam passando fome e frio, e não tinham roupas. As usinas funcionavam a todo o vapor; os grevistas viam que tinham sido esmagados. Deprimidos, alquebrados, os operários abandonaram sua organização e voltaram ao trabalho, nas melhores condições que puderam obter como homens não sindicalizados.

Durante treze anos, reinou a calma na indústria do aço, enquanto o trabalho dava suas setenta e duas horas por semana, com salários reduzidos, e Frick fazia subir os lucros para quarenta milhões por ano. A descoberta das jazidas de ferro de Mesaba, no norte de Minnesota, tinha reduzido tanto o custo da fabricação do aço que a face dos Estados Unidos estava sendo renovada; começavam a surgir cidades de arranha-céus; trilhos de aço conduziam as estradas de ferro para novas fronteiras; pontes gigantescas, aquedutos, fábricas industriais, começavam a construir com aquele material seguro, durável e leve. E, juntamente com os arranha-céus e pontes, uma nova classe de trabalhadores começara a existir, a do trabalhador em aço estrutural: um mecânico hábil, tão duro quanto o material que manejava incansável, destemido, que não se detinha nem ante os obstáculos mais insuperáveis, um mestre em seu ofício, a reconstruir a arquitetura do país. Constituíram um forte sindicato, a Associação Internacional de Trabalhadores em Pontes e Estruturas de Aço, que trabalhou em paz com seus empregadores enquanto as suas famílias permaneciam relativamente pequenas e independentes. Mas a época era das fusões: em 1905, constituiu-se a Companhia Americana de Pontes, com firmas de todo o país, com contratos para construir pontes, represas e similares. No ano seguinte, foi transformada na Associação Nacional dos Edificadores, que abrangia quase todas as firmas que construíam com aço. Aquelas firmas que, anteriormente, tinham sido independentes e amigas dos sindicatos, foram obrigadas a participar da política geral da Associação. Os trabalhadores de estruturas de aço e os construtores de estruturas de aço logo se dividiram sobre a pedra que iria causar décadas sucessivas de lutas e derramamento de sangue, e sobre a qual seria travada a derradeira batalha do sindicato aberto.

4

200 Advogado da Defesa

Clarence Darrow tinha falado em nome dos trabalhadores dos Estados Unidos, ao escrever: "Na realidade, o sindicato aberto significa apenas a porta aberta pela qual o trabalhador sindicalizado pode sair, e o não sindicalizado entrar para o seu lugar. O sindicato aberto fornece e sempre forneceu os melhores meios possíveis de destruir a organização dos homens. Os sindicatos fechados são a única proteção segura para os acordos de trabalho e para a defesa do indivíduo. O patrão, naturalmente, dispensa aqueles que se tenham mostrado mais ativos no sindicato, os que mais interferem no seu negócio, os que estão sempre agitando por causa de salários mais elevados, condições melhores e expedientes mais curtos. Emprega, naturalmente, aqueles que são mais complacentes, aqueles que não podem dar-se ao luxo de perder o seu emprego, aqueles que ele pode tornar dependentes da sua vontade. O sindicato aberto significa incertezas, ansiedades; é uma ameaça constante aos interesses do trabalhador sindicalizado. Ele compreende que o seu emprego depende da sua falta de interesse pelo sindicato; homens que pertencem aos sindicatos e aceitam as suas responsabilidades não podem ser convencidos a pagar taxas e fazer sacrifícios em benefício dos trabalhadores não sindicalizados, que trabalham ao lado deles e que são sempre os primeiros a reclamar e receber benefícios, em todas as lutas empreendidas pelo sindicato, benefícios que recebem sem risco, sem trabalho e sem custo. Para se impedir que o sindicalismo seja inteiramente conquistado, para impedir que seus membros sejam lançados para fora pela porta aberta, para manter as melhores condições na oficina, na fábrica e na usina, e para lutar por outras ainda melhores, para salvar o trabalhador de longas horas de labuta, para isso são necessários os esforços de todos os trabalhadores sindicalizados; e, sem o direito de se protegerem num sindicato fechado, recusando-se a trabalhar com aqueles cuja fraqueza ou estupidez os torna infiéis à sua classe, o sindicalismo não pode conservar aquilo que já conquistou, e, menos ainda, prosseguir à busca de vitórias maiores ."

Assim, era ele o mais sapiente e poderoso preconizador do sindicato fechado dos Estados Unidos; como os McNamaras vinham trabalhando havia anos pelo sindicato fechado, e qualquer coisa que pudessem ter feito contra a Associação dos Edificadores fora feita na sua luta contra o sindicato aberto, aquilo tornava Clarence Darrow o defensor inevitável dos McNamaras detidos.

Foi o que lhe disse Gompers. Mas Darrow recusou aceitar a causa.

Suas razões eram numerosas e válidas. Os dois anos carregados de ódio e acalorados pela febre da Federação dos Mineiros do Oeste quase o tinham matado. Ele ainda não se achava, de maneira alguma, curado ou forte. Tinha agora cinqüenta e quatro anos, e estava um pouco cansado; estava convencido de que homens mais jovens deviam defender a causa – homens que tinham toda a sua força e vigor. Conhecia alguma coisa de Los Angeles, que os trabalhadores do país chamavam "a cidade mais sarnenta do mundo". Os casos de Boise, que tinham sido amargos e cheios de veneno, pareciam uma excursão de escola dominical, em comparação com o banho de vitríolo em que estaria mergulhado em Los Angeles. Os McNamaras tinham de enfrentar vinte acusações, uma para cada um dos homens mortos no incêndio do *Times*; ele consumiria pelo menos um ano, para levar o primeiro caso ao tribunal, e, se conseguisse uma absolvição naquele, teria de atuar ainda nos outros dezenove.

Ao regressar de Boise, havia ele prometido a Ruby que não mais aceitaria causas trabalhistas. Ruby tinha ameaçado recusar-se a acompanhá-lo, caso ele fugisse à promessa; aquilo bastaria detê-lo, pois Clarence passara a depender de sua esposa, e não consentiria em fi-

Advogado da Defesa 201

car separado dela. Amava sua casa no Midway; estava saindo-se bem com a sua banca; em breve, estaria em condições de se aposentar, para escrever seu longo romance.

Disse que não, não aceitaria o caso. Mas Sam Gompers recusou aceitar a resposta negativa. O país inteiro, tanto os trabalhadores como os patrões, tinha suposto que haveria "Clarence Darrow na defesa". Sindicatos de todas as cidades dos Estados Unidos escreveram para lhe dizer da sua satisfação, ao saber que iria fazer a defesa, porque haveria de por a nu a conspiração e salvar os McNamaras; chegaram cartas de bombeiros de Schenectady, dos pedreiros de Duluth, dos carpinteiros de Nova Orleans, dos alfaiates de Nova York, dos madereiros de Seattle, dos mineiros de carvão de Scranton, dos condutores de bondes de San Francisco, todas elas contendo uma nota de um dólar, garantindo que estariam dispostos a pagar por sua defesa. Uma causa trabalhista de importância sem Darrow era algo que não se podia conceber!

Passou os poucos dias seguintes num infeliz estado de espírito. Ruby deixou claro que pensava ser para ele um suicídio aceitar a causa. Masters e Wilson opuseram-se à sua ida, com todos os argumentos de que dispunham, ameaçando mesmo dissolver a sociedade. Quando a junta executiva da Federação Americana do Trabalho lhe pediu que fosse a uma reunião em Washington, ele não pôde deixar de atender. Ofereceram-lhe honorários de cinqüenta mil dólares; ofereceram um fundo de defesa de duzentos mil dólares, a serem gastos como achasse conveniente, sem prestar contas; ofereceram-lhe a lealdade e o apoio completo da sua imprensa, dos seus milhões de membros. Ainda assim, ele recusou.

Na tarde do domingo seguinte, Gompers de novo apareceu no apartamento de Midway, acompanhado de algumas das vozes mais potentes dos trabalhadores americanos. Durante horas, ficaram aquartelados na biblioteca, enquanto Ruby esperava, com incômoda ansiedade, em seu quarto de dormir.

– O mundo inteiro está esperando que você defenda os rapazes – disse Ed Nockels; – se recusar, estará condenando-os antes de irem ao tribunal!

Gompers acrescentou:

– Você entrará para a história como um traidor da grande causa que tão fielmente tem defendido e propagado, se, agora, hora da sua maior necessidade, recusa-se a se encarregar do caso McNamara.

"Depois de muitas horas, Dee veio-me procurar – conta Ruby, – cansado, triste, tomando minha mão e me conduzindo a um assento ao lado dele, para me dar a notícia de que iria pedir-me que abrisse mão da promessa. Não parecia exatamente receoso de que eu recusasse fazer o que me pedia; nunca me tinha pedido coisa alguma a cujo respeito eu ao menos hesitasse; explicou que os homens, na sala da frente, estavam dizendo que ele entraria na história como um traidor da sua causa. Pediu-me que abrisse mão da minha promessa e o acompanhasse a Los Angeles. Nada fiz para tornar maior sua tristeza e seu medo da situação; não fiz objeção em permitir que agisse como achasse necessário e melhor."

"Eu sentia que tinha já cumprido a minha parte na luta – escreve Darrow, sobre aquele momento de decisão. – Não era fácil combater as poderosas forças da sociedade nos tribunais, como vinha fazendo havia tantos anos, e agora estava cansado de lutar contra a opinião pública. Tinha participado de tantos conflitos que sentia a necessidade de descansar de trabalho tão extenuante. O próprio nome de Los Angeles se associava a tanta miséria e a tanto sofrimento que a idéia de voltar àquele lugar e às suas penosas memórias parecia uma premonição de que eu não podia conter. Todavia por mais difícil que fosse dar-lhes a minha concor-

202 Advogado da Defesa

dância, ainda mais difícil teria sido dizer não.

Masters e Wilson dissolveram a sociedade. "Haveria de novo foco das luzes internacionais – disse Wilson, – uma isca a que Darrow não podia resistir. E sempre havia a possibilidade de ganhar depressa aqueles cinqüenta mil dólares, em poucos meses, para que pudesse aposentar-se e escrever seu romance."

Darrow formou uma sociedade não ativa com um novato do escritório, Jacob L. Bailey, para que seu nome não desaparecesse do registro legal de Chicago, enquanto se achava ausente. Ruby cobriu seus móveis com lençóis e toalhas, arranjou as malas. "É fácil imaginar com que temor e tristeza partimos para o Oeste – conta ela. – Muita coisa tinha sido levantada pelo pente-fino da acusação e pelos incansáveis jornais, para mostrar que teia de perigos e de desastres nos esperava. Ninguém tinha a menor idéia de qual era a verdade, nem sabia como tinha ocorrido a explosão, qual era o motivo, quem era mais ou menos responsável; nada podia ser levantado e pesado, enquanto não pudesse ser investigado em Los Angeles. Darrow nunca tinha ouvido falar nos McNamaras, não tinha a menor idéia de que gente era aquela, que personalidades iria encontrar, qual a sua constituição mental. Não tinha razões nem boas nem más para julgar se eram culpados. A situação o assustava e o deixava mais perplexo do que qualquer coisa acontecida enquanto eu o conhecera, e ele teria dado quase tudo para não ter de se entregar àquele trabalho. Agora, porém, era uma questão de honra; ele não podia ter suportado a grita contra sua pessoa, como traidor da causa."

"Foi com o coração pesado que a Sra. Darrow e eu seguimos de carro para a Estação da Chicago e Noroeste – escreve Darrow, – e embarcamos no trem para Los Angeles."

5

Darrow foi diretamente da estação para a cadeia do condado a fim de conhecer seus clientes. Ficou satisfeito ao verificar que os irmãos McNamara eram bem apessoados, inteligentes, de maneiras calmas e gentis. James B., que tinha vinte e oito anos, era magro de rosto e de corpo, tinha um brilho divertido e luminoso nos olhos e uma tensão poética quase mística. Seu irmão, John J., secretário do sindicato, era um ano mais novo; tinha rosto e corpo mais amplos, com um toque de melancolia escocesa nos olhos; tinha saído das fileiras dos trabalhadores, adquirira sozinho conhecimentos de Direito, falava de maneira mansa, mas intensa.

Darrow não perguntou aos irmãos se eram inocentes ou culpados do que os acusavam. "Ouvi Darrow dizer que dava pouco valor a afirmações de clientes – conta a Sra. Darrow; – que podia trabalhar melhor se lhe fosse permitido presumir a inocência de seus clientes."

Era fácil presumir que os McNamaras eram inocentes, por causa de suas maneiras retas e honestas. Fletcher Browm, repórter do *Record*, que mais tarde se tornou prefeito reformador de Los Angeles diz: "Eu conversava freqüentemente com os rapazes, na cadeia. Pelo seu aspecto e maneira de falar, seria difícil pensar que eram culpados. Eu pensava que fossem inocentes. E os próprios McNamaras não deixavam os outros em dúvida. Quando Sam Gompers foi a Los Angeles, John J. pegou sua mão e disse: "Quero garantir a você que somos inocentes do crime de que fomos acusados."

Naquela tarde, Darrow foi com Job Harriman, que se havia encarregado do caso até a chegada de Darrow, aos restos calcinados do edifício do *Times*, que se amontoavam no ponto exato da entrada de tinta onde a explosão se verificara. Ali, Harriman descreveu a cena para seu chefe:

Cedo, na manhã de 1º de outubro, depois que a turma da redação dera o jornal por pronto, e fora para casa, houvera uma explosão no beco coberto onde barris de tinta eram descarregados dos caminhões e armazenados, até se fazerem necessários nas rotativas. A explosão foi seguida imediatamente de uma outra, que poderia ter sido do depósito de gás ou de um vazamento na tubulação. Toda uma parede do edifício de pedra havia sido derrubada. A tinta dos barris pegou fogo imediatamente e, em quatro minutos, o prédio inteiro era um lençol de chamas, com o fogo a comer os pavimentos de madeira que não haviam caído ao peso de suas máquinas na segunda explosão. Havia no prédio não mais que vinte operadores de telégrafos, linotipistas, impressores, maquinistas, compositores e tipógrafos, mas a intensidade do fogo tornou impossível socorro. Aqueles que não haviam caído do alto no fundo do prédio com suas máquinas pesadas, haviam forçado caminho através das chamas ferozes, para as janelas e portas. Os que saltaram para o pavimento embaixo morreram; os outros foram empurrados para trás pelas chamas, desaparecendo seus rostos atormentados na cortina vermelha que se erguia às suas costas.

A cidade de Los Angeles tinha sido despertada pela força das explosões e pelas sinetas dos bombeiros. Dentro de uma hora, milhares de pessoas estavam paradas diante do prédio em chamas, muitas delas em roupas de dormir, lutando com a polícia para romper as linhas, tentando ajudar com qualquer espécie de socorro. Mas nada foi possível fazer: vinte homens morreram, numa das tragédias mais horríveis da vida civil americana.

Pela madrugada, enquanto os bombeiros ainda estavam voltando as suas mangueiras para as chamas, uma edição do *Times,* com uma só folha, saiu às ruas, impressa numa oficina auxiliar. Uma manchete de oito colunas dizia: BOMBA SINDICALISTA DESTRÓI "TIMES". Harry Chandler, que era genro do proprietário, Harrison Gray Otis, e redator principal, escreveu: "O Edifício *Times* foi destruído esta manhã pelos inimigos da liberdade industrial. Os elementos que conspiravam para perpetrar esse horror não devem ter permissão para continuar a sua terrrível campanha de intimidação e terror." Os homens que haviam morrido foram chamados "vítimas da conspiração mais infame dos Rufiões do Trabalho Sindicalizado".

No dia seguinte, Otis bradava em seu jornal: "Oh! escória anárquica, assassinos covardes, parasitas do trabalho honesto, assassinos da calada da noite, vocês de cujas mãos está gotejando o sangue inocente das suas vítimas, vocês contra quem os gemidos de pobres viúvas e o choro de crianças sem pais se elevam para o Grande Trono Branco, olhem as ruínas onde estão enterrados os restos calcinados daqueles que assassinaram...

– Mas como pôde ele fazer essas acusaçoes? – perguntou Darrow a Harriman, – quando os bombeiros ainda estavam examinando as ruínas e ninguém podia saber o que causara a explosão?

– Ah! – replicou Job Harriman, – você não conhece Harrison Gray Otis.

6

Poucos conflitos da vida americana são repentinos ou inexplicáveis: as suas raízes se acham no fundo do passado. O julgamento que levou Darrow a Los Angeles em 1911 teve as suas origens em 1890, quando os quatro jornais locais ameaçaram uma redução de vinte por cento e os tipógrafos sindicalizados preferiram entrar em greve a aceitar a redução de salários. Dentro de três dias os jornais *Tribune e Express* tinham resolvido suas diferenças com os

204 Advogado da Defesa

homens; pelo fim do terceiro mês, os tipógrafos estavam de novo trabalhando no *Herald*. Aquilo deixou apenas os homens do *Times* em greve; estavam eles ansiosos por um acordo para voltar ao trabalho. A decisão estava nas mãos de um homem, Harrison Gray Otis, antigo impressor sindicalizado, que tomara parte em quinze batalhas da Guerra Civil e saíra com a patente de capitão no bolso e gosto pela guerra na boca. O modo de vida na Califórnia do Sul viria a ser formulado pelo bacamarte do Capitão Harrison Gray Otis.

Entre a Guerra Civil e a sua compra de uma parte do *Times*, em 1882, Otis foi um parasita do governo, sempre importunando à procura de audiências. Não conseguindo obter o emprego de coletor do Porto de San Diego, que tanto desejava, comprou uma quarta parte do semanário *Times*, que ia morrendo lentamente, por desgaste, na metrópole enlameada de onze mil almas. Ao fim de quatro anos, quando houve o primeiro surto imobiliário da Califórnia do Sul, Otis tinha comprado de seus sócios, por somas mesquinhas, as suas partes; o povo continuava chegando; o dinheiro continuava chegando; o *Times* se tornou diário; Otis começou a comprar pedaços de terra – e estava a caminho de se tornar multimilionário e árbitro da civilização americana.

"Otis era um homem grande e agressivo, com um bigode de foca, uma atitude de bode e de guerreiro, lembrando Buffalo Bill e o General Custer – escreve Morrow Mayo, em seu excelente livro *Los Angeles*. – A abelha militar zumbia em seu chapéu. Deu à sua casa em Los Angeles o nome de "Bivaque" e, quando o surto estava em seu ponto culminante, construiu uma nova sede para o *Times*, que parecia uma fortaleza medieval, com ameias e guaritas para sentinelas, tendo em cima uma águia de bico aberto. Belicoso por natureza, e homem que não se deixava amaciar, agia como um terror sagrado na oficina de seu jornal; sua voz natural era a de um guarda-caça gritando para os que caçavam sem permissão."

Os repórteres do *Times* acusavam Otis de nunca ter passado da cartilha do terceiro ano, mas subestimavam a inteligência funcional graças à qual conseguia fazer com que um trabalho determinado fosse executado. Homem nenhum, em toda a história dos Estados Unidos, nem mesmo nos dias mais negros da guerra entre os Estados, podia comparar-se a Otis em matéria de alcance, força e intensidade de vitupério, enquanto que um dicionário dos desaforos que Otis e o *Times* acumulavam sobre as cabeças dos trabalhadores, sindicatos, liberais progressistas e o movimento cooperativo de 1890 a 1940 constituía um documento embaraçoso. O Presidente Theodore Roosevelt escreveu sobre ele em sua revista *Outlook*: "Otis é um inimigo constante de todos os movimentos de melhoria social e econômica, um inimigo constante dos homens da Califórnia que se atreveram a se levantar contra a corrupção e a favor da honestidade. A atitude do General Otis em seu jornal permite ter um curioso vislumbre da anarquia de alma que um homem adquire, quando, de maneira inconsciente, desafia a sociedade, a expensas dos direitos humanos. O *Times* repetidamente se mostrou inimigo tão ferrenho da boa cidadania, do governo honesto e decente e de todos os esforços eficientes para assegurar a lisura para com os trabalhadores e trabalhadoras, como poderia fazê-lo qualquer anarquista."

Otis declarou que homem nenhum que tivesse entrado em greve jamais poderia trabalhar *de novo* para o *Times,* que nenhum membro de sindicato jamais seria empregado por ele em qualquer cargo. Tendo entrado por aquele caminho, não havia de voltar; cada passo que dava mais o mergulhava na luta, e a luta continuada só o convencia mais ainda de que tinha razão. Quando importou impressores não sindicalizados de Kansas City, em 1890, deu ele o tom de uma longa disputa, ao escrever: "Aqueles homens vieram para Los Angeles tal

Advogado da Defesa 205

como os primeiros colonos da Nova Inglaterra chegaram da Velha Pátria, para escapar à intolerância religiosa e obter a liberdade pessoal de adorar o que achassem melhor. Como seus duros e escolhidos antepassados, esses imigrantes de Los Angeles, amantes da liberdade, eram pioneiros que lançavam os fundamentos do futuro desenvolvimento de sua terra adotiva." Em 1929, quando prestava contas num suplemento chamado *A Guerra de Quarenta Anos*, Harry Chander levou adiante a tradição de seu sogro, escrevendo: "Foi uma guerra, guerra na qual muitas vidas foram perdidas, destruídos milhões de dólares de propriedades, perdidos outros milhões pela suspensão da produção. O custo, para a cidade, foi grande, mas os seus lucros, apesar disso, infinitamente maiores."

Houve outras despesas que o *Times* não achou conveniente mencionar. "Havia pressão exterior exercida sobre a polícia de Los Angeles – escreve Jerome Hopkins em *Our Lawless Police,* – por um grupo financeiro dominante, fanaticamente antitrabalhista, que utilizava a polícia como um complemento da sua política industrial, de sindicato aberto. A polícia de Los Angeles não tardou a deixar de distinguir entre divergentes econômicos, grevistas, piquetes e criminosos. Essa linha de atividade, mantida por uma propaganda histérica, tinha passado por fases sucessivas: colaboração no esmagamento de greves, espionagem nas organizações trabalhistas, supressão da liberdade de palavra, espancamentos ilegais, prisões falsas, brutalidades na prisão, detenções ilegais, presos incomunicáveis e terceiro grau".[1]

Para Otis, tudo aquilo era uma outra Guerra Civil; era seu dever, ao qual não podia fugir, esmagar os Rebeldes. A batalha era como o ar para seus pulmões. Quando começou a sua segunda Guerra Civil, suas cortes o promoveram de capitão a general, e ele ficou sendo conhecido como General Otis até o fim de seus dias.

"É, de certo modo, absurdo, mas, não obstante, verdadeiro – lamenta Mayo, – que, durante quarenta anos, a cidade sorridente viva e luminosa dos anjos tenha sido a arena mais sangrenta do mundo ocidental!"

Pela decisão daquele homem, sozinho, Los Angeles ficou imersa em meio século de derramamento de sangue, de violência, de ódio, de guerra de classes, de opressão, de injustiça e de uma destruição das liberdades civis que a iria tornar o ponto fraco da cultura e da democracia americana.

7

A tragédia incalculável da decisão de Otis era que seus tentáculos, em breve, se espalharam, para fazer daquela guerra uma questão nacional. Enquanto Darrow lutava pelo Sindicato dos Ferroviários Americanos, em 1894, os alicerces da sua batalha presente, em 1911, estavam sendo lançados, pois, em meio da luta com os ferroviários, Otis promovera uma reunião dos banqueiros, fabricantes e negociantes da cidade, para formar uma organização chamada Negociantes e Manufatureiros. Aqueles homens de negócios que lutaram para não serem arrastados a tal organização tiveram seu crédito cortado nos bancos; os fregueses eram impedidos de entrar nas suas lojas; era difícil para eles vender seus produtos em qualquer parte do país!

O *San Francisco Bulletin* escreveu: "A Associação dos Negociantes e Manufatureiros tem uma confissão de fé, um credo: "Não empregaremos homens sindicalizados". A Associação tem também uma voz de comando: "Não empregareis homens sindicalizados". A pena

---

1. Processo policial destinado a extorquir confissões, com o emprego de tortura tanto mental quanto física. (N. do T.).

206 Advogado da Defesa

por desobediência a essa ordem é a coerção financeira, o boicote e a ruína. "Contrate homens sindicalizados e nós o poremos fora do negócio", diz a Associação; e os negociantes sabem que quem está falando é um oráculo. "Estabeleçam uma jornada de oito horas e cortaremos seu crédito nos bancos". E a Associação faz o que diz. O homem-sanduíche da Associação não caminha pelas ruas. Dirige-se ousadamente à porta da frente e põe seu ultimato no jornal; negociante que desobedece à ordem da Associação vai de encontro a uma coisa que lhe rouba os negócios, impede-o de conseguir matérias-primas para sua fábrica, detém o pagamento pelo seu trabalho, quando está completo, e, pela ameaça, impede-o de falar e de se rebelar." A grande onda de trabalhadores atraída pelos anúncios de sol o ano inteiro, de flores e de beleza, se achou à mercê dos empregadores. As jornadas chegaram a ser de quatorze horas por dia; os salários baixaram a um novo nível de redução. Todos os trabalhadores tinham de pagar taxas à Associação. Se alguém protestava, era prontamente despedido, posto na lista-negra, tirado de sua casa, expulso do Condado. Aquele era o "Plano Americano" de Liberdade Industrial de Otis.

Os sindicatos estavam aterrados e fracos, mas nunca deixaram de lutar. Enquanto o *Times* chamava-os de degoladores, assassinos, assaltantes, ladrões, patifes, lunáticos, anarquistas, atravessadores, rufiões, porcos, eles continuavam reclamando jornadas mais curtas e melhores salários, fazendo greves sempre que podiam: condutores, carpinteiros, estucadores, trabalhadores em lavanderias, trabalhadores em cervejarias, dezenas de greves, centenas de greves, greves amargas, cheias de cabeças arrebentadas. *Os sindicatos perdiam sempre!* "Isto é guerra!", bradou Otis, no *Times*, e a Associação dos Negociantes e Manufatureiros não deu trégua.

Para San Francisco, 640 quilômetros ao norte, a cidade dos Estados Unidos onde o sindicalismo era mais forte e onde os salários eram 30 por cento mais elevados, o caos de Los Angeles criou um perigo; os trabalhadores receavam que os salários fossem reduzidos aos níveis de Los Angeles. Os empregadores receavam que seus competidores, que pagavam salários baixos, os solapassem e tirassem seus contratos. Compreendendo que Los Angeles constituía uma área de infecção para o país inteiro, a Federação Americana do Trabalho, na sua convenção de 1910, votou no sentido de estabelecer um conselho trabalhista unificado, em Los Angeles, e de combater a questão do sindicato aberto, até chegar a uma conclusão. Líderes trabalhistas poderosos, em San Francisco, como Tom Mooney, "Pinhead" McCarthy, O. A. Tveitmoe e Anton Johannsen, foram mandados para Los Angeles, para servir como estado-maior geral.

Como os trabalhadores do ferro eram os lutadores mais duros e tinham uma forte organização nacional em seu apoio, os líderes de San Francisco os usaram como ponta de lança do ataque. Pleitearam uma nova escala de salários; quando foi recusada, mil e quinhentos homens saíram de fábricas tão grandes como a Usina de Ferro Llewellyn e Baker. Fura-greves foram convocados do Médio Oeste; fortes grupos armados foram chamados de San Francisco para combatê-los. Guardas batiam nos grevistas; os grevistas batiam nos trabalhadores não sindicalizados; a polícia dissolvia os piquetes. O sangue correu em doze diferentes partes da cidade.

O General Otis montou um pequeno canhão no estribo de seu automóvel e voou pela cidade, dirigindo sua polícia e seus guardas especiais. Em seus editoriais, berrava: "Já é bem tempo de tratar com esses lobos do trabalho sindicalizado de maneira tão pronta e drástica que os induza a transferir sua ilegalidade para outra parte qualquer do país. Os seus instintos

Advogado da Defesa 207

são criminosos, e estão prontos a provocar incêndios, conflitos, assaltos e assassínios!" Sua histeria chegava a tais alturas, ao assegurar ao povo de Los Angeles que sua cidade estava prestes a ser extirpada por bombas da face da terra, que uma considerável parcela dos cidadãos pensava que ele devia ser trancado no hospício. No cúmulo da insânia, o senador Hiran Johnson contratou o auditório público para bradar:

"Na cidade de San Francisco, já bebemos os próprios excrementos da infâmia; tivemos oficiais envilecidos; tivemos jornais apodrecidos. Mas nada temos de tão vil, de tão baixo, nada tão mesquinho, nada tão infame, em San Francisco, como Harrison Gray Otis. Ele se senta ali, em sua demência senil, com o coração gangrenado e o cérebro podre, fazendo caretas a toda reforma, bracejando impotentemente contra todas as coisas que são decentes, fumegando, espumando, resmungando violentamente, descendo para sua sepultura numa furiosa infâmia. É ele uma coisa para a qual toda Califórnia se volta quando, olhando para a Califórnia do Sul, vê alguma coisa que é desgraçada, depravada, corrupta, infame e putrecente – assim é Harrison Gray Otis."

Era aquela a cidade; era aquela a oposição; aquele era o conflito dentro do Estado, aquela a histeria, multiplicada ao infinito pelas mortes de vinte homens inocentes, na qual Clarence Darrow mergulhou, quando desceu de seu trem na ensolarada Califónia do Sul.

8

Ao fim de duas semanas, Darrow se achava alojado em um confortável apartamento na alta colina de Bonnie Brae, e havia reunido uma brilhante equipe de advogados. Por ser conhecedor das leis da Califórnia, escolheu Le Compte Davis, membro de uma família de Kentucky que fora para a Califórnia na esperança de evitar a morte de outra vítima da tuberculose. Davis tinha sido promotor distrital assistente, havia acusado trabalhadores por conduta indevida, era conhecido como conservador e tinha uma reputação impecável. Logo depois, Darrow escolheu Joseph Scott, principal advogado católico da comunidade, cuja presença no caso atrairia o sentimento em favor dos McNamaras, que eram católicos irlandeses. Outra escolha inteligente foi a do Juiz McNutt, antigo ministro da Suprema Corte de Indiana, que era conhecido como favorável aos trabalhadores.

Job Harriman, o quinto membro, era perito nos antecedentes trabalhistas da Califórnia. Com pouco mais de quarenta anos, Harriman tinha sido mandado para a Califórnia, para ali morrer de tuberculose, mas sobrevivera, pelo contrário, para se tornar o principal socialista do distrito. Era um homem brilhante e ávido, um teórico e idealista que podia ser bom educador, mas que fracassara como administrador encarregado de uma comunidade utópica socialista. Harriman foi mais tarde acusado por Edward Cantrell, também socialista, cuja expulsão do partido, por causar lutas faccionais, fora devida a Harriman, de ter sabido de antemão que o *Times* ia ser mandado pelos ares. Depois de sua expulsão, Cantrell, sem ser solicitado, foi ao *Times*, arquiinimigo de seus inimigos do partido, e lhes deu um artigo no qual contava que se achava em San Luis Obispo, numa conferência, na noite da explosão do *Times*, e que tinha visto Harriman aparecer em seu hotel, sem nenhuma razão aparente. Na manhã seguinte, quando Harriman leu a notícia das vinte mortes, conta Cantrell, ficou superexcitado e quase histérico. Com base naquelas duas deduções, a de que Harriman se juntara a ele em San Luis Obispo apenas para formar um álibi, e a de que ficara superexcitado ao ler a notícia das mortes, Cantrell compareceu perante o júri para acusar Harriman de cumplicidade na conspiração dinamitadora de Los Angeles. Cantrell, eclesiástico aposentado, era um homem honesto, mas seu motivo inconsciente era a vingança contra os homens que o haviam expulsado, desacreditando-o. Não havia a menor parcela de provas a denunciar que Harriman tivera prévio conhecimento da explosão. Le Compte Davis, que não gostava muito nem dos trabalhadores, nem dos socialistas, deu a opinião de todo mundo que conhecia Harriman, ao dizer: "Nem todos os anjos do céu, nem todos os demônios do inferno, jamais me poderiam convencer de que Job Harriman sabia de alguma coisa sobre a conspiração e a dinamitação. Bastava estar com ele por alguns minutos para saber que era um homem bom, honesto e pacífico."

Darrow alugou a parte maior de um andar do Edifício Higgins, na esquina das Ruas Dois e Principal, com escritórios ao lado dos de Harriman. Depois, levou para lá escrivaninhas, cadeiras, arquivos, máquinas de escrever, secretárias, um encarregado de publicidade e uma equipe de investigadores, sob a direção de John Harrington. Harrington tinha sido, durante muitos anos, investigador das Linhas Superficiais de Chicago, até perder o emprego por insubordinação. Como Darrow sempre o achara um bom investigador e precisava de alguém em Los Angeles, em quem pudesse ter confiança, levou Harrington para lá, a fim de dirigir a equipe de detetives locais. Darrow gostava de Harrington e, ao mesmo tempo, tinha pena dele; como este não tinha conhecidos em Los Angeles, os Darrows o receberam, com sua filhinha, em sua casa.

O primeiro grande obstáculo era a confissão de Ortie McManigal. Antes de deixar Chicago, Darrow tinha pedido que Harrington levasse à sua casa no Midway a Sra. McManigal e o tio de McManigal, George Behm. Tendo conseguido fazer com que Lillard, tio de Steve Adams, convencesse Adams a repudiar sua confissão, não via razão para não tentar fazer com que o Tio George Behm persuadisse McManigal a repudiar a sua, particularmente, já que ele "prometera defender McManigal, se o tivessem forçado a fazer aquela confissão" A Sra. Ortie McManigal estava convencida de que seu marido tinha feito a confissão levado pelo medo e por ameaças.

"Darrow me perguntou se eu era sindicalizado contou George Behm. –Disse-lhe que era. Ele me perguntou se eu tinha simpatia pelo movimento trabalhista e pelo caso McNamara e eu Ihe disse que estava muito longe disso.

"– Está disposto a ir lá ver o que pode fazer com seu sobrinho, para que ele mude seu depoimento?

"– Bem, eu quase nem posso sair de casa. Tenho de cuidar de minha colheita.

"– Está bem, então suspenda tudo, volte para casa e cuide de sua colheita. Arranje com seus auxiliares para cuidar da fazenda, enquanto estiver fora."

Ele havia pago as despesas dos auxiliares da fazenda e dado a Behm, a Sra. McManigal e a seu filho, menino ainda, dinheiro bastante para chegarem a Los Angeles. Behm, entretanto, não estava tendo sorte com seu sobrinho. Disse a Darrow que "Ortie se recusa a revogar sua confissão. Diz ele que se acha melhor na cadeia do que nas ruas, onde alguém estaria pronto para lhe arrebentar os miolos." Darrow mandou Behm de volta à cadeia, repetidas vezes, mas nada podia demover McManigal, que, finalmente, bradou exasperado:

– O senhor terá de desistir disso, Tio George, pois eu não falarei nada sobre este caso. Já tomei minha decisão de dizer a verdade.

E aquela foi a última palavra que quis dizer sobre o caso McNamara.

Parecia à defesa que a acusação ia ser baseada exclusivamente na confissão de

Advogado da Defesa 209

McManigal. Se Darrow pudesse provar que tinha sido escrita por William J. Burns, que vinha mantendo Ortie cativo na ocasião, poderia libertar os McNamaras: pois, embora McManigal tivesse admitido colocar cargas e dinamites debaixo de pontes e aquedutos, sempre por ordem do secretário do sindicato, John J. McNamara havia jurado que não estivera em Los Angeles, e nada tinha a ver com a explosão do *Times*. Darrow empregou quase cem investigadores, que vasculharam a região para saber dos movimentos de McManigal, a fim de ver se tinha estado onde disse que estivera, determinar exatamente o que causara a explosão nas várias cidades e se McManigal podia ter tido alguma coisa com elas; procurou encontrar pessoas que conheciam McManigal e pudessem contradizer qualquer parte da sua confissão. Mandou também uma equipe de investigações, sob a direção de Harrington, saber o que tinha causado a explosão do *Times*, para encontrar os homens que se tinham queixado de escapamento de gás no encanamento, na mesma noite do acidente. Mandou fazer um modelo completo do Edifício Times, com todas as instalações interiores, planejando fazê-lo explodir no tribunal, para provar que somente o gás poderia ter causado a tragédia; contratou técnicos peritos para experimentar explosões de gás e seus resultados. Não tinha querido aceitar o caso; mas, agora que o aceitara, dava a seus clientes até a menor parcela de sua energia e de sua mente cheia de recursos.

Uma vez iniciada a sua investigação, a sério, começou uma campanha de espionagem e contra-espionagem, Quando chegavam relatórios de seus investigadores do leste, Darrow ficava sabendo que a informação já se achava em poder do promotor distrital no dia seguinte. Fez ligações com um guarda do gabinete do promotor, que lhe informou ser uma das suas secretárias detetive da agência Burns, e que estava fazendo cópias de tudo quanto chegava ao escritório. Darrow incluiu aquele guarda em sua folha de pagamento; deveria ele, diariamente, dizer quais as informações que a secretária de Darrow havia passado ao promotor distrital. Darrow, Tvetmoe e Johannsen, os dois líderes trabalhistas de San Francisco, formularam um código secreto baseado na paginação do dicionário Webster; Joseph Ford, assistente do promotor distrital e advogado particular de William J. Burns, escolheu homens de Burns para se fazerem contratar como investigadores de Darrow e decifrar o código. O gerente do escritório de Burns, em Los Angeles, promoveu uma conferência secreta com Darrow e se ofereceu para lhe vender cópias de todos os relatórios, listas de pagamento e livros de Burns. Quando Darrow soube que investigadores do promotor estavam também vasculhando o leste, à procura de corroboração para a confissão de McManigal, pagou a vários homens de Burns, que estavam trabalhando para o promotor distrital, para que lessem e dessem notícia de tudo quanto os investigadores do promotor tivessem encontrado no leste. Antes de muito tempo, os detetives particulares estavam recebendo três salários separados, trocando informações numa cadeia; Darrow, Fredericks, advogado da acusação, e Ford, todos eles sabiam até o que cada um dos outros comia pela manhã. Embora a situação tivesse aspectos de comédia musical, aquele jogo assumia proporções perigosas. Testemunhas de defesa e parentes dos acusados eram tão perseguidos, dia e noite, que perdiam seus empregos e seus lares, eram expulsos de seus hotéis e pensões. Os empregados da defesa eram seguidos, ameaçados, subornados, seqüestrados. Quem quer que fosse valioso para a defesa era levado perante o júri de Fredericks e ameaçado de acusação, a menos que se retratasse. Os telegramas de Darrow eram roubados, seus livros de contabiliáade copiados, suas conversas telefônicas gravadas em ditafones ocultos. Uma vez, quando seus investigadores desenterraram uma testemunha que ele considerava valiosa, Darrow a transferiu a um pequeno hotel e lhe disse que se mantivesse fora da circulação. Na manhã seguinte, seu espião, no escritório do promotor, informou-o de que o espião do promotor, em seu escritório, tinha sabido de quanto valia o homem para a defesa. Por isso, a testemunha fora seqüestrada em seu hotel e estava presa num celeiro de Culver City. O Dr. Atwater, dentista de Los Angeles, conta: "Naquela noite, conduzi Darrow em minha charrete para Culver City. Deixamos a charrete a segura distância do celeiro mencionado, aproximamo-nos sem fazer barulho e vimos dois guardas postados em frente: demos a volta pelos fundos, paramos por debaixo da parede e encontramos nossa testemunha deitada numa pilha de ferro, parecendo narcotizado ou semiinconsciente. Nós o empurramos e arrastamos por debaixo da parede, transportamo-lo para a charrete e o levamos embora."

Seria uma questão suja e estúpida, para Darrow estar metido nela? A guerra é uma questão suja e estúpida.

9

Quando chegou o calor escaldante do verão, Darrow lentamente foi-se tornando deprimido, e depois desalentado: seus investigadores já não encontravam provas para contradizer a confissão de Ortie McManigal, nem para mostrar que os McNamaras não tinham sido culpados da violência de que eram acusados. Pior ainda, os investigadores do promotor estavam enviando pilhas montanhosas de provas para confirmar McManigal. Quando este contou como tinha comprado dinamite de certo cavador de poços, foi este encontrado e identificou James B. McNamara como um dos homens que o haviam comprado. Quando McManigal falou do registro de certo hotel, pouco antes de uma explosão, a assinatura de J. B. foi achada no registro e houve quem pudesse identificá-lo pelo retrato. Quando McManigal mencionou o aluguel de uma casa para guardar os explosivos, lá estava o proprietário pronto a identificar J. B. Um dia, quando seu espião no escritório do promotor lhe levou uma cópia de uma prova particularmente perigosa contra J. B., Darrow entrou em sua cela, exclamando.

– Meu Deus, você deixou atrás uma pista com quilômetro e meio de largura!

McNamara não respondeu.

Aquela noite, Clarence passou algumas horas atormentadas, dilacerado pelo mais fundamental de seus conflitos íntimos. "Nunca acreditei na violência, de qualquer parte; não acredito na violência da guerra; não acredito na violência que é copiosa em todas as partes da terra. Eu sei quem é responsável por esta luta: são os homens que estenderam as mãos e tomaram posse de toda a riqueza do mundo; é a mão paralizante da riqueza, que se estendeu e destruiu todas as oportunidades para os pobres. Os atos dos pobres são protestos contra as suas misérias; todavia, não creio na violência dos pobres e dos fracos, que pensam poder fazer valer seus direitos combatendo os ricos e os fortes." Harry Orchard acusara Moyer, Haywood e Pettibone de uma centena de crimes, a maior parte dos quais não tinha sido cometida; McManigal tinha acusado os McNamaras de uma centena de crimes, todos os quais haviam sido cometidos, e cuja maioria a acusação podia provar! Em verdade, os McNamaras ainda não estavam sendo acusados daqueles outros crimes mais distantes; eram acusados de fazer explodir o Edifício Times, que não parecia sequer ter sido bombardeado, e com relação ao qual nada que implicasse os McNamaras havia sido encontrado. Mas quantas pessoas mais afoitas estariam a presumir que, se tinham cometido uma centena de outras explosões e se o *Times* havia sido o seu arquiinimigo, deveriam também ter feito explodir aquele edifício? Teriam apenas provas circunstanciais, e era difícil enforcar homens, com base em provas circuns-

Advogado da Defesa 211

tanciais; mas, se ele conseguisse o milagre de uma absolvição, os irmãos e os dirigentes dos sindicatos dos trabalhadores em ferro seriam acusados, em todas as principais cidades dos Estados Unidos, de bombardear a propriedade alheia.

Nas horas sombrias da sombria noite, ficou ele doente de desespero, um desespero que raramente iria abandoná-lo, noite e dia, durante dois anos; um desespero cujas sementes tinham sido lançadas nos dias em que passara a compreender que, defendendo "Big" Bill Haywood, estava defendendo uma filosofia da força. Parte de sua doença, em Idaho, tinha sido devida àquele conflito de fidelidades dentro de si mesmo, o bastante, talvez, para fazer com que um mastóide normal se tornasse enfraquecido, multiplicando o seu sofrimento. Quando voltara a Chicago, não apenas a sua enfermidade física o havia convertido à doutrina do acordo, pois sempre acreditara nas transigências pacíficas – toda vez que pudesse achar alguma paz. O caso Haywood o deixara a braços com o que ele sempre tinha sabido: que, em qualquer conflito de força, ambas as partes estavam erradas e ambas as partes deviam perder; no caso improvável de qualquer das partes conseguir uma vitória, isso podia significar apenas que a guerra teria de começar de novo. Cada aspecto do caso McNamara confirmava que estava certo em seu julgamento.

Se defendesse aqueles praticantes da violência, não teria o país o direito de imaginar, que, como defendia a sabotagem, a força, os crimes contra a propriedade, devia ele necessariamente endossar o uso da dinamite e da violência? Que ele defendia os líderes trabalhistas, fossem eles culpados ou inocentes? A sua defesa de dinamitadores não viria a significar a condenação de grupos e líderes trabalhistas que ele havia anteriormente defendido? A sua presença em casos futuros não estigmatizaria seus clientes como culpados de empregarem a força? Não iriam todos os seus anos de apelos por vistas mais amplas, por tolerância e por simpatia, por cooperação e compreensão entre interesses aparentemente em conflito, ficar desfeitos? Retratando as barbaridades de ambas as partes, na guerra de classes, tinha conseguido estabelecer uma espécie de justificativa para a força; mas não queria tornar-se um apóstolo da força, nem confirmar em outros advogados da violência a crença de que podiam resolver os seus problemas usando de qualquer quantidade de violência, e de que nunca poderiam ser levados à prisão. Como podia aquele que, militantemente, em livros e conferências, pregara a paz, conseguir a absolvição da filosofia da força, dando-lhe razões para continuar, até que pusesse em chamas o mundo industrial?

Todo cidadão americano tinha direito à defesa e a um defensor, o melhor que pudesse contratar; todavia, Clarence Darrow estava entristecido com a idéia de trair seus próprios instintos e ensinamentos.

Agora, sabia ele, não podia abandonar os McNamaras. Tampouco podia formular julgamentos contra eles, pelo que tinham feito. Tinham sido pueris e mal orientados, ao imaginar que podiam vencer uma indústria de um bilhão de dólares por meio de explosões ao acaso; achava que tinham sido cegos, não vendo, no decorrer dos anos de 1906 a 1911, que não chegariam a parte alguma com a sua violência; que viriam a ser, afinal, capturados, causando prejuízos infinitos ao movimento sindicalista. Todavia, compreendia os seus motivos. Eram culpados de se levantar e lutar, numa guerra que acreditavam ter-lhes sido imposta pela Associação Nacional dos Construtores. Tinham trabalhado e sacrificado suas vidas durante anos, para fundar seu sindicato, e agora seus esforços seriam apagados da lembrança; tornar-se-iam bonecos do truste do aço. A única propriedade que possuia o homem sindicalizado era a sua capacidade manual.

"Está bem – dizia ele, – vamos continuar considerando isso uma guerra da proprie-

212 Advogado da Defesa

dade. Se os senhores destroem a nossa propriedade, nós destruiremos a sua. Desde que não matem ou espanquem nossos homens, não feriremos os seus homens. Querem tornar a nossa filiação a um sindicato tão cara para os senhores que terão de abandonar o seu sindicato."

Eles haviam mantido a palavra; em todas as explosões, jamais homem algum tinha sido ferido. Num caso em que um vigia teria sido ferido, porque sua guarita de sentinela se achava perto do ponto da explosão, tinham corrido o risco de se dar ao trabalho de fazer explodir uma pequena carga, a pequena distância, levando o guarda a correr para investigar, não ficando ferido pela explosão maior. Ele sabia que os McNamaras iriam exclamar:

"Eles tinham todo o dinheiro, todo o poder, que mais nos restava fazer? Que mais poderíamos fazer? Não tínhamos maneira de combatê-los em termos de paz. Se nada fizéssemos, estaríamos esmagados e destruídos. Tínhamos de usar a força; era a única arma que nos restava. Tínhamos de combater o demônio com fogo!"

Que resposta poderia dar-lhes? Deveria citar o texto de Mateus – "Não resistas ao mal. Se alguém te ferir a face direita, cede-lhe também a outra"?

Sofreu ele uma tortura mental, por causa da armadilha em que havia caído. Suspeitava de que, se Le Compte Davis, Joseph Scott e o Juiz McNutt viessem a saber da culpa esmagadora dos McNamaras, em dinamitações anteriores, sentir-se-iam obrigados a se retirar, ato que condenaria seus clientes antes mesmo que fossem a julgamento. Job Harriman, achava ele, sabia bem de tudo, mas não discutia com ele as provas que se acumulavam. O que tornava pesada a sua carga era que os trabalhadores, em todo o país, ainda estavam apaixonadamente convencidos de que os McNamaras eram inocentes de qualquer dinamitação ou de outros atos criminosos; a imprensa trabalhista publicava ardentes artigos contra a injustiça em Los Angeles. O primeiro de maio de 1911 foi chamado o Dia dos McNamaras; em todas as principais cidades dos Estados Unidos, realizaram-se manifestações, nas quais dezenas de milhares de pessoas externaram seus protestos contra a trama policial para condená-los. Vinte mil homens desfilaram em Los Angeles conduzindo estandartes que diziam: ABAIXO OTIS! REGISTREM SEU PROTESTO CONTRA A PRISÃO DOS MCNAMARAS! Todos os sindicatos do país estavam dando a sua colaboração em dinheiro; milhares de cartas chegavam ao escritório do Edifício Higgins, de trabalhadores que queriam assegurar a Darrow a sua fidelidade, e contribuir com um pouco mais das suas economias.

Darrow sentia-se como um homem que tivesse no bolso um vulcão ativo, procurando conter a erupção com a mão nua.

10

No princípio do verão, tivera início um forte movimento socialista em Los Angeles, destinado a contrabalançar o *Times* e a Associação dos Negociantes e Manufatureiros. Eugene Debs punha em circulação quarenta mil exemplares de seu Apelo à Razão, todas as semanas, e o jornal estava sendo lido avidamente, como antídoto para o *Times*. Job Harriman foi feito candidato a prefeito; uma chapa forte foi lançada. Alexander Irving, clérigo que tinha sido privado de seu púlpito em New Haven, por pregar o socialismo cristão, foi enviado pela sede nacional para conduzir a campanha. O socialismo, na América, estava em ascensão; muitos deputados e legisladores socialistas já tinham sido eleitos; várias cidades tinham prefeitos socialistas, enquanto outros aderiam à nova campanha com excelentes possibilidades. Considerando-se o calor e a histeria do momento, a plataforma socialista era moderada:

Advogado da Defesa 213

embora pedisse a substituição final do sistema capitalista, estava disposta a entrar em acordo com ele, entrementes, em favor do voto feminino, de mais escolas, centros sociais, praias e trampolins públicos, hospitais públicos e agências de empregos, serviço público, uma lei que fixasse em oito horas a jornada de trabalho, propriedade municipal de instalações tais como ferrovias, telefones, frigoríficos, fábricas de cimento. Se os socialistas pudessem ganhar em Los Angeles, isso garantiria um julgamento simpático para os McNamaras. Além de todas as outras acusações que estavam sendo feitas contra ele, Darrow era acusado agora de iniciar a campanha socialista para tomar posse da cidade, e de financiar a sua campanha com os fundos da defesa dos McNamaras. Ele não havia iniciado a campanha socialista; sempre tinha havido um movimento forte no sul da Califórnia; tampouco havia contribuído com mais do que umas poucas centenas de dólares para as suas publicações; mas, uma vez que o movimento estava iniciado, deu todo o auxílio que pôde, fazendo conferências naquelas noites em que podia deixar um pouco o seu trabalho. "Big" Bill Haywood foi a Los Angeles exortar grandes platéias, a respeito das bênçãos do socialismo, e jurar que os McNamaras tinham sido envolvidos fraudulentamente, da mesma forma que ele o havia sido em Idaho. Folhetos educativos foram distribuídos às dezenas de milhares; Harriman, que era um homem inteligente de uns quarenta anos, com cabelos bastos e bem arranjados, olhos honestos e traços vigorosos, fazia conferências dizendo que "os sindicatos trabalhistas são a única expressão organizada do interesse dos trabalhadores assalariados, dentro do atual sistema de produção, e não podem mais ser desmantelados ou esmagados, assim como o próprio assalariado não pode deixar de trabalhar para ganhar salários".

Assim, a defesa dos McNamaras e a campanha socialista estavam inextricavelmente entrelaçadas.

As eleições primárias seriam realizadas em outubro e, dada a intensidade do interesse socialista na cidade, parecia que a votação seria maciça, uma vez que a Liga do Bom Governo, da Associação dos Negociantes e Manufatureiros, havia sido desmascarada por uma série de fraudes e manobras imobiliárias. A eleição seria em dezembro; Darrow pediu ao Juiz Bordwell que marcasse o início do julgamento dos McNamaras somente para o mês de dezembro. Bordwell, entretanto, decretou que o julgamento fosse iniciado a 11 de outubro.

No dia anterior ao início do julgamento, Sam Gompers falou para quinze mil simpatizantes trabalhistas, em Filadélfia, os quais bradavam, em uníssono, a sua crença na inocência dos McNamaras. Dezessete mil pessoas desfilaram pelas ruas com cartazes que diziam: "Abaixo o Detetive Burns, o Seqüestrador!" O *Times* replicou dizendo: "Socialismo não é anarquia, mas é uma casa a meio caminho na estrada para a anarquia. Esse regime acabaria revelando-se o precursor inevitável de uma situação de ilegalidade, de roubo, de conflitos e de assassínios. Conduzir Los Angeles ao socialismo é conduzi-la à estagnação dos negócios, ao abandono das indústrias, às chaminés sem fumaça, à falência, aos lares arruinados, ao caos do governo civil. É conduzi-la para o inferno!"

Tal era o estado de espírito do país; tal era o estado de espírito de Los Angeles, quando Darrow entrou no tribunal presidido pelo Juiz Bordwell, a 11 de outubro de 1911, para iniciar sua defesa. Gente do mundo inteiro olhava com admiração para o seu retrato nos jornais, afirmando uns aos outros que ele iria livrar os rapazes, que poria a nu a trama policial, que conquistaria outra grande vitória, para o trabalho e a gente comum.

Mas Clarence Darrow, ao entrar no tribunal, sentia-se derrotado. Ficara sabendo que os McNamaras eram culpados do que tinham sido acusados.

11

No verão de 1910, três homens tinham entrado na Fábrica de Pólvora Hércules, junto da Baía de San Francisco, apresentando-se como homens de negócios de Folsom, Califórnia, e encomendaram certa quantidade de nitrogelatina de 80 por cento, um explosivo raramente usado, com o propósito declarado de rebentar cupins e tocos de árvores. Poucos dias depois, tinham alugado uma lancha a motor chamada Peerless; pintaram sobre o primeiro outro nome, apanharam o explosivo, que conduziram através da baía, para um cais em San Francisco, onde o puseram numa carroça e o transportaram para uma casa vazia, alugada para aquele fim. Os três homens eram David Caplan, líder trabalhista de San Francisco, Matt Schmidt, jovem e brilhante engenheiro que vinha viajando em companhia de James B. McNamara, construindo bombas-relógios para suas explosões; e o próprio James B. McNamara. Todos três foram identificados pelos empregados da Fábrica Hércules, pelos proprietários da Peerless, pelo proprietário da casa vazia, por pessoas que tinham visto a carroça passar pelas ruas de San Francisco. O gabinete do promotor distrital afirmou que, um dia antes da explosão do *Times*, duas malas tinham sido encontradas, uma perto da casa de Otis, outra perto da casa do secretário da Associação dos Negociantes e Manufatureiros, contendo mecanismos de relógio feitos por Schmidt e bananas de nitrogelatina de 80 por cento, que os empregados da Hércules identificaram como o explosivo comprado por J. B. McNamara, Caplan e Schmidt.

E Darrow compreendeu que aquela jornada ao longo da trilha descendente, iniciada ao defender "Big" Bill Haywood, inocente do que o acusavam mas culpado de crimes de violência contra a propriedade das minas, afinal o levara aos pântanos da defesa de homens que eram culpados do que os acusavam. Nada adiantava dizer a si mesmo que os McNamaras eram culpados de dinamitação, mas não de assassínio; que não tinham tido a intenção de matar ninguém, mas apenas de assustar Otis; que certamente nunca teriam ferido trabalhadores como eles próprios e que, se Otis não tivesse tido a negligência de deixar escapar gás em seu prédio, ninguém teria sido ferido. Homens que faziam uso da violência deviam, em última análise, ter causado o desastre; ele sabia muito bem que os McNamara eram moralmente responsáveis pelas mortes dos vinte empregados do *Times*.

Aquele foi um dos dias mais negros de sua vida; todavia, mesmo em seu desespero, não condenava ele os McNamaras. Eles haviam feito o que julgavam ser correto; estavam lutando em favor dos trabalhadores; tinham trabalhado pela causa e não por desejos de lucros e engrandecimentos pessoais. Ele mesmo tivera influência, ao mostrar-lhes que deviam combater o sindicato aberto. Haviam-no combatido com as únicas armas de que dispunham. Ele não os podia abandonar, nem mesmo em espírito; ainda assim, o conhecimento da acusação que seria feita contra todos os trabalhadores o deixava doente. Que belo dia teriam Otis, a Associação dos Negociantes e Manufatureiros, a Associação Nacional dos Construtores, o truste do aço! E que poderia ele fazer para detê-los?

Para ainda mais aborrecê-lo, ficou sabendo que James B. McNamara e jovens como Matt Schmidt, que haviam começado como mártires do trabalho, tinham-se deixado inflar pelo êxito, porque haviam operado durante anos sem serem apanhados. Nos primeiros tempos, tinham vivido cuidadosamente, tinham trabalhado cautelosamente; mas as suas vitórias os haviam tornado desdenhosos tanto da lei quanto de seus adversários. Sem saber disso, tinham-se enamorado da própria vida, da excitação, do risco, da espera, do perigo de se esconderem em pântanos e macegas, no meio da noite, do fascínio da fuga, da perseguição; de todos os momentos excitantes e perversos da vida de crimes, que iludem os que são jovens e

Advogado da Defesa 215

emocionalmente instáveis.

Acima e além da excitação, tinha havido os prazeres da vida irregular: libertação da rotina, da supervisão constante, das responsabilidades de família e do lar, o gosto pela vida nômade, a viagem constante, com as suas mudanças de cenário, as suas novas fisionomias, cidades e modos de vida. Os homens vinham recebendo duzentos dólares por explosão, além da cobertura de certas despesas; tinham vivido irregularmente; tinham vivido bem, e, a pouco e pouco, haviam-se tornado incapazes de resistir ao sutil enfraquecimento do caráter, que resulta de tal existência. Adotaram o hábito de adquirir mulheres novas em cada cidade por onde andavam, fazendo-se passar, necessariamente, por algo que não eram: escondendo, disfarçando, mentindo e, finalmente, bebendo, em sua vadiagem forçada, em seu excitamento, no relaxamento depois da tensão de colocar a bomba e ouvi-la explodir. Tinham começado como soldados de uma guerra, e não como praticantes do mal; tampouco tinham tido conhecimento da deterioração de seu caráter; era por isso que se tinham tornado mais ousados, desafiadores, descuidados. E era por isso que os McNamaras agora se achavam na cadeia, depois de terem sido responsáveis pelas mortes de vinte trabalhadores inocentes. Era por isso que seu sindicato seria agora arruinado, e que todos os sindicalizados do mundo sofreriam.

"Na noite de trinta de setembro de 1910, as 5h45 da tarde – contou J. B. McNamara, – coloquei na entrada das tintas, que fica no Edifício Times, uma mala contendo dezesseis bananas de dinamite de 80 por cento preparadas para explodir a uma hora da manhã. Era minha intenção danificar o prédio e amedrontar os proprietários. Não tencionava tirar a vida de ninguém. Lamento sinceramente que aqueles homens infelizes tenham perdido a vida; se a entrega de minha vida os trouxesse de volta, eu a entregaria livremente." Mergulhado por trás de sua escrivaninha, no Edifício Higgins, sentindo-se confuso e dilacerado, Darrow fazia a si mesmo duas perguntas:

"Como posso eu defender os McNamaras? Como podem eles ser defendidos?"

Transportou-se lentamente para a cadeia, fez com que o guarda o introduzisse na cela dos McNamaras e sentou-se na tarimba, entre os dois clientes. Tinha-se sentado em muitas celas, com muitos clientes; mas, para ele, aquele era o mais desesperançado de todos os encontros...

– Por que vocês fizeram isso? – perguntou roucamente, sem se dirigir particularmente a nenhum deles.

Fez-se demorado silêncio, durante o qual o rosto de J. B. pareceu longo, magro e solene. Seus olhos febris luziam.

–Houve um desfile de trabalhadores – respondeu ele, num tom rouco e impessoal, como se falasse para si mesmo. – A polícia espancou alguns dos rapazes. Na manhã seguinte, o *Times* elogiou aqueles tiras pelo seu heróico trabalho. Era mais do que eu podia suportar.

Era uma razão... Mas, para Darrow, o consolo era pouco; sabia, com terrível certeza, que aqueles dois homens, carne quente e viva, que o tocava dos dois lados, ambos com menos de trinta anos, seriam condenados, seriam levados ao patíbulo em San Quentin, teriam as cordas ajustadas à volta de seus pescoços, os alçapões abertos debaixo de seus pés, os pescoços quebrados no baraço.

O passar dos anos, o peso do sofrimento e da morte que já tinha visto, não o haviam tornado um homem duro, não haviam embotado a sua empatia quase patológica. E, de todos os atos brutais que já encontrara, não havia nenhum mais degradante ou mais injurioso, para o tecido espiritual do povo em geral, que o de tirar a vida, em nome do Estado.

"É o fato de ser a pena capital horrível e cruel a razão da sua existência escreveu ele

216 Advogado da Defesa

em *Crime, Suas Causas e Tratamento*, livro no qual pagou sua dívida a John P. Altgeld e levou avante os ensinamentos deste. – A finalidade das mortes em nome da justiça é ensinar os homens a não tirarem a vida. Mas o espetáculo do Estado a tirar as vidas deve tender a torná-las menos valiosas. As execuções freqüentes embotam as sensibilidades com relação ao ato de tirar a vida. Isso torna mais fácil para os homens matar, e aumenta o número de assassínios, o que, por sua vez, aumenta o de enforcamentos, o que, por sua vez, aumenta o de assassínios, e assim por diante, num círculo vicioso."

Acreditava apaixonadamente na santidade da vida humana; se o Estado podia tirar a vida humana por vingança ou castigo, por que não a podia tirar por mil outras razões? Se não fosse tornada sagrada até a menor parcela da vida, como se poderia manter a preciosidade da vida e, portanto, da raça humana?

A Sra. Edgar Wilson, que agora residia em Los Angeles, viu-o num bonde a caminho de casa, naquela noite. Ele não a viu. A Sra. Wilson conta que Darrow se achava amontoado num canto, parecendo desesperado, mortalmente doente, apenas a carcaça do homem que ela conhecera em Boise. Fletcher Browon, que ia ao seu escritório todas as manhãs, para verificar se havia notícias, percebeu logo que algo de crucial havia acontecido a Darrow; seu calor tinha desaparecido; sua confiança havia desaparecido; sua concentração, sua obstinação e clareza de propósito, sua capacidade de organização de seu trabalho, haviam-se desintegrado. Estava ele confuso, desamparado, dominado pelo terror.

Darrow não sabia para que lado voltar-se nem o que fazer.

12

Foi durante aquele período que certos atos duvidosos começaram a acontecer em torno do quartel-general da defesa. Uma das testemunhas mais perigosas contra J. B. McNamara era Diekleman, encarregado da portaria de um hotel de Los Angeles, onde J. B. McNamara se havia registrado como J. B. Bryce, alguns dias antes da explosão do *Times*. Diekleman, no meio tempo, entrara para a cadeia de restaurantes Harvey e fora transferido para Albuquerque, no Novo México. A acusação sempre soube onde ele se achava, porque mantinha agentes de Burns sempre a cercá-lo. Um dia, Burt Hamerstrom, jornalista itinerante, irmão de Ruby, apareceu no restaurante de Diekleman, em Albuquerque, apresentou-se como Higgins (nome do prédio no qual Darrow tinha seu escritório) e disse:

– Estamos fazendo o máximo para salvar aquele homem. Ele é inocente. O senhor não acha que seria correto levar em conta a menor dúvida que exista e ficar do nosso lado?

– Não creio que haja qualquer dúvida – replicou Diekleman.

– Mas o senhor é, para nós, uma testemunha valiosa, e nós poderemos pagar-lhe qualquer preço. Conhece o Restaurante Rector, em Chicago?

– Conheço.

– Bem, creio que Darrow tem uma parte nele. O senhor gostaria de ser gerente lá?

Diekleman recusou sair de Albuquerque. Hamerstrom voltou várias vezes, ofereceu passagem de trem para Chicago e trinta dólares por semana, para as despesas, até que terminasse o julgamento, e uma viagem de ida e volta a Los Angeles. Como Diekleman ainda recusasse, Hamerstrom imaginou que ele não queria deixar sua namorada para trás e ofereceu pagar também as despesas dela. Diekleman concordou, aceitou uma passagem por estrada de ferro e partiu para Chicago a 19 de setembro de 1911. Na manhã em que chegou a Chicago,

Advogado da Defesa 217

teve um encontro com Hamerstrom e Ed Nockels; depois, telegrafou para o gabinete do promotor, em Los Angeles, dizendo onde estava, e voltou a Albuquerque no trem da tarde. Foi uma cincada que iria causar a Darrow bastante aborrecimento, tal como ocorreu com o tratamento insensato dado à Senhora Dave Caplan.

O marido da Sra. Caplan era agora um fugitivo da justiça, pois fora um dos três homens que tinham comprado nitrogelatina da Fábrica Hércules; e na sua carroça é que o explosivo tinha sido transportado do Embarcadero para a casa vazia que ele havia alugado. Quando a Sra. Caplan foi notificada e avisada de que ficaria sob intimação a partir de 11 de outubro, Tveitmoe e Johannsen alugaram uma limusina com chofer, apanharam-na e viajaram com ela, mantendo-a durante duas noites em Reno, Nevada. No dia seguinte, Johannsen a acompanhou de trem para Chicago.

Com a passagem dos dias cansativos e desoladores, apenas uma coisa boa aconteceu para a defesa. Job Harriman ganhou a primeira eleição primária, por uma votação bastante expressiva. Estava claro para todo mundo que derrotaria Alexander, na eleição final. Haveria ainda os mesmos promotores distritais, Fredericks e Ford, o mesmo *Times* e a mesma Associação dos Negociantes e Manufatureiros, a mesma Associação dos Construtores no Leste, os quais estavam pagando a Otis para manter sua luta; mas, pelo menos, o governo da cidade estaria em mãos amigas. A eleição seria um voto de protesto contra os Negociantes e Manufatureiros, um voto de confiança no liberalismo e no sindicalismo – e, por coincidência, nos McNamaras. A eleição de um governo socialista em Los Angeles não podia deixar de ter alguma influência sobre o júri.

Pois ali mesmo estaria a solução do caso: o júri.

Quando foram preparadas as primeiras listas para escolha, Darrow contratou um homem chamado Bert Franklin, para fundar uma agência destinada a investigar todos os jurados em perspectiva. Durante os cinco anos anteriores, Franklin tinha sido investigador delegado do gabinete federal dos Estados Unidos em Los Angeles; e antes daquilo, fora, por quatro anos, encarregado das investigações criminais, sob as ordens do Capitão Fredericks; antes disso, tinha sido guarda da cadeia de Los Angeles. Foi recomendado a Darrow por Job Harriman e Le Compte Davis, Franklin abriu um escritório, contratou uma equipe de detetives particulares e se pôs a trabalhar.

"Darrow disse que queria saber da idade aparente, da religião, da nacionalidade, de todos os jurados possíveis, quais eram as suas idéias sobre o trabalho sindicalizado, seus sentimentos e opiniões a propósito da explosão do Times, suas opiniões sobre a culpabilidade ou inocência dos McNamaras naqueles crimes de que eram acusados, sua situação financeira, sua propriedade, o banco com o qual negociavam."

A acusação tinha uma equipe de investigações semelhante. Logo que as listas eram preparadas, cada parte fazia uma cópia dos nomes e os investigadores voavam do tribunal, para chegar primeiro ao jurado em potencial, investigá-lo e trazer de volta um relatório. Todos os dias, quando seus investigadores levavam seus relatórios, Franklin os conduzia ao Edifício Higgins e os colocava na mesa de Darrow. Enquanto Darrow examinava cada sumário, Franklin sugeria: "Impugne este quando for chamado; ele é contra os trabalhadores. Aceite o outro; é liberal. Livre-se do seguinte bem depressa; seu irmão é membro da Associação dos Negociantes e Manufatureiros." Quando se iniciasse o julgamento, a 11 de outubro, Darrow iria para o tribunal com os relatórios de Franklin e suas sugestões, que seriam usados como base para interrogar os jurados em perspectiva. A única dificuldade era que todos os que Darrow

218 Advogado da Defesa

considerasse aceitáveis seriam impugnados pela acusação; e todos os que a acusação aceitasse seriam prontamente eliminados por Darrow. Tão completo era o seu sistema de investigação que mais de trezentos jurados teriam de ser interrogados, antes que fosse possível encontrar seis homens aceitáveis por ambas as partes.

A 6 de outubro, Franklin foi à casa de Robert Bain, um velho carpinteiro que conhecia havia vinte anos e que estava prestes a ser convocado para o júri. Embora fosse também um trabalhador, Bain era conhecido da acusação como hostil aos sindicatos; por isso seria aceita por ela. Como ninguém atendesse à campainha, na casa de Bain, Franklin foi à casa ao lado, deixou seu cartão com o vizinho e pediu-lhe o favor de dizer a Bain que telefonasse para seu escritório. Naquele dia, mais tarde, voltou e encontrou em casa a Sra. Bain. Franklin relata sua conversa com ela:

"Eu disse a ela que gostaria de ter Bob no júri dos McNamaras, e que estava em condições de lhe pagar quinhentos dólares adiantados, mais dois mil depois que tivesse votado pela absolvição de McNamara.

"– Bem – disse ela, – o senhor sabe que Bob é um homem muito honesto.

"– Sim, Sra. Bain. Foi o que sempre achei.

– Mas a proposta me parece boa. Eu gostaria que Bob pensasse no assunto."

Naquela noite, Franklin voltou à casa de Bain. "Perguntei-lhe o que achava do caso e ele disse que tinha feito certas objeções, quando sua esposa falara no assunto, mas que ela o havia convencido de que era do interesse de ambos aceitar a proposta, pois estava ficando velho e faltavam apenas dois ou três anos para ele deixar seu trabalho. Perguntei-lhe quais as suas condições financeiras. Ele me contou que tinha muito pouco dinheiro e que estava pagando a sua casa. Então, perguntei-lhe se aceitaria quinhentos dólares em dinheiro, com a promessa de mais dois mil depois que tivesse votado pela absolvição. Respondeu que aceitava. Primeiro, pedi que fossem fechadas as cortinas; depois, tirei quatrocentos dólares do meu bolso. Ele me perguntou que garantia iria ter de que receberia o resto do dinheiro, e eu disse que seríamos compelidos a pagá-lo; se não o fizéssemos, podia denunciar-nos. Ele concordou.

Franklin apresentou a seu empregador um relatório satisfatório sobre Robert Bain. Este foi chamado ao tribunal e aceito por ambas as partes como jurado, o primeiro a tomar lugar.

Os dias iam-se esgotando, enquanto Darrow vasculhava a mente à procura de um meio válido de defesa. Pediu ao Juiz Bordwell um adiamento, mas foi recusado. Provocou todos os atrasos concebíveis, às vezes por boas razoes, às vezes sem razão nenhuma. O Juiz Bordwell parecia hostil; Darrow pediu substituição do juiz. Bordwell recusou eliminar a si próprio. As pessoas do tribunal observaram que ele interrogava por horas e dias seguidos os jurados em perspectiva, mesmo quando era evidente que os iria impugnar – matando tempo, ganhando o adiamento que o juiz lhe havia recusado, esperando o "estalo" ou a novidade que lhe permitiria preparar uma defesa convincente. Continuou a carregar sozinho o fardo: para o mundo, os McNamaras continuavam proclamando sua inocência; Gompers e Debs ainda os declaravam inocentes; a grande massa de trabalhadores os declarava inocentes. Seus companheiros da defesa poderiam ter percebido que partes da confissão de McManigal eram verdadeiras, mas nem Davis, nem Scott, nem o Juiz McNutt, tinha acesso aos seus arquivos privados; não podiam saber que os McNamaras eram culpados do que eram acusados. E ele tinha receio de lhes dizer.

Na terceira semana de outubro, outro jurado foi escolhido; na quarta semana, outros

Advogado da Defesa 219

dois; na primeira semana de novembro, o quinto. Foi a quatro de novembro que Bert Franklin fez outra viagem importante, desta vez para a pequena fazenda de George Lockwood, perto de Covina. Lockwood, que tinha mais de sessenta anos, passara a maior parte da vida trabalhando para a polícia e para o gabinete do promotor, como policial, guarda, investigador e carcereiro, junto com Bert Franklin, sob as ordens do Capitão White.

– George – disse Franklin, - quero conversar com você confidencialmente. Pode ser?

– Pode, Bert.

– Trata-se de uma questão de rigorosa confiança, e poderia trazer complicações. Eu o considero meu amigo, e sei que em circunstância nenhuma você repetiria nada do que lhe estou dizendo, sem a minha permissão.

– Bert, em circunstância nenhuma farei nada que traga algum perigo para você.

– Você sabia que eu trabalhava para a defesa, no caso McNamara?

– Não, mas tenho prazer em saber que está empregado.

– George, você e eu estamos ficando velhos, e ambos trabalhamos muito e acumulamos muito pouco, e creio que chegou a hora de você e eu usarmos um pouco mais a cabeça e um pouco menos as mãos e os pés.

– Sim, Bert, concordo com você.

– George, tenho uma proposta a lhe fazer, pela qual voce poderá ganhar algum dinheiro e, ao mesmo tempo, me dar certa ajuda muito importante.

– Está bem, Bert, está combinado.

– Você sabia que seu nome estava na lista de possíveis jurados, que poderiam ser convocados numa data futura?

– Não, não sabia.

– No caso de ser chamado, mediante combinações apropriadas, você votaria por um veredito de absolvição, no caso McNamara?

– Bem, não sei.

– Você tem tempo para pensar, e se achar que o caminho está aberto, posso pagar-lhe quinhentos dólares em dinheiro; no fim do julgamento, você receberá mais dois mil.

– Bert, essa é uma questão na qual eu gostaria de pensar. Enquanto Lockwood estava pensando sobre o negócio que lhe fora oferecido por seu antigo companheiro, antes que seu nome fosse sorteado das listas do condado, Lincoln Steffens, que fora, em seus primeiros anos, um dos mais penetrantes revolvedores de sujeira dos Estados Unidos e um dos investigadores mais destemidos da corrupção dos grandes negócios do governo, chegou a Los Angeles e foi visitar seu velho amigo Clarence Darrow. Deste então, o caso McNamara ganhou uma nova dimensão.

13

Em seus populares artigos de revistas e em livros tais como *The Sham of the Cities* e *The Struggle for Self-Government*, Lincoln Steffens tinha sido, juntamente com Henry Demarest Lloyd, autor de *Wealth Against Commonwealth*, um dos primeiros a demonstrar que uma democracia política tinha dificuldade para sobreviver numa oligarquia industrial. Durante os meses de preparativos de Darrow para o julgamento dos McNamaras, Steffens estava no exterior, à procura de material para revolver sujeira, na Inglaterra e na Europa. Certo de que os McNamaras eram culpados, e tendo-se convertido à doutrina de Kier Hardie, líder trabalhista britânico, segundo a qual "foi o trabalho que o fez, e o capital e o mundo devem saber por que", concebeu o plano de vender a jornais de Nova York a idéia de mandá-lo a Los Angeles, para mostrar porque o trabalho era culpado, e o que havia por trás dos seus atos de violência. Os editores ficaram tão espantados por encontrar um simpatizante dos trabalhadores, que condenava seus homens antes do seu julgamento, que lhe fizeram a encomenda.

Steffens imediatamente pediu a Darrow permissão para ver os irmãos McNamara. Sem saber do que ele pretendia, Darrow deu sua aprovação. Embora os irmãos não conhecessem Steffens, saudaram-no calorosamente, como amigo do trabalho. Então ele disse aos rapazes que iria escrever uma série de artigos intitulada "Dinamitação Justificada", no qual revelaria ao mundo por que o trabalho tinha sido forçado à violência. Enquanto os McNamaras ficavam sentados, num silêncio espantado, Steffens continuou:

– É uma experiência duvidosa e um risco para vocês, mas precisa ser feita um dia. Por que não fazê-la agora? Por que não me ajudar a trabalhar também, enquanto o processo legal tem andamento, no caso do Trabalho contra o Capital, como um paralelo, como pano de fundo do caso da Califórnia contra os McNamaras? Eu talvez pudesse mostrar por que vocês apelaram para a dinamite.

John J. McNamara perguntou sardonicamente:

– Você falou nisso com Darrow?

Steffens informa que James disse:

– Se você pudesse fazer o que propõe, eu estaria disposto a morrer enforcado e acrescentou depois, para seu irmão: É para isso que temos estado trabalhando, Joe, é para forçar a atenção para as condições atuais do trabalho. Ele pretende descobrir os casos reais de lista-negra, que têm tornado impossível, para homens despedidos, conseguir trabalho. Por que não arriscaria eu a minha vida, para que isso fosse contado? É para isso mesmo que sempre tenho arriscado a vida.

Emocionado, Steffens voltou rapidamente ao escritório de Darrow, para fazer a proposta mais extraordinária jamais apresentada a um advogado que tinha clientes a defender contra uma acusação de homicídio. Um suor frio porejou na testa de Darrow. Disse a Steffens que esquecesse aquilo e mandou-o embora – mas ele mesmo não foi capaz de esquecê-lo. Se Steffens tinha tanta certeza de que os homens eram culpados, não deviam os outros estar igualmente certos daquilo? Se era tão evidente para pessoas que não tinham acesso à massa de provas acumuladas em seu arquivo, que possibilidades teria ele num tribunal? Se, como conta Ruby, estava assustado e espantado ao descer do trem, agora se achava mergulhado numa desesperança esmagadora. Todas as avenidas de fuga se achavam bloqueadas. Não podia retirar-se agora do caso; aquilo seria condenar sumariamente seus clientes. Embora suficientemente doente para ser admitido em qualquer hospital, não poderia agora pôr-se a salvo daquele modo.

Em certos momentos, julgava ver certas esperanças, alguma possibilidade; logo depois, percebia que se tratava apenas da sua vontade. Sua disposição mudava tão rapidamente que Steffens contou: "Às três horas, é um herói de coragem, energia e juízo calmo, mas, às três e quinze, pode ser um covarde, medroso, abatido, de espírito tomado pelo pânico. É mais um poeta do que um advogado em luta; sua força e sua fraqueza estão na natureza altamente sensitiva e emocional que põe em movimento seu espírito perceptivo naquele corpo enorme." Quando alguém levava a Darrow outras más notícias, Steffens conta: "Seu rosto ficava cor de cinza; ele mal podia caminhar; tornava-se fraco de medo e não se recuperava antes de uma

Advogado da Defesa 221

hora. "Não posso – dizia ele, – suportar que um homem que estou defendendo seja enforcado. Não posso suportar isso."

No sábado, 19 de novembro, E. W. Scripps convidou Darrow e Steffens a passarem com ele o fim de semana em sua fazenda, Miramar, perto de San Diego. Scripps, como Hearst, fundara uma cadeia de jornais e uma grande fortuna, com base no liberalismo e na causa das massas americanas. Astuto estudioso e impiedoso pensador, sua base de sociologia havia-lhe dado uma simpatia autêntica pelo movimento trabalhista. Encontrou Darrow e Steffens na estação, mas, porque Darrow parecia abatido e desamparado, desviou a conversa do caso McNamara. Entretanto, Darrow não podia pensar nem falar em nenhuma outra coisa; naquela noite, sentaram-se no pátio, depois do jantar, e ele resumiu para Scripps o peso das provas que tinham aparecido contra os trabalhadores em ferro estrutural. Scripps levantou-se, foi a seu gabinete e voltou com um manuscrito do artigo que tinha acabado de escrever para seus jornais, artigo no qual explicava e justificava o emprego da força e da dinamite pelos trabalhadores.

"– Nós, os empregadores, temos todas as outras armas – leu para Darrow; – temos os empregos para dar ou tirar; o capital para empregar ou não empregar; para a produção, para os salários, para nós próprios; temos a imprensa para expor as nossas razões e suprimir as deles; temos o fórum e a ordem dos advogados, o Legislativo, o governador, a polícia e a milícia. O trabalho nada tem senão a violência e a força da multidão."

Darrow ficou em silêncio, pensando: "Tudo isso é verdade, mas de que me adianta? Meus rapazes estão sendo acusados de assassínio." Então, Scripps fez uma observação que deteve as rodas que giravam velozmente na cabeça de Darrow. Depois de três meses, iria ele tomar a sua primeira decisão.

– Os trabalhadores devem ter, nas controvérsias trabalhistas – observou Scripps, – os mesmos direitos das nações beligerantes, em ocasião de guerra. Tem havido guerra entre os construtores e os trabalhadores em ferro estrutural; muito bem, a guerra agora terminou; o lado derrotado deve ter o mesmo direito de uma nação beligerante, nos termos do direito internacional. Darrow olhou para o fundo da noite, além do pátio cheio de flores.

– Eu gostaria que o povo de Los Angeles pudesse pensar da mesma forma – murmurou. - Eu acreditava que seria do interesse da comunidade, e também direito e justo, livrar-se deste caso sem derramar sangue humano. Gostaria que pudéssemos fazer um acordo.

14

Na noite seguinte, Darrow e Steffens tomaram o trem noturno de volta a Los Angeles. Enquanto faziam o desjejum, no Hotel Van Nuys, Steffens perguntou:

– Você falava sério, quando disse que queria fazer um acordo?

– Sim, mas não creio que seja possível realizar tal coisa. Os sentimentos são demasiados amargos e o povo não se acha num estado de espírito que permita raciocinar.

– Creio que posso convencer os homens de negócios de Los Angeles – disse Steffens, quase incapaz de conter sua excitação, de que seria muitíssimo melhor evitar as paixões de um julgamento e aceitar uma admissão de culpa por parte de James B. McNamara.

– Estou perfeitamente disposto a deixá-lo fazer isso, mas, se falar com alguém, deve deixar bem claro que a idéia não partiu de mim ou do nosso lado, pois, se chegar ao conhecimento da comunidade que estamos fazendo propostas de acordo, tornar-se-ia muito mais difícil defender os homens e salvar suas vidas.

– Farei tudo por minha conta, e se aparecer alguma proposta, será ela feita a você, e não por você.

– Devo adverti-lo para que use de muito cuidado. Em todo caso, não adiantará tentar arranjar um acordo, a menos que o povo do *Times* esteja de acordo, e foi o prédio deles que foi destruído.

Naquela noite, Steffens voltou a Darrow para lhe dizer que tinha visto alguns dos políticos e homens de negócios locais, e que "acreditavam que as coisas poderiam ser arranjadas de maneira a permitir que James B. McNamara admitisse sua culpa, recebesse uma sentença perpétua e terminassem todas as outras acusações em Los Angeles" Steffens revelava-se entusiasmado, enquanto mostrava a Darrow como ia levar amor e fraternidade a Los Angeles, como todos iriam perdoar a todos e tornar-se amigos, e não haveria mais dificuldades trabalhistas em Los Angeles. Darrow não acreditava em nenhuma daquelas tolices; conhecia demasiado bem seus adversários; mas, assim mesmo, estava ansioso para que fosse arranjado um acordo.

"Eu disse a Steffens que, se tal coisa pudesse ser feita, tiraria de mim um grande peso, e pensei que seria uma boa coisa, tanto para o trabalho quanto para o capital, especialmente para os réus e para a cidade de Los Angeles. Não tive confiança bastante para propor aquilo a qualquer dos meus associados na ocasião, ou mesmo para os meus clientes, embora julgasse saber o que iriam pensar de tudo aquilo."

Na manhã seguinte, 22 de novembro, quando Le Compte Davis entrou no tribunal, foi recebido pelo Promotor Fredericks, protegido de Otis, que tinha sido eleito para o seu cargo pelo *Times*.

– Por que você não faz com que esses rapazes admitam sua culpa e acabem com essa brincadeira de mau gosto? – perguntou Fredericks.

Perplexo, Davis replicou:

– Não fui contratado para esse fim.

– Você sabe que vai fazer isso; uma comissão foi consultada a respeito e eu mesmo fui abordado.

Quando Darrow chegou ao tribunal e viu a expressão do rosto de Davis, prontamente explicou a missão de Steffens e as suas razões para desejar um acordo: a acusação tinha uma grande soma de provas a apresentar, e todos os dias estava levando gente ao tribunal para olhar James B. McNamara e identificá-lo; a defesa não tinha provas contraditórias a oferecer, nem podia deixar que J. B. depusesse em seu próprio favor; ele não poderia suportar um interrogatório. O julgamento seria um fracasso.

– J. B. está disposto a admitir sua culpa? – perguntou Davis.

– Ainda não falei com ele, mas creio que posso fazê-lo ver que isso é razoável. Você é bom amigo do Capitão Fredericks; quer procurá-lo e arranjar um acordo?

– Não creio que tenhamos o menor direito de fazer isso sem consultar as organizações trabalhistas - replicou Davis. - A Federação Americana do Trabalho é minha constituinte neste caso, e nada farei sem ter a aprovação dela.

– Bem, Gompers e todos os outros rapazes estão na convenção, em Atlanta. Telegrafei para que mandassem alguém para aqui. Devem chegar muito breve, mas, se não chegarem, cabe a nós agir, quando chegar a hora, de qualquer maneira.

– Pelo que me diz respeito, não creio que seja direito – insistiu Davis. – O dinheiro para defender os homens foi fornecido pelos trabalhadores, e a sua reputação entre os trabalhadores estará arruinada, se você fizer isso sem consultá-los.

– O dinheiro foi fornecido pelo trabalho organizado – respondeu Darrow, – mas esses dois homens são nossos clientes, e não é possível mesmo que ninguém nos dê o dinheiro que seja capaz de, por qualquer modo, influenciar uma ação que é devida aos nossos clientes. Pelo que me diz respeito, não tenho o direito de pensar em mim; só tenho de pensar naqueles dois homens; e, se eles acham conveniente e nós também, devemos agir, sejam quais forem as conseqüências.

Naquela tarde, Darrow telegrafou para Fremont Older, jornalista lutador do *Call*, de San Francisco, um dos homens mais respeitáveis da Costa do Pacífico, chamando-o a Los Angeles para uma conferência importante. Older chegou na manhã seguinte, 23 de novembro; à mesa do almoço, Darrow detalhou a situação para seu velho amigo, e pediu sua aprovação para o plano. Older, que julgara os rapazes inocentes da acusação, ou pelo menos com possibilidades no tribunal, ficou demasiado aturdido para responder. Depois de algum tempo, conseguiu dizer:

– Bem, Clarence, você sabe o que faz... Se acha que é isso que deve ser feito... Será mal compreendido por grande número dos trabalhadores, que nunca acreditaram que alguém tenha posto dinamite no Edifício Times – mas farei tudo o que puder para que eles compreendam. Suponho que você saiba o que resultará disso para você, nas suas relações com o trabalho organizado.

– Sim, eu sei – mas as vidas de meus clientes vêm em primeiro lugar. Os McNamaras têm o direito de saber que seu caso parece grave, e que provavelmente serão enforcados. Não os aconselharei a admitir sua culpa; direi apenas que o caso parece sem esperanças. Eles têm o direito de escolher, para salvar suas vidas.

Naquela mesma tarde, Ed Nockels chegou de Chicago, ouviu o relato do caso por Darrow, e concordou que um acordo era a melhor saída. Darrow mandou que Nockels fosse ver Le Compte Davis.

– Você tem poderes para falar em nome da Federação Americana do Trabalho? - perguntou Davis.

– Tenho.

– Muito bem, procurarei um acordo com o Capitão Fredericks.

Na manhã seguinte, 24 de novembro, Davis foi ver o Capitão Fredericks e Darrow foi ter com seus clientes. Ouviram atentamente, enquanto ele lhes mostrava por que não tinham possibilidade; que uma admissão de culpa, da parte de James, seria a melhor saída, não só para eles mesmos, mas para o seu sindicato e seus amigos. Garantiu-lhes que daria um jeito de conseguir libertar inteiramente John J.; que insistiria para que James tivesse permissão de prestar o depoimento sem fazer uma confissão detalhada, que implicasse outros homens; que obteria do Estado a promessa de não processar ou levar a julgamento Dave Caplan ou Matt Schmidt; em suma, que fariam uma rendição com honra.

"John, que tinha tomado parte nos entendimentos conosco mais do que o outro – escreve Darrow, – disse sem hesitação que devíamos desistir daquilo, e acreditava que o trabalho organizado viria a compreender o caso, se não o fizessem logo. Achava que havia poucas possibilidades de salvar a vida de James sem aquilo; que o interesse controlador estava do seu lado, e que a sua própria situação também era muito perigosa. James, desde o princípio, estava disposto a confessar sua culpa e aceitar uma sentença de prisão perpétua, mas não queria

224 Advogado da Defesa

de modo algum que John se confessasse culpado."

No entretempo, na Associação dos Negociantes e Manufatureiros, uma comissão recebera com interesse a proposta de Steffens. A eleição para a prefeitura estava a poucas semanas de distância. A maioria de Job Harriman garantia a sua vitória. Não queriam abrir mão do julgamento, mas viam uma maneira de matar o socialismo no sul da Califórnia, pelo menos por uma geração: deixariam que James B. McNamara admitisse sua culpa - desde que o fizesse antes do dia da eleição! A confissão de culpa arruinaria as possibilidades de Harriman. Harry Chandler, genro de Otis, achava que era um plano inteligente, mas Otis mostrou-se irredutível: eles dispunham de provas suficientes para destruir o sindicalismo e ele não descansaria enquanto até o menor farrapo dele fosse levado ao tribunal e apresentado ao mundo.

Le Compte Davis foi ver Otis na manhã de 25 de novembro.

– Aceite o pássaro enquanto o tem na mão, General - disse ele. – Com a sua admissão de culpa, McNamara lhe dará uma vitória completa e provará que tudo o que vem afirmando é verdadeiro. Se quiser correr um risco e forçar o seu julgamento, pode cair um raio, pode acontecer um acidente; eles poderiam ser libertados.

Otis rosnou, latiu, praguejou: – "Quero ver enforcados aqueles filhos de uma cadela!" – E finalmente concordou – mas só depois que mostrou a Davis um telegrama da Associação Nacional dos Construtores, que estava ajudando a financiar a acusação, no qual os construtores diziam que John J., o cabeça da dinamitação era o que realmente queriam, e que não aceitariam acordo algum, a menos que também ele admitisse ser culpado e tivesse pelo menos uma sentença de dez anos.

Para Darrow, a necessidade de aceitar o castigo de John J. e admitir a culpa dos McNamaras, a tempo de arruinar a campanha socialista, era uma derrota pesada. Como James B. nunca tinha sido trabalhador em ferro estrutural ou membro do seu sindicato, suas atividades poderiam, de alguma forma, ser interpretadas como acontecidas sem a sanção do corpo de trabalhadores. Mas John J. era o secretário dirigente; ao admitir sua culpa, admitiria, ipso-facto, a culpa de seu sindicato. Ademais, sacrificar o partido socialista e sua vigorosa campanha, na véspera de uma vitória de importância nacional, era não só dar nos amigos um golpe de morte, mas fazê-lo por meio de uma punhalada nas costas; para Job Harriman, que tinha estado demasiado ocupado na campanha para tomar parte ativa nos preparativos para a defesa dos McNamaras, não havia chegado informação dos planos para fazer um acordo; Darrow nada lhe havia contado, temendo que se recusasse a sacrificar o partido socialista e a eleição em favor dos McNamaras.

Era um preço vil a pagar, mas era evidente para Darrow que não podia obter o acordo noutras condições. Consolou-se pensando que, se o socialismo fosse um imperativo realmente histórico, como afirmavam seus adeptos, não precisava tomar o poder e obter mandados por obra de homens culpados.

15

Na tarde de sábado, 25 de novembro, Darrow levou Le Compte Davis, o Juiz McNutt e Lincoln Steffens à cadeia, para dar as más notícias aos irmãos. James recusou admitir sua culpa, se seu irmão tivesse de confessar com ele, e nenhum raciocínio da parte de Darrow bastou para mudar a decisão do irmão mais velho. Darrow mandou Davis voltar ao Capitão Fredericks, para ver se o promotor reconsideraria a sua decisão e deixaria John em paz. Na manhã seguinte, domingo, 26 de novembro, o grupo tornou a se reunir na cadeia. John J. tinha pesado os fatos durante a noite.

– Está bem – disse ele; – aceito os dez anos. Tudo para salvar a vida de Jim.

– Não está nada bem – repetiu James. – Não permitirei que eles mandem Joe para a prisão. Além disso, a sua admissão de culpa terá um mau efeito entre os trabalhadores. Terá um efeito muito grave também sobre o Sr. Darrow.

– Vocês não precisam preocupar-se com essa parte – resmungou Darrow. – Aliás, não creio mesmo que os trabalhadores tenham algum direito de ser consultados sobre os deveres de um advogado. Não creio que vocês devam sacrificar suas vidas, quando alguma coisa melhor pode ser feita.

Mas James não se deixava convencer.

Darrow conta: "Eu estava ansioso para encerrar o caso o mais depressa possível; se eles não confessassem antes da eleição, jamais poderíamos conseguir que o promotor aceitasse a admissão de culpa; o peso ia ser muito grande, e eu não queria que coisa alguma acontecesse para impedir o acordo."

Levou John J. à parte e conversou com ele sobre todo o caso. John disse que o consentimento do irmão não era necessário; salvaria a vida de James mesmo sem aquilo; ele próprio não estava sendo julgado no momento, e, logo que Darrow admitisse a culpa de James, ele, John, entraria no tribunal e aceitaria a sentença, a mais leve possível, e até mesmo a de dez anos, se tal fosse a menor que pudesse conseguir.

16

Naquele mesmo domingo, 26 de novembro, enquanto Darrow combinava o acordo na cadeia do condado, seu principal investigador, Bert Franklin, estava a caminho da fazenda de George Lockwood.

– George, você ainda não foi chamado? - perguntou Franklin.

– Não.

– Bem, seu nome foi sorteado ontem, e você será convocado de hoje para amanhã cedo. Há quatro mil dólares a sua espera, e eu quero que você receba esse dinheiro.

– Bert, se eu entrar nisso, não quero saber de confusões a respeito de dinheiro.

– Não vai haver confusão alguma. O Capitão White será o depositário do dinheiro. Nós dois o conhecemos, e ele é direito; o dinheiro estará perfeitamente seguro na mão dele, e ele o entregará a você, quando terminar o julgamento.

– Quando terminar o julgamento? – protestou Lockwood. Ora, poderia então acontecer que ninguém soubesse de nada sobre o resto do dinheiro.

– Não posso ver outra saída, a não ser por intermédio do Capitão White.

Naquela noite, Franklin foi procurar o Capitão White, antigo chefe da cadeia de Los Angeles, com o qual tanto ele como Lockwood tinham servido como guardas, mas que agora dirigia uma joalheria. Franklin contou a White seu plano de subornar Lockwood.

– Meu Deus, Franklin - exclamou White, – eu não confiaria em Lockwood, assim como não pensaria em derrubar um touro pela cauda!

– Capitão – disse Franklin, – acredito que George Lockwood é o tipo do homem que, se dá a sua palavra de que fará certa coisa, ele a faz mesmo.

Se você está convencido – replicou o capitão, – então, outras pessoas também estarão.

226 Advogado da Defesa

Franklin então ofereceu a White cem dólares em pagamento por aquele trabalho, se agisse como intermediário e guardasse os restantes três mil e quinhentos dólares, até que Lockwood votasse pela absolvição. O Capitão White concordou.

Na manhã seguinte, Davis foi ao escritório de Darrow informar que tinha tido uma conferência final com o Promotor Fredericks, e que o acordo seria realizado nas condições estipuladas na cadeia, na noite anterior: sentença de prisão perpétua para James, com possibilidade de comutação, e de dez anos para John, que poderia ser libertado ao fim de sete anos, por bom comportamento. Darrow perguntou então ao Juiz McNutt, a Davis e a Steffens se aprovavam inteiramente o plano. Todos concordaram em que era aquela a melhor saída.

Darrow dirigiu-se ao seu apartamento de Bonnie Brae e, como um homem que sofresse febre e que tivesse passado por uma crise, dormiu profundamente, pela primeira vez em meses.

17

Enquanto Darrow dormia, Bert Franklin estava trabalhando com afinco. Naquela manhã, recebeu um telefonema de Lockwood, chamando-o à fazenda:

– Devo levar comigo o Grandalhão? - perguntou Franklin.

– Deve.

Quando Franklin chegou à fazenda de Lockwood, naquela tarde, ela se achava bem coberta pelos detetives do gabinete do promotor. Lockwood levou Franklin ao celeiro, onde se achava um estenógrafo escondido para registrar a conversa, e perguntou:

– Onde está Darrow?

– Ora, George, você pensou que Darrow viesse comigo?

– Sim, foi isso que ficou entendido.

– Bem, você se enganou; eu pensava em trazer o Capitão White, mas ele não quis vir.

Lockwood esperava receber seus quinhentos dólares naquela noite, mas Franklin não tinha o dinheiro à mão.

– George – disse ele, – espere na esquina das Ruas Três e Los Angeles, amanhã às nove horas; eu o encontrarei lá naquela ocasião.

Depois, voltou para a casa do Capitão White, onde tomou providências para que o Capitão o encontrasse na esquina das Ruas Três e Principal, na manhã seguinte, às oito e quarenta e cinco, onde lhe entregaria quatro mil dólares em dinheiro; White deveria entregar quinhentos a Lockwood.

No dia seguinte, Darrow levantou-se cedo. Ruby tratou de suas unhas e cortou um pouco dos cabelos de sua nuca. Feliz de ver que ele estava com melhor aspecto, preparou-lhe um terno novo, de linho, uma camisa branca limpa e a gravata. Depois de um leve desjejum, ele percorreu a pé as duas quadras até a linha de bondes; como não havia bondes à vista, atravessou Echo Park, chegando até o aqueduto, tendo a lhe bater na face o sol quente de novembro. No aqueduto, pegou o bonde, seguindo para a terminal das Ruas Dois e Hill, seguindo a pé para seu escritório. Chegou, como de hábito, às oito e meia, sentou-se à sua mesa e mergulhou no trabalho de esclarecer suas contas.

Entrementes, Bert Franklin estava-se encontrando com o Capitão White, na esquina das Ruas Dois e Principal.

–Bom dia, Capitão – disse Franklin. – O dinheiro está comigo.

Advogado da Defesa 227

– Este é um mau lugar para você entregá-lo a mim – rosnou White. – Seria melhor entrarmos neste bar.

Entraram no bar e tomaram uma bebida; depois, Franklin entregou ao Capitão White uma nota de mil dólares e seis notas de quinhentos. Os dois homens saíram juntos do bar, mas, uma vez na calçada, Franklin separou-se de White e caminhou à frente em direção à esquina das Ruas Três e Los Angeles. Ali, encontrou Sam Browne, capitão dos detetives de Los Angeles, com o detetive Campbell a segui-lo. Franklin cumprimentou Browne, esgueirou-se para uma rua transversal, voltou por um beco e entrou num bar da esquina das Ruas Três e Los Angeles, de onde poderia ver White passar o dinheiro a Lockwood. Enquanto Franklin se esgueirava pelos becos, os detetives Browne e Campbell subiram ao segundo andar de uma pensão, de onde também poderiam ver White passar o dinheiro a Lockwood.

Um terceiro detetive, chamado Home, que também estava seguindo Franklin, entrou no bar atrás dele. Viu que Franklin se achava atrás da porta vermelha de vaivém do mictório, cujas folhas abertas lhe permitiam reconhecer Franklin dos joelhos para baixo. Quando Franklin saiu do mictório, o detetive Home se escondeu, voltando o rosto para a parede, atrás de uma geladeira, que se achava a uns três metros e meio de distância do mictório. Franklin saiu do bar, olhou para os lados e voltou. Dessa vez, um quarto detetive, Dana Ong, entrou também atrás dele, encaminhou-se para o balcão, ao lado de Franklin, e pediu uma bebida. Depois de tomar sua bebida, Franklin dirigiu-se às portas de vaivém e olhou por cima delas, como se procurasse alguém. Voltou ao bar, tomou outra bebida, chegou de novo à porta de vaivém, para espiar para fora. O detetive Home o acompanhou até a porta, para olhar sobre seu ombro. Ambos viram Lockwood subir a Rua Los Angeles e o Capitão White atravessar para encontrá-lo. Os dois homens apertaram-se as mãos.

– Que há de novo? – perguntou Lockwood.

– Nada, só que um nosso amigo comum me confiou certa importância a ser entregue a você em certas condições. Está pronto para recebê-la?

– Que quantia, e quais foram as condições?

– Devo entregar-lhe quinhentos dólares e guardar três mil para você até que o júri do caso McNamara conclua pela sua inocência.

– Não está certo. O restante deveria ser de três mil e quinhentos, e não de três mil dólares. Onde está Franklin?

– Ele acaba de sair daqui.

– Bem, não aceito, porque o combinado foram quatro mil.

– É possível que este pacote tenha isso. Não tive tempo de examinar.

– Bem, entre naquele armazém e examine.

– Não tenho nada com aquele armazém. Vou subir um pouco a rua e olhar.

White afastou-se algumas quadras, voltou-se para as vitrinas de uma loja e contou o dinheiro. Depois, voltou, dizendo: – Há três mil e quinhentos dólares no pacote, fora os quinhentos que devo entregar a você.

– Está bem, estou pronto.

White entregou a Lockwood uma nota de quinhentos dólares, mostrando-lhe as outras notas ao fazê-lo.

– Creio que passar uma nota de quinhentos dólares, numa situação destas, é decididamente fora de propósito – queixou-se Lockwood. – Eu esperava que fossem notas de dois e de cinco. Está tudo errado, num caso como este: como pode um sujeito livrar-se de uma nota

228 Advogado da Defesa

de quinhentos dólares, em tais circunstâncias? Antes que White tivesse tempo de replicar, um quinto policial, o detetive Allison, desceu a rua em sua motocicleta, parando perto de Lockwood e White. Justamente quando ele parava, Lockwood deixou cair na calçada sua nota de quinhentos dólares. Quando se abaixou para apanhá-la, Franklin, que estava olhando por trás da porta do bar, saiu e se juntou a Lockwood e White. Após a troca de umas poucas frases, Franklin levantou os olhos, viu o detetive Home olhando-o por trás das portas do bar, virou-se um pouco e viu os detetives Browne e Campbell a caminhar na sua direção.

– Não olhe para os lados - disse a William Lockwood. Vamos sair daqui.

Franklin e Lockwood afastaram-se então pela Rua Três, deixando para trás os dois detetives a pé, mas na direção pela qual tinha vindo, um momento antes, o detetive de motocicleta. White os seguiu à distância.

Quando Franklin e Lockwood tinham caminhado meio quarteirão pela Rua Três, viram Clarence Darrow do outro lado da rua. Darrow os viu e atravessou a rua. Justamente quando se achava prestes a por um pé na calçada, o detetive Browne interpôs-se entre Darrow e Franklin, empurrou Franklin bruscamente para trás e disse:

– Não fale a este homem, Sr. Darrow. Ele está preso.

– Para Franklin, acrescentou: – Bert, preciso de você.

– Para quê? – perguntou Franklin.

– Você foi detetive bastante tempo, e sabe muito bem para quê. Você sabe o que andou fazendo.

Darrow ficou parado, silencioso, fitando os dois homens.

18

"A primeira coisa que me entrou na mente - diz Darrow, foi a questão de saber se ainda seria possível realizar o acordo; e, se não fosse, se seria possível salvar as vidas daqueles homens. Fiquei chocado e inteiramente abalado."

Steffens entrou no escritório de Darrow para perguntar:

– Isso vai atrapalhar o acordo?

– Não pelo que me diz respeito. Que me diz da sua comissão de homens de negócios?

– Não sei por que isso deve fazer qualquer diferença para eles –replicou Steffens. – Suponhamos que eles pensem que você ou qualquer dos outros advogados estava ligado a isso: e daí?

– Se for levantada essa questão, quero que você diga a eles que, em circunstância nenhuma, eu devo ser considerado, nesse caso; se houver alguém pensando que eu, ou qualquer advogado, nesta causa, tenha alguma coisa a ver com o suborno, pode dizer que não haverá negociações sobre o caso, e que podem tratar disso, quando chegar a ocasião. Tudo o que queremos propor é uma solução para o caso McNamara.

– Isto é quixotesco. Por que não se livrar deles de uma vez?

– Não. Nunca em minha vida deixei meus negócios interferirem com meus clientes, e nunca deixarei. Vá levar essa mensagem a comissão.

A manhã de terça-feira e também a tarde foram gastas numa série de conferências entre os advogados, os homens de negócios, o promotor e Otis. Ao cair da noite, o gabinete do promotor distrital tinha concordado em deixar que se fizesse o acordo; mas os dois McNamaras teriam de admitir juntos a sua culpa. Com isso, seria impossível que John confessasse, de-

Advogado da Defesa 229

pois que James tivesse sido condenado. Darrow sabia que aquela seria outra luta difícil com James. Na manhã de quarta-feira, dia de Ação de Graças, reuniu outra vez seu pessoal na cadeia: Davis, Scott, McNutt e Steffens, que lhe levou a informação de que a guerra industrial estava terminada em Los Angeles: depois que os McNamaras fossem condenados, haveria um encontro entre o capital e o trabalho, no qual a machadinha de guerra seria enterrada, e dissolvidas todas as diferenças.

Darrow de novo examinou o caso dos McNamaras, mostrando-lhes a situação sem esperanças em que se encontravam. James não se deixou comover: não permitiria que seu irmão fosse para a prisão. Cada advogado, por sua vez, apresentou seu argumento em favor da admissão conjunta dos irmãos; ele lutou contra todos. Somente pelo meio da tarde, quando todos tinham sido derrotados, e parecia a Darrow que teriam de enfrentar todo o julgamento, Davis resolveu tentar uma nova saída.

– Jim – disse ele, tranqüilamente, – creio que você tem razão, e nós estávamos errados. Será melhor que você seja enforcado. Será melhor para o trabalho.

J. B. olhou para ele, sem falar.

– É melhor também que seu irmão seja enforcado – continuou Davis. – Neste caso, o trabalho terá dois mártires em vez de um.

J. B. endireitou-se repentinamente, com o corpo rígido, o rosto tenso.

– É assim que a coisa lhe parece? – perguntou. – Eles enforcarão Joe também?

– É o que me parece.

J. B. se atirou de bruços em sua tarimba e chorou abertamente, durante um quarto de hora. Darrow e os outros ficaram sentados, metidos consigo mesmos, tentando não ver, não ouvir, não chorar. Afinal, J. B. ergueu-se um pouco sobre um cotovelo, afastou as lágrimas dos olhos com a palma da mão e disse calmamente:

– Está bem, estou vencido.

Na manhã seguinte, na abertura do tribunal, Darrow e Davis entraram no gabinete do Juiz Bordwell, para lhe comunicar que os McNamara tinham concordado com as condições; que iriam admitir sua culpa naquela manhã.

– Dez anos não bastam para John McNamara – disse o Juiz Bordwell. – Ele terá de levar quinze.

Darrow não tinha autoridade para aceitar quinze anos em nome de John embora soubesse que a acusação estava agora convencida de que tinha a melhor posição, não lhe cabia recurso nenhum senão correr de volta à cadeia e dar aos irmãos mais aquela má notícia. Tendo-se conformado com a idéia da prisão, pouco espírito sobrava aos irmãos. Concordaram. Darrow voltou correndo ao Juiz Bordwell, para lhe dizer que John aceitaria quinze anos. O Juiz ordenou que os dois homens fossem levados ao tribunal às duas horas.

As combinações tinham sido tão bem resguardadas que apenas os que pertenciam ao círculo de conferências sabiam que tinham sido realizadas. A cidade estava tensa, por causa do julgamento, das eleições e das torrentes de vitupérios que eram desfechadas por ambas as partes. Milhares de pessoas caminhavam pelas ruas usando botoeiras que diziam: Os McNAMARAS NÃO SÃO CULPADOS! VOTE EM HARRIMAN! A maioria estava apaixonadamente convencida de que os McNamaras tinham sido presos por uma trama policial; de que Darrow iria arrasar com Otis e o *Times*, o grupo dos Negociantes e Manufatureiros; de que o julgamento seria uma vingança completa, não só para os McNamaras, mas para o trabalho organizado – e de que o povo estaria livre da sua servidão.

Naquela mesma manhã, como todas as manhãs, Darrow encontrou centenas de car-

230 Advogado da Defesa

tas em sua mesa, a maior parte delas contendo dinheiro para a defesa, todas confessando abertamente sua lealdade e confiança na inocência dos McNamaras. Em todo o país, no Dia de Ação de Graças, tinham-se realizado reuniões para manifestar apoio aos McNamaras; os conselhos de trabalhadores de quase todas as grandes cidades – Nova York, Boston, Filadélfia, Chicago, Pittsburg, Cleveland, San Francisco – estavam planejando manifestações gigantescas "para protestar contra a abusiva trama policial e forçar a classe capitalista a libertar os McNamaras".

Às duas horas da tarde de 1º de dezembro de 1911, Clarence Darrow levou seus dois clientes ao tribunal. Os repórteres dos jornais, que estavam sentados por perto, enfadados, durante o interrogatório de jurados em perspectiva, endireitaram-se, admirados, quando viram John J., pois ele não iria ser julgado, e era a primeira vez que aparecia no tribunal.

Quando teve início a sessão, o Promotor Fredericks levantou-se e disse em tom baixo e não dramático: "Senhor juiz, a defesa deseja falar ao tribunal."

Dito aquilo, sentou-se. Darrow fez um aceno de cabeça para Davis, que considerara ser o mais ligado ao tribunal e o melhor homem para falar. Davis levantou-se e disse sem inflexão:

"Para conhecimento do tribunal, nossos clientes desejam mudar suas declarações, passando da negação à admissão de culpa."

A notícia caiu como um golpe seco e nauseante. Os espectadores se voltaram, entreolhando-se, atarantados, sem saber se tinham ouvido direito. Ninguém falou.

Subitamente, quando a importância daquela espantosa mudança no rumo do processo chegou à consciência do povo, "houve uma explosão psíquica" que foi ouvida em todo o mundo. Os repórteres foram os primeiros a recuperar a sua capacidade de agir. Voaram, atropelando-se uns aos outros, para os seus telefones. Alguns dos espectadores choravam; outros levantaram-se trêmulos, com os rostos lívidos e emaciados. Levantou-se um clamor; homens correram para dentro do tribunal, vindos dos corredores, querendo saber se a notícia era verdadeira; começaram lutas a muque; a sala se encheu de uma multidão espantada, curiosa, que se empurrava, gritava e berrava. Dentro de alguns momentos, as edições extras estavam nas ruas, com as maiores manchetes de sua história: McNAMARAS CONFESSAM CULPA. Mas o povo de Los Angeles recusara-se a acreditar: haviam-se comprometido com uma causa; tinham estado lutando por uma causa; eram fortes e decididos; tinham um exército; haveriam de lutar até a morte. E agora, de repente, sem aviso, sem explicação, seu exército, sua força, sua causa, haviam entrado em colapso.

O Juiz Bordwell deu instruções para que os McNamaras fossem levados ao tribunal, para ouvir a sentença de pronúncia, na manhã do dia da eleição, e depois suspendeu a sessão. Durante uma hora, a multidão andou por ali, a se renovar constantemente, procurando saber se era verdade aquela heresia, e informar-se de quem era o responsável pela derrota. O promotor, os oficiais do tribunal, foram-se embora; os advogados da defesa contratados por Darrow foram-se também; lentamente, a multidão foi diminuindo, dispersou-se e esvaziou a grande sala. A escuridão tombou. Darrow, que tinha estado sentado em sua cadeira, amontoado, durante a tempestade, os olhos fechados de cansaço, tentou levantar-se e não conseguiu. Ficou sentado na obscuridade, sentindo dores, miserável, sozinho.

Advogado da Defesa 231

19

Foi aquele o dia mais desastroso para os trabalhadores na história americana, e Clarence Darrow era responsável por ele. Deveria mesmo ter feito com que os McNamaras admitissem sua culpa?

Duas vidas tinham sido salvas do enforcamento quase certo. Ele havia impedido que a acusação explorasse toda a força das suas razões, impedira que se introduzisse nos autos material que poderia ter sido usado contra funcionários dos sindicatos de San Francisco e Indianápolis. Salvara milhões de trabalhadores pacíficos de se implicarem ainda mais nos destinos de homens que tinham traído a Federação Americana dos Trabalhadores, em seu pronunciamento a favor dos métodos pacíficos; abafara um escândalo que não podia trazer nenhum crédito possível aos trabalhadores de ferro e cujos detalhes teriam revoltado e provocado o afastamento de grandes parcelas do público americano. O país, agora, podia dizer: "Os McNamaras são culpados; eles confessaram sua culpa e foram para a prisão; estão cumprindo sua pena; vamos esquecer tudo isso e voltar ao trabalho e à nossa vida normal." Um ano, dois anos, três anos, não seriam consumidos em fustigar paixões, fazer acusações, provocar a divisão e a guerra, tão ampla e tão profundamente que jamais pudessem ser arrancadas da vida americana. Havia poupado aos trabalhadores sindicalizados o gasto de centenas de milhares de dólares numa defesa inútil; evitara um julgamento amargo e sangrento marcado pela guerra de classes; evitara o horrível precedente de ver líderes trabalhistas enforcados por causa de sua participação nessa guerra; permitira à cidade viajar mais rapidamente no caminho para a paz e a cooperação.

Sabia que, se tivesse levado o caso a julgamento, mesmo com toda a sua força, só poderia ter conseguido um impasse do júri. Mas teria sido capaz de pôr em ação toda a sua força? Ninguém sabia melhor do que ele que a sua maior eficiência, não só perante o juiz e o júri, mas perante o país inteiro, tinha nascido da sua ardente honestidade e da sua convicção de que seus clientes eram inocentes. Frases imponentes, que marcaram época, tinham saído de seus lábios, frases que haviam ajudado a reformular o espírito de homens e a vida de seu país; mas, como teriam elas soado nos lábios de um homem que sabia que estava sendo desonesto, que, no coração, repudiava seus próprios clientes? Seria um traidor e um hipócrita; sua insinceridade apareceria em cada expressão de seu rosto, e ele não convenceria ninguém.

Poderia ter lutado por um veredicto de homicídio culposo; poderia ter feito explodir seu modelo em miniatura do Edifício Times; poderia ter levado peritos a jurar que o gás que escapava tinha causado a fatal explosão e as vinte mortes; sabia, contudo, que seria, quando muito, um gesto débil; que, com vinte homens mortos, júri algum levaria em conta a ausência de intenção de matar. Talvez pudesse ter apelado das condenações, gastando anos e anos na esperança de que as paixões se esfriassem e seus clientes fossem poupados. Mas também sabia que as apelações poderiam não salvar as vidas dos homens, uma vez que tivessem sido condenados num tribunal, por um júri; e as apelações constantes serviriam apenas para continuar propagando os detalhes da sua culpa e a má vontade na comunidade.

Talvez pudesse deixar que fossem enforcados e se tornassem mártires do trabalho. Mas não podia ver a causa do trabalho ser edificada sobre falsas premissas. Se o trabalho precisava ter mártires, que fossem homens inocentes. Não era capaz de se deixar levar pela idéia de transformar o julgamento numa campanha de educação, quando qualquer coisa que pudesse dizer teria inflamado as cabeças dos chefes do movimento, levando-os a maiores vio-

232 Advogado da Defesa

lências; e tudo na sua natureza bradava contra a aprovação da violência. A Associação Nacional dos Construtores tinha dito: "Isto é guerra!" Otis havia bradado no *Times:* "Isto é guerra!" A guerra era cruel, destruidora, brutal, insensível, e enquanto não tivesse sido banida da face da Terra, todas as barbaridades haveriam de ser não apenas endossadas, mas aprovadas, se conduzissem à vitória. Desesperava-se de tais métodos, não só porque causavam a guerra de classes, a destruição, o ódio e a má vontade inarredável entre os homens, mas porque eram míopes e fúteis, servindo apenas a uma finalidade: perpetuar a luta.

"Sei que poderia ter feito julgar o caso McNamara – disse Darrow, – e que uma grande classe dos trabalhadores da América honestamente teria acreditado, se aqueles homens tivessem sido enforcados, que não eram culpados. Eu poderia ter feito isso, salvando-me a mim mesmo. Poderia ter ganho dinheiro, se assim fizesse – se tivesse desejado ganhar dinheiro daquela maneira. Mas sei que, se tivessem enforcado aqueles homens, aquilo instalaria nos corações de uma grande massa de homens um ódio tão profundo, tão enraizado, que jamais haveria de desaparecer."

Darrow sacudiu sua cabeça, que doía, cansado, enquanto se recordava de quando John Mitchell o acusara de querer fazer uma defesa do socialismo em vez de melhorar as jornadas e os salários dos mineiros; de como Edmund Richardson o acusara, em Boise, de pôr os interesses do partido socialista antes dos de Haywood, Moyer e Pettibone. Agora o ciclo se havia completado: seria acusado pelos socialistas de sacrificar o partido para salvar seus clientes.

Sentado sozinho, na escuridão do campo de batalha onde havia rendido sua causa e seu povo a uma derrota momentânea, achava-se completamente convencido de que agira corretamente. Até o fim de seus dias, nunca abandonou essa crença. Entretanto, depois de lutar em favor do trabalho durante vinte anos, depois de conduzir os trabalhadores, graças ao seu brilhantismo, devoção e destemor, por muitos quilômetros ao longo do caminho pontilhado de baionetas que levava à civilização, tinha sido agora o instrumento indireto que lhes causara grandes males. O trabalho jamais haveria de esquecer – ele sabia disso, – e jamais o perdoaria. Conhecera que a sua carreira de defensor do trabalho estava acabada no dia em que soubera estar defendendo homens culpados; os trabalhadores, agora, haveriam de ratificar o seu julgamento.

Mais uma vez, tentou levantar-se de sua cadeira, mas não pôde. Da escuridão, surgiu um amigo para ajudá-lo. Caminhou lentamente ao longo do corredor do tribunal. Quando chegou aos degraus do prédio, olhou para baixo e viu ali uma multidão aglomerada, à sua espera, parada, num silêncio sinistro e mau. Na luz vacilante dos combustores, pôde ver os emblemas de Harriman e dos McNamaras brilhando no gramado e nas sarjetas.

Libertou-se do amigo que o ajudara, endireitou os ombros e desceu lentamente os degraus, olhando diretamente à frente, mas sem ver. Levantou-se um murmúrio para saudá-lo, um murmúrio que se foi tornando mais intenso, à medida que ele se aproximava. Quando chegou à calçada, a multidão fechou-se em volta dele trabalhadores, dirigentes sindicais, socialistas, liberais, intelectuais, homens e mulheres em cujo favor passara lutando os seus anos. De fora da multidão, alguém gritou seu nome: um nome feio. Perto, um homem lhe cuspiu no rosto. A multidão chegou mais perto, rodeando-o, apertando-o, atirando a sua frustração, a sua derrota, a sua humilhação, sobre ele, na forma de sórdidas imprecações. Darrow ficou tão apertado que não se podia mover. Billy Cavenaugh atravessou a multidão, à força, segurou-o pela manga e gritou acima do tumulto:

– Venha comigo!

Darrow fitou com olhos mortiços o anel de rostos sombrios em sua volta.

– Não, Billy, vou descer a rua com o povo. Caminhei com ele para o tribunal, quando me aplaudiam, e voltarei assim como vim. Deu um passo à frente. Uma muralha de rostos irritados fitava o seu rosto. Deu outro passo – e a primeira linha caiu. A multidão abriu-se. Ele a atravessou, sozinho, sem dificuldade. Quando descia a rua, com a multidão em seus calcanhares, alguém gritou de dentro da noite:

– Traidor! Traidor!

CAPÍTULO IX

NO BANCO DOS RÉUS

PELA MANHÃ, toda a força da tempestade havia tombado sobre os McNamaras e seu advogado de defesa, Clarence Darrow.

Com lágrimas nos olhos e a mão que segurava o jornal a tremer, Sam Gompers lamentava:

– Estou abismado! Se tudo isso é verdadeiro, minha credulidade foi traída. Tínhamos as garantias mais sérias de que aqueles homens eram inocentes. Temos desencorajado atos como esses. Somos patriotas e amantes da paz. Aqueles dois homens devem ter ficado loucos. É esse um ato que condeno com toda a força que possuo.

Ficou tão ultrajado, que, em sua autobiografia, *Seventy Years of Life and Labour*, omitiu qualquer referência ao maior defensor dos trabalhadores, a despeito do monumental trabalho de Darrow em favor da Federação Americana dos Trabalhadores.

Centenas de sindicatos locais se apressaram a saltar fora da carroça dos McNamaras, cada qual emitindo para a imprensa sua própria proclamação de renúncia. O presidente da Federação dos Trabalhadores do Estado de Oregon disse: "O trabalho organizado, em geral, não tem culpa da dinamitação do *Times*, mas o trabalho organizado, em geral, irá sofrer. Estamos completamente aturdidos. Não podemos conceber como qualquer homem pudesse ser tão tolo a ponto de fazer essa coisa que eles confessaram. Na realidade, lamentamos que tenham enganado seus irmãos de sindicato, na fé que neles depunham, embora sendo culpados."

Os socialistas repudiavam os McNamaras, considerando-os sindicalistas, os sindicalistas os repudiavam por serem anarquistas; os anarquistas os repudiavam por serem terroristas. O navio adernado foi abandonado o mais depressa possível, e os sobreviventes só paravam o bastante para jogar fora seu barrete, cuspir por cima do ombro a gritar: "Não em minha família." Somente "Big" Bill Haywood ficou atrás, repetindo, ousadamente: "Estou com os McNamaras e estarei sempre. Não é possível encarar a luta de classes pelos olhos das leis feitas por capitalistas."

Na manhã da eleição, 5 de dezembro de 1911, Darrow levou seus clientes ao Juiz

Bordwell. Lincoln Steffens tinha tido uma conversa com o juiz e informara a Darrow que Bordwell iria tratar os McNamaras com brandura, nada dizendo mais para agravar a luta de classe contra classe. Quando Darrow se levantou diante da banca, entre os dois irmãos, e ouviu o juiz chamar-lhes "assassinos no coração", ficou lívido e esmagou o lenço entre as mãos.

No meio do golpe, compreendeu que todas as promessas feitas no acordo seriam quebradas. Caplan e Schmidt iriam ser perseguidos durante cinco anos, capturados e condenados em Los Angeles; as provas que tinham sido reunidas contra os McNamaras seriam postas em desfile diante do público, não tanto para condenar Caplan e Schmidt, como para levar ao conhecimento do povo o material que havia sido omitido, quando os McNamaras confessaram a sua culpa. Noventa por cento do julgamento do caso Schmidt iria ser feito em torno de J. B. McNamara, e não de Schmidt; e assim, quando este encontrou McNamara no pátio de San Quentin, a primeira coisa que pôde dizer foi:

– Eles julgaram você e me condenaram!

Logo que os McNamaras foram conduzidos às pressas para a prisão, Los Angeles foi às urnas impor sua derrota aos socialistas. Job Harriman, que tinha tido notícia do acordo pelas manchetes dos jornais da tarde de 1º de dezembro, não apareceu no escritório de sua campanha, até haver terminado a votação e ter caído a escuridão.

– Onde esteve? – perguntou Alexander Irvine.

– Não pude vir – replicou Harriman. – De manhã, eles teriam atirado em mim.

– Teria sido uma coisa boa, se tivessem atirado em você. Assim, ganharíamos a eleição.

A maneira decisiva com que foram afastados os McNamaras incluía também o seu principal advogado, Clarence Darrow. Agora, era ele acusado de ajudar e incentivar uma conspiração pela qual o trabalho tinha sido enganado e levado a dar apoio a dinamitadores, e, por isso, injuriado. A despeito da denúncia dos trabalhadores, ele expediu uma nota na qual assumiu inteira responsabilidade pelo "Eu já sabia, havia meses, que a nossa luta era sem esperança. Nunca teria consentido que confessassem sua culpa, se pensasse que haveria ao menos uma possibilidade. Foi-nos sugerido que devíamos agir prontamente; havia perigo de que aquilo que estava sendo considerado viesse a público e tornasse impossível o acordo. Éramos responsáveis exclusivamente pelos nossos clientes."

Darrow tinha sabido, ao ver a prova irrecusável da culpa dos McNamaras diante dele, em sua mesa, que chegara ao fim da sua jornada como advogado do trabalho; o trabalho, agora, confirmava sua decisão, mandando-o embora.

Tinham-se passado dezessete anos desde aquele dia em que tomara a decisão, por trás da mesa de advogado, na Estrada de Ferro Chicago e Noroeste, e empreendera a longa caminhada pelo corredor, para dizer ao Presidente Hughitt que iria abrir mão de seu emprego seguro e remunerador, para defender Eugene Debs e o Sindicato Ferroviário Americano. Homem que estimava a paz, desde então, estivera no centro de uma luta incessante; homem que advogava a tolerância, passara a maior parte daqueles anos numa guerra intestina; homem que acreditava que o mundo podia sobreviver apenas se tomasse por base a boa vontade, tinha visto mais má vontade, rancor e amargura do que qualquer outro da sua idade. Sim, havia sido tempestuosa a jornada, desde aquele momento, na biblioteca da mansão do governador, em Springfield, quando Altgeld lhe dissera: "Clarence, se você quiser um retrato claro do que lhe acontecerá, se defender líderes trabalhistas e lutar pela justiça social, observe apenas a corrente de invectivas que será despejada em minha cabeça, nos jornais de amanhã, por protestar contra essa clara e indesculpável violação da Constituição." Todavia, nem a sua idade, nem os seus combates, tinham sido inteiramente em vão: milhões de mulheres e homens, que trabalhavam com as mãos para ganhar o pão de cada dia, tinham tido um alívio, por menor que fosse, dos apertados grilhões econômicos presos em seus tornozelos, porque Clarence Darrow levantara a voz em sua defesa. Altgeld teria aprovado aqueles dezessete anos.

2

O último de seus papéis havia sido ordenado e arquivado, as escrivaninhas estavam quase vazias, quando Le Compte Davis apareceu no Edifício Higgins para vê-lo.

– Estou certo de que Bert Franklin é inocente – disse ele. Sua esposa veio ver-me ontem à noite. Não podemos abandoná-lo. Temos de levantar sua fiança de dez mil dólares.

Como Darrow continuasse calado, Davis continuou:

– Recomendei Franklin a você e ficarei responsável por ele. Franklin não fugirá ao pagamento da fiança, mas, se fugir, eu saberei como usar os dez mil.

Darrow hesitou por mais um momento; sabia que, se oferecesse fiança por Franklin, implicar-se-ia em qualquer coisa que Franklin pudesse ter feito; então, encheu o cheque de dez mil dólares, contra a conta de defesa dos McNamaras.

Le Compte Davis foi ao tribunal, pagou a fiança e Franklin foi libertado. Imediatamente, Franklin foi ver Tom Johnson, advogado.

– Você é amigo do promotor, não é? - perguntou Franklin.

– Sou.

– Não quer ir ver Joe Ford e pedir a ele que adie meu caso? Diga-lhe que, se eu puder encontrar certa pessoa com quem tive vários encontros antes do meu julgamento, mas que não tenho conseguido encontrar, será possível fazer alguma coisa; encontrarei a pessoa que me deu o dinheiro com o qual foi cometido o suborno.

Tom Johnson foi procurar Ford, mas logo voltou para dizer a Franklin :

– Ford recusa continuar o caso; ele não concorda com essa história idiota de que o dinheiro foi fornecido por um homem que você não conhece; está obtendo novas provas todos os dias, e, em pouco tempo, terá provas suficientes para mandar Darrow para a penitenciária.

– Nem Davis, nem Darrow, me deram o dinheiro para subornar jurados – replicou Franklin, prontamente, – e eles nada sabem a respeito disso. Eu seria um mentiroso do inferno se dissesse que sabiam. Sei que o que querem é que eu diga que Darrow fez isso.

Uma semana antes de sua prisão, Franklin encontrou Darrow e Davis, no escritório de Darrow.

– Ford mandou dizer-me que, se sei alguma coisa a respeito de qualquer um dos advogados locais – declarou Franklin, – devo esquecer tudo. Ford afirma que o único que querem pegar é Darrow.

Clarence Darrow ergueu os olhos prontamente. Já estava esperando por aquele golpe; aquilo estivera no ar.

– Mas por que estão tão ansiosos para me pegar? – fuzilou. – Por que estão mais ansiosos para me pegar do que... do que a Job Harriman, por exemplo?

– Não sei, Sr. Darrow, mas disse a eles que o senhor jamais me deu um dólar de corrupção.

Advogado da Defesa 237

Não foi apenas a Clarence que Franklin fez aquela afirmação. Descia ele a rua, quando viu dois conhecidos, John Drain, empreiteiro e antigo superintendente de ruas, e Frank Dominguez, advogado que nunca conhecera Darrow, a conversar na frente da Taverna Waldorf.

– Os senhores não se envergonham de ir tomar uma bebida comigo, hem? – perguntou Franklin.

Os homens sorriram, disseram que não se envergonhavam, e entraram na taverna. Depois de um ou dois momentos de conversa, veio à baila a questão do suborno do júri. Frank Dominguez disse:

– Não posso acreditar que um advogado da projeção de Darrow, com a situação que ele tem, tenha culpa de qualquer coisa dessa espécie; é absolutamente inimaginável, para mim, que um homem do caráter e da reputação de Darrow, como pessoa honrada, fosse capaz de tal coisa.

– Eu também não acredito nisso – concordou Drain. – Creio que ele é demasiado esperto para tanto.

– Nunca recebi um dólar desonesto de Darrow – replicou Franklin. – Ele nunca soube de nada que se relacionasse com essa matéria. É um homem bom demais para fazer qualquer coisa dessa espécie.

Drain conta: "Aquela conversa ocorreu em voz alta, da parte de Franklin, e podia ser ouvida facilmente por todos os que se achavam perto. Assim, um homem que eu não conhecia aproximou-se, segurou Franklin pela manga, e o levou para um lado."

Poucas noites depois, Franklin foi a uma reunião da Loja Forester, onde viu um velho amigo chamado Hood, leiteiro.

– Você é um louco dos diabos, Franklin – disse Hood; por que não se limitou a receber o dinheiro e guardá-lo no bolso, esquecendo-se simplesmente de tudo, para depois dizer a eles que estava tudo arranjado? Você não correria o risco de ir para a cadeia.

– Eu estava sendo vigiado muito de perto – replicou ele; o homem que me deu o dinheiro para o suborno era-me estranho; ficou a apenas uns dez metros de mim, quando eu passei o dinheiro. Eu pensava que ele fosse do Leste ou de San Francisco. Nunca mais o vi.

Franklin foi chamado para o seu interrogatório preliminar. A caminho do tribunal, encontrou D. M. Willard, telegrafista da Associated Press, que estava conversando com um repórter da mesma agência noticiosa. Franklin juntou-se a eles.

– Não posso falar das minhas razões, até chegar a hora do julgamento – anunciou, – exceto uma coisa: Darrow nada sabe desse caso; e vocês podem aproveitar isso da maneira que quiserem.

Depois, entrou no tribunal, onde um grupo de repórteres estava sentado à mesa da imprensa. Depois de uma troca de saudações, voltou-se para Carl White, do *Express*:

– Se alguém disser que eu usei o nome de Darrow nessa história do suborno, é um mentiroso do inferno. Darrow é inocente de qualquer ligação com esse caso.

A Harry Jones, do *Tribune*, acrescentou:

– Posso ser culpado de tudo de que me acusam, mas não sou um louco; certamente, não vou arrastar um inocente para essa coisa.

Para J. L. Barnard, repórter do *Express*, concluiu:

– Quem disser que Darrow me deu um centavo para subornar um jurado é um mentiroso de uma figa.

As férias de Natal de 1911 passaram soturnamente para Clarence e Ruby. Os boatos continuavam a encher o ar. Embora o gabinete do promotor ainda dissesse aos jornais que nada tinha contra ele, constantemente lhe chegavam relatórios da pressão que estava sendo feita contra Franklin, para "confessar que era Darrow ou ir para San Quentin"! Não fez ele tentativa alguma para ocultar de sua esposa a gravidade da situação.

Entrementes, as intrigas continuavam trabalhando em sua cabeça. Suspeitando que iria ter dificuldades em conseguir trabalho em Los Angeles, Bert Franklin foi à cidade praieira de Venice, a ver se podia abrir ali uma agência de detetives particulares. Encontrou-se com F. D. Stineman, proprietário do Hotel Decatur, Jordam Watt, que tinha sido funcionário municipal de Venice durante dezesseis anos, e Peter Pirotte, policial. Foram beber no hotel, onde Franklin lhes disse:

– Se Darrow quisesse mostrar certas provas que tem contra Gompers, seria deixado em paz. Gompers é o homem que eles querem, porque é presidente do sindicato, e Burns quer destruir o sindicato. Querem prender Darrow, porque ele defendeu os sindicatos e é um homem importante do lado deles. Foi gente de fora que me forneceu o dinheiro; um homem de Frisco. Darrow nunca me deu dinheiro nenhum para ajeitar jurados ou para qualquer coisa dessa espécie.

Depois, Franklin teve duas reuniões secretas e demoradas com a junta executiva da Associação dos Negociantes e Manufatureiros; desde então, o quadro mudou, para Clarence Darrow.

Dentro de mais alguns dias, Franklin encontrou-se com Stineman, Watt e Pirotte, para almoçar, insistindo outra vez com Pirotte no sentido de abrir com ele uma agência de detetives particulares.

– Mas que me diz dessa complicação em que você está metido? – perguntou Pirotte.

– Oh! eu vou sair daquilo muito bem – murmurou Franklin. – O promotor não me quer; eles querem é Darrow.

Entrando numa loja de artigos masculinos, Franklin confiou ao gerente Joseph Musgrove:

– Não estou em condições de gastar muito dinheiro, porque pesa sobre mim uma grave acusação, e é bem possível que eu vá para a penitenciária. Mas tenho amigos na cidade e estou fazendo meu jogo; antes de ir para a grade, porei lá uma outra pessoa. Em meados de janeiro, Darrow tinha terminado seus negócios em Los Angeles, mandara uma conta das despesas à Federação Americana dos Trabalhadores, fechara o escritório do Edifício Higgins. Nada mais havia que o prendesse em Los Angeles; ansiava por abandonar aquela atmosfera hostil, voltar para sua casa, seus livros, seus amigos e sua banca. Contudo, sabia que não podia partir, que qualquer movimento de sua parte seria interpretado como uma fuga.

Pelo fim de janeiro, Franklin foi levado a julgamento. Admitiu sua culpa e foi multado exatamente nos quatro mil dólares que tinham sido tomados do Capitão White e Lockwood, na manhã da prisão. A cidade de Los Angeles tomou posse do dinheiro do suborno e o Capitão Fredericks pediu uma reunião do grande júri.

A 29 de janeiro, enquanto Bert Franklin prestava depoimento perante o grande júri, Clarence Darrow se recolheu aos escritórios de Earl Rogers, advogado que havia contratado para defendê-lo, caso fosse acusado. Às três e meia da tarde, foi-lhe levada uma mensagem, dizendo que precisavam dele no grande júri. Correu apressado para o tribunal, acompanhado de Rogers e McNutt.

Advogado da Defesa 239

Os acontecimentos foram rápidos e drásticos. O presidente do júri levantou-se para informá-lo de que tinha sido indiciado em duas acusações: suborno para obter perjúrio, e tentativa de subornar Robert Bain e George Lockwood; e que teria de ser julgado por aquelas acusações. A fiança foi fixada em vinte mil dólares. A Sra. Le Compte Davis forneceu garantia de metade daquela importância; Young, da cidade praiana de Playa del Rey, a outra metade. Os fotógrafos fizeram-no posar repetidas vezes; agora, era uma celebridade maior do que jamais tinha sido, como simples advogado da defesa.

A despeito de certo receio íntimo, Clarence tinha esperado que, de algum modo, os membros do grande júri não o julgariam capaz daqueles atos criminosos. A indiciação foi para ele um golpe novo. Quando os repórteres se aglomeraram à sua volta, ele ficou sentado por vários momentos, "os ombros largos encolhidos, as feições comprimidas e enrugadas, revelando cansaço e doença".

– Que diz a respeito disso, Sr. Darrow?

Ele se endireitou e conseguiu dar um pequeno sorriso.

– Exatamente o que tenho dito desde o princípio, isto é, que nada sei dessa acusação de suborno, nada sei de qualquer tentativa para abordar jurados em perspectiva, e nada absolutamente sabia dessa coisa, até que Franklin foi preso.

No dia seguinte, publicou uma declaração formal, destinada aos seus simpatizantes de todo o mundo. "Sou inocente das acusações feitas contra mim, e espero que não façam juízo algum, até que eu tenha tido uma oportunidade de provar esse fato. As acusações que me foram feitas são demasiado graves para serem tratadas com leviandade. Sem dúvida, o promotor distrital acredita que havia provas para sustentar o conselho que deu ao grande júri, mas, no fim, ficará provado que se cometeu um grave erro e uma grave injustiça."

3

Darrow precisava de uma sumidade jurídica para defendê-lo. Seus trinta e cinco anos na prática do Direito lhe haviam ensinado que era conveniente arranjar o melhor que o dinheiro pudesse pagar. Por isso, seu espírito se voltara desde logo para Earl Rogers. Rogers era um dos mais inteligentes advogados criminalistas do país; seu maior gosto era libertar assassinos. Possuía um cérebro agudo, rápido, expedito, pirotécnico, muito mais agudo, rápido e expedito que o de Darrow. Quando estava sóbrio, coisa que ocorria talvez numa terça parte das suas horas de vigília, era quase impossível vencê-lo. Alto, de proporções magníficas, com uma cabeça cheia de cabelos grisalhos, feições marotamente belas, olhos expressivos e bonitos e uma voz estimulante, elegante que se vestia pela última moda, Earl Rogers tinha tudo o que se exigia de um ídolo da juventude. Era nisso, na realidade, que se havia transformado, pois usava o tribunal como um teatro, encenava cada julgamento como se fosse uma peça na qual desempenhasse o papel principal.

Na profissão legal, Earl Rogers achava-se no extremo oposto a Clarence Darrow. Usava seu cérebro penetrante, mais para propósito anti-sociais. Não havia cliente demasiado venal com o qual não empregasse os seus inexauríveis dotes, de maneira liberal. Uma vez, quando conseguira ludibriar o júri, fazendo-o libertar um procurador que assassinara a esposa, Rogers evitou com um gesto o agradecimento de seu cliente, dizendo: "Afaste-se de mim, seu sem-vergonha; você sabe que é culpado como o capeta!" Todavia, ficou terrivelmente orgulhoso com aquela vitória. Antes que a ética legal estivesse solidamente estabelecida, Rogers

240 Advogado da Defesa

provocava ataques de apoplexia nos juízes e promotores, pela maneira com que manipulava depoimentos, roubava ou deformava provas incriminadoras, entregava-se a atos torrenciais de paixão, ira, êxtase, histeria, para confundir a questão, desviar a atenção do júri e confundir as razões do promotor.

Darrow sabia de tudo isso; sabia que era uma estranha reviravolta do destino que o forçava a contratar um patife inteligente e sem consciência; todavia, quando levou Ruby à pequena cidade de Hanford, para ver Rogers defender uma causa, e viu a maneira pela qual dominava o tribunal, a perícia com que tinha preparado e depois conduzido o caso, os dois concordaram em que não havia alternativa senão a de contratá-lo. Uma reviravolta irônica tornara possível aquilo: Rogers tinha sido contratado pelo Estado, para levantar as provas do caso McNamara, e tivera bastante influência na apuração da compra da nitrogelatina, ligando o caso aos McNamaras, a Caplan e Schmidt.

– Se o Estado pode honradamente contratar Rogers – disse Clarence a Ruby, – então nós também podemos.

Rogers ficou enormemente satisfeito por ter sido escolhido. "Eu estava escorregando um pouco – contou ele aos amigos, – e preciso de Darrow quase tanto quanto ele de mim. Ser escolhido para defender o primeiro advogado criminalista do país, reconhecidamente, acabará por me colocar na classe de Darrow."

Para sua equipe de defesa, Darrow escolheu também Horace Appel, um excêntrico que não gostava muito de fazer a barba ou mudar as roupas de baixo, mas que era perito em aceitabilidade de provas. Um jovem do escritório de Rogers, chamado Jerry Geisler, recebeu a tarefa de fazer os enquadramentos legais.

Clarence viu-se de repente sujeito a pesadas despesas. Havia recebido adiantadamente apenas uma pequena parte dos honorários de cinqüenta mil dólares combinados com a Federação, e uma parte considerável do que recebera fora usada para gastos quotidianos. Tinha vários milhares de dólares no banco de Los Angeles, mas sabia que seria um sítio demorado; que iria precisar de todos os dólares de sua economia. Ruby mudou a família de seu confortável apartamento de Bonnie Brae para um pequeno apartamento com cama escamoteável na sala de jantar, reduzindo as despesas para cem dólares por mês.

As tristes semanas de fevereiro e março se arrastaram, enquanto o promotor usava a Agência Burns para reunir provas. Clarence pouco tinha a fazer; sua defesa era simples. O cansaço da espera na ociosidade, a nuvem sob a qual seu nome tinha caído, a sensação de impotência em face de uma combinação contra ele, serviam para torná-lo nervoso e irritadiço. Várias vezes tentou fazer com que seu caso fosse levado a julgamento. Em seu desespero, durante os dias intermináveis de abril, começou a beber – ele que raramente tinha tomado mais que dois aperitivos de uma vez só.

Afinal, a 15 de maio, teve início o julgamento. O Juiz Hutton, jovem bem apessoado, de sorriso e maneiras gentis, declarou:

– O Povo contra Clarence Darrow.

Rogers levantou-se e disse:

– Presente, Senhor Juiz.

Então, baixou os olhos e viu que o principal advogado criminalista dos Estados Unidos nem sequer compreendera que devia levantar-se para ouvir o libelo contra ele.

Advogado da Defesa 241

Rogers pôs a mão no ombro de Darrow; somente então o mais velho dos dois se levantou.

– Clarence Darrow, é este o seu verdadeiro nome? – perguntou o Promotor Distrital Assistente, Joe Ford.

– É – replicou Darrow; depois, dirigiu um olhar confortador para Ruby. Ela sorriu para ele com coragem maior do que sentia, pois aquele homem que se achava de pé diante dela era apenas uma fração do advogado que tinha visto em ação naqueles muitos anos. Naquele momento, o mais crucial de sua carreira, "sua voz parecia ter perdido a ressonância e o calibre penetrante, e seu modo de arrancar dos suplentes do júri fatos relativos a suas casas, ambientes, ligações, era consideravelmente diferente do que havia sido mostrado durante o caso McNamara. Sua prisão, acusado de suborno, parecia ter deixado sua marca indelével nele."
O melhor que podia dizer era:

– É o senhor um substituto?

– Sou.

– O senhor compreende a minha posição, não compreende?

– Creio que compreendo.

– Conhecendo a minha posição, o senhor não deixaria tendências ou preconceitos entrarem em seu espírito, contra mim, deixaria?

– Eu não faria isso.

– Bem, sou acusado de um crime grave. Para mim, significa tudo ter neste júri homens de espírito correto, e não creio que o senhor me fosse enganar, a respeito da sua correção.

– Certamente não.

Entretanto, se Darrow estava sendo fraco em seu interrogatório, se estava pedindo correção, em vez de verificar por si mesmo se essa correção existia, o Promotor Fredericks e Ford também estavam tendo suas dificuldades. Dúzias de suplentes tiveram de ser dispensadas, porque fizeram a afirmação imediata de que Clarence Darrow nunca se rebaixaria a praticar o suborno; ao passo que um número maior ainda dizia que Darrow jamais seria tão estúpido a ponto de mandar que se pagasse o suborno numa das esquinas mais movimentadas da cidade, para depois ir para aquela esquina, certificar-se de que o suborno havia sido passado.

– Sr. Mullchaney – perguntou Fredericks a um irlandês de cabelos brancos, – o senhor já esteve com este réu?

– Não.

– Já conversou com ele?

– Não.

– Já leu algum dos seus livros?

– Li um.

– Qual?

– *The Rights and Wrongs of Ireland.*

– Que achou do livro?

– Ele é um homem notável! – respondeu Mullchaney.

Quando os espectadores riram, Fredericks voltou-se para o juiz, para exclamar:

– Peço ao Sr. Juiz que essas demonstrações de sentimento e emoção entre os espectadores sejam evitadas. O riso não tem lugar em nossos trabalhos.

242 Advogado da Defesa

A 24 de maio, um júri, constituído principalmente de fazendeiros e plantadores de laranjas de cidades vizinhas, além de um ou dois homens de negócios, estava formado.

Em seu discurso inicial, Fredericks deu o tom do julgamento, acusando Darrow de ser orientador de um gigantesco plano de suborno, chamando-lhe nomes tão horríveis que Rogers se pôs de pé, violentamente, para acusar Fredericks de incontinência de conduta. Clarence tinha esperado que seus antecedentes honrados, em trinta e cinco anos de vida como advogado, ter-lhe-iam merecido pelo menos um julgamento tranqüilo e cortês; ficou abismado com o rompante de Fredericks. O repórter do *Herald* observou que "tanto Darrow como a sua esposa ficaram perplexos, ante as observações deselegantes do promotor. Darrow perdeu o jeito e brincava com um cigarro de papel, e seu rosto estava vermelho, do queixo à testa."

No dia seguinte, houve outra explosão no tribunal. Um diretor da Associação Nacional dos Construtores dera uma entrevista ao *Examiner*, na qual dizia: "Eu condenarei Darrow com o meu ditafone." Aquela frase foi impressa em manchete, abrindo a entrevista, e o jornal de Hearst foi assim exposto nas vitrinas de lojas, de tal maneira que, no percurso dos jurados, do hotel até o tribunal, não podiam eles deixar de vê-la. De novo, Rogers alegou incontinência de conduta; o júri foi mandado para fora da sala; gastaram-se horas enquanto Darrow e Rogers tentavam descobrir como e por quê a Associação Nacional dos Construtores tinha passado a fazer parte da acusação.

O julgamento do *Povo contra Clarence Darrow* durou 90 dias; o testemunho e as altercações entre advogados, sobre a viabilidade das provas, enchem 89 volumes, compreendendo cinco mil páginas. Ao correr dos dias, nove detetives particulares se apresentaram para acusar Darrow de várias coisas, mas somente um homem o acusou do crime pelo qual estava sendo julgado. Bert Franklin confessou:

– Eu disse ao Sr. Darrow que achava que podia conversar com Lockwood, que ele era um homem no qual eu tinha a maior confiança, um homem de caráter, e achava que a amizade de Lockwood a mim seria tal que, se não desejasse aceitar a proposta que lhe era oferecida, haveria de me dizer francamente, e isso poria fim ao caso.

Embora Darrow estivesse sendo julgado exclusivamente pela acusação de subornar Lockwood, Franklin o acusou de ordenar o suborno de cinco outros possíveis jurados, dos quais o mais importante era Robert Bain. "Eu disse a Darrow que conhecia Bain, que achava que Bain seria um mau jurado para os McNamaras, que achava que tinha preconceitos contra o trabalho sindicalizado. Então, ele me perguntou o que eu achava de Bain. Eu lhe perguntei se ele desejava que eu procurasse Bain, para tratar daquele assunto, e ele disse que sim, e perguntou se eu achava que podia ajeitá-lo. Eu disse que achava que podia, que Bain era o tipo de homem que, se não quisesse seguir aquele caminho, viria a mim e diria que não, e que assim tudo ficaria resolvido. Darrow disse: "Está bem, darei a você um cheque de mil dólares". Depois, voltou à sua escrivaninha, encheu o cheque e mo entregou."

Quando Franklin disse ao tribunal que tinha perguntado a Darrow "se desejava que eu procurasse Bain, para tratar daquele assunto", deu a entender que tinha havido uma conversa anterior, na qual Darrow tinha discutido com ele o suborno de jurados. Todavia, Franklin nunca mencionou ou reproduziu essa outra conversa, nem o promotor distrital a pôs em evidência; a sua ocorrência jamais foi introduzida no julgamento.

Dos outros quatro homens dos quais agora se dizia que Darrow queria subornar, o terceiro era Guy Yonkin, que tinha uma tabacaria na esquina perto da cadeia e do tribunal, e cujo pai tinha trabalhado com o Capitão White, Franklin e Lockwood. Franklin disse a Yonkin que podia fazer valer a pena servir no júri dos McNamaras e Yonkin replicou que "não era homem para aquelas coisas". O quarto homem foi Franklin Smith, que afirmou ter ido Franklin a sua casa em Covina, oferecendo-lhe quatro mil dólares, se quisesse servir no júri e votar na absolvição. Smith disse: "Não adianta falar comigo, porque você não tem dinheiro bastante para me comprar." O quinto jurado possível era A. J. Kreuger, que tinha sido multado em trezentos dólares pelo Capitão Fredericks, por possuir um banco clandestino. Franklin afirmou que dissera a Darrow que Kreuger não seria aceito pela acusação por causa do seu caráter e da má vontade que teria contra Fredericks, mas Darrow teria replicado:

– De qualquer maneira, dê a ele os quinhentos dólares.

O testemunho de Franklin sobre o sexto possível jurado foi o mais esclarecedor do caso, não só quanto ao fato mas também quanto ao caráter e aos motivos de Franklin. Darrow se inclinou para a frente, em sua cadeira, quando Rogers se levantou para interrogar a testemunha. Durante algumas das passagens mais incríveis do depoimento de Harry Orchard, em Boise, ele havia exclamado: "Às vezes, penso que estou sonhando, neste caso." Aquelas palavras de novo lhe voltaram aos lábios, enquanto ouvia as convoluções de Bert Franklin. Os biógrafos de Earl Rogers não exageravam ao dizer a respeito dele, em *Take the Witness*, que Earl Rogers chegara ao seu máximo como criminalista durante aquele julgamento.

– Quando o senhor chegou perto do ponto de negócios de John S. Underwood, sabia que era uma ferraria, pelo aspecto do lugar, não sabia? - perguntou Rogers.

– Não me lembro se sabia disso. Fiquei sabendo quando entrei - replicou Franklin.

– Aquilo foi antes de o senhor dizer qualquer coisa a Underwood, a respeito da atuação como jurado no caso McNamara?

– Foi sim, senhor.

– Depois de ter verificado que ele trabalhava com ferro, o senhor perguntou a ele se tinha passado por alguma greve?

– Ele me disse que sofrera uma.

– Isso foi antes de o senhor falar sobre a questão de ser jurado no caso McNamara?

– Creio que sim.

– Depois que ele disse ao senhor que tinha sofrido uma greve, e o senhor viu que trabalhava com ferro, ainda diz que prosseguiu e falou com ele em aceitar o suborno e servir como jurado?

– Sim, senhor.

Darrow olhou para o compartimento do júri e viu vários dos jurados sorrindo; também ele teve um ligeiro sorriso, o primeiro desde que se levantara para responder à acusação contra ele.

– Depois que fez a um ferreiro uma proposta para servir no júri - perguntou sarcasticamente Rogers, - que foi que ele disse?

– Ele me disse que não entraria em nada daquela espécie, naquelas circunstâncias; que não podia dar-se ao luxo de coisa alguma daquela espécie; que era amigo do Sr. Ford - ambos pertenciam à mesma igreja - e que nada faria para magoar Joe Ford.

– Há quanto tempo o senhor conhecia Johnny Underwood?

– Há cerca de vinte anos.

– Se estava falando realmente sério, tentando subornar Underwood e não tentando fazer um jogo de cena, por que o senhor aplaudiu Underwood pela posição que ele havia tomado?

244 Advogado da Defesa

– Porque sempre fico satisfeito ao encontrar um homem honesto.

– O senhor foi suborná-lo acreditando que se tratava de um homem às direitas e honesto, um homem de integridade?

– Eu nunca tinha tido razão nenhuma para acreditar que Johnny Underwood fosse outra coisa senão um esplêndido cidadão.

–Por essa razão, o senhor quis suborná-lo?

– Não. Porque ele era amigo meu, e, sendo homem liberal, eu pensava que pudesse falar com ele.

Depois que o interrogatório mostrara ser ele um mentiroso e um patife, ou um doido, Franklin voltou atrás e admitiu que Darrow nada soubera da tentativa de suborno contra Underwood, Yonkin, Smith e Kreuger; que nada havia dito a Darrow, antes de procurar aqueles homens; tampouco lhe dissera que não tinha conseguido convencê-los. Pelo contrário, deu a entender que Darrow simplesmente lhe dera carta branca para subornar todos os possíveis jurados que achasse necessário. O fato de que acabara de testemunhar que Darrow lhe dissera que procurasse Kreuger, e lhe desse "os quinhentos dólares, de qualquer maneira", não parecia incomodá-lo.

Como contribuição final de Franklin, o Capitão Fredericks, também hábil na tática do tribunal, levou-o a relatar os acontecimentos da manhã de 28 de novembro. Era aquele o momento pelo qual o tribunal estivera esperando. Afinal, iria saber como Darrow tinha descido à esquina para ver consumado o suborno. Franklin endireitou-se em sua cadeira, no banco das testemunhas, e passou a contar a história:

– Encontrei-me com o Sr. Darrow às oito e quarenta, em seu escritório do Edifício Higgins – disse Bert Franklin.

– Quem mais estava presente?

– O Sr. Darrow e eu éramos as únicas pessoas presentes. Perguntei a ele se havia conseguido o dinheiro; disse-lhe que havia feito uma combinação para encontrar o Capitão White na esquina da Rua Três com a Principal, às oito e quarenta e cinco. Ele disse que não tinha, até aquela hora, recebido o dinheiro, mas que telefonaria para Job Harriman, para ver a que horas poderia ele estar no escritório com o dinheiro. Depois, pegou o telefone e discou para alguém que eu não conhecia. Depois de desligar, disse: "Job estará aqui dentro de dez minutos." Dentro de uns cinco minutos, o Sr. Harriman entrou no escritório do Sr. Darrow, com o sobretudo no braço esquerdo, e se encaminhou com o Sr. Darrow para a sala imediatamente contígua. Daí a dez segundos, mais ou menos, o Sr. Darrow voltou e me entregou o bolo de notas. Saí do escritório, peguei o elevador, olhei para ver quanto dinheiro havia no bolo. Eram quatro mil dólares, uma nota de mil e seis de quinhentos. Então, desci no elevador – entreguei o dinheiro do suborno ao Capitão White...

Várias semanas foram gastas pelo promotor, para provar o que ninguém havia negado: que Franklin realmente passara o dinheiro do suborno. Os Bains foram levados ao banco das testemunhas, os Lockwoods, os detetives que tinham estado em sua fazenda, o chofer que conduzira Franklin, o Capitão White, os detetives que tinham acompanhado o crime em seu desenrolar. Todos os subornos e tentativas foram reproduzidos em todos os detalhes, num esforço para provar que Franklin havia passado o dinheiro, e que, como Franklin era empregado de Darrow, devia ter passado o dinheiro por ordem de seu patrão.

Darrow quase não tinha tomado parte no interrogatório das testemunhas. A maior parte do tempo, apenas prestava detida atenção. Para ele, a reviravolta mais confrangedora

Advogado da Defesa 245

do julgamento foi a defecção de John Harrington, que ele havia levado para Los Angeles, como investigador, por necessitar de alguém de confiança, e que acolhera em sua própria casa. Até a noite anterior à mudança dos Darrows para o apartamento mais barato, que Ruby havia escolhido, Harrington e sua filha tinham jantado em casa dos Darrows. Na manhã seguinte, Harrington pediu quinze mil dólares a seu patrão, em pagamento de seus serviços, não como investigador, mas como advogado. "Tenho direito ao que os outros advogados da defesa receberão!" - exclamou.

Quando Darrow lhe disse que não tinha tanto dinheiro para lhe pagar, nem razão alguma para fazer isso, Harrington foi ao escritório do promotor distrital, para informar que também ele sabia do desejo de Darrow, de subornar possíveis jurados. Mais uma vez, Earl Rogers, em seu interrogatório, provou a fragilidade do testemunho.

– Sr. Harrington, diz o senhor que Darrow lhe disse que recebeu dez mil dólares no banco de Tveimoe, em San Francisco, e lhe mostrou o rolo de notas?

– Sim, senhor, mostrou-me um rolo de notas.

– Foi apenas para contar vantagem, para mostrar ao senhor que tinha um rolo de notas?

– Creio que foi mais por bravata.

– Ele lhe disse que tinha um rolo de notas para comprar jurados, com espírito de bravata? Que entende o senhor por bravata?

– Apenas para mostrar que era bastante esperto.

– Que tinha dez mil dólares para subornar jurados, e mostrar ao senhor quanto era esperto? Uma espécie de pilhéria?

–Eu não achei que era pilhéria.

– O senhor quer dizer que Darrow lhe mostrou um rolo de notas e lhe disse que ia subornar jurados com ela?

– Ele não usou a palavra subornar? Usou a palavra "ajeitar".

– Havia alguma razão para que ele dissesse ao senhor que ia ajeitar jurados com o rolo de notas?

–Eu não sei, mas ele podia querer que eu me encarregasse daquilo. Poderia estar-me sondando.

– O senhor sugeriu que podia fazê-lo?

– Não, senhor. Fui logo cortando o assunto. Disse a ele que seria uma tolice tentar tal coisa; seria a sua ruína. Então, ele disse:"Acho que você tem razão. Não vou tentar."

Aquele era o libelo contra Clarence Darrow. Dos milhões de palavras despejados durante os preparativos, talvez seiscentas de Franklin tinham tido relação direta com a acusação de subornar Lockwood. Um julgamento que deveria ter-se encerrado numa semana, como afirmavam os jornais do Leste, se estendeu por duas semanas, três semanas, um mês, dois meses, três meses... As montanhas de provas obtidas tratavam de tudo, exceto da culpa de Darrow na questão do suborno de Lockwood por Franklin.

Embora o julgamento fosse mantido na incandescência dos refletores internacionais, tratado como assunto sensacional, nas primeiras páginas da maioria dos jornais, Darrow não sabia que setores inteiros da sociedade eram indiferentes aos seus resultados: a massa de trabalhadores não se importava de saber se seria absolvido ou condenado; tinha perdido seu interesse por Clarence Darrow. Os socialistas, anarquistas, radicais de todas as posições, também se afastavam dele; não era mais o seu homem; não viriam gastar suas energias lutando

246 Advogado da Defesa

por ele. A grande classe média de educadores liberais, eclesiásticos, médicos, advogados, jornalistas, estava confusa e perplexa; as circunstâncias em que admitira a culpa dos McNamaras, dois dias após a prisão de Franklin, seu primeiro investigador, pareciam suspeitas. Se tinha sacrificado os McNamaras para salvar sua própria pele, como estavam dizendo que fizera alguns jornais hostis, então, não importava o que lhe acontecesse.

Aqui e ali, alguns amigos, isoladamente, o apoiavam; indivíduos espalhados que gostavam dele pelas suas boas obras, naqueles muitos anos, protestavam acremente: "Darrow não faria uma coisa dessas. Basta dar-lhe uma oportunidade de provar a sua inocência." Todavia, alguns daqueles que mais o estimavam acreditavam-no culpado da acusação. Billy Cavenaugh, quando lhe aplicava uma massagem certa noite, saiu-se com esta:

– Sr. Darrow, por que teve de ir àquela esquina e deixar-se apanhar? Por que o senhor não me mandou? Sabia que podia confiar em mim e eu teria vigiado Franklin em seu lugar.

Algumas noites depois, quando estava no Severance Club, conversando com um grupo de amigos, o Dr. Gerson comentou:

– Nenhum dos seus amigos o censura pelo que você fez, Clarence. Se você é culpado, que tem isso? Tinha que usar fogo na luta contra o diabo.

Aquilo, sabia ele, era lealdade no seu sentido mais amplo: todavia, era uma lealdade que lhe partia o coração. Se alguns dos seus amigos mais queridos e outros a cujo lado tinha trabalhado durante décadas o estavam condenando abertamente, que oportunidade teria de jamais limpar seu nome, de sair daquele escândalo íntegro e limpo?

Com os amigos e companheiros a abandoná-lo fora do tribunal, com vitupérios infames acumulados sobre ele, lá dentro, Clarence Darrow desceu ao ponto mais baixo de revulsão e aversão ao mundo. Já não lhe parecia valer a pena lutar. Os biógrafos de Rogers informam: "Vez após vez, Rogers ralhava com ele disfarçadamente, por causa do queixo caído, dos olhos amedrontados, que falavam tão claramente da sua trepidação. Certas ocasiões, ficava absolutamente sem esperança e somente o estímulo rude do advogado de Los Angeles podia fazê-lo ver outra vez que estava mostrando ao júri o retrato da culpa."

Afinal, percebeu ele que seu próprio advogado o julgava culpado. Em vez de extinguir por completo sua vontade de ser salvo, esse conhecimento despertou nele a cólera e a indignação. Até aquele ponto, pouca tinha sido sua participação nos interrogatórios, percebendo que aquilo teria um efeito pernicioso sobre o júri; mas nesse ponto, resolveu que daria mão mais forte à sua própria defesa. Toda tarde, vinha ele tendo longas reuniões com Rogers, depois das sessões; naquelas reuniões, os dois homens, sempre antagônicos, brigavam por questões de tática. Embora tivessem acusado Darrow de apresentar um quadro de culpa pôr se sentar amontoado em sua cadeira, agora, com seu ciúme, Rogers recusava permitir que seu cliente se levantasse e participasse da própria defesa.

"Earl não permitiria que qualquer homem de seu escritório ganhasse crédito por coisa alguma", diz a Sra. Rogers, enquanto que sua filha, Adele Rogers St. John, acrescenta: "Ele era o homem mais ciumento do mundo inteiro."

A determinação e a força de Darrow cresceram lentamente; ele insistiu em ajudar a conduzir o caso. Por isso, Roger saiu precipitadamente do escritório e foi beber. Esteve sumido por dois dias, enquanto o tribunal se perguntava onde poderia ser encontrado.

Sua ausência foi, para Clarence, coisa muito boa; enquanto interrogava Burns e vários dos outros detetives particulares, enquanto raciocinava de novo de pé, o sangue recomeçou a circular, mais rapidamente, a confiança voltou; ele adquiriu a certeza de que iria ganhar.

Advogado da Defesa 247

Rogers voltou ao caso, mas as suas diferenças continuaram. As dificuldades entre os Darrow e Rogers haviam começado desde o princípio, e nunca terminariam. Surgiu uma diferença nova e grave: uma diferença por questão de dinheiro. Rogers era um gastador prodigioso; nunca era possível ter ele dinheiro bastante. Os poucos milhares de Darrow vinham-se derretendo rapidamente, com o pagamento de custas no tribunal, três advogados e investigadores para investigar os investigadores de Burns. Estava ele, com demasiada rapidez, chegando ao ponto em que estaria sem fundos nem meios de ganhar um dólar. Pelo fim de julho, Rogers recusava-se a entrar no tribunal todas as manhãs, até que Darrow lhe tivesse dado mais dinheiro.

"Earl jamais recebeu sequer uma parte de seus honorários de Darrow – conta a Sra. Rogers, – exceto, talvez, para as despesas correntes. Eles estavam sempre alegando pobreza, como se estivessem à beira da fome. Cheguei a tal ponto que já não podia pagar as nossas contas nos armazéns."

Ruby diz: "Earl Rogers procurava-nos todas as manhãs e nos chantageava. Se não lhe déssemos o dinheiro, dizia que, naquele dia, não iria ao tribunal."

Todas as noites, quando Rogers estava embriagado, confiava para os amigos que tinha pouco respeito pela capacidade de Darrow como advogado; atribuía o seu êxito principalmente a ampla publicidade e a seu dom maravilhoso de pronunciar discursos emocionados para o júri; todas as manhãs, Clarence afundava a mão no bolso, para tirar um rolo de notas. Todas as manhãs, ele e Earl Rogers entravam de braços dados no tribunal e, juntamente com Horace Appel, apresentavam uma defesa tão brilhante que o mundo exterior jamais soube de suas brigas.

6

Em meados de janeiro, Ruby sofreu um colapso nervoso, não de fadiga, mas por causa da violência no tribunal. Como os jornais de Los Angeles freqüentemente comentavam, foi aquele o mais violento julgamento da história da Califórnia do Sul. Afora a violenta troca de nomes feios e xingamentos, fisicamente os advogados com freqüência se lançavam uns contra os outros. Várias vezes, todos os quatro advogados foram multados pelo Juiz Hutton, por mútua injúria. Em dado ponto, Fredericks ficou tão enraivecido com Appel que pegou um tinteiro para atirar em seu adversário; Rogers o agarrou, mas, ao fazer isso, cortou a mão no vidro. Noutra ocasião, Joe Ford pegou o tinteiro para atirá-lo em Rogers. Uma vez, Rogers teve de pagar uma multa de cinqüenta dólares por desrespeito ao tribunal, se não quisesse ir para a cadeia, mas recusou pagar a multa ou ser preso e se fez libertar por um mandado de *habeas corpus*. Rogers e William J. Burns trocaram golpes, quando Rogers acusou Burns de chamá-lo filho de uma cadela, e de entrar no tribunal com um revólver e um estoque. O juiz Hutton multou os dois em vinte e cinco dólares; Rogers tomou o dinheiro emprestado de seu jovem assistente Geisler, murmurando que bem valia. Dificilmente se passava uma hora sem uma agitação; até Darrow achava impossível manter-se à parte.

O Juiz Hutton presidia aquele torrencial maelstron como um anjo de paciência. Membro da Igreja da Ciência Cristã, queria que predominasse a harmonia; acreditava que a verdade apareceria, não daquelas ofensas, mas de uma espécie de harmonia legal, na qual ambas as partes fizessem o melhor, mas o fizessem honestamente. Na maioria, outros juízes que

248 Advogado da Defesa

sofressem as insolências que suportou teriam multado todos os quatro advogados até à falência. O Juiz Hutton lamentava tanto as explosões, brigas e agitações da paixão que procurou pessoalmente os diretores dos jornais e pediu-lhes que, por favor, dedicassem menos espaço às brigas entre os advogados e mais aos aspectos sérios do julgamento.

– Essas explosões são apenas as centelhas que voam em qualquer oficina que trabalha – disse.

Se as brigas e a violência mandaram Ruby para a cama com um colapso, e o Juiz Hutton aos jornais com um pedido de menos sensacionalismo, representaram, também, maus momentos para os doze jurados que deveriam decidir se Clarence Darrow iria para a prisão. Horas e dias foram consumidos por eles, trancados em sua sala do júri, enquanto os advogados, lá fora, lutavam perante o juiz.

O Juiz Hutton tinha feito tudo o que podia para tornar suportável a vida dos jurados. O último andar do Hotel Trenton tinha sido reservado para os doze homens, derrubando-se as paredes divisórias para formar um apartamento completo. Havia uma sala social, com piano, cartas, damas, xadrez, todas as revistas e jornais - menos o material relativo ao julgamento de Darrow. Certo domingo, o Juiz Hutton convidou o júri a ir nadar e jantar em sua casa de Santa Mônica. Deu ordens categóricas para que, todos os domingos, fossem levados a uma dança no Washington Park ou a um passeio de automóvel até a praia de Toponga Canyon. Mas nenhum jurado foi deixado sozinho por mais de um minuto, durante os noventa e dois dias de julgamento, nem mesmo quando ia para o terraço jogar *soft ball*. As portas de fora do apartamento eram trancadas durante a noite; as chaves ficavam com guardas, e outros mantinham-se de vigia nos corredores, até a hora de conduzir os homens, incorporados, para o Hotel Hollenbeck, para o café. Os jurados sempre faziam as suas refeições sentados a uma grande mesa, com três guardas entre eles para policiar as conversas. Toda correspondência que entrava e saía era censurada; todos os telefonemas, anotados por um guarda. Quando um jurado feriu a bacia e chamou um osteopata, um guarda ficou junto deles para vigiar o tratamento; quando outro jurado foi ao dentista, numa tarde de sábado, seu guarda ficou ao lado do motor.

Toda tarde de sábado, os homens eram postos dentro de carros que os levariam a suas casas. A primeira parada era em San Gabriel, casa de Snyder; depois seguiam para Monróvia, casa de Williams; depois, para a casa de Moore, em Duarte. Em cada parada, o jurado beijava sua esposa, entregava a trouxa de roupas sujas, recebia um pacote de roupas limpas, discutia questões prementes de família, durante quinze minutos, oferecia aos amigos um copo de laranjada ou limonada. Beijava de novo a esposa e ia-se embora outra vez.

Tendo gasto semanas a demonstrar que se havia verificado um suborno, a acusação deu início ao seu grande ataque contra o caráter de Darrow, para provar que era capaz do crime do qual era acusado; que era um advogado sem princípios nem escrúpulos; que empregaria métodos ilegais ou criminosos para vencer uma causa. Fredericks e Ford repetiram, em seus menores detalhes, a remoção de Dieckleman de Albuquerque, a remoção da Sra. Caplan de Califórnia para Chicago, o transporte da esposa de Ortie McManigal, de seu filho e seu tio para Los Angeles.

Darrow pôde demonstrar que era inteiramente legal gastar quatrocentos dólares para levar a família de McManigal a Los Angeles, particularmente por ter dito a Sra. McManigal, em Chicago, que não acreditava na culpabilidade de seu marido; que os depoimentos de Burns não eram verdadeiros; que Ortie havia sido iludido, que recebera um "terceiro grau" e fizera sua confissão sob ameaças, intimidação e promessas.

Advogado da Defesa 249

Dezenas de testemunhas foram levadas ao banco para recapitular a viagem de carro da Sra. Caplan, das montanhas Santa Cruz até Reno, depois que havia sido intimada, e o promotor distrital acusou Darrow de assim remover ilegalmente uma testemunha. Darrow foi ao banco para jurar que não ordenara o afastamento da Sra. Caplan. Falou depois dele Anton Johannsen, que testemunhou que Darrow nada tinha sabido da remoção da Sra. Caplan, que a levara para fora do Estado para libertá-la da perseguição dos detetives de Burns. A verdade, provavelmente era que Darrow não tinha ordenado o afastamento da Sra. Caplan, mas que sabia do caso e não tinha podido deter Johannsen; os líderes trabalhistas de San Francisco tinham interferido constantemente, na preparação do caso McNamara.

Também a remoção de Dieckleman, de Albuquerque, foi inteiramente recapitulada, com numerosas testemunhas. A defesa de Darrow foi a de que desejava colocar Diekleman longe da influência dos detetives de Burns, que o rodeavam em Albuquerque; que, como Diekleman tinha tido proposta de um emprego num restaurante público em Chicago, ele não havia sido escondido; e, como Dieckleman recebera passagem de ida e volta a Los Angeles, não se poderia afirmar que estava sendo mantido afastado do julgamento. Sua remoção não era ilegal, embora a esperança de Darrow – de que, uma vez afastado Diekleman dos homens de Burns, e introduzido na sua própria esfera de influência, se tornaria simpático à sua causa e recusaria identificar J. B. McNamara, – fosse duplamente antiética. Nas cinco mil páginas de depoimentos, foi esse o único caso antiético provado contra ele.

O promotor apresentou três detetives de Burns para mostrar como Darrow havia tentado comprar-lhes informações. Guy Bittinger era a estrela dessa tropa. Antigo taberneiro e policial, Bittinger tinha sido um dos detetives de Burns que prendera J.B. McNamara e Ortie McManigal, em Detroit. Quando fora apresentado a Darrow, em Chicago, havia ele dito que J. B. McNamara lhe oferecera trinta mil dólares pela sua libertação, e, quando recusara, J. B. continuou: "Se você não aceitar o dinheiro, Clarence Darrow o aceitará. Tenho atrás de mim a Federação Americana dos Trabalhadores e será impossível me condenar".

Agora, Bittinger declarava que Darrow considerara seu testemunho tão perigoso que lhe oferecera cinco mil dólares para não repeti-lo num depoimento formal. Bittinger disse que recusou porque cinco mil dólares não eram bastantes, e então foi reprovado pelo amigo que o apresentara a Darrow, porque "Você precisava ser amigo de Darrow; ele joga dinheiro por todos os lados, como se fosse água em Idaho."

Ao chegar a Los Angeles, Bittinger continuou, foi imediatamente ao escritório de Darrow dizer-lhe que tinha vinte e sete registros de hotéis com a assinatura de J.B. Bryce ou McNamara. Diz ele que Darrow observou: "Você não poderia dar um jeito para uns dois dos meus rapazes o agredirem na cabeça e depois tomarem de você esses registros?"

Bittinger replicou que depois daria a resposta; e nesse ponto, afirmam que Darrow prometera pagar-lhe mil dólares, na manhã seguinte; e que se encontraram num bar do Hotel Alexandria, na manhã seguinte, quando Darrow disse:

– Eu trouxe aquele dinheiro para você.

– Não quero recebê-lo aqui – replicou Bittinger.

– Pode ser aqui mesmo – replicou Darrow. – Acha que está sendo vigiado? Eu o conheço de Chicago e você me conhece, e nós temos o direito de nos encontrarmos e conversar enquanto tomamos uma bebida. Suponhamos que um dos homens de Burns esteja

250 Advogado da Defesa

aí por perto; que tem isso? Quanto mais atrevido você parecer, menos suspeitas terão deste caso.

Esse tipo de testemunho durou horas e horas, semanas e semanas, até que, afinal, o jurado Golding perguntou ao juiz se podia fazer uma pergunta à testemunha. Dada a permissão, ele se voltou para Bittinger.

– O senhor sabe – interrogou o jurado Golding,– qual é a acusação contra o Sr. Darrow?

Era uma pergunta que o povo, em todo o país, que vinha lendo as notícias diárias do julgamento, já começava a fazer a si mesmo; e, assim perguntando, lentamente – muito lentamente, – o povo voltava a ter fé no acusado.

7

Nove detetives particulares, Franklin, Harrington e outros sete da agência de Burns, haviam atacado o seu caráter. Estranho numa cidade estranha, Darrow escreveu a Edgar Lee Marters, pedindo-lhe que procurasse os advogados, juízes e funcionários municipais de Chicago e obtivesse uma declaração de que ele não era um patife, mas um homem de bom caráter.

Com poucos dias, as declarações começaram a chegar: "Conheço Darrow há vinte anos; ele é um homem de honestidade e integridade completa." "Há vinte anos que tenho visto Clarence Darrow praticar o direito; ele tem na maior conta possível a ética de sua profissão." "Conheço Clarence Darrow há vinte anos; a sua conduta, tanto profissional como pessoal, sempre foi acima de qualquer censura." "Conheço Clarence Darrow há trinta e cinco anos; não sei como ele poderia tão repentinamente violar o seu passado e o seu caráter." Tendo gasto semanas a enegrecer o caráter de Darrow, o Capitão Fredericks tentou impedir que aqueles testemunhos fossem lidos perante o júri, alegando que nada tinham a ver com o caso em discussão! Quando o Juiz Hutton os admitiu no corpo de provas, Clarence Darrow sorriu abertamente.

O mês de junho se consumiu, e depois o de julho. Ruby recuperou as forças mais uma vez, tomando seu lugar ao lado do marido. Os amigos do casal, Gerson e Blight, os convenceram a entrar para o Severance Club, que se reunia nas noites de sábado, para jantar, no restaurante de Al Levy, no Hotel Westminster. Ali, Darrow fazia conferências sobre a não-resistência e gastava as horas com amigos que visitavam Los Angeles, vindos de outras partes do país. Tendo a acusação concluído a apresentação das suas razões, era tempo de começar a defesa de Darrow. Rogers inicialmente arrancou de Bert Franklin a informação de que, no dia anterior àquele em que devia deixar seu emprego no gabinete federal, tinha procurado Joe Ford e pedido um lugar.

– Que tipo de lugar você deseja? – perguntou Ford.

– Farei qualquer coisa – replicou Franklin.

E, já no dia seguinte, procurou Job Harriman para lhe dizer que gostaria de trabalhar para a defesa. Dentro dos dois dias seguintes, procurou também Le Compte Davis e Joseph Scott, dizendo-lhes que gostaria muito de trabalhar para a defesa.

Rogers mostrou que, em cada caso em que Franklin havia afirmado ter recebido de Darrow instrução para passar um suborno, ninguém mais estava presente no encontro. Muitas pessoas se achavam perto, entretanto, quando Franklin foi passar o dinheiro.

Advogado da Defesa 251

– Sr. Franklin disse Rogers, – pode dizer ao júri como se explica isso? Se o senhor era descuidado ou incompetente, se lhe faltava discernimento, faltando-lhe assim bom senso para levar as pessoas para longe, no momento do suborno, deixando uma pista pintada pelo meio da rua, atrás do senhor, em todas as ocasiões, e levando numa dessas expedições uma mulher cujo nome nem sequer conhecia; ou se, na verdade, estava tentando ser apanhado, graças a uma combinação prévia? O senhor se esforçou para obter provas confirmadoras, da parte de alguém, em todas as partes onde esteve, falando a alguém imediatamente antes de ir para lá, não é verdade?

– Se eu estivesse tentando fazer isso – replicou, Franklin, poderia ter o melhor êxito, ao que parece.

– Como se explica que um detetive esperto como o senhor, os seus anos de experiência, pudesse fazer um processo tão perfeito?

– Segundo o que o senhor afirma, eu não sou muito esperto, e também admito isto.

A defesa tratou da tríplice passagem de dinheiro, na manhã de 28 de novembro. Franklin afirmara que oferecera ao Capitão White cem dólares para agir como intermediário, mas o Capitão White negou isso categoricamente; afirmou que não o fizera por dinheiro, mas que servira como cúmplice antes do fato e cometera uma felonia simplesmente para ajudar um velho amigo – e depois admitiu que não vira Franklin durante dois anos. O Capitão White admitiu ainda que, embora tivesse sido preso e levado para o escritório do promotor, logo que entregara os três mil e quinhentos dólares em seu poder, fora libertado, sem pagar fiança, sem ser acusado de crime, sem ser indiciado, sem ser julgado – tudo isso a despeito do fato de ser, pela lei da Califórnia, tão culpado como Franklin. Tampouco tentou a acusação salvar as aparências, afirmando que White agira por ordem do promotor distrital.

Franklin afirmara que, ao chegar ao reservado do bar, não tinha conseguido ver o detetive Home escondido por trás da geladeira, a três e meio metros de distância. O gerente do bar foi ao tribunal testemunhar que aquilo era impossível, e o tribunal inteiro, juiz tanto quanto jurados, foi para a rua e visitou o bar, para ver se era possível.

Surgiu, então, uma série de testemunhos confusos contra Bert Franklin. John Drain e Frank Dominguez contaram, do estrado das testemunhas, a história dos gritantes protestos de Franklin quanto à inocência de Darrow. Franklin chamou àqueles dois homens mentirosos e perjuros. Hood falou da sua conversa com Franklin, na reunião da Loja Forester, quando Franklin descrevera o estranho que lhe dera o dinheiro do suborno. Franklin chamou a seu irmão de clube mentiroso e perjuro. F. L. Stineman, Jordan Watt e Peter Pirotte recordaram as discussões com Franklin, em Venice e Los Angeles, nas quais ele tinha dito que sairia daquela dificuldade, porque o promotor queria Darrow. Franklin chamou a Stineman, Watt e Pirotte, mentirosos e perjuros.

Joseph Musgrove, que tinha sido gerente da loja de artigos masculinos, na qual Franklin havia feito compras, mas que agora era advogado, falou da bravata de Franklin, ao dizer que, antes de ir para a prisão, poria nela alguém mais. Franklin chamou a Musgrove mentiroso e perjuro. Os quatro jornalistas, Carl White, D. M. Willard, Harry Jones e J. L. Barnard foram todos ao banco das testemunhas, repetir as acaloradas afirmações de Franklin, de que "quem disser que Darrow deu um centavo para subornar um jurado é um mentiroso do inferno". Franklin chamou-lhes mentirosos e perjuros.

Job Harriman negou, do banco das testemunhas, que alguma vez tivesse estado no escritório de Darrow, na manhã de 28 de outubro, e menos ainda que lhe dera os quatro mil dólares. Franklin chamou a Harrison mentiroso e perjuro. Frank Wolfe, antigo editor gerente do *Herald* de Los Angeles, testemunhou que encontrara Darrow no bonde, na manhã da prisão de Franklin, fora com ele a seu escritório e com ele conversara até ter sido Darrow chamado pelo telefone ao partido socialista. Franklin chamou a Wolfe mentiroso e perjuro.

Estava ficando cada vez mais evidente que alguém, no caso, era mentiroso e perjuro.

John Harrington foi prontamente posto fora de combate: Fletcher Bowron testemunhou que Harrington lhe dissera nada saber, absolutamente, contra Darrow; e que não tinha conhecimento de corrupção ou suborno. Harrington tinha jurado que se haviam encontrado apenas três vezes, desde a prisão de Franklin, mas duas secretárias do escritório de Darrow e o gerente do prédio disseram que tinham visto os dois homens juntos todos os dias, durante semanas. Foi revelado também que, desde que Harrington deixara o teto de Darrow, estivera morando com Guy Bittinger e dois outros detetives da Agência Burns.

Havia apenas duas coisas mais para a defesa apurar, e depois podia encerrar as suas razões. Lincoln Steffens, Le Compte Davis e Fremont Older foram ao estrado para contar a história do acordo que havia sido combinado, antes da manhã em que Franklin dera o dinheiro do suborno ao Capitão White. Com oitenta e sete páginas densas de afirmações, o Capitão Fredericks se esforçou por manter o testemunho de Fremont Older fora do corpo de provas. O Juiz Hutton admitiu o testemunho de Older como importante, relevante e competente.

Dando um profundo suspiro de alívio, Darrow correu o lenço amassado pela testa, pôs-se de pé para o choque mais crítico, mais colorido e mais dramático do julgamento: o encontro entre ele próprio e seu acusador, Bert Franklin. Darrow formulou suas perguntas de tal maneira que o mundo inteiro, e não apenas Franklin, teria de lhes dar resposta.

– Diz o senhor que, no dia 5 de outubro, eu lhe sugeri que seria conveniente tomarmos cuidado com o júri, e que, no dia seguinte, disse que era tempo de começarmos a "trabalhar" bem, dando-lhe um cheque de mil dólares para esse fim. Então, por que o cheque que lhe dei tem a data de quatro de outubro? Se eu o estava mandando subornar um jurado possível, iria dar-lhe um cheque que poderia ser investigado, ou dar-lhe-ia dinheiro? Se eu quisesse subornar possíveis jurados, iria mandar o senhor, meu principal investigador, cujos movimentos estavam sendo todos vigiados por detetives da Agência Burns, ou teria chamado um estranho para aquele sujo trabalho? Teria eu mandado o senhor naquela expedição de suborno, quando sabia que tinha trabalhado para o Capitão Fredericks e para o escritório do promotor durante anos, e que tentaria voltar a trabalhar ali, quando estivesse encerrado o caso McNamara? Se dei ao senhor quatro mil dólares na manhã de 28 de novembro, para subornar Lockwood, e o senhor não me disse onde iria ser passado o suborno, como haveria eu de saber aonde ir, para vigiá-lo? Se eu sabia que o senhor passaria o suborno ali, iria eu deixar-me ser visto nas vizinhanças? Teria eu atravessado a rua para conversar com o senhor, depois de passado o suborno, quando vi o detetive Browne a caminhar logo atrás do senhor? Se eu tivesse ordenado toda aquela combinação, teria eu escolhido uma das esquinas mais movimentadas da cidade?...

"O senhor afirmou que, quando me perguntou se o dinheiro do suborno podia ser investigado, eu repliquei: "Não, recebi-o diretamente de Gompers". Sabendo da intensidade do ódio do truste do Aço a Gompers e ao sindicalismo, teria eu, de maneira tão insensível e idiota, traído a causa pela qual tinha dado o sangue de meu coração durante vinte e cinco anos, pondo o seu destino nas mãos de um detetive particular que conhecia havia apenas três meses? O senhor afirmou que, quando Job Harriman me levou os quatro mil dólares, para o suborno, e o senhor solicitamente perguntou-me se não havia um registro de visitas no departamento de cofres de depósitos onde Harriman havia retirado dinheiro, eu respondi: "Você não precisa incomodar-se com essa parte, porque o Sr. Harriman tirou quinhentos dólares do dinheiro que recebeu na mesma ocasião e liquidou uma hipoteca, de sorte que podia explicar a sua presença no departamento de cofres de depósitos, naquela manhã" Seria mesmo uma conversa de Clarence Darrow? Desde quando eu me tornei tão falador, tão despropositadamente loquaz? Se estivesse participando num crime, iria eu arruinar a única defesa possível do Sr. Harriman, destruir tão ruinosamente a vida e as obras de um excelente advogado trabalhista e do homem que estava marcado para ser o próximo prefeito de Los Angeles? Por que o senhor chama vinte e cinco dos mais reputados cidadãos da Califórnia do Sul de mentirosos e perjuros? Ou são todas essas coisas detalhes de uma gigantesca conspiração para destruir quantos líderes trabalhistas e defensores for possível? Ou é o seu testemunho inteiro contra mim o preço que o promotor fez o senhor pagar, para ficar fora da prisão?"

O mundo não podia responder àquelas perguntas, assim também como não o podia Franklin, que se contorcia e agitava no banco das testemunhas.

E as pessoas que conheciam Clarence Darrow, por sua vida e suas obras, disseram: "Não. É impossível. Clarence Darrow não fez essa coisa."

8

Os discursos finais começaram a 12 de agosto, com o assistente da promotoria, Joe Ford, um jovem rigoroso, estudioso, dono de uma das melhores bibliotecas da Califórnia, sobre costumes irlandeses, e filosofias e literaturas orientais. Politicamente ambicioso, Ford esperava, pelo poder de seu discurso final, conquistar a posição do Capitão Fredericks como promotor, nas próximas eleições. Um dos jurados comentou: "Ford escreveu o discurso, decorou-o, depois vestiu sua roupa de domingo e convidou todos os amigos para irem ao tribunal e ouvi-lo. O discurso, porém, foi pesado demais; foi amargo demais. Era violento e venenoso; eu o detestei: não suportava olhar para ele."

Ford chamou a Darrow covarde, acusou-o de corromper alguns dos melhores homens da cidade, entre os quais, Le Compte Davis; disse que todo o seu depoimento constituía um perjúrio; acusou-o de sacrificar John J. McNamara, a fim de salvar a si mesmo; descreveu a conduta de Darrow como mais vil que a de Judas ou de Benedict Arnold. Disse ao júri também como Clarence Darrow tinha escrito que não havia o que chamamos crime, como havia encorajado idiotas mal orientados, tais como J. B. McNamara, a matar homens inocentes; que, assim, era Clarence Darrow, e não James B. McNamara, o culpado, não apenas da explosão do *Times* e do assassínio de vinte homens, mas também de dezenas de explosões que haviam sido causadas pelos dinamitadores.

"Um dos infortúnios do foro americano – bradou Ford, – é que alguns dos advogados criminalistas praticam o suborno e o perjúrio, e usam dinheiro para ganhar suas causas. Realmente, não há diferença alguma entre os homens presos nas cadeias e aqueles que se acham fora, com homens como o réu empregados para defender a causa.

Da diatribe de Ford, Clarence Darrow emergiu como um dos arquicriminosos da história, pior ainda do que Harry Orchard. Durante seu longo ataque, Clarence ficou sentado à mesa dos Advogados, estudando cuidadosamente as expressões dos jurados.

254 Advogado da Defesa

Naquela noite, ele e Earl Rogers tiveram sua última briga. Fora combinado, quando Rogers tinha sido contratado, que Darrow iria fazer o discurso final para o júri. Agora, Rogers voltava atrás; não achava que Clarence Darrow fosse capaz de fazer um bom discurso; não desejava ficar em segundo plano e deixar que Darrow tratasse do caso; não desejava abrir mão dos refletores da publicidade. Darrow concordou em permitir que ele fizesse um breve discurso final, juntamente com Horace Appel. Os dois homens acusaram o gabinete do promotor de conspiração, desfazendo Ford membro a membro, tal como ele tinha feito com Clarence Darrow.

Depois, numas poucas frases muito simples, Rogers enunciou o ponto culminante do caso: "Podem os senhores dizer-me como qualquer homem sadio e sensato, que sabe de alguma coisa a respeito da atividade jurídica – e este réu trabalha nela há trinta e cinco anos, – poderia chegar a ponto de procurar um detetive e dizer-lhe: "Olhe, compre-me todos os jurados que quiser. Ponho toda a minha vida, toda a minha reputação, ponho tudo o que tenho nas suas mãos. Confio absolutamente no senhor. Nunca o conheci, até há dois ou três meses, e não sei muita coisa a seu respeito, mas não tem importância; faça o que eu digo!"

No dia 14 de agosto, Darrow se levantou para defender seu bom nome. Em manchete, o *Los Angeles Record* gritava: MILHARES LUTAM PARA OUVIR DARROW. "Mais de mil espectadores que brigaram e lutaram com os oficiais de justiça, num estreito corredor, durante duas horas, ouviram quando o réu lentamente se levantou e avançou para o compartimento do júri. Mil outros tinham lutado e brigado para entrar, mas sem o conseguir. Centenas de pessoas se amontoavam num espaço de dois metros e outras mil comprimiam-se contra elas, num esforço selvagem para entrar no tribunal. O oficial de justiça fechou as portas no rosto da multidão. As mulheres desmaiavam e os homens perdiam o fôlego... Pediram-se reforços no escritório do xerife, para conter a multidão, foi preciso usar cassetete antes que ela fosse contida. Finalmente, a multidão entrou na sala e encheu todos os lugares onde se podia parar de pé."

Tinham ido ouvir o maior orador jurídico dos Estados Unidos defender a sua própria causa: durante um dia e meio, ouviram brotar dos seus lábios palavras que saíam do seu sangue e do seu espírito. Enquanto interrogava os homens de Burns, ele parecera fraco e incerto, e Rogers o acusara de ser fraco de coração – quando ele tinha estado apenas com o coração partido. Mas aquilo havia passado; quando, afinal, ele se levantou para fazer o discurso final, para pôr cobro à podridão, à corrupção, ao ódio e à morte, de que se achava enfartado o mundo ocidental, mais uma vez era o advogado da defesa.

Na sua organização do material, no entrelaçamento de mínimos detalhes das provas, na dissecação do caráter e da credibilidade das testemunhas, ele se ergueu à grandeza que sempre havia revelado: os açoites que desferiu contra o que chamava "os interesses criminosos do país", que usurpam e pervertem o governo, que levam a cabo, gigantescas fraudes em seus livros de contabilidades e manipulações de ações, que roubam e sangram o público por meio da fixação extorsiva de preços, constituíram o mais apaixonado e brilhante discurso que jamais fez. Nele, fez a defesa de que se havia privado no caso McNamara.

Enfiou as mãos no fundo dos bolsos do paletó e começou a falar em voz baixa: "Senhores do júri, sou um estranho numa terra estranha, a mais de três mil quilômetros de meu lar e de meus amigos.

"Creio que posso dizer que ninguém, em minha cidade natal, teria feito, a qualquer júri, qualquer das afirmações que foram feitas a meu respeito pelo promotor, ao abrir o caso.

Advogado da Defesa 255

Arrisco-me a dizer que ele não podia, depois disso, ter encontrado companhia, exceto entre os detetives, os bandidos e os vagabundos da cidade onde eu moro, se tivesse ousado abrir a boca de maneira tão infame como fez neste caso.

"Para que estou sendo julgado? Não estou sendo julgado por ter procurado subornar um homem chamado Lockwood. Estou sendo julgado porque tenho sido um amante dos pobres, um amigo dos oprimidos, porque estive ao lado do trabalho todos estes anos, e invoquei sobre minha cabeça a ira dos interesses criminosos deste país. É essa a razão de ter sido processado por um bando cruel, como nunca foi perseguido outro homem. Podem os senhores dizer-me por que a Associação dos Construtores e o Truste do Aço estão interessados neste caso, juntamente aqui em Los Angeles?

"Cometi um crime do qual não posso ser perdoado... Estive ao lado dos fracos e dos pobres. Estive ao lado dos homens que trabalham. Assim, estive contra eles, e agora é esta a sua oportunidade. Vivi a minha vida, e lutei minhas batalhas, não contra os fracos e os pobres – isto qualquer um pode fazer – mas contra a força, contra a injustiça, contra a opressão. Agora, permitam-me que lhes mostre a vilania e infâmia da acusação, que fede do princípio ao fim, com o crime e a corrupção, com o sangue frio e a falta de coração, até o último grau. Tenho praticado o Direito há muito e muito tempo, e digo aos senhores que nunca vi ou ouvi falar de um caso em que qualquer júri americano condenasse alguém com base em testemunhos tais como o de Franklin e Harrington, e não espero viver bastante para encontrar essa espécie de júri.

"Por toda a minha formação, inclinação e hábito, creio ser quase a última pessoa deste mundo que possivelmente procuraria subornar jurados. A minha posição era a que precisava ser guardada mais cuidadosamente, como estes acontecimentos mostraram. Se os senhores pensam que eu iria escolher um lugar a meio quarteirão de meu escritório e mandar um homem com dinheiro na mão, em plena luz do dia, descer à esquina para passar quatro mil dólares, se os senhores pensam que eu fiz isso, senhores jurados, então, considerem-me culpado. Certamente, devo ser confinado a alguma instituição do Estado.

"Senhores, não pensem jamais que a sua própria vida e liberdade estão em segurança, que a sua própria família está em segurança; não pensem jamais que qualquer ser humano está em segurança, quando, com base em provas e circunstâncias como essas, eu, com alguma influência, certo respeito e um pouco de dinheiro, sou trazido aqui e colocado à sombra da penitenciária.

"Mostrem-me, em toda a sua vigilância e espionagem, mostrem-me, com todo o dinheiro que gastaram, com todos os esforços dos fortes e dos poderosos para me prender – mostrem-me, em todos estes longos e cansativos meses, onde sequer um homem honesto levantou a voz para testemunhar contra mim. Apenas um. Apenas um. E estão os senhores prontos, neste dia e nesta geração, senhores jurados, a destruir o nome e a liberdade de um ser humano, com base no testemunho de patifes, de informantes, de bandidos, de vagabundos, de caçadores de imunidades e de detetives? Se é assim, eu não quero viver; não quero viver num mundo onde tais homens possam causar a destruição de um cidadão americano."

Gastou horas desfazendo as razões da acusação, trazendo do fundo da sua memória onívora, ponto por ponto, as provas contra ele, pesando-as cuidadosamente, e colocando-as na sua perspectiva própria. Recapitulou as lutas entre o Truste do Aço e os trabalhadores. "Eu teria – disse, – vindo a pé de Chicago, através das Montanhas Rochosas e pelo longo e triste deserto, para pôr minha mão no ombro de J. B. McNamara e dizer a ele que não pusesse di-

256 Advogado da Defesa

namite no Edifício *Times*. Tenho amado a paz, a vida inteira. Tenho-a ensinado a vida inteira. Acredito que o amor faz mais do que o ódio. Acredito que ambas as partes trataram da resolução daquelas dificuldades da maneira errada. Os atos de um causaram os atos da outra, e não censuro a nenhum. Os homens não são perfeitos; tiveram uma origem imperfeita e são imperfeitos hoje, e a longa luta da raça humana, da treva até a relativa civilização, encheu-se com o choque e a discórdia, os crimes e a guerra, a violência e o erro, e assim será por anos e anos ainda. Mas, para sempre, continuaremos para diante e para cima, em direção ao sol, onde o ódio, a guerra, a crueldade, a violência do mundo, desaparecerão.

– Foi um bom discurso – disse Darrow, mais tarde. – Tenho ouvido grandes discursos e tenho feito muitos, eu mesmo, e considero que o meu juízo sobre essa questão é válido.

9

Nas suas instruções ao júri, o Juiz Hutton deixou de parte dois terços do julgamento, dois terços das provas e dois terços dos noventa dias de combate, ao dizer que "o réu não está sendo julgado pelo rapto da Sra.Caplan, nem pela remoção de Diekleman, de Albuquerque, nem pelo pagamento de dinheiro a Bittinger".

Pôs o dedo no aspecto mais intrigante do caso: se Darrow era inocente, quem era culpado? Não fez, porém, tentativa alguma para resolver esse problema, e instruiu o júri no sentido de que "não é dever do réu provar que alguém forneceu o dinheiro a Franklin com o fim de subornar o jurado".

Instruiu o júri para que absolvesse Darrow, se acreditasse que uma conspiração tivesse sido empreendida pelos três antigos policiais, Franklin, Lockwood e White, para atribuir o crime alegado ao réu.

"O réu tem o direito de afirmar que toda a acusação contra ele é uma conspiração, que é uma acusação forjada e que não contém qualquer sombra de verdade, e os senhores são instruídos no sentido de que, na ausência de qualquer prova no caso, capaz de mostrar, sem qualquer dúvida razoável, que o réu realmente cometeu o crime, é direito seu levar em consideração se há ou não outra circunstância ou provas a mostrar o fato de que houve uma conspiração da parte de Franklin, White e Lockood, para agir de maneira a parecer que o crime tivesse sido cometido, tendo em vista acusar o réu ou ligá-lo ao crime."

Então, Darrow deve ter dado um mergulho de quatro anos no passado, voltando aos espasmos de Boise, pois o Juiz Hutton usou palavras idênticas às que tinham sido usadas pelo Juiz Wood, nas suas instruções ao júri de Haywood: "Os senhores são instruídos no sentido de que uma condenação não pode ser feita com base no testemunho de um cúmplice, a menos que seja confirmado por outras provas, que em si mesmas e sem ajuda do testemunho do cúmplice, tendam a ligar o réu ao cometimento do crime. A lei proíbe terminantemente a condenação num caso criminal, com base no testemunho não corroborado de um cúmplice, embora o júri possa acreditar que o testemunho do cúmplice seja inteiramente verdadeiro."

Abruptamente, o juiz parou. Um oficial de justiça deu sinal; o júri levantou-se e saiu de seu compartimento. O Juiz Hutton deixou sua cadeira. Ninguém mais se mexeu. Darrow ficou sentado, agarrando a mão da esposa, machucando-lhe as juntas pela força. Os advogados da defesa estavam sentados diante dos advogados da acusação, calados, de olhos baixos. Os espectadores mantinham-se imóveis; mal se ouvia uma respiração. Ou um movimento na sala. Não era só que as pessoas não falavam; também não pensavam nem esperavam, nem senti-

Advogado da Defesa 257

am. Foi um hiato, um momento fora da vida, fora da consciência, tão abismados estavam todos pelo medo. O júri saiu às nove e vinte da manhã, pois o Juiz Hutton, indisposto pelo excesso do trabalho e pela violência do julgamento, tinha consumido apenas vinte minutos para pronunciar as suas instruções. Às nove e cinqüenta, ouviu-se uma campainha da sala do juri, anunciando que os jurados queriam voltar. Nenhuma das duas mil pessoas amontoadas dentro do tribunal se havia movido, quando o júri saiu; agora entreolhavam-se espantadas.

– Que significa isto? – murmurou Ruby.

– Talvez eles queiram algumas instruções – replicou Clarence.

Mas os jurados estavam sorrindo abertamente, ao desfilar, um por um, para o seu compartimento. O Juíz Hutton tomou seu lugar à mesa, no meio de um silêncio mortal.

– Que desejam? – perguntou.

– O veredicto – replicou o Presidente Williams.

– Leia – ordenou o Juiz Hutton.

– Sem culpa! – exclamou o Presidente Williams.

Darrow levantou-se de golpe e beijou a esposa. O Juiz Hutton desceu correndo do seu lugar. Abraçou-o e gritou:

– Há milhões de pessoas em todo o país que hoje gritarão: "Aleluia!"

O *Los Angeles Herald* conta que "a cena que se seguiu imediatamente à leitura do veredicto foi uma das mais notáveis jamais testemunhadas num tribunal do Oeste. Darrow correu para o compartimento do júri, onde foi recebido de braços abertos. Os jurados Dunbar, Golding e Dingman o abraçaram. Outros jurados forçaram o caminho para o círculo, a fim de apertar as mãos e bater afetuosamente no ombro do homem que haviam libertado. Os espectadores, cuja maioria eram mulheres, forçaram caminho contra os oficiais de justiça, para o compartimento do júri; alguns choravam, outros sorriam, enquanto despejavam suas congratulações. Alguns, na sua ânsia, cometeram o engano de escolher membros da equipe do promotor. Rogers recebeu tantos tapas nas costas e nos ombros que se viu forçado a se encostar à parede para se defender. Durante duas horas, nem Darrow, nem sua esposa, deixaram o tribunal. Sitiados pelos amigos, realizaram uma recepção, e homens e mulheres das ruas, sabendo da notícia, dirigiram-se em massa para o tribunal."

O jurado Williams conta: "Chegamos à nossa decisão na primeira votação. O testemunho dado pelos informantes nem sequer foi levado em conta, assim como também não se discutiram as suas provas. Darrow não forneceu o dinheiro do suborno. Disto estou convencido. Acredito, porém, que algum outro homem o fez, e creio que cabe ao promotor encontrar esse homem."

– Não, não sinto vontade de chorar – disse Ruby. – Sinto apenas vontade de dar doze vivas enormes ao júri – e seria capaz de beijar cada um deles.

Na verdade, beijou vários deles, quando se adiantavam para congratular-se com ela.

Darrow disse:

– Foi uma tortura longa e penosa e, decerto, tenho uma grande sensação de alívio. Nenhum daqueles que me conheciam jamais acreditou que eu fosse corrupto, e o seu estímulo e fé foram a minha maior ajuda.

10

Entretanto, as suas dificuldades estavam longe de terminar. Agora, era acusado do suborno de Bain. Se o segundo julgamento tivesse sido solicitado ao Juiz Hutton, este provavelmente teria encerrado o caso no tribunal e Clarence estaria em liberdade para voltar para casa, vingado; mas Hutton estava doente e exausto e outro juiz deteve Darrow, alegando que não podia saber de que material dispunha o promotor contra ele, no caso Bain.

Profundamente amargurado, agora, pelo que a esposa do promotor assistente Ford sempre chamava "as acusações de Darrow, Clarence sofreu a agonia de mais dois meses de ansiedade e depressão. Não lhe deu grande animação ver o pouco esforço que fazia a acusação para salvar as aparências, dando a Lockwood um emprego no guichê de informações do Departamento de Registros, emprego que iria conservar até os noventa anos; recusando acusar, indiciar ou julgar o Capitão White, pela sua reconhecida cumplicidade no crime; sabendo que Bert Franklin fizera o jurado Golding parar na rua, murmurando-lhe *sottovoce*: "Gostaria que o senhor soubesse que o promotor me fez lavar em público a sua roupa suja." Que conforto lhe davam essas coisas, quando o dinheiro havia acabado, quando suas forças estavam abaladas pelo grande esforço, quando estava ainda sob acusação de criminosos?

Agora, já com tão pouco dinheiro que não mais podia manter o apartamento de Midway, Ruby pediu aos amigos de Chicago que o sublocassem. Os inquilinos ficaram dois meses, não pagaram aluguel e saíram deixando o apartamento num estado lastimável. Como golpe final, e a fim de permitir que a história atendesse a sua reputação e se repetisse, o último investimento do casal foi perdido numa falência.

Todavia, mesmo na tristeza mais profunda, entravam algumas luzes. Um clube literário de San Francisco afirmou sua fé em Darrow convidando-o a ir ao norte fazer conferência sobre Tolstói. E, como um penhor ainda mais importante de confiança, o assistente trabalhista de Chicago insistiu com ele para voltar, ainda que fosse apenas por uns dias, para escolher o juri no caso Shea. Shea era o chefe do Sindicato dos Parelheiros, que tinha sido preso numa greve em 1911; Darrow tomara a sua defesa, apenas para ser desviado para o caso McNamara, quando os irmãos haviam sido presos. Shea fora julgado e condenado, mas o julgamento tinha sido impugnado. O Sindicato dos Parelheiros não se importava que Darrow ainda estivesse sob acusação de subornar jurados; pediu-lhe que fosse ao leste, e ele o fez, gastando uma semana de trabalho febril, evitando seus velhos amigos e conhecidos, e voltando para Los Angeles no momento em que o último jurado estava escolhido. O dinheiro que conseguiu permitiu-lhe pagar as suas custas do tribunal e o veredicto "sem culpa", dado pelo júri que ele havia escolhido, reanimou sua energia e coragem.

Earl Rogers e Horace Appel afastaram-se do segundo julgamento. Clarence manteve o jovem Jerry Geisler para ajudá-lo nas capitulações legais e um velho advogado chamado Powers para ajudá-lo na avaliação da viabilidade das provas. Sabia que o peso do julgamento estaria sobre seus ombros; sentia-se inteiramente à altura da tarefa.

O ataque, da parte de Fredericks e Ford, foi ainda mais envenenado do que tinha sido no primeiro caso. Como o suborno de Bain tinha sido passado a seis de outubro, seis semanas antes de as conversações para o acordo terem começado, Darrow ficou privado daquele elemento importante na sua defesa. Como ele percebera ao contratar outro advogado para defendê-lo no primeiro julgamento, não causava boa impressão ao júri, quando deixava a mesa dos advogados para tomar o estrado das testemunhas, quando se levantava como advogado para impugnar provas apresentadas; era difícil para os jurados separar as suas funções. Ele sentia a hostilidade de três ou quatro dos jurados, os quais veio a acreditar que faziam parte do grupo de servidores profissionais do júri, em combinação com Fredericks, pois não conseguira pagar investigadores para examinar as listas.

Em seu discurso final, em vez de simplesmente defender-se da acusação de suborno,

Advogado da Defesa 259

mais uma vez defendeu os McNamaras pelo que tinham feito, na sua parte da guerra de classes. Entre o seu primeiro e segundo julgamento, numerosos funcionários de Indianápolis tinham sido condenados e mandados para a prisão; ele os defendeu também, num violento ataque à exploração dos trustes americanos.

Ao entrar na sala do júri, os jurados votaram por 8 a 4, a favor da condenação. Depois de três dias de deliberações, declararam que jamais poderiam concordar e foram dispensados.

Ford e Fredericks ainda não tinham acabado. Ameaçaram promover o terceiro julgamento. Aquela insistência em "pegá-lo" esgotou-lhe as forças físicas e espirituais. Ele já não tinha dinheiro; estava terrivelmente endividado; estava cansado, desencorajado, doente; não se sentia capaz de suportar outro julgamento. E então, chegou um telegrama de um completo estranho, dizendo:

> HOT SPRINGS, ARK., 13 MARÇO 1913.
> SR. CLARENCE DARROW
> LOS ANGELES, CALIFÓRNIA.
>
> FUI INFORMADO PELOS JORNAIS DE HOJE QUE O SR. ESGOTOU SEU ÚLTIMO DÓLAR NA SUA DEFESA PT O SR. GASTOU TODA SUA VIDA TENTANDO FAZER QUE OS POBRES VIESSEM A SER VISTOS, AGORA TERÁ TODAS AS POSSIBILIDADES QUE A LEI PROPORCIONA PARA PROVAR SUA INOCÊNCIA PT SE QUISER TELEGRAFE-ME A IMPORTÂNCIA QUE PRECISA E A ENVIAREI AO SENHOR.
> FRED D. GARDNER.

Darrow telegrafou respondendo:

> SUA BONDADE É TÃO GRANDE QUE MAL POSSO COMPREENDÊ-LA PT MINHA SITUAÇÃO É MAIS OU MENOS COMO DIZ PT FOI SERIAMENTE PREJUDICADA NA ÚLTIMA LUTA PT NAO CONHEÇO SUA SITUAÇÃO E NÃO SEI SE DEVO DEIXAR FAZER TANTO PT PELO MENOS VG NINGUÉM DEVE SABER DISSO ATÉ TER ACABADO OU IRÁ AUMENTAR DESPESAS PT TELEGRAFE-ME MAIS DETALHADAMENTE SOBRE DIFICULDADES QUE ISSO TRARIA PARA O SENHOR.
> C. S. DARROW.

No dia seguinte, recebeu uma resposta:

> REMETENDO HOJE CHEQUE PT ENVIAREI MAIS SE NECESSÁRIO PT ANIME-SE TOME CORAGEM E PROVE AO MUNDO QUE É INOCENTE PT UM HOMEM DA SUA GRANDE CAPACIDADE NÃO DEVE SER PERDIDO PARA OS POBRES DESSA NAÇÃO POR CAUSA DA FALTA DE UNS POUCOS DÓLARES PARA FAZER UMA DEFESA LEGÍTIMA PT
> FRED D. GARDNER.

Dentro de poucos dias, chegou um cheque de mil dólares, acompanhado de um se-

260 Advogado da Defesa

gundo da Sra. Gardner, que mandou duzentos dólares de suas economias particulares.

Frederick Gardner tinha ido para St. Louis aos dezesseis anos de idade. Ao procurar um emprego, vira um "precisa-se de rapaz", na janela de uma fábrica de bonés, aceitara o emprego e se tornara o proprietário da fábrica ao alcançar os vinte e um anos. A parte particularmente bonita de seu presente a Darrow, um homem que nunca conhecera, era que Gardner, que mais tarde iria tornar-se governador do Estado de Missouri, tinha tido consideráveis dificuldades trabalhistas em sua fábrica de bonés, e não era, de modo algum simpático aos sindicatos.

O gesto generoso reanimou Clarence. Ficou ainda mais animado quando soube que o Procurador Geral dos Estados Unidos havia publicamente acusado William J. Burns de ter subornado jurados num caso em Washington, conseguindo obter perdão para o homem condenado, por causa do suborno de perjúrio feito por Burns e pelo fato de que William J. Burns tivera sua licença para ser detetive particular cassada em vários Estados.

Dentro de poucos dias, o gabinete do promotor abriu mão de outras acusações contra ele e Darrow ficou livre para voltar a sua casa em Chicago, depois de mais de dois anos de miséria numa cidade onde nada mais conhecera, senão a miséria.

Na biblioteca de sua casa em Midway, Darrow ajuntou algumas das suas primeiras edições para vender a lojas de livros de segunda mão, a fim de arranjar dinheiro com que comprar alimentos. Quando descia a rua com seus amados livros debaixo do braço, sabia apenas de uma coisa, mas disso sabia com certeza: não mais teria nada a ver com o Direito.

Advogado da Defesa 261

CAPÍTULO X

EM DEFESA DO INDEFENSÁVEL

JÁ NÃO ERA difícil para ele descer a rua a pé. Poucos amigos o detinham, apertavam-lhe a mão, falavam com ele da satisfação que sentiam por tê-lo de volta, da felicidade que sentiam por ele haver sido exculpado, mas, na maior parte, o povo de Chicago estava magoado e ressentido. Sentia que ele tinha sido responsável por uma ofensa ao nome da cidade, e que, se não tinha sido culpado de um crime, fora culpado da imprudência primária de se meter em dificuldades. Embora a generalidade de seus companheiros o acreditasse inocente do suborno, os mais cínicos diziam: "Onde há fumaça costuma haver fogo."

Os únicos que se levantaram em sua defesa foram seus irmãos de sangue na profissão, os advogados liberais e idealistas do Estado, que praticavam o Direito em geral, defendiam causas impopulares, prestavam serviços aos pobres e desafortunados quantas vezes pudessem e sustentavam a profissão do Direito com o coração honesto e o espírito elevado. Edward Maher, amigo de Darrow, foi procurá-lo com a sugestão de que "fosse dado um banquete, pela Associação dos Advogados de Ilinois, em honra de sua volta a Chicago."

Darrow ficou tocado pela demonstração da fidelidade e magoado pela idéia de que seus confrades achavam necessária a demonstração. Formou-se uma comissão para "promover" o banquete; – de vez em quando, Clarence perguntava, um pouquinho preocupado, como andava a venda dos talheres.

Para o seu amor próprio, era uma felicidade o fato de já ter renunciado à prática da advocacia, pois se tornou imediatamente evidente que Chicago renunciara a ele como advogado. Embora os jornais falassem de seu regresso, embora ele transitasse pelos círculos de negócios, embora fosse, durante alguns dias, ao escritório de Darrow e Bailey, para tirar seus papéis e dissolver a firma, nenhum de seus antigos clientes, nem empresas nem indivíduos que ele tinha servido com êxito durante anos, se ofereceu para lhe dar novo emprego. Foram precisos apenas uns poucos dias para saber que ninguém queria seus serviços; que indivíduos e companhias estavam igualmente temerosos de prejudicar seus interesses, tendo como seu representante um homem que havia, de pouco, saído de dois julgamentos por crime.

Darrow não se sentia demasiado infeliz, pois desde muito desejara romper com as ár-

262 Advogado da Defesa

duas exigências do Direito, e ficou livre para escrever e fazer conferências. Fechou atrás de si a porta do escritório, pela última vez, e embarcou no trem da Central Illinois. Quando chegou a casa, encontrou Ruby na biblioteca, de joelhos e mãos no chão, passando tinta vermelha nova no tapete; havia passado os dias anteriores esfregando o apartamento e tornando-o habitável, depois de sua ausência de dois anos. Ele deixou-se cair numa cadeira de balanço de vime, ficou sentado por alguns momentos, com o queixo tombado sobre o peito.

– Bem – murmurou, – parece que os nossos dias de advocacia terminaram.

Ruby pegou outro ferro quente e continuou aplicando tinta no tapete.

Embora ele tivesse muitos milhares de dólares investidos na usina de gás de Paul, em Greeley, não podia retirar seu dinheiro; tinha ao contrário, de continuar investindo mais, para proteger o que lá havia investido. Agora, só havia para ele uma maneira de ganhar a vida: fazer conferências. Se seus problemas mantivessem afastadas as platéias, assim como tinham afastado os clientes do advogado, ele estaria, na verdade, numa situação difícil. Decidido a fazer um rápido teste da sua posição, combinou com um dos agentes de conferências de Chicago a contratação do Teatro Garrick para uma conferência sobre Nietzsche. Os agentes do Chautauqua, no Médio Oeste, sempre tinham gostado dele e o achavam um bom trunfo; quando se reuniram para sua convenção anual em Chicago, convidaram-no para jantar com eles no States Restaurant. Clarence sentou-se à cabeceira da comprida mesa e falou durante o jantar; os agentes ficaram deliciados ao verificar que seus infortúnios não o tinham nem endurecido, nem amargurado.

Vários milhares de habitantes de Chicago, homens e mulheres, de partes diversas da cidade, que ainda o estimavam, fizeram-lhe uma tremenda ovação, quando ele apareceu na plataforma, no Teatro Garrick. Inspirado por esse voto de confiança, pronunciou ele uma das suas mais deliciosas conferências, em resultado da qual os agentes do Chautauqua prepararam uma escala de quarenta conferências, e o Clube Walt Whitman o convidou para ser presidente do seu banquete anual, um gesto que contribuiu muito para sua repatriação. Devia ter ficado satisfeito com o bem sucedido encaminhamento dos acontecimentos. Mas não estava. Durante anos, tinha desejado retirar-se, para ficar livre para escrever, estudar, ensinar; mas queria retirar-se voluntariamente, com dinheiro reservado para viajar, para folgar e ter paz de espírito. Nunca fora sua intenção retirar-se porque, de algum modo, tivesse fracassado; nem em recorrer às conferências como meio de ganhar a vida.

2

Em 1894, um imigrante russo, baixo, atarracado, de sobrancelhas eriçadas, chamado Peter Sissman, que mal acabara seu curso de Direito e do qual Darrow se tornara conhecido em reuniões socialistas, tinha-lhe pedido para ser admitido no seu escritório. Sissman não podia levar negócios para a firma; tinha um sotaque forte e não era particularmente simpático; mas Darrow tinha gostado do espírito do rapaz e, assim como dissera a Ethel McClasky, ao contratá-la. – "Nós radicais devemos dar apoio uns aos outros", – havia admitido Sissman em seu escritório e lhe dera treinamento. Agora, quase vinte anos depois, Sissman achou a oportunidade de pagar a dívida. Quando alguém lhe disse que Clarence Darrow tinha abandonado a prática do Direito, Sissman procurou-o e esclareceu:

– Você não deve fazer isso. Se ficar em Chicago e não abrir seu escritório, isso é uma tácita admissão de culpa.

Advogado da Defesa 263

– Não, Peter. Não quero mais nada com a advocacia – replicou Darrow.

– Se você abandonar agora a sua profissão – insistiu Sissman, – terminará, em poucos anos, como um quebrado agente de livros.

– Mas eu não tenho clientela.

– Mas não levará tempo para que você a forme de novo. Darrow sacudiu a cabeça, agradeceu a Peter Sissman aquela bondade.

Nos meses seguintes, toda vez que um advogado dizia a Sissman "Ouvimos dizer que Darrow abandonou o Direito", Sissman respondia: "Ele não devia fazer isso. Devia começar de novo. Eu ficaria satisfeitíssimo de começar com ele, se ele me quisesse."

Não demorou muito para que aquele sentimento chegasse aos ouvidos de Darrow. Certa tarde, telefonou para Sissman e o convidou a ir jantar em Midway. Na hora dos cigarros e do café, Darrow disse:

– Peter, ouvi dizer que você estava disposto a trabalhar comigo.

– Decerto que estaria disposto – replicou Sissman, bruscamente. – Eu ficaria feliz, mas não estava certo de que isso seria aconselhável para você. Tenho apenas uma pequena clientela, com judeus, um pequeno escritório de negócios, não posso oferecer nada.

– Eu não tenho certeza de poder conseguir alguma coisa disse Darrow.

– Você deve fazer um anúncio, dizendo que está de volta disse Sissman.

– Como você acha que devemos fazer isto?

– Devemos manter Bailey no nome da firma. Darrow & Sissman é impossível.

– Você me dá coragem, Peter – observou Darrow, – a coragem que eu nunca teria para começar sozinho.

Sissman abriu uma conta bancária conjunta, cavou nas suas economias e gastou uns duzentos dólares para comprar uma escrivaninha, cadeira e tapete, para um escritório destinado a seu sócio. Mas as semanas se passavam, passavam-se os meses, e ninguém levava seus problemas ou dificuldades legais a Clarence Darrow, nem mesmo os pobres, que teriam de pedir seus serviços a troco de nada. Ele continuou a fazer as conferências para as agências do Chautauqua, que lhe davam de cem a trezentos dólares cada. Toda vez que voltava de uma conferência, ia ao escritório de Sissman e perguntava:

– Você não tem nada para eu fazer?

– Sr. Darrow – exclamou Sissman, – posso pedir que se sente e examine um translado de título? Isso não é trabalho para o senhor. O senhor deve esperar até que cheguem coisas importantes. Ao fim de três meses, Darrow perguntou:

– Peter, temos algum dinheiro no banco?

– Há uns duzentos dólares, que o senhor pode tirar.

– Bem murmurou Darrow, – essa é a primeira vez que tenho um sócio que arranja os clientes e ainda ganha dinheiro para mim.

Então, exatamente como o jovem advogado sentado em seu escritório, à espera da entrada do primeiro cliente e da sua oportunidade, Darrow ouviu Mildred Sperry pedindo-lhe que a defendesse da acusação de perjúrio em favor de seu empregador, um agente de seguros que havia incendiado um prédio. Ele conseguiu absolver e limpar o nome da moça, muito embora reconhecendo-a culpada. O caso o levou de novo à longa estrada, valeu-lhe duzentos e cinqüenta dólares. Em seguida, foi encarregado de tratar de uma falência que lhe deu dois mil e quinhentos dólares. Quando o chefe de polícia Healy foi indiciado por má conduta no cargo, Darrow concordou em defendê-lo e recebeu mil dólares de honorários adiantados. Quando Darrow e Sissman tinham constituído sua sociedade, Darrow dissera:

264 Advogado da Defesa

– Quanto aos honorários, acho que é melhor dividirmos igualmente.

– Isso não seria justo para o senhor – replicara Sissman.

– É melhor começarmos dividindo igualmente – insistiu Darrow. – Se eu não fizer a minha parte, não receberei minha metade.

Aquele total de três mil setecentos e cinqüenta dólares representava seus rendimentos legais no primeiro ano; quando Sissman dividiu a renda da firma, verificou que tinha ganho alguns dólares a menos do que no ano anterior, quando trabalhava sozinho.

O passar do tempo lentamente curou as feridas do orgulho de Chicago. O povo das ruas via aquela trêmula figura passar, via-o sorrir e acenar para os amigos, ouvia seu falar arrastado, generoso, musical, e sua fé em Clarence Darrow, primeiro cidadão de Chicago, ressurgia. O Clube de Biologia de novo se reuniu em sua casa; grupos de toda a cidade pediam-lhe que falasse aos seus membros; os clientes começaram a aparecer em pencas. Cada vitória levava na sua cauda dois novos clientes. À medida que os casos aumentavam de importância, dois novos clientes começavam a crescer. Ele entrava no escritório de Sissman, tirava do paletó um rolo de notas e cheques que lhe haviam sido pagos, coisa entre quinhentos e cinco mil dólares, atirava o dinheiro em cima da mesa de Sissman, e dizia:

– Aqui está, Peter. Deposite isto.

As únicas ocasiões em que mencionava dinheiro era quando entrava na sala de Sissman e perguntava: "Peter, como anda o tesouro?"; e Sissman enchia para ele um cheque. De vez em quando, Sissman lhe entregava um boletim e dizia:

– O senhor não quer examinar os livros? Não quer saber o que fizemos e com quê?

– Que adianta nós dois fazermos esse trabalho? – replicava Darrow. –Você está cuidando disso muito bem.

Pelo fim do segundo ano, Sissman viu que tinha ganho muitos milhares de dólares mais do que jamais ganhara sozinho. Levou seu livro de contabilidade para o gabinete de seu sócio.

– Sr. Darrow – disse Sissman, – creio que está começando a ficar com a pior parte.

– Que você sugere, Peter?

– No futuro, creio que sessenta contra quarenta por cento seria justo.

– Está bem, vamos fazer assim.

Muito pouco da sua antiga clientela, de companhias e de civis, voltou; mas, em 1915, os casos criminais começaram a inundar seu escritório. Nunca, em seus trinta e oito anos de advocacia, Clarence Darrow tinha pensado em si mesmo primariamente como advogado criminalista. Todavia, era jogador de pôquer bastante bom para saber que um homem deve jogar as cartas tais como elas se apresentam. Os homens acusados de crimes eram os únicos que procuravam seus serviços? Pois então, muito bem, seria um advogado criminalista. Nunca havia ele saído à procura de causas, era demasiado velho e demasiado prudente para começar agora; se jamais chegasse o dia em que uma causa precisasse dele, haveria de encontrá-lo e arrancá-lo do fundo da rotina penal mais profunda e mais sem significado.

3

Mais uma vez, Clarence Darrow estava na defesa. Chegavam-lhe todos os tipos de casos, e ele aceitava todos, exceto aqueles dos criminosos habituais. Dava aos seus clientes o melhor que podia. O criminoso habitual ele o dispensava, por maior que fosse a importância em dinheiro posta sobre sua mesa; sentia que nada podia fazer por ele.

Muitos casos de homicídio lhe foram levados, e ele fazia a defesa toda vez que achava que o crime tinha sido resultado da pobreza das circunstâncias, da paixão ou da loucura. Em alguns casos, conseguia a absolvição; noutros, tinha salvo seus clientes do enforcamento, conseguindo para eles sentenças de prisão perpétua. Num caso, um grego matou sufocado seu senhorio, porque este "espremia os aluguéis". O homem pediu a Darrow para defendê-lo, colocando cinco mil dólares em dinheiro sobre sua mesa. Darrow fez algumas investigações preliminares, iniciou a defesa, viu então que o caso era sem esperança e aconselhou seu cliente a confessar-se culpado e aceitar a sentença de prisão perpétua.

– Estou pagando ao senhor cinco mil dólares para me libertar – replicou o grego. – Não para me mandar para a cadeia.

Darrow devolveu os cinco mil dólares. O homem procurou outro advogado, foi condenado e executado.

Seu verdadeiro prazer, durante aqueles meses, vinha de conseguir outra oportunidade para as pessoas que, por uma combinação de circunstâncias, tinham-se metido em dificuldades, pessoas fundamentalmente boas, que de novo levariam uma vida bem comportada, se pudessem escapar à prisão do Estado. Na sua defesa, encontrava a sua justificativa. Porque sentia uma autêntica simpatia por aquelas pessoas, porque compreendia a intricada rede de causas por trás dos seus atos; mas, acima de tudo, porque era um advogado infinitamente cheio de recursos e versátil, ganhava quase todos os casos.

O caso no qual julgou ter feito o trabalho mais astuto, durante aquele período, foi o caso Eastland. O Eastland, um vapor lacustre, estava ancorado no Rio Chicago, na Ponte da Rua Clark, certa manhã de verão, carregado de mulheres e crianças que iam fazer uma excursão a Michigan. A maioria dos passageiros estava parada ao lado do barco, perto do cais, conversando com amigos e parentes, quando, subitamente, o navio adernou do lado mais pesado e afundou na água. Centenas de mulheres e crianças foram instantaneamente afogadas, numa das piores tragédias civis da história dos Estados Unidos. A verdadeira e terrível necessidade de atribuir a culpa a alguém era tão grande, a despeito do fato de ter sido o Eastland recentemente inspecionado e aprovado, tanto por inspetores municipais como federais, que o capitão foi apontado como criminoso por negligência. Darrow foi chamado a Grand Rapids, em Michigan, onde morava o Capitão John Erickson, para defendê-lo.

A acusação levou ao estrado das testemunhas o professor universitário que descreveu ao júri a construção do barco, desde o bater da quilha até a aplicação da última camada de tinta. Quando aquela autoridade mundial em construção de navios foi passada a Darrow para o seu interrogatório, os advogados de Grand Rapids, a ele associados, insistiram em que destruísse aquele depoimento perigoso. "Não, não – replicou Darrow, – eu construirei sobre ele." Então, com sua magnífica capacidade de assimilar informações técnicas, conduziu o professor pela mecânica da construção de navios, desde o começo dos tempos, apertando-o com perguntas complexas e técnicas, durante dias seguidos, até que o juiz, o júri e as testemunhas estavam não apenas cansados, mas ofendidos por ele, por desperdiçar seu tempo de maneira tão desconsiderada. Quando o professor havia completado seu depoimento sobre a mecânica da construção e operação de navios, boa parte do qual tinha sido ininteligível para o júri, Darrow perguntou simplesmente :

– Professor, existe mais alguém no mundo, além do senhor, que sabe tudo o que se deve saber sobre a construção de navios?

– Só outro homem - replicou o professor, sem um vestígio de falsa modéstia. – Mora na Escócia.

266 Advogado da Defesa

– Então – perguntou Darrow ao júri, – se há apenas dois homens na face da terra que conhecem tudo sobre a construção de navios, como poderia ser possível que o pobre capitão de um vapor lacustre pudesse saber o que andava errado no Eastland? Foi essa pergunta que levou o júri a absolver o Capitão Erickson. Enquanto ele continuava a ganhar caso após caso, todos parecendo impossíveis, os advogados assistentes da promotoria ansiavam por se defrontar com ele, ficando acordados noites inteiras a preparar seu material, porque, se pudessem vencer Darrow, sua reputação estaria feita. Poucos dentre eles o conseguiram, e a razão disso era sempre o magistral interrogatório de Darrow. Ficou cada vez mais claro que o êxito de seu interrogatório era devido também à sua presciência, seu sexto sentido, por meio do qual adivinhava as coisas que a testemunha procurava tão determinadamente esconder atrás das palavras. Nos casos Lundin, que levaram quase dois anos de julgamento e lhe renderam quarenta mil dólares de honorários, seu interrogatório de um dos homens que acusavam Lundin de tirar proveito na compra de suprimentos para a escola, "espantou o júri, os jurados, a imprensa e os espectadores. Ele deixou a testemunha em estado de pânico, quase à beira da histeria, com um interrogatório que comprovou para o público que a acusação a Lundin era de origem política."

O *Chicago Tribune* ficou tão impressionado que publicou suas primeiras palavras amáveis a respeito de Clarence Darrow, em três décadas, desde que ele viera de Ashtabula para a cidade grande: "O interrogatório de Darrow foi o mais magistral jamais ouvido num tribunal de Chicago."

4

Ele era apenas mais um advogado criminalista, e todavia, era algo mais. Agora que estava de novo triunfante, tendo o nome nos jornais, os pobres voltavam ao seu escritório, atravancando a sala de espera, levando-lhe suas dificuldades e queixas. Não mostrava mágoa para com eles pelo fato de também o terem abandonado em suas horas sombrias; aquela era outra faceta da natureza humana que ninguém compreendia. Aceitava seus casos e, mais uma vez, gastava metade do tempo a defender pessoas sem recompensa. Defendia homens sem amigos, nem dinheiro, acusados de homicídio, sentindo que uma imprensa ansiosa por sensacionalismo já os havia condenado e enforcado por seus crimes. Constantemente tratava de negros infelizes que se tinham metido em dificuldades e que não podiam arranjar advogado branco. Defendia pessoas de cujos malefícios o público se afastava horrorizado, homens tão odiados e vilipendiados, tão completamente abandonados pela raça humana que não podiam encontrar outros defensores. Darrow se apresentava perante juízes, júris, a imprensa e o público, e tentava levantar a longa série de circunstâncias que tinham conduzido àquele crime, e pedia compreensão e clemência.

"Não conheço pessoa alguma que não precise de clemência. Este mundo velho e cansado continua a girar, reproduzindo-se com os que nascem, os que vivem e os que morrem; e tudo isto é cego, desde o princípio até o fim. Não sei o que o levou a cometer esse ato, mas sei que há uma razão para ele. Sei que qualquer uma, dentre um número infinito de causas, que vão até os primeiros tempos, poderia estar operando em sua mente. Se houvesse isso a que chamamos justiça, ela só poderia ser administrada por aqueles que conhecessem os pensamentos mais íntimos do homem diante do qual se encontram. Só quem conhecesse o pai e a mãe, os avós e o número infinito de pessoas que há por trás dele; quem conhecesse a origem de cada célula que há em seu corpo; quem pudesse compreender sua estrutura e como ela funcionou, poderia dizer como as emoções que conduzem os seres humanos afetaram este particular e frágil pedaço de argila. Isto significa que os senhores devem apreciar cada influência que os move, a civilização onde vivem e toda a sociedade que entra na composição da criança ou do homem. Se puderem fazer isto – se puderem fazer isto, os senhores são prudentes, e ao lado da prudência encontra-se a clemência."

Muitas pessoas consideravam anti-social da parte dele defender Healy, um malfeitor público; sentiam que, defendendo a liberdade de homens culpados, tornava ele mais fácil para os outros ludibriar o público. Healy fora chefe de polícia de Chicago, e agora sofria de ataxia locomotora, estando paralítico e parcialmente cego. Tinha feito parte de uma corrupta máquina política, dando proteção a aproveitadores e interesses subalternos e fazendo para si mesmo uma considerável fortuna. Uma reforma administrativa acumulou provas bastantes contra ele para condená-lo em qualquer tribunal, mas, quando Darrow apareceu diante do júri, alegou que seria cruel mandar um velho doente para a prisão; que ninguém seria ajudado, caso ele fosse posto atrás das grades; que Healy tinha sido desonrosamente expulso da força policial, que ele e sua família tinham sido desgraçados; que esse era um castigo suficiente; que o Estado não devia ser cruel ou vingativo. Foi uma defesa na qual ele, sincera e autenticamente, acreditou, e que valeu a absolvição de Healy.

Peter Sissman dá um profundo retrato de seu sócio, na época de julgamento de Healy. "Darrow impressionava os júris, mostrando que nem sempre era fácil distinguir entre o certo e o errado, particularmente para finalidades históricas. Seu cepticismo era tão autêntico que ele o infundia no júri. Defendia quem quer que estivesse em dificuldades, mesmo sendo um capitalista contra um chantagista do trabalho. Era coerente nessa filosofia humana da defesa, que o forçava a contradições com a sua filosofia sociológica. Não tinha compromisso com qualquer partido ou credo; essa era a sua grande tragédia, em ambos os casos. Por isso, Darrow era, essencialmente, um homem livre, não se deixando prender por quaisquer doutrinas; mas era por isso também que se mostrava tão incoerente e, às vezes, tão anti-social. Embora seus motivos fossem diferentes, ele às vezes usava os mesmos métodos dos advogados criminalistas baratos. Estava certo que os outros advogados fizessem aquelas coisas; fazia parte do seu ofício; mas Darrow era um lutador do povo; tinha um dever social do qual às vezes abusava, para defender indivíduos em dificuldades. Chamar a todo patife em dificuldades um "oprimido" era uma tolice sentimental, muito embora Cristo a pudesse ter perfeitamente aprovado. Darrow era um anarquista cristão; por essa razão, nunca se realizou plenamente; não tinha um plano ou desígnio de vida coerente; deixava-se simplesmente levar de caso em caso, anos após ano. Era um behaviorista. Dizia: "Não importa qual o sistema em que vivamos, os homens serão essencialmente bestiais. Tudo o que um sujeito, pode fazer é pregar a caridade, em vez do perdão, é ser tolerante porque todos acabaremos afinal fazendo algo errado, e o que entendo por caridade é amor."

5

Começava agora, para Clarence Darrow, uma das décadas mais tumultuosas jamais vividas por um advogado militante; um período de animada atividade, para coroar uma vida já muito cheia; um período no qual criou um padrão de defesa que iria marcá-lo como um dos mais corajosos e persuasivos defensores da história; um período em que não iria estar uma vez sequer do lado popular, no qual foi freqüentemente derrotado, e, todavia, num sentido mais amplo, quase sempre triunfou. As rugas de sua face aprofundaram-se; seus cabelos tornaram-se mais ralos; seus ombros caíram; mas o brilho lutador de seus olhos nunca se apagou. Começou seu grande esforço em 1917, na defesa dos que faziam objeção de consciência.

Durante os primeiros anos da Guerra Mundial, tinha sido um ardente pacifista, mas, em 1917, como a maior parte dos pacifistas americanos (com exceção de seu amigo Eugene Debs, que iria ser mandado para a Penitenciária de Atlanta, por se opor à entrada dos Estados Unidos na guerra), ele havia sido tristemente levado à conclusão de que não era mais sensato ser pacifista. Durante dois anos, afirmara que os Estados Unidos deveriam continuar neutros, mas, pela época em que o navio Lusitânia fora torpedeado, e quando já vira numerosos retratos das atrocidades alemãs, também ele dizia aos que o entrevistavam que os Estados Unidos deviam juntar forças para destruir a "Besta de Berlim" Todavia, quando se prenderam os primeiros cidadãos a levantarem objeções de consciência, por se recusarem a participar no conflito, quando o país inteiro se voltou contra eles, como algo odioso e desmerecedor de qualquer espécie de defesa, ele correu para o seu lado. Quando foram acusados de não estar dispostos a lutar porque eram covardes, e não porque tinham escrúpulos étnicos, tentou mostrar ao país que era preciso muito mais energia moral para enfrentar o desprezo e o vilipêndio dos contemporâneos do que para enfrentar as armas do inimigo. Mas sabia que a questão era de âmbito muito mais largo; a questão era saber se os jovens de uma democracia deviam ou não deviam ser forçados a pegar em armas e matar, particularmente quando sua religião o proibia. Se aqueles jovens tinham direito à sua religião, que a Constituição lhes garantia, então, como podia algum ato específico, aprovado pelo Congresso, fazê-los ir de encontro aos ensinamentos daquela religião? Podia uma democracia ser bastante forte para conceder aos que faziam tal objeção o direito às suas objeções? Iria aquela concessão de um direito de minoria enfraquecer ou fortalecer o tecido da democracia?

Como ele mesmo havia por muito tempo feito oposição à entrada dos Estados Unidos na Guerra, estava em condições de compreender por que outras pessoas podiam opor-se àquela entrada. Mas, uma vez que o país tinha entrado no conflito, não era imperioso que se esforçasse ao máximo, para que a sua posição num mundo hostil e sanguinário não viesse a ser enfraquecida? Que iria acontecer, se o país fosse invadido; os que faziam objeções de consciência teriam ainda o direito de recusar-se a pegar em armas na defesa de suas casas e das casas de seus vizinhos? Para um país apanhado no ponto culminante de uma grande guerra contra uma potência européia, a afirmação de Darrow, de que um homem tinha o direito de recusar-se a pegar em armas, mesmo quando sua pátria era invadida, foi como um golpe que afastou grandes parcelas do povo, muitas das quais lentamente haviam sido de novo conquistadas para ele. Ainda em março de 1925, o *Richmond News Leader*, da Virginia, iria falar do "Clarence Darrow que era tão odiado durante a Guerra".

Então, na primavera de 1918, o governo da Inglaterra concluiu que era necessário consolidar e reforçar ainda mais a simpatia americana para com os britânicos. Puseram-se em campo para saber que americano melhor compreendia a massa de seus compatriotas, e cuja voz maior número de cidadãos americanos pudesse ouvir com simpatia. Escolheram Clarence Darrow.

Desde o momento em que fechou atrás de si a porta de seu apartamento em Midway, até que voltou àquela porta, uns quatro meses depois, foi ele hóspede oficial da Inglaterra. Foi entusiasticamente saudado em Londres; conheceu os grandes e os quase grandes. H. G. Wells – que, quando um entrevistador lhe perguntou o que tinha achado de sua passagem pelos Estados Unidos replicara, "Bem, conheci Clarence Darrow!", – o apresentou às figuras literárias da Inglaterra. Ficou comovido porque Frazer, autor de seu amado *Golden Bough*, o tratou como seu igual; discutiu o caso McNamara com Kier Hardie; debateu o trabalho, o socialismo e o conservantismo com os melhores espíritos da Inglaterra; depois foi para a França e a Bélgica, para ver a guerra de perto. Contudo, por mais que procurasse as atrocidades supostamente cometidas pelos soldados alemães, nada pôde encontrar, nem provas de que tivessem sido cometidas, fora dos escritónos do Bureau Britânico de Propaganda. Quando representantes do governo lhe apresentaram as despedidas oficiais em Londres, ele não lhes disse que seus esforços tinham sido em vão; que aquilo que tinha visto o havia tornado, mais uma vez, profundamente pacifista.

Voltou para Chicago em outubro, e ali fez apenas um discurso. A reunião realizou-se no decorrer de uma chuva torrencial, fato que o levou a observar ser muito a propósito realizar-se a reunião na Igreja Batista. Para uma audiência que esperava uma palestra violenta, fortemente temperada com histórias dos horrores alemães, Darrow fez, pelo contrário, uma oferta permanente de mil dólares, a quem quer que pudesse apresentar provas cabais de que uma criança francesa ou belga tivesse tido suas mãos cortadas.

"Eu tinha viajado odiando os guerreiros alemães, porque tinham sido apresentados pelos agentes da imprensa como os soldados mais horríveis e sedentos de sangue, que cometiam atrocidades infames. Mas verifiquei que os soldados alemães são como todos os outros rapazes forçados a ir para a guerra; têm rostos redondos, inocentes, perplexos, sem compreender para que é aquilo – esperando ordens para obedecer ou o momento de serem levados à corte marcial esperando e temendo, lutando contra a vontade, desejando que essa coisa horrorosa em breve terminasse, para que pudessem voltar à vida normal."

Poucos dias depois, foi assinado o Armistício, poupando a Darrow o penoso dilema de querer ajudar a Inglaterra porque os Estados Unidos tinham de ganhar a sua guerra, embora sendo congenitamente incapaz de dar apoio à propaganda britânica. O único efeito duradouro da sua viagem à Europa dilacerada pela guerra foi que, agora, além de acreditar que os que faziam objeções de consciência tinham o direito de objetar, pensava também que podiam estar certos nas suas objeções. Se todos se recusassem a matar, quem iria fazer as guerras?

6

Ao regressar da Europa, mergulhou no primeiro de uma série de conflitos causados pelos radicais que, durante os quatro anos seguintes, quando a histeria da guerra cedeu lugar às histerias ainda mais perigosas do após-guerra, obrigavam sua voz a bradar no deserto. Partindo de sua defesa dos direitos dos que tinham objeções de consciência, Clarence Darrow iria tornar-se o maior líder popular dos Estados Unidos; milhões de pessoas que lhe dariâm as costas, que o abandonariam na luta, que lhe chamariam traidor, radical, lunático, iriam de novo formar ao seu lado, quando seu próximo caso fosse algo com que, por alguma razão inerente aos seus próprios antecedentes e temperamentos, pudessem simpatizar; aqueles que o haviam firmemente apoiado durante a sua defesa dos objetadores de consciência, enaltecendo-o como verdadeiro cristão, defensor da democracia, autêntico herói, iriam, ao vê-lo defender outros rebeldes, denunciá-lo como anarquista, construtor do caos, ameaça para a sociedade organizada. O que Sissman tinha apontado como a maior fraqueza de Darrow, o fato de não ter ele uma causa, um partido, uma doutrina, uma direção, mas apenas a identificação

270 Advogado da Defesa

com todo sofrimento humano, agora o conduzia velozmente a todas as partes do país e se tornava a sua maior força.

"Numa democracia, as melhores pessoas a governar – disse Darrow, – são aquelas que acreditam nas liberdades humanas, mais do que nas causas com que se comprometeram." A única e grande tristeza da sua vida profissional era a de ter ido de Ashtabula para Chicago com uns poucos meses de atraso, não podendo trabalhar na defesa dos anarquistas do Haymarket. Agora, no caso crucial do Estado de Wisconsin versus Peter Bianchi, Mary Nardini e outros, encontrava ele outra oportunidade de dizer o que pensava; pois ali, trinta anos depois de terem sido executados os anarquistas de Haymarket, estava outro caso de anarquistas, que o Estado de Wisconsin baseava simplesmente no precedente de Haymarket, a fim de conseguir uma condenação de todos os onze réus. Os anarquistas de Haymarket tinham sido condenados pela alegação de que "aquele que inflama o espírito do povo e o induz por meios violentos a perseguir um objetivo ilegal é também um amotinador, embora não tome parte no motim". Os onze italianos de Milwaukee tinham sido condenados não por lançar a bomba que fez saltar a delegacia de polícia e matar vários oficiais, mas por ter em seu poder mais de uma centena de folhetos, revistas e jornais que exaltavam as virtudes políticas do anarquismo.

Os onze italianos já tinham cumprido um ano de uma sentença de vinte e cinco anos na penitenciária estadual, quando pediram que Darrow apelasse da sua sentença. Antes de partir para Milwaukee, onde havia sido realizado o primeiro julgamento, Darrow começou a ler as traduções quase ininteligíveis, que tinham sido feitas para o tribunal, da literatura anárquista italiana, anotando aquelas frases que pareciam exprimir o ponto fundamental da sua crença: "Os governos cometem tantos crimes quantos os que impedem. Os governos fingem desejar querer remediar os males do trabalhador, mas como podem remediar esses males, se são a principal causa deles? Os capitalistas ganham sem qualquer castigo e usam os trabalhadores, ou antes os esgotam; os financistas os roubam sem que nada lhes segure a mão. Ao menor sinal de descontentamento da parte dos trabalhadores, o governo interfere com os seus soldados, os seus policiais, os seus juízes pagos, e oprime os oprimidos. O governo é servo da burguesia, inimigo do trabalhador, causador da fome do povo, pestilência da sociedade."

O fato de serem aqueles homens e aquela mulher, na penitenciária de Wisconsin, estrangeiros, que não tinham feito tentativa alguma para se tornar americanos, que não falavam inglês, e cuja conduta em público provava serem emocionalmente desequilibrados, não fazia diferença na questão fundamental em causa: para que os Estados Unidos sobrevivessem como país livre, tinham de ser um país onde os homens pudessem ser tão completamente livres que lhes seria permitido acreditar em qualquer opinião errônea, ainda que maluca, sendo-lhes garantido o direito de expressar aquela opinião. Enquanto não violassem realmente o código criminal existente, deviam ser protegidos os seus direitos, pelas centenas de milhões de cidadãos que assim estariam protegendo seus próprios direitos. Na verdade aquelas pessoas não eram cidadãos dos Estados Unidos, mas, já que não eram deportados, já que tinham tido permissão para permanecer no país, até o menor deles tinha os mesmos direitos do maior dos cidadãos americanos. Aqueles descontentes, pueris e histéricos, que jamais poderiam tornar-se parte integrante da vida americana, eram as útimas pessoas do mundo a merecer qualquer direito de proteção; e todavia, para Clarence Darrow, pareciam os primeiros a precisar de proteção; se pudesse construir uma defesa para aqueles que menos pareciam merecê-la, tal defesa seria mais forte para aqueles que mais a merecessem.

Se pudesse fazer uma defesa válida do indefensável, então o defensável poderia ter a certeza de uma defesa sólida.

Advogado da Defesa 271

Darrow levou Sissman para Milwaukee, onde se afundaram no caso dos anarquistas. Souberam que Augusto Juliani, ligado à Igreja Metodista de Milwaukee, tinha ido, com alguns membros da congregação italiana, certa tarde de domingo do verão de 1917, para a esquina das Avenidas Bishop e Potter, no centro de um distrito italiano. Enquanto sua banda tocava "Columbia", reuniu-se uma multidão de cerca de cem pessoas. Então, Juliani "começou a falar patrioticamente a respeito de guerra, da convocação e do alistamento, em italiano." Um dos espectadores italianos gritou: "Não acredito em Deus, não acredito nos padres, não acredito no que você está dizendo." Outro gritou: "Não acreditamos nesta guerra"; e um terceiro declarou: "Não acreditamos em nenhum governo; Wilson é um porco; a bandeira americana é um trapo, e este país é uma cadeia!" Os outros membros do pequeno grupo ecoaram: "Tem razão; tem razão!"

Na tarde do domingo seguinte, Juliani conduziu seu grupo à mesma esquina onde um distúrbio semelhante interrompeu seu comício. No terceiro domingo, pediu proteção à polícia. Quatro detetives o acompanharam. O comício começou em paz, mas, depois de alguns minutos, os divergentes deixaram seu clube, a um quarteirão de distância, marcharam contra o comício e de novo deram início a um tumulto. Paul Wieler, um dos detetives, gritou: "Se não gostam desta multidão, vão caindo fora. Eles têm licença." Quando o homem que estava falando recusou mover-se, o detetive começou a dar-lhe busca. Alguém abriu fogo com um revólver. Outros revidaram o fogo. Dois anarquistas foram mortos, dois dos detetives ficaram feridos. Onze anarquistas foram aprisionados.

Então, em novembro, uma bomba foi colocada na Central de Polícia, explodindo e causando a morte de dez pessoas, inclusive dois dos detetives que tinham feito as prisões na esquina das Avenidas Bishop e Potter. Os onze réus que estavam na cadeia, acusados de ataques com armas mortíferas, tinham contra eles a acusação de promover a conspiração destinada a cometer o crime. O julgamento foi feito às carreiras, e denegado um desaforamento, muito embora a população estivesse violentamente inflamada contra todos os italianos. O Promotor Distrital Zabel, eleito na chapa socialista, asseverava que quem quer que tivesse literatura anarquista em seu poder era igualmente culpado do crime da bomba, como no caso do Haymarket; culpado mesmo que o verdadeiro responsável pela bomba jamais fosse encontrado. Leu para o júri trechos inflamatórios dos folhetos italianos traduzidos, e o júri condenou todos os onze réus, dando-lhes sentenças de vinte e cinco anos cada – não pela detonação da bomba, não por terem mandado usar a bomba, não por saberem quem tinha posto a bomba, mas por serem anarquistas e possuírem uma literatura publicada que parecia a favor do lançamento de bombas.

"Aquelas pessoas têm o direito de acreditar na idéia filosófica de que podem libertar-se pela força – exclamou Darrow. – Somente quando se puder provar que usaram a força para ofender pessoas, tendo ido de encontro ao código criminal, podem elas ser processadas. Não existe nada que se possa considerar um crime de pensamento; há apenas crimes de ação; é de mau gosto, para hóspedes do país, chamar a este país uma cadeia; é de mau gosto chamar o seu presidente de porco; mas isso são erros de juízo, antes que transgressões contra a estrutura jurídica. Se desejamos manter a liberdade de palavra, manter a crítica aberta e viva, devemos tolerar até mesmo críticas dessa espécie, por mais desagradáveis que nos pareçam." Em seu breve discurso para a Suprema Corte de Wisconsin, Darrow, com a ajuda de Sissman, que fez seu esforço mais brilhante naquele caso, dispôs-se a demonstrar que os onze anarquistas tinham tido um julgamento de paixão; que, por causa de uma imprensa e de um campo, am-

272 Advogado da Defesa

bos inflamados, o júri tinha sido prejudicado; que a leitura dos trechos inflamatórios da literatura anarquista pelo promotor havia deturpado o julgamento; que o juiz presidente manifestara preconceito e paixão, ao impor uma sentença uniforme de vinte e cinco anos, sem qualquer tentativa de variá-la de acordo com o grau de participação de cada um; que a literatura anarquista nada tinha a ver com o crime pelo qual os réus haviam sido inicialmente denunciados; que uma chocante confusão tinha sido criada, pela qual os réus, sendo ostensivamente julgados por alvejar os detetives na esquina das Avenidas Bishop e Potter, na realidade haviam sido julgados por uma conspiração para fazer explodir a bomba que matara agentes da polícia; e, afinal, que nenhuma conspiração ou intenção específica de assalto aos detetives havia surgido das provas.

A apelação foi concedida. Nove dentre os réus, que não tinham tido armas de fogo em seu poder, por ocasião da prisão, foram libertados, após um julgamento novo e desapaixonado. Os dois homens que tinham tido armas em seu poder foram condenados por assalto. Darrow pegou um trem para Madison, a fim de conversar com o governador de Wisconsin.

– Uma grave injustiça foi cometida contra essas nove pessoas inocentes, que tiveram de passar um ano na penitenciária – alegou. – A melhor maneira pela qual podemos mostrar que não aprovamos esses julgamentos de paixão, e o repúdio de Wisconsin a tais métodos, é indultar os dois homens que acabam de ser condenados. O governador os indultou.

7

Mais uma vez, estava ele ganhando de vinte e cinco a trinta mil dólares por ano. Todo verão, ia passar as férias em Greeley, com Paul e suas três netas. Seu apartamento no Midway continuou sendo um dos mais agradáveis centros intelectuais de Chicago; o Clube de Biologia ainda ali se reunia uma vez por semana; quase todas as noites encontravam Clarence Darrow rodeado por velhos e novos amigos, com os quais lia e filosofava. Ruby tomava um cuidado incansável com ele, cuidado até demasiado, queixava-se Darrow, pois, muitas vezes, era mais enfermeira do que esposa. Não mais lhe permitia comer o que queria, ou quando queria; tinha de comer o que era bom para ele, embora pudesse detestar aquilo, e comer em horas regulares, embora pudesse não estar com fome. Dizia-lhe que roupas devia vestir, quando devia trocá-las, quando devia tomar seus remédios, quando devia tomar banho, quando devia descansar, quando devia dormir. Raramente passava um instante na companhia dela em que estivesse livre dos seus olhos vigilantes, recebendo ordens que se destinavam a proteger a sua saúde e preservar as suas forças, mas que, na verdade, o desgostavam, tornando-o irritadiço e inquieto.

Compreendia que as influências confinadoras decorriam do amor de Ruby por ele, da vitalidade tremenda e não utilizada da esposa, da sua necessidade de ser importante para ele, de mantê-lo vivo; na maior parte, os seus resmungos eram cordatos e resignados. A sua única dificuldade séria, em trinta e três anos de um casamento bem sucedido, surgiu a propósito de usurpadoras de direitos, pois, como Ruby teve ocasião de aprender, as mulheres americanas nem sempre respeitavam os direitos adquiridos ou os direitos de propriedade, quando se tratava de casamento ou de um homem desejável. A idade pouca diferença fazia em Clarence Darrow; seu fogo jamais se apagara; aos trinta, quarenta, cinqüenta, sessenta e setenta anos, as mulheres o amavam. Para Ruby, era difícil suportar isso, mas o que o tornava mais difícil era que numerosas delas tinham tomado a decisão de substituí-la, tornando-se a terceira e última

Advogado da Defesa 273

Sra. Clarence Darrow. Tinha havido uma, durante os julgamentos de Los Angeles, para aumentar as suas dificuldades; uma mulher inteligente e talentosa, que estava convencida de que Clarence era mal compreendido por sua esposa, ou pelo menos que Ruby o subvalorizava, e que ela seria uma companheira muito mais fina para ele. Aquela mulher causara a Ruby horas de angústia, pois Clarence era tudo o que tinha na vida; abandonara sua carreira jornalística e outros contactos para fazer de seu marido o seu interesse exclusivo, e o amava idolatradamente; a idéia de que outra mulher pudesse afastá-la era como caruncho e veneno.

Agora que Clarence estava de pé outra vez, que era de novo uma celebridade, rodeado por multidões aonde quer que fosse, as pretendentes de novo se adiantavam. Quando seu marido era perseguido por mulheres adoradoras, como freqüentemente acontecia, em vez de apreciar o fato de ser ela a Sra. Clarence Darrow, de ter a posição vantajosa, Ruby ficava roída de suspeitas e ciúmes. Clarence os achava intoleráveis, embora não fosse de modo algum completamente inocente, quanto a provocá-los; não era, por natureza, homem de uma só mulher; gostava da companhia e especialmente da adoração de mulheres atraentes; gostava de fazer com elas jogos de espírito, de saborear o seu humor e a sua lógica feminina; gostava de alimentar o seu ego com a sua admiração. E não se pode julgar inimaginável que, em certas ocasiões, pudesse não ter sido superior a um pequeno adultério.

Uma das razões de ter-se casado com Ruby, em vez de casar-se com X, era que achara insuportável a incessante espionagem de X, observando, fazendo perguntas, acusando. Quando Ruby, agora perdida de medo de perdê-lo, chorava e fazia cenas, ficava irritado. Libertava-se dela mais do que realmente queria. Houve semanas de estremecimento.

Mas os maus dias passaram, e as más semanas. Ele nunca tinha amado ninguém, exceto Ruby, desde que se casara com ela. Depois de certo tempo, percebeu ela que nada tinha de sério a temer. Como na maioria dos casamentos com bases sólidas, seguiram juntos o seu caminho. As suas relações talvez tivessem outra dimensão, pelo fato de serem perturbadas.

8

Os anos de guerra são anos maus para um homem que tenha o gosto da justiça. Muito embora os Estados Unidos não tivessem sido atacados e não se achassem em perigo concebível, a nação foi apanhada num paroxismo de medo que suspendeu todo juízo e paralisou o aparelho legal. Nos termos da Lei de Espionagem de 1917, e da Lei de Sedição de 1918, quase dois mil cidadãos americanos, inclusive jornalistas, eclesiásticos, educadores, tinham sido mandados à prisão, para cumprir sentenças de dez a vinte anos, por declararem que os Estados Unidos não tinham um lugar na guerra, por mostrarem provas de que os fabricantes de suprimentos de guerra estavam fornecendo aos fundos públicos milhões de dólares, por sugerirem melhoramentos ou mudanças nas táticas do governo, por criticarem uma lei do Congresso ou um órgão público. Vários milhares de outros americanos nascidos no país tinham sido espancados, chicoteados, alcatroados e cobertos de penas, batidos com um açoite de nove pontas, por se recusarem a comprar Bônus da Liberdade ou subscrever para a Cruz Vermelha, por desafiarem a operação de mobilização, por promoverem uma liga mundial da paz, por fazerem comentários "desleais" em suas próprias casas. Encontros de estudantes universitários, de estudantes bíblicos, de socialistas, pacifistas e irados agricultores, eram interrompidos por multidões enraivecidas de "agentes de espionagem" espontaneamente criados. Juízes e júris, igualmente, foram apanhados naquela demência, e o país sofreu a sua mais completa suspensão de liberdades civis, desde a Guerra entre os Estados.

274 Advogado da Defesa

Darrow já se convencera de que era necessário advogar a entrada dos Estados Unidos na guerra; depois, fora forçado a observar, num estado de agonia e impotência, o pesadelo jurídico que a guerra causava. Num país onde "funcionários públicos e a imprensa estavam encorajando o povo a se amotinar, chicotear, alvejar, prender ou matar todos os divergentes", onde homens e mulheres eram aprisionados sem julgamento, sem defesa, a defesa era impossível, mesmo para um homem que tinha feito dela a obra da sua vida. Ele teria necessidade de ser não apenas um defensor, mas um exército de defensores, e ainda assim sua voz múltipla não teria sido ouvida, pois qualquer tentativa de defender os homens e mulheres, acusados de conduta imprópria em caso de guerra, provocava mais violência e derramamento de sangue.

Mas, por mais cruéis, insensíveis e opressivas que fossem aquelas "leis fraudulentas", ele sentia que eram, talvez, bolsas de pus, não inesperadas, geradas por uma nação na febre alta do conflito internacional. Quando a guerra terminasse e fosse declarada a paz, quando "nossos rapazes tivessem voltado", aquelas infecções cederiam lentamente. Mas ele se havia preparado para as histerias ainda mais graves do após-guerra, que iriam arrasar o país com uma série de violentas perseguições, quando a guerra entre as nações cedesse lugar a uma guerra civil entre as classes. Contra os excessos desta última, Darrow não se sentia impotente, pois eram fendas em seu campo de batalha, o tribunal público. Contra elas levantou sua voz, em algumas das defesas mais perfeitas de sua época. Nunca foi mais agudamente necessária uma defesa bem feita.

O triunfo da revolução comunista na Rússia teve repercussões imediatas e drásticas nos Estados Unidos. Em 1919, a situação se havia desenvolvido em três frentes: tropas americanas tinham sido mandadas para a Sibéria, a fim de ajudar os russos brancos a derrubarem os bolcheviques. Os extremistas, entre os socialistas americanos, tinham-se afastado de seu partido, para constituir o Partido Comunista do Trabalhador, confessando que "o presente é o período de dissolução e colapso do capitalismo mundial; a menos que o capitalismo seja substituído pelo domínio da classe trabalhadora, a civilização mundial entrará em colapso; a classe trabalhadora deve organizar-se e treinar-se para a conquista do Estado mundial; o Partido Comunista do Trabalhador dos Estados Unidos declara-se em plena harmonia com os partidos revolucionários das classes trabalhadoras de todos os países, e se põe ao lado do princípio enunciado pela Terceira Internacional, constituída em Moscou". O Congresso aprovou uma lei especial que tornava ilegal para qualquer pessoa "abertamente advogar, pela palavra oral ou escrita, a reforma ou derrubada, pela violência ou quaisquer outros meios ilegais, da forma representativa de governo agora oferecida aos cidadãos dos Estados Unidos; publicar, editar ou vender conscientemente qualquer livro, jornal, documento ou outra matéria impressa que advogue crimes de violência como um meio de conseguir a reforma ou derrubada da Constituição; organizar, ajudar na organização, ou se tornar membro de qualquer sociedade ou associação cujo objeto seja derrubar o governo."

Pequenos núcleos comunistas formaram-se em cidades americanas. A 29 de novembro de 1918, William Bross Lloyd, filho de Henry Demarest Lloyd, autor de *Wealth Against Commonwealth*, descia de carro pela Rua do Estado, em Chicago, com uma bandeira americana e uma enorme bandeira vermelha tremulando em seu automóvel. Uma multidão se reuniu em torno de seu carro gritando: "Tire isto!" Lloyd recusou. Um policial rasgou a bandeira vermelha e levou Lloyd para a cadeia. Quando lhe perguntaram por que também tinha a bandeira americana em seu carro, replicou que fizera aquilo por uma questão de cortesia, e que, se não pudesse ostentar ali a bandeira vermelha, iria para a Rússia. Poucas semanas de-

Advogado da Defesa 275

pois, a 12 de janeiro de 1919, falou num comício no Convention Hall de Milwaukee. "Camaradas - disse ele, – sinto-me muito satisfeito de ver que todos estão aqui, mas não estou tão terrivelmente orgulhoso como vocês por isto. Vocês deixaram um punhado de plutocratas e advogados governarem este país, em lugar do trabalhador. O de que precisamos é preparo, queremos organizar-nos, de sorte que, se forem precisos todos os socialistas de Milwaukee, em certo lugar, numa dada ocasião, com uma espingarda ou um ovo podre na mão, ele estará ali. Vocês precisam obter espingardas, metralhadoras, artilharia de campo e munição para isso; vocês precisam obter dinamite. Dinamitemos as portas dos bancos, tiremos o dinheiro para a revolução!"

O Procurador Geral, A. Mitchell Palmer, encarregado da aplicação da Lei de Derrubada, exclamou: "Como um incêndio na pradaria, a brasa de revolução está correndo todas as instituições americanas do direito e da ordem. Vai abrindo a fogo o seu caminho para os lares do trabalhador americano; suas línguas agudas de calor revolucionário estão lambendo os altares das igrejas, alcançando o campanário da escola, esgueirando-se para os sagrados recantos das residências americanas, procurando substituir os laços do casamento por leis libertinas, incendiando os fundamentos da sociedade. Não pode haver distinções requintadas entre as idéias teóricas dos radicais e as suas reais violações da nossa lei nacional. O governo está em perigo!"

Depois, mandou seus agentes do Departamento de Justiça perpetrarem o que Darrow considerou uma das séries mais continuadas de atos ilegais jamais autorizados por um alto funcionário do governo. Milhares de pessoas inocentes, na maioria estrangeiras, foram apanhadas em batidas em massa, espancadas a porrete, postas fora dos sentidos, chutadas, submetidas ao "terceiro-grau" e torturadas, aprisionadas sem mandato, mantidas por semanas e meses incomunicáveis, sem julgamento, destruídas as suas propriedades, tirados os seus empregos, esmagada a sua vida no Novo Mundo.

Clarence Darrow passava seus dias e noites socorrendo homens e mulheres assustados e perplexos, em celas de prisões. "Meu Deus – exclamava, – essas batidas de Palmer são tão más quanto as atrocidades cometidas pela Cheka do Czar. Suprimindo o movimento que Palmer alega estar prestes a derrubar o governo dos Estados Unidos pela força e pela violência, o nosso procurador geral muito nitidamente conseguiu, ele próprio, derrubar a nossa forma de governo, pela força e pela violência. Este reinado do terror é o tipo de coisa que causou a Revolução Russa; se os patriotas e homens de negócios americanos realmente querem um levante sangrento nos Estados Unidos, o Procurador Geral Palmer e o Departamento de Justiça encontraram a melhor maneira possível de consegui-lo."

Coube à cidade de Rockford dar-lhe a oportunidade de enunciar legalmente as razões dos revolucionários, ao povo americano. Quando alguns de seus cerceados sustentadores quiseram saber se ele podia defender aqueles indefensáveis, enunciou o credo sobre o qual tinha sido construída sua vida:

"Vou defender essa causa por duas razões. A primeira é que raramente conheci uma causa na qual acreditasse estar tão profundamente certo. A segunda é que, quando entrei na prática de minha profissão, anos atrás, decidi que nunca haveria um caso, por mais impopular, e fosse qual fosse o sentimento, em que eu recusasse cumprir o meu dever de defender aquela causa; e posso honestamente dizer que mantive esse propósito; que nunca voltei as costas a qualquer réu, fosse qual fosse a acusação; quando a grita é mais alta, o réu precisa mais do advogado; quando todos os homens voltam-se contra ele, a lei determina que deve ter um

276 Advogado da Defesa

advogado, e que possa não só ser seu advogado, mas seu amigo; e isso eu tenho feito."

Ele e Ruby partiram para Rockford, uma cidade fabril de sessenta e cinco mil habitantes, a 150 quilômetros de Chicago, onde se puseram à vontade na casa de Fay Lewis. Achou a comunidade sofrendo a mesma histeria que encontrara em Boise, na ocasião do julgamento de "Big" Bill Haywood, e em Los Angeles, quando chegara para defender os irmãos McNamara. Os homens se reuniam nas ruas e exclamavam, ao se apertarem as mãos: "Bem, agora estaremos livres para sempre desses agitadores. Malditos traidores! Nós mostraremos a eles o caminho."

Quatro agentes do Departamento de Justiça tinham revirado toda a casa de Arthur Person, operário de uma fábrica de vidro, que viera da Suécia com quinze anos de idade e que, durante vinte anos, trabalhara em fábricas de Rockford. Person tinha três filhos, uma esposa doente, uma casa que ia pagando em prestações mensais, interesses pelo socialismo e uma vintena de amigos que o declaravam honesto, reto, pacífico e respeitador da lei. Quando se fundou em Chicago o Partido Comunista do Trabalhador, Person foi convidado a entrar para ele pelo Dr. Oleson, socialista da antiga linha, de Rockford, que uma vez fora eleito para um cargo público na cidade e estava tratando da esposa de Person. Este foi feito secretário de um diretório de Rockford, realizou vários comícios abertos em sua casa. Quando o grupo de busca invadiu a casa, encontrou uma coleção de empoeirados folhetos socialistas em seu sótão, uma lista de membros, com nomes de sete pessoas, trinta cêntimos na caixa, um caderno pardo de notas, com uma anotação de uma conta de seis dólares pelo aluguel de um auditório e pagamento de um orador, que não tinham conseguido liquidar, e um folheto vermelho contendo a plataforma do Partido Comunista do Trabalhador. Enquanto era submetido ao "terceiro-grau", por seus captores, no automóvel que o conduzia para a cadeia, Person confessara: "Acredito num governo para o povo trabalhador, do povo trabalhador."

Quando Darrow soube que uma parte importante das razões do Estado contra Person iriam ser baseadas naquela observação, exclamou: "Céus, mas essa é quase a mesma linguagem falada por Abraham Lincoln! Lincoln também, aqui, seria acusado, se vivesse agora e pudesse falar."

Numerosas outras batidas foram dadas, até que dez trabalhadores e a esposa de um proeminente homem de negócios foram alojados na cadeia. Darrow tinha muitos amigos entre os liberais e socialistas de Rockford; imediatamente estes se voltaram para ele, para fazer a defesa.

A hostilidade contra ele era intensa, mas Darrow não deu sinal de que a visse ou de que isso o incomodasse. Continuou no seu caminho, suave, generoso e persuasivo, usando todos os artifícios que podia imaginar para acalmar os amedrontados liberais da cidade, para que pudesse ter em seu apoio uma boa parcela da opinião pública, a fim de garantir um julgamento justo.

O procurador estadual concordou em julgar Arthur Person somente, e deixar que o resultado daquele julgamento determinasse o destino de seus companheiros. A acusação era a de advogar a mudança e derrubada do governo, e ele fez seu libelo girar em torno da plataforma de capa vermelha do partido, recolhendo palavras incendiárias tais como "revolução", "conquista", "captura", "ditadura", "derrubada", "ação de massa", "colapso da civilização", e tentando mostrar que homens que liam e aprovavam tais termos não hesitariam em usar de métodos ilegais para destruir a forma existente do governo americano. Tendo a cidade de Rockford em peso na assistência, e um corpo de repórteres reunido para divulgar as notícias

Advogado da Defesa 277

para todas as partes do país, o promotor estadual procurou demonstrar que qualquer crítica do governo era traição àquele governo, e devia ser castigada como tal.

Darrow tentara manter fora do corpo de provas o folheto vermelho, mas o juiz o admitira. Agora, sua resposta era simples e direta; disse ao promotor estadual e ao juíz, ao júri e ao país em geral: "Se querem livrar-se de todos os socialistas, de todos os comunistas, de todos os sindicalistas, de todos os agitadores, só há um meio para fazer isto, e esse meio é a cura dos males da sociedade. Não poderão fazê-lo construindo cadeias; não poderão fazer cadeias bastante grandes, ou penas bastante duras, para curar o descontentamento, estrangulando-o até morrer. Nenhuma revolução é possível, nenhum grande descontentamento é possível, a menos que haja por baixo dele alguma causa fundamental de descontentamento; os homens são naturalmente obedientes, demasiada e poderosamente obedientes."

Teria gostado de passar seu tempo atacando o Estado de Illinois, que tinha posto em seus livros um estatuto inspirado no pavor da guerra. Todavia, o estatuto existia, e ele devia tomar cuidado para que Arthur Person e seus camaradas não fossem para a penitenciária de Joliet: como sempre, raciocinou que primeiro tinha de conseguir a absolvição de seu cliente, para depois atacar a lei.

Uma testemunha ocular conta que, quando o juiz se voltou para o primeiro advogado da defesa, "Darrow se pôs de pé rapidamente, encaminhou-se lentamente através do curto espaço que o separava do gradil da plataforma erguida sobre a qual se sentava o júri, e olhou para os doze homens de um modo penetrante e amigável, em nada parecido com um homem pronto a fazer um discurso. Todos tinham ouvido muita coisa a respeito dele, como um feiticeiro que iria distorcer e deformar de tal maneira a verdade, que a primeira coisa de que saberiam teria sido o fato de que haviam sido completamente virados para outro lado. Agora, estavam desarmados, ante sua maneira descuidada e informal, seu modo de olhar para eles por sobre os óculos, como um professor rural. Tinha uma voz mais adaptada para gritar que a do procurador estadual. A voz ressoava ameaçadoramente pela sala. Depois, deixava-a cair abruptamente, numa apreciação bem humorada do seu próprio histrionismo, e retomava seu falar arrastado, preguiçoso e confidencial, vendo-se os ouvintes obrigados a fazer força para acompanhá-lo."

Construiu a sua defesa sobre a convicção de que Arthur Person, os trabalhadores simples que eram acusados com ele, e os milhares de trabalhadores de todo país que tinham ingressado no Partido Comunista do Trabalhador, pensando que fosse uma espécie de partido socialista reanimado, que poderia ajudá-los a receber salários pouco melhores, e a ter uma satisfação um pouco mais rápida dos agravos do trabalhador, não compreendiam, nem podiam compreender, as implicações da confusa linguagem da plataforma comunista.

Para Darrow, a essência do caso estava contida nestas palavras iniciais: "Que poderíamos nós pensar de um júri que viesse a privar um homem de sua liberdade porque ele faz justamente aquilo que todos os seres humanos do mundo estão tentando fazer: tenta levar o maior número dos seus semelhantes a ver as coisas como ele as vê, para que possa mudar as leis e instituições, a fim de que os trabalhadores tenham melhores oportunidades? É verdade que Person pode ser violento e louco; eu não sei. Não estou aqui para julgar as opiniões de outro homem; não estou aqui para isto, assim como também não estão os senhores. Pode ser que não haja na plataforma uma única tábua em que eu acredite, e pode ser que não haja no credo luterano um artigo de fé em que eu acredite, ou no credo católico, ou em qualquer outro credo feito pelos homens; mas, senhores, a menos que eu fique ao lado do direito de todos os

278 Advogado da Defesa

homens da Terra, aceitando sua própria fé religiosa, seu próprio credo político e suas próprias idéias, quer eu acredite neles, quer não, a menos que eu faça isso, serei um cidadão muito pobre. Seria um cidadão muito pobre e pertenceria àquela classe de apaixonados que, em quase todas as épocas, têm empilhado paus de lenha em torno de seus homens, incendiando-os até as cinzas, por causa de diferenças de fé."

Quando havia defendido sua primeira causa importante, a de Eugene Debs e o Sindicato Ferroviário Americano, elaborara a técnica da defesa pela ofensiva. Verificou que aquela técnica serviria igualmente bem em Rockford.

"Estou contratado para a difícil tarefa de tentar preservar uma Constituição, em vez de destruí-la, e estou procurando salvar para o povo deste país as liberdades que ainda lhe restam. É difícil para mim compreender que homens de poder e algum intelecto procurassem aterrorizar homens e mulheres, levando-os assim à obediência às suas opiniões. Nós nos viemos arrastando por cento e cinqüenta anos, sem essa lei de espionagem, e nos saímos bastante bem. De onde veio ela? Veio de pessoas que gostariam de sufocar a crítica; veio das pessoas que imporiam limites aos cérebros dos senhores e ao meu, e, se lhes déssemos o que eles desejam neste mundo, todos os homens se quisessem ter segurança deveriam usar nos lábios um cadeado e apenas tirá-lo para comer, fechando-o depois de terminar..."

Tinha ele esperado que o Modo Americano de Vida viesse a provar que o empregador e o empregado poderiam trabalhar juntos, em comum acordo e prosperidade comum; que não havia necessidade, num país tão rico e cheio de recursos, de jamais ser arruinado pela guerra de classes. Todavia, enquanto continuava a trabalhar, a amargura e o ódio contidos no libelo de Rockford, foi forçado a reconhecer que o julgamento era uma manifestação da guerra de classes.

"O perigo para este país não vem do trabalhador – repetiu vezes sem conta. – Vem daqueles que adoram não a Deus, mas ao dinheiro... Senhores, é admirável o poder do dinheiro; venho lutando neste combate há muitos anos, à minha própria maneira; tentei fazê-lo com generosidade. Nunca condenei o homem individualmente. Reconheço que os capitães da indústria são feitos da mesma massa que eu. Sei que essa febre louca toma posse deles e que eles não respeitam nada que se levante entre eles e o seu ouro. Sei que destruiriam a liberdade, para que a propriedade continuasse viva.

"Arthur Person é obscuro; é desconhecido; é pobre; trabalhou a vida inteira, mas o seu caso é algo que desce até aos fundamentos da liberdade dos senhores e da minha. Se doze homens vierem a dizer que podem tomar um homem como ele e mandá-lo para a prisão, destruindo seu lar, um homem que não é culpado de crime algum e cuja mancha única está em amar os outros homens; se doze homens como os senhores podem dizer que o tirariam de sua casa e o mandariam para Joliet, confinando-o atrás das paredes da prisão, os senhores devem revestir este tribunal de crepe e revestir a sua prefeitura de preto, usar roupas de saco e cinzas, até a sua sentença." O júri, aparentemente, não tinha desejo de usar roupas de saco e cinzas: deu um veredicto "sem culpa", embora nunca tivesse ficado claro se Person era inocente de tentar derrubar o governo pela força e pela violência, de saber o que estava escrito na plataforma do Partido Comunista do Trabalhador, da transgressão de uma lei que não tinha direito de estar no livro de leis de uma democracia. Darrow ficou entusiasmado, porque imaginava que, na vitória a favor de Arthur Person, tinha dado um golpe de morte no Procurador Geral Palmer, estabelecendo um precedente que derrubaria as acusações que pesavam sobre as cabeças de outras vítimas do Departamento de Justiça.

Seu otimismo durou pouco; foi imediatamente chamado de volta, a Chicago, para defender os dezesseis comunistas que tinham sido presos com William Bross Lloyd.

9

Desde logo viu ele que esse caso ia além do problema do trabalhador que não compreendia as conseqüências do comunismo, pois o grupo de Chicago era composto de americanos nativos, bem educados, vários deles com posses e posição social. O pai de William Bross Lloyd, Henry Demarest, casara-se com uma filha dos McCormicks, mas ele, sua esposa e seus filhos tinham sido deserdados por seu sogro, porque William trabalhara a favor do indulto para os anarquistas do Haymarket. Aparentemente, o avô se havia abrandado, pois "os indícios mostram que William Bross Lloyd é dono de consideráveis bens e regularmente emprega um administrador para sua propriedade e seus assuntos financeiros. Mantém escritório com empregados no Edifício Tribune, em Chicago. Vive rodeado de luxo em sua residência de Winnetka."

O grupo de Chicago era constituído principalmente de intelectuais, homens que não trabalhavam com as mãos para viver, mas que se achavam na frente do movimento radical, tentando dar-lhe a voz e a expressão que, concluíram, o trabalhador não educado não poderia encontrar. A despeito do fato de terem repudiado o controle de Moscou, recusando-se a se filiarem ao Partido Comunista Russo, seus membros procuravam constantemente na Rússia a sua ideologia e orientação. Foram intelectuais como William Bross Lloyd que organizaram o Partido Comunista Trabalhador nos Estados Unidos, que o financiaram, que o dirigiram, escreveram a sua literatura e tentaram converter à sua filosofia econômica a massa dos trabalhadores americanos. A causa iria ser do agitador, do organizador, e não simplesmente a do trabalhador. Ao contrário de Person e dos trabalhadores de Rockford, Lloyd e seus companheiros tinham abertamente invocado o emprego da força e da dinamite.

Tão vociferantes haviam sido os comícios de rua, realizados pela sua clientela de Chicago, que a acusação contra eles era a de "conspiração para derrubar o governo" Não seria suficiente para Darrow mostrar que, embora aqueles homens tivessem advogado a força, realmente nunca haviam cometido um ato de força. A Lei de Derrubada tinha tornado possível aos seus clientes serem detidos e aprisionados, antes de terem perpetrado um ato de violência, e o promotor estadual teria apenas de provar que qualquer um do grupo tivera a "intenção" de derrubar o governo, para que todo o ramo local fosse para a pensão.

Sobre que base, então, iria ele construir a sua defesa, o seu pedido de tolerância? Poderia baseá-la unicamente no princípio de que aqueles cidadãos tinham o direito de pregar a derrubada de seu governo, porque a Constituição garantia-lhes as liberdades de palavra, imprensa e reunião, e que esses direitos estavam implícitos numa democracia. Admitiria perante o tribunal que seus clientes sabiam bem o que estavam fazendo, mas que tinham direito a qualquer heresia, econômica, política, assim como religiosa. Sabia que tal defesa iria ser perigosa. Mas se pudesse conseguir uma absolvição numa base sólida, a dos antecedentes revolucionários dos Estados Unidos, não poderia haver outras acusações.

Mais uma vez, iria ele assumir o papel do espinho na carne. Quando a acusação afirmou que tinham sido homens como Lloyd e seus associados os responsáveis pelo derramamento de sangue e destruição praticados pela Revolução Russa, defendeu aquela revolução, retratando vividamente as opressões czaristas e as suas bárbaras crueldades, durante os sé-

280 Advogado da Defesa

culos anteriores ao levante. "A Rússia tem dado a última palavra em tirania na Europa, por mais de mil anos, com um governo de despotismo, temperado pelo assassínio, onde todas as pessoas bravas e amantes da liberdade foram mortas ou mandadas para a Sibéria." Quando a promotoria acusou seus homens de tramar para conseguir os seus fins, por meios outros que não o voto, defendeu ele o direito de ação coletiva fora das urnas. Quando a promotoria acusou seus clientes de atacarem a Constituição, ele citou a Interpretação Econômica da Constituição, de Charles A. Beard, para mostrar como a Constituição tinha sido inicialmente redigida de modo a proteger os direitos de propriedade acima dos direitos pessoais, e tivera de ser constantemente emendada para incluir direitos pessoais que pudessem possibilitar o funcionamento de uma república.

Seu nome e seu caráter tinham sido vilipendiados, e, no entanto, tudo aquilo que acontecera antes era apenas um sopro leve, comparado com o furacão desencadeado quando Clarence Darrow defendeu o direito de os trabalhadores tomarem o controle de seu país. Como sempre, em toda a sua carreira, foi acusado de acreditar e de advogar as teorias das pessoas que estava defendendo. Poucos acreditariam nele, quando disse que estava simplesmente agindo como um mecanismo da defesa.

"Por que não deve o trabalhador empreender uma conquista do poder do Estado? – perguntou. – Nenhuma organização poderia acreditar na conquista do poder do Estado, a menos que acreditasse no Estado. Existe alguma razão a mais para que o trabalhador não deva empreender a conquista do Estado, em vez de qualquer outra parte da sociedade? Todos os partidos políticos dos Estados Unidos estão tentando fazer isso. A política de meus clientes é exatamente igual à política de todos os outros, exceto pelo fato de que eles acham que usariam o poder em benefício do trabalhador. Talvez mesmo, se esses homens empreendessem a conquista do poder do Estado, seus sonhos não viessem a se realizar: não posso dizer, mas eles têm o direito de tentar; eles têm o direito de pensar; eles têm o direito de ter suas opiniões e de fazer ouvir suas opiniões. É isso o que eu defendo, e não estou interessado em saber se as suas opiniões estão certas ou erradas.

"Só podemos proteger as nossas liberdades neste mundo protegendo a liberdade dos outros. Os senhores só poderão ser livres se eu for livre. A mesma coisa pela qual me pudessem prender, poderia ser usada para prender os senhores, e o governo que não é suficientemente forte para proteger todos os seus cidadãos não deve viver na face desta Terra."

Foi um bom discurso, como Darrow teria dito. Suas repercussões deram a volta ao mundo. Os júris sempre tinham estado ao lado dele, mas, dessa vez, havia ido longe demais. Para aceitar a sua filosofia, teriam de passar por uma revolução em suas próprias mentes, uma revolução mais radical do que aquela advogada por William Bross Lloyd e seus companheiros radicais. Era impossível para eles tomar qualquer decisão definitiva no caso; condenaram todos os dezesseis clientes à penitenciária, com sentenças de um a dois anos, sentenças relativamente leves, tendo levado em consideração os direitos que Darrow havia exigido em nome deles. Alguns de seus amigos ficaram perplexos por não se ter o júri voltado contra ele, pedindo uma denúncia contra o advogado da defesa.

Ele apelou da sentença para a Suprema Corte de Illinois, que sustentou a decisão do tribunal anterior. Isso deixou Darrow um pouco triste. Entretanto, animava-o a voz solitária e divergente do Juiz Carter, que insistiu em escrever na ata: "Nos termos da Constituição de 1870, que rege a liberdade de palavra, este Estatuto da Derrubada do Governo de 1919 deve ser considerado tão vago e geral, e tão claramente contrário à doutrina americana da liberdade de palavra, a ponto de ser tido como inconstitucional."

Advogado da Defesa 281

Como Darrow havia comentado, quando um único ministro da Suprema Corte dos Estados Unidos votara contra o rapto de Moyer, Haywood, Pettibone: "Há sempre um único homem para defender as razões da liberdade. É isso tudo o de que precisamos, só um."

CAPÍTULO XI

ATÉ OS RICOS TÊM DIREITOS!

O CASAL DARROW dormia profundamente, nas horas da antemanhã de 2 de junho de 1924, quando foi despertado "por um toque assustador de campainha, como se a casa estivesse em chamas"

"Saí da cama apressadamente – conta a Sra. Darrow, – e, enquanto descia correndo o longo corredor para a frente do apartamento, a campainha continuou tocando freneticamente. Quando abri de uma vez a porta da frente, encontrei-me diante de quatro homens que pareciam bandidos mascarados segurando as golas erguidas de seus capotes. Forçaram a entrada e exigiram:

"– Precisamos ver Clarence Darrow! Ele está em casa?

"– Darrow está dormindo. Ele não está passando bem... não deve ser incomodado."

Os quatro homens insistiram em ver Darrow e se atiraram para o seu quarto. O chefe do grupo, tio de Richard Loeb, lançou os braços à volta dos ombros de Darrow, exclamando:

– Graças a Deus, você está aqui! Nenhum outro pode salvar-nos. Se você não estivesse em casa, estaríamos arruinados. Você tem de salvar nossos dois rapazes!

Darrow conhecia a família Loeb havia muitos anos; assistira nauseado de espanto à prisão de Richard Loeb e Nathan Leopold Junior, pelo assassínio de Robert Franks, de quatorze anos.

– Mas eles não são culpados. Você tem seus sobrinhos, os irmãos Bachcrach, para defendê-los; a inocência deles não deve ser difícil de provar.

– Não, não! – gritou o tio, desesperado. – Dickie e Babe confessaram esta tarde.

Darrow endireitou-se lentamente, na grande cama de metal, incapaz de acreditar, no momento, que os dois rapazes, ambos filhos de milionários, brilhantes estudantes, que tinham sido os mais jovens formados das Universidades de Michigan e Chicago, pudessem ter cometido o chocante assassínio. Os rostos dos quatro homens que rodeavam sua cama, atordoados pela dor, diziam-lhe que a história era verdadeira. Depois de um longo momento de silêncio, ele murmurou roucamente:

– Neste caso, que posso eu fazer?

Advogado da Defesa 283

– Salve as vidas deles! Consiga uma sentença de prisão perpétua, em vez de pena de morte. É isso tudo o que pedimos de você.

– É isso tudo quanto pedem – murmurou o advogado, já com sessenta e sete anos, mais para si mesmo do que para os intrusos. – Milhões de pessoas pedirão suas mortes, e tudo o que pedem é que eu salve suas vidas.

Loeb caiu de joelhos ao lado da cama.

– Mas você o conseguirá! – gritou. – Dinheiro não é problema. Pagaremos tudo o que pedir. Mas, pelo amor de Deus, não deixe que eles sejam enforcados. Você salvou cem outros, por que não os salva também?

Darrow encostou-se às guarnições de metal, de olhos fechados, a grande cabeça afundada no peito, recordando um episódio que tinha acontecido apenas algumas noites antes. Estava fazendo uma conferência sobre as desigualdades da lei, quando um jovem radical se saíra com esta:

– Sr. Darrow, desde que a lei capitalista é destinada a proteger os ricos e privilegiados, não acha que jogou fora o tempo, nos seus quarenta e cinco anos nos tribunais?

– Por que você não pergunta isso aos cento e dois homens cujas vidas eu salvei? – retrucou Darrow laconicamente.

Naquilo, a despeito da idade avançada, do reumatismo e da nevralgia que o atormentavam, da sua fadiga, da desilusão e do pessimismo a propósito da capacidade de a espécie humana escapar um dia da sua herança animal e criar uma ordem pacífica e fraternal, estava a sua compensação: salvara cento e duas vidas, impedindo que cento e dois seres humanos fossem executados pelo Estado.

Havia lutado em favor de muitas causas, em seu tempo, algumas mais defensáveis e dignas do que as outras, mas a sua grande e permanente cruzada tinha sido contra a pena capital. Sempre trabalhara tendo em mente a idéia de que, se pudesse dar início a um movimento que viesse, um dia, nalgum século distante, pôr termo ao extermínio legalizado, os seus esforços, dificuldades e sofrimentos, assim como as injúrias que sofrera, teriam valido a pena. Não muito tempo atrás, na Inglaterra, mais de cem crimes, muitos deles de menor importância, ainda eram passíveis de pena de morte; nos primeiros tempos da história dos Estados Unidos, muitas ofensas, inclusive a feitiçaria, tinham sido castigadas com a morte. Agora, só restava um crime ainda a evocar aquela relíquia, vestígio do barbarismo.

Todas as mortes pelo Estado eram assassínios do primeiro grau. Como ninguém podia reformar um criminoso, simplesmente executando-o, eram atos de vingança. Seu meio século nos tribunais o havia convencido de que, como todos os atos de vingança, as execuções não agiam como um impedimento para outras mortes, mas, pelo contrário, tendiam a diminuir o valor da vida humana, derrubando as barreiras da sua indestrutibilidade nas mãos dos homens.

Poderia ele defender Loeb e Leopold por aquele crime? Não iria, uma vez mais, invocar sobre a sua cabeça a cólera da multidão, o ódio e o vitupério da massa? Não iria, mais uma vez, ser chamado anarquista, inimigo da sociedade, gerador do caos? Sabia bem que bulha e grita seriam levantadas, fosse qual fosse a defesa; o público estava por demais trabalhado e atemorizado pela crueldade do assassínio, para fazer a sutil distinção entre uma defesa do crime e uma defesa dos infelizes que o tinham perpetrado. Sabia, que, uma vez mais, estaria nadando sozinho, contra a correnteza.

Todavia, poderia ficar à parte, enquanto Nathan Leopold Junior, de dezenove anos,

284 Advogado da Defesa

e Richard Loeb, de dezoito, eram executados pelo Estado? Poderia abandonar sua luta contra a pena capital, simplesmente porque aqueles réus, em particular, poderiam parecer indefensáveis? Como poderia um grupo de seres humanos justificar que se tirasse a vida de outro ser humano?

Se pudesse convencer o público de que Loeb e Leopold eram duas máquinas humanas defeituosas, que haviam tido um desarranjo em alguma parte, por causa da herança ou da pressão do ambiente exterior, se pudesse salvar as suas vidas, quando todo mundo queria que fossem exterminadas, não poderia ele desferir um golpe de morte na pena capital? Enquanto o Estado estivesse julgando Loeb e Leopold, poderia ele julgar a pena capital. Seu livro, *Crime, Sua Causa e Tratamento*, que publicara recentemente, tinha sido desprezado; ninguém o lera; mas, se defendesse Loeb e Leopold, falaria aos ouvidos do mundo, poderia ensinar a seus habitantes tudo o que havia no seu livro.

Crime, Sua Causa e Tratamento, era o livro mais valioso e revolucionáno que jamais tinha escrito; nele, enunciava a essência de sua crença: a máquina que é cada homem está completamente configurada, no momento em que sai do ventre da mãe, mas, uma vez que as suas fronteiras inerentes tivessem sido proscritas, o verdadeiro destino ou modelo dessa máquina humana seria determinado pelas circunstâncias nas quais ela se achava posta no mundo exterior. De acordo com aquela filosofia, não havia lugar para o livre-arbítrio: o homem agia de acordo com o equipamento de que tinha sido dotado, e de acordo com o ambiente no qual tinha sido mergulhado. Se, pois, não havia livre-arbítrio, não poderia haver nem elogio nem censura; nenhum homem era exclusivamente responsável pelos seus atos; os responsáveis eram seus antepassados e o estado da sociedade na qual vivia; e castigar um homem por ter um cérebro, um espírito, um caráter, um conjunto de impulsos de ação, que fora determinado para ele por poderes fora do seu controle, era estúpido, desperdiçado, cruel e bárbaro. Os jornais berravam que não havia, absolutamente, razão para aquele perverso crime cometido por Loeb e Leopold; que o ato não poderia ser explicado por nenhuma causa inteligível. Todavia, sabia Darrow que havia milhares de pequenas e complicadas razões por trás do crime, todas elas entretecidas no caráter e no ambiente dos assassinos, e que as causas seriam inteligíveis uma vez que o mundo pudesse vir a compreender todos os fatores que tinham concorrido para que aquelas duas máquinas humanas se desarranjassem.

Crime, Sua Causa e Tratamento, mais uma vez, fizera com que fosse ele acusado de anarquismo criminoso, pelo fato de defender o criminoso e justificá-lo com uma filosofia mecanicista da vida. Fora com essa filosofia que havia defendido milhares de seres humanos; era com essa filosofia que iria defender Richard Loeb e Nathan Leopold.

Por causa dessa decisão, tomada na calada da noite, por um velho cansado e desiludido, o jovem Leopold iria escrever para ele, com um lápis barato, em papel vagabundo: "É coragem, para um homem que, depois de quarenta e seis anos de esforços incansáveis, construiu uma das maiores reputações de habilidade forense, pôr em jogo essa reputação inteira num caso aparentemente impossível?... Por que faz ele tal coisa? Fá-la por causa de seus princípios. É isso bravura? Por Deus, não; é mais do que bravura; é heroísmo."

Darrow saiu cansado da cama, vestiu-se, desceu as escadas com os quatro homens, entrou na limusine de Loeb e seguiu para a cadeia do condado.

2

Sentado quietamente no banco de trás, ouvia os quatro homens a lhe falar explosivamente. Mas não lhes dava atenção; escutava as suas próprias vozes, a recordarem que sempre havia dado relevo à pobreza como causa do crime.

Nathan F. Leopold Junior e Richard A. Loeb tinham sido criados no elegante bairro de South Shore, em Chicago. O pai de Leopold era um milionário aposentado, fabricante de embalagens enquanto que o de Loeb era o multimilionário presidente da Sears, Roebuck e Companhia. A propriedade dos Loebs, em Charlevoix, no Michigan, erguia-se no meio de centenas de alqueires de terra magnificamente cobertas de matas. Os dois rapazes tinham sido criados em meio de grande riqueza, desde a infância, com governantas, choferes e os requintes luxuosos que podem ser comprados por milionários. Loeb tinha uma mesada de 250 dólares, com três mil dólares no banco, em seu próprio nome, e uma ordem permanente de seu pai, ao secretário da família, autorizando "Dickie" a receber um cheque de qualquer importância, em qualquer ocasião, sem perguntas. Embora Leopold só tivesse uma mesada equivalente à metade, tinha o chofer da família à disposição, seu próprio carro, contas nas grandes lojas, e podia receber qualquer importância em dinheiro que pedisse.

Darrow conhecia o adágio: "Ninguém pode condenar um milhão de dólares". Isso era o que o povo estaria dizendo, à mesa do café, naquela manhã. E não teria o público o direito de dizer, se ele aceitasse a defesa – "Aquele velho patife, Clarence Darrow! Quando seus clientes são pobres, ele fala da pobreza para os libertar, censura a sociedade, o Estado e a estrutura política. Mas basta ter uma oportunidade de ganhar honorários enormes defendendo milionários, para se ver com que pressa ele se esquece do crime como um resultado da pobreza." Não estaria ele entregando-se à mentira, controvertendo a boa obra que seu antecessor, John P. Altgeld, realizara, ensinando ao mundo as bases econômicas do crime?

Todavia, enquanto o carro corria pela escuridão, ao longo do lago, e Darrow começava a dar atenção aos homens ao seu lado, que tentavam explicar o crime segundo os antecedentes dos rapazes, compreendeu que aquele crime não apenas confirmava as suas teorias criminológicas, mas lhe dava outra dimensão. O excesso de riqueza tinha sido o real protagonista do assassínio. O mesmo acúmulo de dinheiro havia corrompido Loeb e Leopold, assim como corrompera, por não se achar ao seu alcance, os rapazinhos dos cortiços de Chicago, que haviam seguido o mau caminho. O crime de Loeb e Leopold era o reverso da medalha.

Nathan Leopold Junior era, dos dois rapazes, o mais interessante e brilhante. As numerosas doenças de sua psique eram, em grande parte, responsáveis pelo assassínio de Robert Franks, muito embora tivesse cabido a Loeb planejar, preparar e executar o homicídio. O jovem Leopold era adorado por seus pais, que lhe chamavam "Babe". Por sua vez, o rapaz adorava sua mãe, a quem chamava "minha santa mãe". Desde a sua primeira infância, tinha sido hipersensível. A menor afronta ou ofensa imaginada era bastante para feri-lo profundamente, causando-lhe angústia mental. Anormalmente tímido diante de garotas, seus pais procuravam corrigir essa falta de atitude, mandando-o para uma escola de moças, aos cuidados de sua governanta, que o levava ali todas as manhãs e ia buscá-lo todas as tardes. A ignomínia de ser o único menino, numa escola de meninas, o fez voltar-se mais ainda contra o sexo oposto, criando feridas psíquicas que jamais seriam plenamente curadas.

O jovem Leopold sofria de irregularidades e distúrbios glandulares que estavam tendo efeito não apenas sobre seu corpo, mas sobre sua mente, entendendo-se por essa palavra todas as funções internas do cérebro, do sistema nervoso e da estrutura glandular, que se juntam para compor um ser completo. Os exames médicos mostravam que tinha tido uma

286 Advogado da Defesa

tireóide superativa e doentia, provocando um desenvolvimento sexual prematuro. Os médicos verificaram também que sofria de um distúrbio do controle nervoso dos vasos sangüíneos, tinha uma retrogressão das glândulas pineais, que já se achavam calcificadas, aos dezenove anos de idade, e que sofria de insuficiência das supra-renais.

Aquela composição glandular tinha, inevitavelmente, influência sobre o aspecto de Leopold, e, conseqüentemente, sobre a sua atitude para com o mundo. Era pequeno de estatura, tinha olhos proeminentes, cabelos duros, ombros largos, pés chatos, com abdomem protuberante. Os distúrbios glandulares, que lhe causavam sofrimento por desordem sangüínea, fadiga muscular, baixa temperatura, baixa pressão, baixo metabolismo e anemia, o deprimiam, fazendo-o nervoso, à medida que suas energias se esgotavam, fazendo-o vítima de aflições físicas ou inaptidões que determinavam a sua personalidade. Essas inadaptações, aliadas ao fato de que se julgava fisicamente pouco atraente, davam-lhe um grave complexo de inferioridade, um complexo de inferioridade que o tornava vítima fácil do complexo de superioridade gerado pela grande riqueza de seu pai. Este lhe ensinara e demonstrara que a riqueza controla o mundo, e que tudo o que desejasse podia ser comprado. Quando queria caçar passarinhos no parque, e não era tempo para isso, a riqueza de seu pai obtinha para ele uma permissão especial; quando foi apanhado pescando fora da época, seu pai não apenas pagou as multas, mas substituiu o equipamento que havia sido apreendido de Leopold e seus amigos. Nem o pai nem a mãe fizeram qualquer tentativa para ensinar ao menino que aquela riqueza envolvia responsabilidades e obrigações para com a sociedade que a havia criado. Pelo contrário, mostraram-lhe, pelo exemplo, que, graças à sua riqueza, era superior a todas as outras pessoas, não devendo obediência às mesmas leis que valiam para as manadas. O jovem Leopold cresceu com a idéia de que se achava além da responsabilidade, porque estava além da necessidade de ganhar dinheiro, e que, durante toda a vida, poderia fazer precisamente o que desejasse porque sempre teria o dinheiro para comprar aquele desejo.

Assim, sofria constantemente do conflito entre a sua herança física e o ambiente no qual tinha nascido: sua herança física lhe causava inferioridade patológica; seu ambiente lhe dava superioridade patológica. Desde a sua primeira infância, o rapaz era esquizofrênico, preso entre as lâminas de seus complexos, nunca tendo um padrão de conduta capaz de ser integral ou unificado, porque era constantemente rasgado em farrapos pelas lâminas, que nunca paravam de funcionar, daquelas tesouras gigantes. O garoto não sabia por que era constantemente empurrado e ferido, por que era tão introspectivo, por que evitava as pessoas e preferia ficar sozinho.

A característica principal de Nathan Leopold, uma característica que podia fazer sombra a tudo mais, era a sua precocidade. Aos dezoito anos de idade, completara o seu curso na Universidade de Chicago, tendo sido o mais jovem jamais formado naquela instituição. Além do brilhante trabalho que fazia na classe, tinha muitas leituras em filosofia, metafísica, literatura e ciências; lia pelo prazer de aprender, sendo capaz de reter e correlacionar parcelas enormes daquelas disciplinas amadurecidas e difíceis. Era um perito ornitologista, fazia freqüentes visitas ao campo, à procura de espécimes, tinha um museu de amador de primeira classe, em sua casa, escrevia trabalhos sobre a matéria e era altamente considerado pelos profissionais do campo.

Essa precocidade era também uma manifestação das estruturas nervosa e glandular que determinavam o seu aspecto físico. Para os efeitos práticos de tornar a sua vida feliz, a sua precocidade lhe fizera mais mal do que bem: nos primeiros anos da escola, os colegas tinham

Advogado da Defesa 287

fugido dele, como o menino mimado e querido da professora; ao passo que mais tarde, nos anos da universidade, era muito mais jovem que seus companheiros para ter amizades baseadas na igualdade. Nunca foi popular; nunca foi muito estimado; quase não tinha amigos. Aquela incapacidade de fazer com que as outras pessoas jovens gostassem dele causava-lhe uma profunda agonia, uma agonia tão intolerável que ele decidira derrotá-la pela fuga, saindo do mundo exterior e refugiando-se nos reinos do intelecto, onde podia ser senhor, onde não mais teria sentimentos, onde poderia estar a salvo das intrigas, dos ferimentos e das dores emocionais. A morte de sua mãe aumentou a intensidade de sua resolução; mais ainda, voltou-o contra Deus e a religião, por tirarem, tão desnecessária e insensivelmente, a boa mulher que ele tinha amado acima de todas as outras. Quando estava com quatorze anos, conheceu a filosofia do super-homem de Nietzsche. Intelectualmente equipado para compreender aquela filosofia, embora, ao mesmo tempo, demasiado imaturo para digerir ou apreender as suas conseqüências sociais, o jovem Leopold concebeu a idéia de que havia alguns poucos homens que eram muito mais sábios e muito mais dotados do que todos os outros, e que eles poderiam governar o mundo. Tudo o que faziam era correto, pela razão de que tinham decidido fazê-lo; não precisavam de pensar ou de levar em consideração os sentimentos dos outros, pois as classes inferiores da raça humana tinham sido postas na Terra meramente para que o super-homem as guiasse e fizesse com elas o que quisesse. Essa filosofia dava sentido à sua fuga: por trás dos seus portões de ouro, podia ele fechar as múltiplas agonias da juventude desajustada, vencer o seu complexo de inferioridade encontrar a superação da sua introspecção.

Naquela ocasião, foi introduzida na casa dos Leopolds uma governanta que cometia com o rapaz práticas sexuais inconvenientes. Vários anos de exposição àquela perversão tornaram extremamente difícil qualquer tentativa de uma formação de relações sexuais normais, completando o desajustamento de Nathan. Nathan Leopold Junior adquiriu a obsessão de que era o produto bastardo de uma combinação da grande riqueza de seu pai, do distúrbio de suas glândulas endócrinas (uma das quais talvez viesse despejando excesso de secreções femininas em sua corrente sangüínea), da filosofia de Nietzsche e da sua exposição à governanta. Ele não tinha o menor desejo de se tornar um super-homem; queria tornar-se uma supermulher, uma super-esposa, a escrava feminina do super-homem que estaria acima dele, escrava voluntária e alegre, que serviria pelo amor extremo que teria pelo super-homem.

"Tornou-se obsedado pela idéia de se tornar escravo de algum rei grande, bonito e poderoso. Iria ser o escravo abjeto, que executaria as ordens do rei, e, se necessário sofreria o castigo aos seus pés."

Naquele estado de espírito, conheceu Richard Loeb, alto, de constituição atlética, rosto belo, olhos atentos e cintilantes, espírito brilhante, personalidade firme e vontade inabalável. O jovem Leopold havia encontrado o seu super-homem. Apaixonara-se.

Falando de sua adoração por Loeb, o jovem Leopold disse: "Posso demonstrá-la para o senhor dizendo que me sinto menor que a poeira abaixo dos pés dele. Tenho ciúmes do alimento e da bebida que ele toma, porque não posso chegar tão perto dele como chegam o alimento e a bebida."

Babe, que nunca teve relações sexuais com qualquer outro rapaz, implorava a Dickie Loeb que as tivesse com ele. Loeb, que durante anos vinha procurando um companheiro que executasse as suas ordens, cometendo crimes, concluiu que tinha encontrado em Leopold o companheiro perfeito para ajudá-lo a planejar e executar aqueles crimes. Concordou em ter relações homossexuais com Leopold, se este concordasse em ter também relações criminosas.

288 Advogado da Defesa

Leopold consentiu, sem discutir, e o pacto foi firmado.

3

Richard Loeb era um rapaz bem apessoado; os métodos da defesa não tinham conseguido encontrar nele nenhum defeito; entretanto, seus irmãos de fraternidade estudantil diziam tê-lo visto desmaiar pelo menos três vezes, enquanto se achava na escola. A despeito dos milhões de seu pai, dos numerosos carros, do enorme ginásio de Charlevoix, dos cavalos, dos navios, dos bosques e lagos, dos incontáveis criados, Dickie Loeb também tinha tido uma infância infeliz. Freqüentemente pensava no suicídio, e parecia ter vontade de autodestruir-se. As causas podem ter decorrido do processo normalmente penoso de passar pela adolescência, das diferenças religiosas de seus pais, dos mesmos distúrbios nervosos que causavam os desmaios, do efeito desequilibrador da grande fortuna sobre uma criança emocionalmente instável.

Loeb também atribuiu a sua queda a uma governanta, sob cujo controle permaneceu por numerosos anos. A Srta. S. era mulher inteligente e rigorosa disciplinadora; amava o jovem Dickie e queria fazer dele um homem fino, disciplinado e bem educado. Mantinha-o horas inteiras em seus estudos, sempre o vigiando e fazendo-o ler livros nos quais ele não tinha interesse algum. O jovem Dickie gostava de ler histórias de cowboys e de detetives, sentindo-se aborrecido com a rotina do dever que lhe era imposta. Rapaz brilhante e cheio de expediente, em breve verificou que a maneira mais fácil de evitar o trabalho era não entrar em conflito com a sua governanta a respeito dele, mas enganá-la, fazendo-a pensar que o trabalho tinha sido feito. Mentia; trapaceava; disfarçava; iludia. Sempre foi bastante inteligente para se sair bem nisso. Seu procedimento lhe dava duplo prazer, pois, agora, além de poder entregar-se a sua onívora leitura de histórias de crimes, também podia congratular-se consigo mesmo pela sua esperteza. Com o passar dos anos, cresceu e passou a gozar a ilusão pela própria ilusão, sempre procurando métodos mais novos e mais engenhosos de alcançar um objetivo, mas escondendo a sua intenção. O menino tinha uns modos tão corretos, parecia tão honesto, franco, aberto e amorável, para com aqueles que o conheciam, que ninguém jamais o julgaria capaz de duplicidade. O rapazote tinha tanta satisfação em enganar os outros que, em breve, dizia mentiras, trapaceava e iludia, exclusivamente pelo prazer de fazer aquilo.

Dickie, como Leopold, tinha um espírito brilhante e retentivo. Quando se formou pela Universidade de Michigan, aos dezessete anos, era o mais jovem já diplomado ali. Entretanto, quando entrara para a escola superior, sua personalidade psicótica já se achava bem desenvolvida. Um dos seus irmãos de fraternidade conta a respeito dele: "Loeb falava aos arrancos, discutia questões sem importância, saltava para dentro de uma sala, em vez de entrar nela caminhando, fumava rápida e nervosamente, depois de novo saltava para fora. Era considerado como infantil. Era meu dever indicar os mais velhos, como mentores dos calouros, mas eu não indiquei Loeb, porque o seu juízo e conduta não eram considerados suficientemente prudentes para orientar um novato." Enquanto estava na Universidade de Michigan, Loeb se divertia cometendo pequenos furtos contra seus colegas de fraternidade; sempre gostava mais de um roubo quando podia ver o desconforto da vítima.

Durante vários anos, antes de conhecer Leopold, não tinha lido quase nada, além de histórias policiais; tinha-se tornado obsedado pela idéia de que poderia tornar-se um mestre do crime. Aquele fantasma se desenvolvera, em parte, para combater os efeitos da sua inclinação para o suicídio, mas, ainda mais, foi resultado da riqueza abundante da família Loeb, que gerou em Dickie a idéia de que já era um mestre, por ser milionário, e de que as regras que

Advogado da Defesa 289

se aplicavam às pessoas comuns não se aplicavam a ele. Acreditava ser tão brilhante que nunca poderia cometer um engano ao perpetrar um crime; por isso, nunca poderia ser apanhado; mesmo que fosse apanhado, os milhões de seu pai poderiam comprar a sua libertação.

Leopold tinha quatorze e Loeb treze anos, quando iniciaram o seu pacto; durante os quatro anos seguintes, contentaram-se com crimes de menor importância, tais como quebrar vitrinas, provocar pequenos incêndios e cometer pequenos furtos, por exemplo, o de uma máquina de escrever da fraternidade estudantil de Loeb, em Ann Arbor. No entretempo, não paravam de ler a respeito do crime, e de traçar vários planos para cometer o crime perfeito. As suas relações eram tempestuosas; ambos os rapazes ameaçaram matar um ao outro, em numerosas ocasiões. Embora Leopold considerasse Loeb como o rei e super-homem, era, na verdade o mais forte dos dois, assim como a esposa adoradora é, muitas vezes, a mais forte num casal. Era mais forte, mais brilhante e muito mais desequilibrado. Darrow compreendeu a extensão da sua psicopatia, ao ler uma carta escrita por Leopold a Loeb, quando tinha apenas dezessete anos:

"Quando você veio a minha casa esta tarde, esperei ou romper a nossa amizade ou tentar matá-lo, a menos que você me dissesse por que agiu daquele modo ontem. Vou acrescentar um pouco mais, num esforço para explicar meu sistema de uma filosofia nietzcheana a respeito de você. Talvez não lhe tenha ocorrido indagar por que um mero erro de julgamento da sua parte deve ser tratado como crime, quando, da parte de outro, não seria considerado assim. Aqui estão as razões: ao formular um super-homem, ele é, por conta de certas qualidades superiores que lhe são inerentes, isento das leis ordinárias que governam os homens ordinários.

"Não é responsável por qualquer coisa que possa fazer, exceto pelo único crime que lhe é possível cometer – o de cometer um erro. Ora, obviamente, qualquer código que conferisse a um indivíduo privilégios, sem também lhe impor responsabilidades extraordinárias, seria injusto e mau. Por isso, um Ubermensch é considerado como tendo cometido um crime toda vez que erra num julgamento um erro desculpável em outros."

Na primavera de 1924, Loeb e Leopold, estavam ociosos e à procura de diversão. Leopold tinha passado em seus exames vestibulares para a escola de Direito de Harvard, onde planejava entrar no outono, depois de voltar de uma longa viagem pela Europa. Loeb também planejava entrar para uma escola de Direito no outono. Ambos os rapazes percebiam que estavam chegando ao fim das suas relações. Loeb, insatisfeito com os pequenos crimes, incêndios e roubos, ansiava por cometer o grande crime da época, o crime que entraria para a história como o crime perfeito. Leopold não tinha desejo algum de cometer um assassínio, mas, durante quatro anos, os rapazes tinham apontado na direção do seu crime perfeito, discutindo-o e planejando-o, dia após dia, até que era demasiado tarde para ele empreender a sua retirada.

Era por isso que Bobby Franks se achava no necrotério, com a cabeça estourada; era por isso que Loeb e Leopold se achavam por trás das grades da prisão; era por isso que Clarence Darrow estava agora atravessando velozmente as escuras ruas de Chicago, às três horas da manhã.

4

O carcereiro recusou secamente permitir que Darrow visse os rapazes.

– Não tenho ordem do Procurador Estadual Crowe – disse ele. – Ninguém pode falar com eles.

Todas as tentativas para obter uma permissão de Crowe, pelo telefone foram inúteis, e Clarence nada mais teve a fazer senão esperar pela manhã. Os cinco homens voltaram para o carro e se dirigiram para o seu escritório. Ali o tio de Loeb encheu um cheque de dez mil dólares, o primeiro ato de uma trágica comédia que iria afastar de Darrow grandes parcelas do público e causar maiores malentendidos, para sua filosofia e intenção, do que qualquer outro fato da sua tempestuosa carreira.

Antes das nove horas da manhã, Darrow se achava no escritório do Procurador Estadual Crowe, exigindo que os dois rapazes fossem entregues ao Xerife e enviados para a cadeia do condado, onde estariam em liberdade para conferenciar com seus parentes e advogados. Até aquele momento, Crowe os vinha mantendo como seus prisioneiros pessoais, numa sala do Hotel La Salle e na cadeia do condado, onde seus psiquiatras os estavam examinando, num esforço para obter provas da sua sanidade. Crowe recusou entregar os rapazes. Darrow o conduziu perante o Juiz Caverley, para combater sua decisão.

– Compreendo que esses rapazes têm direitos – disse Crowe, – e se o tribunal me der prazo até duas horas, eu os entregarei às suas famílias e advogados, para uma conferência tão longa quanto desejarem.

– Mas essa é uma afirmação extraordinária – exclamou Darrow. – Esses rapazes são menores; eles têm direitos.

– Foi cometido um assassínio perverso e a sangue frio – retorquiu Crowe, – e os rapazes o confessaram.

– Outra afirmação inteiramente espantosa – disse Darrow. – Não importa até que ponto o crime foi a sangue frio, só há um lugar para eles serem detidos, a cadeia do condado, sob custódia do Xerife. Essa questão não pode ser debatida, e a questão da denúncia nada tem a ver com ela.

O Juiz Caverley concordou com ele, ordenou que os rapazes fossem levados imediatamente para a cadeia do condado. Dentro de uma hora, Darrow estava trancafiado com seus dois jovens clientes, ambos imensamente satisfeitos e lisonjeados por terem a defendê-los o principal advogado criminalista dos Estados Unidos. Loeb lhe disse: – Sr. Darrow, a sua mais ligeira vontade será lei para mim. Leopold disse:

– Sr. Darrow, quem quer que tivesse a menor parcela de inteligência não poderia deixar de ficar impressionado, quase abismado, pela profundeza insondável do seu intelecto. Este atributo único do homem sempre me atraiu mais fortemente que qualquer outro. E, como o senhor também o possui em mais quantidade do que qualquer outro homem que eu jamais tive o prazer de conhecer, isso apenas bastaria para me fazer curvar na abjeta adoração do herói. Na verdade, seria um "super-homem" incoerente aquele que não prestasse reverência ao seu superior.

Darrow viu que sua primeira tarefa seria colocar os dois rapazes de novo em seu juízo, pois, mal haviam sido apanhados, tinham começado a brigar. Embora a polícia tivesse visto, desde o princípio, que Loeb era o mais desequilibrado dos dois, também concluía que Loeb era o mais fraco. Embora ambos os rapazes tivessem sido interrogados incessantemente, durante vinte e quatro horas, Leopold conservara em forma o seu espírito e a vivacidade das respostas. Loeb havia desmaiado, cedido e confessado. Quando Leopold soube que seu rei, seu super-homem, havia confessado, exclamou desgostoso: "Digam a Loeb que, em primeiro lugar, estou surpreendido de ter ele sido tão fraco a ponto de confessar, e que me surpreendeu que fosse tão

Advogado da Defesa 291

fraco a ponto de desmaiar quando sob pressão. Afinal, ele não passa de um molóide."

O primeiro indício real de que Loeb estava cedendo, não meramente ao confessar, mas em seu espírito interior, foi quando negou ter cometido pessoalmente o assassínio de Bobby Franks. "Eu dirigia o carro – disse Loeb. – Leopold sentou-se atrás e bateu na cabeça de Bobby, com a alavanca." Quando os fotógrafos lhe pediram para posar, no assento traseiro do carro do crime, ele recusou, dizendo que havia dirigido o carro e que só permitiria que seu retrato fosse tirado ao volante. Aquela relutância em confessar a própria morte era o único sinal de remorso que Loeb alguma vez iria mostrar publicamente; mais tarde, confessou a um dos psiquiatras de Darrow que havia desferido o golpe. A sua mãe e pai, escreveu, de sua cela na prisão, poucos dias depois de ter sido preso:

QUERIDÍSSIMA MAMÃEZINHA E PAPAIZINHO: Esta história é terrrível em tudo. Tenho pensado e pensado nela, e mesmo agora não me parece que seria capaz de compreendê-la. Não posso de modo algum imaginar como tudo isso se deu. De uma coisa estou certo, porém – e isso é que não devo censurar a ninguém senão a mim mesmo. Receio que os dois possam tentar levar a culpa sobre os próprios ombros, e sei que eu sozinho sou o culpado. Nunca fui franco com vocês – uma mãezinha e um papaizinho queridos – e, se tivessem suspeitado de qualquer coisa e falado comigo, eu, sem dúvida, teria negado tudo e continuaria na mesma. Afirma o Dr. Glueck que eu tinha inclinação para destruir a mim mesmo, e creio que ele tinha razão. Parece-me ter posto fora todas as coisas mais finas de minha vida! Mãezinha e papaizinho queridos – isso pode parecer terrível, mas, de certo modo, é quase providencial que eu tenha sido apanhado, quando seguia por aquele caminho, sem confiar em ninguém – não há como dizer a vocês até que ponto eu poderia ter chegado. Tal como aconteceu, na melhor das hipóteses, tenho uma longa sentença de prisão à minha espera, mas tenho esperança de que, algum dia, estarei livre de novo, e real e verdadeiramente creio que serei capaz de fazer algum bem e pelo menos viver uma vida muito melhor do que teria sido capaz, de outra maneira.

Compreendo que há sempre uma possibilidade de pena de morte. Entretanto, não estou preocupado e lhes asseguro que, embora eu saiba que nunca estive à altura do papel – sei bem que, caso tenha eu de cumprir a sentença, pelo menos morrerei como deve morrer o filho de pai e mãe tão maravilhosos como agora sei, mais do que nunca, que tenho.

O que queria dizer a vocês é que não sou realmente tão duro de coração como estou parecendo. Sem dúvida, meus queridíssimos, receio que meu coração não seja o que deve ser, pois do contrário, como poderia eu ter feito o que fiz?

DICK

Embora Loeb também tivesse escrito a sua mãe – "Mamãezinha querida, a respeito de vir ao julgamento, isso não poderia, de modo algum, fazer qualquer bem e, embora eu pudesse adorar vê-la, sinto que só iria trazer-lhe mais tristeza, e que devemos todos pensar primeiro e antes de mais nada em Papai", – para Darrow, um dos aspectos mais tristes da tragédia foi que os pais de Loeb nunca o foram visitar na cadeia. Ele, afinal, foi à residência dos Loebs e suplicou à mãe:

– Se a senhora não mostrar misericórdia para com seu filho, pelo menos indo visitá-lo na cadeia, como pode esperar que o júri mostre clemência?

A Sra. Loeb, então, procurou ir ver seu filho; mas o pai nunca apareceu a uma audiência, nunca voltou a mencionar o nome de seu filho, nem permitia que fosse mencionado na

292 Advogado da Defesa

sua presença.

Quando Leopold soube que Loeb o tinha acusado de brandir a alavanca, "seu rosto se contraiu num espasmo de paixão, enquanto ele dava vazão ao seu desgosto, contra seu antigo companheiro, aquele que, ele agora acreditava, seria capaz de sacrificá-lo, na esperança, de que pudesse conseguir a absolvição". Um momento antes, tinha estado a pilheriar com o Chefe Hughes, dizendo-lhe que César se casara com uma irlandesa, porque "no capítulo décimo, parágrafo quatro, pode-se ler que se casou com uma mulher chamada Bridget, e que, chefe, esse é um bom nome irlandês, não é?". Quando soube que Loeb o acusara do assassínio, exclamou amargamente: "Digam a Loeb, por mim, que não faz diferença qual de nós dois realmente matou. Digam a ele que não deve esquecer que a minha repugnância pela violência é tal que eu não poderia ter assassinado Robert. Digam-lhe que a minha única tristeza é a de sabê-lo tão fraco a ponto de me acusar, e que eu sei a razão. Ele crê que, provando ser eu o verdadeiro assassino, acabará saindo livre. Digam-lhe que conheço a lei, e que estou simplesmente divertido com os seus floreios. Nós somos dois protagonistas de primeiro grau e – não há perdão!"

Darrow sabia que qualquer outra briga entre os dois rapazes representaria sério prejuízo para a sua defesa. Conversou com eles branda e severamente, durante várias horas. Ao fim daquele tempo, Loeb cantou:

– Nós dois estamos no mesmo barco, Babe, assim, seria melhor que seguíssemos juntos. Leopold virou-se e olhou diretamente nos olhos de Loeb.

– Sim, Dickie, nós já brigamos antes e já fizemos as pazes; agora, estamos no caminho que leva à maior enrascada pela qual jamais tivemos de passar. É direito que devamos seguir juntos.

Agora que tinha de novo os dois rapazes na condição de amigos, Darrow pediu-lhes para reconstituir o crime para ele, sem deixar de fora o menor detalhe, para que pudesse estar em plena posse de todos os fatos que já haviam sido reunidos pela acusação.

O plano para cometer um assassínio não tinha sido suficiente para satisfazer Loeb; tinha querido também cometer um rapto e receber o dinheiro do resgate. Daquela maneira, estariam cometendo a mais difícil e complicada de todas as combinações de crimes, e, enquanto o mundo estivesse procurando a vítima, de cuja morte ainda não sabia, poderiam estar segurando o dinheiro do resgate e gozando o êxito de sua façanha.

A primeira tarefa tinha sido a de escolher uma vítima. Como nenhum dos dois tinha qualquer coragem física, planejaram raptar um garoto. Pensaram, alternadamente, em seqüestrar o irmão mais jovem de Loeb, depois o neto de Julius Rosenwald, depois um rapazinho chamado Richard Rubel. Abandonaram a idéia de matar o irmão, porque, na hora das dificuldades, Dickie não estaria em condições de se afastar de sua família para recolher o dinheiro do resgate; abandonaram a idéia de raptar o neto de Rosenwald porque, como Rosenwald era presidente da Sears, Roebuck e Companhia, isso poderia prejudicar os negócios da família; e abandonaram a idéia de Rubel porque tinham ouvido dizer que seu pai era um avarento e que, com toda probabilidade, não apareceria com o dinheiro.

Resolveram marcar uma data para o crime e deixar que as circunstâncias indicassem a vítima. Leopold escreveu uma melodramática carta de resgate, na máquina que tinham roubado seis meses antes, da fraternidade estudantil de Loeb. Abriram uma conta bancária, sob um nome falso, para financiar as suas operações, e abriram conta numa companhia de carros de aluguel. Então, começaram a fazer viagens num trem da Central Michigan, e a lançar um embru-

Advogado da Defesa 293

lho da plataforma de observação, a fim de estabelecer um lugar seguro para recolher o resgate.

A 21 de maio, os rapazes alugaram um sedã, compraram uma alavanca, uma corda e ácido hidroclorídrico. O seu plano era estrangular a vítima, cada um dos rapazes puxando uma ponta da corda, para que pudessem ser igualmente responsáveis. Então, dirigiram-se para a fechada escola preparatória de Harvard, do outro lado da rua, bem em frente da casa de Leopold. Espiaram uma vítima provável no pátio, mas, quando aquele rapaz subitamente fugiu, decidiram-se por Robert Franks, de quatorze anos, primo de Loeb, que atraíram para o carro a pretexto de discutir uma nova raquete de tênis.

Em plena luz do dia, em uma muito movimentada rua de Chicago, a apenas poucos passos da casa de Leopold, Loeb baixou a alavanca na cabeça do jovem Frank. O sangue espirrou e ele caiu inconsciente. Loeb empurrou o rapaz para o chão, na traseira do carro, bateu-lhe na cabeça com a alavanca três vezes mais, depois enrolou seu corpo na manta de Leopold.

– Oh! Deus! – choramingou Leopold. – Eu não sabia que seria assim.

Depois, dirigiram seu carro pelo Jackson Park, saíram no Midway e dirigiram por cerca de 32 quilômetros através de ruas apinhadas, rodeados de todos os lados por automóveis, bondes e pedestres. Sabendo que teriam de esperar escurecer, antes que pudessem dispor seguramente do corpo, pararam num pequeno restaurante para comer um sanduíche; depois desceram a estrada em direção de Hammon. Num lugar deserto, estacionaram o carro. Levaram o corpo do jovem Franks para um bueiro ao lado dos trilhos da Estrada de Ferro Pensilvânia, a uns 60 metros de distância. Tiraram as roupas do rapaz, depois do que Leopold o enfiou no bueiro, onde imaginavam que não seria descoberto durante anos. Puseram as roupas do jovem Franks no carro e tomaram o caminho de volta à cidade. Não querendo que sua família se preocupasse a seu respeito, Leopold telefonou para casa, para dizer que chegaria tarde. Os rapazes pararam num restaurante, para jantar; depois foram para a casa de Loeb, onde enfiaram numa fornalha as roupas de Franks e as queimaram. Os sapatos do jovem Franks, a fivela de seu cinto, suas jóias e a manta manchada de sangue, eles a enterraram no campo; depois voltaram para a casa de Leopold, a fim de lavar as manchas de sangue no chão do carro.

À meia-noite, Loeb endereçou sua carta pedindo resgate, para a casa de Franks, enquanto Leopold telefonava para dizer: "Seu rapaz foi raptado. Ele está em segurança. Não se preocupe, as instruções seguirão mais tarde." Remeteram a carta do resgate por mensageiro especial. Na manhã seguinte, dirigiram-se para a estação da Central Illinois, onde Loeb comprou a mesma passagem que tinha comprado tantas vezes, para suas experiências quanto ao dinheiro do resgate. Foi para o carro de observação e pôs na máquina telegráfica da escrivaninha uma carta dizendo ao pai de Franks o ponto exato, perto da fábrica Champion, onde deveria lançar o seu pacote de dinheiro.

Entrementes, Leopold telefonava ao pai, dando-lhe instruções para tomar o táxi que estaria a porta de sua casa, e fosse a certa drogaria, onde receberia outras ordens por telefone. Mandou depois que um táxi fosse para a casa dos Franks. Loeb desembarcou do trem e tornou a se juntar a Leopold na estação; em seguida, guiaram lentamente para a parte alta da cidade, dando ao Sr. Franks tempo suficiente para chegar à drogaria designada. Quando seus relógios lhes disseram que Franks mal teria tido tempo bastante para pegar o trem, telefonaram à drogaria, para lhe dizer onde devia procurar novas instruções. Cumprida aquela tarefa, deveriam seguir para o ponto perto da fábrica Champion e esperar que o dinheiro do resgate

294 Advogado da Defesa

fosse lançado da plataforma de observação. Se o trem passasse mesmo que um só minuto atrasado, iriam embora, pois aquilo significaria que Franks havia entrado em comunicação com a polícia.

Mas alguma coisa saíra errada: Franks não se achava na drogaria quando telefonaram. Telefonaram duas, três vezes, até que viram que agora já era demasiado tarde; o pai já não teria tempo para tomar o trem. Sem saber o que deveriam fazer em seguida, para receber o resgate, completando assim o seu crime perfeito, os dois saíram para a rua. Gritando-lhes no rosto, achavam-se edições extras dos jornais, com grandes manchetes anunciando que o corpo de Bobby Franks tinha sido encontrado. Um trabalhador de um grupo de manutenção vira um pé descalço saindo do bueiro e chamara a polícia; poucas horas depois, outro membro da equipe de manutenção recolhera um par de óculos de aros de chifre, não longe do bueiro. Uma ótica de Chicago identificou os aros especiais, dando à polícia os nomes das três pessoas que os possuíam. Na sua primeira visita, encontraram uma mulher com os óculos sobre o nariz; na segunda visita, verificaram que o homem se achava na Europa; na terceira, Nathan Leopold Junior, que sabia que os policiais tinham em seu poder um par de óculos de aros de chifre, foi à porta receber a polícia que o procurava. Loeb, que tinha passado as horas intermediárias a discutir febrilmente o crime, ajudando os repórteres a localizar a drogaria onde Franks deveria receber suas instruções finais, estava com Leopold quando chegou a polícia. Ambos os rapazes foram levados para o Hotel La Salle, onde Crowe se achava à espera. Leopold admitiu que os óculos eram seus, mas afirmou que freqüentemente fora ao local do crime, em suas expedições ornitológicas, e que devia tê-los perdido ali, algumas semanas antes.

– Você acha que deve ser posto em liberdade? – perguntaram-lhe.

– Não, seria criminoso, da parte da polícia, deixar-me em liberdade agora, por causa dos óculos. Eu pensei todo o tempo que os óculos seriam a melhor pista para a polícia seguir, mas nunca imaginei que fossem meus. Não sabia que os tinha perdido; mas agora estou certo de que perdi, e que isso aconteceu numa das minhas muitas viagens em busca de pássaros, naquelas imediações. Creio que a última vez que estive ali foi no domingo anterior ao assassínio de Franks.

O álibi de Leopold, sobre o qual ele e Loeb tinham combinado, depois do assassínio, era que, na noite do rapto, ele e Dickie tinham levado duas moças a passeio de carro, em Lincoln Park. Depois que Leopold havia enfiado o corpo do jovem Franks no abrigo, pedira que Loeb pegasse seu capote e o levasse para o carro. Os óculos, que Leopold muito raramente usava ou levava consigo, caíram do bolso, quando Loeb pegara o capote. Naquele instante, o crime perfeito tinha começado a se desintegrar; quando o chofer de Leopold disse à polícia que o carro de Nathan tinha estado na garagem, na tarde e noite do crime, e que, na manhã seguinte, tinha visto os dois rapazes tentando lavar manchas vermelhas do chão de um carro estranho, o crime perfeito, e Loeb com ele, entrou em colapso.

Por volta do meio-dia, quando Darrow deixou seus dois clientes e saiu para o quente sol de junho, as edições extras já estavam na rua, anunciando a sua entrada no caso. Tinha sabido, na noite anterior, enquanto descia para a cidade na limusine de Loeb, que o povo ficaria ressentido, mas estava despreparado para a avalancha de protestos que tombou sobre sua cabeça. Embora Chicago tivesse sofrido muitos crimes venais na sua turbulenta história, o destino de Bobby Franks adoecia, assustava e atordoava todas as famílias. O jovem Franks tinha sido tão jovem, tão pequeno e tão inocente, e fora tão brutalmente assassinado que quase todas as mães e pais de Chicago sentiam ter perdido um filho em circunstâncias desolado-

Advogado da Defesa 295

ras. Uma pesada nuvem de melancolia e ansiedade pairava sobre a cidade. A maioria dos habitantes de Chicago queria que Loeb e Leopold fossem enforcados imediatamente, como exemplos objetivos, para que outras crianças ficassem em segurança. Quando souberam que Clarence Darrow ia defender os dois assassinos, sua indignação cresceu a uma intensidade ardente, que ele nunca tinha saboreado antes, mesmo nos mais amargos casos da sua guerra de classes. Concluiu-se imediatamente que iria alegar que os dois rapazes não eram culpados, por causa da insanidade; que os iria confinar num asilo, onde viveriam alguns anos confortavelmente, com os milhões de seus pais, para depois serem postos em liberdade. Conhecendo sua reputação, sua capacidade, a cidade se tornou convulsa de medo de que ele pudesse libertá-los. Senhoras suaves e meigas iriam execrar a memória de Darrow, depois de sua morte, pelo que consideravam a sua defesa do próprio homicídio.

W. R. Kellog, proprietário de um jornal de Nebraska, e caro amigo de Darrow, conta: "O número dos seguidores de Darrow, que o abandonaram por causa da sua defesa de Loeb e Leopold, foi maior do que em qualquer outro caso de toda a sua história. Muito poucos de seus amigos mais chegados ficaram de seu lado. Os advogados diziam: "Ele está desgraçando as leis criminais do país"; enquanto isso, os criminosos diziam: "Se Darrow puder libertar Loeb e Leopold, podemos cometer qualquer crime que quisermos; só nos cabe procurar Darrow para nos defender e estaremos livres". A prática do Direito Criminal, nos Estados Unidos, caiu no seu maior desapreço e desfavor, durante décadas." O fato de o país achar que Loeb e Leopold não deviam ter defesa, uma vez que haviam confessado, era apenas parte da objeção do povo à entrada de Darrow no caso; sabiam que a fortuna combinada das famílias Loeb e Leopold era de quinze a vinte milhões de dólares. O país, em seu todo, inclusive as classes trabalhadoras e as mais pobres, para as quais Darrow tinha dado tanto de seu tempo, sem compensação, não titubeou em chegar à amarga conclusão de que Clarence Darrow havia concordado em defender aqueles dois indefensáveis a fim de ganhar o maior honorário que jamais fora pago na história dos advogados criminalistas americanos. Começou logo a correr o boato de que "Darrow vai receber um milhão de dólares".

Quando os repórteres detiveram Darrow e o tio de Loeb, nos degraus do tribunal, naquela tarde, um deles disse:

– Não é verdade, Sr. Darrow, que vai receber honorários de um milhão de dólares para defender Loeb e Leopold?

Darrow, ouvindo aquele boato pela pnmeira vez, simplesmente abriu a boca espantado, mas Loeb apenas esboçou o sorriso de quem sabia. Foi difundida por todo o país a história de que Danow iria receber um milhão de dólares. A gente dizia:

– Darrow se vendeu. Finalmente recebeu o seu preço e se transformou em traidor – mas quem pode censurá-lo por um milhão de dólares livres? Se aqueles rapazes fossem pobres, eles seriam enforcados imediatamente. Darrow é um hipócrita; toda a sua vida, berrou que o crime é o resultado da pobreza. Mas, quando são os filhos dos milionários que cometem um assassínio horrível, ele volta as costas aos seus ensinamentos e agarra a oportunidade de defendê-los pela bolada que pode receber.

Na tarde seguinte, quando Ruby foi a sua favorita loja de departamentos para comprar um vestido novo, a fim de usar no julgamento, e escolheu um dos seus modelos baratos costumeiros, a chefe de vendas disse:

Oh! Sra. Darrow, não devem ser do seu gosto vestidos baratos assim. A senhora há de querer algo mais caro, agora que seu marido vai ganhar um milhão de dólares num caso.

296 Advogado da Defesa

A cena se repetiu em várias das lojas; durante os três meses seguintes, a Sra. Darrow teve de desistir de fazer as suas compras nas lojas habituais, procurando lugares onde era desconhecida. A fim de esconder completamente a sua identidade, teve de mandar os seus embrulhos para o apartamento de Midway, em nome de Marie Thompson, sua criada.

Compreendendo imediatamente que aqueles rumores iriam prejudicar sua defesa, Darrow publicou uma seca negação de que iria receber qualquer soma parecida. "Não foi feito acordo sobre importância alguma – afirmou, – ou mesmo discutido. A Associação do Foro irá determinar os honorários, no fim do julgamento, a fim de que tudo seja justo para todos.".

Ninguém acreditou nele.

5

Enquanto fervia a fúria a seu respeito, Darrow tentava pensar em uma maneira de sair de uma situação quase impossível. De apenas uma coisa estava certo. Aqueles dois rapazes que tinha tomado sob sua asa, e por cujas vidas ele sozinho seria responsável, eram mentalmente doentes. Tinham sido mentalmente doentes durante muitos anos. Depois da sua prisão e confissão, sua doença se havia acelerado, ao invés de diminuir.

– A morte foi uma experiência – dissera-lhe Leopold. – É tão fácil justificar tal morte como o é justificar um entomologista que mata um besouro com um alfinete.

O rapaz tinha pedido todos os jornais e sentira prazer em ver seu retrato na primeira página.

– Não é costumeiro uma pessoa ver o seu nome adornando as primeiras páginas –observou. – Mas suponho que essa é a única maneira que eu jamais teria de aparecer na imprensa. Loeb levantou bem o queixo no ar e declarou:

– Este negócio é que dará o acabamento em minha formação. Passarei alguns anos na cadeia e setei libertado. Sairei para uma nova vida.

Certamente, qualquer um podia ver que aqueles rapazes eram mentalmente doentes, pensava Darrow. Mas, como salvá-los? Se declarasse que não eram culpados, por causa da insanidade, teria de debater o caso perante um júri, um júri que não poderia fugir a histeria e a pressão sofrida de fora para dentro, que seria apanhado num julgamento de paixão, e que iria declarar que os rapazes, porque tinham espíritos brilhantes, porque eram filhos de milionários, porque haviam tido todas as oportunidades, deviam ser sadios, e portanto responsáveis pelos seus atos, devendo ser, assim, executados a bem da proteção da sociedade.

– Sei perfeitamente bem – observou ele, – que, onde a responsabilidade é dividida por doze, é fácil dizer: "Fora com ele!"

Não; nem mesmo ele podia correr o risco de um julgamento senão podia correr o risco de deixar de provar que os rapazes eram insanos, dentro das implicações jurídicas daquele termo. Melhor seria admitir a culpa de ambos e entregá-los à clemência do tribunal.

– De fato, admitimos a culpa perante Vossa Excelência – iria ele declarar durante o julgamento, – porque tínhamos receio de submeter nossa causa a um júri. Já verifiquei que a experiência da vida tempera as nossas emoções e nos torna mais compreensivos para com os nossos semelhantes. Tenho consciência de que, quando nos tornamos mais velhos, passamos a ser menos críticos; ficamos inclinados a fazer algumas concessões aos nossos semelhantes. Tenho consciência de que um juiz tem mais experiência, mais discernimento e mais generosidade do que o júri. Meritíssimo, se estes rapazes têm de ser enforcados, deve Vossa Excelên-

Advogado da Defesa 297

cia fazer isso. Vossa Excelência nunca poderá explicar que foi dominado pela pressão dos outros. Há de ser um ato seu, deliberado, frio, premeditado. Não se tratou de uma generosidade para com Vossa Excelência. Colocamos essa responsabilidade nos seus ombros porque estávamos pensando nos direitos dos nossos clientes, e nos preocupávamos com as infelizes famílias que nenhum mal fizeram.

Mas, que direito tinha ele de pedir clemência ao juiz? Que defesa poderia ele conceber, que pudesse persuadir um juiz a ter clemência com criminosos que não haviam mostrado clemência alguma? Bem, havia apenas uma defesa possível, a defesa inevitável: os rapazes eram mentalmente doentes e, por isso, não eram responsáveis pelos seus atos. Sabia que a doença mental nunca tinha sido admitida como defesa em tribunais americanos; os homens eram sadios ou insanos; tudo ou nada, sem matizes ou gradações entre uma coisa e outra. Mas aquela espécie de raciocínio era bárbara e ignorante, sem conjugação com tudo o que a ciência médica e a psiquiatria haviam elaborado. Darrow teria de demonstrar para o tribunal que a doença mental era uma atenuante, e nisso estaria a sua grande oportunidade.

Das suas décadas de ligação e amizade com criminosos, sabia que a maioria deles era de elementos emocionalmente desequilibrados ou mentalmente doentes. Durante os anos, havia chegado à conclusão de que o castigo aplicado a um malfeitor devia ser baseado não no próprio crime, mas no grau de curabilidade da doença mental do ofensor. As prisões deveriam tornar-se instituições curativas para os doentes mentais, assim como os hospitais eram instituições curativas para os doentes físicos. Se um indivíduo que cometera um crime importante pudesse ser completamente curado pelo tratamento psiquiátrico da doença que causara o crime, devia ser devolvido a sua família e à sociedade, quando fosse inteiramente seguro fazer isso. Entretanto, se outro homem cometesse apenas um crime de menor importância, mas se ficasse positivado não haver meio de cura para sua doença mental, mesmo depois de anos de tratamento científico e médico, então aquele homem deveria ser mantido afastado da sociedade todos os dias da sua vida. Essa seria a verdadeira justiça; essa seria a maneira civilizada de tratar indivíduos que contrariassem a estrutura legal.

Sem culpa, por causa da doença mental! Quantas infrações aquilo haveria de cobrir, num mundo difícil e complexo! Apenas dois anos antes, havia ele escrito um capítulo de *Crime, Sua Causa e Tratamenlo*, chamado "Responsabilidade Pelo Crime", que enunciava a sua atitude biológica, a atitude científica de compreender, com a qual, desde os seus primeiros dias, tentara substituir o credo divino, religioso, moralístico, da condenação e do castigo. Num grau surpreendente, o capítulo se aplicava ao crime Loeb-Leopold e o explicava.

"Antes que qualquer progresso possa ser feito no tratamento do crime – tinha ele escrito, – o mundo deve compreender plenamente que o crime é apenas uma parte da conduta; que cada ato, criminoso ou não, decorre de uma causa; que, dadas as mesmas condições, o mesmo resultado seguir-se-á para sempre e sempre; que todos os castigos com o propósito de causar sofrimento, ou desenvolvidos do ódio, são cruéis e anti-sociais; que, por mais que a sociedade possa sentir a necessidade de confinar o criminoso, deve, primeiro do que tudo, compreender que o ato teve uma causa suficiente em si mesma, pela qual o indivíduo não era de modo algum responsável; é necessário encontrar a causa da conduta e, na medida do possível, removê-la."

Antes de começar o julgamento de Loeb-Leopold, Clarence Darrow era modestamente famoso; durante aquele julgamento, iria tornar-se imensuravelmente notório. Sua defesa, embora pudesse ser importante para o progresso da ciência da criminologia, não podia ter

298 Advogado da Defesa

as implicações sociais de largo alcance de suas importantes prédicas em favor dos direitos trabalhistas e civis; todavia, era aquele o caso pelo qual iria receber a maior publicidade, e através do qual iria tornar-se conhecido nas partes mais distantes do mundo, que não se tinham dado ao trabalho de se familiarizar com suas atividades na guerra seccional. Por causa da estranheza do crime, da riqueza dos participantes, do fascínio com que o povo era arrastado ao apelo de morte de um assassino, iria ele permanecer mais conhecido do público, em geral, graças ao caso Loeb-Leopold. Isso não lhe desagradava; os deuses, com uma de suas generosidades ocasionais, lhe haviam dado a oportunidade de pôr em foco a sua obra contra a pena capital.

6

Mantendo em segredo os seus planos de defesa, tomou ele as primeiras providências para acalmar a grita pública contra os dois rapazes. Fez com que homens se misturassem com as multidões, no Loop, e perguntassem às pessoas se achavam que Loeb e Leopold deviam ser enforcados. Sessenta por cento dos interrogados responderam "sim". Então, fez com que os pais de Loeb e Leopold expedissem uma carta à imprensa, dizendo que não haveria tentativa de libertar os rapazes, mas apenas de provar que eram insanos, e que concordariam em que os honorários de Darrow fossem fixados pela Associação do Foro. Depois que os jornais tinham publicado aquela carta, os homens voltaram ao Loop para fazer as mesmas perguntas e verificar que sessenta por cento do povo agora estava disposto a aceitar a prisão perpétua para os culpados.

Darrow deu consigo apanhado numa febre de preparativos, rodeando-se de livros de psiquiatria e endocrinologia. "Durante aquele concentrado espaço de tempo, no encalorado verão – diz Ruby, – enquanto Darrow se preparava para o julgamento dos rapazes, nunca houve interrupção das conferências, dos preparativos e dos encontros com testemunhas e conhecidos. Darrow não tinha horas de lazer, nem de intimidade, e não descansava das reuniões dia e noite".

Uma convenção de psiquiatras americanos ia reunir-se em Filadélfia na ocasião. Darrow mandou Ben Bachrach contratar ali os melhores homens que pudesse encontrar. Todos tinham feito amplas pesquisas e publicado livros autorizados em seu campo. Foram eles para Chicago, depois de terminada a sua convenção, e começaram a diagnosticar os jovens assassinos. Loeb e Leopold muito apreciavam aquelas entrevistas. Leopold insistia em que não ligava ao que lhe pudesse acontecer durante o julgamento, desde que lhe fosse permitido manter sua dignidade; que não se importaria de ir para a prisão, para o resto da vida, desde que pudesse guardar consigo um completo livro de recortes de jornais. Loeb recitou os aterradores detalhes do crime, de uma maneira casual, não mostrando remorsos, tristeza nem compaixão.

A 21 de junho de 1924, Darrow deixou espantado o procurador estadual e o país ao declarar culpados os dois rapazes. "Desagrada-nos lançar este encargo sobre esta ou qualquer outra corte – disse ele, – mas sentimos que devemos fazer isso. Pedimos que o juiz nos permita apresentar provas quanto à condição mental destes jovens, que mostrem o grau de responsabilidade que tiveram. Desejamos oferecer essas provas como atenuantes do castigo."

O procurador estadual objetou, alegando que, como Darrow havia declarado os rapazes culpados, não podia, ao mesmo tempo, tentar provar a sua insanidade. O Juiz Caverley declarou que aceitaria as provas, como atenuantes.

Darrow chegou à sala do tribunal, pouco depois das dez horas da manhã de 23 de junho, para encontrar milhares de pessoas atravancando as calçadas e as ruas, procurando entrar. Já antes tivera de lutar para abrir caminho no meio de multidões excitadas, mas nunca vira nada que se comparasse com aquilo. Parecia que até a última alma de Chicago queria assistir à audiência, que iria permanecer, durante todos os anos, como a mais falada e inesquecível da história criminal de Chicago. Quando, afinal, havia conseguido, a poder de ombros, abrir caminho para o tribunal, teve a satisfação de verificar que, com exceção das jovens que tinham conseguido penetrar, para poderem ver o elegante Dickie Loeb, a maior parte dos lugares dos espectadores estava ocupada por destacados advogados e juízes do Médio Oeste, alguns dos quais tinham viajado nada menos do que 1.600 quilômetros, para ouvir o que consideravam que iria ser um dos julgamentos mais interessantes e dramáticos de sua época.

Quando o Promotor Estadual Crowe chegou, Darrow levantou-se e disse: "Olá, Bob," e apertou-lhe calorosamente a mão. Embora aqueles dois homens fossem desferir-se, mutuamente, golpes cortantes e impiedosos, durante o julgamento, como parte de seu trabalho, deveriam permanecer amigos, depois disso, assim como Clarence permanecera amigo da maioria dos acusadores – com exceção de Fredericks e Ford, – com os quais se havia defrontado em tribunais.

Loeb e Leopold foram então introduzidos, ambos muito bem vestidos e barbeados. Quando um dos repórteres comentou que tinham tomado muito cuidado em resguardar a sua aparência, Loeb replicou: "Decerto, pois o espetáculo é nosso. O público não deve ser enganado." Flertou com uma das moças bonitas durante toda a audiência. Leopold comentou: "Com o nosso aspecto e o cérebro de Darrow, nós nos sairemos muito bem." Afirmou que tinha considerável interesse em observar a si mesmo como assassino. Ambos os rapazes se apreciavam tão completamente que Darrow percebeu que haviam alcançado com êxito o fim que se haviam proposto: tinham conquistado a imortalidade, cometendo o crime perfeito: um crime tão perfeitamente sem motivo ou justificação que seus nomes jamais seriam esquecidos. Pelas expressões de seus rostos, brilhantes e inteligentes, Darrow viu que não estavam nem insatisfeitos nem infelizes por terem feito aquele "negócio" com a imortalidade.

Chicago estava no ponto culminante de sua febre, no momento de começar aquela audiência; o resto do país estava excitado e tenso. Milhões de pessoas discutiam o julgamento, perguntavam se os rapazes deveriam ou não ser enforcados, apostavam centenas de milhares de dólares no resultado, como se fosse um campeonato mundial ou um encontro pugilístico. Os jornais do país ficaram dominados, durante dias sem fim, pelas notícias do caso Loeb-Leopold: durante aquele breve período, os assassinos foram as duas mais importantes personagens dos Estados Unidos.

A luta pelas vidas de Richard Loeb e Nathan Leopold se desenvolveu com base em dois gritos de guerra:

– A atenuante é uma defesa! – reiterava Darrow.

– A verdadeira defesa neste caso – replicava Crowe, – é a perigosa filosofia de vida de Clarence Darrow.

Naquele caso, a perigosa filosofia de Darrow era sua crença na psiquiatria, no estudo dos distúrbios mentais e neurológicos do homem, e no seu efeito sobre a conduta. Antes da guerra mundial de 1914/18, a psiquiatria tinha sido ao mesmo tempo desprezada e ridicularizada, como um ramo curativo da medicina. Seus praticantes tinham sido chamados "doutores de malucos". Os que sofriam doenças mentais e distúrbios nervosos eram mandados para asilos ou sanatórios de insanos, ou eram suportados em casa, por famílias que sofriam constantemente. Mas, quando milhares de soldados americanos voltaram com neurose de guerra e sofrendo obscuros distúrbios mentais, quando a geração que cresceu durante a histeria da guerra e do após-guerra se encontrou com grande número de padrões de conduta desajustados, a psiquiatria ganhou o seu devido lugar.

Os psiquiatras tinham feito um trabalho magnífico; tinham conseguido milhares de curas; a prática de seu ofício tinha-se, afinal, tornado respeitada e respeitável, assumindo o seu lugar conveniente na prática da medicina. Mas o público em geral desconfiava ainda dos psiquiatras, ou alienistas, como a maioria deles era chamada, muitas vezes, quando iam ao tribunal prestar depoimento sobre a sanidade de um infrator, pois, aparentemente aqueles homens conseguiam encontrar justificativas médicas para qualquer das partes que estivesse pagando os seus honorários; ou, pelo menos, não eram contratados, a não ser que concordassem com aqueles que os contratavam.

Darrow tinha dito, ao iniciar-se o caso, que não tentaria provar que os rapazes eram insanos, mas apenas mentalmente doentes. O país perguntava a si mesmo: "Qual é a verdadeira diferença entre as duas coisas?" O Promotor Estadual Crowe resmungava: "Eles negaram que seus clientes são insanos, e agora estão gastando dezenas de milhares de dólares para libertá-los, alegando insanidade." Contra um alienista, ele exclamou: "Quando o erudito doutor foi encarregado de verificar até que ponto são loucos esses dois camaradas que se acham no banco dos réus, provavelmente recebeu estas instruções: "Trate de fazê-los bastante malucos, para que não sejam enforcados; mas não os torne malucos o bastante para que seja necessário levar o caso a um júri de doze homens, porque doze homens não vão ser enganados pela sua conversa. Trate, pois, de torná-los bastante insanos, para que isso seja circunstância atenuante que possamos apresentar ao tribunal". Repetidas vezes o Estado perguntou, com sarcasmo: "Até que ponto um homem sadio pode ser insano, sem ser tão insano que precise de um júri para determinar até que ponto é insano?"

Darrow então conduziu seus psiquiatras da defesa, através de seu testemunho, de uma maneira tão clara e simples que o público leigo foi capaz de compreender a maior parte do que acontecia no tribunal de Chicago, digerindo o seu primeiro curso geral sobre doenças mentais, como base do crime.

O Dr. Bernand Glueck, de Sing Sing, que Loeb declarava ser o único psiquiatra que o compreendia, afirmou, a respeito de Dickie Loeb: "Espantou-me a ausência absoluta de quaisquer vestígios de sentimentos normais. Loeb está sofrendo um desarranjo da personalidade; a natureza dessa desordem está, primariamente, num profundo desajuste patológico entre a sua vida intelectual e emocional. Podemos dar a isso o nome de personalidade dividida. Esse rapaz, embora capaz de se orientar intelectualmente, é inteiramente incapaz de dar a essa orientação uma emoção adequada."

O Dr. William Healy disse de Leopold: "No meu entender, este crime é o resultado de uma motivação doentia – isto é, no seu planejamento e execução. Só foi possível porque Leopold tinha essas tendências mentais anormais, com os sentimentos e idéias típicos de uma personalidade paranóica. Tinha necessidade desses sentimentos e idéias, suplementados pelo que Loeb lhe podia dar. Não há razão para que ele não tenha cometido o crime, com essa noção doentia. Qualquer coisa que quisesse fazer estaria certa, inclusive raptar e assassinar. Não havia lugar para simpatias e sentimentos que desempenhassem qualquer papel normal. Tinha ele

Advogado da Defesa 301

uma personalidade patológica estabelecida antes de conhecer Loeb, mas, provavelmente, suas atividades teriam tomado outras direções, não fosse essa associação do acaso. Ele tem razão; o mundo está errado. Houve uma tremenda subordinação de muitos sentimentos normais e de emoções a esta concepção excessivamente desenvolvida, de si mesmo, como um indivíduo superior, e ele reagiu de um modo absolutamente anormal com relação a todo o crime. Leopold mostra pouco desgosto no ambiente da cadeia. Sua principal preocupação parece ser a de saber se os repórteres dizem ou não dizem as coisas apropriadas a respeito dele."

O Dr. W. A. White afirmou que tanto Leopold como Loeb tinham uma constituição emocional infantil, e, por isso não eram normais; que Loeb confessara que tinha vivido a sua vida toda, e que chegara ao seu fim lógico. "Não acredito que o homicídio de Franks possa ser explicado sem uma compreensão das relações entre Loeb e Leopold". Também afirmou que Leopold não teria cometido o crime sozinho, porque não possuía tendências criminosas. Loeb nunca teria chegado tão longe, como chegou, sem que Leopold lhe desse aquele impulso final.

Falando de maneira algo satírica, o *New York Times* caracterizou a defesa de Darrow, nesse ponto, como "uma morte resultante de uma ordem irresistível de dois impulsos coincidentemente insanos".

Depois de numerosos dias de depoimentos sobre "motivação doentia", "personalidades paranóicas e patológicas", "personalidade dividida", "discordância patológica entre a vida intelectual e a emocional", Darrow levou os médicos a oferecer detalhes a respeito das glândulas endócrinas, da patologia das glândulas de secreção interna e o seu efeito sobre o sistema nervoso. Crowe o combateu teimosamente, durante todo o tempo, levando ao banco das testemunhas médicos que afirmavam que "a situação geral dos conhecimentos relativos às glândulas poderia quase "ser comparada com o interior da Africa, antes que Stanley lá estivesse". Há muitos fatos definitivos conhecidos, mas se acham espalhados, desordenados, desligados." Alvin Sellers, em seu livro sobre o caso Loeb-Leopold, conta: "O Dr. H.S. Hulbert e o Dr. Karl M. Bowman apresentaram um trabalho que cobria vários milhares de páginas datilografadas. Incluía estudos físicos, neurológicos, educacionais, sociais e mentais, e continha pesquisas sobre química, física e a constituição glandular dos réus". As provas oferecidas pelos outros psiquiatras somavam vários milhares de páginas mais.

Todos os dias, a excitação em Chicago se tornava maior; todas as manhãs, ao clarear o dia, multidões apareciam na rua, para encontrar lugares no tribunal. Os sensacionalistas mais extremados, entretanto, ficaram desapontados quando o depoimento sobre relações homossexuais entre os rapazes foi tomado a portas fechadas, no gabinete do juiz. As importâncias em dinheiro, apostadas no resultado da audiência, subiram a milhões. Colunistas de assuntos sentimentais despejavam de seus corações tinta preta pegajosa. Estudantes das escolas de Direito discutiam os aspectos mais sutis do caso. Destacados juristas, em todo o país, publicavam suas opiniões sobre a situação legal dos réus. Criminologistas tinham o campo à sua disposição, fazendo conferências em todas as partes do país. Loeb e Leopold recebiam quantidades de correspondência de fãs. Um cartão postal aberto, endereçado "Aos assassinos Loeb-Leopold, cadeia do condado", dizia: "Não se preocupem, rapazes; dinheiro e um advogado esperto podem dar jeito em tudo nos Estados Unidos."

Havia, numa cela da cadeia do condado, esperando ser enforcado dentro de apenas seis semanas, pelo assassínio de um policial, um rapaz de dezenove anos, chamado Bernard Grant, filho de um pobre, que tinha sido forçado a começar a trabalhar aos quatorze anos. A situação do jovem Grant mais fez para prejudicar as possibilidades de Darrow, de salvar as vidas de seus clientes, do que tudo o que iria acontecer no tribunal. Os jornais e o público em geral clamavam: "Temos uma lei para os ricos e outra para os pobres? Se Grant deve ser enforcado, por que não enforcar Loeb e Leopold? O crime de Grant foi muito menos perverso e perigoso que o de Loeb e Leopold, pois não foi premeditado." Com a próxima execução de Grant pairando sobre o tribunal, Darrow só podia dizer, extra-oficialmente: "Seria um erro tão grande enforcar Grant como enforcar estes dois jovens. Devemos salvar a vida de Grant. Devemos salvar as vidas de todos os menores que cometeram homicídios."

Como na maioria dos seus julgamentos importantes, aquele teve lugar no intenso calor do verão. Caricaturas que o apresentavam "esticando os suspensórios" apareciam em todos os jornais, dando ao país o seu retrato mais claramente traçado: um homem em mangas de camisa e suspensórios, caminhando na sala do tribunal, os polegares segurando os suspensórios debaixo do braço, os grandes ombros arredondados voltados para a frente, uma falripa de cabelos já muito ralos pendendo sobre seu olho direito, o rosto enrugado, os olhos escuros, meditativos e magoados: o retrato de um homem simples, um homem que conhecia o sofrimento dos outros, um homem que dizia: "Posso odiar o pecado, mas nunca o pecador."

7

Tendo a defesa feito o possível para mostrar razões atenuantes, começou então a acusação a tentar mostrar agravantes. O Procurador Estadual Crowe baseou suas razões em três pontos primeiro, os rapazes eram inteiramente sadios; segundo, a sua motivação para o rapto do jovem Franks tinham sido os dez mil dólares de resgate, de que precisavam para pagar suas dívidas de jogo; e terceiro, que haviam abusado dele, homossexualmente, tendo sido depois forçados a matá-lo, para encobrir seu ataque.

Para declarar que Loeb e Leopold eram sadios e responsáveis, assentaram-se no banco das testemunhas tantos alienistas quantos haviam certificado que os rapazes eram mentalmente doentes e irresponsáveis. O Dr. Hugh T. Patrick afirmou que não tinha encontrado prova alguma da doença mental dos rapazes, e que não eram desprovidos de reações emocionais. O Dr. Harold D. Singer testificou que uma personalidade paranóica não significava necessariamente uma mente doentia. O Dr. William O. Krohm testemunhou que os rapazes tinham saúde, e, ao mesmo tempo, integridade de memória; que eram perfeitamente orientados com relação ao tempo, ao espaço e às relações sociais. Loeb e Leopold sentavam-se de rostos emburrados e imutáveis, enquanto ouviam as testemunhas proclamarem que eram sadios. Leopold apoiava os cotovelos no braço de uma cadeira, e fazia das mãos travesseiro para o queixo. Loeb, com as mãos no colo, encarava a testemunha. Ocasionalmente, os dois conversavam em cochichos. As explosões de Darrow ante os depoimentos foram freqüentes e violentas, não apenas porque as acusações de sanidade feriam seus clientes, mas porque acreditava que aqueles doutores representavam uma era passada da medicina psiquiátrica, que não considerava insano a ninguém, a menos que fosse um louco furioso. Passou horas e dias interrogando os médicos da acusação, numa tentativa de dar não apenas ao Juiz Caverley, mas ao país em geral, a convicção de uma nova e crucialmente importante ciência da psicologia, que estava revelando centenas de formas sutis de desequilíbrio, que por pouco não chegavam à insânia.

Durante quase um mês, ferveu a batalha entre peritos e interrogador, até ficarem abalados os nervos. Voavam epítetos entre Crowe e Darrow; Crowe acusava Darrow de defender

Advogado da Defesa 303

os rapazes apenas pelos grandes honorários em jogo. Acusou-o de pregar doutrinas de anarquia, dizendo que, se o Juiz Caverley pusesse o selo oficial de aprovação na anarquia de Darrow, "um golpe maior terá sido dado em nossas instituições do que por uma centena – que digo? – por um milhar de assassínios."

Darrow revidou chamando a Crowe um promotor estadual "enforcador". Quando Crowe disse que a maior parte do testemunho dos médicos da defesa o fazia rir, Darrow retrucou dizendo: "Sim, o senhor riria de qualquer coisa, exceto, possivelmente, de um enforcamento, e creio que talvez viesse a rir no enforcamento desses rapazes." Crowe retorquiu: "Já ouvimos falar demais a respeito de personalidades divididas neste caso. Fiquei algo surpreendido ao verificar que meu velho amigo, que tem agido como advogado e ama-seca, neste caso, de dois bebês que estavam vagando no país do sonho, também possuía uma personalidade dividida. Eu tinha ouvido falar tanto do leite da bondade humana, que corria em jorros de seu grande coração, que me surpreendeu saber que também ele tinha no organismo tanto veneno."

Como na maioria dos casos criminais americanos, a tomada dos depoimentos foi apenas a preliminar da preparação da questão que iria resultar das alegações finais da defesa, e fixar a sorte dos rapazes. Os assistentes da acusação, Thomas Marshall e Joseph P. Savage, expuseram as primeiras razões em nome do Estado, introduzindo no corpo de provas casos de rapazes de dezessete, dezoito e dezenove anos, que tinham sido enforcados no Condado de Cook. O Promotor Estadual Crowe fez um discurso forte e hábil, no qual afirmou: "A lei diz que, em circunstâncias extremas, a morte deve ser a pena. Se eu estivesse no legislativo, poderia votar contra tal lei. Não sei. Mas, como magistrado, não tenho o direito de pôr de lado essa lei. Não tenho o direito de derrotar a vontade do povo, expressa pelo legislativo de Illinois. Não tenho o direito de ser um anarquista judiciário, mesmo que Clarence Darrow seja um advogado anarquista." Continuou, depois, dizendo: "Darrow afirma que o enforcamento não impede o crime. Creio que ele está enganado." E tentou provar que as execuções públicas sempre haviam reduzido o número de assassínios cometidos em Chicago, assim como toda forma de castigo demovia os outros de cometerem crimes.

Repetiu sua teoria de que o jovem Franks tinha sido raptado por causa do dinheiro do resgate; de que o testemunho sobre a estrutura e as secreções glandulares não era científico; de que a fantasia do rei e do escravo era "puro fingimento da imaginação da defesa"; de que dois hábeis assassinos tinham enganado e iludido os psiquiatras; de que os psiquiatras eram charlatães; de que o assassínio fora planejado, lógica e sadicamente, por dois rapazes que tinham instintos criminosos; e de que, "mentalmente, eles de nada sofrem. Seu único problema é sua falta de senso moral, e isso não constitui uma defesa, num caso criminal". Procurou mostrar que a idade dos rapazes não reduzia a sua responsabilidade. "O Sr. Darrow é um estudioso de criminologia; escreveu um livro sobre isso e diz que a idade criminosa, a época em que os crimes são cometidos, é entre os dezesseis e os vinte e quatro anos. O Sr. Juiz e eu sabemos que a idade média é 22 anos. E queremos castigar os criminosos e, pelo castigo, impedi-los, e se a idade criminal é entre os dezesseis e os vinte e quatro anos, como poderemos castigar, se essa mesma idade constitui uma defesa?"

– Na verdade – murmurou Darrow, – como podemos castigar?

Crowe causou uma explosão, acentuando certo testemunho que tinha sido dado, para mostrar que Leopold havia afirmado que estaria livre porque o caso seria julgado perante um "Juiz amigo" O Juiz Caverley disse que a sugestão do "juiz amigo" era um "assalto covarde

304 Advogado da Defesa

e indescritível à integridade desta corte. Esta corte não será intimidada por ninguém, em qualquer tempo ou lugar, enquanto ocupar esta posição."

O promotor estadual concluiu, então, as suas razões, denunciando Clarence Darrow, como o tinham denunciado tantos promotores antes dele, como responsável pelo crime que estava sendo julgado. Voltou ao discurso de Darrow, perante os prisioneiros de Joliet, para demonstrar o anarquismo de Darrow, citando, como palavras dele: "Não acredito absolutamente no crime. Não acredito que exista qualquer espécie de distinção entre a verdadeira condição moral, dentro e fora da cadeia. As pessoas que se acham aqui não podem evitar encontrar-se aqui, assim como as que estão lá fora não podem evitar estarem lá fora. Não creio que as pessoas se acham na cadeia porque mereçam isso. Estão na cadeia simplesmente porque não podem evitar isso, por causa de circunstâncias que se acham inteiramente fora do seu controle, e, pelas quais não são, de modo algum, responsáveis." Pediu ao Juiz Caverley que não sucumbisse ao anarquismo de Darrow, mas que cumprisse o seu dever, protegesse o Estado e aplicasse aos rapazes uma sentença de morte.

No dia em que Darrow iria fazer sua explanação final, o *New York Times* noticiou que "o povo assaltou o tribunal; mulheres desmaiavam na multidão que se apresentou para ouvi-lo". Ele falou durante três dias; muitos dos que o ouviram consideraram aquele o melhor discurso final de sua vida, em favor do amor, da clemência e da tolerância; melhor ainda do que a sua apelação, perante a Comissão do Carvão Antracite, duas décadas antes. Após o seu primeiro dia de discurso, os repórteres de jornais passaram a chamar-lhe Velho Leão, nome que ele conservou até o fim da vida.

"Quando o público está interessado e exige um castigo, pensa exclusivamente num castigo, e este é a morte; quando o público fala como uma só pessoa, pensa apenas em matar. Nada mais tenho ouvido, nas últimas seis semanas, a não ser o brado pedindo sangue. Do gabinete do procurador estadual, só tenho ouvido o medonho ódio. Vi um juiz, quase a ponto de sofrer ameaças, ser solicitado a enforcar dois rapazes, em face da ciência, em face da experiência e de todo o melhor e mais humano pensamento desta época.

"Noventa seres humanos infortunados foram pendurados pelo pescoço, até morrerem, na cidade de Chicago, em nossa história. Só temos uma civilização graças àqueles que foram enforcados, e, se não pudermos passar para noventa e dois, teremos de fechar a loja. Noventa seres humanos foram enforcados na história de Chicago, e desses, apenas quatro foram executados apesar de admitirem sua culpa. Sei que, nos últimos dez anos, trezentas e quarenta pessoas foram denunciadas por homicídios, na cidade de Chicago, e confessaram sua culpa, e apenas uma foi enforcada! E meu amigo, que está dirigindo a acusação neste caso, merece a honra daquele enforcamento, ocorrido quando ele se achava no exercício do seu cargo. Mas sua vítima tinha quarenta anos de idade. De noventa homens enforcados em Illinois, desde o seu começo, nem sequer uma pessoa de menos de vinte e três jamais foi enforcada, tendo confessado sua culpa – nem sequer uma.

"Dizem que nos apresentamos aqui com uma intempestiva solicitação de clemência. Quando foi que qualquer pedido de clemência se tornou intempestivo, em qualquer tribunal, em todo o universo? O Sr. Savage diz a esta corte que, se estes rapazes forem enforcados, não haverá mais rapazes como eles. O Sr. Savage é um otimista. Se estes dois rapazes morrerem no patíbulo, coisa que nem sequer consigo imaginar, se chegarem a morrer no patíbulo, os detalhes dessa morte serão espalhados pelo mundo. Todos os jornais dos Estados Unidos darão uma notícia completa. Todos os jornais de Chicago estarão cheios dos aterradores detalhes.

Advogado da Defesa 305

Eles penetrarão em todos os lares e em todas as famílias. Irá isso tornar os homens melhores, ou fazê-los piores? Quantos não serão mais frios e mais cruéis por causa disso? Quantos não gozarão os detalhes? E ninguém pode gozar do sofrimento humano, sem ser afetado para pior. Que influência não terá isso sobre os milhões de homens que o irão ler? Que influência não terá sobre os milhões de mulheres que o irão ler, mais sensíveis, mais impressionáveis do que os homens? Que influência não terá sobre um número infinito de crianças, que devorarão os seus detalhes, tal como Dickie gozou a leitura de histórias de detetives?

"Será preciso que eu afirme ao Sr. Juiz que a crueldade apenas gera a crueldade? Que o ódio apenas causa o ódio? Que, se há qualquer maneira de abrandar este coração humano, que é muito duro, na melhor das hipóteses, se há qualquer maneira de matar o mal, o ódio e tudo o que vai com ele, não se conseguirá isso através do mal, do ódio ou da crueldade, mas pela caridade, pelo amor e pela compreensão? Quantas vezes as pessoas necessitam ouvir essa mesma coisa? Olhemos para o passado do mundo. Não há sequer um filósofo, não há sequer um líder religioso, não há sequer um credo que não o tenha ensinado.

"Não o estou pedindo tanto por estes rapazes, quanto o estou pelo número infinito de outros que se seguirão, aqueles que talvez não possam ser tão bem defendidos como estes foram, aqueles que podem entrar na tempestade sem nenhum auxílio. É neles que estou pensando, é por eles que estou pedindo a esta corte que não retroceda ao passado cruel e bárbaro."

Durante todo o julgamento, Loeb e Leopold tinham-se mostrado calmos e disciplinados. Leopold havia tomado notas, como se estivesse numa sala de aulas; ambos os rapazes tinham sorrido e rido freqüentemente, durante as audiências. Enquanto os Procuradores Estaduais Crowe, Savage e Marshall os retratavam como os seres humanos mais vis que jamais rastejaram pela face da Terra, os rapazes tinham mantido uma perfeita compostura, encarando seus atacantes com curiosidade. Mas, quando Clarence Darrow retratou a tragédia e o sofrimento que tinham caído sobre as três famílias, por causa de seu crime, Richard Loeb e Nathan Leopold Junior tornaram-se dois meninos desesperadamente amedontrados e entristecidos. Conta o *New York Times*: "O discurso foi demasiado para o autodomínio dos culpados. Durante a maior parte da tarde, eles ficaram sentados, muito tensos. Loeb não perdia uma palavra do advogado. Leopold tornou-se pálido, por baixo do seu habitual rubor, e quando a eloqüência de Darrow retratou a desgraça das famílias, a dor das mães, a tristeza dos pais, as esperanças destruídas dos próprios rapazes, Loeb enxugou lágrimas das faces e Leopold saiu tropeçando da sala do tribunal, de cabeça baixa. Este achava-se tão atordoado que se chocou cegamente contra uma divisão da estreita entrada do "curral" O impacto o fez perder a direção, mas ele não levantou a cabeça. Com os braços estendidos, atravessou a fila de meirinhos e literalmente mergulhou no elevador que estava esperando, para conduzi-lo à entrada da Ponte dos Suspiros do Condado de Cook."

No último dia de seu discurso, a voz de Darrow fraquejou freqüentemente, às vezes tornando-se tão débil que mal podia ser ouvida; ainda assim, todas as sílabas eram claras, no terrível silêncio do tribunal de Chicago. O juiz Caverley inclinou-se para a frente, apoiando o queixo nas mãos enlaçadas, os olhos fixos no orador. "O crime tem as suas causas. Talvez nem todos os crimes tenham as mesmas causas, mas todos têm alguma causa. E, hoje em dia, estamos procurando encontrar essas causas. Os cientistas as estão estudando; os criminologistas as estão investigando, mas nós, os advogados, continuamos no mesmo caminho, castigando, enforcando e pensando que, graças ao terror geral, podemos estancar o crime.

306 Advogado da Defesa

"Se um médico fosse chamado para tratar um caso de febre tifóide, provavelmente tentaria descobrir que espécie de leite ou de água bebia o paciente, e talvez limpasse o poço, para que ninguém mais pudesse pegar tifo naquela mesma fonte. Mas, se um advogado fosse chamado para tratar um paciente de tifo, daria a ele trinta dias de cadeia, e depois pensaria que ninguém mais teria coragem de apanhar tifo. Se o paciente sarasse dentro de quinze dias, ficaria preso até terminar sua sentença; se a doença estivesse pior, ao fim de trinta dias, o paciente seria posto em liberdade, porque a sua sentença teria expirado.

"Não sei o quanto de selvageria existe nestes dois rapazes. Detesto dizer isso na presença deles, mas, para que outro lado poderemos nós olhar? Sei bem que o Sr. Juiz seria misericordioso, se atasse uma corda à volta dos seus pescoços, e os deixasse morrer; misericordioso para com eles, mas não misericordioso para com a civilização, mas não clemente para com aqueles que ficariam para trás.

"Colocamos o nosso destino nas mãos de uma corte experimentada, pensando que ela seria mais refletida e ponderada do que um júri. Não posso dizer como se sentem as pessoas. Estive aqui, de pé, durante três meses, como se poderia estar de pé num oceano, tentando voltar a maré. Espero que os mares estejam abaixando e que o vento amaine, e creio que assim acontece; mas não desejo mostrar falsa pretensão perante esta corte. A coisa mais fácil e popular a fazer é enforcar meus clientes. Eu sei disso. Homens e mulheres que não pensam irão aplaudir isso. Os cruéis e os insensatos aprovarão. Será fácil hoje, mas, em Chicago, e alcançando todos os pontos do país, há um número cada vez maior de pais e mães, os humanos, os generosos e os esperançosos, que estão começando a compreender e a fazer perguntas, não apenas a respeito destes pobres rapazes, mas sobre seus próprios filhos – estes não se juntarão aos aplausos pela morte de meus clientes. Eles pediriam que o derramamento do seu sangue fosse evitado, para que os sentimentos normais do homem retomassem o seu caminho.

"Mas, Sr. Juiz, o que eles pedem pode não ser contado. Eu sei a maneira mais fácil. Eu sei que o Sr. Juiz está entre o futuro e o passado. Eu sei que o futuro está comigo e com aquilo que represento aqui; não simplesmente as vidas destes dois rapazes infelizes, mas as de todos os rapazes e moças, de todos os jovens, e, na medida do possível, de todos os velhos. Estou pedindo a vida, a compreensão, a caridade, a generosidade, e a infinita clemência, que tudo leva em conta. Estou pedindo que vençamos a crueldade com a bondade, e o ódio com o amor. Sei que o futuro está do meu lado. Podemos enforcar estes rapazes; podemos pendurá-los pelos pescoços até estarem mortos. Mas, ao fazer isso, estaremos voltando o rosto para o passado. Ao fazer isso, estaremos tornando a vida mais difícil para todos os outros rapazes que, na ignorância e na escuridão, podem tentar abrir caminho pelos labirintos que apenas a infância conhece."

Eram quatro horas da tarde, quando Clarence Darrow terminou seu discurso. Encerrou-o com uns versos de Omar Khayam, que os jornais de Chicago disseram que deveriam ser o seu epitáfio:

> Seja, pois, escrito no Livro do Amor,
> A mim pouco importa esse livro falado;
> Apague meu nome ou escreva-o, se quiser,
> Assim estarei inscrito no Livro do Amor.

O *Chicago Herald Examiner* afirmou que "dificilmente se poderia dizer quando sua voz terminou e quando começou o silêncio. O silêncio durou um, dois minutos. Seus próprios olhos, embaciados pelos anos de serviços aos acusados, aos oprimidos, não eram os únicos que tinham lágrimas."

8

Passar-se-iam duas semanas, enquanto o Juiz Caverley estudava os depoimentos e preparava sua decisão. Duas semanas de espera impaciente da parte do país, de extrema agonia para Clarence Darrow. Voltou para seu escritório, tentou trabalhar, mas o caso Loeb Leopold havia lançado sua firma no caos. Por dias e semanas intermináveis, viveu hora a hora, sofrendo suores frios durante o dia, acordando uma dúzia de vezes durante a noite – enquanto o Juiz Caverley recebia cartas anônimas, ameaçando sua vida, se não condenasse os rapazes à forca, e Loeb e Leopold recebiam cartas de maníacos, dizendo que seriam mortos a caminho da prisão, se o juiz deixasse de aplicar a pena de morte. Quando os jornais, em editorial, acentuaram a necessidade de o Juiz Caverley condenar os dois rapazes à forca, Darrow exclamou, mais por angústia do que ira:

"Se esses dois rapazes forem enforcados, os Estados Unidos poderiam bem aprovar as denúncias de assassínio contra os agentes não judiciários, vários deles muito afastados deste tribunal, que estão tentando fixar a opinião pública.Não é a questão da sanidade ou insanidade desses dois réus que se acha em jogo. É a questão da insanidade dos métodos pelos quais certas forças estão procurando dirigir a opinião pública para o derramamento de sangue, sem permitir "que o mundo considere, imparcialmente, as descobertas dos alienistas".

A 10 de setembro, dia em que o Juiz Caverley anunciara a intenção de ler a sua decisão, Darrow trancou-se em seu escritório e começou a caminhar para um lado para o outro, rodeando a escrivaninha numa direção, depois noutra. Quando um de seus sócios entrou na sala, encontrou as persianas abaixadas, o ambiente denso de fumaça, enquanto Darrow fumava cigarro atrás de cigarro, parado, inerme e cansado, com um ar tão triste, tão abatido e tão desesperado na face que parecia que eram seus dois filhos que estavam em iminente perigo de ouvir a sua condenação à morte no patíbulo.

Afinal, chegou-lhe a notícia de que o Juiz Caverley estava pronto. Todos os implicados no julgamento se reuniram no tribunal. O *Chicago Evening American* contou: "O juiz leu sua decisão numa voz calma e baixa, enquanto os dois rapazes permaneciam sentados, imóveis em suas cadeiras, diante dele. Clarence Darrow, que fez o discurso supremo de sua vida para salvá-los, balançava-se suavemente, para a frente e para trás, em sua cadeira inclinada."

O Juiz Caverley anunciou, primeiro, que, em vista do interesse profundo e desusado que o caso havia despertado em todo o mundo, considerava seu dever enunciar as razões que o levaram à sua conclusão.

"A corte está disposta a reconhecer – disse o juiz – que a cuidadosa análise feita da história dos réus e da sua atual condição mental, emocional e ética foi de extremo interesse e é uma contribuição valiosa para a criminologia."

Depois, leu a sua decisão: "O tribunal está disposto a enfrentar as suas responsabilidades. Teria sido o caminho da menor resistência impor a pena extrema da lei. Escolhendo a prisão em vez da morte, a corte é movida principalmente em consideração à idade dos réus. Esta determinação parece estar de acordo com o progresso da lei criminal, em todo o mundo, e com os ditames do sentimento esclarecido de humanidade. A história de Illinois mostra apenas dois casos de menores que foram condenados à morte por processos legais número que a corte não se sente inclinada a fazer aumentar.

"A sentença perpétua pode, no momento, não repercutir na imaginação do público com a mesma força que teria a morte por enforcamento; mas, para os ofensores, particularmente do tipo de que são, o prolongado sofrimento de anos de confinamento pode ser bem a mais severa forma de retribuição e expiação."

Um repórter do *Chicago Evening American* dá um tocante quadro do final daquela grande audiência:

"Enquanto o juiz pronunciava a sua sentença, Leopold ouvia sem piscar os olhos. Loeb apertava os seus e um aspecto aterrorizado apareceu neles. O Juiz Caverley terminou. Ninguém disse uma palavra. O tribunal estava silencioso como a morte. Ninguém parecia saber o que fazer. Então, os oficiais de justiça cutucaram os rapazes e Dickie levantou-se, tendo ainda no rosto o ar intrigado e amedrontado; Nathan, o filósofo de coração de ferro, levantou-se de um salto e começou a marchar, abandonando o tribunal e o seu contato social, para levar a existência soturna de uma vida inteira atrás das muralhas da prisão. Antes de sair, apertou a mão de Clarence Darrow, com um sorriso de agradecimento no rosto. Dickie simplesmente ficou quieto, com aquele ar patético no semblante. Então, todos se amontoaram em torno dos advogados da defesa e em torno dos parentes dos rapazes. Havia sorrisos nas faces de todos – mesmo na face dolorida de Nathan Leopold pai."

Dentro de poucos momentos, Loeb e Leopold se achavam a caminho de Joliet, Loeb para morrer poucos anos depois, esfaqueado por outro prisioneiro, Leopold para criar um brilhante sistema educacional para os homens encarcerados.

A felicidade de Darrow, ante a decisão de largo descortínio do Juiz Caverley, foi violentamente cortada pela crítica adversa de uma larga parcela do público e da imprensa americana. O *Mineapolis Star* disse: "Na verdade, foi difícil encontrar uma desculpa para não enviar esses perversos degenerados para a forca, nós admitiremos isso. Mas, em vista das circunstâncias, qualquer desculpa teria suportado o teste da análise, melhor que a da sua juventude." O *Washington Evening Star* comentou: "Nenhuma recomendação da parte da corte pode salvaguardar da libertação dessas pessoas extremamente inúteis por meio de uma ação executiva. Nesse fato está a razão do sentimento de desapontamento e indignação causado pela imposição da sentença de prisão perpétua."

Entretanto, o veredicto foi um grande triunfo para o Velho Leão, e, acima de tudo, foi o triunfo da clemência, da compreensão e do amor.

9

Darrow tentou retomar o fio da sua advocacia normal. O adiantamento de honorários de 10 mil dólares, que Loeb havia dado naquela primeira noite histérica, tinha sido consumido com custas do tribunal, psiquiatras e despesas de escritório. Como todo o escritório de Darrow se havia concentrado no caso, a firma se achava agora com um atraso de vários milhares de dólares, nos seus esforços para salvar as vidas dos rapazes. Nenhum dos dois pais fez qualquer menção de pagar a Darrow pelos seus serviços. As semanas se passaram; passaram-se vários meses; e ainda nenhuma tentativa foi feita para cumprir aquela obrigação ou acertar com Darrow quais seriam os honorários.

Advogado da Defesa 309

Ao fim de quatro meses, quando não tinha recebido sequer uma palavra de qualquer deles, Darrow escreveu um polido memorando a Loeb. O memorando não teve resposta. Tão desgostoso com aquela conduta ficou o Juiz Harry Fisher, amigo de Darrow e diretor da Associação do Foro, que pediu a Darrow para deixar que aquela Associação fixasse e cobrasse seus honorários.

– Não – disse Clarence, – não quero criar nenhuma dificuldade. Escreverei de novo a Loeb, pedindo meu dinheiro.

Ao fim de seis meses, mandou a Loeb outra carta, sugerindo que ele aparecesse no escritório e combinasse o acerto. Um mês inteiro depois, o tio de Dickie Loeb apareceu em seu escritório e observou brejeiramente :

– Você sabe, Clarence, o mundo está cheio de advogados eminentes, que teriam pago uma fortuna pela possibilidade de se distinguir nesse caso.

Com o coração doente, Clarence apenas pôde pensar: "Este não é o mesmo homem que caiu de joelhos ao lado da minha cama e me suplicou que salvasse a vida dos rapazes." – Cem mil dólares são tudo o que podemos pagar neste caso, Clarence – continuou Loeb. – Deles, terei que deduzir os dez mil dólares que já lhe paguei. – Enfiou então a mão no bolso, tirou três cheques e entregou a Darrow. – Dividi a importância em três parcelas – explicou. – Um terço para cada um dos irmãos Bachrach e um terço para você. Aqui está o seu cheque de trinta mil dólares. Agora, se você quiser assinar o recibo...

Ruby conta que "Dee chegou em casa, naquela noite, sentindo-se muito mal. Disse ele:

"– Ruby, espero que você não reprove o que eu fiz.

"– Não tenho o hábito de fazer isso. Que foi que você fez?"

Darrow contou-lhe a história; depois, disse:

– Recebi o cheque e assinei o recibo. Que mais poderia eu fazer? Não aceitei aquele caso para ganhar dinheiro. Espero estabelecer um precedente, para que adolescentes não sejam considerados responsáveis pelos seus atos. Agora, não posso ir brigar por mais dinheiro, ou o mundo pensará que foi por isso que aceitei o caso.

– Mas o Juiz Fisher telefonou de novo esta tarde... a Associação do Foro...

Darrow sacudiu a cabeça, tristemente.

– Não, murmurou ele. Eu não poderia permitir que se dissesse que andei discutindo o preço. Disse que não iria fazer aquilo pelos grandes honorários que o mundo esperava que me fossem pagos. Tenho de ser fiel aos meus ideais.

CAPÍTULO XII

"SEU AVÔ É UM MACACO!"

AGORA, JÁ CHEGANDO aos setenta anos, Clarence Darrow resolveu, a pouco e pouco, diminuir suas atividades, tendo em vista a aposentadoria. Ele e Ruby fizeram uma viagem à Europa. Aquelas férias européias tinham sido possibilitadas pelo único caso "suculento" de sua carreira. Harold McCormick, filho do fundador da companhia McCormick Harvesting Machine, estava tendo dificuldades em conseguir divórcio da Sra. Edith Rockefeller McCormick, terceira filha de John D. Rockefeller. "Dos dois advogados que cuidavam do meu caso conta McCormick, – John D. Wilson era um aristocrata; o outro era um nababo. Quando fiquei convencido de que aqueles dois advogados me estavam prejudicando aos olhos do público, resolvi invocar para o caso um democrata e humanitarista. Sempre tinha admirado Clarence Darrow, como um dos grandes homens de sua época, dono de uma alma admirável, e sentia que, se ele entrasse no caso do meu lado, o público não mais pensaria que se tratava de disputa entre famílias de milionários. Quando disse a Wilson que queria Darrow no caso, ele explodiu dizendo: "Ora, eu não me associaria com Clarence Darrow!"

"Finalmente, convenci-o de que, se conhecesse Clarence Darrow, haveria de respeitá-lo. Wilson replicou: "Está bem, Harold, aceitarei a sua palavra; irei encontrar-me com ele e falaremos sobre o caso." Darrow foi tão generoso, simpático, paciente e gentil com a Sra. McCormick, que as nossas complicações se dissolveram e ela entrou em acordo amigável."

Por aqueles poucos encontros, Darrow tinha recebido honorários de vinte e cinco mil dólares. Seu rosto tinha uma expressão semelhante àquela que Ruby iria encontrar ali, um ano depois, quando os Darrow foram recebidos no iate de Samuel Untermeyer, um advogado de Nova York que tinha ganho milhões da sua clientela. Untermeyer pregara um ramo de orquídeas no vestido de Ruby, quando ela embarcara, em Miami, orquídeas que mandava buscar de suas estufas particulares, todos os dias da semana. Quando Darrow olhou, um pouco desoladamente, para o ramo de orquídeas de Ruby, murmurou:

– Hum, talvez eu devesse ter continuado trabalhando como advogado de grandes empresas durante todos esses anos. Então, poderia ter um iate e orquídeas frescas para você todos os dias.

Advogado da Defesa 311

– Que faria você com um iate? – perguntou Ruby.

Como tinha sido verdade durante toda a sua vida, ainda derivava seu prazer mais constante das leituras, dos debates e do escrever. Mais ainda, gostava de discutir religião. A despeito do fato de estar constantemente atacando as bases intelectuais da religião organizada, seus amigos o declaravam o homem mais religioso que jamais tinham conhecido, um dos poucos verdadeiros cristãos vivos dos Estados Unidos. Os clérigos liberais, que debatiam com ele na plataforma, ou respondiam aos seus artigos na imprensa, gostavam particularmente de dizer: "Eis um homem que vive segundo os ensinamentos de Cristo."

John Haynes Holmes, pastor da Igreja Comunitária de Nova York, escreveu a respeito dele: "Darrow era agudo de língua, irônico no pensamento e na fala, pessimista e incrédulo, mas tinha um coração que não podia excluir homem algum da sua simpatia... Não havia limites para a compaixão de Darrow, ela chegava a toda parte, tocava todas as vidas... Se religião é amor, como é certamente, então Clarence Darrow foi um dos homens mais religiosos que jamais viveram, e seu pessimismo, um manancial mais puro do espírito do que todas as fontes da fé."

Sua briga nunca tinha sido com a religião propriamente, mas com aqueles credos que voltavam as costas à educação e à ciência. Durante quarenta anos, tinha ele prosseguido na sua luta contra aquelas seitas que mantinham o conhecimento afastado de seus membros, que ditavam precisamente aos seres humanos o que podiam pensar, e que, naquele ponto, erigiam inescaláveis muralhas de pedra, seitas que combatiam todas as descobertas da ciência que pareciam controverter o seu dogma. Pela ética cristã, tinha ele amor e admiração, mas apenas desgosto por aqueles ramos da religião que circunscreviam o cérebro humano... prescrevendo o que ele tinha licença para pensar, sentir e acreditar; que o impediam de gritar: "Sou livre! Vou aonde quer que me leve a verdade". Acreditava, de todo coração que, para o homem um dia se tornar livre, seu cérebro devia ser inteiramente livre para guiá-lo no sentido daquela liberdade, pois ninguém poderia libertar o homem, senão o próprio homem, e ele jamais poderia cumprir essa tarefa tremenda, sem se exercitar ele próprio, ao máximo, durante dias e séculos, sem usar todos os poderes do seu cérebro, sem torná-lo uma máquina mais forte, mais ativa e mais ousada a seu serviço.

Era cristão pelo exemplo e pelo ensinamento, mas, pelo intelecto, era agnóstico. Não era ateu, como tão comumente costumavam acusá-lo, embora muitas vezes usasse a imprensa e o público dos ateus para combater o que julgava serem as influências mais danosas do dogma rígido. Nunca se tornou um ateu, porque sabia ser tão difícil provar que "Deus não existe", como provar que "Há um Deus".

Nenhum homem nos Estados Unidos tinha melhor preparo, por antecedentes ou temperamento, para enfrentar o desafio de William Jennings Bryan e dos fundamentalistas. Para ele, o ditado de que o carteiro sempre bate duas vezes era verdadeiro; assim como o caso Loeb-Leopold lhe dera a oportunidade de recapitular sua filosofia contrária à pena capital, assim iria agora o Caso Scopes sobre a Evolução fornecer-lhe a oportunidade de pôr sob o foco internacional a sua campanha contra a opressão, o preconceito e a ignorância, incentivados por uma igreja intelectualmente embotada. Os jornais iriam chamar àquele o mais espantoso julgamento dos Estados Unidos.

2

O Caso Scopes sobre a Evolução, em Dayton, Tennessee, não surgiu de forma integral e inesperada; as forças vinham-se acumulando de ambas as partes; a batalha tornava-se mais intensa com o passar dos anos. No princípio do verão de 1923, Bryan e Darrow travaram as primeiras escaramuças, que iriam conduzir diretamente à disputa em Dayton, que tanto chocou, divertiu e revoltou o mundo civilizado.

Durante algum tempo, William Jennings Bryan vinha deblaterando através da imprensa contra professores universitários, oferecendo mil dólares em dinheiro a qualquer deles que assinasse um depoimento declarando ser pessoalmente descendente do macaco. Desfechara um ataque contra a ciência, publicado na *Chicago Tribune*. Darrow respondera, numa carta à *Tribune*, cujo editor a considerou notícia suficiente para ocupar a coluna número dois da primeira página.

"Muito me interessou a carta do Sr. Bryan à *Tribune*, e a resposta editorial de V.Sas. – dizia Darrow – e tenho igualmente acompanhado os esforços do Sr. Bryan no sentido de proibir o ensinamento da ciência nas escolas públicas, e os seus questionários a vários professores universitários, que acreditam na evolução e ainda professam o cristianismo. Por isso mesmo, umas poucas perguntas ao Sr. Bryan e aos fundamentalistas, se respondidas corretamente, poderiam servir aos interesses dos que procuram a verdade – tudo isso supondo que a verdade seja desejável. Por essa razão, creio que seria valioso se o Sr. Bryan respondesse às seguintes perguntas." Propunha então cinqüenta perguntas a Bryan, numa tentativa de verificar se este julgava a narração bíblica da criação do mundo e da vida literalmente verdadeira ou uma alegoria poética.

Bryan respondeu: "Recuso desviar-me e entrar em controvérsia com aqueles que rejeitam a Bíblia, como faz o Sr. Darrow." Dois anos depois, iria ele responder a todas as cinqüenta perguntas, do estrado de testemunhas, no tribunal de Dayton, numa cena trepidante que veio a se revelar como o término trágico de uma carreira trágica. Quando os aspectos legais do caso já haviam chegado a uma conclusão temporária, quando ambas as partes tinham esgotado os direitos de um povo soberano aprovar qualquer legislação que considerasse conveniente, quando a questão de saber se a lei antievolucionista violava a Constituição do Tennessee ou a Constituição dos Estados Unidos havia sido inapelavelmente obscurecida, foram aquelas cinqüenta perguntas que subitamente puseram em foco o julgamento, transformaram a derrota em vitória, desacreditaram o Projeto Antievolucionista e desferiram um golpe de morte no fundamentalismo.

Movimentos vigorosos já se achavam em andamento em quinze Estados, no sentido de se aprovarem leis antievolucionistas. O Estado de Kentucky escapara a uma lei assim por maioria de um voto no seu Legislativo. Darrow temia que, se Bryan e suas coortes tivessem permissão para continuar seu trabalho, sem oposição, em breve teriam dominado todo o Cinturão Bíblico do Sólido Sul, numa ditadura fundamentalista. Bryan não tinha, tampouco, qualquer intenção de parar na linha Mason-Dixon. Admitia ele que seu propósito era o de levar a luta para o Norte e o Oeste, até que tivesse garantido processos antievolucionistas em dois terços dos Estados e pudesse obter uma emenda antievolucionista na Constituição dos Estados Unidos. Projetos no sentido de impedir o uso de fundos do governo em pesquisas etnológicas já tinham sido redigidos e seriam apresentados na próxima sessão do Congresso. "O propósito do movimento – comentou o *Chattanooga Daily Times*, – é impedir o Instituto Smithsoniano de investigar quanto à origem do homem e fazer com que o Congresso aceite a teoria bíblica da gênese da família humana Nos Estados Unidos, tinha sido realizada uma separação tão completa entre a Igreja e o Estado que nenhuma instrução religiosa era admi-

Advogado da Defesa 313

tida nas escolas públicas. Os fundamentalistas estavam agora dispostos a aprovar leis que proibiriam o ensino, nas escolas públicas, de todas as disciplinas que entrassem em conflito, em quaisquer detalhes, com as particularidades da sua própria religião. Estavam a Biologia e a Zoologia em conflito com a história bíblica da criação do homem e do mundo? Tanto pior para a Biologia e Zoologia! Estava a Geologia em conflito? Estava a Antropologia em conflito? Tanto pior para a Geologia e a Antropologia. Oculta por baixo do movimento antievolucionista, achava-se uma tentativa de colocar o Estado sob o controle da Igreja - da igreja de William Jennings Bryan.

Não era Darrow, tampouco, um daqueles que julgavam impossível alcançar-se este objetivo. Não haviam forças quase idênticas imposto a lei-seca a um público que não a queria? Não haviam subornado legisladores, compactuando, bradando, chutando, pedindo, berrando e finalmente conseguindo? Ele subscrevia, de todo coração, os sentimentos do jornalista que escreveu: "De acordo com o Sr. Bryan, o Partido Fundamentalista não estará satisfeito em escrever uma defesa do código, introduzindo-a em Estado após Estado: deve ela ser introduzida na própria Constituição Federal. Os jornalistas riem. Mas são os mesmos jornalistas que riram quando essas mesmas pessoas, não satisfeitas em capturar Estado após Estado para a lei-seca, começaram a falar de uma Emenda número Dezoito."

Sentia ele que a questão tinha de ser discutida; que Bryan e sua Associação Fundamentalista Mundial tinham de ser obstados, não na sua própria crença ou prática do fundamentalismo, mas na tentativa de impor a sua religião ao resto do país. Desde quando Charles Darwin havia promulgado as suas teorias da evolução, certas igrejas as vinham combatendo violentamente, ridicularizando-as, obrigando seus membros a se absterem de estudar as pérfidas doutrinas, sob pena de excomunhão, negando os resultados das pesquisas, chamando de falsificadores os cientistas e educadores, e de loucos, ateus, mentirosos, instrumentos do demônio e da destruição. Mas, na maior parte, a batalha em favor da educação e do esclarecimento dos Estados Unidos tinha sido bem ganha; mesmo as universidades do Cinturão Bíblico tinham excelentes departamentos científicos, onde os estudos das disciplinas que contribuíam para ampliar o conhecimento da evolução continuavam de maneira destemida e brilhante. Os Estados Unidos tinham pensado que a questão estava morta; tinham esquecido que, enquanto a humanidade habitar esta Terra, nenhuma questão, nenhuma matéria, por mais cruel, estúpida, viciosa ou destruidora, jamais estará morta.

E, na verdade, no Estado do Tennessee, um projeto antievolucionista já havia sido redigido, já passara pela Câmara e pelo Senado, fora assinado pelo governador, e promulgado como lei em seu território. John T. Scopes, professor de ciências e treinador atlético da Rhea County High School, tinha sido preso por violar a lei antievolucionista.

3

Quando Darrow entrou em Dayton, na tarde de 8 de julho, encontrou a cidade enfeitada, como se fosse para um carnaval. A estrada que levava ali, de Chattanooga, tinha sido ladeada de cartazes que diziam: "Filhos, vinde a Jesus", "Precisareis de Deus em vossos negócios", "Onde ireis passar a Eternidade?" Em toda a Rua Central, achavam-se penduradas coloridas bandeiras e estandartes. Barracas de cachorro-quente, recém-construídas, barracas de limonada e de sanduíches, enfileiravam-se nas calçadas. A maior parte das lojas tinha cartazes cômicos, representando macacos e cocos, pregados em suas vitrinas. A loja de roupas de

J. R. Darwin pusera em exibição uma grande faixa que dizia: "DARWIN ESTÁ AQUI MESMO – dentro". A Liga Antievolucionista tomara um prédio inteiro, em frente do qual se levantaram barracas para vender livros de Bryan, e seu volume especial, *Hell and the High School*. Um domador de circo, que tinha levado dois chimpanzés para depor pela acusação, alugara uma loja na Rua Central e os aproveitava para mais um espetáculo à parte. Pregadores de uma centena de diferentes seitas, a maior parte deles homens sem preparo, que se haviam formado em algum instituto bíblico do Sul, foram a Dayton, transformando a cidade num gigantesco comício revivalista; pregavam nas esquinas, levantavam suas tendas nos arrabaldes da cidade, exortavam dia e noite os transeuntes a se arrependerem e virem a Jesus. Nas esquinas mais movimentadas, "derviches cegos e vagabundos, das colinas remotas, tomavam seus violinos e cantavam hinos evangélicos pelo nariz". Os Roladores Sagrados escolheram Dayton para o seu encontro revivalista anual; toda noite, ao longo da margem do rio, tremiam e rolavam no chão, em espasmos de êxtase causado pelo emocionalismo religioso. Tudo aquilo acabou resultando no inevitável comentário dos jornais, de que o povo de Dayton se estava transformando em macacos.

Pela época em que Darrow chegou, a aldeia já tinha sido dominada por dois grupos diferentes: de um lado, as centenas de repórteres, fotógrafos, redatores, operadores de rádio e telegrafia, educadores, cientistas, ateus, liberais, radicais, que se amontoavam ali, durante as suas férias de verão, para ver o seu lado ganhar uma grande vitória, e cuja presença encheu tanto os hotéis e pensões que as residências particulares passaram a alugar quartos. Do outro, os agricultores dos campos próximos, as famílias que viviam ganhando apenas a subsistência nas colinas, os mineiros de carvão desempregados, mendigos itinerantes de todos os tipos; na maior parte, fundamentalistas que tinham ido ver o seu lado ganhar uma vitória, que dormiam em carroças, chão, debaixo das árvores. Quando se iniciou o julgamento, os habitantes de Dayton eram minoria em sua própria cidade; e os repórteres nem sempre se mostravam meticulosos em distinguir entre os residentes e os visitantes. O artigo que Frank R. Kent escreveu em *The New Republic* era verdadeiro, a respeito de Dayton, na época do julgamento, mas não dava um retrato preciso, em qualquer ocasião, antes ou depois do momento crítico vivido por Dayton debaixo do sol.

"A religião, a religião bíblica fundamental, é a grande coisa nesta região – a religião dos comícios públicos e das estranhas e violentas seitas, credos e fés acrobáticas, todas baseadas em crenças bíblicas literais. A região inteira está saturada de religião. Nove décimos do povo está penetrado dela. Ela constitui o seu modo de recreação, assim como o seu meio de redenção, o seu único escape emocional, o único alívio da mortal falta de graça da existência interrompida. É verdade literal que, na medida em que um grande volume de pessoas é levado em conta, uma religião, cuja rigidez é difícil de exagerar, absorve todos os pensamentos que têm, à parte do seu trabalho. Em Dayton, a religião toma o lugar do golfe, do bridge, da música, da arte, da literatura, do teatro, dos clubes de dança. Tire-se a religião, e o quadro de desolação e de tristeza causaria pena."

Afora esse aspecto de carnaval, Clarence verificou que Dayton era uma cidadezinha atraente e próspera, de dois mil habitantes, localizada nas bonitas Montanhas de Cumberland. A cidade tinha muitas casas bonitas, dois bancos, um moinho de farinha, uma fábrica de conservas, uma fábrica de embalagens, um alto-forno da Companhia Carvão e Ferro de Cumberland. O campo circunvizinho dava boas colheitas de morangos, tabaco, trigo, feijão-soja, trevo. A Rua Central, cuja característica mais imponente era o confortável Hotel Aqua,

Advogado da Defesa 315

tinha, dos dois lados, prédios de tijolos e de madeira, e Fords abertos, modelo T.

Na comunidade, conheceu numerosas pessoas esclarecidas e liberais. Havia um progressista Clube de Leitura, que tentava manter-se em dia com o pensamento corrente, lendo as novas publicações, e que fundou a biblioteca de Dayton. No outro extremo, encontrou um grupo não liberal – fanáticos que desejavam controlar o pensamento e o sentimento do resto do país. No entremeio, havia a maioria dos habitantes de Dayton, muitos dos quais se tinham formado na escola secundária, e cujos filhos, muitas vezes, iam para a escola superior. Dayton era uma cidade intensamente religiosa; seus dois mil habitantes mantinham nove igrejas. Até os mais educados costumavam ficar reunidos em pequenos grupos, até depois da meianoite, discutindo questões teológicas tais como a de saber se Jesus vivera para salvar a humanidade ou morrera para salvar a humanidade. Mas, até onde Darrow podia verificar, ninguém em Dayton, intelectual ou fanático, jamais tirara um filho da escola por não gostar de alguma coisa que estivesse sendo ensinada. Dayton acreditava na criação do homem revelada no Gênese, era francamente céptica a respeito da evolução, mas nada fizera para merecer o ridículo, o desdém e a contumélia, que agora se acumulavam sobre a sua cabeça, quando a cidade era tomada de assalto por forças fora do seu controle.

A princípio, os homens de negócios de Dayton tinham encorajado a idéia de um julgamento, porque tinham esperado colocar a cidade no mapa e formar um permanente tráfego de turistas. Mandaram imprimir um prospecto elegante, intitulado Por Que Dayton – Logo Dayton?, ilustrado com retratos da cidade e suas ruas principais. O folheto perguntava: "Por que não Dayton? Permitam que a cidade lhes diga, em voz titubeante, mas, assim mesmo, com o timbre da sinceridade, porque este caldeirão dos vales de Cumberland, "logicamente, fundamentalmente e evolucionariamente", contém o anfiteatro de uma comédia ou tragédia do mundo, seja qual for o ponto de vista que os espectadores prefiram." A principal jornalista de Dayton conta: "Havia alguma esperança de que pessoas de recursos pudessem considerar Dayton suficientemente atraente para ali lançar a sua sorte. O povo parecia estar entusiasmado com os talentos jurídicos e literários que surgiam em seu meio por causa do julgamento" Mas os membros do Clube Progressista de Dayton vieram a compreender que tinham nas mãos um julgamento grave, não uma farsa altamente proveitosa; os cartazes com os macacos foram tirados, e abandonados os seus planos de oferecer aos participantes "medalhas do macaco".

A Associação Comercial ofereceu a Clarence um banquete, ocasião em que lhe foi dado o título honorário de Coronel. O mesmo grupo, alguns dias antes, oferecera também a Bryan um banquete, no qual ele aparecera ostentando "um prodigioso capacete de matéria branca, que lhe dava o ar de jogador de pólo, do pescoço para cima". Bryan anunciara que o julgamento seria "um duelo até a morte". O Coronel Darrow retoquiu: "Nós esmagaremos a influência do Sr. Bryan debaixo de uma montanha de testemunhos científicos."

Três meses antes da prisão de Scopes, William Jennings Bryan tinha feito uma conferência em Nashville, intitulada: "É verdadeira a Bíblia?" Embora não praticasse o Direito durante trinta e seis anos, ofereceu seus serviços para encabeçar a acusação de Scopes, oferta que centenas de milhares de pessoas, em todo o Sul, que o tinham visto fazer conferências sobre a verdade literal da Bíblia, exigiram que fosse aceita. Naquele momento, Darrow também se achava no Sul, falando sobre "O Tratamento Sadio do Crime", perante a Convenção Anual da Associação Americana de Psiquiatria, em Richmond, Virgínia. O ensejo foi uma grande honra, pois foi ele o primeiro advogado convidado a fazer a saudação anual, em oitenta anos

316 Advogado da Defesa

da história da Associação. Na tarde de 13 de maio de 1925, foi ele apresentado na Mesquita, a uma platéia atenta, de cinco mil médicos, advogados, eclesiásticos, educadores, homens de negócios e suas esposas. Aproveitando como deixa o torvelinho da religião contra a ciência, que se feria ao seu redor, contestou a concepção da natureza como obra de um "sopro divino", por meio de um ataque biológico que talvez se descrevesse melhor como um "vento divino". "Durante uma hora ou mais, manteve ele a platéia nas pontas dos pés. Falava praticamente sem consultar anotações, mostrando conhecimentos de Biologia, Psicologia e Direito, temperados com admiráveis bocados de humor e de tímido cinismo."

No dia seguinte, foi ele levado pelo Dr. Beverly Tucker, juntamente com o Dr. Hall e o romancista James Branch Cabell, a um passeio de carro pelo campo. Naquela manhã, os jornais tinham anunciado que William Jennings Bryan iria participar da acusação contra John Scopes, em Dayton, Tennessee. Clarence ficou profundamente agitado.

"Todos nós gostávamos tanto da conversa do Sr. Darrow conta o Dr. Tucker, – que penso que ele nem sequer teve ocasião de ver o campo. Disse-nos ele que estava interessado na prisão de Scopes e que tinha acabado de ouvir dizer que Bryan iria acusar Scopes. Então, de um modo bastante malicioso, acrescentou:

"– Eu gostaria de enfrentar Bryan nesse caso; creio que poderia derrubá-lo. Estaria disposto a fazer isso, sem cobrar quaisquer honorários a Scopes.

"Eu disse:

"–Sr. Darrow, por que não oferece aos advogados dele os seus serviços, nesta base?

"Ele replicou:

"– Acho que isso seria enfiar o nariz onde não sou chamado.

"Entretanto, quando chegou de novo a Richmond, eu lhe disse que havia uma agência telegráfica no vestíbulo do Jefferson Hotel, caso desejasse oferecer seus serviços no caso Scopes.

"– Creio que farei isso - disse ele.

"Entramos na agência telegráfica, de onde ele mandou o telegrama."

"Pela primeira vez, pela última e pela única em minha vida disse Darrow, – ofereci voluntariamente meus serviços num caso. Fiz isso porque realmente desejava tomar parte nele."

Na semana anterior, quando estivera em Nova York, discutira o julgamento antievolucionista com Arthur Garfield Hays e Dudley Field Malone, da União das Liberdades Civis; os três homens haviam concluído que seria melhor que a controvérsia fosse encaminhada por advogados de Tennessee. A entrada de Bryan no caso havia transferido o seu ponto de foco do Direito para a religião; se Bryan não se tivesse introduzido na acusação, Darrow jamais ter-se-ia tornado advogado da defesa.

4

Voltou ele imediatamente para Nova York, a fim de debater com Will Durant o tema "Progresso" Sob a legenda DARROW LAMENTA BRYAN E TODOS OS BEATOS IGNORANTES, O *World* de Nova York informou ter ele lançado a culpa do Projeto Antievolucionista nos ombros de William Jennings Bryan. "O espírito do Sr. Bryan foi fixado por seus antepassados e ficou tal como o fixaram. O lamentável é que tenha sido fixado no sentido de acreditar que o homem não deve pensar por si mesmo, que deve estudar apenas aquilo que seus antepassados estudaram, que não se pode ensinar ou estudar aquilo que se deseja."

Advogado da Defesa 317

Quando esses comentários foram publicados em Tennessee, em dia seguinte, o deputado estadual John Washington Butler ficou profundamente ofendido. "Sou eu o único responsável pelo projeto antievolucionista – disse Butler. – Darrow está errado em afirmar que William Jennings Bryan tenha alguma coisa a ver com ele."

John Washington Butler era um fazendeiro moderadamente próspero, que plantava milho, fumo e trigo, em sua fazenda de 48 hectares. Homem atarracado, de rosto rude e modos sinceros, havia, na juventude, lecionado durante cinco anos nos meses de inverno, quando não se podia trabalhar na terra. Em 1922, um pregador de Nashville, lhe ensinara, do púlpito da Igreja Batista Primitiva de Butler, a história de uma jovem que fora para a universidade e voltara para casa acreditando que, em lugar de Deus ter criado o homem, descendia este de uma ordem inferior de animais. Esse sermão deixara Butler preocupado; era um homem devoto, que criara cinco filhos segundo a letra da Bíblia do Rei Jaime. Sabia que a evolução estava sendo ensinada nas escolas secundárias de Tennessee; parecia-lhe não ser direito nem justo que as escolas públicas, mantidas com os impostos pagos pelas fazendas vizinhas, viessem solapar a religião que havia sido plantada nos jovens em suas casas.

Naquele ano, Butler se candidatou a representante de seu distrito; uma das principais tábuas de sua plataforma era a defesa de uma lei proibindo o ensinamento da evolução nas escolas de Tennessee. "Noventa e nove pessoas em cem, em meu distrito, pensavam justamente como eu. Digo noventa e nove em cem, porque talvez houvesse alguém que pensasse diferentemente, mas, até onde sei, não há sequer uma, em todo o distrito, que julgue que a evolução do homem pode ser da maneira que os cientistas a mostram. Na manhã em que fiz quarenta e nove anos, estava pensando no que fazer no dia do meu aniversário e disse a mim mesmo: "Bem, a primeira coisa é tirar aquela lei da cabeça". Redigi o projeto, depois do café, em casa, tal como o queria, mandei a datilógrafa do Capitólio passá-lo à máquina para mim, e é assim mesmo que a lei se apresenta agora, tal como a escrevi."

A Câmara de Representantes do Tennessee aprovou o projeto, com a votação de setenta e cinco contra cinco. Os legisladores, mais tarde, disseram que tinham passado o projeto ao Senado, pensando que ali ele encontrasse a morte. O Senado, entretanto, o aprovou por vinte e quatro a seis, sendo que dois homens se levantaram para falar contra ele. Os senadores, mais tarde, admitiram ter aprovado o projeto pensando que o governador iria vetá-lo. O governador o assinou, a 21 de março de 1925, pensando que nunca seria aplicado. O *Southern Agriculturist de Nashville* declarou: "Devemos sentir-nos infiéis aos filhos do Tennessee e dos outros Estados, onde há ameaças de leis semelhantes, se não protestarmos contra ela." Foi a atividade incansável do gerente da Companhia Carvão e Ferro de Cumberland, de 31 anos, que pôs a lei no primeiro plano imediato.

George Rappelyea fora criado na Avenida Três, em Nova York; quando menino, vendera jornais na entrada da estação subterrânea da Times Square. Estudou geologia na universidade, durante pouco tempo, vagou pelo Sul, numa viagem de exploração geológica, localizou o veio principal da Companhia Carvão e Ferro de Cumberland, que havia desaparecido por falta de material, feito pelo qual foi transformado em gerente da mina. "Era um sujeitinho mal arrumado, com dentes muito mal cuidados – escreve a Sra. Haldeman-Julius. – Seus olhos castanhos escuros, por trás de óculos de aro de chifre, são finos e alertas. Seu espírito é essencialmente científico, claro, disciplinado; sua integridade mental e sinceridade intrínseca, evidentes."

A aversão de Rappelyea ao fundamentalismo se tornara aguda, no dia em que fora às

318 Advogado da Defesa

montanhas assistir ao enterro de um menino de oito anos, esmagado entre dois vagonetes de carvão. "Este menino – disse o pregador fundamentalista, de pé ao lado do pequeno caixão, e diretamente à frente dos pais em prantos, – porque seu papai e sua mamãe não o fizeram batizar, está agora queimando nas chamas do inferno." Quando Rappelyea protestou, o pregador disse com dignidade:

– Sr. Rappelyea, o senhor pode mandar nos homens da mina, mas não tem que meter as mãos na nossa religião.

– Mas isso não é religião; isso é horrível superstição!

– É a nossa religião – disse o pregador, – e nós a vamos conservar.

"Pois bem – contou Rappelyea, – poucos dias depois, ouvi dizer que aquela mesma turma, os fundamentalistas, tinha aprovado aquela lei antievolucionista, e tomei a decisão de apontá-los ao mundo. Todos me disseram que me acalmasse e esquecesse, mas eu não podia."

Quando fora aprovado o Projeto Antievolucionista, John T. Scopes procurara seu diretor e lhe mostrara que a *Biologia Cívica* o texto adotado em todas as escolas de Hunter, que tinha sido secundárias de Tennessee, durante cinco anos, violava a lei. O diretor decidira que, como o período letivo estaria terminado dentro de poucas semanas, seria mais prudente não fazer modificações ou comentários, mas continuar o ensino tal como vinha sendo antes. Scopes contou essa cena a seu amigo Rappelyea, lendo para ele as páginas da *Biologia Cívica* que ensinavam que o homem era descendente de uma ordem inferior de animais. Rappelyea tinha visto a notícia de que a União Americana de Liberdades Civis, de Nova York, se havia declarado pronta a dar apoio a qualquer professor que desejasse contestar a lei. Naquela noite, escreveu à União das Liberdades Civis, perguntando se financiariam uma defesa, caso pudesse ele arranjar um caso de prova em Dayton. Arthur Garfield Hays, gênio tutelar da organização, que tentava fornecer proteção legal a toda forma de liberdade americana, garantiu não só as despesas da defesa, mas ofereceu também honorários de mil dólares a cada advogado da acusação.

Pelo fim da tarde de cinco de maio, Rappelyea entrou na Drogaria de Robinson, que servia de centro social da comunidade e ponto de encontro dos habitantes, tomou uma limonada barata com seus companheiros, na mesa circular onde se servia sorvete. Três dos advogados de Dayton apareceram depois de encerrados seus expedientes. Surgiu uma acalorada discussão sobre a validez da Lei Antievolucionista.

– Johnny – disse Rappelyea a Scopes quando este apareceu para tomar sua soda, – Johnny, você vai ser preso.

– Por que? – Perguntou Johnny brandamente. Era um rapaz modesto, um dos membros mais estimados da comunidade, particularmente entre os estudantes, embora alguns dos mais rigorosos freqüentadores das igrejas tivessem sido ouvidos a fazer-lhe críticas, porque fumava cigarros e dançava.

– Por violar a Lei Antievolucionista do Tennessee. Por ensinar que o homem é descendente de uma ordem inferior de animais.

Enquanto John Scopes, de cabelos louros e óculos, chupava sua soda, Rappelyea continuou, gravemente:

– A União Americana das Liberdades Civis prometeu defendê-lo.

– Está bem – replicou Scopes, quietamente. –Vou servir de caso de prova.

Rappelyea foi procurar o xerife, perante o qual fez uma denúncia, a fim de conseguir a prisão de John T. Scopes. Um policial foi até a Drogaria de Robinson para prendê-lo. Quatro

Advogado da Defesa 319

dias depois o grande júri do Condado de Rhea reuniu-se e o indiciou por violar a Lei Antie-volucionista.

Rappelyea concebeu a idéia romântica de reabrir *The Mansion*, uma imponente casa nos arrabaldes de Dayton, que tinha sido abandonada vários anos antes. Era ensombrada por enormes árvores, ficava bastante distanciada para dar reclusão e era a única casa da vizinhança suficientemente grande para suportar o grupo de advogados e peritos que deveriam comparecer ao julgamento. O fato de não funcionar o sistema de encanamento, de não haver água nos canos para se lavarem ou se barbearem, nem instalações na cozinha para o preparo de refeições, nada disso deteve Rappelyea. Levou para lá algumas camas, uma mesa e algumas cadeiras, e esperou a chegada dos seus convidados. Um visitante comentou: "Este é o grande espetáculo de Rappelyea; ele é o empresário, e tem desordenada estima por seus artistas."

Darrow dormiu apenas uma noite na mansão abandonada. No dia seguinte, chegou Ruby e, como por um toque de mágica, um dos banqueiros da cidade transportou sua família para as colinas, para que os Darrows pudessem mudar-se para sua casa e ficar confortavelmente instalados. Como a cidade se achava inundada de estranhos, os gêneros alimentícios estavam extremamente difíceis, particularmente o leite e a manteiga, e era quase impossível conseguir gelo. Naquele fim de semana, o casal Darrow foi para as montanhas, procurando fugir ao calor asfixiante. Quando voltaram, verificaram que seu vizinho, certo Sr. Wilbur, tinha enchido a sua geladeira "de gelo, creme e manteiga, e até um grande melão para o almoço de segunda-feira".

"A atitude do povo da cidade para conosco foi especialmente generosa – conta a Sra. Darrow, – a despeito das diferenças de nossas crenças. Ninguém jamais demonstrou o menor sinal de descortesia, exceto talvez o Sr. e Sra. Bryan. Não fui apresentada a eles, e não tenho certeza de que tivessem qualquer intenção de ser rudes para comigo, mas, certamente olhavam para o outro lado, toda vez que nos achávamos próximos."

Na manhã de quarta-feira, dia 10 de julho, cedo ainda, Clarence e Ruby deixaram sua casa emprestada e se encaminharam para o tribunal do Condado de Rhea, grande prédio de tijolos, com um campanário, rodeado por um limpo gramado, e semi-escondido num bosque de olmos, carvalhos e choupos. Quando Darrow entrou no tribunal, viu um grande cartaz que dizia: Leia sua Biblia Diariamente Durante Uma Semana".

Outro cartaz, perto da entrada do tribunal, dizia: "Seja um Doce Anjo". O trecho verde estava atravancado de vendedores de flâmulas, macacos de brinquedo, cachorro-quente e limonada, e de pregadores descalços que dirigiam reuniões de orações e exortavam os espectadores, a plenos pulmões. Um observador escreveu: "No dia 10 de julho, era difícil saber se estava havendo em Dayton um comício de campo, uma convenção política, uma feira de rua, um carnaval ou uma atrasada comemoração do Quatro de Julho. Literalmente, a cidade se mostrava ébria de excitação religiosa."

Embora ainda fosse cedo, um sol ardente batia no pátio do tribunal. Darrow subiu o lanço de degraus para a sala, onde havia lugar para mais de setecentas pessoas, mas onde agora havia outras trezentas de pé. Abriu caminho aos empurrões, através dos espectadores já ensopados de suor, passou pelas mesas nas quais estavam reunidos jornalistas em número maior do que já se havia registrado em qualquer cobertura, desde a Conferência de Desarmamento de Washington. Microfones tinham sido instalados para transmitir o julgamento para o país – a primeira transmissão radiofônica dessa espécie. Correspondentes alemães, franceses e ingleses achavam-se presentes a fim de transmitir as reportagens de cada dia para seus jornais

320 Advogado da Defesa

europeus.

Todos estavam sem paletó, com as mangas das camisas enroladas e os colarinhos abertos no pescoço; naquela multidão, Darrow, de certo modo, parecia estar bem vestido, pois havia substituído sua costumeira gravata preta de laço por uma gravata branca que não quis tirar, e usava um par de suspensórios vermelhos bem vivos; era, provavelmente, a primeira vez, em seus quarenta e cinco anos de advocacia, que se achava entre os mais bem vestidos membros do tribunal, embora não pudesse competir com Dudley Field Malone, que ficava de paletó mesmo nos piores momentos de brutal calor.

À mesa da defesa, sentavam-se Clarence Darrow, Arthur Garfield Hays, Dudley Field Malone e John Randolph Neal, de Tennessee, antigo juiz e principal advogado constitucionalista do Estado, que havia outrora representado a União Americana das Liberdades Civis. Neal era o verdadeiro responsável, mas preferiu permanecer no fundo, para cuidar dos problemas constitucionais, e deixar que seus colegas, que tinham mais publicidade, ocupassem a ribalta, na controvérsia entre religião e ciência. Malone era um orador elegante, airoso, bem vestido, de língua de prata, que não tinha a menor idéia da teoria da evolução, mas que, como Darrow observou, "punha a fidelidade num plano superior". Arthur Garfield Hays, baixo, atarracado, de rosto forte, era um contrapeso excelente e necessário ao eloqüente Darrow; além de sua coragem e de seus anos de dedicação à causa impopular das liberdades civis, era um perito nos aspectos técnicos do Direito, e sempre insistia em "manter limpos os autos".

Em oposição àqueles quatro homens, à mesa de acusação sentavam-se William Jennings Bryan e seu filho, o antigo Procurador-Geral Ben McKenzie e o filho deste, o Procurador-Geral Stewart e os irmãos Hicks, de Nashville. O juiz era John Raulston, advogado de Dayton.

Bryan anunciou: "Este julgamento põe a nu um ataque à religião revelada, para uma geração. Um ataque bem sucedido destruiria a Bíblia e, com ela a religião revelada. Se a evolução vencer, o cristianismo desaparecerá." Ao que Darrow replicou: "Não é Scopes que está sendo julgado; a civilização está sendo julgada. A acusação está abrindo as portas para um reinado de preconceito, igual a tudo o que havia na Idade Média. Se ganharem, não estará em segurança a crença de homem algum."

O Juiz Raulston bateu seu martelo. Estava iniciado o julgamento do macaco.

5

O Reverendo Cartwright pronunciou uma longa oração que, na verdade, foi um julgamento para a acusação: "Temos consciência, nosso Pai, que és a fonte de nossa sabedoria e de nossos poderes. Somos incapazes de ter pensamentos puros ou de realizar feitos justos, se não tivermos a Tua ajuda e do Teu espírito divino. Com a consciência de nossas fraquezas, de nossa fragilidade e de nossa ignorância, dirigimo-nos a Ti, nesta manhã, nosso divino Pai, para que possamos receber de Ti aquela sabedoria necessária para encaminhar os negócios desta corte de tal maneira e de tal modo que Teu nome possa ser honrado e glorificado entre os homens."

O primeiro recontro entre os advogados foi sintomático da natureza geográfica da controvérsia. O juiz Raulston anunciou: "Temos o prazer de dar as boas-vindas aos advogados de fora, tanto da acusação quanto da defesa." Os advogados da defesa se entreolharam enigmaticamente, mas nada disseram, até que o ex-Procurador-Geral McKenzie afirmou ser

Advogado da Defesa 321

a Lei Antievolucionista tão clara que podia ser compreendida por um jovem de dezesseis anos do Tennessee; mas, "se esses senhores têm qualquer lei, na grande cidade metropolitana de Nova York, que entre em conflito com ela, ou na grande cidade branca do Noroeste..." Então, fizeram eles objeção às distinções geográficas que estavam sendo levantadas, pois achavam-se ali presentes como cidadãos americanos. O Juiz Raulston, que era um homem cortês, embora de falar um tanto bombástico, procurou derramar azeite nas águas turvas, replicando: "Quero que os senhores de Nova York ou de qualquer outro Estado lembrem-se sempre de que são nossos convidados, e que lhes outorgamos os mesmos privilégios e direitos e cortesias que damos a qualquer outro advogado." A defesa recolheu-se resignadamente.

Tendo sido Scopes, a princípio, denunciado com uma pressa aparentemente sem propósito, o Procurador-Geral Stewart pediu que se fizesse uma nova denúncia contra o réu. O grande júri foi convocado. O Juiz Raulston leu para seus membros o primeiro artigo da Lei Antievolucionista, "Fica determinado pela assembléia geral do Estado de Tennessee que será ilegal para qualquer professor, em qualquer das universidades, escolas normais e outras escolas públicas do Estado, sustentadas no todo e em parte pelos fundos de educação pública do Estado, ensinar qualquer teoria que negue a história da criação divina do homem, tal como é ensinada na Bíblia, e, em lugar dela, ensinar que o homem descende de uma ordem inferior de animais."

Como a lei tornava ilegal ensinar qualquer teoria que negasse a criação divina do homem, tal como ensinada na Bíblia, o Juiz Raulston apanhou seu surrado exemplar da Bíblia, leu as primeiras vinte e três partes do Gênese, e depois pronunciou lentamente:

25: E fez Deus as bestas da terra conforme a sua espécie, e o gado conforme a sua espécie, e todo réptil da terra segundo a sua espécie: e viu Deus que estava bom.

26: E Deus disse: façamos o homem à nossa imagem, conforme a nossa semelhança: e domine sobre os peixes do mar, e sobre as aves dos céus e sobre o mundo, e sobre toda a terra, e sobre todo o réptil que se move sobre a terra.

27: E criou Deus o homem à sua imagem; à imagem de Deus o criou; macho e fêmea os criou.

O grande júri prontamente apresentou uma nova denúncia contra John T. Scopes.

Como os jurados achavam que o servir no compartimento do júri lhes iria fornecer um lugar excelente para assistir às audiências, poucos recusaram o encargo. A Darrow couberam os interrogatórios, mas fez perguntas apenas brandas aos possíveis jurados; os que escolheu eram fazendeiros de meia idade, onze dos quais inveterados frequentadores da igreja. Um jurado que confessou não saber ler nem escrever foi aceito por ambas as partes, porque se dizia dele que "sabe pensar e tem bons ouvidos". Depois dessa primeira reunião na quarta-feira, o tribunal suspendeu os trabalhos, até a segunda-feira, para permitir que os advogados da defesa, que se tinham reunido, vindos de diferentes cidades, traçassem seu programa de defesa, se entendessem com os cientistas, educadores e eclesiásticos que tinham ido a Dayton explicar a evolução e atribuí-la ao trabalho de Deus. Houve numerosas sessões agitadas à volta da mesa de *The Mansion*, mas, pela tarde de domingo, Darrow se achava bastante satisfeito e pôde deixar seus companheiros e dirigir-se de carro a Chattanooga, onde fez uma conferência sobre Tolstói, para a Associação Hebraica de Moços.

O tribunal se reuniu na manhã de segunda-feira. A multidão, de certo modo, havia mudado de aspecto; os agricultores de capas e aventais tinham cedido lugar aos habitantes na-

322 Advogado da Defesa

turais de Dayton, vestidos com suas melhores roupas. O dia foi dedicado aos aspectos técnicos da lei, à sua constitucionalidade, pois a defesa primeiro apelou para o Juiz Raulston, pedindo que não conhecesse da denúncia contra John Scopes. O júri foi mandado para fora da sala durante essas discussões. Vários dias iriam passar-se antes que tivesse permissão para voltar.

John Neal afirmou que a Lei Antievolucionista era inconstitucional, porque o título da lei era enganoso e não incluía tudo o que havia no seu corpo; que violava a parte da Constituição do Tennessee que determinava que "o conhecimento, o saber e a virtude, sendo essenciais à preservação das instituições republicanas, e sendo a difusão das oportunidades e vantagens da educação através das diferentes partes do Estado altamente tendente a conduzir à promoção desse fim, será dever da assembléia geral, em todos os futuros períodos deste governo, incentivar a literatura e a ciência"; que, mais ainda, violava a Constituição do Tennessee, que determinava: "Todos os homens têm o direito natural e impostergável de adorar o Deus Todo Poderoso, segundo os ditames da sua própria consciência". Arthur Garfield Hays pediu que a denúncia fosse retirada, porque a Lei Antievolucionista, sem nenhuma razão, ampliava os poderes de polícia do Estado e constituía uma restrição aos poderes do indivíduo. Dudley Field Malone pediu que fosse retirada, alegando que a lei impunha ao povo do Tennessee uma opinião religiosa particular, de um particular livro religioso.

Quando Darrow entrou no tribunal, depois do recesso do meio-dia, para pronunciar o ponto culminante da defesa, disse ele a seus amigos que iria tirar as luvas e dar ao inimigo tudo o que ele merecia. O *New York Times* noticiou: "Houve um estender de pescoços, pois Darrow constitui figura de grande interesse aqui. É conhecido como "o infiel", e a multidão olhava curiosamente para a figura inclinada, com o rosto moreno enrugado e a grande cabeça. Estava em mangas de camisa, os suspensórios vermelhos se destacando contra a camisa, que tinha um pequeno rasgão no cotovelo esquerdo. Ele se levantava, meditava por um minuto, erguendo os ombros quase até as orelhas, e depois deixava-os cair; sua cabeça tombava para a frente e seu lábio inferior estendia-se, quando atirava alguma palavra amarga contra seus adversários. Ou se levantava, balançando-se de um lado para outro, nos quadris, e se equilibrando, enquanto as palavras saíam lentamente de seus lábios, e depois atirava-se, numa trovoada de indignação, as palavras a jorrarem, numa torrente de acusações.

Em suas palavras iniciais, Darrow declarou que a Lei Antievolucionista era "uma tentativa mais estéril e ousada, para destruir o saber, do que jamais acontecera na Idade Média" Voltou-se para William Jennings Bryan, que até então, ficara sentado em úmido silêncio, abanando o rosto com um abanador de palma, e declarou, em termos inequívocos, que Bryan era o único responsável por "aquela lei tola, falsa e perversa". Os espectadores ficaram boquiabertos, ao ouvir seu defensor ser chamado de tolo, falso e perverso: Darrow podia perceber que se levantava contra ele a conhecida muralha de ressentimento. Esse ressentimento tornou-se quase palpável, quando ele demonstrou que tinha sido corretamente chamado de infiel, ao afirmar: "O Estado de Tennessee, numa interpretação honesta e justa da Constituição, não tem direito de ensinar que a Bíblia é um livro mais divino do que o Corão, o livro dos Mórmons, os livros de Confúcio ou de Buda, os ensaios de Emerson ou qualquer um dos dez mil livros nos quais as almas humanas têm procurado consolo e ajuda nos seus tormentos.

"Sei que há milhões de pessoas no mundo que buscam consolo, nas suas horas de dificuldades, e tranqüilidade, em ocasiões de tristeza, na Bíblia. Eu seria quase que o último homem do mundo a fazer qualquer coisa para impedir isso. Sinto exatamente o mesmo para com todos os credos religiosos, de todos os seres humanos vivos. Se alguém achar alguma coisa nesta vida que lhe traga consolo, saúde e felicidade, creio que é seu direito possuir essa coisa. Não encontro neles absolutamente falta alguma. Mas a Bíblia não é um só livro. A Bíblia é constituída de sessenta e seis livros, escritos num período de mil anos, alguns deles muito atrás, e alguns em época relativamente mais recente. É um livro sobretudo de religião e moral. Não é um livro de ciência. Nunca o foi, e nunca o pretendeu ser."

Acreditava ele que as coisas que tinha a dizer, naquelas poucas horas de defesa, poderiam estar entre as mais importantes da sua existência. Por essa razão, não ficou contente em defender simplesmente o direito à heresia; queria que seu argumento fosse baseado solidamente no Direito, pois se a lei da terra não mantiver a liberdade intelectual do homem, seu povo jamais o fará. Deu-se a enormes trabalhos para revisar as razões legais e técnicas pelas quais aquele estatuto era insustentável: que a lei era tão indefinida e vaga que nenhum cidadão poderia a ela obedecer, nem nenhum tribunal aplicá-la, e que era inteiramente possível – já que a ciência apenas iluminava a narrativa poética do Gênese, – tanto violar a lei como a ela obedecer, ao mesmo tempo; que a Constituição do Tennessee, modelada segundo outra que fora redigida por Thomas Jefferson, afirmava que nenhuma lei jamais poderia ser aprovada, se interferisse na liberdade religiosa.

"Consideram um crime o fato de saber mais do que eu sei. Publicam uma lei para inibir o conhecimento. Essa lei diz que será uma ofensa criminosa ensinar nas escolas públicas qualquer relato da origem do homem que esteja em conflito com o relato divino que se acha na Bíblia. Torna a Bíblia o padrão para medir a inteligência de todos os homens, para medir o saber de todos os homens. São os senhores bons em matemática? Procurem o primeiro capítulo de Elias. É boa a sua filosofia? Vejam em Samuel, 2, capítulo 3. É boa a sua química? Vejam o capítulo 3 do Deuteronômio, versículo 6, ou qualquer coisa que fale sobre enxofre. Até a menor parcela de conhecimento que a mente humana possui deve ser submetida à prova religiosa."

Enquanto Darrow se punha diante do Juiz Raulston, com os polegares metidos nos suspensórios, os habitantes do Tennessee perguntavam a si mesmos como um homem que parecia um fazendeiro e agia como se o fosse podia externar crenças tão heréticas." Se hoje podem os senhores tomar uma coisa como a evolução e considerar um crime ensiná-la nas escolas públicas, amanhã podem os senhores tornar um crime ensiná-la nas escolas particulares. E no ano próximo, podem tornar um crime ensiná-la na igreja. E na próxima sessão legislativa, podem banir livros e jornais. Em breve, podem lançar católicos contra protestantes, e protestantes contra protestantes, e tentar impor sua própria religião ao espírito do homem. Se podem fazer uma coisa, podem fazer outra. A ignorância e o fanatismo estão sempre ativos e precisam ser alimentados. Ambos estão sempre comendo e pedindo mais. Depois de algum tempo, Senhor Juiz, estaremos colocando homem contra homem e credo contra credo, até que, com estandartes ao vento e tambores a bater, marcharemos para trás, para as gloriosas épocas do século XVI, quando fanáticos acendiam fogueiras para queimar os homens que se atreviam a dotar de qualquer inteligência, esclarecimentos e cultura o espírito humano."

Um dos jornalistas escreveu, a respeito de Darrow naqueles instantes: "Num só dos seus lentos e descansados movimentos dos ombros, em que toma parte todo o seu tronco, é ele capaz de mostrar mais desdém, mais combatividade, mais senso de força de reserva, do que qualquer um outro poderia exprimir numa dúzia de gestos."

A multidão prestava-lhe uma atenção respeitosa, embora atordoada. Um espectador

324 Advogado da Defesa

exclamou: "Deviam pô-lo para fora!" Os amigos o rodearam, apertando-lhe a mão e congratulando-se com ele por seu belo discurso em favor da liberdade intelectual. Quando descia a Rua Central, Ben McKenzie, que dera cerrado combate aos argumentos legais de Neal, Hays e Malone, desceu de seu Ford, passou um braço, afetuosamente, em volta dele, e disse com voz rouca:

– Foi o maior discurso que jamais ouvi em minha vida, sobre qualquer assunto.

Darrow retribuiu o abraço tão calorosamente que McKenzie iria dizer no tribunal, no dia seguinte, que, entre ele e Darrow, tinha havido amor à primeira vista.

– É uma grande bondade sua dizer isso – murmurou Darrow. Sentindo-se satisfeitos consigo mesmos, os advogados da defesa se reuniram para jantar no refeitório do Hotel Aqua. Tinham-se posto a discutir seriamente a técnica para o dia seguinte, quando Bryan apareceu, carregado de molhos de aipo, cenouras e outros legumes, que acabara de comprar no mercado local. Bryan nem sequer olhou para a mesa do pessoal da defesa, mas encaminhou-se para a sua, entregou os legumes à garçonete e pediu que os preparasse e servisse juntamente com o seu jantar. Bryan, a todo pano, com os enormes molhos de legumes debaixo do braço e o capacete na cabeça, fez com que a defesa risse a bandeiras despregadas.

6

Na manhã seguinte, 14 de julho, Darrow fez explodir uma série de bombas no tribunal de Dayton; fez objeção ao fato de ser o julgamento iniciado, toda manhã, com uma longa oração, por um pregador fundamentalista. "Não me importa o que o júri ou quem quer que seja reze em segredo ou em particular – comentou. Mas sou contra a transformação deste tribunal numa casa de culto, no julgamento deste caso. Está havendo um conflito entre a ciência e a religião, e nenhuma tentativa deve ser feita, por meio da oração, para influenciar a deliberação e a consideração, pelo júri, dos fatos do processo."

Um suspiro de susto varreu a platéia; Darrow voltou-se do Juiz Raulston, a quem se dirigira, e ficou de pé, enfrentando seus críticos. Apanhando-o assim num instantâneo, um repórter do *Chatanooga Daily Times* escreveu: "O advogado de Chicago sabe que é um segundo Ajax desafiando o raio; sabe que pesadas maldições estão sendo invocadas contra a sua velha cabeça e seus ombros caídos, mas levanta-se e diz o que quer". Depois usando quase as mesmas palavras pronunciadas pelo Dr. Beverly Tucker, de Richmond, ao encerramento da convenção dos psiquiatras, concluiu o repórter do Times: "Dayton jamais será a mesma, até que Darrow vá embora. Mesmo então, pode ser que fique marcada pelo resto da vida."

Embora não fosse costume no Tennessee iniciar o julgamento com uma oração, o Juiz Raulston era um homem profundamente religioso; sempre abrira os julgamentos com uma oração, quando havia um eclesiástico presente. O pedido de Darrow o feriu, mais do que o atordoou. Sentia que todos os tennesseanos do tribunal desejavam que os trabalhos de cada dia fossem iniciados com uma prece; denegou o requerimento de Darrow, mas pediu ao Rev. Dr. Charles Francis Potter, da Igreja Unitarista do West Side, Nova York, testemunha da defesa, que pronunciasse a oração, na manhã seguinte, gesto de conciliação que não satisfez a nenhuma das partes.

Mal haviam morrido os últimos clamores e Darrow já provocava outros. Naquela manhã, o Procurador Geral Stewart o havia publicamente chamado não apenas de agnóstico, mas de infiel. Darrow não estava despreparado para aquele ataque; logo que oferecera seus

Advogado da Defesa 325

serviços à União das Liberdades Civis, certos membros haviam feito objeção à sua entrada no caso, alegando que era agnóstico, e que "a luta no Tennessee deve ser do cristianismo e do fundamentalismo, e não entre religião e agnosticismo". Philip Kinsley, no *Chicago Tribune*, informara ter um dos acusadores de Dayton declarado: "Tudo o que nos cabe fazer é provar o fato de que Darrow é ateu e não acredita na Bíblia, perante o júri, para que seu caso esteja perdido. Ele não terá aqui o menor ponto de apoio; os jurados simplesmente irão bocejar. Eles não darão ouvidos a ninguém a não ser Bryan." Mas Dayton tinha-se tornado tão agitada, ante a possibilidade de perder Clarence Darrow, que os residentes tinham planejado um comício monstro, para protestar contra o banimento que se queria fazer contra ele. John Scopes salvara o dia correndo em defesa de seu defensor. "Sim, considero Darrow um agnóstico, mas esse fato mesmo em nada prejudicaria qualquer jurado correto. Eu mesmo me considero um agnóstico, mas sou devotadamente religioso à minha própria maneira."

Darrow agora admitia o direito de Stewart chamar-lhe agnóstico: "Não considero um insulto, mas, pelo contrário, um elogio, ser chamado de agnóstico. Não tenho pretensões de saber aquilo de que muitos homens ignorantes têm certeza." Entretanto, ficou ofendido por ser chamado de infiel, por um funcionário do Estado do Tennessee. Gastou calorosos quinze minutos tentando mostrar ao tribunal que, para pessoas de outras religiões, em outras terras, os bons cristãos que se sentavam no tribunal de Dayton eram considerados infiéis. O Juiz Raulston repreendeu o Procurador-Geral Stewart, determinando que a crítica religiosa fosse juntar-se à desaprovação geográfica, sendo banida das intervenções da acusação.

No gramado do tribunal, os jurados esperavam, resfriando os calcanhares e a testa, pois, enquanto se desenrolavam as discussões sobre o não conhecimento da denúncia, tinham de ser retirados da sala do Júri. Na tarde de 15 de julho, quase uma semana depois da abertura do julgamento, o Juiz Raulston leu sua opinião, recusando suspender o processo.

Todos já sabiam que recusaria retirar a denúncia, mas, assim mesmo, Darrow ficou mais completa e violentamente irritado com aquela decisão do que jamais tinha estado antes, num julgamento, mesmo quando o veredicto final tinha sido contra ele. Ainda na noite anterior, tinha dito a um grupo de pessoas de Dayton:

– Nunca julguei qualquer homem. Tenho simpatia por todos. Fiz o melhor que pude para compreender as múltiplas condições que rodeiam e controlam cada vida humana. Os senhores sabem que se diz: "Não julgue, para não ser julgado." Não julgo um homem: eu o defendo.

Ainda assim, não defendeu o preconceito do Juiz Raulston, nem considerou os antecedentes e condições que o tinham levado à sua decisão: o fato de que John Raulston tinha nascido numa pequena povoação das montanhas chamada Fiery Gizzard; de que sua mãe, uma mulher devotadamente religiosa, o conduzira em lombo de mula pelas colinas, até a escola, todos os dias, e lia para ele a Bíblia todas as noites; de que tinha saído da primitiva vida nas montanhas do Tennessee sendo um homem honesto e consciente; de que era visto com uma Bíblia debaixo do braço tão freqüentemente como um livro de Direito; e de que era chamado, "em parte, sacerdote, em parte, juiz". Por causa dos seus anos de estudos, indubitavelmente, sabia que teria sido tão congenitamente impossível para o Juiz Raulston desaprovar a Lei Antievolucionista, como o teria sido para Clarence Darrow aprová-la. O Juiz Raulston iria dizer, já em 1940: "O povo do Tennessee é profundamente fundamentalista nas suas crenças religiosas, isto é, não procura a sua origem nas ordens inferiores de animais, mas atribui sua existência à criação divina, e estava de pleno acordo com os dispositivos do estatuto e com

326 Advogado da Defesa

a posição tomada pelo Sr. Bryan e seus associados, no julgamento daquele caso." O Legislativo do Tennessee tinha aprovado a lei quase unanimemente; o governador a havia assinado; o Juiz Federal de Knoxville recusara assinar um interdito contra ela. Como, pois, poderia ele ter esperado que, numa pequena cidade, um juiz da corte criminal, que concordava de todo coração, com a lei, a colocasse de lado?

A natureza de Darrow era intensamente emocional; suas emoções muitas vezes governavam o seu cérebro. Seu cérebro lhe tinha dito que o Juiz Raulston forçaria o julgamento de Scopes, mas seu coração o levara a esperar que, por um milagre, o homenzinho sentado na presidência, numa pequena cidade das colinas do Tennessee, se elevasse a grandes culminâncias de nobreza e bradasse ao mundo que o cérebro do homem deve ser mantido livre para sempre.

Deixou o tribunal grandemente deprimido. Quando passava pelo Hotel Aqua, alguém lhe entregou um telegrama vindo de San Francisco, que dizia: ENCONTREI O ELO PERDIDO - TELEGRAFE INSTRUÇÕES.[1] Riu e ficou aliviado; enquanto houvesse humor ainda nos Estados Unidos, seu povo estaria salvo.

Na manhã seguinte, os jurados, afinal, tiveram permissão para tomar seu lugar no compartimento do júri. O julgamento de John T. Scopes iria começar. Dudley Field Malone começou por declarar que, para condenar Scopes, a acusação tinha de provar que ele não apenas ensinava a teoria da evolução, mas que, ao mesmo tempo, negava a da criação, contada na Bíblia. Tentou convencer o júri de que havia mais de uma teoria da criação contada na Bíblia, e que estas estavam em conflito; que, embora houvesse um conflito entre a evolução e o Velho Testamento, não havia conflito entre a evolução e o cristianismo; e, finalmente, que a ciência não afirmava, como a acusação continuava a insistir, que o homem nascera do macaco. Hays se mostrou à altura do grande padrão de defesa estabelecido por Darrow e Malone, quando discorreu sobre a história da Bíblia, recapitulou o seu desenvolvimento, desde os manuscritos originais, em hebraico, aramaico e grego, e mostrou as dificuldades de tradução.

Stewart e McKenzie, em nome da acusação, argüiram animadamente que o Estado soberano de Tennessee tinha o direito de aprovar qualquer lei que desejasse, e de recusar ensinar qualquer coisa nas escolas públicas, se achasse conveniente. Howard Morgan, de quatorze anos, filho do banqueiro que cedera sua casa aos Darrows, foi levado ao estrado das testemunhas, para depor sobre o que lhe fora ensinado a respeito da evolução por Scopes. O jovem disse que Scopes lhe ensinara que "a terra foi outrora uma massa quente e incandescente, demasiado quente para existir nela a vida animal ou vegetal; no mar, a terra esfriava; mas formou-se ali um pequeno germe de organismo unicelular, e aquele organismo continuou evoluindo, até que veio a se tornar um animal de tamanho bastante grande, passando então a ser um animal terreno, e continuou evoluindo, e daí saiu o homem, e que o homem era apenas mais um mamífero."

McKenzie produziu a melhor pilhéria da acusação, quando resumiu seu testemunho, dizendo: "Deus produziu uma espécie de protoplasma, ou pano de pratos, macio e o colocou no oceano dizendo: "Meu velho, se esperar por volta de uns seis mil anos, farei de você alguma coisa".

O tribunal continuava a ficar apinhado de espectadores, muitos dos quais chegavam de madrugada, com caixas contendo seus almoços. No primeiro dia em que o júri teve permis-

---

(1) O "elo perdido" é o membro que falta na cadeia da evolução, insistentemente procurado por paleontólogos, arqueólogos, etc. (N. do T.).

são para estar presente, numerosos espectadores levantaram-se ao meio-dia para ir almoçar, mas, quando viram a multidão de pessoas esperando para tomar seus lugares, atiraram-se de volta a suas cadeiras e continuaram sem alimento. Repetidas vezes, milhares de pares de olhos do tribunal voltavam-se para William Jennings Bryan, mas Bryan continuava sentado, refrescando-se com seu abanador. Os fiéis não estavam nem atemorizados nem impacientes; sabiam que, no momento oportuno, Bryan iria falar.

Contra a acusação de que Scopes tinha ensinado certos elementos da evolução, Darrow não tinha intenção de fazer defesa alguma. Sua defesa iria ser a de que havia mais do que uma interpretação possível da criação bíblica; que, embora Scopes pudesse ter violado a idéia fundamentalista da interpretação bíblica, de modo algum fora de encontro à teoria bíblica da criação, sustentada por milhões de outros cristãos; que um professor podia demonstrar a seus alunos que o homem tinha evoluído por um período de centenas de milhares de anos, a partir de uma infinita variedade de organismos inferiores, e de modo algum violar a história do Gênese.

A defesa tinha reunido em Dayton um grupo ilustre de biologistas, zoologistas, geólogos, antropólogos, educadores, eclesiásticos e peritos em Bíblia, que estavam preparados para subir ao estrado das testemunhas e relatar, com fatos e números, quadros e gráficos, a história do nascimento e crescimento da Terra e da humanidade, demonstrando que aquele processo de evolução, através do qual todas as coisas vivas tinham passado, era precisamente o mesmo que a história do Gênese contava, de forma poética. Para Darrow, aquela iria ser a parte mais importante dos trabalhos; com milhões de pessoas dominadas pela bizarra excitação do julgamento, com a imprensa a dar notícia de cada palavra saída de Dayton nas primeiras páginas, debaixo de manchetes atraentes, haveria uma oportunidade, quase sem paralelo, de educação em massa, uma oportunidade de iluminar as descobertas e atitude da ciência, para aquelas pessoas que tinham tido oportunidade de dar aqueles passos à frente, no aprendizado do homem, das verdades a respeito de si mesmo e de seu mundo.

Mas a acusação pensava de outra forma; não tinha a menor intenção de permitir que Darrow, Hays e Malone usassem o tribunal de Tennessee para o propósito de propagar as suas heresias. Os fundamentalistas de Tennessee diziam que a evolução violava a história da criação contada na Bíblia; por isso, tudo o que os peritos pudessem dizer a respeito de pássaros e insetos seria irrelevante e não entraria nos autos. O Juiz Raulston recusou-se a negar a admissão de testemunhos até ter ouvido uma parte deles.

Mais uma vez, brotou o antagonismo, pois o Procurador-Geral Stewart fez outro ataque pessoal contra Darrow. "O Sr. Darrow é o maior advogado criminalista dos Estados Unidos, hoje em dia. Sua cortesia é notória; sua capacidade é conhecida, e é uma pena, na minha opinião, ante a visão de um grande Deus, que uma mentalidade como a sua tenha-se desviado tanto da finalidade natural que deveria buscar – bom Deus, quanto bem um homem da sua capacidade poderia ter feito, caso se houvesse aliado às forças do direito!"

Calorosos "Améns" foram ditos pelos espectadores.

Darrow virou-se e lhes dirigiu um olhar gelado.

O caso envolvia por demais as suas crenças vitais, para que ele permanecesse calmo e jurídico, particularmente porque a maior parte do julgamento estava sendo conduzida fora dos limites do processo legal ou judicial. Nenhum caso jamais o comovera tanto quanto aquele ataque contra a educação. Aterrorizava-o a idéia do que poderia acontecer aos Estados Unidos e ao seu povo, se aqueles fundamentalistas do Tennessee assumissem o controle

328 Advogado da Defesa

do país, assim como o haviam assumido os partidários da lei-seca. Virtualmente em todos os casos de quase todo o seu meio século de advocacia, soubera ele que havia sempre dois lados; por mais incansavelmente que tivesse lutado contra seus adversários, tinha sido capaz de compreender seus pontos de vista. Aquele era o primeiro caso da sua carreira em que se achava profundamente convencido de que não havia dois lados, mas apenas um; que os fundamentalistas representavam um perigoso potencial de destruição; que não havia palavra tolerante que pudesse ser dita em favor da sua intolerância e da devastante pobreza que surgira da Guerra Civil, que tinha deixado ao Sul pouco com que continuar, além da sua crença em Deus.

Foi aquele o primeiro caso no qual Clarence Darrow havia oferecido seus serviços; foi o primeiro caso no qual altercou com o juiz em plena sessão, até ser acusado de desrespeito, e no qual iria perder a calma com os espectadores no tribunal. Em sua dissecação microscópica de Harry Orchard, tinha ele encontrado um momento para se deter e dizer que não condenava Orchard, que não poderia ele deixar de ser o que era; agora, pela primeira vez, iria ser impiedoso, a ponto de se mostrar, cruel para com seu principal adversário, William Jennings Bryan.

Com o júri ainda fora, Bryan afinal se levantou: não iria mais permitir que aquele material "pseudocientífico" fosse introduzido no tribunal. Seu colarinho estava bem aberto, as mangas para cima, a boca projetada e comprimida, e havia um brilho de luta em seus olhos. O tribunal ficou calado e imóvel; os habitantes do Tennessee fixaram seus olhos sobre seu porta-voz, com grande amor e confiança. Como Darrow, também Bryan considerava aquela uma oportunidade magnífica para a educação em massa, uma ordem inspirada por Deus, para conduzir um povo extraviado e confuso de volta ao Seio do Senhor.

Darrow tinha observado, com crescente intranqüilidade, como Bryan, despido da influência política e afastado dos círculos mais fechados do Partido Democrático, adotara a religião como profissão e como um meio de restabelecer o seu poder e importância. Não achava estranho que Bryan ainda devotasse suas plenas energias à religião, como um meio de expressão. Sempre achara que Bryan deveria ter sido um pregador; o próprio discurso da "Cruz de Ouro", que lhe tinha valido a candidatura democrata à presidência, em 1896, tinha sido mais uma falação religiosa do que política ou econômica.

William Jennings Bryan baseava seu fundamentalismo em sua afirmação, freqüentemente repetida: "Estou mais interessado na rocha das eras do que na era das rochas." Dessa mentalidade e dessa atitude perante a vida, Clarence Darrow era antítese perfeita. Sentia que Bryan, pregando no Círculo Chautauqua, sobre "O Príncipe da Paz", não podia fazer mal, mas que Bryan trabalhando, com uma energia inesgotável, para organizar os Estados do Sul num sólido bloco antievolucionista, poderia conseguir provocar males irreparáveis; pois, em William Jennings Bryan, os fundamentalistas tinham encontrado o seu perfeito líder.

7

Num aspecto, Clarence Darrow e William Jennings Bryan tinham alcançado uma grandeza semelhante. Bryan chamava a si mesmo um cidadão comum; deu à sua revista semanal o nome *The Commoner*[1]; sempre combateu em favor dos pobres e dos deserdados. Poucos homens lutavam em favor das pessoas comuns; por isso, milhões de americanos o amavam; por isso, tinham procurado orientação na sua pessoa, e confiavam em que jamais os trairia,

1. "O Cidadão Comum".

porque jamais poderia ser comprado. Havia lutado em favor do imposto de renda, como um método de nivelar a riqueza, quando o imposto de renda, estava sendo condenado como vicioso, radical e destruidor. Tinha trabalhado em favor da paz internacional; pregava a paz na Terra, a boa vontade entre os homens. Bryan tinha sido tão completamente a favor dos homens comuns, contra os poderes do dinheiro de Wall Street, que a *Tribune*, de Nova York, o acusara, depois da campanha de 1896, de pertencer à tradição de Altgeld e Debs.

Mas Bryan era homem de espírito raso e fechado. Tinha sido educado sumariamente, nada sabia de artes, exceto que uma pintura ou outra, uma peça musical ou uma frase de literatura, poderiam ser usadas para esclarecer um princípio religioso. Tinha inata presença de espírito e capacidade de tornear precisamente uma frase, mas era por demais preguiçoso para estudar, para alargar, aprofundar ou aguçar o espírito, para procurar fatos e números que dessem às suas convicções humanitárias uma base sólida. Possuía-o a convicção de ser o homem mais importante de sua época, mandado à Terra diretamente pelo Pai Celestial. "Sempre tenho razão", afirmava William Jennings Bryan, e nisso acreditava, pois, como poderia estar errado se, em cada momento de sua vida, estava sendo dirigido por Deus? Exclamava que não lhe importava com quem teria de se defrontar, se estivesse vestindo a armadura de uma causa justa. Nem sequer uma vez na sua vida, acreditou ele que sua causa não fosse justa. Na plataforma de conferências, milhões de palavras eram despejadas de sua boca enorme, adornadas com a prosa cantante e majestosa da Bíblia do Rei Jaime, que lia incessantemente, pois seu principal dom se achava em suas cordas vocais; era um orador soberbo; apenas Henry Ward Beecher tinha uma voz mais comovente do que a sua.

Defensor hipnótico de um vago humanitarismo cristão, Bryan nunca aprendeu nada dos negócios práticos da administração ou dos modos do mundo. Embora não conseguisse três vezes eleger-se presidente dos Estados Unidos, em 1896, em 1900 e em 1908, sua influência havia assegurado a indicação pelos democratas do nome de Woodrow Wilson, em 1912. Em parte por gratidão, em parte porque sabia que Bryan ainda possuía ampla popularidade entre os eleitores democratas, Wilson o nomeou secretário de Estado. Nesse cargo, Bryan revelou ignorância tão profunda das questões internacionais que embaraçava os embaixadores americanos, e deixou o Departamento em estado de confusão. Foi ele o iniciador do sistema de dar empregos aos "democratas merecedores", que ameaçou prejudicar metade do funcionalismo governamental. Sobre o significado da legislação, sobre os antecedentes e bases econômicos de uma modernização do governo tal como a Lei de Reserva Federal, ele nada podia compreender. Os melhores homens da administração falavam-lhe noite e dia, apenas para verificar que seu espírito era fechado e barrado por uma porta de ferro, por trás da qual somente se aninhavam frases feitas e discursos decorados.

O Coronel House disse a respeito dele: "Não acredito que alguém jamais tenha conseguido mudar as suas decisões. Ele sente que suas idéias são dadas por Deus, não sendo susceptíveis da mutabilidade daquelas do ser humano ordinário." David Houston observou: "Descobri que se poderia passar uma carroça coberta por qualquer parte do seu argumento, e nunca tocar sequer num fato ou numa afirmação segura." Bryan protestou contra a nomeação do Dr. Charles W. Eliot para embaixador na China, alegando que "Eliot era unitarista e não acreditava na divindade de Cristo, e a nova civilização chinesa era baseada no movimento cristão". Passava as horas em sua mesa de trabalho, mandando cartões autografados para seus patrícios, pedindo-lhes que assinassem seus nomes acima do seu e assim fizessem um juramento de temperança. Mais ainda, transformara seu cargo num objeto de ridículo, por

330 Advogado da Defesa

todo o mundo, insistindo em aparecer entre os números de vaudeville, nos comícios revivalistas do Chautauqua. Depois de pouco mais de dois anos, renunciara a seu posto, para alívio de todos, porque não podia aprovar a política do Presidente Wilson, achando que impelia os Estados Unidos para a guerra. Uma vez declarada a guerra, ofereceu-se para se alistar no exército como recruta – aos sessenta e cinco anos de idade.

Trabalhador fanático em favor da temperança no consumo de bebidas fortes, tinha dito ao Presidente Wilson que aceitaria o cargo de Secretário de Estado, "apenas se não tiver de servir bebidas embriagadoras no curso de minhas funções". Entretanto, segundo o depoimento do homem que viajou com ele em suas campanhas presidenciais, "jamais viveram homens mais intemperantes do que ele. Sloan Gordon lembra-se de um enorme almoço comido por Bryan, numa fazenda da Virgínia, em 1900. Primeiro um enorme melão. Depois, duas codornizes, acompanhadas por presunto da Virgínia e meia dúzia de ovos. Depois disso, um prato cheio de bolos fritos, nadando na manteiga; e ainda uma vez a mesma coisa. Além disso, houve muitas xícaras de café, batatas fritas e pratos extras de várias espécies, antes que ele saísse da mesa, pronto para começar um dia de discursos sobre a temperança."

Sua principal virtude era a de ser um homem bom. Um associado comentou: "Quando Bryan tentava debater, emaranhava a si mesmo e aos seus ouvintes numa massa de questões sem lógica e insignificantes. Suas intenções eram honestas, mas ele estava errado."

Durante os últimos anos, Bryan vinha negociando em propriedades imobiliárias na Flórida, e havia ganho bem mais de um milhão de dólares. Continuava as suas pregações, particularmente para as multidões, nos parques de Miami, mas tanto a sua influência como os seus poderes se estavam esgotando. A despeito de sua idade avançada, a despeito do seu desapontamento e frustração, seu ego ardia com a mesma intensidade com que ardera em sua juventude. Tinha tentado incessantemente conquistar à força um posto, fazer com que a Flórida o elegesse Senador Federal, e ser eleito moderador da Igreja Presbiteriana, que acabara de recusar a sua ordem para aprovar uma resolução antievolucionista. Ninguém queria ouvi-lo, exceto os fundamentalistas do Cinturão Bíblico.

Pois muito bem; se Deus havia reduzido a sua messe aos fundamentalistas, então devia Deus ter um propósito; Deus deveria ter desejado que ele conquistasse o mundo através do fundamentalismo. Afinal, começou a dedicar todo o seu tempo à pregação do fundamentalismo, no Sul, viajando pelas montanhas, pradarias e pântanos, para falar, exortar, pregar e ordenar que seus seguidores trabalhassem incessantemente para que o legislativo de seu Estado aprovasse leis antievolucionistas. Esperava transformar o fundamentalismo num movimento político, do qual iria ser o chefe; embora não esperasse fazer-se eleger presidente dos Estados Unidos numa chapa fundamentalista, tinha confiança em que, revestido de sua justa causa, poderia dessa vez tornar-se tão poderoso que seria capaz de ditar a escolha do presidente, do congressista, do governador; controlar a escola, a universidade, a imprensa.

Agora, erguia ele ambos os braços, num gesto pontifical, transformando os espectadores do tribunal de Dayton numa reunião de fiéis. "Meus amigos... – disse. – Peço-lhes perdão, e o perdão da corte, mas estou tão acostumado a falar a uma platéia, e não a um tribunal, que às vezes digo "meus amigos", embora me ocorra saber que nem todos são meus amigos."

Quando terminaram os risos, continuou: "Se os habitantes do Tennessee tivessem de ir para um Estado como Nova York, aquele de onde vem este impulso para resistir a esta lei, e tentassem convencer o povo de que uma lei que houvesse aprovado não deveria ser aplica-

Advogado da Defesa 331

da, não crêem os senhores que isso seria considerado como uma impertinência? O povo deste Estado sabia o que estava fazendo quando aprovou a lei; sabia dos peritos da doutrina, sabia que não desejava vê-la ensinada a seus filhos. Não fica bem trazer perigos para aqui, a fim de derrotar o propósito do povo deste Estado, tentando mostrar que o que esse povo denuncia e proscreve é uma coisa bela, na qual todos devem acreditar."

Os espectadores bateram palmas. Não satisfeito com esse sólido argumento, Bryan atacou com bom humor o testemunho evolucionista do Dr. Metcalf. Embora suas pilhérias constantemente provocassem risos, eram baseadas num raciocínio superficial, por meio do qual ele evitava o ponto fundamental da questão. Provocou risos ao dizer que, a julgar por algumas das pessoas que havia conhecido, deviam existir mais de trinta e cinco mil variedades de esponjas. Provocou outros risos ao dizer que iria citar o número das espécies animais em números redondos, muito embora não pensasse que os animais se reproduzissem em números redondos. Provocou não apenas risos mas aplausos, ao dizer: "Então, nós temos mamíferos, nada menos de três mil e quinhentos, num pequeno diagrama circular, incluído também o homem no círculo, e procuramos encontrar o homem! Estavam ensinando aos filhos dos senhores que o homem era um mamífero, e tão difícil de distinguir dos outros mamíferos que preferem deixá-lo ali com três mil, quatrocentos e noventa e nove outros mamíferos." Provocou ainda outros risinhos, ao comentar o quanto era duro encerrar o homem num pequeno círculo, com todos aqueles animais, os quais tinham um odor que se propagava além da sua circunferência. Contudo os risos mais animados se fizeram ouvir quando lamentou satiricamente que os evolucionistas nem sequer nos deixavam descender dos macacos americanos, mas apenas dos macacos europeus.

Os fundamentalistas estavam deliciados com o seu defensor; a sua confiança cresceu, pois sentiam que Bryan estava aniquilando os evolucionistas, transformando-os em tolos. Ouviam-no com ávida ansiedade, enquanto ele afirmava que a evolução não era uma teoria, mas apenas uma hipótese; e que, desde que os evolucionistas não podiam concordar entre si sobre as origens das espécies, desde que importantes modificações haviam sido feitas depois que Darwin promulgara pela primeira vez as suas descobertas, a evolução era, por conseguinte, uma massa incoerente de conjecturas e suposições, sem base na ciência ou nos fatos.

Pronunciou então o longamente esperado sermão sobre a imutabilidade da religião revelada. "A Bíblia é a palavra de Deus; a Bíblia é a única expressão da esperança de salvação do homem. A Bíblia, a história do filho de Deus, salvador do mundo, nascido da Virgem Maria, crucificado e ressuscitado. A Bíblia não será tirada deste tribunal por peritos que vêm de uma distância de centenas de quilômetros para declarar que são capazes de conciliar a evolução e o seu antepassado selvagem, com o homem criado por Deus segundo a Sua imagem, o homem posto no mundo para propósitos diferentes do plano divino." Ouviram-se ruidosos "Améns" do fundo do tribunal. Darrow exclamou :

– Quero que esses "Améns" sejam incluídos nos autos. Encorajado pela reação, Bryan levantou a voz a um timbre mais elevado e chegou ao seu ponto culminante. "O Senhor Juiz me perguntou se a evolução tem alguma coisa a ver com o princípio do nascimento em virgindade. Tem, porque esse princípio de evolução contesta os milagres; não há lugar para milagres nessa corrente da evolução, e o Antigo e o Novo Testamento estão cheios de milagres. Se essa doutrina é verdadeira, essa lógica elimina todos os mistérios do Velho e do Novo Testamento, e elimina tudo o que é sobrenatural, e isso significa que elimina o nascimento em virgindade significa que eles eliminam a ressurreição do corpo – significa que eliminam a dou-

332 Advogado da Defesa

trina do perdão, e que acreditam estar o homem nascendo em todos os tempos, que o homem nunca caiu, e que, quando o Salvador veio ao mundo, não havia sequer uma razão para Sua vinda; não havia razão para que Ele não se fosse embora, tão logo pudesse, pois nascera de José, ou de algum outro correspondente, e ainda jaz em Sua sepultura; e depois que os cristãos deste Estado tiveram atadas as suas mãos e disseram: "Não tiraremos partido da nossa força para ensinar religião às crianças por professores pagos por nós", vêm essas pessoas de fora do Estado e forçam o povo e os filhos dos contribuintes deste Estado a aceitar uma doutrina que refuta não apenas a sua crença em Deus, mas a sua crença num Salvador e a crença no céu, e lhe tiram todos os padrões morais que a Bíblia nos fornece."

Ouviram-se aplausos atordoantes. A multidão enxameou em volta de Bryan, apertando-lhe as mãos, batendo-lhe nas costas, agradecendo-lhe com lágrimas nos olhos. Darrow voltou-se em sua cadeira, para perguntar a Arthur Garfield Hays, sentado imediatamente atrás dele:

– Será mesmo verdade que este julgamento está tendo lugar no século vinte?

8

Os advogados da defesa retiraram-se do tribunal de olhos vidrados, atordoados. Se o Juiz Raulston concordasse com Bryan, se proibisse que as testemunhas científicas depusessem, o julgamento estaria terminado. A defesa estaria derrotada.

O único que os animou um pouco foi o Representante Butler, que tinha redigido a Lei Antievolucionista. "O juiz deve dar-lhes uma oportunidade de dizer o que é a evolução – disse Butler. Naturalmente, nós arrasaremos com eles de qualquer modo; mas creio que é justo, correto e patriótico. Além disso, eu mesmo gostaria de saber o que é evolução." Butler tinha pensado que a Bíblia era a primeira e única Bíblia jamais escrita; quando alguém lhe disse que a versão do Rei Jaime não era a única da Bíblia, o pobre homem ficou abalado.

Na manhã seguinte, o tribunal se reuniu para ouvir o Juiz Raulston determinar a exclusão dos peritos e de seus depoimentos. Baseava sua decisão na afirmação de que não se estava julgando nem a religião nem a evolução, e que Scopes estava sendo julgado por violar uma lei específica do Tennessee.

Alguns dos jornalistas, em particular H. L. Mencken, estavam tão convencidos de que aquela decisão punha termo ao caso, que fizeram as malas e se foram embora. Roubado em sua última possibilidade de defesa pelo que considerava um veredicto prejudicado, Darrow ficou gelado de cólera. Quando o Juiz Raulston tentou injetar humor em sua decisão, dizendo: "Desejo sugerir que acredito que os evolucionistas devem pelo menos mostrar para com o homem a consideração de substituir a palavra "descender" pela palavra "ascender", sua cólera explodiu.

– O Estado de Tennessee ainda não governa o mundo exclamou. – Com a esperança de esclarecer o tribunal, em geral, quero dizer que os cientistas provavelmente não corrigirão as palavras "descendência do homem", e quero explicar que descendência significa partir de uma forma inferior de vida e finalmente chegar ao homem.

– Nós todos temos dicionários - disse o Procurador-Geral Stewart.

– Não creio que o juiz o tenha - replicou Darrow.

Quando pediu o resto do dia para preparar certos documentos que a defesa desejava apresentar ao tribunal, e o juiz perguntou por que haveria de tomar o resto do dia, Darrow replicou:

Advogado da Defesa 333

– Não compreendo por que todo requerimento da defesa é denegado.

– Espero que não pretenda fazer insinuações sobre a Corte? - perguntou o Juiz Raulston.

– Bem – resmungou Darrow, – Vossa Excelência tem o direito de esperar.

– Tenho o direito de fazer uma outra coisa - disse o juiz.

– Está bem, está bem – murmurou Darrow.

Na manhã seguinte, o *Chattanooga News* gritava em manchete: RAULSTON BANE PERITOS DA DEFESA; DARROW INSULTA JUIZ.

Na segunda-feira, o Juiz Raulston o citou por desrespeito ao tribunal.

– Os homens podem tornar-se eminentes – disse o Juiz Raulston, na presidência, – mas nunca devem sentir-se superiores à lei ou à justiça. Aquele que deseja incluir o desrespeito nas atas de meu tribunal insulta e ofende o bom povo de um dos maiores Estados da União.

Com isso, ordenou a Darrow, que comparecesse diante dele, na manhã seguinte, para responder à citação, e exigiu que ele depositasse uma fiança legal de cinco mil dólares.

– De quanto é a fiança, Sr. Juiz? - perguntou Darrow, engasgado.

– Cinco mil dólares – repetiu o Juiz Raulston.

– Mas terei de pagar esta manhã?

– Não. Só depois que lhe tiver sido feita a notificação.

– Agora, não sei se posso arranjar essa fiança, Sr. Juiz.

Frank Spurlock, de Chattanooga, depositou a fiança. A audiência prosseguiu durante mais uma hora, enquanto Darrow se acalmava. Então, ele se endireitou da posição em que estava em sua cadeira, reclinado, e passou os dedos por uma rala madeixa de cabelos, afastando-a dos olhos. Havia-se colocado em posição desvantajosa. Pedindo desculpas ao tribunal, disse:

– Venho praticando o Direito há quarenta e sete anos, e tenho passado a maior parte do tempo em tribunais. Tive muitos casos onde fui obrigado a fazer o que estou fazendo agora, combatendo a opinião pública do povo da comunidade, onde estava sendo julgado o caso. Até então, nunca, em toda a minha vida, jamais fui criticado pelo tribunal, por qualquer coisa que fizesse perante ele. Não encontro a mais ligeira das faltas no Senhor Juiz. Pessoalmente, não creio que constitua um desrespeito, mas estou perfeitamente certo de que a observação não devia ter sido feita, e que o juiz não podia deixar de percebê-la, e lamento o que fiz, depois que tive tempo de ler o que disse, e desejo pedir desculpas ao Senhor Juiz por isso.

Com esse pedido de desculpas, ganhou a maior simpatia do tribunal. O Juiz Raulston o perdoou, dizendo:

– Meus amigos, Coronel Darrow: o homem que eu acredito ter vindo ao mundo para salvar o homem do pecado, o Homem que morreu na Cruz para que o homem pudesse ser redimido, ensinou que era divino perdoar, e não fosse a Sua própria natureza, voltada para o perdão, eu temeria pelo homem. O Salvador morreu na Cruz defendendo perante Deus os homens que O crucificaram. Acredito naquele Cristo, acredito naqueles princípios. Aceito o pedido de desculpas do Coronel Darrow. Sinto que estou justificado em falar em nome do povo do grande Estado que represento, quando digo a ele que o perdoamos e esquecemos, e lhe recomendamos que volte para casa, e, no coração, aprenda as palavras do Homem que disse: "Se tiverdes sede, vinde a Mim e Eu vos darei a vida".

Na manhã seguinte, o Juiz Raulston ordenou que o julgamento fosse transferido para o pátio do tribunal, porque as multidões no recinto, com os seus risos, aplausos e manifesta-

334 Advogado da Defesa

ções, estavam enfraquecendo o assoalho, e havia perigo de desmoronamento. Juiz, júri e advogados sentaram-se na plataforma erguida, usada pelos pregadores da cidade, de onde Bryan havia pronunciado um discurso no domingo anterior. Imediatamente abaixo da plataforma, foram colocadas mesas para os jornais, telegrafistas e homens de rádio. Os duros bancos que cobriam quase todo o gramado foram prontamente ocupados por cinco mil espectadores, sufocados sob o sol do meio-verão, porém, muito mais arejados do que tinham estado, na abafada sala do tribunal. Para a defesa, aquela iria ser uma mudança dos recintos fechados do Direito técnico para o ar livre da discussão franca e do terreno sólido da razão.

E mais uma vez, Darrow provocou um tumulto: exigiu que a enorme faixa dizendo LEIA A BÍBLIA, que estava pregada ao lado do prédio, a não mais que três metros de onde iria sentar-se o júri, fosse retirada, porque era prejudicial aos interesses do réu. Ben McKenzie se pôs de pé, num salto, para externar os sentimentos do povo do Tennessee, presente na audiência, dizendo:

– Alega a defesa que não está negando a Bíblia, e que espera apresentar provas para harmonizá-la. Por que devemos nós remover o cartaz que convida o povo a ler a palavra de Deus, apenas para satisfazer os outros participantes do caso?

Seu filho acrescentou:

– Nunca vi, na história deste país, ocasião em que homem algum tivesse receio da lembrança do fato de que deve ler sua Bíblia, e, se representam uma força que está aliada com o demônio e seus satélites. . .

A acusação de que Darrow, Hays e Malone estavam aliados com o demônio causou furor. Bryan entrou na confusão, para gritar: - Se os argumentos deles são válidos e sinceros, no sentido de que a Bíblia pode ser interpretada de forma a reconhecer a evolução, não posso ver por que LEIA A BÍBLIA iria, necessariamente, significar parcialidade para o nosso lado. Entretanto, Paulo disse: "Se o comer faz com que meu irmão ofenda, não comerei carne enquanto durar o mundo." Se o fato de deixarmos aquilo ali em cima, durante o julgamento, ofende o nosso irmão, eu o tirarei durante o julgamento. Darrow concordou em deixar onde estava a faixa LEIA A BÍBLIA, desde que a defesa pudesse colocar uma faixa de igual tamanho, imediatamente ao lado, na qual estaria escrita: LEIA A EVOLUÇÃO.

O Juiz Raulston ordenou que a faixa fosse removida da parede do Tribunal. Os jurados, que de novo tinham sido excluídos, durante aquela confusão, foram introduzidos, pulando como doidos, porque tinham sido mandados para fora, para ficar girando os polegares, durante nove décimos do julgamento, e tinham perdido a parte divertida. Estavam prontos a absolver Scopes de toda e qualquer acusação, para se desforrar daquela corte.

Darrow tinha um velho estratagema de colocar a acusação na defesa, o que não apenas mantinha os trabalhos animados, mas virava a maré da vitória. Como o juiz não lhe permitiria levar cientistas ao banco das testemunhas, para apoiar a evolução e a defesa de seu cliente, o único recurso que lhe sobrava era colocar a acusação naquele banco e tentar derrubar a interpretação literal da Bíblia. Perguntou a William Jennings Bryan se estaria disposto, ao subir ao estrado das testemunhas, para depor como perito em assuntos bíblicos. Bryan concordou muito feliz, e o julgamento do macaco de Scopes tomou outra direção, dando ao povo americano o que o *New York Times* descreveu como a mais espantosa cena de tribunal da história anglo-saxônica.

Bryan tomou seu lugar sobre o duro pedestal de pedra, começou a se abanar e enfrentou seu inquiridor. Darrow hesitou por um momento, antes de começar.

– O senhor dedicou considerável tempo ao estudo da Bíblia, não dedicou, Sr. Bryan?

Advogado da Defesa 335

– perguntou ele, tranqüilo.

– Sim, dediquei – replicou Bryan. – Estudei a Bíblia cerca de cinqüenta anos.

– Afirma o senhor que tudo o que há na Bíblia deve ser interpretado literalmente?

– Acredito que tudo o que há na Bíblia deve ser aceito como é ensinado nela; alguma coisa da Bíblia é contada em forma figurada; por exemplo: "Vós sois o sal da terra." Eu não insistiria que o homem fosse realmente o sal, ou que tivesse carne de sal, mas a frase é usada no sentido do sal, que salva o povo de Deus.

– Quando o senhor lê o trecho em que a baleia engole Jonas, como interpreta literalmente esse trecho?

– Quando leio que um grande peixe engoliu Jonas, acredito nisso, e acredito no Deus que pode ordenar que uma baleia e que um homem façam ambos o que lhe convier. É tão fácil acreditar num, como noutro milagre.

– O senhor quer dizer que é igualmente difícil? – perguntou Darrow, sorrindo.

– Para o senhor, é difícil acreditar, mas para mim é fácil – replicou Bryan.

Depois de um breve incidente provocado por Stewart, alegando que as perguntas de Darrow eram argumentativas, Darrow continuou.

– Acredita o senhor que Josué fez o sol parar?- perguntou a Bryan.

– Acredito no que a Bíblia diz - respondeu Bryan, teimosamente.

– Suponho que queira dizer que a terra ficou parada?

– Não sei. Estou falando acerca da Bíblia, agora. Aceito a Bíblia de maneira absoluta.

– Acredita que, naquela ocasião, o Sol inteiro girava ao redor da Terra?

– Não, acredito que a Terra gira ao redor do Sol.

– Acredita que os homens que escreveram isso achavam que o dia poderia ser estendido, ou que a marcha do Sol podia ser detida?

– Acredito que o que escreveram foi inspirado pelo Todo Poderoso, e ele pode ter usado uma linguagem que poderia ser compreendida na sua época – em vez de uma linguagem que não podia ser compreendida, até nascer Darrow.

Houve risos e aplausos no pátio do tribunal. Bryan ficou cheio de si. Darrow permaneceu tranqüilo, ao lado, sem expressão.

– Agora, Sr. Bryan, já pensou alguma vez no que teria acontecido à Terra, se ela parasse subitamente?

– Não.

– Não sabe o senhor que ela seria convertida numa massa de matéria fundida?

– O senhor pode depor nesse sentido, quando estiver neste banco, eu lhe darei uma oportunidade para isso.

– O senhor acredita que a história do dilúvio seja uma interpretação literal? – perguntou Darrow depois.

– Sim, senhor – replicou Bryan.

– Quando se deu esse dilúvio?

– Eu não tentaria fixar a data.

– Mas que pensa o senhor que diz a própria Bíblia? Não sabe como foi que aquilo aconteceu?

– Nunca fiz cálculo disso.

– Que pensa o senhor?

– Eu não penso nas coisas nas quais não devo pensar.

– O senhor pensa nas coisas em que deve pensar?

– Bem, às vezes.

Mais uma vez, houve risos no pátio, mas dessa vez foram risos de ironia, voltados contra William Jennings Bryan. Ele não gostou. Voltou-se para dirigir um olhar flamejante aos espectadores. Russell D. Owen conta que "Bryan mostrava-se calmamente desdenhoso para com aquele adventício intelectual, quando respondeu às primeiras perguntas, mas ficou inquieto ante as incansáveis perguntas de Darrow, e finalmente perdeu todo o controle de seu gênio". Quando o Procurador-Geral Stewart fez objeções a que Darrow interrogasse suas próprias testemunhas, Bryan replicou:

– Esses senhores não vieram aqui para julgar este caso. Vieram aqui para julgar a religião revelada. Acho-me aqui para defendê-la, e eles podem fazer quaisquer perguntas que quiserem.

Essa resposta provocou fortes aplausos. Darrow comentou acidamente :

– Grandes aplausos das galerias!

– Daqueles a quem os senhores chamam inferiores – declarou Bryan.

– Eu nunca os chamei de inferiores.

– É essa a ignorância do Tennesse, o preconceito – zombou Bryan.

– O senhor fala nos que estão aplaudindo? – perguntou Darrow, sorrindo.

– Essas são as pessoas que o senhor insultou.

– O senhor insulta todos os homens de ciência e saber, no mundo, porque não acreditam na sua tola religião! – retorquiu Darrow.

O Juiz Raulston ficou rubro. Por um momento, pareceu que Darrow, mais uma vez, iria ser acusado de desrespeito. Stewart fez uma longa arenga, pedindo que o interrogatório terminasse e que Bryan fosse removido do estrado das testemunhas.O juiz replicou:

– Interromper isto agora não seria justo para com o Sr. Bryan.

Darrow respirou fundo antes de continuar:

– Há quanto tempo se deu o dilúvio, Sr. Bryan?

– Dois mil e trezentos e quarenta e oito anos antes de Cristo.

– Acredita o senhor que todas as coisas vivas que não couberam na arca foram destruídas?

– Creio que os peixes podem ter sobrevivido.

– Não sabe o senhor que há numerosas civilizações cujas origens remontam até há mais de cinco mil anos?

– Não estou convencido por qualquer prova que tenha visto.

– Acredita o senhor que todas as civilizações da Terra e todas as coisas vivas, exceto possivelmente os peixes, foram apagados pelo dilúvio?

– Naquele tempo.

– Nunca teve qualquer interesse pela idade das várias raças, povos, civilizações e animais que existem na Terra, hoje em dia?

– Nunca tive muito interesse pelo esforço que tem sido feito para contestar a Bíblia, pelas especulações dos homens ou por suas investigações.

– E nunca investigou para saber há quanto tempo o homem vive na Terra?

– Nunca achei isso necessário.

– Não sabe que as antigas civilizações da China têm mais de seis ou sete mil anos, no mínimo?

– Não. Mas elas não antecederiam a própria criação, que ocorreu, segundo a Bíblia, há seis mil anos.

– O senhor não sabe qual a idade delas; é essa a verdade? repetiu Darrow.

– Não sei qual a idade delas – respondeu Bryan; – mas o senhor talvez saiba. Creio que o senhor daria preferência a quem quer que se opusesse à Bíblia.

– Bem, agradeço a sua opinião. Tem o senhor qualquer idéia de quanto é velha a civilização egípcia?

– Não.

– Sr. Bryan, não sabe se qualquer outra religião jamais teve um relato semelhante ao da destruição da Terra pelo dilúvio?

– A religião cristã me satisfez, e nunca achei necessário procurar alguma religião competidora.

– Sabe o senhor qual a idade da religião de Confúcio?

– Não posso dar-lhe a sua data exata.

– Sabe qual a idade da religião de Zoroastro?

– Não, senhor.

– Que dizer da religião de Confúcio ou de Buda? O senhor as considera competidoras?

– Não, acho que são muito inferiores. Gostaria o senhor que lhe dissesse o que sei a respeito delas?

– Não sabe o senhor alguma coisa a respeito de quantas pessoas havia no Egito, há três mil e quinhentos anos, ou quantas pessoas havia na China, cinco mil anos atrás?

– Não.

– Já tentou alguma vez descobrir?

– Não; o senhor é o primeiro homem que jamais ouvi mostrar-se interessado nisso.

– Sr. Bryan, sou eu o primeiro homem que o senhor jamais ouviu mostrar-se interessado na idade das sociedades humanas e do homem primitivo?

– É o senhor o primeiro homem que jamais ouvi falar do número de pessoas naqueles diferentes períodos.

– Onde viveu o senhor toda a sua vida?

– Não vivi perto do senhor.

De novo, os assistentes romperam em risos e aplausos. Darrow perdeu a compostura, voltou-se para a multidão e bradou:

– Por que não dão vivas?

Depois de um momento, quando os espectadores tinham-se aquietado de novo, continuou:

– Já leu o senhor algum livro sobre o homem primitivo? *Cultura Primitiva* de Tyler, por exemplo, ou de Boas, ou de qualquer uma das grandes autoridades?

– Não creio que tenha lido os que o senhor mencionou.

– Já leu alguma coisa?

– Bem, li um pouco, em certas ocasiões, mas não continuei, porque não sabia que iria ser chamado como testemunha.

– O senhor nunca fez, em sua vida, qualquer tentativa para saber coisas a respeito dos outros povos da Terra – qual a idade da suas civilizações, há quanto tempo existem na Terra – é verdade?

– Não, senhor, senti-me tão satisfeito com a religião cristã que jamais gastei tempo

338 Advogado da Defesa

procurando encontrar argumentos contra ela. Tenho todas as informações de que preciso para viver e para morrer.

Darrow deteve-se por um momento.

– Pensa o senhor que a Terra foi feita em seis dias?

– Não em seis dias de vinte e quatro horas.

– A Bíblia não diz assim?

– Não senhor.

– Senhor Bryan, acredita que a primeira mulher foi Eva?

– Sim.

– Acredita o senhor que ela foi, literalmente, feita da costela de Adão?

– Acredito.

– Já descobriu o senhor onde Caim arranjou sua esposa?

– Não, senhor; deixo que os agnósticos a procurem.

– Pensa o senhor que o Sol foi feito no quarto dia?

– Sim.

– E que havia noite e manhã sem o Sol?

– Estou dizendo simplesmente que o texto se refere a um período.

– A criação poderia ter durado longo tempo?

– Poderia ter continuado durante milhões de anos.

– Sim. Está bem. – Darrow esperou um longo momento, para permitir que a admissão chegasse ao fundo. – O senhor acredita na tentação de Eva pela serpente? – continuou.

– Acreditarei exatamente no que diz a Bíblia. Leia a Bíblia e eu responderei.

– Está bem, é o que farei. "E eu porei a inimizade entre ti e a mulher e entre tua semente e a sua semente; Ela esmagará tua cabeça e tu arranharás seu calcanhar. À mulher Ele disse: "Multiplicarei grandemente a tua dor e a tua concepção; E ele governará sobre ti:' Está certo isso, não está?

– Aceito isso tal como é.

– E Deus disse à serpente: "Porque fizeste isto, maldita és acima de todo o gado e acima de todos os outros animais do campo. Sobre teu ventre te arrastarás e o pó comerás todos os dias da tua vida." Pensa o senhor que é por isso que a serpente é obrigada a se arrastar sobre o ventre?

– Acredito nisso.

– Tem o senhor qualquer idéia de como andava a serpente, antes daquela época?

– Não senhor.

– Sabe o senhor se ela caminhava sobre a cauda, ou se não caminhava?

– Não, senhor. Não tenho meios de saber.

Essa resposta provocou risos, agora mais de zombaria que de humor, do tipo de que Bryan não gostava. Ele enrubesceu, voltou-se para o juiz:

– Senhor Juiz, creio que posso abreviar esse depoimento. O único propósito do Senhor Darrow é denegrir a Bíblia, mas responderei às suas perguntas, responderei a todas de uma vez. Quero que o mundo saiba que esse homem, que não acredita num Deus, está tentando usar um tribunal de Tennessee...

– Protesto contra a sua afirmação – explodiu Darrow. Estou interrogando-o sobre as suas tolas idéias, nas quais não acredita nenhum cristão inteligente sobre a terra.

O Juiz Raulston ficava de coração doente com aquelas brigas. Ordenou que o tribunal

Advogado da Defesa 339

suspendesse os trabalhos antes que pudesse surgir outra. Um grupo se reuniu em volta de Darrow, apertando-lhe a mão e congratulando-se com ele. Quando saiu do pátio, uma multidão o acompanhou. Olhando para trás, viu Bryan parado, tendo apenas um amigo ao lado. Havia ele sofrido uma terrível derrota; a Bíblia nada sofrera, mas William Jennings Bryan sofrera. Tinha sido apontado como um ignorante, de espírito infantil.

Na imprensa do país, sofreu ele um golpe ainda pior, particularmente da parte dos colunistas.

Bugs Baer libertando seu humor azedo sobre a dupla pai e filho. "Existem agora dois William Jennings Bryans. Quando Darrow entrou no tribunal, esta manhã, viu um par de Bryans empoleirados em duas cadeiras, praticamente vazias. O veredicto do júri foi que havia dois Bryans, sem nenhuma circunstância atenuante. O filho é um esplêndido orador do tipo rebolante, que toma um gesto por um argumento, e o falar alto pela razão."

Will Rogers tentou mostrar-se humorístico a respeito do episódio, mas terminou com uma tirada mortalmente grave. "Ora, pessoalmente, gosto de Bill; mas, quando ele diz que fará deste o caso de sua vida, e que o levará por todos os vários tribunais e finalmente procurará introduzi-lo na Constituição dos Estados Unidos, fazendo daquilo uma questão política e presidencial, ele está errado. Mais errado do que jamais esteve antes. Essas outras coisas em que esteve errado não fizeram muito mal, mas, agora, vai tentar arrastar alguma coisa, que diz respeito à Bíblia, para uma campanha política. Ele nunca poderá fazer isso. Pode ser que transforme o Tennessee no teatrinho pobre dos Estados Unidos, mas não pode fazer um carnaval de rua de todos os Estados."

Na manhã seguinte, o Juiz Raulston determinou que Bryan não podia voltar ao banco das testemunhas, e que tudo o que tinha dito no dia anterior tinha de ser retirado do corpo de provas. A ordem para retirar os depoimentos de Bryan dos autos foi um golpe para os advogados visitantes, porque lhes tirava a última base para a defesa; e, todavia, foi ao mesmo tempo, a sua única vitória. Se Bryan tivesse tido êxito em defender a concepção fundamentalista da Bíblia, sem dúvida teria tido permissão para voltar ao banco das testemunhas. A determinação do Juiz Raulston podia ser apenas uma confissão de fracasso, de derrota.

O julgamento estava terminado. O júri foi introduzido. Darrow pediu que desse o veredicto de culpa, para que o caso pudesse ser levado à Suprema Corte do Tennessee. Taciturnamente, o júri atendeu ao pedido de Darrow e às instruções do Juiz Raulston; declarou Scopes culpado. O juiz multou-o em cem dólares, depois fez um discurso final. "Alguma vez, é preciso ter coragem para procurar diligentemente uma verdade que pode destruir as nossas noções e idéias preconcebidas. Alguma vez, é preciso coragem para declarar uma verdade, ou defender um ato que se acha em contravenção do sentimento público. Um homem, que é suficientemente grande para procurar a verdade e encontrá-la, e declará-la em face de toda oposição, é um grande homem."

Darrow julgou aquele um sentimento delicado e nobre; desejou que tivesse sido formulado um pouco antes, no decorrer do julgamento.

9

As barracas de cachorros-quentes e limonadas desapareceram das ruas de Dayton. Os quartéis antievolucionistas desmontaram suas barracas de livros. As seitas religiosas visitantes levantaram acampamento e foram-se embora. As bandeiras, os cartazes, as faixas e as

340 Advogado da Defesa

flâmulas dos macacos foram removidos das ruas, e Dayton retornou à sua vida tranqüila e pacífica. Um repórter do *Knoxville Sentinel* cantou o seu réquiem: "Uma tranqüilidade solitária parecia pairar sobre a pequena cidade do Tennessee. Os únicos visitantes do tribunal eram, de vez em quando, alguns que tinham assistido ao julgamento e deixado alguns dos seus pertences no recinto. Na hora regular em que os trabalhos tinham sido iniciados, em manhãs anteriores, Sue Hicks, um dos advogados da acusação, atravessava o pátio caminhando despreocupadamente, e subia os degraus. Mas, em vez de ser olhado por uma multidão de espectadores ansiosos, passava despercebido por um grupo de meninos descalços brincando em torno da entrada."

Os Darrows partiram em companhia de amigos para as Smocky Mountains, a fim de se retemperarem e gozar de um descanso. Bryan permaneceu em Dayton, preparando-se para a publicação do discurso final do júri, que não tinha tido permissão de fazer no tribunal, um dos documentos mais obtusos, confusos e ininteligíveis do seu tempo. Na manhã de domingo, falou numa cidade vizinha, contando aos seus ouvintes os seus planos para uma campanha nacional destinada a forçar todas as escolas a ensinarem que a evolução era uma teoria, e não um fato, e fazer com que todos os professores que ensinassem a evolução como um fato fossem obrigados a se demitir. No caminho de volta para Dayton, teve uma séria discussão com sua esposa, na qual concordou que, embora devesse continuar sua luta contra a evolução, devia tomar o cuidado de não se concentrar em atacar crenças religiosas individuais, porque isso seria intolerância.

De volta a Dayton, a despeito do intenso calor do meio-dia, comeu um dos seus enormes almoços. Depois, deitou-se para fazer a sesta e morreu dormindo.

Clarence e Ruby estavam andando a pé pelo cume de uma das Smoky Mountains, quando lhes chegou a notícia da morte de Bryan. Voltaram para Dayton. Quando os repórteres lhe disseram: "O povo lá embaixo acredita que Bryan morreu de coração partido, por causa do seu interrogatório", Darrow deu de ombros e murmurou, numa voz tão suave que os repórteres não o puderam ouvir: "Coração partido coisa nenhuma; morreu de barriga estourada"; em voz alta, disse: "Sua morte é uma grande perda para o povo americano."

Só quase um ano depois a apelação foi ouvida pela Suprema Corte do Tennessee. Em sua argumentação, Darrow recapitulou a sua filosofia da liberdade do espírito humano. Embora a audiência em Nashville fosse mais digna do que tinha sido a de Dayton, as mesmas paixões e preconceitos se revelaram, com multidões lotando a Câmara Estadual, enchendo o tribunal, entregando-se a violentas explosões de aplausos.

A Suprema Corte de Tennessee inverteu a decisão do tribunal de Dayton, com base no detalhe técnico de que o Juiz Raulston, em vez do júri, tinha fixado a importância da multa, num gesto de evasão política. Dois dos juízes afirmaram que a Lei Antievolucionista era constitucional; um terceiro afirmou que era constitucional, mas nada tinha a ver com o caso Scopes. Um juiz declarou que a lei era inconstitucional.

– Sempre há um homem! – murmurou Darrow. – Amém!

O caso Scopes obtivera outra conquista em favor da liberdade: Bryan e seu dogma fundamentalista tinham sido desacreditados; a interpretação literal da Bíblia ficara enfraquecida; a Universidade Bryan, de Dayton, que tinha sido projetada para ensinar o fundamentalismo, progredira tanto quanto um profundo buraco no chão, estado em que permaneceu. Os estudantes das escolas secundárias do Tennessee liam a respeito da evolução; a atitude científica perante a compreensão da herança do homem havia conquistado ímpeto; O Juiz

Advogado da Defesa 341

Raulston concordara em ler *A Origem das Espécies e A Descendência do Homem*, de Darwin. Os cientistas, que tinham trabalhado no caso, haviam expressado a Darrow o seu "legítimo respeito pela sua habilidade, propósitos elevados, integridade, sensibilidade moral e idealismo". Ainda assim, para Clarence Darrow, a conseqüencia mais significativa do julgamento foi terem os jovens de Dayton promovido um baile em sua honra. Aquela minúscula ascensão pareceu-lhe um bom presságio.

CAPÍTULO XIII

ESTRADA PARA A GLÓRIA

ELE VINHA TENTANDO retirar-se da prática do Direito desde o caso Pettibone, em Boise, em 1907. Em 1926, de novo havia decidido não aceitar mais casos em que entrassem conflitos nacionais, lutas interseccionais, preconceitos e paixões; iria observar, das linhas de reserva, enquanto homens mais jovens e mais vigorosos tomassem os casos a braços. Praticamente todas as causas a que se tinha dedicado haviam repentinamente atraído todas as atenções, dando-lhe oportunidade de enunciar suas razões finais. O único trabalho de amor que ainda não lhe tinha sido proporcionado era a possibilidade de recapitular a situação do negro norte-americano; esperava continuar em seu trabalho em favor deles, escrevendo e fazendo conferências. Então, porque se tratava de um imperativo do seu plano de vida resolver as causas com as quais se tinha identificado, aconteceu que, na cidade de Detroit, Michigan, conflitos raciais e violências do populacho culminaram na prisão de onze negros, acusados de assassínio. Voltou ele para Nova York em setembro, e achava-se em visita a Arthur Garfield Hays, quando uma comissão da Associação Nacional para o Progresso da Gente de Cor o procurou, insistindo com ele para que tomasse a defesa da família e dos amigos do Dr. Ossian Sweet.

"Encontramos Clarence na cama, inteiramente vestido – conta Arthur Spingarn. –Tinha sido avisado de que um homem de cor e dois brancos iriam procurá-lo." Spingarn, que tinha cabelos escuros e tez amorenada, contou a Darrow detalhes do caso Sweet. Quando terminou, disse Darrow com simpatia:

– Sim, conheço muito bem as dificuldades enfrentadas por sua raça.

– Sinto muito, Sr. Darrow – replicou Spingarn, – mas não sou negro.

Darrow voltou-se para Charles Studin, outro membro da comissão, e disse:

– Bem, o senhor compreende o que eu quero dizer.

– Eu também não sou de cor – replicou Studin.

Darrow olhou para o terceiro homem, que tinha cabelos louros e olhos azuis.

– Eu não me enganaria quanto ao senhor - disse.

– Pois eu sou negro – replicou Walter White, secretário da Associação Nacional para o Progresso da Gente de Cor.

Darrow saltou para fora da cama.

– Isto resolve tudo – exclamou. – Aceitarei a causa.

2

Quando Darrow tinha cinco anos de idade, John Brown estivera em Kinsman para conferenciar com Amirus Darrow, a respeito da Estrada de Ferro Subterrânea. John Brown pusera a mão na cabeça do menino e dissera: "Os negros têm muito poucos amigos; você e eu nunca os devemos abandonar." Darrow havia seguido aquela ordem, não por um sentimento de dever, mas por amor. "Quanto se trata de seres humanos – disse ele, – sou daltônico; para mim, as pessoas não são simplesmente brancas ou pretas; todas são pintadas." Havia pronunciado, para audiências negras, em todo o país, uma das mais fervorosas conferências de seu repertório, um panegírico de John Brown, "cujo amor ao escravo fazia parte daquele fogo que, através da noite longa e triste, mantém uma centelha divina na mente das almas nobres da terra". Tinha viajado de Chicago a Washington, para fazer conferências, durante uma semana, nas salas de aulas da Escola de Direito da Universidade Howard, uma escola de negros, e no domingo falara para todo o corpo discente, na capela. Embora recusasse entrar para centenas de dignas organizações que haviam solicitado a sua filiação, tinha sido membro da Associação Nacional para o Progresso da Gente de Cor, desde a sua fundação, contribuindo liberalmente com seu tempo e dinheiro, escrevendo artigos para a imprensa negra, fazendo conferências para os seus grupos, ajudando-os a formar escolas profissionais, colégios e sindicatos, tentando sempre garantir para eles os direitos assegurados pelo Governo Federal, mas ignorados nos Estados, separadamente. Tinha defendido negros sem vintém, no tribunal; freqüentara igrejas negras; seus amigos, entre a gente de cor, estavam freqüentemente em sua casa. Ruby tinha trabalhado ao seu lado, em favor da tolerância e da erradicação do preconceito racial.

Ambos eram membros honorários do Clube dos Quatrocentos, organizado por mulheres de cor do Harlem, para onde levaram amigos tais como Lillian Gish e George Jean Nathan. W. E. B. Du Bois, o jornalista negro, conta: "Sendo negro e de sentimentos muito delicados, fui atraído por Clarence Darrow porque ele carecia absolutamente de consciência racial e por causa da ampla universalidade dos seus conhecimentos e gostos. Era um dos poucos brancos com os quais me sentia inteiramente livre para discutir questões de raça e de classe, que eu usualmente não levantaria." A história negra predileta de Darrow era a de um liberto do Sul, a quem tinham perguntado: "Sam, como é que você vai indo?" "Ora, não vou indo muito bem." "Não obtém comida tão regularmente como costumava obter?" "Não, senhor!" "Não tem ninguém para cuidar de você?" "Não, senhor, esta é a verdade." "Bem, Sam, você não se achava melhor na escravidão?". "Ora eu conto ao senhor, é como se diz: há uma espécie de folga, aqui nesta liberdade, de que eu gosto!" Du Bois recorda: "Posso ver Darrow, com suas roupas mal ajustadas, rindo daquela história. A "folga" da liberdade era algo que o atraía."

A 12 de outubro, Darrow chegou a Detroit, para solicitar um breve adiamento e reunir os fatos do caso Sweet; verificou que eram próprios do crescimento industrial da cidade. Em 1910, antes que se tivesse desenvolvido a indústria automobilística, havia apenas seis mil negros em Detroit. A expansão das fábricas criara uma demanda de trabalho que não podia ser atendida pelos mercados locais; por isso, os fabricantes fundaram agências de empregos, em várias partes do país, importando trabalhadores para Detroit, em grande número. A

344 Advogado da Defesa

principal fonte de suprimentos eram os brancos pobres e os negros dos Estados sulinos, onde os salários eram baixos, havendo mobilidade de trabalho. Em 1925, a população negra de Detroit aumentara para sessenta mil, e ainda assim, continuavam os negros confinados em três pequenos distritos, que lhes tinham sido destinados em 1910. Os aluguéis eram exorbitantes; a maior parte dos prédios violava as leis de saúde pública e segurança. Como a população negra estava ganhando por volta de setenta e cinco mil dólares por dia em salários, era inevitável que houvesse uma constante imigração de médicos, dentistas, advogados, professores, eclesiásticos, homens de negócios e artistas negros. Muitos deles podiam dar-se ao luxo de comprar boas casas. Quando começou a haver escassez de residências no bairro negro, eles as procuraram fora dos limites marcados para a gente de cor. Isso tinha acontecido em muitas cidades norte-americanas, espalhando-se os negros em várias direções, a partir de seu distrito central, absorvendo maior espaço vital, geralmente sem perda financeira para aqueles que vendiam aos negros, a preços mais elevados do que se podiam obter dos brancos, ou que conservavam a posse da sua propriedade e a alugavam aos negros a preços elevados.

Entretanto, muitos dos trabalhadores de Detroit tinham levado do Sul o seu preconceito antinegro. A força policial admitira numerosos sulinos que não ocultavam o seu preconceito de cor, quando vestiam o uniforme da polícia. Durante a guerra, houvera um ressurgimento da Ku Klux Klan, tomando raízes tão fortes entre os sulinos de Detroit que, em 1925, havia assumido o controle de várias peças importantes da máquina política. Quando a gente de cor de maiores posses começou a procurar casas fora do seu distrito limitado, a Ku Klux Klan organizou associações de melhoramentos dos bairros, para impedi-los quer de possuir, quer de alugar propriedades, dentro daqueles distritos. A sua campanha de propaganda espalhava o medo e a desconfiança quanto ao negro, entre os residentes nativos. A polícia de Detroit instituiu um reinado de terror, matando nas ruas, a tiros, entre quarenta e cinqüenta homens de cor. O prefeito expediu uma nota especial, na qual pedia que o público cuidasse para que os conflitos "não se venham a tornar uma condição que será uma mancha indelével na reputação de Detroit como comunidade obediente à lei". Nenhuma investigação se fez daquelas mortes.

Em princípios de junho de 1925, o Dr. Ossian Sweet, atraente e jovem negro, um dos mais brilhantes da população de cor de Detroit, comprou, por dezoito mil e quinhentos dólares, uma casa de tijolos, de dois pavimentos, num bairro de trabalhadores estrangeiros. Não previra dificuldade alguma ao comprar a casa, em parte porque o marido da mulher branca que a possuía era negro (embora de pele tão clara que o distrito nunca chegou a ter certeza da sua raça) e na qual a Sra. Sweet, filha cultivada e bem educada de um músico negro, tinha sido criada. Entretanto, havia sinais no horizonte, a anunciar tormentas. Ainda três meses antes, uma mulher de cor, com uma criança de cinco semanas, comprara uma casa na Rua Merrill, numa zona residencial branca; uma multidão de brancos se havia reunido e apedrejado a casa. No dia seguinte, a mulher resolutamente mandara consertar as janelas. A multidão ameaçadora de novo se reuniu diante da casa. Dessa vez, ela atirou por sobre suas cabeças com uma espingarda. A multidão correu, mas um vizinho branco exigiu, sob juramento, um mandato de prisão contra ela. Em abril, um magote de brancos atacou a casa de outro negro, que se tinha mudado para pouca distância, fora da zona de cor. O Dr. Turner, médico altamente respeitado e cirurgião, foi atacado pelo populacho, seus bens foram destruídos. Famílias negras que tinham vivido durante anos em paz e amizade com seus vizinhos brancos eram ameaçadas e avisadas para que se afastassem para as zonas de cor.

Advogado da Defesa 345

Durante as semanas seguintes, o Dr. Sweet viu três outras famílias serem expulsas de suas casas. Também ele sabia que a Associação de Melhoramentos de Waterworks Park tinha sido formada em seu próprio distrito, pouco depois que ele comprara sua casa, na esquina das Ruas Charlevoix e Barland, e que, numa reunião daquela Associação, realizada nos terrenos da escola, em frente da sua propriedade recentemente adquirida, uma multidão de seiscentas pessoas se ajuntara para ouvir um discurso, pronunciado pelo incendiário que induzira o populacho a expulsar o Dr. Turner de sua casa. A mulher de quem o Dr. Sweet havia comprado aquela casa, mas que ainda não se havia mudado dela, recebeu um telefonema, depois da reunião da Associação, dizendo-lhe que a Assembléia concordara em "cooperar na aplicação das restrições de propriedade existentes; que, se o Dr. Sweet se mudasse para a casa, ela seria morta, e a casa iria pelos ares". Ela exclamou para Sweet: "Meu Deus, desde que o outro doutor permitiu que eles o expulsassem, parece que estão dispostos a expulsar todo mundo!"

Ossian Sweet sabia o que aquelas pessoas entendiam por "cooperação na aplicação". Tornou-se evidente que não podia mudar-se para sua nova casa, sem encontrar sérias dificuldades. Já tinha feito o pagamento da entrada de três mil e quinhentos dólares, o total das suas economias. Se desistisse da casa, se aceitasse aquele prejuízo, que iria fazer depois? Precisava ainda possuir uma casa onde morar com sua família, e não havia residência disponível no distrito de cor. Se não se mudasse para aquela casa, da qual era agora o dono, para onde iria mudar-se? Acima e além do problema pessoal, havia o problema da sua raça. Se ele também permitisse que uma multidão o mantivesse fora de sua própria casa, por ameaças de força e violência, não estaria ele abrindo um precedente que iria vitimar os outros negros de todo o país, tornando a sua sorte mais dura do que nunca e mantendo-o para sempre obrigado a morar em pardieiros de acomodações inadequadas? Poderia ele abandonar a si mesmo? Poderia deixar seu povo abandonado?

A resposta ao problema nasceu do caráter do homem. Ossian Sweet tinha nascido em Orlando, Flórida. À custa de trabalho, passara pela Academia Wilberforce, de Ohio, e pela Escola de Medicina da Universidade Howard, em Washington. Equipado com um cérebro de primeira categoria e uma resolução indomável de "levantar-se no mundo e ganhar bastante dinheiro", pagou sua educação trabalhando como foguista de fornalhas, padejador de neve, garçom e copeiro de festas. Em 1921, abriu um consultório no bairro de negros de Detroit, onde imediatamente logrou êxito. No ano seguinte, casou-se com Gladys Mitchell. Depois de dois anos de clínica, tinham ajuntado economias suficientes para uma viagem à Europa. Ossian trabalhou nos hospitais de Viena durante seis meses, estudando ginecologia e pediatria; depois foi para Paris, onde trabalhou com Madame Curie, do Instituto Curie. Ao regressar a Detroit, a família Sweet morou com os pais de Gladys, até a primavera de 1925, quando haviam amealhado três mil e quinhentos dólares, e Gladys Sweet saiu à procura de residência. "Eu tinha em mente apenas duas coisas – contou a Sra. Sweet: – Primeiro, encontrar uma casa que fosse desejável em si mesma; e segundo, encontrar uma casa que estivesse ao nosso alcance. Queria uma casa bonita, e não fazia diferença para mim se fosse num distrito de brancos ou de negros. Só que não pude encontrar tal casa no distrito de negros."

O Dr. Sweet concluiu que devia não apenas mudar-se para a nova casa, a qualquer preço, mas que devia defendê-la contra a violência da multidão. Notificou a Polícia de Detroit de que iria mudar-se a 8 de setembro. Às dez e meia da manhã, sob guarda policial, chegou com dois pequenos carros de móveis, suprimentos alimentares e uma caixa contendo dez espingardas e quase quatrocentas cargas de munição. O casal Sweet, que tinha deixado seu filho

346 Advogado da Defesa

recém-nascido com seus pais, contava ainda com dois irmãos de Ossian, o Dr. Otis Sweet, dentista, e Henry, estudante no Colégio Wilberforce. Com eles, ia um chofer, um companheiro de Henry e outro amigo. Duas decoradoras de cor preta chegaram mais tarde para ajudar a Sra. Sweet.

Espalhou-se pela zona residencial a notícia de que os negros se haviam mudado. Naquela noite, numerosas pessoas puseram-se a caminhar para um lado e para outro, diante da casa. As decoradoras ficaram por demais assustadas com o aspecto dos transeuntes e não tiveram coragem de sair. No dia seguinte, o Dr. e Sra. Sweet foram à cidade fazer compras, voltando para casa pelo fim da tarde. Juntaram-se a eles três amigos da Companhia de Seguros Liberty. Quando caiu a noite, uma multidão começou a se reunir do outro lado da rua, no pátio da escola. Quando os trabalhadores voltavam do trabalho para casa, a multidão engrossou, até que já contava com quase quatrocentas pessoas. A Sra. Sweet permaneceu na cozinha, preparando o jantar. Os homens baixaram as persianas, mantiveram escura a sala da frente. Dez policiais caminhavam para um lado e outro, diante da casa dos Sweets. O tráfego foi bloqueado pelos guardas, numa distância de três quarteirões em volta, mas os carros e táxis continuavam passando e desembarcando passageiros.

A multidão estava com disposição belicosa. Começou a atirar pedras contra a casa.

– Alguém foi à janela – disse o Dr. Ossian Sweet, – e o ouvi observar: "Gente... é essa gente!" Corri para a cozinha, onde se achava minha esposa. Havia várias luzes acesas. Apaguei-as e abri a porta. Ouvi alguém gritar: "Vá fazer o inferno na frente; eu vou pelos fundos!" Depois de pegar uma espingarda, subi a escada. As pedras atingiam a casa intermitentemente.

O Dr. Sweet atirou-se em sua cama e ficou deitado, a tremer, enquanto a história de sua raça passava velozmente pelo seu espírito, os açoites, os enforcamentos, a crueldade e o terror que tinham sido infligidos ao povo negro pelos brancos. Achava-se numa agonia de medo e de incerteza; deveria render-se, colocando sua família sob proteção da polícia?... fugir de sua nova casa... ou deveria combater?... sacrificar a vida de dez pessoas na casa? Deveria dar a ordem para que abrissem fogo?

Uma pedra atravessou a janela do quarto, espalhando cacos de vidro sobre o médico. Ele se levantou de salto, num paroxismo de terror, e desceu as escadas.

– O pandemônio começou – disse ele. – Todos estavam correndo de quarto a quarto. Havia um clamor geral. Alguém berrou: "Aí vem alguém!" Eles disseram: "É seu irmão!" Um automóvel tinha parado junto ao meio-fio. Meu irmão e o Sr. Davis desceram. A multidão gritou: "Olhem os negros. Acabemos com eles! Acabemos com eles!" Enquanto entravam correndo, uma multidão avançou. Parecia um mar humano. As pedras continuavam caindo mais depressa.

Subitamente, foi desfechado um tiro. Seis dos negros dentro da casa dispararam suas armas. Um homem, do outro lado da rua, caiu morto. Outro ficou ferido. A polícia imediatamente invadiu a casa escura, acendeu as luzes, levantou as persianas, prendeu os dez negros e a Sra. Sweet. Foram acusados de homicídio. Mais uma vez, como no caso Arthur Person, em Rockford, e no caso Peter Bianchi-Mary Nardini, em Milwaukee, levantava-se o Estado contra dez homens e uma mulher; o Estado contra Clarence Darrow, advogado da defesa.

3

"Uma espécie de histeria varreu a cidade – conta a Sra. Josephine Gomon, eminente líder cívica. – Os líderes e as organizações da lei e da ordem exigiam que aqueles negros fossem transformados em exemplo. O juiz-presidente relutava em tomar qualquer decisão. Era costume fazer rodízio no posto de juiz-presidente, e foi a vez de Frank Murphy assumir aquelas funções. Disse-me ele que nenhuma ação seria levada a cabo, enquanto estivesse ele na presidência. "Todos os juízes desta corte têm medo de tocar no caso. Consideram-no uma espécie de dinamite. Não compreendem que essa é a oportunidade de sua vida para demonstrarem sincero liberalismo e integridade judicial, numa época em que o liberalismo está ganhando a sua própria força." Logo que o Juiz Murphy tomou seu lugar, libertou a Sra. Sweet, sob fiança, ato que foi recebido com desfavor.

Para Darrow, seria novamente um caso a julgar num tribunal da lei, mas no qual quase nenhuma lei seria levada em conta; como no julgamento de Scopes, seria, para ele, um caso social, um caso racial, um caso de cidadania.

Ficou sabendo que a acusação iria formular seu ataque por duas linhas: primeiro, a questão racial nada tinha a ver com o caso e o fato de serem negros os denunciados não alterava a situação; segundo, que não tinha havido multidão alguma diante da casa de Sweet, nenhuma violência havia sido ameaçada ou cumprida, os Sweets não se achavam em perigo concebível e, por isso, os tiros não tinham justificativa, eram injustos e constituíam homicídio doloso. O único ponto importante de Direito, no qual tinha ele de se concentrar, era o de saber o que constituía uma "multidão". Sua tarefa seria a de provar ao júri que tinha havido uma reunião hostil diante da casa dos Sweets, em número suficiente para justificar nos moradores a crença de que tinham de proteger seu lar contra a violência. Mas, do princípio ao fim, iria ser um julgamento pelo preconceito.

Gastou três semanas escolhendo o júri; fez mais que selecionar jurados; deu-lhes uma educação de três semanas sobre a história dos negros, o único grupo de pessoas do país que tinha sido forçado a adotar a vida americana. Retratou, com sentimento, a tragédia do negro americano, sempre aprisionado no deserto psíquico da inferioridade, relegado a trabalhos inferiores e vis, conservado no temor, na ignorância e na pobreza. Duas professoras de Detroit, estranhas a Ruby Darrow, telefonaram-lhe uma noite, no Hotel Book-Cadillac, para perguntar se, uma vez que queriam ouvir Darrow apresentar o seu ponto de vista sobre o preconceito racial, não lhes podia arranjar lugares no tribunal. A Sra. Darrow deu a uma delas o seu próprio lugar e arranjou um para a outra. As duas mulheres gostaram tanto da sessão matinal que pediram permissão para voltar na sessão da tarde.

"Expliquei que iria receber James Weldon Johnson, líder da Associação Nacional para o Progresso da Gente de Cor, como meu convidado para almoço, no restaurante do subsolo do tribunal – diz Ruby, – e que, se quisessem juntar-se a nós, poderíamos voltar todos juntos para o tribunal. As duas mulheres ficaram sem fala. Não podiam compreender como seria possível dizer que se tinham sentado com uma pessoa de cor, numa refeição, sendo os sentimentos em Detroit tão violentos e elas professoras na escola pública. A mulher que dera o telefonema, esposa do superintendente da maior das escolas, disse que o seu próprio modo de ganhar a vida dependia de conservar a sua posição. Pedi-lhes que conhecessem o Sr. Johnson e depois decidissem se queriam ser minhas convidadas, juntamente com ele. Elas foram conquistadas pela personalidade de Johnson e pelos seus feitos. Como resultado desse encontro, Bernice Powels fundou clubes para meninos e meninas de cor, e tem trabalhado no sentido de que as escolas de Detroit aceitem estudantes de cor em igualdade de condições com os brancos."

348 Advogado da Defesa

Um repórter do *Detroit Free Press* iria dizer: "Quando fui designado para acompanhar o julgamento, tinha o preconceito comum contra os negros. Agora, quando recordo o julgamento, que terminou há uma semana, sinto pena, por causa de alguns negros que conheci. Vem-me a idéia de lhes telefonar ou, melhor ainda, de visitá-los. Quero conhecê-los melhor, ir às suas casas, conhecer seus filhos e avós. Dou a Clarence Darrow o crédito de destruir meu ódio racial. Ele abriu para mim um panorama novo e interessante."

Seu interrogatório limitava-se a uma questão básica: "O senhor tem preconceitos contra os negros? Considera-os iguais e tão americanos como o senhor? Gosta deles? Acredita neles, acredita que poderia dar-lhes um tratamento justo e reto, como daria a um homem branco? Irá o senhor fazer todos os esforços para manter o preconceito fora do seu coração?" Ao fim de três semanas de interrogatórios brutalmente difíceis, depois de esgotar sua lista de duzentos homens, chegou ele à conclusão de que tinha pelo menos doze homens que, se nutriam preconceito contra os negros, guardavam aquele preconceito tão fundo em seu espírito que não sabiam que ali se achava. Enquanto o júri fazia o seu juramento, Darrow se voltou para a Sra. Gomon e disse:

– A causa esta ganha ou perdida, agora. O resto são enfeites de vitrina.

Os enfeites de vitrina acabaram por se mostrar altamente dramáticos e reveladores. A acusação levou ao estrado setenta e uma testemunhas, a maioria das quais vivia no distrito da residência de Sweet, para testemunhar que, embora, individualmente, tivessem estado perto da casa de Sweet, na noite do distúrbio, não tinham visto multidão alguma, nem se tinham visto uns aos outros. Ante o incansável interrogatório de Darrow, torciam as mãos, tropeçavam em explicação em que diziam ter estado na esquina das Ruas Garland e Charlevoix, naquela tarde, para localizar esposas, filhas e filhos errantes. A despeito do fato de ser ele capaz de fazer com que tal explicação parecesse ridícula, e de demonstrar o intenso preconceito racial das testemunhas, apegaram-se elas ferozmente às suas histórias: não tinha havido reunião fora do comum diante da casa de Sweet, na noite do tiroteio; os Sweets não tinham corrido perigo. O policial que fora mandado para guardar a casa dos Sweets, enquanto estes se mudavam, testemunhou que, embora tivessem bloqueado o tráfego, naquela noite, não tinha visto multidões desusadas diante da casa. Em 1941, disse o professor Toms:

"Havia, provavelmente, mais pessoas em torno da casa de Sweet do que afirmaram as testemunhas da acusação, e menos do que declararam as testemunhas do réu. De qualquer maneira, era gente bastante para assustar (e justificadamente) um grupo de negros nervosos e apreensivos, que previam dificuldades. Tenho certeza de que a polícia tinha a situação bem controlada e de que não havia perigo imediato de ser a casa assaltada, ou de qualquer conduta realmente amotinada. Sem dúvida, a situação não parecia muito pacífica e sem perigo para a gente de cor que se achava na casa, e sua conduta, provavelmente, não deve ser julgada de um ponto de vista calmo e desapaixonado."

Para a defesa, Darrow chamou ao estrado das testemunhas apenas umas poucas pessoas. Um homem falou sobre a reunião da Associação de Melhoramentos de Waterworks Park, durante a qual a violência contra Sweet havia sido proposta, caso ele se mudasse para a casa recentemente adquirida. Um repórter de jornal contou que, passando perto da casa de Sweet, na noite da morte, tinha tido seu carro afastado da cena por um agente da polícia, voltara a pé e vira uma multidão de quatrocentas a quinhentas pessoas, rodeando a casa dos Sweets. Ray Lorenzo, proprietário de uma casa de peças de automóvel que ficava perto, calculou que havia pelo menos quinhentas pessoas no pátio da escola, em frente da casa de Swe-

Advogado da Defesa 349

et, na noite do tiroteio. A Sra. Mary Spaulding testemunhou que, quando dirigia através daquela zona, na noite do tiroteio, viu gente reunida na esquina, como se para um comício, e declarou que havia pelo menos quinhentas.

A despeito da cena de paixão que estava sendo descrita, o julgamento foi levado adiante numa atmosfera de calma jurídica, de um tipo que Darrow raramente havia experimentado. O Promotor Robert Toms conta: "Eu tinha pleno conhecimento da capacidade de Darrow para a invectiva, e não me propunha a deixar-me sem guarda, terçando armas com ele. Por isso mesmo, tratei-o, em todo julgamento, com o maior respeito e deferência. Depois de uma semana assim, ele me disse: "Que diabo, Toms, eu não posso continuar. Eu preciso ficar enraivecido com você, e não posso sequer fingir que estou." Durante todo o julgamento, queixou-se de que a minha maneira decente de tratá-lo era puramente estratégica, e que lhe estava provocando grandes dificuldades."

A segunda característica notável do julgamento foi o espantoso contraste no desenvolvimento educacional e cultural dos vizinhos brancos dos Sweets, os poloneses, os assírios, os suecos e os alemães, e as testemunhas negras, inclusive a família Sweet, que depuseram pela defesa. Os vizinhos brancos eram trabalhadores que quase não tinham instrução. Falavam mal o inglês, e eram não apenas sem leitura, mas sem cultura. Os negros eram, em grande parte, portadores de diplomas universitários, e incluíam médicos, dentistas, professores, clérigos, advogados, assistentes sociais, cuja maioria falava bem e mostrava provas de ter espírito desenvolvido. Para Darrow, a ironia do julgamento estava em que eram os Sweets que se estavam rebaixando, ao se mudarem para uma casa na esquina das Ruas Garland e Charlevoix.

Arthur Garfield Hays, que se tinha associado a Darrow no caso, fez um soberbo discurso e levou todos os pontos técnicos à sua conclusão lógica. Darrow não se deu ao trabalho de tratar dos aspectos técnicos. Toms conta: "Durante o decorrer do julgamento, foi levantada uma questão legal bastante complexa, e todos os advogados, se retiraram para a biblioteca, a fim de estudá-la. Darrow, entretanto, permaneceu sentado no tribunal. Quando passei por ele, disse-me: "Vá conversar com Arthur Hays; eu não posso incomodar-me com esses livros malditos."

A primeira vantagem do caso, ele a conquistou para os seus clientes pela intensidade de seu interrogatório com as testemunhas da acusação. Interrogou a Alfred H. Andrew, que admitiu ter assistido a uma reunião da Associação de Melhoramentos de Watenworks Park, nos terrenos da Escola How, antes do conflito. Admitiu também que um membro visitante da Associação de Melhoramentos da Avenida Tireman estava entre os oradores.

– Falou ele aos senhores sobre qualquer conflito racial que tivesse ocorrido em sua zona? – perguntou Darrow.

– Sim, falou-nos sobre um negro chamado Dr. Turner, que tinha comprado uma casa na Avenida Spokane.

– Disse ele que a sua organização tinha feito Turner mudar-se?

– Sim, disse que não queriam ter negros em suas vizinhanças, e que cooperariam conosco para mantê-los afastados da nossa.

– A multidão o aplaudiu?

– Aplaudiu.

–O senhor aplaudiu?

– Aplaudi.

– O senhor ainda pensa, agora, do mesmo jeito?

– Sim, não mudei.

– Sabe o senhor que o homem de cor tem certos direitos?

– Sim, eu era favorável a que mantivéssemos os Sweets afastados por meios legais.

– O orador falou em meios legais?

– Não, ele era radical. Eu, pessoalmente, não acreditava em violência.

– Alguém, naquele auditório de quinhentas ou mais pessoas, protestou contra o orador, que era partidário da violência?

– Não sei.

Certo Monet insistiu em que havia apenas umas poucas pessoas na rua, na noite do tiroteio, mas, ante o interrogatório de Darrow, confessou que se havia juntado à Associação de Melhoramentos de Waterworks Park, para manter afastados Sweet e sua família. O proprietário de uma bomba de gasolina, perto da casa dos Sweets, que jurou não ter havido multidão particular ali, naquela noite fatal, afinal admitiu que tinha vendido uma quantidade fora do comum de gasolina, durante as horas em questão. Um rapaz que admitiu ter havido "uma grande multidão" diante da casa de Sweet interrompeu a sua história, como se tivesse dito alguma coisa que não devia. O tenente de polícia em serviço, que tinha dez guardas sob suas ordens, em frente da casa de Sweet, negou que tivesse havido qualquer concentração ou qualquer distúrbio; depois, admitiu que mandara buscar reforços, imediatamente após ter sido desferido o primeiro tiro. Um elemento de provas perigoso, que a acusação foi incapaz de explicar, foi a quantidade de pedras colhidas no pátio da casa dos Sweets, na manhã após o tiroteio.

Em certo ponto do julgamento, Darrow preparara-se para fazer perguntas a uma testemunha particularmente venenosa; mas, depois de perguntar seu nome, dispensou-a. Em vista do fato de haver ela prestado um testemunho perigoso no interrogatório direto, Toms perguntou a Darrow:

– Por que o senhor não interroga a Sra. Blank?

Respondeu ele:

– Porque não sabia o que ela iria dizer. Nunca faço perguntas, a menos que saiba de antemão qual será a resposta.

A terceira característica marcante do julgamento foi a natureza mutável dos espectadores. Quando se iniciaram os trabalhos, o auditório era composto, em grande parte, de brancos; apenas umas poucas pessoas de cor tinham tido coragem de aparecer ou conseguido encontrar lugares na sala do tribunal. Entretanto, à medida que se desenrolava o julgamento, à medida que se tornava evidente que pouco interesse havia para os brancos, mas que, por outro lado, era uma questão de vida ou morte para o negro americano, os espectadores de cor cresceram em número. Quando Darrow se levantou para fazer seu discurso final, suas palavras foram dirigidas para um júri branco e um mundo de cor.

Além de provar que se achava reunida uma multidão ameaçadora diante da casa dos Sweets, que já havia atirado pedras e provocado danos, ele se dispôs a provar que, a bala que matara Leon Brainer não podia ter saído da casa de Sweet, porque fora disparada por um policial, que confessou ter "esvaziado a arma durante a agitação".

Depois, esclareceu o ponto culminante do crime atribuído a Sweet. Chamou o Dr. Ossian Sweet ao banco das testemunhas para descrever seu estado de espírito na noite de 8 de setembro, com a multidão irritada diante de sua casa. Ossian Sweet recordou os conflitos raciais que tinha visto em Washington, onde homens de cor tinham sido perseguidos pelas ruas,

Advogado da Defesa 351

por multidões; falou da violência dos conflitos raciais de Chicago; dos cinco negros que tinham sido alvejados e mortos em Rosewood, quando dezoito residências e uma igreja negra foram incendiadas; e dos quatro irmãos Johnson, de Arkansas, um dos quais era médico e outro dentista, que tinham sido tirados de um trem e linchados; do Dr. A. C. Jackson, de Tulsa, que os irmãos Mayo haviam declarado ser um cirurgião de primeira classe, e que fora assassinado pela polícia, à qual se entregara, depois de tentar proteger sua casa contra uma multidão; dos três mil negros que tinham sido linchados dentro de uma geração; das multidões que haviam incendiado, enforcado, alvejado e espancado até matar outros negros como ele.

Voltando a falar de Detroit, o Dr. Sweet recordou a violência que tinha sido exercida contra pessoas de cor que se haviam mudado para residências nas zonas destinadas aos brancos. Sua voz hesitou quando relatou sua vívida lembrança do que a multidão tinha feito ao Dr. Turner e aos seus bens. O Dr. Turner tinha comprado uma casa na Avenida Spokane, na parte norte de Detroit. Tinha-se mudado para lá sob guarda, mas sua casa fora invadida, destruídos os móveis, quebradas as janelas, o interior danificado, seus bens partidos e lançados numa carroça, que fora empurrada de marcha à ré até a porta da frente. Sweet tinha visto a multidão apredrejar o casal de cor, quando fugia. "Turner – comentou ele, – sempre teve a maior confiança no mundo das pessoas brancas. Sentia que pertenciam a uma raça superior à sua. Em conseqüência, quando quissessem entrar em sua casa para roubar, não seria necessário derrubar a porta. Era muito mais simples enganá-lo. Um dos líderes simplesmente bateu e, quando o Dr. Turner chegou à porta, disse: "Abra, Turner, sou seu amigo." Turner acreditou nele e abriu a porta. Um momento depois, era um joguete nas mãos do magote".

Referindo-se à noite do tiroteio, disse ele tranqüilamente: "Quando abri a porta e vi a multidão, compreendi que estava enfrentando a mesma turba que havia perseguido o meu povo durante toda a sua história. No meu espírito, eu tinha muita confiança no que teria de enfrentar. Estava de costas contra a parede. Enchia-me um temor peculiar, o medo de quem conhece a história de minha raça. Sabia o que o populacho tinha feito antes ao meu povo."

"Sem Clarence Darrow – disse um repórter, – os dez negros, homens e mulheres, daquela casa, ainda estariam hoje na penitenciária. Por meio de um dos réus, que foi ao estrado das testemunhas, e em seus discursos, Darrow recapitulou toda a história do negro, em milênios de sua evolução, remontou a seu antigo habitat, às margens do Rio Zambeze, seguiu-lhe os passos através do Getsêmane da escravidão, retratou-o torturado pelos Simon Legrees do puritanismo, como vítima da vingança do populacho, queimado na fogueira e finalmente emergindo na esperança de um novo dia."

O julgamento durou quase sete semanas. À noite, Clarence Darrow descansava lendo em voz alta para os amigos a *Opera Guyed* de Newman Levy. Levy foi levado a conhecer Darrow, por James Weldon Johnson. Darrow perguntou a Levy em que estava ele trabalhando.

– Numa série de artigos a respeito de advogados chicanistas para o *Saturday Evening Post* – foi a resposta.

– Que entende o senhor por chicanistas? – exclamou Darrow irritado. – O senhor acha que são pobres diabos, que não são capazes de ganhar a vida? Se estivéssemos na condição deles, não estaríamos melhor do que eles.

Depois, receando que sua explosão pudesse ter ferido os sentimentos de Levy, pediu desculpas.

Ao fim de sete semanas, fez seu discurso final. William Pickens, da Associação Naci-

352 Advogado da Defesa

onal para o Progresso da Gente de Cor, conta: "Tendo em vista a defesa, Clarence Darrow estudara o problema negro em toda a sua história e em todas as suas faces: tinha lido casos, programas, as histórias dos movimentos e as biografias dos negros." Arthur Garfield Hays informa: "Em seu discurso para o júri, Darrow mostrou sua mão de mestre. O advogado comum coleciona fatos, analisa provas e faz o seu pedido. Poucos são os que usam a história, a psicologia e a filosofia para mostrar os fatos verdadeiramente fundamentais. Darrow disse aos homens do júri que, se tivesse meramente de apelar para a razão, pouca dúvida teria quanto ao resultado; mas que a dificuldade se achava mais no fundo. Decorria de um preconceito que os homens brancos recebem juntamente com o leite de suas mães. Duvidava que fosse possível, para doze homens brancos, por mais que pudessem tentar, dar um julgamento honesto a um negro."

"Os Sweets passaram sua primeira noite, em sua nova casa, temendo ir dormir – observou Darrow. – A noite seguinte, eles já passaram na cadeia. Agora, o Estado quer que passem o resto de suas vidas na penitenciária. Há pessoas do Norte e do Sul que dizem que um homem de pele preta é inferior ao branco e deve ser controlado pelos brancos. Há também aqueles que reconhecem os seus direitos e dizem que eles devem gozá-los. Para mim, este caso representa um corte na história da humanidade. Envolve o futuro e a esperança de alguns de nós, de que o futuro será melhor do que o passado."

O júri esteve reunido durante três dias e três noites; as brigas e discussões foram tão violentas que boa parte delas podia ser ouvida através do tribunal. Uma parte considerável dos móveis da sala do júri foi quebrada. Um jurado perdeu seis quilos. O Juiz Murphy, convencido de que não era possível chegar a um veredicto, declarou impedido o júri e encerrou o julgamento.

4

Raramente foi dada a Clarence Darrow a oportunidade de passar por uma provação apenas uma vez; a maior parte dos seus casos mais importantes tivera de ser julgada duas vezes. Se esse padrão de repetição dobrava o seu cansaço, dobrava também a sua oportunidade de fazer campanhas em favor da tolerância.

O Promotor Toms decidiu julgar o jovem Henry Sweet sozinho, que Henry admitira haver disparado sua arma. Toms deu-se a trabalhos para reunir testemunhas, a fim de provar que o morto tinha estado abaixado, acendendo seu cachimbo, quando a bala o atingira, e que, por essa razão, teria sido inteiramente possível que a bala viesse da casa de Sweet. Quando se iniciou o julgamento Darrow anulou os esforços do promotor Toms, admitindo que Henry Sweet podia ter disparado a arma e alegando que o fizera em defesa de sua vida e de sua casa.

O segundo julgamento foi, praticamente, uma réplica do primeiro; a principal diferença estava no discurso final de Darrow. Nunca esquecerei aquele discurso final para o júri - diz a Sra. Gomon. – Ele falou durante oito horas. Podia-se ouvir cair um alfinete no tribunal apinhado. Todos ouviam sem respirar, tão apertados uns aos outros que as mulheres desmaiavam e não podiam cair. Ele retrocedeu pelas páginas da história e pelo progresso da raça humana, para recapitular o desenvolvimento do medo e do preconceito na psicologia humana. Algumas vezes, sua voz ressonante e melodiosa reduzia-se a um cochicho. Algumas vezes, alteava-se num trovejar de indignação. Os colarinhos dos jurados apertavam. Eles se sentavam tensos, apanhados na contemplação atenta de acontecimentos históricos e trágicas

Advogado da Defesa 353

ocorrências, que ele de novo tornava reais e presentes, diante dos seus olhos.

"Quando o Juiz Murphy deixou seu lugar, encontrei-o logo além da porta de seu escritório. Nunca o tinha visto tão comovido. Ele me tomou a mão e disse: "Esta é a maior experiência de minha vida. Aquilo foi Clarence Darrow em seus melhores dias. Nunca ouvirei nada igual a isso outra vez. Ele é o homem mais parecido a Cristo que já conheci."

Suas palavras de encerramento, em seu último grande caso internacional de interesse social, foram mais uma defesa de sua própria filosofia, e de si mesmo, como membro da raça humana, que de Henry Sweet, o acusado, pois, mais uma vez, colocou toda a humanidade no banco dos réus.

"Não acredito na lei do ódio. Posso não ser sempre fiel aos meus ideais, mas acredito na lei do amor, e acredito que os senhores nada poderão fazer com ódio. Eu gostaria de viver numa época em que o homem amasse o seu semelhante e esquecesse a sua cor ou credo. Nunca seremos civilizados, até que chegue essa época. Sei que a raça negra tem um longo caminho a percorrer. Acredito que a vida da raça negra tenha sido uma vida de tragédia, de injustiça, e opressão. A lei o tornou igual, mas o homem não o fez. E, afinal, o que se deve perguntar é: que fez o homem? – e não – que fez a lei? Sei que ele tem um longo caminho a percorrer, antes de poder tomar o lugar que acredito que deve ocupar. Sei, que diante dele, há sofrimento, tristeza, tribulação e morte, entre os negros e talvez entre os brancos. Lamento. Faria o que pudesse para impedi-lo. Aconselharia a paciência; aconselharia a tolerância; aconselharia a compreensão; aconselharia todas essas coisas, que são necessárias para que os homens vivam juntos.

"Que julgam os senhores ser o seu dever, neste caso? Tenho olhado, dia após dia, esses rostos negros e tensos, que se têm apinhado nesta corte. Esses rostos negros que agora estão olhando para os senhores, doze brancos, sentindo que as esperanças e os temores de uma raça estão em suas mãos.

"Este caso está prestes a terminar, senhores. Para eles, representa a vida. Nem sequer um da sua cor faz parte deste júri. O seu destino está nas mãos de doze homens brancos, seus olhos estão fixados nos senhores, e as suas esperanças dependem do seu veredicto.

"Peço-lhes, em nome deste réu, em nome desses desamparados que se voltam para os senhores, e, mais do que isso – em nome deste grande Estado e desta grande cidade, que deve enfrentar o problema, e enfrentá-lo honestamente, – peço-lhes em nome do progresso e da raça humana, que voltem com um veredicto sem culpa, neste caso".

Seu argumento, publicado num folheto pela Associação Nacional para o Progresso da Gente de Cor, iguala-se ao seu apelo para a Comissão do Carvão Antracite, ao discurso final para o júri, no caso de "Big" Bill Haywood, e ao pedido ao Juiz Caverly, no caso Loeb-Leopold, como um documento destacado em favor da paz e da boa vontade. Nele, Darrow cumpriu a observação de John Brown, feita quase sessenta anos antes. "O negro tem muito poucos amigos; você e eu nunca devemos abandoná-lo".

Quando os jurados saíam, Darrow indicou um deles e sorriu, daquela sua maneira lenta e enigmática. "Este é o homem mais teimoso que jamais tive que enfrentar. Não causei nele a menor impressão. Sua decisão está tomada e não creio que qualquer coisa pudesse tê-la mudado. Não sei se ele está a favor ou contra nós."

Mais tarde, souberam que, "quando aquele jurado entrou na sala do júri, tirou uma caixa de charutos e um livro do bolso e anunciou para os outros jurados: "Quando estiverem prontos a votar sem culpa, podem-me chamar. Antes disso, não estou interessado"; e passou

354 Advogado da Defesa

a acender o charuto, sentando-se com o seu livro."

George Murphy, irmão do juiz presidente, conta: "Foi muito interessante observar Darrow, depois que o júri tinha ido para a sua sala, para as deliberações. Enquanto outros vagueavam por ali, saíam da sala do tribunal e voltavam, Darrow não abandonou sequer a sua vigilância."

Ao fim de três horas, o júri mandou avisar que tinha chegado ao veredicto. O Juiz Murphy tomou seu lugar na presidência; o júri voltou. O primeiro jurado anunciou: "Sem culpa!" O Dr. Ossian agradeceu a Darrow em nome dos doze milhões de negros por aquele veredito que libertou não apenas Henry e os outros réus, mas, em medida ainda que pequena, a gente de cor.

"Quando o júri voltou – conta George Murphy, – Darrow estava sentado, com as mãos agarradas aos braços da cadeira, o corpo enorme encurvado, a cabeça pendendo para a frente, esperando ouvir veredicto. Quando foi dado o veredicto sem culpa, seu grande espírito quase pareceu abandonar seu corpo. Ele havia dado todo o seu ser, corpo, espírito e alma, ao julgamento."

Darrow estava indizivelmente cansado, por causa do discurso longo e apaixonado; afundou pesadamente em sua cadeira; o Promotor Toms, pensando que ele estava prestes a desmaiar, correu para o seu lado e pôs ambos os braços em volta dele. Os olhos de Darrow piscaram, quando os ergueu para Toms.

– Oh! Estou muito bem – murmurou. – Já ouvi antes esse veredicto.

5

Afinal, depois do caso de Henry Sweet, em maio de 1926, Clarence Darrow concluiu que a única maneira de se retirar da advocacia era retirar-se mesmo. Reuniu seus papéis, levou para casa do Midway sua bela escrivaninha negra e as cadeiras. Um dos quartos dos fundos tinha sido convertido em gabinete, e ali, durante a década seguinte, dedicou a maior parcela do seu tempo a escrever artigos para revistas. Continuando em seu papel de porta-voz da consciência dos Estados Unidos, entrava na briga com a sua lança aguda, toda vez que pensava que a liberdade pessoal e a independência estavam usurpadas.

Em *Vanity Fair*, publicou uma série de artigos sob o título genérico *Nossa Crescente Tirania*; escreveu muito para a revista *American Mercury* sobre biologia e "bobologia"; escreveu sobre o combate ao crime para *Forum* e sobre a pena capital para *Forum* e *Rotarian*; para a revista *Libertarian*, escreveu sobre o socialismo. Para *Saturday Evening Post*, escreveu um artigo chamado *Aos Setenta e Dois*, no qual dizia: "Como propagandista, não vejo possibilidade de ficar cansado da vida. Estou interessado em numerosas questões que dizem respeito à existência e atividade da raça humana. Tenho chegado cada vez mais à firme convicção de que cada vida é simplesmente uma curta expressão individual e que, em breve, retrocede ao grande reservatório da força, onde a memória e a consciência individual chegam ao fim. Não me perturbam as esperanças e, menos ainda, os temores. Aceitei a vida como me veio, fazendo o melhor que pude com os seus múltiplos aspectos, e sinto-me seguro de que chegarei à dissolução final sem medo ou séria tristeza."

Seus artigos eram agudos, espirituosos, destemidos e profundos, mas apenas em um terreno seu trabalho se destacou com uma paixão e uma fúria que o tornaram digno de seu mestre em panfletarismo, Voltaire. Já em 1909, tinha ele começado a escrever e fazer confe-

Advogado da Defesa 355

rências contra a Lei Seca. Em 1909, em Nova Bedford, Massachusetts, sob os auspícios da Liga dos Sindicatos Trabalhistas da Nova Inglaterra, pronunciou sua primeira palestra profunda contra o proposto plano de proibir a venda de bebidas alcoólicas. Combateu a aprovação da Emenda Dezoito com todas as armas ao seu alcance; agora, vendo os males que tinha ela trazido ao país, voltou à luta para ajudar a erradicá-la da vida americana. Freqüentemente, publicou artigos em *Collier's Plain Talk, Vanity Fair* e *American Mercury*; fez conferências e debates sobre o tema, em plataformas de quase todas as cidades americanas; tendo muito tempo para escrever, publicou um livro em colaboração com Victor S. Yarros, chamado *The Prohibition Mania*, que foi amplamente lido e ajudou muito a estabelecer todas as razoes contra a proibição, desmentindo os gráficos estatísticos em favor da Lei Seca, publicados pelo Professor Irving Fisher.

Seu argumento não era meramente o de que a proibição não funcionava; de que, sendo como era a natureza do homem, jamais poderia funcionar; de que, antes de diminuir, aumentava o consumo de bebidas e a embriaguez, e estava impondo ao povo uma bebida grosseira e muitas vezes venenosa; de que estava criando uma nova classe de escroques, bandidos e criminosos, que se vinha transformando numa séria ameaça à preservação da lei e da ordem. Embora essas coisas lhe parecessem de importância maior, baseou seu ataque contra a proibição no fundamento de que se tratava de uma usurpação perniciosa da liberdade pessoal. Argumentou dizendo que um milhão de pessoas tinha a sua vida circunscrita pelo fato de uns poucos homens e mulheres terem bebido em excesso, e que a proibição era um remanescente do puritanismo, e, se tolerada pelo povo americano, estabeleceria precedentes para reduzir ainda mais o círculo dos direitos humanos. Porque não acreditava que a Emenda Dezoito pudesse jamais ser revogada, propunha que o Congresso simplesmente recusasse destinar verbas para a aplicação da Lei Volstead; foi esse um dos seus poucos erros de diagnóstico social.

Em 1928, Paul vendeu a usina de gás de Greeley. Para Darrow, sua própria parcela dos lucros pareceu uma pequena fortuna. Investiu a importância em ações remuneradoras e se preparou para viver de rendas o resto de sua vida.

Ele e Ruby foram à Europa, onde, durante um ano, divertiram-se magnificamente, viajando pelos países que amavam, visitando economistas, escritores, artistas, escultores, velhos amigos tais John A. Hobson, T. P. O'Connor, H. G. Wells, Charles Edward Russel, Brand Whitlock, Somerset Maughan e Jo Davidson. Percorreram de automóvel a Inglaterra, a Escócia e o País de Galles, em companhia de W. R. Kellogg, e sentiram especial prazer em recapitular a geografia literária da Inglaterra, relendo livros tais como Lorna Doone, no lugar onde se desenrolava a ação. Passaram muitos meses felizes, vagando pela Suíça e pela França, como tinham feito em sua lua-de-mel, e de novo, como em sua lua-de-mel, Clarence iniciou mais um livro. Sentia-se demasiado velho agora para se dedicar ao longo romance que vinha imaginando havia vinte anos.Em vez disso, começou a trabalhar em sua própria autobiografia. Ruby trabalhou com ele, muitas vezes datilografando a maior parte da noite, para que ele pudesse ter manuscritos limpos para ler pela manhã. Iria dar ao livro o nome de *História de Minha Vida*, embora pudesse, mais precisamente, ter sido chamado *História de Minha Filosofia*, pois sua modéstia quase patológica o impedia de falar muito de sua própria participação em seus importantes casos e causas. O fato de ter chegado a escrever o livro foi já uma surpresa completa, pois, quando um de seus associados, poucos anos antes, perguntara: "Sr. Darrow, por que não escreve a história de todos os seus casos? Seria um dos maiores livros do mundo", - ele retrucara: "Esse livro jamais será escrito!"

356 Advogado da Defesa

Depois, em novembro de 1929, deu-se o colapso do mercado de ações, em Nova York. Darrow regressou aos Estados Unidos, para se encontrar quase sem vintém, com a idade de setenta e três anos, tendo ainda de ganhar a vida. A perda de seu dinheiro de novo o levou a mergulhar numa controvérsia, que o manteve ao mesmo tempo interessado e excitado, e representou mais uma légua na interminável estrada para a fraternidade e a união.

6

Fez ele o voto de jamais tentar retornar à advocacia, pretendendo ganhar a vida escrevendo e fazendo conferências. Um jovem e empreendedor agente de conferências, chamado George Whitehead, que trabalhava para a Agência Redfern, de Chicago, concebeu a idéia de organizar debates sobre religião, a quatro pessoas. Nas grandes cidades do Médio Oeste, combinava com um eclesiástico protestante, um eminente porta-voz católico e um rabino judeu, para se defrontarem com o agnóstico Clarence Darrow, numa plataforma, apresentando os seus diferentes pontos de vista. Whitehead era um rapaz inteligente e estimável, apreciado por Darrow. Às vezes, os dois passavam semanas seguidas viajando juntos. Quando tomavam o trem noturno que partia de Chicago, Darrow vestia uma comprida camisola de dormir, que enfiava dentro das calças. Whitehead chamava-o e desciam juntos de táxi para a estação. Ruby sempre preparava dois embornais, com dezenas de caixinhas e envelopes, cada um com um rótulo, um contendo lenços, outro os seus atacadores de sapatos, outro agulhas, linha e botões, outro doces, outro frutas, outro frascos de remédios. Tinha ela uma combinação permanente com a Pullman Company, para que fossem devolvidas todas as coisas que ele deixasse nos dormitórios e carros de fumar. Em sua primeira noite fora de casa, quando os dois homens se preparavam para dormir no Pullman, Clarence percebeu que Whitehead o observava cuidadosamente, tentando obrigá-lo a fazer todas as coisas que Ruby havia mandado. Afinal, reclamou:

– Se vai tomar tanto cuidado comigo, não havia razão para que eu saísse de casa.

Queixou-se com Whitehead de que "Ruby cuida demasiado bem de mim; ao que parece, acredita que o preço de um marido é a eterna vigilância". Uma vez, quando ia sozinho para Nova York, os Spingarns o encontraram grandemente incomodado. Tirou uma camisa e suplicou que a Sra. Spingarn fizesse outra igual. O médico o proibira de fumar; Ruby permitira que fizesse a viagem sozinho, mediante a promessa de que não fumaria, e ele havia feito um buraco de cigarro na camisa.

– Por que não perde, simplesmente, a camisa no carro Pullman? – perguntou Spingarn.

– Você não conhece Ruby – lamentou-se Darrow.

Os debates a quatro sobre religião levaram a um grau mais alto ainda a excitação que fora gerada pelo caso Scopes. Pela primeira vez em muitos anos, uma discussão puramente religiosa foi parar nas manchetes. Fora do *Carnegie Music Hall*, em Pittsburgh, mil pessoas que não tinham conseguido adquirir ingressos tentavam invadir o auditório. A polícia teve de ser chamada para as controlar.

"A única maneira honesta de conseguir ordem no debate. disse Whitehead, – era fazer com que os quatro homens tirassem a sorte, com um chapéu. Como Darrow era sempre o mais velho do grupo e, além disso, um visitante na cidade, os três participantes invariavelmente rendiam-lhe a homenagem de deixá-lo tirar primeiro o seu número. Eu não poderia permi-

Advogado da Defesa 357

tir que minha estrela tirasse o papelinho número um e abrisse a discussão, e assim, sempre escondia aquele papelinho debaixo da carneira do chapéu, antes de Darrow enfiar sua mão. Nunca lhe contei esse pequeno truque; ele não me teria permitido fazê-lo, se tivesse sabido."

Na manhã de cada debate, Whitehead combinava um desjejum, durante o qual o protestante, o católico, o judeu e o agnóstico se encontrariam e discutiriam o programa da noite, com a presença de fotógrafos e repórteres. Em Houston, assinaram para um repórter um papel, no qual o clérigo protestante escreveu: "Deus é amor". O católico escreveu: "Religião é o amor a Deus e aos semelhantes". O judeu escreveu: "Acredito que o judaísmo é melhor religião para judeus, o cristianismo para os cristãos, o maometismo para os maometanos, o agnosticismo para os agnósticos". Darrow correu os olhos pelas três frases, piscou para os repórteres e rabiscou: "Se as três expressões acima realmente mostram o que é a religião, vou parar de debater".

Durante vários anos, os dois ziguezaguearam por toda a superfície do país. "Cobrimos os Estados Unidos, norte, sul e leste – conta Whitehead, – e Darrow aceitou poucos compromissos especiais no noroeste; mas recusou terminantemente intrometer-se na Califórnia por causa das coisas desagradáveis ao fim do caso McNamara."

Recebia quinhentos dólares de cada debate, mais cinqüenta dólares para as despesas. Ao fim do primeiro debate, em Cincinnati, para Whitehead tinham sobrado apenas cento e cinqüenta dólares. Quando Darrow soube do caso, disse:

– Isto não basta. Esqueça o dinheiro das despesas e tire, além disso cem dólares do meu cheque.

"Darrow sempre se punha de lado – conta Whitehead, – para deixar a mim a melhor parte do negócio."

Ele muito aproveitava do confronto de espírito com seus adversários na plataforma; seu interesse, porém, estava em trazer a religião para o sol e o ar livre da discussão aberta. Havia liberdade de culto nos Estados Unidos, mas havia também uma tendência, da parte de vários religiosos, para suspeitar, desgostar e temer uns aos outros. Sentia que, se cada homem pudesse conhecer a religião dos outros, visitar a sua igreja, compreender seu ponto de vista, o temor, a suspeita e a aversão acabariam por desaparecer. Todavia, dos quatro homens na plataforma, em cada uma das cidades, o único que era recebido com suspeita, medo e desgosto era aquele que consideravam o agnóstico.

"Oitenta por cento dos auditórios odiavam o ponto de vista de Clarence Darrow – conta Whitehead, – e iam à conferência para a sua demolição. Darrow violava todas as regras da oratória, mas vigiava seus ouvintes como um falcão. Provocava ataques de ira nos religiosos, mas, um momento depois, dizia alguma coisa interessante, e todos ficavam gostando dele. Era capaz de dizer até que ponto poderia levar seus ouvintes, e de espancá-los até os deixar meio mortos, mas sabia o momento de lhes dar um descanso. Muitos chegavam desprezando-o, julgando-o um demônio.

Durante aqueles anos em que escreveu, fez conferências e entrou em debates sobre religião, o mundo mostrou-se constantemente interessado e informado sobre o estado da alma de Clarence Darrow. Recebia milhares de cartas, algumas açoitando-o por seu "paganismo e descrença em Deus", advertindo-o de que, a menos que se arrependesse, estaria condenado a ser assado no fogo do inferno por toda a eternidade; a maior parte das cartas, porém, era de carinho e afeição, condoendo-se de sua situação, por ter perdido Deus.

Combatia a disposição congenitamente má de seus auditórios, com o seu humor.

358 Advogado da Defesa

Uma vez, quando debatia sobre a imortalidade, voltou-se para perguntar ao presidente quanto tempo tinha ainda para falar. Antes que o presidente pudesse responder, acrescentou: "Creio que não me sobrará muito tempo, se não acreditar na outra vida." Um de seus adversários disse a um auditório: "Sou senhor de meu destino; sou capitão de minha alma." Darrow retrucou: "Capitão de sua alma? Ora, ele não é sequer um moço de convés numa jangada!" A um auditório de Cleveland, disse ele: "Acredito que grande número dos senhores é gente religiosa; julgo isso pela maneira de aplaudirem coisas inteiramente sem importância." Quando um de seus adversários perguntou se, quando morresse, não desejaria viver eternamente, Darrow replicou: "Quando eu morrer, a única coisa que desejo é que alguns amigos lembrem minhas fraquezas e esqueçam minhas virtudes."

Will Rogers advertiu os adversários de Clarence: "Ninguém deve debater com Darrow. Ele transformará em macaco qualquer um que se lhe oponha. Não fazia ainda duas semanas que estava no Tennessee e já tinha o Estado inteiro pulando no encosto das cadeiras, e uns catando pulgas dos outros." Quando debatia com Albert Edward Wiggam, em Cleveland, Darrow disse: "Estou surpreendido e entristecido por ouvir meu amigo dizer que os homens ricos são os mais inteligentes. Imaginem um homem de cérebro consumindo a vida para ganhar dinheiro! A melhor maneira de obter dinheiro é casar com ele." Quando se levantou a discussão do tema do casamento, e um de seus adversários perguntou, "Senhor Darrow, crê o senhor que o casamento poderia ser descrito como uma loteria?", ele replicou: "Sim, se houvesse prêmios." Quando foi acusado de ser agnóstico, porque era pessimista, redargüiu: "Quando um pessimista é desmentido, fica feliz. Os otimistas são fáceis de desencorajar; nunca vi ninguém mais desamparado do que um otimista que não obteve o que esperava." A uma jovem senhora que, por acaso, entrou no final de uma exposição sobre finanças internacionais, e lhe pediu que reformulasse sua tese, respondeu: "Moça, é esse um assunto que nem mesmo os homens entendem." Durante a campanha de Herbert Hoover e Al Smith, observou: "Hoover, se eleito, fará uma coisa que é quase incompreensível para o espírito humano: fará de Coolidge um grande homem."

Darrow costumava dizer ao auditório: "Sinto que estou ficando velho, que a máquina começa a falhar, e penso: "Não durará para sempre. Meu próximo descanso não será por um período, mas para sempre. A morte é o único consolo." Depois, terminado o debate, perguntava a Whitehead: "Estarei chocando os outros em demasia, quando ridicularizo a idéia de alma?"

Uma vez, quando debatia com o Professor Scott Nearing, sobre o tema "É a Vida Digna de Luta?", no Symphony Hall, em Boston, Nearing, que defendia a afirmativa, derrotou Darrow por meio de uma manobra bem feita. O Professor Nearing enumerou a lista das contribuições que Clarence Darrow tinha dado à humanidade; depois, voltando-se para Darrow, disse: "O que o senhor já fez dá ao meu argumento mais peso do que qualquer outra coisa." Darrow recebeu uma estrondosa ovação.

7

E assim, corriam agradáveis os anos para o Velho Leão. Sua autobiografia foi bem recebida, tanto pela crítica quanto pelo público, realizando sua esperança de "um dia escrever um livro em que as percentagens pagarão pelos exemplares que der de presente. Quando a autobiografia foi dada a público, uma jornalista de Chicago telefonou a Ruby, para dizer que

Darrow não tinha o direito de chamar a seu livro uma autobiografia, porque nada dissera sobre sua vida amorosa. Quando Clarence regressou a casa, naquela noite, Ruby lhe contou a conversa, acrescentando que a mulher insistira em que ele poderia ter escrito um capítulo inteiro sobre sua vida amorosa.

– Um capítulo inteiro... – resmungou Darrow. – Oh, eu poderia fazer toda uma biblioteca! – Ao dar com o olhar sério de Ruby, pediu desculpas, acrescentando: – Bem, talvez não uma biblioteca inteira, mas, pelo menos, uns dois best-sellers.

Com o Professor Howard Parshley, zoologista, fez um filme para a Universal intitulado *O Mistério da Vida*, no qual os espectadores eram servidos por uma trilha sonora com a sua voz, contando, num tom um tanto seco, a história da evolução. A gravação foi feita num estúdio do Bronx. "Eu escrevia uma conferência científica comum, para acompanhar uma parte do filme – recorda o professor Parshley, – e Darrow então a traduzia – como dizia ele – em mau inglês, isto é, na linguagem popular. Durante todo o tempo em que trabalhamos juntos, ele manifestou rara combinação de verdadeira modéstia e irreprimível talento dramático. Nunca conheci uma pessoa que lhe chegasse perto na capacidade de atrair inevitavelmente a afeição e o respeito dos outros." O filme foi exibido nas principais cidades dos Estados Unidos, com moderado êxito.

Embora se considerasse afastado da prática do Direito, voltava aos tribunais toda vez que julgava poder salvar uma vida humana. Defendeu Greco e Carrillo, antifascistas acusados de assassinar dois fascistas italianos, numa parada em Nova York. A única ligação entre Greco e Carrillo e a morte era o fato de ambos se terem oposto ao movimento fascista nos Estados Unidos. Quando Arthur Garfield Hays e uma comissão de defesa lhe pediram para tentar salvar os dois rapazes, Darrow respondeu:

– Estou cansado. Quero descansar. Já passei dos setenta e estamos no inverno. Quero ir-me embora para algum lugar.

O irmão de Greco irrompeu em lágrimas. Darrow voltou-se para ele:

– Está bem, aceitarei a causa. Pelo amor de Deus, pare de chorar.

E obteve a absolvição de ambos os clientes.

Uma vez, estava ele discutindo com Arthur Spingarn sobre se aceitaria ou não certo caso, que iria demorar bastante e para o qual precisaria de muito tempo para viajar e dinheiro para despesas de manutenção.

– Que honorários pode pagar o acusado? – perguntou Darrow.

– Oh! ele não tem absolutamente dinheiro nenhum – replicou Spingarn.

– Bem, isso resolve tudo – disse Darrow. – Sou obrigado a aceitar a causa.

Pagou de seu próprio bolso os adiantamentos. Todavia, era capaz de se mostrar exasperante em matéria de dinheiro: num restaurante, deixava embaraçados os amigos, discutindo para saber se ele e Ruby deveriam encomendar duas porções de um prato ou dividir uma só entre os dois. Sempre exigia o que valia seu dinheiro, e ficava "furioso como o diabo, quando alguém lhe cobrava em excesso ou não lhe dava o valor devido". Tinha momentos irritantes, quando procurava economizar uns poucos cêntimos – para depois dar duas vezes a importância poupada ao primeiro mendigo por quem passasse na rua. Havia ocasiões em que parecia sequioso de dinheiro, mas, conforme conta Spingarn, uma frase tocante ou o capricho de uma situação bastava para derretê-lo imediatamente.

A única causa de que se retirou, muito embora considerasse tinha sido cometida uma injustiça, foi a dos cinco rapazes negros de Scottsboro, acusados de violentar uma mulher

360 Advogado da Defesa

branca. Quando concordou em assumir a defesa, e se preparava para partir para o sul, Arthur Garfield Hays perguntou:

– Por que vai partir tão cedo? O julgamento só começa daqui a meses.

Darrow respondeu:

– Oh! não vou por causa do julgamento. Vou lá fazer amigos.

Logo, porém, retirou-se, porque "o caso estava sendo controlado pelo Partido Comunista, que se incomodava muito menos com a segurança e o bem-estar dos pobres rapazes negros do que com a exploração de sua própria causa. Se eu não pudesse ficar livre e completamente independente, sem laços políticos, não queria ter nada a ver com aquilo".

Durante a sua própria época, havia-se transformado num mito. Poucas pessoas nos Estados Unidos desconheciam seu nome e sua fisionomia. Em seu tempo, ninguém foi mais discutido, mais amado e mais odiado; nem ele foi, tampouco, inconsciente dessa divisão na afeição do público para com sua pessoa. Convidado a almoçar em casa de H. L. Mencken, em Baltimore, ia subindo os degraus de uma estreita escada a pique, quando Mencken o chamou de baixo:

– Tome cuidado, Clarence; se você cair e morrer, em minha casa, o público me crucificará.

– Não – respondeu ele. – O público o canonizará.

A filha de George Whitehead, de doze anos, exclamou, depois de sua primeira viagem a Chicago:

– Gostei mais do Sr. Darrow do que do Aquarium ou da Feira Mundial.

Whitehead comenta: "Darrow não queria que ninguém pensasse que ele tinha um lado sentimental, mas era-lhe custoso mostrar-se duro. Gostava de toda atenção, mas não gostava que os outros pensassem que gostava." Freqüentemente, costumava perguntar: "Sou eu tão bom como era há cinco anos? Estou-me saindo igualmente bem?"

Todavia, não gostava que as atenções se concentrassem nele, quando se achava em público. Uma vez, quando estava no teatro, Will Rogers apareceu para executar o seu número do laço e, enquanto batia papo com o auditório, disse:

– Estou vendo meu amigo Clarence Darrow sentado ali adiante. Levante-se, Clarence, para que os outros o vejam.

Darrow levantou-se por uns instantes e recebeu grandes aplausos, mas Rogers compreendeu que não lhe agradara ter sido isolado. Will mascou seu chicle por um momento, depois murmurou, *sotto você*:

– Diabo, eu não devia ter feito isso, não; acho que estava era querendo me gabar do fato de ser amigo dele.

Noutra ocasião, Rogers comentou: "Clarence Darrow é o único livre-pensador que o povo norte-americano permitiu que vivesse setenta e três anos."

Darrow ia-se arrastando para diante, percebendo que seu vigor começava a diminuir, esperando que pudesse ainda trabalhar um pouco em favor da tolerância, antes de morrer. H. L. Mencken escreveu a respeito dele: "As marcas do combate estão indeléveis em seu rosto. Darrow esteve em mais guerras do que um regimento inteiro de Pershings. E a maioria delas foi de lutas com a morte, sem códigos nem quartel. Terá vencido sempre? Superficialmente, sim; realmente, não. Entre nós, sua causa parece perdida. Quase todas as imbecilidades que procurou derrubar continuam vivas. Mas já não são tão seguras como eram antes. Um dia, esperamos, estarão acabadas. Quem as derrubar afinal, seja quem for, deverá metade de seus louros a Clarence Darrow."

Charles A. Beard afirma: "Para os homens e mulheres que usavam o coração com o vestuário, e punham em exibição suas virtudes e onisciência, Darrow era um "cínico". Deu meses e meses de sua vida para ajudar pobres diabos em dificuldades, sem nada receber e sem procurar qualquer publicidade para sua ação desprendida, e pouco valor tinham para ele as pessoas que faziam profissão pública da bondade. Mas seu suposto cinismo nada mais era, na verdade, do que uma calma ironia – a ironia do profundo juízo, que não poderia deixar de tomar nota das diferenças entre as afirmações de honestidade dos homens, para consumo público, e as coisas que realmente faziam. A despeito da sua hilaridade quanto às esquisitices de seus semelhantes, parecia-me ser a personificação da tristeza, em seus momentos solenes."

Darrow raramente permitia que sua solenidade transparecesse. Sempre procurava rir um pouco de si mesmo e das tristezas do mundo. Uma vez, insistiu em levar Whitehead a ver um lago nas matas, tendo-o achado tão belo que se lembrara dele durante vinte e cinco anos. Desapontado, então, murmurou para Whitehead:

– Afianço-lhe, que, quando vi antes aquele lago, tinha comigo uma bela pequena. Talvez fosse por isso que ele me pareceu tão bonito.

Sua tirada mais célebre, que passou a ser um clássico norte-americano, era: "Nunca desejei ver morrer uma pessoa, mas houve uns poucos necrológios que li com prazer."

Continuava tendo uma resposta para tudo, e uma resposta quase sempre penetrante e satírica, mas dada com tamanha brandura e boa vontade que a outra parte não podia sentir-se ofendida. Um jovem solicitador foi reprovado em seu exame para o foro, fazendo-o segunda vez, seis meses depois. Quando Darrow de novo viu o rapaz, perguntou:

– Então, passou?

– Sim, senhor, passei, claro – respondeu o moço.

E Darrow murmurou:

– E agora, suponho que o senhor deseje que as médias sejam elevadas?

Quando alguém usou, como um argumento em favor da religião, a afirmação de que as depressões nos negócios aproximavam mais o povo da igreja, ele respondeu:

– O mesmo acontece com os funerais.

Quando uma linda loura que assistira a uma de suas conferências perguntou, aflita, "Sr. Darrow, será que o senhor não acredita mesmo em nada?", ele respondeu, ligeiramente sério.

– Sim, acredito em louras.

Agora que se transformara no Velho Leão, sua audácia era considerada como um privilégio dado ao patriarca. Tornara-se o Tom Paine do século XX em luta pelos direitos do homem, a voz que falava quando as outras vozes estavam abafadas e caladas. Tornara-se a Lança, o Tiro no Braço: quando convidado a falar num jantar dos diretores de jornais americanos, fez exclusão do *Christian Science Monitor* e passou a fustigar os jornalistas por não dizerem a verdade, por se venderem aos seus anunciantes, por servirem de veículos de propaganda em vez de veículos de notícias. Convidado a falar numa assembléia de produtores de cinema, martelou-os impiedosamente, por estarem na posse de um grande instrumento e nada fazerem com ele, por excluírem noventa por cento das realidades da vida, por não ousarem falar de outra coisa exceto o amor.

Afinal, ocorreu uma irônica reviravolta em seu trabalho em favor da liberdade de pensamento. Quando Clarence tinha chegado aos setenta e cinco anos, muitos eclesiásticos e estudantes de religião já o tinham deixado para trás. O Dr. A. Eustace Haydon, professor de Religião Comparada da Universidade de Chicago, afirmava que, na tradição de Ingersoll, estava Darrow atacando uma concepção de religião já gasta; que estava "combatendo uma concepção de Deus que os espíritos de primeira classe já puseram de lado; estava lutando contra um deus antropomórfico, de barbas brancas e espada na mão, sentado numa nuvem em algum lugar".

T. V. Smith, da Universidade de Chicago, debatia freqüentemente com ele sobre religião, usando contra Clarence as mais modernas e avançadas teorias de filosofia e metafísica. "Da primeira vez que joguei aquilo contra ele – conta Smith, – ele se levantou e disse ao auditório: "Se me dessem três semanas para pensar nisso, eu poderia estar em condições de responder. Em vista das circunstâncias, terei de repetir minha velha falação sobre o livre-arbítrio" Depois que eu debatera com Darrow três vezes sobre o assunto, ele finalmente se inclinou no táxi, certa noite, pôs a mão em meu joelho e disse: "O senhor sabe, professor, hoje, pela primeira vez, creio que compreendo o que o senhor diz, e talvez isso contenha mesmo alguma coisa".

8

Em 1932, quando Darrow tinha setenta e cinco anos, foi-lhe apresentado o último caso no qual iria trabalhar sob o foco dos refletores internacionais. Na cidade de Honolulu, a Sra. Thalia Massie, esposa de um tenente do exército dos Estados Unidos, saiu de uma festa na hospedaria de Ala Wai, pelo meio da noite; o café estava quente e cheio de fumaça; a Sra. Massie sentia-se incomodada por causa de uma briga que acabava de ter com o marido; resolveu ir sozinha para casa, a pé. Seguiu pela John Ena Road, um bulevar razoavelmente iluminado, mais ou menos na direção de sua casa, mas em cujo extremo havia uma fileira de bangalôs, que os militares em serviço alugavam, quando queriam receber mulheres. A Sra. Massie tinha andado ainda por curta distância, pelo bulevar, quando um carro no qual viajavam dois havaianos, um chinês e dois japoneses, parou junto da calçada; ao que parece, tencionavam agredir uma das mulheres nativas, a caminho dos bangalôs dos militares, prática que já era habitual desde alguns meses. Um dos havaianos e um dos japoneses saltaram e agarraram a Sra. Massie. Como a mulher resistisse, Kahahawai, famoso atleta da ilha, deu-lhe um golpe de punho e lhe quebrou o maxilar. Depois, atiraram com ela para o assento traseiro do carro e seguiram a Ala Moana Drive, até um ponto deserto, onde os cinco homens a violentaram. A Sra. Massie, atirada de novo na estrada, foi encontrada por motoristas brancos e levada para sua residência. Imediatamente, transferiram-na para o hospital, onde, na manhã seguinte, identificou quatro de seus agressores.

As relações entre a população mestiça de Honolulu e os brancos da população civil e das guarnições do Exército e da Marinha sempre tinham sido delicadas; os comandantes do Exército e da Marinha tinham feito tudo o que podiam para manter a atmosfera pacífica e cordial. Com aquilo, o ressentimento entre os vários grupos começou a arder. Os homens do Exército e da Marinha ficaram seriamente transtornados; na ilha, durante o ano anterior, tinham ocorrido uns quarenta casos de ataques contra mulheres nativas, e fora necessário o tratamento hospitalar. Como os militares em serviço eram obrigados a deixar suas esposas em casa quando se faziam ao mar, aquele ataque à esposa de um oficial os perturbou e aterrorizou. A má vontade crescente dos nativos contra os brancos manifestou-se nos grandes fun-

Advogado da Defesa 363

dos de defesa levantados pela população havaiana, em favor dos dois havaianos acusados, pela colônia japonesa em favor dos japoneses, pela colônia chinesa em favor do chinês acusado, no fato de a força policial, constituída em grande parte de nativos e mestiços, se recusar a reunir provas contra os cinco acusados, na relutância do promotor distrital eleito em instaurar processo, e na insistência em que o vice-promotor fosse encarregado de cuidar do caso, contra os dois melhores advogados da ilha. Iniciou-se uma ampla campanha de murmúrios contra a Sra. Massie, na qual foi difamado o seu caráter, atacada a sua razão de sair do albergue Ala Wai, e atribuído um motivo suspeito à sua presença na John Ena Road.

Quando o júri mestiço discordou quanto ao veredicto e os quatro acusados foram libertados sob fiança, podendo entregar-se aos desportos da ilha e retomar sua vida normal, a má vontade entre os brancos e os nativos tornou-se mais forte. Numa tentativa para forçar um dos quatro homens a confessar, o Tenente Massie espancou duramente um dos japoneses. Obteve a confissão, mas o japonês apresentou uma fotografia que revelava os calombos das lambadas que recebera nas costas, e o advogado de Massie lhe informou que tal confissão, obtida pela força, seria inútil. O Tenente Massie e a mãe de sua esposa, a Sra. Fortescue, ajudados por dois marinheiros que agiram por lealdade a seu oficial superior, raptaram então Kahahawai à entrada do tribunal, usando uma ordem de prisão fraudulenta. Levaram-no para o bangalô da Sra. Fortescue, onde, conforme afirmou o Tenente Massie, enquanto estava ele tentando fazer o havaiano confessar, em face de um revólver militar, ficara temporariamente fora de si e puxara o gatilho, matando instantaneamente o nativo, ao ouvir este murmurar insolentemente: "Tá bem, foi nós". Os marinheiros enrolaram o corpo num pedaço de lona que acharam na garagem e, depois que a Sra. Fortescue baixara as cortinas do carro, o meteram entre o banco dianteiro e o de trás. A Sra. Fortescue começou então a dirigir muito depressa, em direção aos recifes de Koko Head, onde pretendiam atirar o corpo ao mar. Entretanto, já sabia a polícia do desaparecimento de Kahahawai; quando viram as cortinas fechadas do carro da Sra. Fortescue, entraram a persegui-lo e os quatro participantes do rapto e assassínio foram presos.

Embora o ataque à Sra. Massie tivesse causado consternação nos círculos militares, no continente pouca atenção lhe tinha sido prestada. A morte, a prisão e a acusação de assassínio contra o Tenente Massie, a Sra. Fortescue e os dois marinheiros, imediatamente tornaram-se uma *cause célebre*. O assunto tornou-se matéria principal no Congresso, foi posto nas primeiras páginas dos jornais até mesmo em Budapest. Como era impossível obter em Honolulu um júri só de brancos, os advogados de Massie e Fortescue temiam os resultados do julgamento. Não se tratava de apenas que os quatro acusados tivessem uma possibilidade excelente de passar o resto da vida no que o oficial comandante naval, Contra-Almirante Yates Stirling, descreveu como "uma desagradável e revoltante prisão havaiana", mas de que tal sentença iria causar a guerra civil entre as diversas raças.

Os amigos e parentes das famílias Massie e Fortescue, de projeção social, insistiram em que o melhor advogado criminalista existente deveria ser contratado para a sua defesa. Abordaram Clarence Darrow. Ele vinha acompanhando o desenrolar da situação com interesse, mas foi tomado completamente de surpresa, quando lhe ofereceram honorários de vinte e cinco mil dólares para aceitar a causa.

"Eu não sabia se podia suportar a viagem – contou ele, – e não estava certo de poder tolerar a rotina diária de ir cedo para o tribunal, todos os dias, e observar e anotar tudo o que se passa num julgamento. Não tinha certeza sequer de que minha mente revelaria o seu vigor de antigamente."

Comunicou suas dúvidas às famílias Massie e Fortescue; não quiseram aceitar sua recusa. Foi procurar seu amigo Arthur Spingarn, confiando-lhe não ser aquele o tipo de caso de que gostava, e que sentia que não se devia envolver nele.

364 Advogado da Defesa

"Insisti com ele para que fosse, por duas razões – conta Spingarn. – Uma, que estava cansado e que a viagem ao Havaí lhe faria bem, e, outra, que precisava tão desesperadamente do dinheiro, que tinha o direito de aceitar uma causa por dinheiro, tal como faziam outros advogados, contra as milhares que havia tomado sem nada receber."

Darrow aceitou o caso Massie. Quando, depois do julgamento, lhe perguntaram por que o fizera, respondeu: "Eu nunca tinha ido a Honolulu e achava que iria gostar de conhecer o país. Além disso, disseram que estava acabado como advogado e queria mostrar-lhes que um homem, depois dos setenta, era mais perspicaz do que uma pessoa mais jovem. Além disso, a Sra. Massie, como um estudo psicológico, me interessava e atraía a minha simpatia." Tendo-se resolvido a aceitar a defesa, telefonou a um estranho chamado George Leisure, um advogado de Wall Street.

George Leisure conta: "Um dia o telefone tocou e uma vez perguntou:

"– É George Leisure?

"Eu respondi:

"– Sou.

"– Aqui fala Clarence Darrow – disse ele.

"A princípio, pensei que fosse um de meus bons amigos, que me convidava para ir almoçar, e usava o nome dele por saber que eu era um admirador de Darrow. Entretanto, como a voz parecia séria respondi:

"– Sim, senhor.

"E fiquei ouvindo. Darrow então continuou, dizendo:

"– Estou prestes a pegar um caso em Honolulu, e me disseram que o senhor já tratou de um caso em Honolulu, há mais ou menos um ano. Nunca julguei um caso ali, e achei que o senhor talvez estivesse disposto a conversar comigo e me contar alguma coisa sobre a natureza do processo naquela jurisdição. Se pudesse almoçar comigo hoje, eu ficaria muitíssimo grato.

"Alguns anos antes, quando me achava num vapor a caminho da Europa, tinha lido a Vida de Napoleão, de Ludwig. Meditando sobre o livro, pensava em como teria sido interessante poder sentar-me e conversar pessoalmente com Napoleão a respeito de algumas das suas campanhas. O meu espírito então se voltou para os grandes homens de minha própria profissão, e resolvi que, quando voltasse da Europa, um dia iria a Chicago, para ter justamente aquela conversa com Clarence Darrow. Quando regressei a Nova York, as exigências habituais da advocacia dos tribunais me mantiveram em meu trabalho, e nunca tivera a oportunidade de ir a Chicago, como tinha planejado. Agora, ia almoçar com Darrow, e não somente almocei com ele, mas passei em sua companhia toda a tarde, tempo durante o qual tivemos precisamente a espécie de conversa que eu tinha julgado que seria interessante manter com Napoleão. Ele pareceu surpreendido de saber que eu conhecia bem muitos de seus casos.

"Quando o deixei, no fim da tarde, ele disse:

"– Já faz algum tempo que estou afastado da advocacia, e há muitos anos que não me vejo entregue a trabalhos em tribunais. Também estou ficando entrado em anos, e teria muito prazer em contar com um jovem que me acompanhasse nessa viagem. Gostaria de saber se seria possível ao senhor ir comigo a Honolulu? Sem sequer consultar meu escritório, garanti-lhe que era inteiramente possível, e que estava preparado para partir a qualquer tempo. Pouco depois disso, minha esposa e eu reunimo-nos ao casal Darrow em Chicago, e seguimos juntos para Honolulu."

Advogado da Defesa 365

Clarence e Ruby ficaram gostando dos Leisures, que se revelaram amigos delicados; gostaram da viagem às ilhas e ficaram encantados com a sua beleza.

Em Honolulu, Darrow verificou que a maior parte dos trabalhos jurídicos já tinha sido feita por seus associados; pediu ao tribunal um adiamento de uma semana, para entrevistar seus clientes e testemunhas, e obter um conhecimento mais completo dos fatos. Achou o Tenente Massie e sua esposa Thalia bem apessoados, jovens sensíveis, apanhados nas garras de uma tragédia que jamais os libertaria. Massie e sua esposa, dadas as circunstâncias, mostravam-se tranqüilos e contidos, mas a mãe de Thalia, a Sra. Fortescue, era uma mulher muito decidida, que alguns dos moradores da ilha acreditavam ser responsável pelo rapto. Os militares da Marinha, dando sólido apoio a Massie, estavam firmemente decididos a não permitir que seu irmão de armas fosse para a prisão. Darrow, mais uma vez, resolveu alegar doença mental, dessa vez baseando seu caso numa provocação insuportável. Ficou sabendo que a acusação seria chefiada pelo mais bem sucedido criminalista pirotécnico das ilhas; o Juiz Davis, filho de um eminente advogado ilhéu, que tinha vindo da Nova Inglaterra, podia dar a garantia de que seria justo e imparcial, no meio das paixões em conflito.

Durante os 6400 quilômetros de viagem, Darrow se mantivera na esperança de estar em condições de obter uma maioria de homens brancos como jurados. Quando terminou seus interrogatórios e encarou os homens no compartimento do júri, viu que todos, com exceção de dois, eram nativos. "Mesmo, porém, com aqueles nativos, Darrow sempre arrancava uma gargalhada ou um sorriso de cada jurado, antes de aceitá-lo, embora, em certas ocasiões, o sorriso fosse obtido pelo emprego do método da sacarrolha. Darrow punha as mãos nos bolsos do paletó não passado, volvendo os ombros para a frente, e fazia ao jurado em perspectiva alguma observação cordial que provocasse o desejado contacto cordial." Quando entrou em ação, na primeira manhã do julgamento, Darrow ficou comovido por verificar que seu cérebro trabalhava com a precisão e a clareza de antigamente. Embora contasse com a assistência jurídica de peritos sempre ao alcance da mão, conduziu ele mesmo a maior parte do caso. "Darrow, com o paletó pendendo frouxamente ao redor de sua estrutura ossuda, respirava generosidade e simpatia para todos diz o Contra-Almirante Yate Stirling. – O tribunal parecia impregnado com aquela voz suave e idosa. O seu efeito calmante sobre o tribunal era miraculoso de ver. Lentamente, sua voz ia abafando toda amargura."

Darrow não fez tentativa alguma para negar o homicídio, ou para manter fora do corpo de provas qualquer material apresentado pela acusação, mesmo quando os fatos eram duvidosos; tampouco negou que todos os quatro participantes do rapto estavam igualmente envolvidos, muito embora os outros três não soubessem que o Tenente Massie poderia matar Kahahawai. A única desavença jurídica ocorreu quando ele tentou introduzir a questão da violentação como uma atenuante, como uma base para a perturbação mental de Massie. A acusação lutou para manter a história fora do corpo de provas, mas o Juiz Davis decidiu que a história do ataque era importante e digna de ser mencionada. Do estrado das testemunhas, a Sra. Massie recapitulou os detalhes do seu passeio, do assalto e das sevícias recebidas, chegando até a necessidade de sofrer uma raspagem, por causa da gravidez. O Tenente Massie tentou retratar para o júri o seu estado de espírito, após o ataque contra sua esposa.

Desde o crime Loeb-Leopold, os leitores de jornais dos Estados Unidos não se tinham mostrado tão unidos na sua concentração sobre os acontecimentos que se desenrolavam num tribunal. Durante as cinco semanas do julgamento, discutiram os pontos principais do caso. Grande número deles sentia que algo de pessoal estava em jogo, e que estavam entre-

366 Advogado da Defesa

laçados pelas suas conseqüências. Com a exceção daqueles advogados que insistiam em que a lei não podia ser derrogada, por mais atenuantes que fossem as circunstâncias, o povo americano era veemente na sua exigência de que o júri de Honolulu declarasse sem culpa os quatro denunciados.

Se o sentimento, no Continente, era intenso, os ilhéus estavam apanhados nas garras da febre mais perigosa que já tomara seu povo, desde a ocupação americana. Nada menos de quinhentas pessoas dormiam no gramado do tribunal, todas as noites, para que pudessem obter lugares, logo que as portas se abrissem. Os sentimentos dos homens da Marinha estavam tão acalorados que tiveram de ser negadas todas as licenças de ir a terra.

Em seu sumário, Darrow falou ao júri durante quatro horas. Acentuou, em termos quase poéticos, a necessidade de boa vontade nas ilhas, de um fim ao antagonismo racial. Apelou para eles em termos tranqüilos e suaves, para que pusessem um fim àquela terrível tragédia, que continuava a se multiplicar a cada acontecimento novo. Mas, mesmo enquanto falava, percebia que suas palavras não faziam o desejado efeito. "Quando olhava aqueles rostos sombrios, podia ver que os profundos mistérios do Oriente ali se achavam. As minhas idéias e palavras não estavam fazendo o menor efeito."

Encerrou seu argumento final, que foi transmitido pelo rádio para o Continente, dizendo: "Eu gostaria de pensar que, em alguma época não muito distante, poderia voltar aqui, com a consciência de ter feito a minha pequena parcela para trazer a paz e a justiça a uma ilha que está, hoje em dia, dilacerada e atormentada pela luta interna. Coloco este caso nas mãos dos senhores, e lhes peço que sejam generosos, compreensivos e prudentes, tanto quanto aos vivos, como quanto aos mortos." O Juiz Davis concordou com os advogados do Continente; nas suas instruções ao júri, acentuou o fato implacável de que nenhum homem pode tomar a justiça nas próprias mãos. A despeito dessas instruções, Darrow e os outros advogados da defesa, assim como 99 por cento do povo dos Estados Unidos, estavam convencidos de que o júri nada mais podia dar senão um veredicto sem culpa. Depois de dois dias de espera ansiosa e intrigada, ele ficou legitimamente admirado ao ouvir um veredicto de homicídio, com recomendação de clemência. O Juiz Davis condenou Massie, os dois marinheiros e a Sra. Fortescue a dez anos de prisão.

A revolta do ressentimento, no Continente, foi intensa. No Senado dos Estados Unidos, o veredicto foi denunciado da tribuna; a Comissão dos Territórios votou uma investigação completa do governo do Havaí, para ver se não eram necessárias mudanças. Membros tanto da Câmara como do Senado exigiam que os quatro condenados fossem perdoados, imediata e completamente; os congressistas publicamente condenavam o Governador Judd, o Juiz Davis e o júri. Dentro de vinte e quatro horas, os jurados começaram a pedir desculpas pelo seu veredicto, explicando que tinha sido a ameaça do juiz que os forçara a chegar à decisão de homicídio.

Então, aconteceu algo que nunca tinha acontecido antes a Clarence Darrow, em seus cinqüenta e quatro anos de advocacia. O Procurador-Geral do Havaí foi procurá-lo em seu hotel, para dizer que a acusação estava desolada com a sua vitória! Mais ainda, disse-lhe que qualquer tentativa para transferir a Sra. Fortescue, Massie e os dois marinheiros para a prisão havaiana ia causar sérias dificuldades – que o Governador Judd queria resolver o caso. Darrow entendeu a indireta; conduziu seus quatro clientes ao gabinete do governador. Judd comutou a sentença para uma hora de prisão; as quatro pessoas condenadas ficaram sentadas com seu advogado de defesa, no Palácio Velho, durante aquela hora, depois do que foram postas em liberdade. A comutação foi profundamente condenada no Congresso, pois, sem um completo perdão para Massie, a Sra. Fortescue e os dois marinheiros, tinham eles perdido alguns dos seus privilégios de cidadania, inclusive o direito de votar.

Nada tinha sido resolvido pelo veredicto ou pela comutação. Os oficiais da Marinha, do Havaí, e o Congresso dos Estados Unidos exigiram que os três assaltantes restantes fossem mais uma vez julgados pela ofensa a Massie. Ali, Darrow desempenhou o trabalho mais valioso da sua jornada. Convenceu Massie e os homens da Marinha de que bastante mal já tinha sido feito; de que outro julgamento haveria apenas de prolongar a má vontade; de que seria muito melhor para todos abandonar o caso e deixar que fosse esquecido o mais breve possível.

Aceitaram seu conselho. Poucos dias depois, os Darrows embarcavam num navio, para voltar ao continente, levando em sua companhia o casal Massie, a Sra. Fortescue e os dois marinheiros.

– Senti, quando partíamos – disse Darrow, – que estávamos deixando a ilha mais pacífica e mais feliz do que a havíamos encontrado, pelo que fiquei muito satisfeito!

9

Certa noite, em janeiro de 1934, estava ele sentado num compartimento de fumar Pullmam, em companhia de Lowell B. Mason, advogado de Washington, e do Senador Gerald Nye, de Dakota Norte, discutindo a Lei de Recuperação Nacional, que se encontrava em vigor desde julho de 1933. Em suas viagens a Washington, durante os últimos meses, ficara profundamente consciente, tanto da extensão quanto da natureza das mudanças da economia política americana, que haviam ocorrido durante a sua vida, mudanças tão grandes a ponto de constituir uma revolução. Em 1894, quando lutara na greve do Sindicato Ferroviário Americano, parecera-lhe que o governo nacional era apenas outra arma da indústria e das finanças; em 1933, os recém-eleitos democratas pareciam estar dedicando a maior parte de seus esforços a fazer com que as pessoas voltassem ao trabalho com bons ordenados e expedientes moderados, a eliminar o trabalho de crianças, a tornar o contrato coletivo a lei do país – causa a que Clarence Darrow tinha dado o amor e a vitalidade dos seus anos mais produtivos.

A Administração de Recuperação Nacional cuidava de colocar dois milhões de homens de novo no trabalho; os salários tinham sido aumentados em todo o país; as jornadas tinham sido reduzidas; as crianças estavam sendo tiradas das fábricas e mandadas para as escolas; os sindicatos tinham recebido apoio, para que se tornassem uma parte integrante da vida americana. Entretanto, na necessidade crucial de socorrer o povo contra a esmagadora depressão do país, nas correrias frenéticas de dezenas de milhares de homens de negócios, advogados, "procuradores políticos" e administradores, que inundavam Washington, na pressa, na hostilidade, na confusão e na necessidade de transigir, erros estavam sendo cometidos. De pequenos homens de negócios, de todo o país, levantou-se um brado. A fim de manter os preços, no mercado instável, para que a indústria pudesse reempregar os homens com salários mais altos, tinham sido introduzidas cláusulas fixadoras de preços, na maioria dos códigos de negócios recentemente criados, que estavam então sendo postos em execução pelas próprias indústrias. Essa faculdade de fixar os preços colocara vantagens nas mãos de enormes companhias e sociedades; o pequeno homem de negócios, que não tinha capital para aumentar sua fábrica, a fim de entrar com produção volumosa no negócio, de fazer propaganda e promo-

368 Advogado da Defesa

ção, não podia competir nos níveis de preços mais elevados, nem podia receber a sua parcela dos contratos, a menos que pertencesse às associações industriais.

Tornaram-se tão difundidas as queixas daqueles pequenos homens de negócios que o Senador Nye exigira uma junta imparcial de revisão para diagnosticar os erros e injustiças da Lei de Recuperação Nacional.

O General Hugh S. Johnson, administrador da Recuperação Nacional, e Donald Richberg, primeiro advogado, insistiam em que um notório liberal fosse nomeado para chefiar a Junta. Recordando a discussão no compartimento de fumar Pullman, o Senador Nye sugeriu que se nomeasse Clarence Darrow chefe da Junta de Revisão. O Presidente Franklin D. Roosevelt, o Senador Borah, o General Johnson e Donald Richberg concordaram em que Darrow era o homem para o lugar. Darrow aceitou o que, tinha bastante certeza, seria uma tarefa laboriosa e ingrata, pois sabia que, para obter concessões dos trabalhadores e assalariados, as autoridades do código tinham permitido que antigos adversários seus, como o Instituto do Carvão e do Aço e a Associação Nacional do Carvão, fixassem seus próprios preços e depois os mantivessem num nível que eliminava a liberdade de comércio.

Ele e Ruby mudaram-se para Washington, onde conseguiu que Lowell B. Mason fosse nomeado seu consultor jurídico, e obteve a nomeação de W. O. Thompson, seu antigo sócio de Chicago, e Robert S. Keehler, advogado do Tennessee, que fora relegado ao ostracismo pelo foro de Nashville, porque atacara a Lei Antievolucionista quando esta fora aprovada. Reuniu-se com os demais membros da Junta de Revisão, que iria ser popularmente conhecida como Junta Darrow, para resumir o que julgava ser a sua função em Washington. A Junta, em seguida, marchou em massa para os escritórios do General Johnson, procurando instruções. Depois de trocadas amenidades, Darrow perguntou a Johnson o que deveria fazer.

– Arranjei acomodações para todos aqui, imediatamente ao lado das minhas – replicou Johnson. – Além disso, auxiliares burocráticos e material. O senhor deve fazer algumas investigações e informar-me se os códigos estão bem.

– Mas, suponhamos que não achemos os códigos muito bem? – indagou Darrow.

– Então, o senhor me informe disso – replicou Johnson. Aqui, eu sou o chefão.

– Não creio que vamos gostar de fazer isso – replicou Darrow, lentamente. – Acho que seria melhor irmos procurar o Presidente.

Houve um momento de pesado silêncio; depois, Darrow se levantou e conduziu seu grupo para a Casa Branca. O Presidente Roosevelt os recebeu calorosamente.

– Acreditamos – disse ele – que é boa coisa para o país e para a democracia termos nomeado a Junta de Revisão da Recuperação Nacional. Há sempre aqueles que dirão que as grandes empresas estão governando o país; não é assim que os senhores encontrarão a coisa, nesta administração. Acreditamos que os códigos da Administração de Recuperação Nacional foram redigidos por homens que sabiam o que estavam fazendo, e que representam, razoavelmente, todos os tipos de negócios, tanto grandes, quanto pequenos.

– Senhor Presidente – disse Darrow, tranqüilamente, – estamos reunidos aqui como uma Junta de Revisão. Antes que aceitemos a nomeação, queremos deixar entendido que estaremos ativos e funcionaremos. Precisamos de audiências, uma porção delas. Queremos testemunhos que nos provem que os Códigos da Administração de Recuperação Nacional foram redigidos com correção. Estamos aqui para proteger os interesses dos pequenos homens de negócios, e não nos propusemos deixá-los abandonados. Agora, senhor Presidente, o senhor é um homem de palavra. O senhor nos dá carta branca?

Advogado da Defesa 369

– Senhor Darrow, os senhores têm carta branca – replicou o presidente. – Realize suas audiências, faça suas descobertas e as entregue a mim dentro de um tempo determinado, junto com as suas recomendações.

Voltando-se para os membros da Junta, Darrow disse:

– Senhores, começaremos a trabalhar amanhã cedo. E quando falo em trabalhar, quero dizer trabalhar.

No dia seguinte, o Presidente Roosevelt assinou uma ordem executiva, tornando a Junta de Revisão responsável perante ele, e não perante Hugh S. Johnson. Recusando os escritórios contíguos oferecidos por Johnson, alegando não desejar que o público ou que os queixosos sentissem que ele se achava, de qualquer modo, ligado ao administrador, ou sob seu controle, Darrow abriu sua primeira audiência, em seu quarto de hotel, no Willard. Logo que se soube que iria ele ouvir as queixas dos pequenos homens de negócios, o pequeno quarto foi inundado de cartas, telegramas, telefonemas, visitantes em pessoa. Dentro de poucos dias, a Junta de Revisão se havia, por força, expandido dos quartos contíguos de Darrow e Mason, para quatro grandes quartos no segundo andar do Hotel Willard, depois para quatorze escritórios num edifício na cidade.

Por causa de seu desejo de ouvir todos os homens de negócios que julgavam ter sido prejudicados, Darrow, aos setenta e sete anos, dirigia a si mesmo e a sua Junta impiedosamente. Despertado no meio da noite por um problema que tinha sido apresentado na audiência do dia, meditava nele até chegar a uma conclusão satisfatória, e, às duas ou três da manhã, telefonava a Mason, para lhe dar as suas ordens. Trabalhava na Junta durante quatorze ou dezesseis horas por dia, inclusive aos domingos. Mason comentava: "Sua desatenção à hora do almoço tornou-se tão grande que, afinal, me vi obrigado a pedir que suspendesse os trabalhos ao meio-dia, a bem dos queixosos, das testemunhas e dos advogados, cujos espíritos batalhadores não podiam vencer sua fome. Era cômica a maneira de alguns dos outros membros aproveitarem-se de Darrow, para dizer: "Bem, senhores, agora creio que devemos suspender os trabalhos por umas duas horas; o Sr. Darrow está precisando de um pouco de descanso." Um dos membros, que era surdo, dizia: "Fale alto, Sr. Depoente, o senhor sabe que Darrow fez uma operação de mastóide há muitos anos, e não ouve muito bem de um lado."

Durante os quatro meses em que a Junta Darrow funcionou, realizou cinqüenta e sete audiências públicas, examinou trinta e quatro códigos, investigou três mil queixas. Embora Darrow tivesse pedido que os advogados especialistas em códigos e administradores se apresentassem, toda vez que seus códigos particulares estivessem sendo atacados, e, que interrogassem as testemunhas, depois de terem elas completado seus depoimentos, a impressão que ficou em Washington foi de que ele era hostil aos códigos. Reportagens de jornal a respeito de um incidente entre Darrow e Johnson começaram a se propagar. Na única ocasião em que o General Johnson pôde ver Darrow a sós, levou-o para um passeio em sua limusine. Sentindo que uma batalha importante seria travada no assento traseiro do carro, nada menos de vinte e cinco repórteres se reuniram diante do Hotel Willard, para aguardar sua volta. Quando Darrow, que tinha esquecido de levar consigo um chapéu, saiu do carro, sua cabeça estava coberta.

– Ganhei o chapéu do general, rapazes – contou ele aos repórteres, com uma risadinha. Tinha ganho também a adesão do general.

A 18 de abril, a Junta Darrow ofereceu a seu chefe uma festa de aniversário. O Hotel Willard serviu, por um dólar, seu costumeiro jantar especial de dois dólares e meio, e mandou a Clarence um buquê de rosas American Beauty. O espirituoso Charles Edward Russell funcionou como mestre de cerimônias. Os Darrows tiveram uma noite extremamente agradável. Clarence apenas num particular mostrava a sua idade. Mason o convenceu a ver o filme de Greta Garbo, no papel de Rainha Cristina. Justamente quando a rainha subia para a cama com o embaixador espanhol, Darrow voltou-se para Mason e disse:

– Lowell, creio que Gerry Nye estará no quarto esperando por nós. Acho que é melhor irmos embora agora.

Mason queixou-se de que, no dia seguinte, teve de ir sozinho ver o que acontecera à Rainha.

Depois de três meses de audiências e investigações, chegou ele à conclusão de que a Administração da Recuperação Nacional, em seu desejo de ajudar o trabalhador, havia posto em seu anzol a isca da proteção de preços, e que os trustes haviam engolido a isca, o anzol, a linha e o pescador. Um membro da Junta de Revisão conta: "Darrow não gostou do espetáculo de um sistema regulador que parecia ter sido medido pela grande indústria, com seus efeitos impostos aos pequenos negócios. Sentia que era um preço demasiado elevado a pagar pelos melhoramentos sociais." Não acreditava, tampouco, que o país devesse aprovar as injustiças dos códigos, em nome do progresso do trabalho; o trabalho tinha progredido sólida e firmemente, ano após ano, abrindo seu caminho entre lutas, no sentido do contrato social e dos salários justos; embora a Administração da Recuperação Nacional tivesse acelerado o ritmo, ele não apreciava, julgando-o mesmo perigoso, o fato de a Administração impor ao trabalhador os ônus dos códigos monopolistas necessários à recuperação do país. Aos membros de sua Junta, insistia em dizer: "Não se pode obter um lugar agradável para se ficar, a menos que se usem métodos agradáveis para chegar lá. Quando se trata com uma sociedade humana, o meio é tão importante quanto o fim. Essa transigência de entregar às grandes companhias um monopólio, para que possam produzir mais trabalho a salários mais altos, resultará na destruição de todos os negócios pequenos e independentes do país e, por fim, deixará o trabalho e o país nas mãos de uns poucos trustes esmagadores."

Ao fim de três meses, Darrow apresentou seu primeiro relatório ao Presidente Roosevelt. Não permitiu que palavra alguma de seu conteúdo transpirasse. Quando o relatório foi passado à imprensa, duas semanas depois, acompanhava-o uma terrível explosão do General Johnson, defendendo a Administração da Recuperação Nacional, contra as acusasões de Darrow. Sob o título "Cínico de Coração Brando", a revista *Newsweek* escreveu: "Outro indício da ascensão do país é que Clarence Darrow acha-se de novo num dos seus rompantes peculiarmente frios e mortais. Como primeiro homem de uma espécie de grande júri governamental, destinado a dizer à administração como está funcionando a A. R. N., apresentou ele um relatório dizendo que ela está indo de maneira perfeitamente terrível. Na semana passada, Washington se sentou a esperar nervosamente, para ver quantos buracos aquela bomba especial iria causar nos calçamentos do New Deal. Entrementes, Darrow se sentava confortavelmente, metia os polegares sob seus grossos suspensórios e olhava para a frente, com aquela espantosa mistura de cinismo, compaixão e inteligência, incrivelmente brilhante, que o caracteriza."

No mês seguinte, Darrow apresentou mais dois relatórios ao presidente, numa tentativa de resumir revisões da Administração da Recuperação Nacional, a fim de proteger os pequenos negociantes, sem perder qualquer dos benefícios que tinham sido dados ao trabalhador. Esses relatórios foram enviados para a imprensa ao mesmo tempo que para a Casa Bran-

Advogado da Defesa 371

ca. O Presidente Roosevelt leu os dois, ficou convencido, pelas provas apresentadas por Darrow, e designou uma comissão do Senado para estudar as recomendações.

Hugh Johnson ficou ofendido; "criticou vigorosamente todos os seus relatórios e exigiu que o presidente exonerasse seus membros, declarando estarem eles mal assessorados, cheios de preconceitos e envolvidos em problemas particulares". Tanto Johnson como Donald Richberg achavam que Darrow os havia traído; que tinham cometido um engano, ao pensar que ele fosse um comprovado liberal. A despeito das objeções de Johnson, a maior parte das recomendações da Junta de Darrow, foi adotada. Eliminou-se a fixação de preços, em todos os novos códigos; a Comissão Federal de Comércio passou a ter o direito de examinar as acusações de preços opressivos, cobrados por monopólios; a competência de fixar preços foi retirada das associações profissionais; puseram-se as controvérsias trabalhistas nas mãos de uma Junta especial de relações industriais; tirou-se o poder da Administração de Recuperação Nacional das mãos de Johnson, para ser distribuído através de ramos do governo, tais como o Ministério da Justiça e a Secretaria do Interior.

Em março de 1935, Darrow compareceu perante a Comissão de Investigação de Senado em Washington, para apresentar as conclusões finais da investigação.

"Não fazia muito tempo que me achava aqui – contou ele aos Senadores Harrison, George, Barclay, Guffy, Cousins, La Follette e numerosos outros, – quando formei a opinião de que a A. R. N., na verdade, tornava as coisas mais fáceis para as pessoas que tinham tudo, e as tornava mais difíceis para as que nada tinham. A opinião dominante era a de que a Administração da Recuperação Nacional fora criada para ajudar os "grandes negócios", e não podia ajudar os grandes negócios muito bem, a menos que tomasse os negócios dos pequenos. A respeito dos grandes negócios, eu sei algo mais do que sobre os pequenos negócios; e minhas simpatias são todas para os pequenos. Se não houvesse tantos grandes negócios, haveria mais pequenos negócios, muito mais, na minha opinião. Os grandes negócios têm todas as vantagens, e a A. R. N., aumentou essas vantagens de maneira muito palpável. Os grandes negócios existem porque é gente sua que está à frente dela; possuem bastante dinheiro e podem anunciar nos principais jornais, nas cercas e nos paióis. Não apenas podem, mas o fazem. O pequeno negócio deve colher as migalhas que se deixam cair da mesa do rico. É composto de pessoas que possuem pouco capital. A concentração de riqueza continua, e parece quase que nada haja capaz de detê-la. Se não a destruirmos, não haverá nada além de senhores e escravos, antes que tenhamos seguido muito mais além."

Queixou-se ele do que chamou "economia da escassez", que criava preços altos, e atacava a idéia de que pudesse haver superprodução, num país onde metade do povo não gozava de um consumo suficiente de bens.

Quando o Senador Lonergan perguntou: "Tem o senhor alguma idéia para melhorar o sistema de distribuição do produto das fábricas e fazendas?", Darrow respondeu:

– Sim, tenho uma porção delas, mas ninguém as ouve.

– Acredita o senhor que haja algum substituto para as leis econômicas?

– Não tenho muita certeza a respeito das leis econômicas replicou Darrow. – Não creio que sejam como as leis da gravidade. Creio que descobriremos que a maior parte delas foi escrita por seres humanos e, aliás, bastante humanos. Os senhores da criação crêem que o Todo-Poderoso pretendia que ficassem ricos e que a grande massa do povo deve ser pobre. Os homens conseguiram fazer essas coisas sozinhos, mas os homens são terrivelmente sem coração. A generosidade vem da imaginação, e muito poucas pessoas a possuem para gastar.

Quando lhes ocorrer a possibilidade de se colocarem no lugar de outras pessoas e de sofrerem o que essas outras sofrem, provavelmente ficaremos livres da maior parte dessas desigualdades, mas, se um dia chegarão até lá, eu não sei. Creio que somente algo como um sistema socialista haveria de criar algo parecido com uma distribuição eqüitativa da riqueza. Para que são feitas todas essas máquinas, se não para ajudar a raça humana a viver uma vida melhor e uma vida mais fácil, a ter mais prazer e menos dor? Os homens já tiveram o seu quinhão de sofrimento. Creio que é possível que tenhamos uma situação melhor, daqui a uns poucos séculos. Detesto ter de esperar tanto tempo.

Achava-se ele longe de sua melhor forma; estava cansado. Ademais, atormentava-o o mesmo lacerante dilema que deixava particularmente perplexos Washington e todo o resto do país: como cruzar o capitalismo do século XIX com o socialismo do século XX, para conservar as melhores qualidades de ambos, matar ambos os pais e criar um filho econômico sadio, feliz e sequioso, bem de acordo com o caráter do povo e os recursos do país, com possibilidade de sobrevivência num mundo hostil e em mudança? Para a maioria dos americanos, a confusão que nascia desse problema de eugenia sócio-política era uma nova espécie de dor de cabeça; para Darrow, era uma amiga velha, muito velha.

A Comissão de Investigação do Senado não foi capaz, nem se mostrou disposta, a transformar em lei o quase socialismo de Darrow, mas cooperou para garantir a aprovação de leis que ajudariam a apagar muitas das injustiças da Lei de Recuperação Nacional.

Naquele último aparecimento em público, em que iria ele externar uma filosofia social para que todo o país ouvisse e lesse, Darrow colocou o pequeno homem de negócios na posição anômala de ver o seu defensor a defender o socialismo, ao mesmo tempo que defendia um capitalismo justo. William Hard comentou, no Survey-Graphic: "Darrow é a favor da restauração da competição e a favor do progresso da socialização. Walter Lippmann não pode compreender como Darrow é capaz de advogar, ao mesmo tempo, a competição capitalista e o comunismo russo. Isso ocorre porque Lippmann é um lógico. Darrow é tão natural como a própria vida."

10

Pouco depois de seu comparecimento perante a Comissão de Inquérito do Senado, começou Darrow a decair de maneira acentuada. Embora seu coração lhe desse preocupações havia muitos anos, pouquíssima atenção prestava a si mesmo, imaginando que, se vivera até os setenta e oito sem cuidar de si, era tarde demais para se corrigir. Seu interesse pelos assuntos nos quais já trabalhara era de maior importância para ele que a conservação de suas energias consumidas. Continuou escrevendo seus artigos críticos, na grande escrivaninha negra que levara para seu gabinete, em sua casa, e ia fazer conferências fora, fosse qual fosse o tempo e as condições atmosféricas. O Diretor Penitenciário Lewis E. Lawes conta: "Achava-me em Albany, fazendo uma conferência, durante uma terrível tempestade, mas, durante a conferência, percebi que o casal Darrow entrava no auditório. A despeito do tempo, tinham aproveitado o intervalo entre um e outro trem para ir ouvir-me." Quando os repórteres o procuravam para entrevistas, ele continuava a fazer as acusações mais agudas e dramáticas que podia contra as forças que considerava destruidoras da sociedade pacífica.

"Se jamais vi um homem cujo caráter transparecia em seu rosto – conta Julian Street, – esse homem foi Clarence Darrow. Tinha a fisionomia de um profeta. Ninguém se parecia sequer um pouco com ele. Sabia, certamente, que muitas pessoas não o compreendiam, que muitas o consideravam um advogado do diabo, mas não lhes ligava a menor importância. Placidamente, magnificamente, seguia seu caminho, sem ligar a nada que não fosse a sua própria idéia do que era direito."

Ainda era um grande lutador, mas o velho braço já fraquejava. Ao chegar aos setenta e oito anos, Ruby teve de persuadi-lo a abandonar as viagens mais difíceis para as conferências, a escrever mais comedidamente, sentado à sua escrivaninha. Ficava ele sentado em sua cadeira de vime, junto da lareira ou ao pé da janela que dava para o Jackson Park, para as pequenas pontes japonesas e os pagodes do Lago Michigan. Opie Reid, autor de *The Arkansas Traveller*, morava na mesma rua, poucas casas abaixo; os dois homens passavam boas horas juntos, divertindo-se, dizendo um ao outro como haveria o mundo de ir para o inferno, depois que ambos tivessem partido desta Terra.

Tinha quase setenta e nove anos, quando escreveu um dos artigos mais deliciosos e penetrantes de sua carreira jornalística. Convidado pela revista *Esquire* a colaborar com um artigo sobre a seleção de jurados, concentrou nuns poucos parágrafos a experiência de seus cinqüenta e oito anos de tribunal. Principiando por aconselhar a sempre escolher homens de riso fácil, porque um jurado que ri sempre detesta julgar alguém culpado, e a evitar homens ricos, porque os ricos sempre condenam – a menos que o réu seja acusado de ter violado as leis antitruste, – dissecou então a influência das várias religiões sobre o caráter do jurado em perspectiva. Aconselhava que os metodistas fossem aceitos como jurados, porque "as suas emoções religiosas podem ser convertidas em amor e caridade"; mas prevenia contra os presbiterianos, porque "distinguem o certo do errado, mas raramente consideram certa alguma coisa"; contra os luteranos, porque "quase sempre condenavam na certa". Depois de aconselhar a nunca se aceitarem proibicionistas, em circunstância alguma, recomendava que, para a defesa, os melhores jurados eram católicos, unitaristas, congregacionalistas, universalistas, judeus e agnósticos.

As últimas palavras que escreveria, encontradas em sua escrivaninha, rabiscadas à mão em papel de rascunho, constituíam um resumo de sua vida: "O fato de meu pai ter sido um herético sempre o colocou na defensiva, e nós, os filhos, achávamos perfeitamente correto defender a sua causa. Mesmo em nossa pequena oficina, os vizinhos aprendiam que alguma coisa estava em andamento, e que meu pai estava sempre pronto a falar aos que chegavam sobre os mistérios da vida e da morte. Durante minha juventude, sempre escutei, mas meu apoio moral estava com meu pai. Não me lembra jamais ter tido qualquer dúvida de que ele tivesse razão. O fato de a maior parte da comunidade encontrar-se do outro lado o tornava muito mais seguro de sua causa." Esse fato tinha também tornado Clarence, filho de Amirus, mais seguro da sua causa.

Ao completar setenta e nove anos, fez uma viagem sentimental a Kinsman, em companhia de George Whitehead, pois percebia que aquela seria sua última oportunidade. Visitou os velhos amigos, fazendo peregrinações ao lugar que mais amara, quando criança, a escola aonde, nas noites de sexta-feira, durante o outono e o inverno, fora, com seu irmão Everett e sua irmã Mary, ouvir as discussões do clube literário, e os grandes celeiros onde, nas noites de sábado, participara de debates. Enquanto estava sentado nos degraus da casa octogonal, os repórteres reuniram-se em volta, para ouvir uma de suas famosas explosões contra algum ato de cobiça ou estupidez, corrente nas notícias. Clarence não estava mais em condições de fazê-lo. "O velho já não tinha todos os parafusos – diz um dos repórteres de Ohio. -

374 Advogado da Defesa

Mas políamos suas frases. Com Darrow, tinha de ser assim."

Voltou a Chicago, para internar-se num hospital, a fim de passar por um exame geral. Pouca coisa ainda podia ser feita por ele. Ruby levou-o para casa, colocou-o na cama, contratou três enfermeiras. Jovem e vigorosa, assustava Ruby a idéia de que, em breve, ela e o mundo iriam perder Clarence Darrow. Durante as primeiras semanas de seus setenta e nove anos, permitiu que os amigos fossem visitá-lo, mas, depois de algum tempo, viu que isso lhe esgotava as forças, que ele às vezes caía no sono diante dos visitantes, que seu espírito nem sempre funcionava corretamente. Por isso, cortou todas as visitas.

Quando fazia tempo bom, Darrow gostava, antigamente, de caminhar durante uma hora ao longo do Midway ou pelos terrenos da Universidade de Chicago; mas, quando ficou mais fraco, Ruby não mais o deixou sair. Seus amigos se queixavam de que ele estava sendo mantido como prisioneiro, no apartamento do Midway; também Darrow queixava-se de que preferia seguir hábitos normais, fazer o que apreciava e morrer um pouco mais cedo. Quando começava a sentir demasiadamente o fato de estar confinado em casa, ela o agasalhava muito bem e o fazia atravessar o Midway, para visitar o professor T. V. Smith, na Universidade. Conversava com Smith sobre filosofia, religião e os velhos bons tempos. Um dia, pensando que divertia o Velho Leão, Smith lhe disse que iria colocar três estatuetas em seu escritório: a primeira, de Sócrates, seu antigo mestre, no alto do arquivo; a segunda, de Thomas Jefferson, seu mestre moderno, numa prateleira, onde o poderia ver de frente; e a terceira, bem ao alcance da mão, uma estatueta do moscardo dos Estados Unidos, Clarence Darrow. Os olhos de Darrow se encheram de lágrimas, quando disse: "Oh! mas eu não pensava que você me julgasse assim." Smith estivera pilheriando; ao ver lágrimas nos olhos de Darrow, compreendeu que aquela pedra, que era Clarence Darrow, havia sido esmigalhada.

Clarence passou um ano inteiro de lenta, penosa e triste agonia; ao completar oitenta anos, não foi capaz de dar uma entrevista que seus amigos jornalistas pudessem polir.

Morreu a 13 de março de 1938, depois de ter vivido quase oitenta e um anos.

11

Um amigo de Woodestock, em Illinois, mandou como presente um esquife de mogno. A capela funerária da Rua Setenta e três em Chicago, deveria fechar as portas às onze da noite, mas não as fechou durante quarenta e oito horas. Desde a morte de John P. Altgeld, nunca tantas pessoas tinham passado diante de um caixão, com lágrimas nos olhos, pelo desaparecimento de seu grande defensor.

Em todas as horas do dia e da noite, o povo desfilou para dar suas despedidas: trabalhadores dos matadouros e das usinas de aço, com seus impermeáveis; lavadeiras com seus aventais; homens de cor levando debaixo do braço suas cestas de almoço; mulheres de cor com crianças de olhos arregalados, que tinham sido levadas para ver o homem branco que lutara por sua raça; os que tinham frio e medo, e tinham ido aquecer as mãos junto de seu fogo; os fracos, os confusos e os indeterminados, que tinham sido revigorados pela sua audácia e decisão; os atormentados, os infelizes, os mentalmente doentes, cuja situação ele tentara tornar inteligível; professores, cuja liberdade ele aumentara nas suas lutas; advogados, a cujo ofício ele dera outra dimensão; eclesiásticos, aos quais revelara o cristianismo operante; aqueles que não pertenciam a uma classe ou setor específico; os indescritíveis, que tinham derramado junto dele os seus desgostos e cujas preocupações tinham sido aliviadas pela sua compreensão; os desajustados, que defendera e pelos quais lutara num mundo cruel e duro; os líderes trabalhistas e membros de sindicatos, cujas organizações ele preservara debaixo de fogo; os liberais, por cuja navegação desimpedida ele lutara durante meio século; os radicais, por cuja liberdade de pensamento e de palavra ele suportara o fel da reação; a longa linha de homens acusados de crimes, para os quais ele obtivera outra oportunidade; aqueles que haviam matado e que agora viviam apenas porque aquele morto tinha vivido; a gente de classe média, para a qual ele fora um ponto de referência, um incentivador e uma centelha intelectual.

Nas horas mortas e sombrias, as criaturas da noite, as prostitutas, os ébrios, os viciados, os ladrões, os débeis mentais, durante quarenta e oito horas, misturaram-se com aqueles que tinham ido orar por sua alma, com aqueles que tinham ido recordar sua amizade e seu amor, os oprimidos, os pobres, os fracos, os abandonados, os incertos, os doentes, os esgotados; todos desfilaram diante de seu caixão, todos os que tinham precisado de um amigo e não o haviam encontrado, e de quem Clarence Darrow fora um amigo.

Darrow havia dito: "Que o Juiz Holly fale em meu enterro. Ele sabe tudo o que se deve saber sobre mim, e tem bastante senso para não o contar."

Realizaram-se os serviços fúnebres na Capela Bond, da Universidade de Chicago, em meio a uma chuva torrencial. Ruby ficou em casa, mas parecia que o resto de Chicago se achava presente. Um homem prestes a entrar na capela viu um velho vagabundo, sem paletó, com a água a lhe escorrer dos sapatos, subir a rua, desde uma longa distância, e entrar pela porta da capela. "Parece que o senhor veio de longe" – disse o homem; "Sim – replicou o vagabundo; – vim desde a cidade baixa, a pé." Uma multidão enorme, que não podia ser acomodada dentro da capela, ficou na chuva, a ouvir o que pudesse do serviço fúnebre.

No enterro de John P. Altgeld, Darrow dissera: "Na grande torrente da vida humana que se reproduziu sobre a Terra, não é muito freqüente nascer um homem como ele. John P. Altgeld foi um soldado da eterna luta da raça humana pela liberdade e pela justiça na Terra. Hoje, prestamos nossa última e triste homenagem ao mais dedicado líder, ao mais abjeto escravo, à mais afetuosa, mais selvagem e mais sonhadora das vítimas que um dia deram a vida à causa imortal da liberdade."

O Juiz Holly disse: "É uma coisa magnífica ter Clarence Darrow vivido. A raça de cor há de recordá-lo sempre com corações agradecidos, pelas heróicas batalhas que travou em seu favor. O homem que trabalha com suas mãos, o pobre e o desafortunado que a sociedade expulsou, sempre o encontraram pronto a dedicar, em seu favor, os seus extraordinários talentos. Ele abandonou uma brilhante carreira jurídica, que teria feito dele um dos homens ricos do país, para desposar a causa do trabalho. No coração de Clarence Darrow havia infinita piedade e clemência pelos pobres, pelos oprimidos, pelos fracos e pelos que erram – todas as raças, todas as cores, todos os credos, toda a humanidade. Para muitos, tornou ele mais fácil o caminho. Não pregava doutrinas, mas o amor, a piedade, as únicas virtudes que podem realmente melhorar este mundo. Milhares de vidas tornaram-se mais fáceis e mais felizes porque ele viveu. Olhava para a Terra e seu coração se despedaçava; suas grandes capacidades eram dadas de graça à causa da liberdade humana e ao socorro dos fracos e dos infelizes."

Ruby declarou: "Darrow sempre afirmou que não lhe importava ir para o céu ou o inferno, porque tinha muitos bons amigos em ambos os lugares."

Clarence pedira para ser cremado. Seu filho Paul, George Whitehead e as três enfermeiras conduziram as cinzas para a ponte que ligava a Ilha Wooded ao Jackson Park, de onde foram espalhadas ao vento, à chuva e às águas. O proprietário da capela funerária não quis

376 Advogado da Defesa

aceitar pagamento, pedindo, em vez disso, apenas um exemplar autografado de *A História de Minha Vida*.

As homenagens chegavam constantemente de todo o mundo. Os jornais diziam: "O que ele fez pelos Estados Unidos não pode ser jamais esquecido." "Ninguém foi mais descuidado das conseqüências do que pudesse dizer ou fazer em defesa dos indefesos."

O Juiz Frank Murphy chamou-lhe um dos grandes espíritos do nosso tempo. George Jean Nathan disse: "Uma de minhas maiores e mais profundas admirações desapareceu do mundo." O Senador Lewis disse: "Sua morte afasta um dos discípulos da justiça e da caridade." James Weldon Johnson disse: "Clarence Darrow foi um dos maiores dentre os americanos e, com o passar do tempo, a nobreza de seu caráter se destacará mais e mais clara, em perspectiva, acima de mal-entendidos, acima da amargura, acima da calúnia. Eu e os membros de minha raça sentimo-nos gratos por sua coragem e disposição em se levantar sempre como defensor da honestidade e da justiça para com o negro." Arthur Gafield Hays disse: "Faço uma paráfrase das palavras grafadas na estátua de Wendell C. Philips, em Boston: "Quando perguntarem à Musa do Tempo o nome do maior de todos, enfiará sua pena no tinteiro do sol e escreverá no claro céu azul; Voltaire, Paine, Ingersoll, Darrow."

The Nation disse: "Com a morte de Clarence Darrow, a nação perde o mais colorido da antiga geração de rebeldes. Seu grande feito foi introduzir uma medida de humanidade no Direito." *The Christian Century* disse: "Ele tinha profundo interesse pelos homens; tinha pena deles e mais pena tinha daqueles que precisavam de uma reparação de seus tristes desgostos. Queria que tivessem liberdade para pensar, trabalhar e viver as suas vidas com a alegria que é possível aos homens."

O Dr. Harry Elmer Barnes escreveu: "A morte de Clarence Darrow põe termo a uma das carreiras mais coloridas e elogiáveis de toda a biografia norte-americana. A avaliação permanente de sua carreira irá, provavelmente, dar mais valor ao fato de ter sido o principal libertarista da história americana, desde a época de Thomas Jefferson. A morte de Darrow assinala o passamento de uma das últimas grandes figuras da tradição liberal dos Estados Unidos."

Darrow fora um propagandista da humanidade. Um eclesiástico disse: "Os três grandes americanos de nossos dias são Luther Burbank, Thomas Edison e Clarence Darrow: Burbank porque ajudou a libertar as forças da terra; Edison porque ajudou a libertar as forças da natureza; Darrow porque ajudou a libertar as forças do espírito humano."

Um jovem estudante, amigo de Darrow, escrevendo sobre ele, num trabalho de faculdade, cunhou o melhor epitáfio que um homem poderia merecer: "A liberdade é um termo predileto de Darrow. Quando desejava expressar uma opinião favorável de alguém, começava dizendo: "Ele é a favor da liberdade."

Um admirador comentou: "Aposto que ele está confundindo as cortes celestiais, tal como fez com as daqui."

Se Darrow pudesse ter ouvido esses tributos, certamente teria afundado a cabeça entre os ombros enormes, erguido uma sobrancelha, enigmaticamente, e dito com a fala arrastada:

– Essa conversa toda é a meu respeito. Sempre suspeitei que era um sujeito dos diabos, e agora tenho certeza que sou.

E teria sorrido.

377 Advogado da Defesa

BIBLIOGRAFIA SELECIONADA

Adamic, Louis, *Dynamite*, 1931.

Allen, Leslie Henry, *Bryan and Darrow at Dayton*, 1925.

Bernard, Harry, *Eagle Forgoten*, 1938.

Bates, Ernest Autherland, *The Story of the Supreme Court*, 1936.

Black, Forrest Revere, *Ill-Starred Prohibition Cases*, 1931.

Bogen, Jules I., *The Anthracite Railroads*, 1927.

Borah, W. E., *Closing Argument in the Haywood Trial*, 1906.

Browne, Waldo R., *Alfgeld of Illinois*, 1924.

Bruere, Robert W., *The Coming of Coal*, 1922.

Bryan, W. J., *Memoirs*, 1925.

Burns, Willian J., *The Masked War*, 1913.

Chambers, Walter, *Labour Unions and the Public*, 1931.

Clay, Samuel H., *Assassination of Ex-Governor Steunenberk*, 1907.

Cohn, Alfred e Chisholm, Joe, *Take the Witness*, 1934.

Coleman, J. Walter, *The Molly Maguire Riots*, 1936.

Coleman, McAlister, *Eugene Y. Debs*, 1930.

Crandall, Allen, *The Man from Kinsman*, 1933.

Crowe, Robert E., *Final Appeal to Judge Caverly,* 1924.

Darrow, Clarence. LIVROS: *A Persian Pearl*, 1899. *Resist not Evil*, 1904. *An Eye for an Eye*, 1905. *Farmington*, 1905. *Crime, Its Cause and Treatment*, 1925. *The Prohibition Mania* (com Victor S. Yarrosi), 1927. *Infidels and Heretics* (com Walter Rice), 1927. *The Srory of My Life*, 1932.

      BROCHURAS: *The Rights and Wrongs of Ireland*, 1895. *A Persian Pearl and Other Essays*, 1897. *The Woodwarks, Conspiracy Case*, 1898. *Leo Tolstoi*, janeiro, 1902. *Argument for Steve Adams*, 1907. *Closing Argument in the Haywood Case*, outubro, 1907. *Liberty vs. Prohibition*, 1908. *The Open Shop*, 1909. *Plea in His own Defence*, agosto, 1912. *Second Plea*, 1913. *War Prisioners*, 1919. *Argument in Defence of the Communists*, 1920. *Address in fhe Trial of Arthur Person*, 1920. *Capital Punishment Debate*, 1924. *Voltaire*, 1925. *Plea in Defence of Loeb and Leopold*, 1926. *Argument in the Case of Henry Sweet*, 1926. *Starr Debate*. *Darrow-Foster Debate* (sem data). *Does Man Live Again Debate*, 1936.

David, Henry, *The History of the Haymarket Affair*, 1936.

Foote, Mary Hallock, *Coeur d'Alene*, 1894.

Frey, John p., *The Labour Injunction*, (sem data).

Frankfurter, Felix e Frey, John P., *The Labour Injuncrtion*, (sem data).

Greene, Nathan, *The Labour Iniunction*, 1930.

Garland, Hamlin, *Companions on the Trail*, 1931.

Gitlow, Benjamin, *I Confess*, 1940.

Gompers, Samuel, *Seventy Years of Life and Labour*, 1925.

Haldeman-Julius, Marcet, *Clarence Darrow's Two Great Trials*, 1927.

Harrison, Charles Yale, *Clarence Darrow*, 1931.

Hays, Arthur Garfield, *Let Freedom Ring*, 1928.

Haywood, Bill, *Bill Haywood's Book*, 1929.

Husband, Joseph, *The Story of the Pullman, Car*. 1917. *Investigation of the National Recovery Administration*, S. Res. 79, *Hearings before the Committee on Finance*, 1935.

Irvine, Alexandre, *Revolution in Los Angeles*, 1911.
Johnson, Claudius O., *Borah of Idaho*, 1936.
Karsner, David, *Talks with Debs in Terre Haute*, 1922.
Lewis, Oscar, *The Big Four,* 1938.
Loyd, Caro, *Henry Demarest Lloyd*, 1912.
McManigal, Ortie, *Ortie McManigal's Own Story of the National Dynamite Plot*, 1913.
Masters, Edgar Lee, *Across Spoon River*, 1936.
Mayo, Morrow, *Los Angeles*, 1933.
Merriam, Charles E., *Chicago*, 1929.
Merriam, Brig. Gen. H. C., *Report of Miners' Riots in the State of Idaho*, 1899.
Mitchell, John, *Organized Labour*, 1903.
Myers, Gustavus, *History of the Supreme Court of the United States*, 1925.
Nathan, George Jean, *The Intimate Notebooks,* 1932.
Nevins, Allan, *Grover Cleveland,* 1932.
Orchard, Harry, *Confessions and Autobiography*, 1907.
Parsons, Alice Beal, *The Trial of Helen McCleod,* 1938.
Parsons, Frank, Railways, *The Trusts and the People*, 1906.
Radin, Max, *The Law and Mr. Smith,* 1938. *Report to the President on the Anthratire Coal Strike of May* - outubro, 1902.
Rodell, Fred, *Woe Unto You, Lawyers,* 1939.
Rowan, Richard W., *The Pinkertons*, 1931.
Sandburg, Carl, *Slabs of the Sunburned West,* 1922.
Sayre, F. B., *Harvard Law Review*, Vol. 35.
Sellers, Alvin V., *The Loeb-Leopold Case,* 1926. *Senate* Executive Documents, Vol. 2. Nº 753 Congress, 3rd. Session.
Shaw, Charles G., *The Low-Dow,* 1928.
Sirango, Chas. A., *A Cowboy Detective, Steffens, Lincoln, Autobiograghy,* 1931.
Stirling, Admiral Yates, *Sea Duty,* 1939.
Stoll, William T., *Silver Strike,* 1932. *Sunset Club Year Book*, 1893. *Tennessee Evolution Trial. Complete Report of Scopes Case at Dayton*, 1925.
Van Kleeck, Mary, *Miners and Management*, 1934.
Walsh, Rev. William J., *The United Mine Workers of America as an Economic and Social Force in the Anthracite Industry.*
Werner, M. R., *Bryan,* 1929.
Wood, Fremont, Moyer, Haywood, Petibone and Harry Orchard, 1931.

Numerosos artigos de revistas, de Clarence Darrow e sobre ele, foram também consultados.

A presente edição de ADVOGADO DA DEFESA de Irving Stone é o volume número 8 da Coleção Cores do Tempo Passado (Grandes Homens da História). Capa de Cláudio Martins. Impresso na Lithera Maciel Ltda., a Rua Simão Antônio, 1.070 - Contagem, para Editora Itatiaia Ltda, a Rua São Geraldo, 53/67 - Belo Horizonte. No catálogo geral leva o número 00223/3B. ISBN 85.319-0115-4